**主 办**

教育部人文社会科学重点研究基地

上海师范大学都市文化研究中心

上海高校都市文化 E- 研究院


**主 编**

苏智良 陈 恒


**编 委**（以姓氏笔画为序）

王安忆 王 旭 王晓明 许纪霖 苏智良 杨远婴 杨剑龙 陆伟芳 陈思和

陈 恒 周大鸣 周振华 唐力行 葛剑雄 詹 丹 熊月之 潘建国 薛 义

本书系国家社科基金重大招标项目多卷本《西方城市史》（17ZDA229）阶段性成果

都市文化研究
Urban Cultural Studies

History and
Urban Civilizsation

中文社会科学引文索引（CSSCI）来源集刊

第
31
辑

# 历史与城市文明

上海三联书店

**CONTENTS** | 目

录

# 艺术中的都市文化

# 光启评论

# 城市史

# 12 至 13 世纪耶路撒冷的战争、朝圣与区域交流①

张　鑫　赵文亮

**摘　要:**耶路撒冷是一座享誉世界的古城,是犹太教、基督教和伊斯兰教三大亚伯拉罕系宗教的圣城,基于耶路撒冷历史记忆形成的宗教意义常使其成为地缘冲突的焦点。12 至 13 世纪兴起的十字军运动正是为争夺耶路撒冷而起,具有深刻的历史渊源,对地中海世界造成了重大的人员和财产损失,并引发了长期的地缘对抗,但围绕圣地的战争也存在值得关注的积极意义,它们将耶路撒冷的战略价值和象征意义提升到新的高度,激发起中世纪史无前例的大规模朝圣运动,促成西欧基督徒与东方文化的进一步接触,客观上推动了地中海地区的经济和文化交流。

**关键词:**耶路撒冷　战争　朝圣　经济　文明交流

12 至 13 世纪的耶路撒冷,分别被西欧封建领主建立的耶路撒冷王国、埃及阿尤布王朝和马穆鲁克王朝统治,其间遭受过塞尔柱突厥等东方游牧民族的袭扰,圣城的控制权主要在西欧基督徒和埃及、叙利亚的穆斯林统治者之间反复易手,耶路撒冷长期处于战争前线。法兰克人在地中海东岸的占领区推广西欧封建制度,罗马教廷也积极巩固在耶路撒冷的宗教权力,穆斯林试图恢复伊斯兰帝国在耶路撒冷的荣光。双方在各自统治的时期积极推进城市建设,并在宗教和文化上削弱对方的痕迹和影响力,狂热的宗教战争和朝圣

---

①　本文系国家社科基金重大项目"丝绸之路城市史研究(多卷本)"(18ZDA213)的阶段性成果。

热情,为中世纪的耶路撒冷及其周边地区既带来了挑战也推动了发展与交流。

## 一、地理环境特征与地缘冲突

耶路撒冷在宗教方面的意义广为人知,对犹太人而言,它是祖先亚伯拉罕向神献祭子嗣的地方,是圣殿的所在地;对基督徒而言,它是基督受难,替世人赎罪并复活归天的圣地,凝聚了基督教的精髓;对穆斯林来说,它是先知穆罕默德最初的朝拜方向,也是其感受天启、夜行登霄的至圣之所。三大宗教最核心的神话传说都集中在老城东侧,如今被称为"圣殿山"(Temple Mount,穆斯林称为"谢利夫圣地"[Haram as-Sharif])的高地上。显然亚伯拉罕系宗教基于耶路撒冷的高度集中的象征意义,是耶路撒冷多灾多难的历史根源。正如英国历史学家托马斯·阿斯布里奇(Thomas Asbridge)的观点,耶路撒冷成为中世纪冲突焦点的原因,在于其无可比拟的神圣性,三种宗教都相信历史让它们对这座城市拥有不可剥夺的权力,这意味着它几乎注定成为战争的场所。①

在近代以前耶路撒冷的社会经济发展,以及地区影响力的发挥,同样依赖于这种"战场地位"。耶路撒冷地处地中海东岸的狭长地带,古称"迦南"(Canaan),根据现代考古研究显示,青铜时代中期是迦南的"黄金时代",城邦林立,贸易网发达,②到铁器时代已经形成了两条南北贸易路线,一条是联结地中海沿岸平原城市的"马里斯大道"(Via Maris),另一条是深入东部内陆的"国王大道"(King's Highway)。两条路线沟通了埃及、美索不达米亚和小亚细亚三个古文明区,凸显迦南的地缘意义,而在地区争霸中,古埃及和美索不达米亚的大帝国经常对迦南的城邦施加政治影响力,以获取支持。耶路撒冷也是其中之一,但与沿海平原的西顿(Sidon)、提尔(Tyre)等水路良港和内陆的美吉多(Megiddo)、大马士革(Damascus)等陆路重镇相比,耶路撒冷的地理位置较为尴尬,它位于南北轴线山脉中南段的犹太山脉中,群山环绕,沟谷纵横。从横截面看犹太山脉由希伯仑山(Hebron Hills)、耶路撒冷鞍地(Jerusalem Saddle)和伯特利山(Bethel Hills)三段构成,耶路撒冷坐落于凹陷的鞍地中,东

---

① 托马斯·阿斯布里奇著:《战争的试炼:十字军东征史》,马千译,民主与建设出版社2020年版,第87页。

② Jonathan M. Golden, *Ancient Canaan and Israel: New Perspectives*, ABC-CLIO, Inc., 2004, pp.6—8.

有汲仑谷，西有梭烈谷(Sorek)和阿亚隆谷(Ayalon)，①与西侧的"马里斯大道"直线距离约 50 公里，与东方的"国王大道"相距约 60 到 70 公里。②进入耶路撒冷是一场艰辛的旅程，需要从西侧沿海平原穿过长约 60 公里、平均海拔 200 到 300 米的示非拉(Shephelah)山地，③翻越陡坡，攀升至海拔 700 至 800 米的高地后抵达。而从东侧的"国王大道"出发，要从海拔 1 000 米的外约旦高地下行至低于海平面 300 至 350 米的约旦河谷，再爬升到 750 米的高地才能抵达。南部和西南方同样山谷交错，以摩利亚山(Moriah)为中心，西南是锡安山(Zion)和欣嫩子谷(Hinnom)，东南则有汲仑谷(Kidron)，它们共同构成南部的自然屏障，④耶路撒冷的北面地势较为开阔，需要依靠修筑城墙应对外来威胁，封闭的自然环境和偏离贸易主干道的地理位置，是阻碍耶路撒冷发展成为地区交通枢纽和商业中心的主要客观因素，因此中世纪和之前的旅行者鲜有专注于耶路撒冷经贸活动的记述。

耶路撒冷战乱频繁，被周边民族反复征服，但它的政治意义有限。除犹太人统治时期，较少履行政治中心职能。公元前 20 世纪前后，它是迦南的一座独立城邦，时而依附古埃及，时而与其发生地缘冲突，埃及法老曾在铭文中诅咒耶路撒冷王。⑤在后来的犹太民族传说中，大卫从耶布斯人手中夺取耶路撒冷，从希伯仑迁都至此，原因一方面是自然条件优势，居高临下，易守难攻，有利于抵御非力士人的袭扰；另一方面是耶路撒冷居于以色列南北支派的中间位置，有利于巩固政治成果，构建统一的犹太国家。⑥公元前 6 世纪新巴比伦国王尼布甲尼撒二世摧毁耶路撒冷，犹太贵族沦为囚徒，公元前 538 年波斯帝国击败新巴比伦占领耶路撒冷，释放犹太人重建城市，允许其自治，将耶路撒冷设为波斯耶胡德省(Yehud)首府，至公元前 4 世纪耶路撒冷是依附于地中海

---

① Andrew G. Vaughn and Ann E. Killebrew(ed)，"Jerusalem in Bible and Archaeology The First Temple Period," in Jane M. Cahill, *Jerusalem at the Time of the United Monarchy*：*The Archaeological Evidence*，Brill，2003，pp.13—14.

② Othmar Keel，edited by Brent A. Strawn，*Jerusalem and the One God*，Fortress Press，2017，p.15.

③ "Land of Israel：Geographical Survey"，https://www.encyclopedia.com/religion/encyclopedias-almanacs-transcripts-and-maps/land-israel-geographical-survey，2023 年 10 月 9 日。

④ Rabbi Joseph Schwarz，*Descriptive Geography Brief Historical Sketch Palestine*，Trans. Isaac Leeser，A. Hart，1850，p.239.

⑤ Margaret R. Bunson，*Encyclopedia of Ancient Egypt Revised Edition*，Facts On File，Inc，2002，p.134.

⑥ Othmar Keel，edited by Brent A. Strawn，*Jerusalem and the One God*，Fortress Press，2017，p.59.

东岸希腊化王国的犹太国的首都。①

罗马崛起后册封希律(Herod)为犹太国王,他为耶路撒冷的权力延伸作出过重要贡献,在修建第二圣殿的同时,他还主持重建了已经衰败的沿海古城斯特拉托(Strato),改名"凯撒利亚"(Caesarea),声称献给罗马人,在该城建造海港和仓库等海运配套设施,意图将其打造为东地中海的主要贸易港,与埃及的亚历山大港相媲美。公元前27年又重建了犹太人的北方旧都撒玛利亚(Samaria),为纪念屋大维,改名为"赛巴斯特"(Sebaste),位于凯撒利亚东南约38公里的山区,并将退役士兵迁徙至新城充实人口,开垦荒地增加耕地面积,修筑城墙用于防御。希律王的大规模城镇建设运动具有两方面的意义:首先,新城采用希腊罗马式规划和建筑风格,引入罗马公民治理模式,以及积极筹办奥运会,这些措施虽然遭到坚持犹太民族性的群体抵制,但客观上加强了区域政治的整合,推动了犹太文化与希腊罗马文化的交流融合;其次,筑造新城,组织移民,修建防御工事,将赛巴斯特作为连接犹太南部山区和北部加利利地区的要塞,强化对北部地区的控制,又通过凯撒利亚将内陆山区接入地中海世界的贸易网络,为沿海平原和耶路撒冷山地的农产品进入世界市场提供便利,使在地理上相对封闭的耶路撒冷有机会融入地中海贸易网络,扩大犹太人在罗马世界的影响力,巩固以耶路撒冷为中心的犹太国家,希律王还从地中海贸易中赚取高额的税费。当时的犹太史学家约瑟夫(Josephus)在评价希律王的政绩时强调,他的"慷慨"是由于注意到了该地区的前景和财富,他将讨好凯撒·奥古斯都的愿望与经济动机结合在一起。②希律王是最早将耶路撒冷融入地中海政治经济体系的实践者。

公元70年罗马帝国镇压犹太人起义,摧毁耶路撒冷,驱逐犹太人,犹太王国并入罗马行省,行政中心位于凯撒利亚和吕大(Lydda),重建后的耶路撒冷是一座边陲小城。公元4世纪至7世纪基督教和伊斯兰教先后在地中海东岸和阿拉伯半岛崛起,与犹太教注重民族性不同,二者在传播过程中都强调超越族群界限,宣传普世价值观,还都继承了犹太教关于耶路撒冷的神圣记忆,新宗教的皈依热情与圣地意识交织,耶路撒冷的宗教意义很快与传统的权力争

①　Victor Tcherikover, *Hellenistic Civilization and The Jews*, Trans. S. Applebaum, The Magnes Press, 1959, p.119.

②　Kenneth G. Hoium & Robert L. Hohlfelder, *King Herod's Dream: Caesarea on the Sea*, Penguin Books Canada Ltd., 1988, p.73.

霸相融合,加剧了地缘政治的复杂性。最早将基督教、战争和耶路撒冷联系起来的是罗马帝国皇帝君士坦丁一世(Constantine I)。据基督教教会史学家记述,君士坦丁声称在统一帝国的内战期间,在梦中得到上帝的启示,①大获全胜,因而选择皈依基督教,在位期间颁布《米兰敕令》结束对基督徒的迫害,呼吁归还教会财产,召开尼西亚会议,规范教义,统一思想,提议在耶路撒冷发掘与耶稣生平有关的遗迹。君士坦丁是首位动用国家力量,塑造耶路撒冷基督教景观的统治者,以官方名义确认耶路撒冷遗迹的神圣性和唯一性,这些举措在罗马帝国掀起了皈依基督教和传播福音的狂热,为君士坦丁的对外征服储备了精神动力。君士坦丁晚年常以基督教的庇护者自居,在给萨珊波斯国王沙普尔二世(Shapur II)的信中,敦促波斯国王善待境内的基督徒。当波斯贵族入侵基督教王国亚美尼亚后,君士坦丁决定借此反击,他将这场战争视为基督教的十字军战争,呼吁主教们随军出征,计划在进入波斯前于约旦河受洗,但因身患重病东征计划最终取消。②事实上君士坦丁的基督徒身份始终缺乏决定性证据,但他的政治和宗教实践首次把耶路撒冷与官方信仰和国家命运联系在一起,耶路撒冷的神圣意义开始为现实政治服务。因此有观点认为,君士坦丁圣化耶路撒冷,将其打造成罗马世界基督徒公认的圣地是出于政治目的,是利用宗教热情巩固权力和帝国统一的手段。③

君士坦丁为中世纪的地缘冲突留下了丰厚遗产。首先,"十字军计划"虽然未能如愿,但"圣战"思想影响深远,成为后世东西方地缘冲突的主要模式之一;其次,耶路撒冷在成为基督教世界的精神堡垒后,地缘价值获得了前所未有的提升。在基督教信仰的加持下,耶路撒冷成为战争双方战略目标的焦点。7世纪初拜占庭和萨珊波斯战争时,波斯将领罗缪赞(Romiuzan)就以耶路撒冷为目标,于614年攻入城内,屠戮洗劫三天,将基督教圣物"圣十字架"(True Cross)运至泰西封(Ktesiphon),羞辱拜占庭。拜占庭教会全力支持皇帝赫拉克利乌斯(Heraclius)反攻波斯,进军途中拜占庭军队摧毁了一座波斯人建造的琐罗亚斯德教圣地,以报耶路撒冷之仇,最终由于波斯内乱双方议和,"圣十

---

① David M. Gwynn, *Christianity in the Later Roman Empire: A Sourcebook*, Bloomsbury, 2015, p.30.

② Norman H. Baynes, *Constantine the Great and the Christian Church*, Oxford University Press, 1972, p.258.

③ Oded Peri, *Christianity under Islam in Jerusalem: the question of the holy sites in early Ottoman times*, Brill, 2001, p.41.

字架"回归耶路撒冷。这场围绕耶路撒冷的战争,给拜占庭帝国和皇帝本人带来了无上荣耀,战争是基督教世界对琐罗亚斯德教的胜利,同君士坦丁一样,赫拉克利乌斯获得了信仰捍卫者的美名,拜占庭帝国的正统性也通过战争得到巩固。与耶路撒冷有关的战争不仅是攻城略地,意识形态意义更加重要,胜利带来的是以某种信仰为核心的文化优越感和实力象征,而失败则预示着新一轮地区冲突的酝酿。历史学家贝亚特·狄更斯(Beate Dignas)认为,拜占庭和波斯对耶路撒冷的争夺为后世的战争树立了一种臭名昭著的主基调。①

　　7世纪中期阿拉伯伊斯兰帝国占领耶路撒冷和叙利亚地区,萨珊波斯也在军事征服中灭亡,阿拉伯穆斯林成为与拜占庭帝国对峙的新势力,自倭玛亚王朝至阿巴斯王朝强盛时期,双方的战争大多集中于地中海海域和边境地区,均未能取得决定性胜利。8世纪前后拜占庭帝国正处于王朝交替和东派教会的教义纷争期,政治力量涣散,教会矛盾重重。阿拉伯的哈里发帝国同样遭受派系之争的困扰,双方的地缘对抗总体呈缓和态势。阿拉伯穆斯林在耶路撒冷执行的宗教宽容政策也发挥了积极作用,耶路撒冷牧首索夫罗尼斯(Sophronius)和叙利亚基督徒在向哈里发欧麦尔(Umar)投降时,提出保留教堂和教会自治的条件,欧麦尔在要求缴纳人头税后同意了请求,②这项契约成为后世大多数穆斯林统治者遵循的治理准则。但随着耶路撒冷在伊斯兰教中地位的提升,耶路撒冷牧首区开始受到限制,其间有60多年未选出新牧首。③817年拜占庭皇帝利奥五世(Leo V)称阿拉伯人亵渎耶路撒冷圣地,要求抵制与阿巴斯王朝的贸易。④975年拜占庭皇帝约翰一世(John I Tzimiskes)趁阿巴斯王朝虚弱之际,率军挺进叙利亚,意图夺回耶路撒冷,但未能如愿。⑤11世纪什叶派法蒂玛王朝统治耶路撒冷,哈里发哈基姆(al-Hakim bi-Amr Allah)执

---

① Beate Dignas and Engelbert Winter, *Rome and Persia in Late Antiquity Neighbours and Rivals*, Cambridge University Press, p.230.

② Oded Peri, *Christianity under Islam in Jerusalem: the question of the holy sites in early Ottoman times*, Brill, 2001, p.41.

③ 王美秀等著:《基督教史》,江苏人民出版社2006年版,第69页。

④ Edited by Timothy Venning, *A Chronology of the Byzantine Empire*, Palgrave Macmillan, 2006, p.239.

⑤ Translated by Shainool Jiwa, *Towards a Shi'i Mediterranean Empire: Fatimid Egypt and the Founding of Cairo*, I.B.Tauris, 2009, p.188.

政时对基督徒施行迫害政策,1009 年下令拆毁耶路撒冷圣墓教堂,[1]1077 年,塞尔柱突厥人从法蒂玛王朝手中夺取耶路撒冷,屠杀了包括基督徒在内的大约 3 000 名市民。[2]罗马教廷得知消息后呼吁基督徒从穆斯林"敌人"手中夺回耶路撒冷。与此同时为抵御塞尔柱突厥人的侵扰,拜占庭皇帝阿历克塞一世(Alexios I)也欲借西欧军事力量挽救帝国,1095 年 3 月他派代表参加在皮亚琴察举行的天主教大公会议,主动提出东西教会统一和由罗马教廷掌管圣地的建议。[3]之后不久教皇乌尔班二世就在法国克莱芒会议期间公开演说,宣扬基督徒团结,收复耶路撒冷,十字军运动拉开帷幕。

从 11 世纪末至 13 世纪十字军在地中海东岸建起多个政权,它们改变了当地的政治和宗教环境,影响力最大的是耶路撒冷王国。首先,西欧封建领主将封建土地所有制带到巴勒斯坦,王国被划分为多块由领主统治的封地,领主再将其分封给骑士和军官作为采邑,由于东征后留在当地的欧洲贵族和骑士数量有限,许多出身卑微的军士也获得了封地,以耶路撒冷王国的阿苏尔(Arsur)勋爵领地为例,1261 年该领地的 27 个采邑中有 21 个分给了军士,其中一些人是本地佃户出身,这种随意性与西欧等级森严的分封体系格格不入,属于耶路撒冷王国的政治经济特色,有学者认为欧洲人不切实际地将分封制嫁接到巴勒斯坦是造成该现象的主要原因。[4]其次,耶路撒冷的人口结构和宗教社区发生变化。耶路撒冷王国以前,希腊正教会是耶路撒冷规模最大的基督教社区,信徒主要包括希腊人和阿拉伯人,十字军国家建立后罗马教廷势力膨胀,天主教会排挤其他在圣地活动的东方教会,特别是希腊东正教会,其成员完全被驱逐出圣墓教堂。直到 12 世纪中期,亚美尼亚人和雅各派才获准使用圣墓教堂庭院西南的拜占庭小礼拜堂。圣地的天主教徒还享有世俗政治特权,受邀参加加冕礼宴会,与国王和贵族亲近,或能作为皇家特许状的见证人,[5]而希腊人和其他东方教会的基督徒被排除在王国的荣誉场合

① Michael Brett, *The Rise of the Fatimids*：*The World of the Mediterranean and the Middle East in the Fourth Century of the Hijra*, *Tenth Century CE*, Brill, 2001, p.138.

② Eric H. Cline, *Jerusalem Besieged From Ancient Canaan to Modern Israel*, The University of Michigan Press, 2004, p.164.

③ 彼得·托劳著:《十字军东征》,张巍译,上海三联书店 2020 年版,第 20—21 页。

④ Jonathan Riley-Smith, *The Feudal Nobility and The Kingdom of Jerusalem 1174—1277*, Palgrave Macmillan, 1974, p.4.

⑤ Adrian J. Boas, *Jerusalem in the time of the Crusades*, Routledge, 2001, p.214.

之外。

耶路撒冷王国作为西欧贵族军事征服的产物,与罗马教廷为首的天主教统治集团也存在对抗关系。12 世纪西欧教会改革取得明显成效,教皇从世俗统治者手中得到教职任免权,与王权形成对峙,甚至在一些方面掌握着主动权。对罗马教廷而言耶路撒冷的土地并非世俗世界,乌尔班二世认为在耶路撒冷建立的政权应由罗马教廷直接治理,它是教会在东方彰显权力和荣耀的证明。①耶路撒冷王国的首任统治者戈弗雷(Godfrey)承认教会权威,自称男爵和圣墓守卫者,拒绝国王头衔,尊重戴姆伯特(Dagobert)宗主教的权威,接受他的封地,宗主教成为耶路撒冷的实际统治者。但由于耶路撒冷在基督教世界享有极高的声誉,十字军战争后设立在耶路撒冷的拉丁宗主教区又拥有了自己的土地,加之欧洲贵族源源不断的捐赠,教皇也在刻意维持大贵族和宗主教之间的权力平衡,默许贵族的权利要求,以保证耶路撒冷不会成为罗马的竞争对手。戈佛雷去世后埃德萨(Edessa)伯爵鲍德温攻入耶路撒冷,要求宗主教加冕其为耶路撒冷国王,1100 年鲍德温在伯利恒加冕为王,之后在威尼斯和热那亚舰队以及其他领主的协助下,从阿拉伯人手中夺取了凯撒利亚、西顿和阿卡,1105 年鲍德温率领耶路撒冷王国军队击退了法蒂玛王朝和塞尔柱突厥联军,取得了拉姆拉战役的胜利,大致稳定了耶路撒冷的形势。经过戈弗雷和鲍德温的征讨,12 世纪初王国已经控制了地中海东岸的主要港口和部分战略要地,为王国的社会和经济发展奠定了基础,但王权与教权,内部派系之争也始终困扰着新生政权。

此外赞吉王朝崛起后向叙利亚的扩张战略,使耶路撒冷成为激发穆斯林战斗意识的关键,宗教学者希比特·伊本·贾沃齐(Sibt ibn al-Jawzi)在大马士革清真寺布道时,强调丢失圣地是耻辱,他希望通过讲述耶路撒冷的历史、神圣传统和传说,唤醒人们对圣城的情感共鸣和对十字军的憎恨,号召穆斯林反抗基督徒的圣战。②12 世纪 70 年代赞吉王朝的努尔丁与夺取法蒂玛王朝权力的萨拉丁联合对耶路撒冷形成南北夹击之势,围绕耶路撒冷的地缘角逐开始进入有利于穆斯林的阶段。

---

① John L. La Monte, *Feudal Monarchy in The Latin Kingdom of Jerusalem 1100 to 1291*, Kraus Reprint Co, 1970, p.203.

② Umej Bhatia, "Holy Cities", *S. Rajaratnam School of International Studies*(2008), p.36.

## 二、城市景观塑造与圣地的朝圣运动

作为圣城,耶路撒冷的城市景观塑造始终围绕宗教开展,犹太人、基督徒和穆斯林通过对各自宗教神话、经典和教义的理解塑造耶路撒冷的城市空间,耶路撒冷的天际线在有限的空间内承载着三大宗教无限的精神意象。在三个群体中犹太人最早进行耶路撒冷的城市景观建设,城市以圣殿为中心,根据《圣经》传说犹太圣殿是安放约柜的圣地,上帝在圣殿前向大卫现身,[①]这些描述虽然辉煌,却充满神话色彩。现实中对犹太人治下的耶路撒冷景观塑造作出巨大贡献的是依附于罗马的希律王,历史学家杰克·帕斯特(Jack Pastor)强调,在城市建设方面同时代没有任何统治者能够与希律王相比。[②]希律王仿照希腊罗马风格规划耶路撒冷,主持修建宏大的第二圣殿,遵照犹太律法雇用了1 000名祭司负责扩建和翻新,还重建了城市供水系统,修建马查达要塞(Masada)、希律堡(Herodium),在耶路撒冷周边建造大型宫殿建筑群,耶路撒冷的城市面积从哈斯摩尼时代的90公顷扩大到170公顷。[③]但在意识形态方面,当时的耶路撒冷只是犹太人的政治和信仰中心,缺乏世界影响力。

公元70年以后犹太人的大流散悲剧,使耶路撒冷成为散居世界各地的犹太人的民族精神寄托,因此中世纪犹太人同样是耶路撒冷朝圣队伍的主要成员。第一次十字军东征后,西欧和耶路撒冷王国之间的商旅往来规模逐步扩大,居住在西欧的犹太人前往东方巴勒斯坦的交通得到极大改善,根据朝圣记录主要有陆路和海路,以及陆海联运三种前往圣地的方式。首先十字军时期,使用最频繁的陆路路线是从西欧诸国出发,经巴尔干半岛到达君士坦丁堡,然后南下。另一条较少使用的路线是从布拉格经东欧、高加索、美索不达米亚,再折返叙利亚到巴勒斯坦。其次是海路,大多数情况下海路都是紧贴地中海的海岸线,或在岛链之间航行,如西西里岛、克里特岛、罗德岛和塞浦路斯。这条路线主要由威尼斯人执航,出发地通常是意大利半岛的城市,如威尼斯、安科纳和那不勒斯,从12世纪沿用至16世纪,航线的终点一般是雅法港。第三

① Alan Balfour, *Solomon's Temple Myth*, *Conflict*, *and Faith*, John Wiley & Sons Ltd., 2012, p.14.

② Menachem Mar, Aharon Oppenheimer, Jack Pastor, and Daniel R. Schwartz, *Jews and Gentiles in the Holy Land in the Days of the Second Temple*, *the Mishnah and the Talmud*, Yad Ben-zvi Press, 2003, p.160.

③ Cohen Shaye. "'Roman Domination: The Jewish Revolt and the Destruction of the Second Temple', in ed. Hershel Shanks, *Biblical Archaeology Society*, 1999, p.270.

种是混合路线,朝圣者沿伊比利亚北部经普罗旺斯到意大利南部的道路前进,从那里再经由陆路或海路继续前往地中海东岸,有时从君士坦丁堡走陆路,有时会在罗得岛和塞浦路斯停留。犹太朝圣者使用的三种路线实际上与基督徒的朝圣路线,以及当时的商贸路线有较高的重合度,是 12 至 13 世纪的主要朝圣路线和方式,但有时犹太人会因地缘因素影响,故意与基督徒制造差异,例如 14 世纪下半叶,为了避免介入基督徒与穆斯林在东地中海的战争,犹太朝圣者从海路前往圣地时会选择乘商船抵达的黎波里、贝鲁特或亚历山大港,再换乘其他船只或走陆路前往巴勒斯坦。

另外出于安全考虑在朝圣过程中犹太人习惯结成小团体,同时还能集中资源提高使用率,降低朝圣成本。犹太人在抵达巴勒斯坦后与基督徒的朝圣地点也大致相似,但更集中于耶路撒冷和周边区域,以及保存犹太文化记忆的遗址,比如加利利的圣墓。但耶路撒冷王国缺乏容纳犹太朝圣者的基础设施,因为按照政府规定禁止犹太人在圣城长期居住,[1]只有个别获得商业许可、拥有久居权的染色匠家里能够招待他们。

12 世纪末至 13 世纪早期,由于耶路撒冷在十字军和阿尤布王朝之间反复易手,阿卡成为耶路撒冷王国的新首都和交通枢纽,来自欧洲的犹太朝圣者开始从阿卡前往圣地,并且朝圣者数量急剧增长,许多人选择在临海城市定居。[2]伴随着犹太人的朝圣活动,从 12 世纪起欧洲涌现出了大量希伯来语旅行叙事诗,大多数聚焦于耶路撒冷地区,少数涉及埃及和美索不达米亚。它是一种体例多变的通俗文学,标志着中世纪犹太人巴勒斯坦朝圣运动的繁荣,游记在立场上具有明显的亲穆斯林倾向,在一些人的叙述中穆斯林君主仁慈且道德高尚,他们普遍尊重犹太臣民的自治权,赋予从欧洲来的犹太社团代表较高的地位,与犹太人在欧洲的生活和境遇大相径庭。马丁·雅各布斯(Martin Jacobs)认为犹太朝圣者对伊斯兰王国的理想化描绘,一方面是想要挑战基督教对圣地的主张,另一方面是想改善十字军东征期间西方和基督教对黎凡特的印象。[3]他们用游记讲述了东西方两大教派因争夺圣地产生的对立与隔阂,客观上有助于欧洲犹太人和其他民族了解中世纪伊斯兰国家的真实情况,增

---

[1] Martin Jacobs, *Reorienting the East: Jewish travelers to the medieval Muslim world*, University of Pennsylvania Press, 2014, p.47.
[2] Ibid., p.50.
[3] Ibid., p.5.

进彼此了解。但需要强调的是,中世纪的希伯来语朝圣游记的核心作用仍是服务于犹太民族的,通过描写耶路撒冷和夸大异域风情,塑造文化上的他者,巩固流散于世界各地的犹太人社区的民族性。

耶路撒冷的基督教景观始于罗马帝国皇帝君士坦丁一世统治时期,他在耶路撒冷开启大规模基督教化城市建设运动。得益于政治力量,帝国的广阔疆域和基督教的普世性,耶路撒冷的宗教意义传遍地中海世界,具备了世界意义。君士坦丁在母亲海伦娜寻找的遗迹上建造圣墓教堂(Holy Sepulchre)纪念耶稣的牺牲,是基督教世界公认的主要圣殿。在君士坦丁的鼓励下,4 世纪基督徒掀起圣地朝圣热,许多早期教会的圣人参与其中,著名宗教学者尤西比乌斯(Eusebius)4 世纪末定居耶路撒冷,并在一位贵族的资助下在伯利恒的一所修道院翻译《圣经》,还经常接待参观圣地后拜访他的朝圣者,尤西比乌斯认为游历耶稣生活的地方是一种虔信行为。5 世纪初在政府的鼓励下,朝圣人数成倍增长,耶路撒冷和周围城镇建起 200 座修道院和收容所,用来接待朝圣者。[1]朝圣者不仅人数众多,民族成分也较为复杂,5 世纪的朝圣记录中出现了有关叙利亚地区的阿拉伯基督徒的记载,他们自称"阿拉伯人"[2],崇尚罗马文化,信仰基督教,居住在耶路撒冷和其他地中海东岸的罗马城市,许多人还担任过当地主教,他们与阿拉伯半岛的贝都因游牧部落在文化上存在较大差异。其次还有亚美尼亚人,亚美尼亚人从拜占庭和波斯前往圣地朝圣,许多人选择留在耶路撒冷苦修,逐渐形成耶路撒冷的亚美尼亚人社区。亚美尼亚人的宗教礼拜仪式也深受耶路撒冷教会的影响,[3]在结合古叙利亚文化和希腊文化的基础上,形成了一种有别于罗马教会和拜占庭教会的独特基督教民族文化。阿拉伯基督徒和亚美尼亚人表明,耶路撒冷及其附近地区不仅是宗教圣地,也是周边古老文明交流的熔炉。

638 年信仰伊斯兰教的阿拉伯人征服叙利亚地区,占领耶路撒冷,耶路撒冷进入伊斯兰时代,由于宗教宽容政策,阿拉伯穆斯林统治早期几乎没有改变耶路撒冷的城市景观,除战乱外也未从政策上限制基督徒的朝圣活动,所以在

---

① Steven Runciman, *A History of The Crusades Volume I : The First Crusade and the Foundation of the Kingdom of Jerusalem*, Cambridge University Press, 1951, p.38.

② Raouf Abu Jaber, "Arab Christians in Jerusalem," *Islamic Studies*, Vol.40, No.3/4, Special Issue: Jerusalem(Autumn-Winter 2001), p.589.

③ Edited by Jonathan Shepard, *The Cambridge history of the Byzantine Empire c.500—1492*, Cambridge University Press, p.162.

相当长的一段时间里,耶路撒冷仍然保留着基督教特征,四大哈里发时代也只在圣殿山建设了阿克萨清真寺的雏形,穆斯林还放开了对犹太人朝圣的限制。耶路撒冷的大规模伊斯兰化始于倭马亚王朝,城市地位短暂地超过首都大马士革,穆阿威叶(Muʿāwiya ibn Abī Sufyān)和阿卜杜勒·马立克(Abd al-Malik)均在耶路撒冷登上哈里发宝座,他们主持建造了阿克萨清真寺、圆顶清真寺、圣库(Bayt al-Mal)、锁链圆顶(Qubbat al-Silsila)、先知圆顶和升天圆顶(Qubbat al-Nabi, Qubbat al-Mi'raj)以及两座城门。[①] 为了与麦加的伊本·祖拜尔(ʿAbd Allah b. al-Zubayr)竞争,阿卜杜勒·马利克禁止叙利亚的穆斯林前往麦加朝圣,要求他们在圆顶清真寺举行朝觐的所有典礼和仪式,意在用圆顶清真寺代替克尔白,[②] 倭马亚统治者希望借伊斯兰化耶路撒冷,鼓励穆斯林前往耶路撒冷朝圣,营造王朝的正统地位。同罗马帝国时代一样,政治决策的效果明显,耶路撒冷成为穆斯林苏菲派的热门朝圣地,他们专注于探访耶路撒冷及周边的宗教遗迹和古墓,相信这些地方能够带来好运和祝福,阿巴斯王朝晚期出现了记述耶路撒冷穆斯林朝圣者或苏菲主义者言行和传奇经历的宗教赞美文学。有学者认为"苏菲主义者完善了以耶路撒冷为中心的穆斯林宗教地理意识"[③]。耶路撒冷的穆斯林社区也逐步发展壮大。到 10 世纪和 11 世纪,耶路撒冷已经形成了较为稳定的人口区划结构,包括犹太人社区、基督徒社区(以希腊东正教为主)、亚美尼亚人社区和穆斯林社区,成为一座伊斯兰景观特征浓厚的多信仰混合城市,各教派大体上维持着和谐稳定关系,而构建这种多元和谐共存模式的动力正是朝圣者对耶路撒冷神圣意义的共识。

但 11 世纪末西欧罗马教廷打破了耶路撒冷数个世纪的和平朝圣状态,战争与朝圣结合起来,耶路撒冷的多宗教现状成为战争的诱因,罗马教廷追求单一教会统治下的圣地。在教皇乌尔班二世的语境中,信仰伊斯兰教的穆斯林是破坏圣地、压迫东方基督徒的异教者,收复圣地,解救东方教会是教廷的责任,他向教众宣传耶路撒冷是流淌着奶与蜜的天堂,抵达那里就可以获得救赎。这种掩盖战争本质的宗教宣传在当时产生了良好的效果,以至于 12 世纪

---

① Amlkam Elad, *Medieval Jerusalem and Islamic Worship Holy Places*, *Ceremonies*, *Pilgrimage*, Brill, 1994, p.24.

② Ibid., p.58.

③ Shamsuddtn Al-Kilani, "The Muslim Fascination with Jerusalem: The Case of the Sufis," *Islamic Studies*, Vol.40, No.3/4, Special Issue: Jerusalem(Autumn-Winter 2001), p.601.

末以前,在欧洲口语和文学表达层面十字军东征就是一种朝圣形式,也被称为一种允许携带武器的远征,直到 13 世纪中期,特指"十字军东征"的拉丁语词汇才在英格兰和欧洲大陆使用。[①]

教皇的演说在社会层面引发了强烈反响,从贵族、平民到贫苦农奴,社会各阶层都认为自己有资格参加神圣的东方远征。一些人开始伪造教皇信件或谎称上帝信使招募人员。一位名叫隐士彼得(Peter the Hermit)的牧师自称从耶路撒冷归来,亲眼目睹基督徒遭受的剥削,圣地拒绝穷人在圣墓教堂做礼拜,上帝指示他重返耶路撒冷。许多人视其为圣人,富人为他的事业捐赠财物,彼得将财物分给穷人,并不断地在欧洲城镇布道演说,招募起一支约 4 万人的队伍,但其中只有 500 名有战斗力的骑士,其余均是贫苦农民。[②]像彼得一样以上帝旨意和征服圣地为口号,聚敛财富,招募战士的人比比皆是,他们形成了最初的十字军。在拜占庭舰队的护送下,这些以破产贫民为主体的武装朝圣团很快被小亚细亚的突厥人击溃,成为野心家的炮灰。

形成战斗力的十字军由西欧封建贵族和骑士组成,大多数来自法兰克,耶路撒冷王国建立以后他们构成了当地的统治精英阶层。12 世纪时国王和大贵族组成的最高法院(Haute Cour)是王国的主要权力机关,每年召开一次会议处理重大政治事务或国内刑事案件。除此以外根据教会律令运作的教会法院(The Church court),对所有神职人员、军事修会成员(医院骑士团、圣殿骑士团和圣拉撒路麻风骑士)和其他民间教士都有管辖权,另外还负责处理教会财产交易,对与天主教信仰、婚姻和遗嘱有关的几乎所有事务具有管辖权。[③]耶路撒冷王国的教俗关系总体上以合作为主,特别是在朝圣事务方面。首先是对基督教遗迹的恢复重建,以及去伊斯兰化。以圣墓教堂为例,由于自然灾害和 10 到 11 世纪初的反基督教运动,圣墓教堂遭到严重破坏,11 世纪中期虽得到修缮,但规模有限。12 世纪时耶路撒冷王国决定对圣墓教堂进行全面维护和扩建,他们参考罗马式教堂建筑特征,在雕塑方面保留原来的东方样式,[④]重建圆形大厅,在大厅北、西、南方向建造拱门,在圆形大厅的南面再建

---

① Suzanne M. Yeager, *Jerusalem in Medieval Narrative*, Cambridge University Press, 2008, p.6.
② Conor Kostick, *The Siege of Jerusalem Crusade and Conquest in 1099*, Continuum, 2009, p.4.
③ Adrian J. Boas, *Jerusalem in the time of the Crusades*, Routledge, 2001, p.22.
④ J. P. B. and Claude Ross, *The Church of The Holy Sepulchre in Jerusalem*, Trans. Charles Couasnon, O.P., Oxford University Press, 1974, p.58.

三座新小教堂。①十字军修缮后圣墓教堂是一座东西合璧的混合宗教建筑，成为基督徒耶路撒冷朝圣的热门圣迹。王国的统治者还将阿克萨清真寺改建为王宫用于办公，而圆顶清真寺被圣奥古斯都隐修会（Augustinians）占据作为自己的教堂，②十字军时代耶路撒冷的大多数伊斯兰教建筑，都被十字军贵族和罗马教会及其附属社团改建或征用。另外耶路撒冷还恢复了复活节游行活动，游行从伯大尼（Bethany）出发，在棕枝主日日出前，各教堂的主教和神职人员在圣墓司库的陪同下，手持真十字架，聚集在伯大尼。与此同时耶路撒冷的居民和朝圣者手持棕榈枝和橄榄枝聚集在圣殿外，由一位高级教士带领队伍从圣殿山出发，两支队伍出城会合，再跟随宗主教来到金门，重新进入耶路撒冷，最后在圣殿内绕行十字架，并在圣殿外祈祷，结束游行。③耶路撒冷王国的一系列政策强化了耶路撒冷的基督教特性，欧洲基督徒重新燃起圣地朝圣的热情。

　　西欧基督徒前往耶路撒冷朝圣的路线大致和犹太人相似，陆路和海路都高度依赖拜占庭帝国和意大利的沿海港口城市，但在10世纪后期，随着欧洲中部匈牙利的基督教化，朝圣路线出现了新选择，朝圣者可以沿多瑙河穿过巴尔干半岛抵达君士坦丁堡。而当11世纪拜占庭帝国征服巴尔干后，陆路朝圣者拥有了更多的选择，通过匈牙利，在贝尔格莱德越过拜占庭边境，然后穿过索非亚和阿德里安堡到达君士坦丁堡。④陆路是12世纪十字军东征前大多数西欧朝圣者的选择，它虽然慢，但行走方便，且比海运便宜，更适合大型团体。然而随着地缘局势的紧张，西欧朝圣者在经过拜占庭边境时，开始遭遇不确定风险，11和12世纪拜占庭帝国建立起一套边境检查系统，行人通过时必须出示过境许可证，因此打算穿过帝国边境向东旅行的西方人团体需要提前申请许可。12世纪初一些从罗马前往耶路撒冷的朝圣者缺少相关手续，在雅典停留时被逮捕，当地官员怀疑他们对皇帝怀有敌意，后经教会调解才得以继续前行，⑤

① Adrian J. Boas, *Jerusalem in the time of the Crusades*, Routledge, 2001, p.103.
② Denys Pringle, *The Churches of the Crusader Kingdom of Jerusalem A Corpus Volume Ⅲ The City of Jerusalem*, Cambridge University Press, 2007, p.403.
③ Adrian J. Boas, *Jerusalem in the time of the Crusades*, Routledge, 2001, p.30.
④ Steven Runciman, *A History of The Crusades Volume I The First Crusade and the Foundation of the Kingdom of Jerusalem*, Cambridge University Press, 1951, p.48.
⑤ Anthony Kaldellis, "Byzantine Borders Were State Artefacts, Not 'Fluid Zones of Interaction'," in Edited by D. G. Tor and Alexander D. Beihammer *The Islamic-Byzantine Border in History*, Edinburgh University Press, 2023, p.121.

这种警惕表明拜占庭帝国虽然与罗马教廷存在军事合作,但对十字军运动仍怀有戒心。12世纪早期十字军控制耶路撒冷后,耶路撒冷王国修缮巴勒斯坦的沿海城镇设施,这些地方通过相对安全的海路与西方相连,较少受到战争波及,王国还设立了圣殿骑士团负责朝圣者从巴勒斯坦海岸进入耶路撒冷路途上的安全,①海路成为当时欧洲基督徒可选的最佳路线。值得注意的是战争期间十字军战士自东地中海往欧洲返乡活动增多,朝圣也出现了自东向西的新路径。13世纪一批亚美尼亚人从东方前往英国亨廷顿郡(Huntingdonshire)的拉姆齐修道院(Ramsey Abbey)拜访他们的同胞圣伊沃(St. Ivo)。②

1187年7月4日,萨拉丁在哈廷(Hattīn)击溃耶路撒冷王国军队,10月耶路撒冷投降。基督徒统治大约80年后,耶路撒冷回到穆斯林的控制之下。萨拉丁占领耶路撒冷后采取了和耶路撒冷王国相似的措施,主持改建阿克萨清真寺和圆顶清真寺,去除十字军时代的马赛克装饰,把其他基督教教堂改建为伊斯兰教学校。13世纪十字军短暂地回到耶路撒冷,但仅作战争防御准备未开展城市建设,不久之后花剌子模入侵耶路撒冷,屠杀基督徒,摧毁教堂,耶路撒冷遭到重创,朝圣活动受到影响。随着十字军在地中海东岸势力的萎缩,欧洲基督徒的朝圣热情相对下降,但在穆斯林统治下东派教会和犹太人未受到明显影响,统治者允许犹太人在圣殿墙外活动,也可以参加纪念亚伯拉罕的慈善活动。③13世纪中叶马穆鲁克王朝取代阿尤布王朝,由于耶路撒冷地理位置远离马穆鲁克的道路和驿站体系,战略重要性有所下降,但马穆鲁克苏丹继续推进萨拉丁时代的圣地建设事业,进一步修缮阿克萨清真寺,新建城市供水管道,大量建设伊斯兰学校和苏菲道堂,④到奥斯曼帝国前夕耶路撒冷已经发展成为穆斯林世界苏菲教团的学术和朝圣中心。

### 三、战争、朝圣对地区经济文化交流的影响

如前所述耶路撒冷的地理位置决定它难以成为地区经济中心,但耶路撒冷厚重的历史文化和由此衍生的宗教意义,却为发展朝圣经济提供了理想环

---

① Edited by Alan V. Murray, *The Crusades: an encyclopedia*, ABC-CLIO, Inc., 2006, p.xlviii.
② Diana Webb, *Medieval European Pilgrimage*, c.700—c.1500, Palgrave, 2002, p.146.
③ Martin Jacobs, *Reorienting the East: Jewish travelers to the medieval Muslim world*, University of Pennsylvania Press, 2014, p.107.
④ 丹·巴哈特著:《耶路撒冷建城史》,王骏、徐杰、张照译,同济大学出版社2017年版,第150页。

境,朝圣客流、朝圣服务和宗教建筑的门票,以及圣物纪念品的收入构成了耶路撒冷城市财政的稳定来源。与此同时耶路撒冷在地缘冲突中表现出的战略重要性和对权力荣誉的象征,促使中世纪的统治者和王公贵族愿意推行城市建设,或对圣地慷慨捐赠,而 12 和 13 世纪的十字军运动将战争与朝圣对耶路撒冷经济的推动作用发挥到了新的高度。

基督教得到罗马帝国官方承认以后,在罗马贵族阶层兴起一股圣地寻宝热。最具代表性的人物是君士坦丁的母亲海伦娜,她被称为最早的圣地考古学家,并多次目前往巴勒斯坦城镇勘察,据说发现了髑髅地(Calvary)遗迹,找到了耶稣的所有受难遗物,包括"圣十字架",[1]为君士坦丁的圣城建设提供了重要帮助。5 世纪中叶在朝圣热的刺激下,罗马贵族热衷于收藏和购买耶路撒冷的基督教遗物,拜占庭帝国皇后尤多西亚(Eudocia)迁居雅典期间,常以书写宗教赞美诗和收集基督教遗物为消遣,她购买了圣路加(Saint Luke)绘制的圣母像,送往君士坦丁堡保存,这是她的众多圣地藏品之一。[2]她的行为影响到其他贵族和普通朝圣者,耶路撒冷的圣徒遗物和殉葬品同来自东方的其他奢侈品一样,受到朝圣者的喜爱,早期的修士也告诉人们在圣徒的墓地可以寻到神的踪迹,创造奇迹。一时间圣徒、圣迹崇拜蔚然成风,朝圣者从圣地购买遗物,甚至有人以此为业,将耶路撒冷的遗物通过商路转卖给欧洲贵族牟利。耶路撒冷的神圣意义开始附带经济价值,统治者加大对城市的政治关注和市政建设,在此基础上朝圣客流和朝圣服务收入源源不断,耶路撒冷的"神圣经济"步入良性循环,到 12 世纪早期十字军控制耶路撒冷后,由于战争消耗和政治治理的需要,来自西欧的法兰克贵族对建设"神圣经济"产生了更加迫切的需求。

1099 年十字军攻陷耶路撒冷,进行了惨无人道的大屠杀,穆斯林和犹太居民是最大受害者,仅一周时间至少有 70 000 名穆斯林遇难。[3]大规模屠杀使耶路撒冷几乎沦为空城。战后十字军中的大部分人离开耶路撒冷返回欧洲,只剩下 300 名骑士和 300 名步兵守卫耶路撒冷,[4]但对该地区的争夺仍在持

---

① Oded Peri, Christianity under Islam in Jerusalem: the question of the holy sites in early Ottoman times, Brill, 2001, p.6.

② Steven Runciman, *A History of The Crusades Volume I The First Crusade and the Foundation of the Kingdom of Jerusalem*, Cambridge University Press, 1951, p.40.

③ Maher Y. Abu-Munshar, *Islamic Jerusalem and its Christian A History of Tolerance and Tensionss*, Tauris Academic Studies, 2007, p.127.

④ Adrian J. Boas, *Jerusalem in the time of the Crusades*, Routledge, 2001, p.214.

续,至 12 世纪早期耶路撒冷王国才暂时结束主要战事开启经济建设。首先是恢复人口和土地生产。对非天主教徒采取宗教宽容政策,吸引移民。政府在保留人头税、果树税以及实物地租后免除其他税费,穆斯林社区有权自行选举管理者,组织自己的行政机构,享有一定的自治权。1120 年鲍德温二世(Baldwin II)还免除了耶路撒冷穆斯林的食物销售税,[1]并给予亚美尼亚人类似的政策优惠,到 12 世纪中叶耶路撒冷的国王在穆斯林社区获得了良好的声誉,农业和商业恢复迅速。当时的一位伊斯兰教学者承认,与突厥或埃及的暴君相比,农民更喜欢基督教贵族的统治。[2]其次,加大对朝圣建筑和服务人员以及辅助设施的投入。耶路撒冷王国和拉丁宗主教区在修缮和扩建诸如圣墓教堂等主要朝圣遗迹的同时,通过改造清真寺或新建教堂的方式增加基督教教堂的数量,以留住更多朝圣者。例如在圣母教堂附近新建纪念玛丽亚母亲的圣安妮教堂,许多修会也加入圣城建设行动中,而远在西欧的法兰克贵族是城市建设运动资金的主要捐赠者。[3]另外在中世纪从欧洲前往耶路撒冷也是一场充满危机、需要强大经济力量支撑的冒险,旅途中或遇到战乱,或遭遇强盗,抑或是感染疾病,这些意外有可能损失财产,甚至危及生命。据推算,一名欧洲朝圣者前往耶路撒冷朝圣要花费大约 200 达克特(ducats)[4],其中一半是旅费,以 13 世纪的经济标准,对许多朝圣者来说,相当于一年多的工作收入。[5]很多朝圣者抵达耶路撒冷时面临穷困潦倒、疾病缠身的困境,因此王国在设立注重保护朝圣者安全的圣殿骑士团外,又组建起耶路撒冷圣约翰骑士团(Hospital of St. John in Jerusalem),主要负责照顾朝圣者中的病人、穷人和伤者。一些游记描述说,驻守在医院的骑士团成员不分昼夜地提供无偿照顾服务,就像侍奉主人一样,为病人清洗,铺床,预备食物。[6]宽容政策和周到热

---

[1] Jean Richard, *The Latin Kingdom of Jerusalem*, trans. Janet Shirley, North-Holland Publishing Company, 1979, p.133.

[2] C.R. Conder, *The Latin Kingdom of Jerusalem*, Routledge, 2011, p.77.

[3] Bernard Hamilton, "The Impact of Crusader Jerusalem on Western Christendom," *The Catholic Historical Review*, Vol.80, No.4(Oct., 1994), p.704.

[4] 流行于中世纪欧洲的一种货币。

[5] Adrian R. Bell and Richard S. Dale, "The Medieval Pilgrimage Business," *Enterprise & Society*, Vol. 12, No.3(SEPTEMBER 2011), p.620.

[6] Bernard Hamilton, "The Impact of Crusader Jerusalem on Western Christendom", *The Catholic Historical Review*, Vol.80, No.4(Oct., 1994), p.705.

忧的朝圣服务,吸引大量移民定居耶路撒冷,耶路撒冷的人口和税收均出现明显增长,在城市的东北部形成了东方基督徒社区,人口主要来自外约旦。12世纪耶路撒冷的人口最高达到 30 000 人,与同时期地中海东岸的两大港口城市阿卡和提尔相当,也能与西欧的佛罗伦萨和伦敦媲美。①而从雅法到耶路撒冷陆路朝圣者的活跃,又促进了沿线村庄税收收入的快速增长,由于数额较大,王国聘请专人负责,税款保存于圣十字教堂的宝库中,需要三把钥匙开启,分别由城主、宗主教和圣墓教堂长老持有。②

　　耶路撒冷王国积极的圣地建设运动,使朝圣成为耶路撒冷的经济支柱,另外朝圣产生的经济联系也推动耶路撒冷进一步融入区域贸易网络,在这方面意大利的城市国家扮演着主要角色。早在 9 世纪时法兰克王国就与东方的叙利亚和埃及建立起较为稳定的贸易联系。里昂、马赛等西欧城市的商人每年两次前往亚历山大港进口东方香料,而意大利的水果定期出口安提阿。11世纪初意大利阿马尔菲(Amalfi)商人与埃及苏丹建立起良好的贸易关系,苏丹将耶路撒冷的部分区域划给他们居住,③11 世纪 70 年代其中一些人开始参与耶路撒冷的城市基础设施建设,投资重建了一座收容院和一座罗马天主教教堂,④与此同时威尼斯和热那亚商人也是地中海东岸的常客,他们的商贸活动一般集中在亚历山大和开罗等大都市。但 12 世纪时地处内陆的耶路撒冷也随着战争的到来受到二者的关注,对威尼斯人和热那亚人而言宗教虔诚是经济利益的附属品,他们将十字军东征视为一次商业机遇,热那亚人专门为此成立了一支运输人员和物资的武装船队。十字军运动早期部分西欧贵族也意识到威尼斯人和热那亚人的重要作用,安条克公爵伯希蒙德强调十字军的组织者应与意大利海上势力建立联系,在地中海开辟稳定的交通线,保障军事和经济需要。⑤事实也正如此,1100 年耶路撒冷王国立足未稳,为了巩固对巴勒斯坦海岸的统治,戈弗雷寻求威尼斯人的协助,同意了他们在耶路撒冷王国自由贸易,在每一座基督教城镇设立一间教堂和一个市场,以及得到未来攻占城市

① Adrian J. Boas, *Jerusalem in the time of the Crusades*, Routledge, 2001, p.214.
② Ibid., p.22.
③ 扎波罗夫著:《十字军东征》,哲安译,生活·读书·新知三联书店 1959 年版,第 11 页。
④ E. Ashtor, *A Social and Economic History of The Near East in The Middle Ages*, University of California Press, 1976, p.196.
⑤ 大卫·阿布拉菲亚著:《伟大的海:地中海人类史》,徐家玲等译,社会科学文献出版社 2018 年版,第 398 页。

的三分之一等苛刻条件。①后来热那亚舰队同样以协防的名义与鲍德温签订协议,得到了耶路撒冷的一座广场和雅法的一条街道。②通过两项协议二者在耶路撒冷和巴勒斯坦海岸城镇攫取了大量土地和经济利益,但王国也利用地中海航线维持与西欧的联系,获得长期而稳定的援助,以及朝圣客流。另一方面威尼斯也从与耶路撒冷的贸易中收获宗教利益,大量圣物和遗骸随着地中海贸易运回威尼斯,激发起当地人修筑教堂、建造圣地的热情,至中世纪晚期威尼斯已发展成为欧洲的主要基督教圣地之一。

到12世纪后期和13世纪时,由于战争和地缘政治形势的改变,耶路撒冷的朝圣活动出现了新变化,特别是对欧洲基督徒而言。12世纪初十字军征服的结果是在地中海东岸构建起西欧式的封建国家,象征着西欧贵族和天主教徒在东方的统治,是欧洲朝圣繁荣的现实基础。耶路撒冷王国建立伊始的状况符合天主教会统治阶层预设的理想治理模式,耶路撒冷既是政治中心,又是宗教圣地,但1187年耶路撒冷失守,第三次十字军东征也未能重新占领耶路撒冷,致使耶路撒冷王国的政治中心向北方的阿卡转移。

12世纪末阿卡成为朝圣转运中心,大多数朝圣者为了躲避战乱选择海路朝圣,乘坐热那亚和威尼斯船只,在春秋季抵达阿卡。随着造船业的进步,运输朝圣者和货物的船只也逐渐增大,运输成本降低,个人朝圣成本随之减少,到13世纪时朝圣运动又出现了新的繁荣景象。1233年10月,阿卡的马赛商人同意让圣殿骑士团和福音派教徒每年从马赛向阿卡运送两船朝圣者,每船1 500人,总共6 000人。③当时欧洲的主要城市都有一条经阿卡中转的朝圣路线,从阿卡南下至海法、雅法,再过拉姆拉(Ramla)、贝特努巴(Bayt Nūbā)和纳比·萨姆维勒(Nabi Ṣamwīl)抵达耶路撒冷,在城内参观圣地以后,再经过伯利恒、希伯仑、伯大尼、耶利哥和约旦,以及十字架所在地和以马忤斯的修道院(Emmaus),最后通过撒玛利亚返回阿卡。穆斯林统治下的耶路撒冷对基督徒的朝圣仍持开放态度,允许来自海外的朝圣者以当地基督教社区访客的身份造访圣地,但朝圣者必须缴纳相应的费用,这些收益成为当地穆斯林政府财政收入的重要组成部分。面对朝圣带来的经济诱

① 约翰·朱丽叶斯·诺里奇著:《威尼斯史》,杨乐言译,译林出版社2021年版,第97页。
② C.R. Conder, *The Latin Kingdom of Jerusalem*, Routledge, 2011, p.82.
③ Denys Pringle, *Pilgrimage to Jerusalem and the Holy Land*, *1187—1291*, Routledge, 2016, p.6.

惑，为了将收入留在基督教耶路撒冷王国内，13 世纪中期阿卡针对欧洲基督教朝圣者推出了便捷的本地朝圣业务。当遭遇战争和安全问题时，如果朝圣者无法正常抵达耶路撒冷和南方的其他圣地，阿卡的教堂可以提供赎罪券替代朝圣服务，旅程从阿卡的城门开始，行走至建有围墙的蒙特姆萨德（Montmusard）郊外结束，①教会宣称效果等同于前往耶路撒冷圣地的赎罪之旅。此外阿卡的手工业作坊还制作与耶路撒冷同款的盛放圣水和圣油的瓶子，还有宗教信物、十字架、插画图书等纪念品，供朝圣者选购并带回欧洲分发。13 世纪的阿卡通过发展耶路撒冷朝圣的衍生服务，吸引了大批西欧商人和朝圣者，成为地中海东部法兰克人王国的经贸和文化中心，它的港口吞吐量足以与同时期的亚历山大港匹敌。②而与阿卡一样，位于耶路撒冷南方的大都市开罗同样受益于朝圣运动。由于中世纪犹太人与穆斯林的关系相对良好，亚历山大和开罗路线更受犹太朝圣者青睐，大批犹太旅行者在开罗的旅馆休整，参与当地市场的商品交易，但他们出行的目的并不完全是商业。例如来自托斯卡纳（Tuscan）的犹太商人米书兰（Meshullam）描述了开罗商业的繁盛，他收到了一份写有 3 600 种不同商品的清单，这些货物每年两次进口到埃及，然后运往威尼斯和欧洲其他地方。尽管他对此印象深刻，却只购买了少量珍珠和宝石，以便于开始新的旅程，他此行的根本目的是耶路撒冷朝圣。③虽然阿卡和开罗本就是商业和交通重镇，但不可否认的是耶路撒冷朝圣为其经济发展注入了更加多元的形式。

　　另外法兰克人对耶路撒冷的征服也促成了西欧天主教文化与古老的东方基督教以及伊斯兰文化的交流融合。直接表现是耶路撒冷王国治理政策的缓和，以及地中海东岸法兰克人的东方化。12 世纪时穆斯林诗人乌萨马·伊本·马吉德（Usamah ibn-Munqidh）受大马士革埃米尔委派，前往耶路撒冷王国进行外交活动，其间乌萨马与圣殿骑士团的部分成员结下了深厚友谊，但当他在阿克萨清真寺祈祷时被一名法兰克人强行把头转向东方，对他说："你应该朝这边祈祷！"执勤的圣殿骑士将那人带走后向乌萨马表达歉意说："他是新

①  Denys Pringle, *Pilgrimage to Jerusalem and the Holy Land*，1187—1291，Routledge, 2016, p.17.

②  Roger Crowley, *Accursed Tower The crusaders' last battle for the Holy Land*，Yale University Press，2019，p.12.

③  Martin Jacobs, *Reorienting the East：Jewish travelers to the medieval Muslim world*，University of Pennsylvania Press，2014，p.53.

来的法兰克人。"乌萨马晚年讲述这段经历时评价说："每个刚从法兰克土地迁徙来的人都比那些已经适应环境并与穆斯林长期相处的人性格粗鲁。"①另外长期居住在地中海东岸的法兰克人,在饮食和穿着方面也越来越像东方教会的成员,甚至是穆斯林,②而且他们中的许多人还接受了与十字军运动发起初衷相悖的宗教宽容理念。

## 结　语

就一座城市而言,地理位置的优越对其发展具有重要意义,但耶路撒冷是个例外。它是一座依靠历史记忆和宗教传说驱动的圣城,战争因此而起,但维持其生命和发展的朝圣运动亦由此而生,特别是在宗教文化氛围浓厚的中世纪,耶路撒冷的价值体现高度依赖其神圣意义,经过人类历史的堆叠塑造,这种关于地方的神圣意义成为一种文化象征,与现实的权力和荣誉息息相关,自此对耶路撒冷的治理就在多元包容和极端暴力之间反复徘徊。12 至 13 世纪的十字军运动是围绕耶路撒冷神圣意义展开的地缘冲突的高潮,绵延两个世纪的战争带来的破坏性为世人共睹,它制造出的东西方对立和观念差异至今未完全弥合,但以耶路撒冷为中心回顾这段历史仍然是有必要的。首先,对自然地理环境并不优异的耶路撒冷的长期投入和建设,是人类对抗自然、坚持信仰、激发想象力和创造力的历史进程的展现,多信仰对同一空间的反复重塑,造成的破碎天际线,不完全是冲突的痕迹,也预示着东西方文明相互借鉴、共同发展的积极意义。其次,十字军运动最初是一场残酷的宗教战争,展现出罗马教廷和西欧贵族的贪婪与残暴,但耶路撒冷王国建立后为恢复当地生产生活秩序和经济活力所采取的一系列措施,推动了以朝圣为主要表现形式的跨区域人口大流动,在客观上促成了西欧与地中海东部基督教和伊斯兰文化的进一步交流与融合,对塑造耶路撒冷的多元文化景观和近代欧洲基督教传统具有重要意义,有学者认为 12 世纪的耶路撒冷重新增添了基督教文化元素,为基督教朝圣者培养真实的虔信观念提供了便利,朝圣者将这些体验从耶路撒冷带回欧洲,融入现代天主教徒和新教徒的祈

---

① William J. Hamblin, "Muslim Perspectives on the Military Orders during the Crusades", *Brigham Young University Studies*, 2001, Vol.40, No.4, A Special Issue on Islam(2001), p.102.

② Anthony Pagden, *Worlds at war: the 2 500-year struggle between east and west*, Random House, 2008, p.234.

祷传统中。①最后,战争前后法兰克人的本土化表明,文明的冲突和对立并非常态,由接触和交流促成的相互理解、学习借鉴,以及多元文化共存模式才是历史发展的主线,正如"耶路撒冷"城市名称的寓意,和平是人类的终极追求和向往。

# Wars, pilgrimages, and regional exchanges in Jerusalem in the 12th and 13th centuries

**Abstract**:Jerusalem is a world-renowned ancient city and the holy city of the three Abrahamic religions, Judaism, Christianity and Islam. The religious significance based on the historical memory of Jerusalem often makes it the focus of geopolitical conflicts. The Crusades that arose in the 12th and 13th centuries were fighting for Jerusalem. They had profound historical origins, caused heavy losses of people and property to the Mediterranean world, and triggered long-term geopolitical confrontations. However, wars surrounding the Holy Land also existed. The positive significance deserves attention. It raised the strategic value and symbolic significance of Jerusalem to a new height, inspired an unprecedented large-scale pilgrimage movement in the Middle Ages, promoted further contact between Western European Christians and Eastern culture, and objectively promoted the economy of the Mediterranean region and cultural exchange.

**Key words**:Jerusalem; War; pilgrimage; economy; inter-civilization exchanges

**作者简介**:张鑫,山东师范大学历史文化学院世界史博士研究生;赵文亮,曲阜师范大学历史文化学院教授,博士生导师。

---

① Bernard Hamilton, "The Impact of Crusader Jerusalem on Western Christendom", *The Catholic Historical Review*, Vol.80, No.4(Oct., 1994), p.712.

# 全球史视域下的 1892 年
# 汉堡霍乱及其影响①

徐继承　武永梅

**摘　要：**1892 年,受其他霍乱地区的影响,德国汉堡暴发了该市有史以来最为严重的霍乱疫情。在罗伯特·科赫的指导下,汉堡政府不仅有效地消除了霍乱,还促进了汉堡行政制度改革和城市公共卫生的发展。同时,考虑到汉堡港在世界贸易和移民运输中的重要地位,其他城市和地区在对霍乱的恐惧之下推动了一系列公共卫生方面的变革,加大了中央政府在公共卫生事务上的话语权。1892 年汉堡霍乱还在国际上引发了大量关于医学、移民问题的讨论,推动了国际间霍乱共识的达成。

**关键词：**汉堡霍乱　全球史　卫生改革

霍乱是推动卫生改革的动力之一,从 19 世纪开始,世界范围内曾暴发过七次霍乱大流行,每次都或多或少地推动了各国的公共卫生改革,比如英国的查德威克改革等,1892 年的汉堡霍乱亦是如此。1892 年,德国汉堡暴发了近代欧洲最后一次大规模霍乱,这也是全球第五次霍乱大流行中受影响最为严重的欧洲国家之一。关于 1892 年汉堡霍乱大流行的具体情况,前人已有不少调查和研究。国内学者顾年茂着重分析公共舆论的批评和监督作用,探讨了与英法等西方国家不同的体制的德意志帝国卫生防疫制度改革问题。罗伯特·科赫指出饮用水是霍乱传播的元凶;马克斯·冯·佩滕科

---

①　本文为国家社科基金项目"霍乱防治与 19 世纪德国公共卫生体系改革"(23BSS023)的阶段性成果。

弗和费迪南德·休普从瘴气论出发,分析汉堡霍乱与饮用水的关系;理查德·埃文斯从政治经济角度分析了 1892—1893 年汉堡霍乱暴发的原因,以及霍乱结束后的公共卫生改革、行政体制的改革等;约翰内斯·朱利叶斯·莱因克着重分析了 1892 年霍乱流行与城市公共卫生的关系。这些研究基本理清了汉堡霍乱暴发的背景与始末,但是大多的研究将重点放在霍乱与汉堡饮用水的关系上,较少叙述其他卫生因素与相关改革。考虑到汉堡是当时世界上最大、最繁华的港口城市之一,货物及人员往来极为频繁,霍乱时期的汉堡与其他国家和地区必然产生联系,因此 1892 年的汉堡霍乱具有较强的国际影响。

## 一、1892 年汉堡霍乱的暴发与应对

霍乱被描写为"曾摧毁地球的最可怕瘟疫之一",是一种经口感染的肠道传染病。大多数患者刚开始时会剧烈腹泻,继而呕吐,皮肤发青,双眼凹陷无神,引发水和电解质的丧失,如抢救不及时,可在短时间内因体液大量流失而死亡。霍乱死亡率在 50% 左右,流行时期甚至会超过 70%。

自古以来,印度恒河三角洲就是古典生物型霍乱的地方性病源区,素有"人类霍乱之故乡"的称谓。①但由于印度次大陆向来较为封闭,与外界交通不便,霍乱难以向外传播,因此直到 19 世纪,霍乱一直徘徊于恒河三角洲地区。工业革命后,随着殖民主义者的纷至沓来,世界贸易的不断扩大,印度半封闭的状态被打破。霍乱以公路、河流和铁路为媒介迅速蔓延,传播距离不断延伸,从原本周期性的地方性疾病逐步蔓延到欧洲各国,成为 19 世纪典型的流行病之一。这一时期欧洲各国的工业化为霍乱传播大开方便之门,新工业化的激增的人口、肮脏的城市环境、受污染的水源与食品等都有利于霍乱的传播,最终使得 19 世纪成为霍乱横行的世纪。

### (一)第五次霍乱大流行的传播路线

第一次霍乱大流行起于 1817 年,止于 1823 年,来自孟买的士兵将霍乱带到了阿曼,并逐渐蔓延到欧洲边境;第二次大流行起于 1827 年,止于 1837 年,霍乱疫情分三路穿过俄罗斯到达德国,又从德国被带到英国东北的森德堡,1832 年再由爱尔兰侨民传到加拿大,并在同一时间到达美国;第三次大流行时间特别长,从 1846 年延续到 1863 年,其中 1848 年到达北美并波及整个北

---

① 王旭东、孟庆龙:《世界瘟疫史》,中国社会科学出版社 2005 版,第 79 页。

半球;第四次大流行起于 1863 年,止于 1875 年,是通过一艘从埃及开往英国的航船流传开来的。①

1881 年,霍乱开始了第五次的霍乱大流行,此次大流行最初局限于地中海的非洲和欧洲沿岸,后来在俄国和德国广泛传播,其标志是 1892 年汉堡霍乱大暴发。1881 年霍乱在中东暴发,一路西行,通过波斯和俄罗斯的商业路线进入波兰、北德、法国、奥地利、匈牙利和荷兰等地。1881 年,由于印度的霍乱疫情严重恶化,旁遮普暴发了霍乱,随后这种传染病被带到了麦加。1883 年,可能是从麦加返回的朝圣者将霍乱带到了埃及,首先是在达米埃塔,该地是位于尼罗河的港口城市,离塞得港不远,当时那里正在举行一个博览会。霍乱由逃离达米埃塔的受感染者传播,在开罗、亚历山大和其他地方相继暴发,据侯赛因说,全国有 58 511 名受害者。在欧洲地区,霍乱在最初几年局限于法国、意大利和西班牙等地区。1884 年 4 月,土伦暴发了大规模霍乱,这一年,法国病例总数为 10 000 例,死亡率约为 50%。②同一年,意大利也有超过 10 000 人感染了霍乱,超 5 000 人死亡。其后,霍乱在零星地区小规模流行。

1891 年底,阿富汗出现了霍乱,在卡布尔造成了大规模的死亡。到了冬季,疫情逐渐平息,但 3 月时,霍乱再次暴发,两个月后,霍乱在波斯东北部的梅斯德站稳了脚跟,其后缓慢西行。6 月,巴库暴发了霍乱,由于存在严重的卫生缺陷,霍乱在巴库迅速蔓延。③7 月霍乱传染到莫斯科,8 月中旬传播到基辅,造成了大量人员死亡并引发了欧洲各国的骚乱。

为了应对疫情和俄罗斯移民,德国帝国卫生局封锁了边境,超 5 000 名移民被安置在汉堡新建的移民营房中。但由于建造得太过匆忙,营房的基础设施不足,霍乱病菌得以在汉堡落地生根,并迅速蔓延。

**(二) 1892 年汉堡霍乱的暴发**

1892 年 8 月 14—15 日夜间,建筑工人萨林在下班路上突然病倒,出现剧烈的呕吐和腹泻痉挛症状。阿尔托纳的医生雨果·西蒙将其诊断为霍乱感染,但他的上级医务官因雨果·西蒙的反普鲁士立场,不仅将其从医生俱乐部

① 王旭东、孟庆龙:《世界瘟疫史》,第 82 页。
② Robert Pollitzer, "Cholera studies, 1. History of the disease," *Bulletin of the World Health Organization*, Vol.10, No.3(1954), p.449.
③ Dawson Williams, "Remarks on the Route of Asiatic Cholera in 1892: Read before the Annual Congress of the Sanitary Institute, September, 1892," *British Medical Journal*, Vol.2, No.1655(1892), p.621.

中开除,还以没有细菌学证据为由,拒绝接受他的诊断,西蒙医生只能将死因登记为呕吐和腹泻。[①]但很快相似症状的病例接踵而至。至 21 日,汉堡每日患病和死亡人数已上升到 83 人、22 人。[②]但是由于汉堡一向信奉佩滕科弗的瘴气论,认为孤立的病例不能判断为流行病,只有在全面暴发或有病理学证明的情况下才能宣布疫情存在。因此,直到第一例病例发生后的一周内,汉堡市官方仍拒绝承认发生霍乱。

8 月 22 日,汉堡新综合医院的欧根·弗拉恩克尔成功培养出霍乱弧菌,然而,这一诊断结果直到 8 月 23 日才由汉堡首席医疗官的约翰·卡斯帕·西奥多·克劳斯转交给主管卫生的参议员格哈德·哈赫曼。8 月 24 日,参议院全体会议才决定了进一步的行动方案。[③]但为时已晚,霍乱疫情已经蔓延全城。8 月 26 日至 9 月 2 日,汉堡市每日霍乱患病数在 1 000 人左右波动,8 月 27 日新增患病人数达到顶峰。

### (三) 汉堡政府的应对措施

8 月 23 日,在汉堡市政府主动上报霍乱疫情前,帝国卫生局已命令细菌学家罗伯特·科赫前往汉堡调查。在他的指导下,汉堡市政府被迫实施了一系列的应对措施。首先对进入汉堡港的船只和人员实行严格检疫,对船上的往来人员进行检查,发现有霍乱病例的船只一律隔离,并且一度中断了旅客进入汉堡。其次,针对霍乱疫情快速蔓延的态势,汉堡市成立了防治霍乱疫情的临时防疫机构。依据 1835 年普鲁士颁布的《传染病上报条例》,防疫机构建立了霍乱疫情统计与上报制度,规定市内各区及时对确诊患者与死亡人数进行上报。[④]除此之外,根据科赫的指导意见,汉堡市政府还采取了一系列的预防措施,以遏制霍乱的蔓延。

其一,开展了大规模的消毒活动。8 月 24 日的参议院会议上,科赫提出了大规模消毒的计划,即所有受霍乱影响的房屋都要彻底消毒。在征得参议

---

① Richard J. Evans, *Death in Hamburg*: *society and politics in the cholera years*, London: Penguin, 2005, pp.285—286.

② Ferdinand Hueppe, *Die Cholera-Epidemie in Hamburg 1892*, Berlin: August Hirschwald, 1893, s.3.

③ Charis-Fey Westensee, "Bisher kommen die Erkrankungen nur oder fast nur in den unteren Volkss-chichten vor...". "Die Cholera-Epidemie in Hamburg 1892: ein Katalysator sozialer Ungleichheit?," Christian-Albrechts-Universität zu Kiel, Masterarbeit im Fach Geschichte, 2021, s.30.

④ 徐继承:《德意志帝国时期的高速城市化与公共卫生危机》,《史学集刊》2020 年第 4 期,第 84 页。

院同意后,在将汉堡分为 20 个区域,分别设立了消毒站,不仅配备负责急救的医生,还配有蒸汽消毒器,以便对衣服、亚麻布和床上用品进行消毒。①在确认饮用水是传播霍乱的元凶后,汉堡市政府关闭了城市自来水管,下令对所有住宅的水箱进行彻底消毒和清洗。

其二,发布公告,警告市民,关闭学校等公共机构。8 月 26 日,汉堡政府张贴了 20 000 张海报,警告人们不要饮用未煮沸的水或牛奶。同时,与该市的酿酒商达成合作,租用他们的水车在工人区巡回供应饮用水。8 月 26 日,参议院关闭了所有学校,并禁止公共舞会和公共集会;27 日,酒吧、旅店和娱乐场的舞会也被禁止。同时,参议院停止监狱、救济院、济贫院以及其他类似机构的访问。②

其三,建立临时病房收治患者。这次霍乱来势凶猛,使汉堡市原有的公共卫生医疗体系难以承受。为了解决病床短缺的问题,汉堡新综合医院迅速为病情较轻患者办理出院,或转移到较小的医院。此外,汉堡市临时防疫机构在大型教堂、夜间避难所以及工厂厂房建立临时医院,收治重症患者,在各大医院建造了 26 座共 700 张床位的临时病房。同时,普鲁士军队还提供了 505 张床位。③

在疫情期间采取的其他措施还包括:钻井自流井、清洁城市中某些特别不卫生的区域、公民组织援助协会、为贫困家庭筹集资金等等。

十月份时,霍乱疫情快速蔓延的态势得到有效遏制,10 月 23 日,汉堡霍乱第一波疫情宣告结束。据相关数据显示,这次霍乱中,汉堡市损失了约1.3% 的人口,患病人数达 18 000 人,死亡 8 200 人。④霍乱疫情期间平均每1 000 人中大约有 26.43 例确诊,约有 13.44 例死亡。⑤这几乎是 19 世纪汉堡所有霍乱死亡人数的总和。

## 二、汉堡霍乱与公共卫生改革运动的兴起

1892 年霍乱期间汉堡显示出的城市公共卫生管理不善、饮用水污染、医

---

① Eshner A. A. Reiche F., "The cholera in hamburg in 1892," *The American Journal of the Medical Sciences*(1827—1924),Vol.105,No.2(1893),p.115.

② Richard J. Evans, *Death in Hamburg:society and politics in the cholera years*,p.314.

③ Ferdinand Hueppe, *Die Cholera-Epidemie in Hamburg 1892*,s.55.

④ "The Hamburg Cholera Epidemic," *The British Medical Journal*,Vol.2,No.1678(1893),p.430.

⑤ 徐继承:《德意志帝国时期的高速城市化与公共卫生危机》,第 84 页。

疗体系失灵、政府贸易至上等问题引发了国内外媒体的一致批评。面对城市公共卫生危机的频发，到 19 世纪末 20 世纪初德国在公共卫生领域的改革也如火如荼地开展。

**（一）汉堡公共卫生改革**

为了消除 1892 年汉堡霍乱带来的不利影响，汉堡的公共卫生改革也逐渐提上了议事日程：

第一，供排水系统的改革是汉堡公共卫生改革的重中之重。1892 年汉堡暴发后，科赫指出霍乱病菌正是通过饮用水传播到整个城市的。虽然汉堡是欧洲大陆上第一个建成中央市政供水系统的城市，但是缺少过滤系统。霍乱期间，汉堡市政当局动用 4 000 多名工人建设砂滤设施，到 1893 年 5 月，过滤工程提前完工。[①]

除对汉堡城市供水系统进行改革，增加过滤设施外，汉堡还在医学专家的建议下对城市排水系统进行优化。库克斯港是德国最大的渔港之一，1896 年和 1897 年汉堡在此地建造了污水试验场，用于统一处理污水和粪便。

第二，卫生机构的建立则是汉堡在公共卫生改革的另一重要内容。霍乱激发了公众对卫生问题的讨论，加强了对海员、移民的监管，推动了医疗系统的专业化，最直观的表现是一系列新的公共卫生管理机构的成立，首先的是1892 年汉堡卫生研究所的建立。

1892 年汉堡霍乱爆发后，加夫基被汉堡参议院任命为汉堡当局的卫生顾问，他建议成立一个卫生实验室。1892 年 9 月成立的临时研究所在 12 月 28日正式成为国家研究所，负责对整个卫生领域进行技术和科学处理。[②]研究所成立之初，主要从事霍乱诊断和控制方面的细菌学工作，对来自医院的样本材料进行细菌检测、分析易北河和该市饮用水水样、控制着城市的消毒设施。[③]后来研究所的规模迅速扩大，到 20 世纪初，它不仅控制着供水和污水，而且还负责食品卫生、住房、学校、工厂和消毒队等。[④]

其次是海港医院。海港医院专门负责检疫海港，包括检测船员健康、海港

---

① "The Housing Problem at Hamburg," *The Lancet*，Vol.170，No.4397(1907)，p.1645.

② Johannes Wilhelm Classen, *Hamburg in naturwissenschaftlicher und medizinischer Beziehung*，Hamburg：Leopold Voss，1901，p.443.

③④ Toten Dersten, "Cholera in Hamburg-die Katastrophe beginnt," s.9.

淡水供应和废水处理等公共卫生事务。海港医院的首任主任是伯恩哈德·诺特。①

最后,1892 年的汉堡霍乱成为推动医生协会成立的决定性动力。19 世纪中叶以来,德意志帝国形成了医学自治的传统,自然科学知识的增长大大加速了这一进程,医生们努力争取在资产阶级中的独立地位。19 世纪,德意志帝国的许多州都通过了相关法令,成立了医生协会,助力地方医生在医疗、公共卫生问题上的发言权。但是在汉堡,由于医生对医疗系统的政治影响力太弱,加之成立于 1816 年的医学协会将医学界的利益视为自己的囊中之物,拒绝成立医生协会瓜分权力,因此成立医生协会的要求长久得不到回应。

医疗系统的巨大危机成为成立医生协会的转机,1892 年的汉堡霍乱推动了医生协会的成立。在霍乱疫情的影响下,1895 年 4 月 25 日晚,汉堡医生协会召开了第一次会议,14 位医生出席了会议,64 岁的眼科医生威廉·欧伦斯被选举为协会的首任主席,宣告了汉堡医生协会的正式成立。②医学协会大会记录簿清楚表明,该协会密切参与制定了参议院于 1894 年 12 月 21 日颁布的《医疗法》。其中规定汉堡医生有义务向医学协会缴纳会费,并对公共医疗保健作出规定,如签发死亡证明、分娩和精神病院入院等。今后,15 名成员将作为代表被选入参议院:一名主席、两名代表、两名秘书。协会每年召开两次会议,有权对医生的不当行为进行纪律处分。③汉堡医生的权力得到加强,可以对汉堡的公共卫生制度、医疗体系施加更大影响。

第三,贫民窟的清理与住房法的修订也是汉堡公共卫生改革的重要内容之一。霍乱为住房改革提供了最初的动力。霍乱暴发期间,汉堡居民的生活环境对霍乱的快速传播起到了推波助澜的作用。据统计,贫民窟地区的霍乱死亡率最高,这表明,贫民窟对整个城市的健康造成了巨大威胁。

霍乱暴发后,汉堡贫民窟恶劣的居住环境在国内和国际上引发了极大反响。《伦敦时报》的巡回记者称汉堡是"地中海所见过的最肮脏的城市"④;汉

---

① 顾年茂:《1892 年德国汉堡瘟疫大流行探析》,《历史教学问题》2021 年第 2 期,第 20 页。

② Dr. phil. Anna von Villiez, "Gründung 1895 Ein Zusammenspiel von Krisen und Modernisierungsschüben führte Ende des 19. Jahrhunderts zur Entstehung der Ärztekammer Hamburg," *Hamburger Ärzteblatt*, Vol.6(2020), s.14.

③ Ibid., s.15.

④ Richard J. Evans, *Death in Hamburg: society and politics in the cholera years*, p.509.

堡贫民窟的环境之恶劣难以想象,科赫在描述汉堡时说"先生们,我忘了我是在欧洲!"①要求改善住房条件的舆论席卷而来。

面对舆论压力,联合委员会要求参议院"以最快的速度向议会提交关于消除不健康的住房和建立健康工人住房的建议",委员会还就住房问题提出了以下动议:修订《建筑法》;颁布住房法;提倡建造更多的工人住宅,最好是在内城、工厂和港口附近,以替代那些由于新法律不能再用于居住的建筑。②

霍乱造成的改革压力首先促进了《分区计划法》的颁布和执行。1892年霍乱暴发的最后阶段,参议院和议会颁布了《分区计划法》,通过了"关于易北河右岸郊区的发展计划"的法案,该法案旨在防止大型私有地区的随意开发,导致郊区无法以兼顾各种公共利益。③

1893年,汉堡市政府修改了1882年建筑法,对住房的空间有了更加详细的规定。1898年的《住房护理法》是对霍乱疫情的直接反应。该法将住宅置于住房护理员的监督之下,规定了住宅条件的最低要求,包括清洁度、干燥度、空气和光线等,对房主和房客的义务进行了详细规定。根据该项法律,住房护理的管理权被移交给专门的住房护理局。

1897年初,汉堡市政府成立了一个新的改善住房条件委员会。在统计局的协助下,委员会对不健康住宅和局部范围进行仔细的调查,提出位于老城和新城内的三个主要贫民窟需要拆除,建造健康住宅。政府决定收购并拆除所有不符合卫生要求的建筑,在重建所需的道路设施建成后,再次向公众出售,这也成为一战前德国最大的住房清理计划,超过 20 000 人需要重新安置。④

---

① Just T. Plößl F., "Erfahrungen mit der Cholera in Paris und Hamburg," *Die Europäische Stadt nach Corona: Strategien für resiliente Städte und Immobilien*, 2021, s.60.

② Dirk Schubert, Martin Oldenburg, and Thomas Hapke, *Stadthygiene und Abwasserreinigung nach der Hamburger Cholera-Epidemie: Umweltforschung vor 100 Jahren im Spiegel der Bibliothek der Sielklär-Versuchsstation Hamburg-Eppendorf*, Nordhausen: Verlag Traugott Bautz, 1993, s.14.

③ Matthias von Popowski, "Das Bebauungsplangesetz von 1892 als Instrument Hamburger Stadtplanung vor dem Ersten Weltkrieg," *Zeitschrift des Vereins für Hamburgische Geschichte*, Vol.80(1994), s.73.

④ Clemens Wischermann, "Changes in Population Development, Urban Structures and Living Conditions in Nineteenth-Century Hamburg," *Population and Society in Western European Port Cities*, C.1650—1939, Vol.2, No.(2002), p.299.

第四,护理工作的改革成为汉堡公共卫生改革的重要领域。1892 年霍乱大流行暴露了汉堡护理工作的混乱。19 世纪上半叶开始,照顾病人的工作主要落在修女们身上。作为一个贸易和商业城市,宗教对汉堡来说并不重要,汉堡当局拒绝雇佣训练有素、技术精湛的新教护理组织成员。这一做法使得汉堡医院无法享受到修女护士高度熟练的护理服务。

因此 1892 年汉堡霍乱暴发前,汉堡的护理工作现代化程度较低。护士是从该市地位低下的仆人中招聘的,事先没有经过任何培训,工资低,工作时间长。她们每天的工作时长达 18 个小时,每月数次的夜班,连续护理 30 至 40 个小时并不罕见,这导致了睡眠不足和疲惫不堪。①这种繁重的工作每周进行七天,护士们在一周内只有半天的休息时间。1892 年汉堡霍乱暴发后,世俗的护士早已逃离,医护人员严重不足的市政当局呼吁修女护士的援助。

1892 年的汉堡霍乱推动了汉堡护理工作的现代化,在护理领域刺激了护士数量和质量的长足发展。流行病期间,医生和患者在比较未经培训的护理人员和合格护士提供的护理后感受到了差异。因此在霍乱结束两年后,参议院和市民议会决定重新组织护理系统,成立委员会研究在汉堡引进修女护理的问题。1894 年 9 月 14 日,汉堡参议院向汉堡议会提交了一份关于新综合医院护士培训和就业的动议。议案中特别指出"多年来,特别是新综合医院成立以来,医院委员会就一直在讨论这样一个问题,即是否可以像其他城市的许多医院一样,通过成立护士协会来解决这个问题"。②该提议得到汉堡施米林斯基基金会的支持,愿意前五年为每年 20 名女性学员提供资金支持。汉堡布尔格协会愿意向修女会提供住宅楼供女学生居住;为翻修工程拨款 5 200 马克,为采购家具拨款 8 600 马克。③政府为吸引学员报名,引入了养老金计划,规定年满 35 岁、服役十年后丧失工作能力的修女有权领取养老金;服役十年后,养老金每年 800 马克,根据时间长短,最高可达 1 000 马克。④

在参议院和市民议会全面批准后,政府筹集了资金,并于 1895 年成立了

---

① Aubrey Stanhope, *The limits of medicalscience*:*Hospital sin fin de siecle europe cholera and eppendorf general hospital*,*hamburg*,*1892*, Oxford:Oxford University Press, 1999,s.19.
② Dr. Volkmar Schön, "Notizen zur Hamburger Rotkreuzgeschichte," *Newsletter des DRK Landesverbandes Hamburg e.V*,28. Ausgabe(Nov. 2020),s.1.
③④ Dr. Volkmar Schön, "Notizen zur Hamburger Rotkreuzgeschichte," s.2.

汉堡州立医院修女协会。①由于政府承诺提供养老金,修女协会发展迅速。到
1895 年底,已经有 100 名修女、20 名学生护士和 50 名志愿者。②汉堡修女会
成立后,医院的护理工作得到了极大的改善,具体表现为投诉数量明显减
少;人员流动减少;违纪行为减少,没有修女在完成培训后因违纪而被解聘;
减少缺勤;减少对床单和器械的磨损;显著提高护理质量;显著改善操作程
序等方面。

第五,医疗律法的修订与医疗官员权力的增长则成为汉堡改革卫生改革
的重要表现。汉堡政府的卫生服务组织工作于 1818 年首次开展。1892 年之
后,由于霍乱疫情的直接影响,汉堡的卫生服务发展得到了加强和巩固,同时
加大了汉堡医疗官员的话语权。

18 世纪,汉堡没有官方的医疗组织,直到 1796 年,汉堡才起草了第一份
官方医疗条例草案。随后几年的混乱局面,特别是法国长期占领,导致这些条
例的实施被推迟了二十多年。随着时间的推移,由非专业人员组成的委员会
越来越受到医学界的反对。到 19 世纪 60 年代末,当地医生要求改革汉堡医
疗条例的呼声越来越高。汉堡于 1870 年 10 月 26 日通过了关于重组卫生委
员会的新法律,使医生在该机构中占了上风,重组卫生委员会,改称医疗委员
会,增加了医生在委员会中的人数。但 1818 年的医疗条例一直未能修改,直
到 1892 年汉堡暴发大规模霍乱。

1892 年的汉堡霍乱使政府当局意识到该市的公共卫生存在巨大缺陷,而
灾后新增的新机构和卫生法规都需要新医疗条例的约束,因此汉堡暴发后,参
议院尝试制定一套新的医疗条例。1893 年 2 月 1 日,参议院和议会通过了多
项关于重组医疗系统的重要决议,并于 1899 年 12 月 29 日颁布了新的《医疗
条例》。除医学委员会外,还任命了七名医生,其中一名行政医生被任命为代
表,负责药房、助产士和医院特许制度等事务,三名为法庭医生,一名为港口医
生,两名为城市医生,后三名医生专门作为卫生官员开展工作,并由医疗助理

① Susanne Ehlers Henrik Eßler Stephanie Fleischer Franziska Frisch Heidi Martini Jörg Peter Müller Dr Philipp Osten and Dr Helge Schröder Ines Stelljes, *Seuchen und Gesundheit Unterrichtsmaterialien zur Medizin-und Sozialgeschichte Hamburgs Hamburg 2020*,Li Hamburg, Landesinstitut für Le-hrerbildung und Schulentwicklung, 2020,s.12.
② Johannes Wilhelm Classen, *Hamburg in naturwissenschaftlicher und medizinischer Beziehung*, Hamburg:Leopold Voss,1901,s.293.

和非医疗卫生监督员提供支持。①

1818 年汉堡颁布医疗条例后,卫生委员会负责就公共卫生和医疗问题向参议院提出建议,并负责就所有影响卫生和医疗事务的立法提案编写备忘录,仅具有咨询功能,政治影响力较弱。即便到 1870 年,汉堡市政府重组卫生委员会,该种现象仍没有得到多大改善。1900 年新的医疗条例实施后,医疗委员会的组成也发生了变化,增加了医生在医疗委员会中的人数,首席医疗官的职能虽然仍是咨询性的,但实际上医疗委员会及其医疗官员在控制各下属医疗机构方面有很大的独立性。②医疗官员的权力得到重视,医务人员也成为永久雇员,开始承担更多责任。

特别的是,1892 年的汉堡霍乱大流行改变了汉堡政治走向,释放了政治变革的力量,汉堡城市内部的政治生态和政治权力发生了重大变化。③

霍乱暴发后,汉堡市政府隐瞒疫情、贸易至上的准则受到了社会的强烈批评,舆论普遍认为霍乱暴发的主要原因之一是参议院被商人、大地主和知名人士所支配,正是他们拖延公布疫情,阻止霍乱隔离与检疫。1896 年,在几番博弈之下,汉堡市政府对选举资格作出了一定的让步,取消了公民费,将居住 5 年以上、年收入不低于 1 200 马克作为入籍的最低要求,并规定连续 3 年年收入超过 2 000 马克的人必须入籍。选举法的修订使得工人阶级和小资产阶级得以进入政府行政系统,冲淡了原本管理机构与利益集团的密切联系。

与普鲁士不同,在 19 世纪末之前,汉堡行政部门没有公务员。霍乱暴发前,所有高级行政人员都是由参议员、工会主席和商人组成。1892 年的霍乱疫情加剧了对地方行政部门非专业性的批评,在对选举法进行修订的同时,汉堡市政府对行政系统也进行了改革。1896 年,汉堡市首次建立了高级公务员制度。1898 年,拥有法律学位的官员被赋予了自行决定的权力,而不必每件事情咨询参议院。改革公务员制度的引入意味着商人在参议院的重要性进一步下降,也有利于强化政府管理系统,提高政府行政工作效率。

**(二) 德意志其他地区的卫生改革**

作为德国的第二大城市,霍乱在汉堡的出现引发了德意志中央政府与其

---

① Johannes Julius Reincke(eds.), *Die Gesundheitsverhältnisse Hamburgs im neunzehnten Jahrhundert*, Hamburg: Leopold Voss, 1901, s.65.

② Richard J. Evans, *Death in Hamburg: society and politics in the cholera years*, p.530.

③ 顾年茂:《1892 年德国汉堡瘟疫大流行探析》,第 21 页。

他德意志城市的担忧。汉堡霍乱暴发后,霍乱也出现在除汉堡之外的其他250 多个德意志地区,但病例大多是零星的,感染人数约为 1 048 人,死亡 607人。①至少在绝大多数情况下,德国其他城镇出现霍乱都可以追溯到汉堡。在这样的局面下,一方面各城市与地区积极组建流行病预防体系,另一方面中央政府在霍乱时统筹全局,竭力阻止疾病蔓延,灾后吸取教训,不断加强帝国政府在国家层面上对流行性疾病的预防与控制。

首先,城市的预防与卫生改革是德意志其他地区卫生改革的重要内容。柏林的预防措施与卫生改革是这一时期公共卫生改革的典型代表。1892 年霍乱流行期间,柏林辖区内共有 15 例死亡病例,作为与汉堡往来频繁的城市,柏林的预防措施无疑取得了良好的效果。

汉堡霍乱暴发后,由于汉堡和柏林之间的水道经常有人来往,而且根据经验,船夫会尽最大努力掩盖这些病例,因此政府安排了一艘载有医生的轮船停靠在水路上,对每一艘经过的船只进行拦截和检查。医院在此附近设立了一个岗亭,接待出现可疑症状的人。②9 月 5 日,由柏林市长召集的公共卫生委员会召开了一次会议,会议指出,没有迹象表明柏林存在霍乱流行,并讨论了预防措施,决心在不同的市立医院和临时病房设置霍乱病例室,并要求大型私立医院也采取此类措施。红十字委员会已决定花一大笔钱聘请医生和护士到霍乱流行的地方去。柏林酒店经营者协会决定不接待来自霍乱地区的游客。③政府的行动迅速,成果显著,例如柏林莫阿比特医院的优良设施是在汉堡疫情的影响下才出现的。

柏林就 1892 年汉堡霍乱吸取了经验教训。汉堡霍乱还未结束时,柏林医疗协会中央委员会召开了一次会议,决定向柏林市政当局提交一份请愿书,要求:在市立医院给予医务人员更多机会进行充分的实践培训;对市属医院的医疗服务进行管理,即每一百个或一百二十个病人配备一名主任医师和至少两名助理医师;指定专家治疗特殊疾病。④对大流行病暴发时期医学治疗的改善

---

① Robert Pollitzer, "Cholera studies, 1. History of the disease," *Bulletin of the World Health Organization*, Vol.10, No.3(1954), p.450.

② Andrew Clark and Wm Henry Allchin, "The Cholera," *The British Medical Journal*, Vol.2, No.1655(1892), p.655.

③ Board telg. "The Cholera," *The British Medical Journal*, Vol.2, No.1654(1892), p.605.

④ "BERLIN. The Remuneration of Medical Volunteers during Cholera Epidemic.—Clinical Instruction in the Berlin Municipal Hospitals," *British Medical Journal*, Vol.2, No.1667(1892), p.1312.

提供了前进方向。

　　同时,在 1892 年汉堡霍乱后,有关垃圾处理的卫生问题在辩论中占了上风,罗伯特·科赫的细菌学发现进一步推动了这一问题。西奥多·韦尔认为垃圾"富含病原体和微生物,容易造成腐烂和污染",他在给该市行政长官的一份报告中反对垃圾场,他认为垃圾场"只不过是当局认可的腐烂的温床"。对韦尔来说,只有一个卫生解决方案,即需要焚烧废物。根据韦尔的建议,柏林市议会在 1894 年同意资助一个基于英国模式的试验性焚烧炉。实验于 1898 年开始,但并没有产生预期的结果。柏林的垃圾无法燃烧。首先,首都的垃圾太潮湿了。其次,柏林人使用褐煤来取暖和做饭。土木工程师克莱门斯·多尔在考虑到柏林垃圾的缺陷,提出了对英国模式的具体改进。他的多尔模式成为当代讨论中经常被引用的替代方案,包括在焚烧垃圾之前对其进行分类和分门别类,从而挑出缓慢燃烧的材料,如厨房垃圾,反过来可以转化为肥料或用于农业。[①]

　　1892 年霍乱还推动了德国其他地区的护理专业化发展。1892 年前往汉堡的修女志愿者们深感传染病知识的不足,向其母院提交了一份报告,首次确定了护理培训中的传染病基础标准。[②]在 1892 年,大多数护士被派往汉堡时仍未作好充分准备。特别是女执事的母院培训,通过系统的教学为护理的专业化作出了巨大的贡献,但由于知识的不足和对宗教因素的过分强调,使得护理教学停滞不前。由于教派和世俗学校的课程差异很大,造成的不满非常明显,以至于普鲁士州不得不在 1907 年实行一年培训后的统一护理考试,德国其他大多数州也都效仿。

　　1893 年 3 月,柏林召开了一次凯泽斯韦特类型的德国女执事母会会议,会上讨论了未来向流行病地区派遣女执事的模式。在筹备会议的过程中,凯泽斯韦特的修女们被要求提供她们的经验和建议,其中一些建议被纳入"女执事会与任命女执事照顾霍乱的当局和委员会的协议"草稿。其中包括建议改善卫生状况,将疗养者与重病患者分开,部署足够的护理人员,并记录患者的病情和疾病早期的快速治疗等。因此,霍乱护理方面的实际经验最终比流行

---

① Björn Blaß, "Garbage in the City-Waste in and around Berlin," *International Planning History Society Proceedings*, Vol.17, No.4(2016), p.338.

② Jörg Vögele, Ulrich Koppitz and Hideharu Umehara, *Epidemien und Pandemien in historischer Perspektive*, Wiesbaden: Springer Fachmedien Wiesbaden, 2016, p.153.

病学方面的科学进展影响更为深远。①

　　其次,帝国公共卫生权的扩大与《流行病法案》的颁布也是德意志其他地区卫生改革的重要内容。1892 年汉堡霍乱的暴发虽然没有在德国其他城市造成严重暴发,但造成的恐惧成为帝国卫生局积极拓展中央权限的契机。在成功治理汉堡霍乱基础上,帝国卫生局积极协调各城市防疫政策,颁布传染病相关律法条例,加强了德意志帝国在联邦制层面上对流行性疾病的预防与控制。

　　卫生防疫原属各邦地方事务,属于地方自治权。汉堡作为三个自由市之一,在加入德意志帝国成立后,该项权利仍得以保留。而 1876 年帝国卫生局成立之后,仅有有限的咨询权,无法直接管理各城市的卫生事务。因此就形成了汉堡代表的地方自治和柏林主张的中央集权之间激烈斗争,而汉堡霍乱暴发成为中央政府干预汉堡内政的契机。霍乱暴发不久后,帝国卫生局以科赫为代表参与汉堡的霍乱治理当中,强迫汉堡当局采取科赫的防疫措施,并以此为契机,逐步渗透到汉堡内部事务的管理中。汉堡调查城市健康状况的联合委员会于 1892 年 9 月 15 日召开了第一次会议,其成员反映了城市的权力关系:市长担任主席,其他三名参议员和六名市民议会成员拥有投票权,科赫和帝国卫生局局长代表帝国政府也参与其中。②汉堡参议院和市民议会是汉堡地方的立法机关和权力核心,非汉堡市民选举产生的帝国卫生局局长和罗伯特·科赫位列两院联合委员会,这成为汉堡政治新生态的重要象征,标志着柏林—汉堡中央和地方关系的显著变化。③

　　此外,以防治传染病和阻止公共卫生灾难再次暴发的名义,罗伯特·科赫代表帝国卫生局和科学权威干预汉堡城市内部事务,全力推行公共卫生制度改革,例如卫生防疫、实验室制度、传染病立法、住房建筑法等,无形中削弱和压制了汉堡原有统治阶层垄断性的市政管理权限。④

　　在汉堡之外,帝国卫生局的公共卫生和科学研究的权威性得到验证。霍

①　Jörg Vögele, Ulrich Koppitz and Hideharu Umehara, *Epidemien und Pandemien in historischer Perspektive*, 2016, p.154.
②　Mathilde Hackmann, *The cholera epidemic of 1892 and its impact on modernising public health and nursing in Hamburg* in *Histories of nursing practice*, Manchester: Manchester University Press, 2015, p.131.
③④　顾年茂:《1892 年德国汉堡瘟疫大流行探析》,第 21 页。

乱初期,普鲁士迅速采取行动,封锁边境,阻止俄罗斯移民。8月27日举行的联邦国家特别会议制定了一系列的检疫措施,重点是对来自汉堡的货物和明显患病的人员进行消毒和隔离,以及为铁路官员、河船船员乃至一般民众编写和分发一些传单;9月11日成立的帝国霍乱委员会协调帝国内所有的卫生检疫,冯·李希霍芬被任命为易北河流域公共卫生的特别帝国专员;9月12日,易北河实行了严格的人员控制,9月13日至11月29日期间,河上有超过57 000艘船只、驳船和船舶接受了检查,近33 000艘船只接受了彻底消毒。①检疫效果取得了明显成效,到9月初,霍乱在整个德意志帝国的传播已经得到有效遏制。

　　除此之外,在联邦层面上,为了帝国范围内好地控制传染病,帝国卫生局公布了一份关于1892年霍乱流行的备忘录,备忘录提供了德意志帝国其他地区的疫情和预防措施的信息,并包含了详细的规定,其中规定一项报告制度,以应对在德国暴发的任何霍乱,并要求任何疫情都需要立即报告给帝国卫生局。因此,汉堡霍乱使得中央政府在国家层面上更好地控制流行病。②

　　帝国卫生局自成立以来一直考虑起草一部流行病法,并通过向帝国议会提交质询书反复要求。霍乱发生后,德国中央政府就这项全面的流行病法案进行了讨论。1892年9月26日至10月1日,一个专家委员会在柏林讨论了防治霍乱的问题,最终同意罗伯特·科赫出台一项帝国流行病法的建议。③在科赫和其他来自帝国卫生局和各联邦州卫生部的卫生学家的合作下,草拟了一项法律草案,并于1893年4月进行了首次讨论。

　　由于委员会的审议意见不一致以及帝国议会的提前解散,谈判暂停。直到1897年鼠疫暴发才使得立法进程重新开始。1900年6月30日,德国《危害公众疾病控制法》正式颁布,涉及强制通知、疾病调查、保护措施、赔偿的一般规定和惩罚条款等内容。1900年的《危害公众疾病控制法》可以作为霍乱和环境卫生运动的终点,一场霍乱恐慌促成了该法案的制定,虽并未促成其最终

① Richard J. Evans, *Death in Hamburg: society and politics in the cholera years*, p.373.
② Mathilde Hackmann, *The cholera epidemic of 1892 and its impact on modernising public health and nursing in Hamburg* in *Histories of nursing practice*, p.131.
③ Bärbel-Jutt Hess B. J., "Seuchengesetzgebung in den deutschen Staaten und im Kaiserreich vom ausgehenden 18. Jahrhundert bis zum Reichsseuchengesetz 1900," Diss, Ruprecht-Karls-Universität Heidelberg, 2009, s.301.

通过,但表现了中央政府公共卫生权限不断扩大,不断加强帝国政府在联邦制层面上对流行性疾病的预防与控制的权利。

最后,以科赫为代表的霍乱细菌学说的确立是公共卫生改革成功重要标志。自19世纪20年代霍乱传入欧洲以来,随着医学经验的不断积累,霍乱的相关理论不断发展,但真正破解霍乱之谜的根源是科赫。1882—1884年间。科赫受命前往印度对霍乱进行深入研究,成功分离出霍乱弧菌。1884年科赫返回德国后,提出了许多具有建设性意见的霍乱预防措施,得到了德国政府的大力支持。

但仍有少数国家和地区抵制科赫的传染病理论,其原因有三。其一,自19世纪50年代以来,有关瘴气论的观点深入人心。佩滕科弗是地方主义瘴气论的创始人和主要倡导者,其观点曾对帝国卫生局的霍乱政策起到了决定性作用。1854年,佩滕科弗受命调查霍乱,成为德国在这一领域的主要专家。他认为潮湿土壤中腐烂分解形成的瘴气是流行病传染的原因,并提出霍乱的发展需要三大因素,分别是可以通过人际交往传播的病菌,佩滕科弗将其称为X,人的个体状态Z,以及引起霍乱流行的地点、时间、土壤、地表水等Y。1884年,在科赫提出细菌传染病理论后,佩滕科夫批评"人们对饮用水理论的调查越深入,它越发显得不可能。著名的细菌学家科赫迄今为止也未能证明饮用水理论,而且,我认为离他承认自己走错方向已经不远了"。[1]其二,由于无法将霍乱弧菌的纯培养物引入实验动物中来重现疾病,科赫的传染病理论缺乏完整证据。科赫也承认"真正的霍乱过程不可能人为地在它们身上产生。因此,我们必须放弃这部分证明"。[2]而这缺少的一步成为科赫理论反对者的攻击点,并非所有的医学界人士都接受此观点,还有许多细菌学家以及一些医生将其视为一种实验室信仰。其三,许多相对弱小的政府反对传染病干预措施,因为接受科赫理论意味着要采取预防措施,需要承担巨大的财政负担,而且传染病干预措施经常与政治上强大的制造业、贸易和出口利益集团的需求相冲突。因此,政治和经济因素强化了反传染理论的正确性,使其在英国和汉堡等港口城市尤其具有影响力。汉堡曾经拒绝帝国卫生局对边境交通或来自俄罗斯的旅客采取保护措施的提议,坚持佩滕科弗的土壤和瘴气理论,认为检疫和

---

① ②    Donald Angus Gillies, "Establishing causality in medicine and Koch's postulates," *International Journal of History and Philosophy of Medicine*, 2016, p.5.

隔离措施是无用的。事实证明,当霍乱暴发时,毫无准备的汉堡难以承受突如其来的霍乱危机。

因此,尽管科赫对霍乱弧菌的研究引发了国际关注,但其接受程度比预期的要慢,但1892年的汉堡霍乱成为科赫霍乱理论的例证。霍乱暴发后,德国政府派科赫为代表,通过采取佩滕科夫反对的干预措施——检疫、消毒和煮沸水等措施,成功地控制了疫情,并在很短的时间内提供了霍乱细菌通过饮用水管道传播的证据。汉堡的整个卫生设施,加上霍乱暴发性质和地点的特殊性,似乎为科赫和他在柏林的帝国卫生部的细菌学家们提供了一个极好的机会的一场争论中取得了胜利,并确定了当今的科学立场。[①]到20世纪初许多细菌学家都接受了霍乱弧菌理论。

总之,汉堡霍乱在客观上推动了德国公共卫生改革运动的兴起。公共卫生管理制度的构建一直是公共卫生改革运动的主要内容。1899年,德国政府要求5 000人以上的城市必须建立城市卫生委员会,负责公共卫生相关事宜,对传染性疾病展开流行病调查。除此之外,1900年柏林市首次在城市议会中设立卫生议员,负责处理城市环境卫生治理与疾病预防。1905年,德国进一步完善了传染病强制上报的制度,授权城市卫生委员会对于霍乱、天花、百日咳、结核病等疾病感染和死亡情况进行统计上报。这些公共卫生管理制度的构建对于缓解城市公共卫生危机发挥了重要的作用。

## 三、1892年汉堡霍乱的国际影响

19世纪蒸汽船加速了世界范围内的移民运动,欧美之间的人员往来更加频繁,经贸联系日益密切。作为19世纪世界最大最繁荣的港口之一,1888年自由港的建成使汉堡成为世界上最大的咖啡、可可、香料和地毯的转运地之一。到19世纪后期,汉堡已经成为德国城市商业中心,是德国北部地区最重要的经济中心。也是从俄罗斯或东欧移民美国的中转点之一。1892年就有超10万移民从汉堡前往美国。[②]这有助于双方的经济社会发展和文化交流,不过也带来了潜在风险,为疾病在两地之间的迅速传播打开了方便之门。因此,1892年汉堡暴发的霍乱也波及了其他国家与地区,具有国际性影响。在

① Marie C. Nelson, *Occupational Health and Public Health: Lessons from the Past Challenges for the Future*, National Institute for Working Life, 2006, p.48.
② Richard J. Evans, *Death in Hamburg: society and politics in the cholera years*, p.30.

对霍乱的恐惧之下,美国等国家或是改善卫生环境,或是改进检疫制度,试图
将霍乱阻隔在国门之外。

**(一) 北美地区霍乱卫生危机的应对**

纽约、费城的预防措施是北美地区应对霍乱的典型案例。在长时间的拖
延后,汉堡政府承认该市出现了霍乱疫情。作为世界上最大的港口之一,也是
多数欧洲移民和归国观光客启程赴美的重要港口之一,汉堡每天都有几十艘
蒸汽船前往美国港口,美国面临巨大的霍乱输入风险。作为美国最大的港口
城市,纽约与欧洲港口之间的人员经贸往来最为频繁,它的关税岁入超过联邦
政府年度财政收入的半数,且不少于四分之三的外来移民从这里入境美国,因
此相比美国其他地区,纽约面临更大的霍乱威胁。①

8月31日至9月16日期间抵达纽约的船只中,有7艘属于受感染或被怀
疑的范围,其中五艘来自汉堡的船只出现了霍乱,在航行中造成了76人死
亡。②作为1892年霍乱期间唯一受影响的北美城市,纽约市共有32人死亡,大
多数死者是在船上被隔离的犹太移民,③究其原因,纽约市建立了较为完善的
防疫措施,有效阻止了霍乱的输入与传播。

早在汉堡宣布霍乱前,纽约市卫生局传染病科下发了一系列通知和指令,
除却港口的隔离检疫政策。还制定一系列的防疫措施。8月30日,纽约市卫
生局以英文、德文、法文、西班牙文、意大利文和希伯来文等多种文字印刷大量
宣传册子,详述霍乱的预防之法。④除了向普通民众提供预防指南,纽约市卫
生部门还采取了其他一系列预防措施。首先,保证民众食品安全。8月至10
月期间,卫生部门查获和销毁了1 197 950磅的肉类、鱼、水果、蔬菜和牛奶。⑤
此外,受汉堡霍乱是未经过滤的饮用水导致的影响,纽约市卫生局还下令对老
旧的地下室、学校的水槽和壁橱、排水沟、院子和人行道进行清洁和消毒,以防

① 王光伟:《1892年纽约霍乱疫情与美国对外来移民的排斥》,《史学集刊》2020年第4期,第91—
92页。
② Hope E. W., "The changed conditions of quarantine," *The Journal of State Medicine*(1912—
1937), Vol.36, No.4(1928), p.196.
③ Paul Jackson, "Cholera and crisis: state health and the geographies of future epidemics," Diss, Uni-
versity of Toronto, 2011, p.26.
④⑤ 王光伟:《黄热病、霍乱与美国公共卫生发展研究(1793—1905)》,博士学位论文,福建师范大学,
2021,第125页。

止下水道渗漏造成污染。①

为有效应对霍乱疫情,9 月 1 日,纽约市卫生局新成立了病理、细菌和消毒科,这是美国第一个市级细菌学实验室,接管了原本由传染病科负责的消毒工作,并负责各种消毒剂和消毒方法有效性的实验,为抗疫工作提供技术支持。最终其预防措施取得了良好效果,从 1892 年纽约市内感染霍乱的总人数便可说明这一点,8 月 31 日到 10 月 14 日期间总感染人数仅为 10 人。②

还有一些没有暴发霍乱的城市,在对霍乱的恐惧下,也实行了科学的预防措施,或主动或被动地实行了一些卫生方面的变革。

以美国费城为例,作为一个商业港口城市,费城在 19 世纪饱受各种流行性疾病的侵袭,19 世纪,霍乱虽然只袭击了费城三次,但每次都造成了数百人死亡。因此,在面对汉堡霍乱有可能传播到美洲时,费城陷入恐慌,同时也正是这种恐慌使得卫生委员会注意到了成立细菌学实验室的可能性。霍乱期间,港口医生爱德华·莎士比亚关于牛奶检查的报告提出了两种解决牛奶问题的细菌学方法,增加了当地对市级细菌学实验室的兴趣。1894 年,委员会决定建立一个实验室,指出细菌学实验室在前两年可发挥相当大的作用,特别是在白喉和霍乱的诊断方面,并批准了 1.5 万美元的建造费。③

此外,对 1892 年汉堡霍乱的恐惧导致了费城如何管理流行病风险的讨论。费城在很大程度上认为霍乱风险具有空间性,消除霍乱危险意味着要解决该市东南部的"贫民窟"问题。该地是犹太移民、非美裔美国人的聚集地。卫生状况不佳,人口密度高,死亡率高,居住环境恶劣。改善城市贫民生活运动激起公众对贫民窟状况的关注,加上对霍乱的恐惧,促使费城市政府拨款超过 40 万美元,用于铺设松树街以南、布罗德以东的近 9 英里的"小街道"。④因为费城卫生学家认为原来的道路容易藏污纳垢,而沥青等光滑的路面会更容易保持清洁,能够避免霍乱细菌的滋生,这是保护城市居民健康的重要一步。

其次,也促进了加拿大的公共卫生改革。类似的卫生改革也发生在其他

① Walter Wyman, et al., "Safeguards against the Cholera," *The North American Review*, Vol.155, No.431(1892), pp.493—494.
② 王光伟:《黄热病、霍乱与美国公共卫生发展研究(1793—1905)》,第 128 页。
③ Edward T. Morman, *Scientific medicine comes to philadelphia*: *Public health transformed, 1854—1899(bacteriology, pennsylvania)*, Pennsylvania: University of Pennsylvania, 1986, p.159.
④ Michael B. Kahan, "The Risk of Cholera and the Reform of Urban space: Philadelphia, 1893," *Geographical Review*, Vol.103, No.4(2013), p.528.

国家与地区,有鉴于加拿大和美国的地理位置如此相近,人员往来如此密切,加拿大政府对汉堡霍乱以及纽约疫情密切关注。以多伦多为例,1892年汉堡霍乱暴发时,多伦多市暴发了对霍乱的极大担忧与恐惧。1892年的《多伦多晚报》上刊登了诸如"这是可怕的霍乱吗?""科赫在现场""霍乱可能会来""纽约已做好准备""霍乱将在明年到来""霍乱来了吗?"等新闻头条,[①]更加激发了市民的恐惧,汉堡的霍乱轮船抵达纽约后,有关纽约和汉堡的霍乱信息使得这种情绪变得愈发激昂。

虽然1892年,多伦多并未有人感染上霍乱,但是面对流行病即将到来的预测,许多市民以及卫生专家呼吁进行包括多伦多海湾的污水排放问题在内的卫生改革。根据省卫生当局的说法,多伦多最大的危险是阿什布里奇湾,海湾中漏水的管道可能导致霍乱蔓延到整个城市。9月1日,在汉堡霍乱暴发后不久,《多伦多晚报》指出,多伦多市的主要职责是清理阿什布里奇湾并建立一个现代化的污水处理系统。[②]有关海湾的清理问题由来已久,1892年汉堡霍乱的暴发以及由此引发的饮用水清洁问题推动了这一进程。1893年5月,政府募集资金,同年疏浚和开垦海湾的工作开始。

此外,在应对1892年的霍乱中,加拿大联邦政府改革了检疫系统,与美国政府建立了良好的联动关系。因为加拿大和美国之间的国界线太容易翻越,而同一时期,美国政府也向加方施压,要求其改进检疫程序。1893年,当边境两边都在焦急地讨论这种"可怕的疾病"时,加拿大联邦政府对检疫系统进行了改革,使其与世界上任何国家的检疫系统一样,实施全面的预防措施,[③]并与美国协调行动,如美国规定了为期20天的隔离期,加拿大也会跟进。

最后,1892年汉堡霍乱推动了1893年美国《国家检疫法》的颁布。在汉堡宣布霍乱之时,几艘从汉堡港出发的船只正驶向纽约,这不仅引发了纽约市民的恐慌,还引发了美国联邦、州和地方公共卫生官员之间的政治斗争。

争议最先开始于为保护公众健康而设立的两个机构——联邦机构(海洋医院)和纽约市卫生局——的管辖权对抗中。在汉堡政府承认存在霍乱后,纽约卫生局率先采取了预防措施。8月26日,纽约港检疫部门负责人威廉·詹

---

① Paul S. B. Jackson, "Fearing future epidemics: the cholera crisis of 1892," *cultural geographies*, Vol.20, No.1(2013), pp.43—44.

② Ibid., p.55.

③ Ibid., p.33.

金斯发布纽约港卫生检疫条例,要求将所有来自疫区港口的轮船或承载来自疫区统舱旅客的轮船扣留 3—5 天,以便进行检疫。①因为美国的卫生检疫权一直处于分工状态,各州都设有卫生委员会负责州内的卫生事务。联邦政府一直试图加强中央的检疫权,遭到各州的反对。9 月 1 日,在纽约州宣布执行检疫措施后,时任总统的本杰明·哈里森发布了一项行政命令,要求任何来自外国港口且载有移民的船只,在被隔离 20 天之前,不得进入美国的任何港口,除非这种拘留是由州法律或其制定的法规所禁止的,并由州当局根据特殊情况规定的更长的天数。②

该命令遭到以詹金斯为首的纽约卫生官员的抵制,他们拒绝承认联邦管辖权,声称纽约港属于州政府管辖。在纽约总检察长的支持下,詹金斯拒绝遵守联邦的规则,下令检查每艘船的乘客,但由于其他船上的霍乱病例不断出现,詹金斯决定对所有船只及其乘客进行检疫。随着州卫生官员对数以千计的旅客进行检疫,霍夫曼岛显然没有能力容纳所有被检疫的船舱乘客,而纽约州没有也不可能召集财政或劳动力来迅速建造额外的设施,到 9 月 8 日,检疫站的空间承受能力达到极限,联邦政府开始调动其资源,在新泽西州建造一个检疫站。在财政部长和海军陆战队医院服务部主管外科医生约翰·汉密尔顿的管理下,该营地在 8 天内建成并装备完毕。③

虽然霍乱的暴发很快就平息了,但其影响却挥之不去。商会就纽约州对霍乱恐慌的处理提出了一份严厉的最终报告,建议由联邦政府而不是纽约州来控制隔离,因为纽约州不具备管理大规模隔离的必要专业知识或能力。相反,它认为,在军队的指挥下,联邦政府拥有必要的能力和专业知识来管理检疫工作。④

1892 年 12 月,格罗弗·克利夫兰总统,宣布检疫是一个全国性问题,纽约港是疾病进入美国的最重要门户。尽管霍乱疫情得到了控制,但该市的检疫工作仍不完善。联邦政府希望制定全国统一的法规。⑤1893 年 2 月,哈里斯·雷纳的《国家检疫法》通过,明确规定了对船只和移民进行医疗检查和消

① 王光伟:《1892 年纽约霍乱疫情与美国对外来移民的排斥》,第 92 页。

② Board telg. "The Cholera," p.606.

③ Felice Batlan, "Law in the time of cholera: disease, state power, and quarantines past and future," *Temp. L. Rev.* 80, Vol.53(2007), p.82.

④ Ibid., p.95.

⑤ Paul Jackson, "Cholera and crisis: state health and the geographies of future epidemics," p.27.

毒,由海洋医院服务处负责这些服务,还要求航运公司在船只驶往北美之前提供更具体的医疗文件。这些新权力弥补了总统无法在卫生危机期间进行干预的缺陷。对美国来说,1892 年的霍乱将检疫法律和政策转变为联邦管辖范围内的国家事务。[1]由此可见,1893 年检疫法是对过去联邦检疫法律的继承和完善,令联邦的检疫权力进一步扩大,同时又成为此后联邦检疫立法的重要基石。[2]

**(二) 反犹运动的兴起与移民问题的推进**

虽然缺乏干净的饮用水是造成 1892 年汉堡霍乱蔓延的主要原因,但霍乱的恐惧同时也助长了欧洲市民对犹太人长期存在的成见和歧视。这种反犹主义在汉堡及其他欧美国家越演越烈。

作为一个港口城市,汉堡长期以来对犹太人抱有批判心理,常常将其与"肮脏""污秽"等形容词联系起来,形成了"肮脏的犹太人"的刻板印象。1892年汉堡霍乱的暴发再次激起了反犹太主义运动。人们首先指责是犹太人将霍乱带到汉堡,甚至还捏造出了犹太人投毒的谣言,反犹主义者还指责汉堡政府过于重视贸易利益,向犹太人屈服,以至于他们成为霍乱主要来源。虽然汉堡政府出面澄清了一些谣言,但在 1893 年 6 月 15 日的帝国议会代表权的选举中,反犹主义者还是取得了一些成果,相较于 1890 年在汉堡只有 0.5% 的平均得票率,此次选举中,他们在一些地区的选票甚至超过 10%。[3]这种反犹主义运动在其他国家和地区也在轮番上演。霍乱暴发期间,法国当局的头条新闻是警告加拿大人"小心犹太移民,那些在路上的人正处于可怕的肮脏状态",因为俄国犹太人计划通过加拿大进入美国,以逃避检疫措施。[4]

对霍乱的恐惧以及对犹太人的厌恶最终导致了其他国家人民反移民情绪日益高涨,1892 年的汉堡霍乱成为美国关于移民问题辩论中的焦点。排外主义者鼓动媒体夸大和渲染霍乱疫情对美国社会造成的危害,刻意制造外来移民的污名,为其塑造出霍乱传播者的形象,这推动了美国移民问题的改革。8月 24 日,《纽约时报》发表的一篇文章开门见山地指出:"即使俄国没有暴发霍乱疫情,我们也不需要这些移民。若没有他们,本国无疑会更好。然而,当前

---

[1]  Paul Jackson, "Cholera and crisis: state health and the geographies of future epidemics," p.27.

[2]  王光伟:《黄热病、霍乱与美国公共卫生发展研究(1793—1905)》,第 230 页。

[3]  Richard J. Evans, *Death in Hamburg: society and politics in the cholera years*, p.394.

[4]  Paul Jackson, "Cholera and crisis: state health and the geographies of future epidemics," p.24.

存在一种危险,即这些移民将带来瘟疫,导致死者无数,酿成惨重的经济损失,他们显然应该被禁止入境,所有可资利用的法律都应拿来阻止这些危险移民前来。"8 月 29 日,《纽约时报》的头版文章再次强调:"面对霍乱可能引发的未知风险,若阻止愚昧的俄国犹太人和匈牙利人前来避难,美国的处境会更好些。……当前情况下,他们严重威胁本国国民健康。即便他们通过检疫,安居后的生活方式也总是令他们成为危险之源。必须记住,霍乱源自这个人类的无赖群体。"①反移民情绪的高涨可见一斑。

实际上,19 世纪,美国主流社会对外来移民的态度发生了极大变化,美国的排外主义情绪不断增长和蔓延。在就业竞争日益激烈的背景下,经济因素很可能是外来移民被诟病为霍乱传播者的重要原因之一。1892 年的霍乱疫情似乎为排外主义者宣泄自身对外来移民的不满提供了绝佳契机。1892 年 9 月,本杰明·哈里森总统发布的 20 天隔离命令,很大程度上意味着阻止外来移民入境。

在霍乱和卫生问题的掩盖下,参议员威廉·钱德勒想进一步调整移民政策,在阻止来年霍乱的幌子下,他呼吁暂停所有移民。1892 年 12 月初,钱德勒向国会提交一项议案,内容是从 1893 年 3 月 1 日起在一年内禁止外来移民进入美国。②虽然这项议案并未得到广泛支持,但在面对可能卷土重来的霍乱疫情,大多数国会议员最终在 1893 年 2 月 15 日通过的《授予海洋医院服务部附加检疫权力和附加责任的法案》中吸纳了钱德勒等排外主义者的部分要求。法案第七款规定,面对霍乱等传染病的威胁,总统有权下令在特定时间内完全或部分禁止与某些国家或地区的人员往来,这显然是对排外主义者作出的让步和妥协。③

《检疫法》的颁布在很大程度上揭示了 19 世纪 90 年代移民政治发生的转变,联邦政策制定者开始将移民视为一个国家问题,立法者之间达成共识,认为所有进入美国的移民都需要以某种形式加以限制,需要被统一管理。

**(三)国际之间霍乱问题共识的达成**

19 世纪,欧洲各国开始尝试共同商讨国际公共卫生问题,1851 年召开了世界公共卫生史上第一届国际卫生大会。以此为肇端,从 1851 年到 1938 年

---

① 王光伟:《1892 年纽约霍乱疫情与美国对外来移民的排斥》,第 90 页。
② 同上,第 95 页。
③ 同上,第 96 页。

相继召开了 14 次国际卫生大会,其中 1851—1894 年的 9 次会议,参会者虽提及多种疫病的治理问题,但欧洲正在遭遇的霍乱大流行使霍乱成为这 9 次大会唯一重点讨论的疫病。晚至 1892 年第七届大会通过第一部《国际卫生公约》,就霍乱的病因学和传播方式达成共识,商定了海上国际检疫特别是苏伊士运河通航船舶的检疫规则。①

1892 年霍乱暴发之后,各国深感霍乱暴发期间各国检疫措施的不协调与共同防疫的必要性,1893 年召开德累斯顿会议时,讨论了霍乱的陆路侵袭和陆地边界的控制问题,试图以统一的法规(尤其是关于铁路和河流交通的法规)取代任意和不统一的限制措施,以消除 1892 年霍乱疫情期间镇压措施引起的不满。②1893 年德累斯顿公约强调消毒,1897 年该公约获得 11 个国家的批准,取得了空前的成功。尽管对可能传播霍乱的物体还存在一些模糊认识,但对陆地边界和河流的消毒和检查达成了一致。另一个议题是改善欧洲的信息网络。该公约在霍乱可疑传播者名单上增加了一些类别:它规定了针对不同人群的特别预防措施,更具体地说,"针对吉卜赛人和惯常流动人口、移民、为工作而不得不在边境线上来回游荡的人"。③1894 年法国巴黎最后一次主要讨论霍乱问题的会议提出了对朝圣者采取检疫措施等建议,达成了《麦加朝圣者管理办法(1894)》公约。

1893 年和 1894 年两届国际卫生大会相继修订两部《国际卫生公约》,主要针对陆路检疫规则、霍乱疫情报告制度、宗教朝圣的卫生检疫等作出规定。《国际卫生公约》的颁行,进一步推进了霍乱问题在欧美各国间国际共识的达成,为各国间采取统一规范的措施来应对霍乱疫情奠定了法理基础。

## 四、结　语

汉堡霍乱大流行促进了 19 世纪末 20 世纪初德国、美国等国的公共卫生改革运动发展。1892 年汉堡霍乱在客观上促进了汉堡公共卫生事业的发展,推动了汉堡卫生机构的相继建立,医疗体系的不断完善,城市公共卫生管理制度的不断升级,不断适应城市发展需求,对于缓解城市公共卫生危机发挥了重

---

① 张勇安:《谁是"卫生帝国主义"? ——评 19 世纪欧洲霍乱治理》,《历史评论》2020 年第 2 期,第 62 页。

②③ Valeska Huber V,"The unification of the globe by disease? The international sanitary conferences on cholera,1851—1894," *The Historical Journal*,Vol.49,No.2 (2006),p.468.

要的作用。1892 年科赫成功指导汉堡政府治理霍乱,为细菌学说的发展提供了实例证明,使其在与瘴气论为代表的冲突中处于有利位置,成为国际处理霍乱和移民问题的科学基础。

同时,虽然就范围而言,1892 年汉堡霍乱主要暴发地点在汉堡,但是对其他国家和地区来说,无论是出于对霍乱传播的恐惧,还是以霍乱暴发为旗帜解决困扰已久的卫生问题,1892 年汉堡霍乱都成为其改善卫生环境,变革公共卫生政策的契机。尤其是德国和美国,在中央政府对公共卫生事务职权有限的背景下,以汉堡霍乱的暴发为突破口,削弱地方原有统治阶层垄断性的市政管理权限,不断扩大中央政府公共卫生权限,不断加强联邦政府在国家层面上对流行性疾病的预防与控制。

# The 1892 Hamburg Cholera and its effects
# in the Perspective of Global History

**Abstract**: In 1892, influenced by other cholera areas, Hamburg experienced the most serious cholera outbreak in the city's history. Under the guidance of Robert Koch, the Hamburg government not only effectively eradicated cholera, but also promoted the reform of the Hamburg administrative system and the development of public health in the city. At the same time, given the importance of Hamburg's harbour in world trade and the transport of migrants, the fear of cholera prompted a series of public health changes in other cities and regions, and increased the central government's voice in public health matters. The 1892 cholera epidemic in Hamburg also triggered a great deal of international discussion about medicine and migration, and contributed to the development of an international consensus on cholera.

**Key words**: Hamburg cholera; global history; health reform

**作者简介**:徐继承,山西师范大学历史与旅游文化学院教授;武永梅,山西师范大学历史与旅游文化学院硕士研究生。

# 近代早期英国城市"大重建"浪潮再探讨
## ——以 17 世纪伦敦为例[①]

安永娜

　　摘　要:1953 年,英国学者 W.G.霍斯金斯提出著名的"大重建"概念,以此定义 1570 至 1640 年,集中在英格兰乡村发生的住宅建筑变化,并影响了几代乡土建筑研究学者的观点。20 世纪 70 年代以来,英国史学界对"大重建"的时段、范围和影响有了进一步的研究,这些研究成果表明,英国这一时期的房屋重建规模并没有霍斯金斯所描述的那般蔚然成风,而且由于 1665 年鼠疫、1666 年火灾等意外的发生,使可能出现的重建需求更多出于现实考量。同时,同建筑相关的社会科学研究成果显示出人们对现代化的理解是一个不断演进的过程。

　　关键词:现代化　"大重建"浪潮　伦敦大火　1665 年鼠疫

　　在房屋材料及建制风格方面,建筑成为现代化的一个重要特征。[②]1953 年,英国社会经济史学家 W.G.霍斯金斯(W.G. Hoskins, 1908—1992)首发《英格兰乡村的重建,1570—1640》一文,受到学界广泛关注,其中他提出的"大重建"(the Great Rebuilding)概念,一度成为乡土建筑研究的指向标,并对该领域后续学者的研究范式产生了深远影响。[③]

---

①　本文系国家资助博士后研究人员计划资助(GZC20231531)、教育部人文社会科学重点研究基地重大项目"全球视野下的公共卫生与都市文明研究"(22JJD770058)的阶段性成果。
②　Ian Woodward, *Understanding Material Culture*, Sage Publications, 2007, p.4, pp.5—14.
③　C. Dyer, *Vernacular Architecture and Landscape History:The Legacy of "The Rebuilding of Rural England" and "The Making of the English Landscape"*, VA , Vol.37(2006), pp.24—32.

但自 20 世纪 70—80 年代以来,"大重建"概念受到多重指摘,霍斯金斯的学术正统受到挑战。这些研究者对"大重建"的探讨集中于可能发生时段的经济来源、人口流动和文化审美影响,却较少探讨同期的意外事件对房屋重建的巨大现实需求,以及瘟疫大流行对房屋重建标准和居住卫生意识的深刻影响。①这既与同时期史学研究方法的转向相关,也与建筑作为物质史学兴起的争议相关。目前国内学界对此或偏重建筑史的梳理,②或侧重瘟疫疾病史的危害。③本文尝试通过梳理前述代表性观点,以 1665—1666 年伦敦鼠疫和大火时段后的重建浪潮为个案研究,进一步思考近代早期房屋重建浪潮兴起的可能性和必要性,为重新探讨"大重建"的学术意义抛砖引玉。

## 一、1665 年伦敦大瘟疫

14 世纪以来,欧洲就经历着让人闻之色变的"黑死病",④之后鼠疫在英国消失了一段时间,到近代早期,鼠疫又在英国频繁暴发。英格兰在 16 世纪和 17 世纪经历了 16 次瘟疫,最后一次是在 1665 年。1500 年以后,疾病暴发的间隔时间变长,长达 15 年甚至 20 年,欧洲人口开始增长。到 1592—1593 年、1602—1603 年和 1624—1625 年,伦敦暴发鼠疫的程度在加剧,其中在伦敦发生的七次"大"流行中,1665 年的伦敦大瘟疫是迄今为止英国鼠疫死亡人数最多的一次,现存的记载也最多。

鼠疫的直接后果就是造成人口减少。粗略估算,1665 年初的伦敦至少有45 万人口,加上游客和过客,总人口约为 50 万。到 1665 年大瘟疫时,伦敦的人口已经超过了除巴黎以外所有欧洲的主要城市,并且近乎与大都市巴黎持平。但其后 1665 年这一年,伦敦各种原因造成的死亡人数近 10 万人,比前五

① R. Machin, "The Great Rebuilding: A Reassessment," *Past & Present*, No. 77 (Nov. 1977), pp.33—56; C. Currie, "Time and Chance: Modelling the Attrition of Old Houses", *Vernacular Architecture*, No.19(1988), pp.1—19; Matthew H. Johnson, "Rethinking the Great Rebuilding", *Oxford Journal of Archaeology*, No.12, Vol.1(1993), pp.117—125; E. Mercer, "Time and Chance: A Timely Rejoinder", *Vernacular Architecture*, No.21(1990), pp.1—3.
② 贺利思:《伦敦 1666——一座伟大城市的浴火重生》,宋美莹译,猫头鹰出版社 2018 年版;刘岩岩:《1666 年伦敦大火之后的城市重建问题研究》,曲阜师范大学世界史专业硕士论文,2019 年。
③ 邹翔:《近代早期伦敦鼠疫的社会危害》,《鲁东大学学报(哲学社会科学版)》2011 年第 28 卷第 6 期。
④ 李化成:《14 世纪西欧黑死病疫情防控中的知识、机制与社会》,《历史研究》2020 年第 2 期,第 21—30 页。

年记录的死于严重疫病的每年 1.5 万人上升到 2 万人。[1]英国最早的人口统计学家约翰·格兰特(John Grant)则在对 1665 年这一年的死亡人数统计中,记录了整整有 55 张统计表。其中,仅从 1665 年 10 月 14 到 21 日的一个周内发生疫情的堂区就有 99 个,死亡人数共 1 359 人,死于鼠疫的就占有 1 050 人,约占这一周死亡总人数的 77.3%。[2]人口减少和由此实施的严格管控限制,减少了粮食储备和就业机会,穷人们因为没有工作收入而挣扎在死亡线上,近一半的人在 1665 年底前死亡。

人口损失进而冲击了伦敦经济生活的核心,摧毁了当地贸易,并在整个大都市引发了连锁反应。诸多伦敦的富有杂货商和市政官员也逃跑到伦敦以外的地方"避疫",社会陷入无序状况,这使得生活用品供不应求,从而进一步导致物价上涨。瘟疫之后往往是饥荒,饥荒之后是通货膨胀。能趁机发财的往往是药剂师、负责临终祷告的教堂牧师、内科医生、江湖庸医和棺材铺的老板。[3]由于担心被传染,外省人也不愿意与伦敦商人做生意。这些都使得伦敦贸易一再受挫,加剧了当时业已存在的贫困问题。[4]因为大量伦敦人为了避免感染逃往他国,数字还揭示出一场更深层次的人口危机。如果按照约翰·格兰特根据伦敦以前的鼠疫流行所做的计算模型,那么 40% 的人口(即 20 万人)都逃离了伦敦。伦敦当时还有 30 万人,因此 10 万人的损失相当于疫情期间伦敦实际人口的三分之一。另有 10 万人死于农村,大瘟疫一直持续到 1666 年。

对于瘟疫流行的原因,顽固的清教徒和个别的圣公会教徒、天主教徒和贵格会教徒认为,瘟疫是上帝带来的,是对罪人的审判。如果一场瘟疫袭击了一个教区,这些狂热的信徒就会呼吁人们悔改,并希望上帝能移除毁灭天使的手。[5]"这是在以一种特殊的方式惩罚我们的教区。要不然怎么解释大瘟疫中第二高的教区死亡率呢? 在 20 年中,这个教区埋葬了 2.8 万具尸体,1665 年就占了 8 069 座这样的墓地。跛脚门(Cripplegate)的死亡人数比以往任何一

---

[1]　A. Lloyd Moote and Dorothy C. Moote, *The Great Plague*:*The Story of London's Most Deadly Year*, The Johns Hopkins University Press, 2004, p.26.

[2]　John Grant, *London's Dreadful Visitation*, *or*, *A Collection of all the Bills of Mortality for this Present Year*, 1665.转引自邹翔:《近代早期伦敦鼠疫的社会危害》,第 16 页。

[3]　邹翔:《近代早期伦敦的人口死亡统计与疫情上报》,《山东社会科学》2020 年第 5 期。

[4]　A. Lloyd Moote and Dorothy C. Moote, *The Great Plague*, p.16.

[5]　Ibid.,p.67.

次流行病都要多。"①同时,对瘟疫的传播也有自然的解释,但不清楚感染源来自哪里,人们在书信中写道:"可能被气味所感染……被雾状空气的恶臭或被感染的人或地方的腐烂空气。"②大多数情况下,瘴气主义和传染理念的观点结合在一起传播。所以在瘟疫斗争中,许多人知道要保护自己不受瘴气的影响,同样也要避开已经感染瘟疫的人,尤其是流浪者和乞丐。除了要求居民关闭窗户和对房间进行熏蒸外,关停被瘟疫感染的房屋是伦敦对抗疫情肆虐的主要策略。③

伦敦的城市布局和房屋材质被认为加速了当时瘟疫的传播。伦敦不同于欧洲城市布局的地方在于,其他国家的首都在老城的中心都有皇家庭院和宫殿,伦敦的宫殿和周围的朝臣区位于城墙西南一英里处,周围是拥挤的工人郊区。从伦敦 1665 年的《总死亡率清单》(General Bill of Mortality)④样本中可以看出,在那些留下来的人当中,住在城墙外拥挤住房中的穷人遭受的损失最大。建筑行业的工人也面临着极大的危险,他们的工作需要进入许多瘟疫流行的地区,这导致工匠数量一时紧张。西蒙·帕特里克(Simon Patrick)牧师在给友人的信中写道,"我不能待在房子里,否则对我的健康有危险,房间里那么冷,我的房东又走了,问题是该去哪里?"他几乎找不到什么工匠能使他的房间重新变得舒适,只能用窗帘来御寒。⑤

1665 年 9 月,在瘟疫的高峰期,伦敦的街道上曾出现持续不断的点火热情。在一些街道上使用可燃材料,如柴火、木材、残片和焦油桶等,由专人点火。在厄尔斯·科恩(Earls Colne),拉尔夫·乔塞林牧师(Ralph Josselin)相信高温和闪电能驱散瘟疫。他想,如果大自然可以净化空气,为什么不帮助它呢?⑥ 9 月 5 日晚上 8 点,厄尔斯·科恩被大雨扑灭后的火又被重新点燃了。在索尔兹伯里躲避伦敦瘟疫的国王查理二世(King Charles II)批准了这一行动,希望能"纠正和净化首都的空气"。约翰·劳伦斯(John Lawrence)市长立

① *St. Giles Cripplegate Vestry Book*, GL, MS 6048/1, fol. 19v.
② *John Allin to Philip Fryth*, Sept. 20, 1665, ESRO FRE 5468.
③ Leonard F. Hirst, *The Conquest of Plague: A Study of the Evolution of Epidemiology*, Oxford: England, 1953, chs.2 and 3.
④ A. Lloyd Moote and Dorothy C. Moote, *The Great Plague*, p.195.
⑤ *Simon Patrick to Elizabeth Gauden*, Sept. 22, 28, 30, in S. Patrick, *The Works of Symon Patrick*, Vol.9, The University Press, 1858, pp.576—578, 582—585.
⑥ Ralph Josselin, *The Diary of the Rev. Ralph Josselin*, Offices of the Society, 1908, pp.520, 527.

即从市政厅向城市的所有社区发出了命令,阿尔伯马尔上尉(Captain General Albemarle)则向大都会的其他地方发出了类似的命令。①泰晤士河的两岸留有熏蒸垃圾的装置,以处理堆积的垃圾,并以火将河鼠和其他害虫赶出它们的洞穴。民众积极支持这一行动,"家门口有一堆火在燃烧,真叫人安心"。②该项费用由伦敦的住户承担,他们在济贫税和一项特别的瘟疫救济税之外,每人还要缴纳 18 至 20 便士。点火鼓舞了公众士气的同时,持不同政见者对火灾感到震惊,并对世俗力量试图篡夺上帝的角色感到愤慨。纳撒尼尔·霍奇斯医生(Nathaniel Hodges)则对这项公共卫生事业感到沮丧。他听过太多关于街道火灾产生的烟雾可以减缓每周一万人死亡人数的重要举措的荒谬说法,他支持对房屋进行熏蒸以控制传染,但他认为街道上这些产生烟雾的火灾只能证明代价高昂而无效,并且对公众健康有害。霍奇斯认为大火促成了整个伦敦大瘟疫中最致命的 24 小时。在炎热和烟雾的笼罩下,4 000 名伦敦人在一天内死去。③

1666 年,威廉·克雷文(William Craven)伯爵再次谏言国王,引起瘟疫的是传染病,而不是瘴气,瘟疫不是通过空气传播的,而是在人与人之间传染的,因此只有一个可行的解决办法:需要建设大型的预防隔离机构,以将感染者与健康人隔离。但该机构设施成本太高,地方政府根本无法独自承担,因此这需要王室政府着手来开展。④但该年 6 月,英国忙着与荷兰人海上作战,枢密院反对投入建立综合医院的费用,医学理论本身也存在矛盾。因此,国王只对已有的"瘟疫令"作了非常温和的修改,并尽力使每个城镇都至少保留有一所预防瘟疫功能的机构,"随时准备好应对任何感染",但没有规定具体机构的规模,也没有为此提供任何资金。至于居家监禁,大多数贫困家庭都默认遵守此项措施,新措施只是在隔离期上增加了 20 天的熏蒸期。

对当权者来说,从燃烧的废墟中重建首都与在荷兰战争中打击最大的海上商业对手相比,后者远比对抗一种无法征服的疾病更为重要,何况这种疾病的受害者主要是穷人。但在伦敦大瘟疫期间,伦敦地区的支出总额显然比历

①  Walter George Bell, *The Great Plague in London*, Folio Society, 2001, pp.236—238.

②  John Findlay Drew Shrewsbury, *A History of Bubonic Plague in the British Isles*, Cambridge University Press, 1870, p.466.

③  Nathaniel Hodges and John Quincy, *Loimologia: Or, an Historical Account of the Plague in London in 1665*, E. Bell & J. Osborn, 1720, pp.19—20.

④  Walter George Bell, *The Great Plague in London*, pp.315—316.

史学家估计的"几千英镑"要高得多,这些钱被用于公共救济和埋葬,真正的账单可能不止四万英镑。① 对于一个经济停滞不前,人口因病死亡而减少了20%,再加上逃亡可能减少了40%的大都市地区来说,这笔财政支出无疑过于昂贵。不过这仍然远远低于几个月后大火摧毁伦敦市中心后,政府重建伦敦的费用。根据塞缪尔·佩皮斯(Samuel Pepys)的逐项计算,仅1665年4月至9月的六个月内,重建费用就超过了100万英镑。②

## 二、1666 年伦敦大火后的重建

在17世纪30年代,英国精力充沛的年轻国王查理一世和他的官员们试图限制伦敦城墙内的新建筑建立浪潮,并清除郊区的流浪者和不稳定的棚屋,但不幸失败了。到17世纪50年代,查理一世被处决后,在奥利弗·克伦威尔(Oliver Cromwell)的共和统治下,房屋扩张浪潮卷土重来,势不可挡。1660年,在查理二世的领导下,君主制得以恢复,加快了城市房屋建筑的兴建步伐。

1666年9月2日凌晨,伦敦布丁巷的一家面包房发生火灾。当天下午,在时任海军部要员塞缪尔·佩皮斯的建议下,国王查理二世担心灾情可能引发叛乱,遂越过当时伦敦市长托马斯·布拉德沃思(Thomas Bloodworth)职权直接下达命令,要求对火灾区以西的房屋进行全面拆除,以阻止火势蔓延。但由于大火在强劲的东风助威下已然失控,加上伦敦以木质建筑为主,火势迅速蔓延到了整个城市,国王这些延后的措施变得有些徒劳。最终大火持续了三天半,摧毁了罗马城墙内85%的城市建筑。其中,约13 200栋房子,52个同业公会大厅,87座教堂,以及包括圣保罗大教堂、皇家交易所、市政厅等在内的古老的地标性建筑均被烧毁,并由此产生了近10万无家可归者,成千上万的人在城外的田野中使用帐篷和棚子扎营度日。③ 在伦敦许多区域,由于火灾后地面温度太高,几天内走过地面的活物都难以幸存。

大火之后,未烧毁地区的租金飙升,许多未在火灾中失去房产的房东立即

① Walter George Bell, *The Great Plague in London*, pp.286—289.

② J. R. Tanner(ed.), *Further Correspondence of Samuel Pepys*, 1662—1679, city G. Bell & Sons, 1929, p.58.

③ 关于伦敦大火的损失情况,尚存争议,本文采用 John Schofield, *The Building of London from the Conquest to the Great Fire*, British Museum Publications Ltd., 1984.

提高了租金。1666 年 9 月 7 日,塞缪尔·佩皮斯在日记中写道:"奇怪的是,听到这里楼栋上下的房子都有人出价……W.莱德爵士的一位朋友过去每年以 40 英镑出租的房子,现在有 150 英镑可拿。"[1]托马斯·布罗姆菲尔德在 9 月 17 日给妻子凯特的信中说,"现在的房子比以前贵了十倍"。[2]根据塞缪尔·罗尔(Samuel Rolle)1668 年《伦敦的复活》(*London's Resurrection*)中所述,许多人都住在"不方便"的地方,抱怨被"压抑"在狭小、"不舒适、不愉快"的住所中,很难从事自己的职业,也很难安置家人。[3]伦敦城当局只好将政府拥有的田地和其他所属空地上的小部分土地出租,以便无家可归者得以建造临时住房。这些临时搭建的棚屋区集中在紧邻城市北部的一个大型公园——摩尔菲尔德(Moorfields),以 7 英镑到 36 英镑的价格租售份地。在这个临时搭建的"难民营地"中,贫苦的穷人把所有的值钱家当放在自己身边。但这只是一个短期的解决方案,并不能解决根本问题。

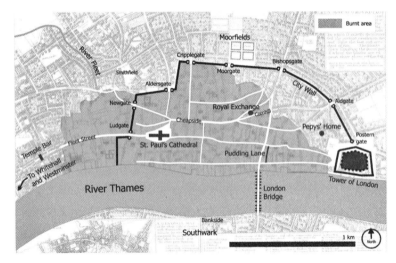

**图 1　1666 年的伦敦中心城区,图标黑色为被烧毁区域[4]**

① Pepys Samuel, *The Diary of Samuel Pepys*, University of California Press, 2000, p.23.
② Neil Hanson, *The Great Fire of London*, Wiley & Sons, 2002, p.82.
③ Samuel Rolls, *London's Resurrection or The Rebuilding of London Encouraged, Directed, and Improved, in Fifty Discourses: Together with a Preface, Giving Some Account Both of the Author and Work*, W.R. for Thomas Parkhurst, 1668.
④ https://web.archive.org/web/20080424122236/http://www.fireoflondon.org.uk/,访问于 2021 年 1 月 15 日。

面对灾后安置区高昂的租金,伦敦大火后民众的另一种选择是完全搬离伦敦。1666年9月5日,国王查理二世发表宣言,鼓励各城镇接纳无家可归的伦敦人,并允许他们展开贸易活动。正如塞缪尔·罗尔在1668年写道,伦敦人"分散在各个角落,有些人挤在郊区,有些人去了乡村,很可能再也不会回伦敦,像以前一样定居"①。这些离开的人群中,确实许多人余生再也没能回到伦敦。而对决意留下的伦敦人而言,大火之后飙升的租金使得他们希望尽快重建自己的家园。

在民众自费重建的基础上,大火后的重建工作由政府出面组织,1667年《清道夫誓言》(the Oath of the Scavengers)颁布,对大火重建后与城市卫生环境相关的房屋建制、建造材质、墙体厚度、窗户规格作了更为明确的要求和严格的规范,②可见政府对城市房屋重建规划的重视。皇家学会创始人克里斯多弗·雷恩(Christopher Wren)会同罗伯特·胡克(Robert Hooke)提交了一份城市重建的规划方案,希望趁此机会清除伦敦老城街区狭窄、蜿蜒的街道,以有序、开放的大道和宽阔广场取代中世纪城市的混乱布局。

大约在1667年春,伦敦的房屋重建工作相继展开。③伦敦金融城的大部分土地都是私人所有,地主、租客和转租客混杂在一起居住。在《1667年重建法案》(The Rebuilding Act of 1667)的颁布内容中,规定了所有私人建筑都必须符合四类规格的标准尺寸,房屋必须整齐地面对宽敞街道建造。第一种附带庭院的大型住宅别墅占地面积最大,基本被商人和市议员率先占据,贵族们则在大火之前就已经搬到了伦敦西区或科文特花园附近。第二种是正对着主要街道的房子,限定在四层楼高,而在大火之前,有时高度可达六层。普通的街道和小巷有两种较小的类型,限定在三层。这意味着该法案已经"为房主设计了房子"。市民虽然失去了房屋规划自由,但是私人重建的效率却得到了补偿。④大部分私人重建工作在1670年底接近完成。1670年,《附加重建法案》(Additional Rebuilding Act of 1670)颁布,规定在安置区"史密斯菲尔德区(Smithfield)和摩尔菲尔德区"建设新的"棚屋、商店和其他建筑"。总的来说,相对于火灾前,重建房屋的总量减少了,有学者认为减少了20%,也有学者认

---

① Neil Hanson, *The Great Fire of London*, p.246.
② Anonymous, *The Oath of the Scavengers*, Samuel Roycroft, 1667.
③ 贺利思:《伦敦1666——一座伟大城市的浴火重生》,第172页。
④ 刘岩岩:《1666年伦敦大火之后的城市重建问题研究》,第35页。

为减少了 39%，①减少的原因在于灾后兴起的土地合并，以及部分业主希望借此拥有更大面积的房子。

根据重建法案规定，所有的房子都必须用石材重建，但在实践中允许使用一些木材，以此保留屋顶的飞檐设计，而且外墙的实际厚度根据房子的类型不同也有所差异。实际上，石材由于费用昂贵，多被用于市政建筑和教堂，砖砌建筑占据重建用材的主要类型。在克里斯托弗·雷恩的指导下，伦敦共重建了 51 座教区教堂。通常，新教堂的轮廓与火灾前的建筑大致相同，或者是对保留的塔楼部分的延续，其中有 23 座完好无损地保存至今，尤其是为人所称道的圣保罗大教堂。它们的设计体现了英国建筑的本质实用主义风格，并尽可能规避了老鼠躲藏②或招致大火的风险。这种密集的街道网络引导着城市的未来规划发展，并影响到今天伦敦的城市发展。在伦敦金融城狭窄的小巷和街区之间很难再建造美国式的摩天大楼。而重建的圣保罗大教堂，仍然影响着今天伦敦的规划法规：新建筑不能从里士满（Richmond）或国会山（Parliament Hill）等周边地带阻挡大教堂的某些"受保护的景观"。

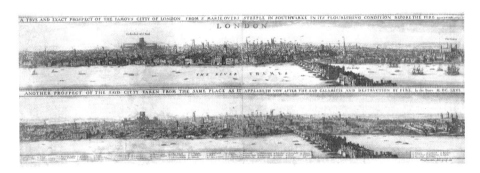

图 2　1666 年伦敦大火前和重建后，同一区域的对比图片③

由此，在伦敦被毁坏的区域内，一座以石头为辅、砖砌而成的新城市出现了，虽然在它的周围区域仍留有不少木制建筑。在城市内部区域，如果沿着 1675 年的芬切琪街（Fenchurch Street）走下去，在火灾区的新旧相接处，留有从新城市的砖砌建筑到火灾前城市的木材和灰泥外墙截然不同的城市景观。这

①③　https://www.museumoflondon.org.uk/discover/housing-crisis-1666-london-rebuilt-after-great-fire，访问于 2021 年 1 月 15 日。

②　一般认为，鼠疫的传播途径是跳蚤通过寄生在老鼠身上，来传播给人类。

种醒目的火灾印迹前后建筑材质的对比,花了几代人的时间才完全消除。同时,大火烧毁区域之后政府规划的房屋统一的材质、结构与卫生环境的改善,减少了老鼠的藏匿空间,从而限制了瘟疫的传播媒介跳蚤的活动范围,有利于鼠疫的控制和疫情的消除,①同时扩大了房屋的重建需求。②1666 年伦敦大火之后,城市重建建筑的砖石材质阻断了瘟疫的传播条件,鼠疫在西北欧基本消失,并且之后再没有大规模死灰复燃过。相反,在 18 世纪和 19 世纪它活跃于地中海东部及俄罗斯等欧洲之外的区域。但伦敦瘟疫和火灾前后的房屋重建浪潮,却一再进入历史学者的研究视野,并扩展至同期整个英国。

## 三、"大重建"浪潮争议

1953 年,W.G.霍斯金斯提出的"大重建"概念,指的是建筑工程、建筑变化或重建水平提高的时期。具体而言,霍斯金斯将英格兰的"大重建"定义为 1570 年至 1640 年,集中在英国乡村发生的住宅建筑的变化。他根据房屋上的年代铭文和遗嘱认证清单等文献资料,推测出"在伊丽莎白一世即位和内战爆发之间,英国发生了一场相当一部分人口参与的住房革命",即对中世纪留下来的房屋进行了大规模重建,"由康沃尔到兰开夏郡,赫里福德到萨福克郡",尤其是集中于乡村地区的住宅建筑,同时重建后的建筑内,室内家具和家具用品添置明显增多。③这体现出"大重建"包括两个不同的过程:物理重建和实质性现代化。尽管霍斯金斯写的是英国乡村,但他认为大重建在城市可能同样引人注目。

紧接着,霍斯金斯把 1570 年至 1640 年这一时期的"大重建"现象归因于以下原因,一是英国经济条件的改善导致了大量乡村建筑的扩建、重建或改善。从 1540 年起,"较富裕的农民、自耕农和较小的乡绅"从事的相关经济活动成本费用相对固定而销售价格不断上涨,中间的利润差额有助于这些群体积累足够的储蓄来投资建房。二是社会因素,霍斯金斯一方面认为人口增长

---

① 对于瘟疫在 17 世纪末从伦敦和西北欧的消失,目前学术界存在多种解释,比如新航路开辟后,海运货物路线的改变切断了与亚洲瘟疫滋生地的联系;更多的人感染瘟疫并得到了康复;病原体或宿主的变异;人类卫生水平的提高;等等。参见 Andrew B. Appleby, "The Disappearance of Plague: A Continuing Puzzle," *The Economic History Review*, Vol.33, No.2(1980), pp.161—173.

② Neil Hanson, *The Great Fire of London*, pp.249—250.

③ W.G. Hoskins, "The Rebuilding of Rural England, 1570—1640", *Past & Present*, No.4(Nov., 1953), p.44.

既是重建的结果,也是重建的原因,两者相互促进。另一方面,受到文艺复兴影响,房屋更为注重个人隐私和舒适感的需求,重建后的房屋建制风格由中世纪开放式的门厅为连续的双层建筑所取代,要么通过完全地重建新房子,要么通过在旧房子的开放大厅中插入一层间隔来实现,这两个过程都在同一时期发生。霍斯金斯认为这也是上层阶级意欲扩大自身思想影响的结果,其审美思想、价值观通过激增的建筑活动渗透到中等及以下阶层的社会群体,先是贵族阶层,再到商人,然后是约曼农,最后是普通农夫。[1]

　　霍斯金斯的观点在引起学界广泛关注的同时,也激发了较多的学术争议。学者罗伯特·麦金通过爬取政府环境部分级建筑的法定清单以及皇家历史遗迹委员会的档案资料,分析比霍斯金斯所能获得的更大的日期铭文数据库,对"大重建"理论进行了检验。在收集绘制 1550 年至 1800 年 250 年间的建筑数据时,因后期工业化开始,城市的经济与周围乡村结合越来越紧密,所以他囊括了乡土乡村房屋和城市房屋。在追踪建筑周期的高峰和低谷时,他发现了建筑活动的周期性激增。即使在霍斯金斯的 1570—1640 年期间,也有两个独立的十年的强劲增长期:1570—1589 年开始,1620—1639 年结束,中间则是低谷。因此,他的工作在一定程度上,有利于支持并完善霍斯金斯的论点,尽管他也能够从数量上证明从 1660 年到 1739 年才是最大的重建时期,在这期间"每十年建造的旧房子甚至比内战的高峰时期还要多"。[2]如果由此产生的图表准确代表了房屋建筑活动的发展指数,那么任何房屋重建的高峰都可以追溯到 1690 年前后的几十年,因此"大重建"应该发生于 1700 年左右,而不是 1600 年左右。不过,要注意的是,不同于罗伯特·麦金对数据的痴迷,对于霍斯金斯来说,大重建在一定程度上是根据开放式大厅[3]的消亡来定义的,而不是单纯的所有带有日期铭文建筑的图表。

　　除了对重建浪潮数字和日期的存疑,麦金在 1988 年的另一篇论文中,直接怀疑"大重建"这个术语本身会让人产生误解,指代任何具体时段的"大重

① W.G. Hoskins, "The Rebuilding of Rural England, 1570—1640", p.45.
② R. Machin, "The Great Rebuilding: A Reassessment", p.32.
③ 中世纪以来,大厅(hall)在英格兰住宅内部扮演着极为重要的角色,它不仅是庄园领主处理个人事务、裁判庄园纠纷的重要地点,更是领主举行盛宴庆祝节日、款待宾客的主要场所。随着由上及下注重私密性的增强,17 世纪大厅之于乡村宅邸的重要性已不可避免地走向衰落。参见范先鏊:《大厅的衰落——近代早期英格兰贵族乡村生活空间初探》,《英国研究》2019 年第 1 期,第 188 页。

建"的概念本身就是错误的,应当摒弃,"我们需要一种建筑史的理论来解释,而不是在某个特定时期的大重建概念……中世纪对非永久性建筑的偏好,15世纪永久性乡土建筑的出现,16世纪末至18世纪初房屋的延伸和连续的乡土建筑重建。这个理论应该建立在建筑成本和农产品价格等经济变量的基础之上"。①但是,麦金的论文在材料的选取和运用上也存在问题,在过去建造的房屋总数中,带有日期的房屋一直是少数,而作者选取的剑桥郡和多塞特郡两个地区的皇家委员会材料能否代表整体英格兰的同期状况,同样存疑。

对于"大重建"可能发生的原因,麦金认为房屋的损耗和重建与多种因素相关,除火灾之外,从最广泛的意义上来说,时尚潮流,包括对住房标准的态度、外观设计和建筑材料等,都可以被视为房屋建筑磨损的因素,因此他后期否认了霍斯金斯研究中的"大重建"这一现象的存在。他认为,在经过一段时间后,每一栋新房都无可避免成为过时的老房,进入重建建筑的候选行列。②然而,麦金的论证证据显然也存在偏颇,因为并不是所有的老房都会在每次建筑时尚风潮转向后被一扫而空,有些古典建筑一直保存至后世。最后,麦金在文中再次重申道,不同的历史时期可能会存在因住房标准、美学设计或建筑材料更新而出现建筑更迭加速的时期,如16世纪和17世纪,而15世纪和18世纪则相对较慢,但这并不能因此称16世纪和17世纪形成了迥异于前后时期的大规模的重建现象。③

英国学者马修·约翰逊则认为,霍斯金斯和麦金最大的共同问题是选取案例的整体性和代表性不够充分。④他认为,住房与社会、经济和文化之间的互动关系都应该被综合考虑在内。换言之,霍斯金斯和麦金将"大重建"的研究领域理论化,需要考虑到结论背后一系列隐含的政治假设,比如国家统一的背景。霍斯金斯和麦金的研究都默认英国是一个整体,并试图用国家的术语来构建理解。然而,这明显有待商榷,不符英国实情,英国政府对国家事务的实际号召力不具有如此影响。英国学者埃里克·默瑟则以退为进,从经济角度指出英格兰所有地区都经历了同样的社会和经济转型,但速度不同,时间也

① R. Machin, "The Great Rebuilding: A Reassessment", p.33.
② C. Currie, "Time and Chance: Modelling the Attrition of Old Houses", p.2.
③ Ibid., p.6.
④ Matthew H. Johnson, "Rethinking the Great Rebuilding", p.122.

不同。这种转变由于大量自由佃农群体的出现时间不同而不同,而这些佃农通常参与乡村的工业活动,并最终将地方乡土风格融入 18 世纪和 19 世纪的"模式书"建筑。①

而对于"大重建"浪潮的代表性问题,学者罗纳德·布伦斯基尔提出社会的参与度也是一个重要的参考尺度。在英格兰大部分地区,"大重建"跨越了 1570 年至 1640 年,但这一时期因地区和社会阶层的不同而有所差异。最早在英格兰东南部,后来浪潮转移到英格兰西南部和康沃尔郡,1670—1720 年大约在英格兰北部,后来发展到威尔士地区。在上述地区,它首先影响高收入的社会阶层,然后发展到低收入阶层。②整体而言,这些均是对霍斯金斯观点的继承和延伸,霍斯金斯已经在其文章中谈到这一点,但阶级的不同参与度并不妨碍"大重建"浪潮的兴起。③唯一不同的是,霍斯金斯认为重建浪潮是从英格兰西南部—东南部—北部的区域走向最终完成的。④

除了以上对于"大重建"发生时段、地域特征、经济基础、社会文化及阶级变化等动因的质疑,关于"大重建"现象本身的重建标准亦存有争议,围绕其是指房屋数量还是形制变化的讨论不定,后者则尤以"大厅式房屋"(hall-house)形态、功能的改变,作为一个重要的衡量标准。具体来说,重建通常采取的形式是在中世纪的大门厅新增天花板,以前直接面向支撑屋顶椽条的大厅,通过在大约往上一半高的位置给旧时的房间装上镶板来造出另外的一层,由此在一楼成为一个客厅(living room and parlour),楼上则作为卧室(bedrooms)。这种双层结构又需要建造一个通往卧室的楼梯来连通,而这本身就是一个房屋结构的巨大改变。更多的隔断将较大的中世纪房间分割成较小的房间,如此需要更多的窗户和壁炉。主卧室通常配有精致的石膏天花板、护墙板,有时还有石膏壁炉架。⑤这样就把原先作为接待客人的公共场所与私室隔开来,这说明现代意义上的个人隐私意识已经萌芽。反观中世纪,人们习惯于将卧室作

① E. Mercer, "Time and Chance: A Timely Rejoinder", pp.1—3.

② R.W. Brunskill, *Traditional Buildings of Britain: An Introduction to Vernacular Architecture*, Gollancz, 1993.

③ 在过去的 40 年里,虽然在 1570 年到 1640 年间,坎伯兰、韦斯特莫兰、诺森伯兰和达勒姆这四个北方郡以南的几乎所有地方都有大量的建筑活动,但并不是每一个约曼人、农夫和农户都能住进一所新的或更大的房子。参见 W.G. Hoskins, "The Rebuilding of Rural England, 1570—1640", p.44。

④ W.G.霍斯金斯:《英格兰景观的形成》,梅雪芹、刘梦霏译,商务印书馆 2018 年版,第 122—131 页。

⑤ W.G. Hoskins, "The Rebuilding of Rural England, 1570—1640", p.45.

为宴会厅,当时的家庭观也认为安全地聚在一起比隐私更为重要。①霍斯金斯由此认为文艺复兴价值观的变化是大重建的主要原因,尽管他没有质疑隐私和对舒适的新要求是这种变化的潜在原因。马修·约翰逊继而提出,16世纪和17世纪重建的房屋布局方式所发生的这种惊人的变化,高度直达屋顶的中世纪大厅改为有天花板和烟囱的大厅,并采用了各种后中世纪的流通模式,这些不仅仅是简单的重建周期,以及"适应、舒适和方便"的需求增加,也是那个时期社会文化和历史学家对传统根深蒂固文化相探索、转变的一部分,特别是研究该时期流行文化转向的学者。②马修·约翰逊对霍斯金斯社会文化史角度的延伸解读较为中肯。

　　霍斯金斯在晚年,曾将"大重建"的浪潮进一步推测到兰开夏郡之外的北方地区。如此一来,苏格兰也可被纳入重建的范畴,高地清理后大量农舍的出现可以被视为类似于三四个世纪前英格兰低地的重建,并由相同的潜在历史变化引起。马修·约翰逊对此批评道,解决地区差异问题的方法之一是将其重建日期的变化视为同一基本过程中早熟或迟缓的迹象。关于马修·约翰逊的想法,霍斯金斯早在先前的文章中就已解释过区域代表性的不足问题。而对于其他细节性问题,霍斯金斯解释道,"这些问题的答案在现阶段必然是部分推测性的,因为仍有大量工作要做,特别是在人口问题上"。③但让人意外的是,在以上研究者的争论中,一开始在霍斯金斯研究中所提到的人口问题,"人口增长是住房标准革命的原因,还是结果"的问题并未得到延伸。在笔者看来,这恰恰说明了霍斯金斯对于"大重建"经济史角度的解释是具有充分参考价值的,以至于后续研究者要从其他角度来补充、探讨多种可能性。

　　以学术史的视角追溯,霍斯金斯的贡献,主要在于提出了一个新的研究问题,"大重建"浪潮出现的意义重大,足以引起经济史学家的系列关注,那么是谁资助了这场住房革命,资金来源是什么? 这与同期人口的显著增长有什么关系? 是因还是果? 迄今为止,霍斯金斯关于"大重建"的研究仍然是一项重要而富有成果的工作,后世对"大重建"的反思其实是对乡土建筑研究的整体反思,也是对考古学和历史学关联的重新思考。传统史学认为,过去的文化意

---

①　Lucy Worsley, *If Walls Could Talk*: *An Intimate History of the Home*, Faber & Faber, 2012.

②　Matthew H. Johnson, "Rethinking the Great Rebuilding", p.123.

③　W.G. Hoskins, "The Rebuilding of Rural England, 1570—1640", p.44.

义只能通过文本来获得,因此,对建筑的研究是一项枯燥的技术工作,是一种只有文本才能赋予生命的惰性研究形式的产生。"大重建"最可贵的一点,是尝试将这种片面和简单化的观点遗弃,探讨在文本及文本之外的建筑背后隐藏着真实的人类思想和生活方式的转变,这也成为物质文化研究兴起的重要历史使命之一。

总之,以上从经济社会史、物质文化史的探讨角度,主要考虑到乡民的经济收入何以能够促使建筑得到重建,当时的审美和文化影响到乡民为何要重建。但在这种经济结构转变的历史大趋势之下,该时期的英国房屋改制还要面对现实的需求维度,尤其当时的重大历史事件——瘟疫大流行、火灾对乡民重建房屋材料的可能影响。

如果按霍斯金斯所言,"大重建"得益于人口的增长,那么鼠疫的直接后果就是造成人口减少,但重建也带来了伦敦经济发展的新契机。疫情导致的通货膨胀,对当时建设房屋的成本价格影响也颇为广泛。正如霍斯金斯所言,当时特定的自耕农等新兴阶级的发展和储蓄,为"大重建"积累了重要的物质基础。但前述瘟疫导致伦敦人口减少、物价上涨的同时,也使得当地对土地的需求减小,贫瘠的农场遭到废弃,这反而为其他回报更丰厚的农场让位,劳动力需求更小的牧业也得到发展,如此经过几代人的积累,以伦敦为首,历经中世纪漫长的衰退之后,英格兰强劲地恢复了过来,城镇发展迅速,催生了一个巨大的食品市场。16世纪40年代以降,物价快速上涨,乡民们对市场更有把握,他们对土地的保有是能得到保障的,所交纳的租金和贡金相对固定,所需的劳动力通常由家族提供,支付的成本或多或少固定不变,而售价却不断上涨。因此,无论是对农民还是商人或工厂主而言,这都是一个利润暴涨的时代。①乡民们手里的盈余可观,有能力借此火灾之机着手改善住房。

火灾后兴起的"大重建"活动,促进了疫情后伦敦经济的复苏。伦敦重建后,人口的重新增长使伦敦的城市建设得以进一步拓展,也对经济发展起到了积极作用。从1600年的20万人到1650年的40万人,1700年的57.5万人,再到1750年的67.5万人,伦敦的人口数量总和占全国总人口比重,一直在不断稳步提升。即使在17世纪后半期全国人口增长率呈现负数(−3%)时,伦敦

---

① W.G. 霍斯金斯:《英格兰景观的形成》,第158页。

人口仍然保持了 36% 的较大增长幅度。[①]同时,随着中央集权的政治体制的逐步确立,伦敦宫廷成为全英格兰的政治中心。[②]想要获得政治地位擢升的贵族对宫廷趋之若鹜,这意味着他们每年都将有许多时间在伦敦度过。时尚的宫廷社交以及城市生活开支巨大,使得他们难以同时维持乡村生活的排场,带动周边乡村建筑样式的改变。[③]因此,该时期伦敦人口增长的因素是多面的,原有工商业经济的发展,伦敦作为英国政治经济和文化中心,恢复对外来人口迁入的巨大吸引力,尤其是鼠疫造成的人口流失需要大量增补人口等。其中,伦敦的城市建设,无疑为人口的重新增长提供了必要的物质基础、就业岗位和发展契机。反过来,人口的增加、劳动力的补给又缓和了上述鼠疫带来的工商业损失,形成经济良性循环发展。这一点正符合霍斯金斯所言,人口的增加首先是住房标准大幅度提高的结果。[④]大火也为在市中心建造新城市创造了机会,在随后的几十年里,伦敦迅速成为大英帝国的中心。17 世纪一系列政治经济社会变动几乎重塑了伦敦,这在建筑空间及其利用方式中有着明显的表露。

## 结　语

　　1666 年伦敦大火引起伦敦人口的大规模流动,冲击了原有社会秩序,迄今仍是伦敦乃至英国历史上的重大灾难之一。那场大火所具有的巨大破坏性,使得大火后的重建既是沉重负担,也开启了英国现代化的浪潮。伦敦的规模化重建活动既在于瘟疫过后,政府投资以火灾之机重塑城市卫生条件,也在于灾后发展带来的经济新契机。1666 年在霍斯金斯所言的"大重建"时期之外,又在其他学者争议的时间范畴之内,可算为其中的一个重要代表性个案研究。它的特殊性在于 1666 年大火后重建的建筑材质得到政府的统一规划更改,阻断了鼠疫的传播空间。同时,大都会的经济机遇与新建房屋建筑的就业契机又进一步吸引了伦敦外的人口前来,人口增长带来的红利,又拉动了当地经济的不同行业复苏。于是,伦敦进入灾后重建的经济新增长期。自然地,经

① Roy Porter, *London: A Social History*, Penguin Books, 2000, p.157.
② Lawrence Stone, *The Crisis of the Aristocracy 1558—1641*, Oxford University Press, 1967, pp. 184—189.
③ 范先鋆:《大厅的衰落——近代早期英格兰贵族乡村生活空间初探》,《英国研究》2019 年第 1 期,第 196 页。
④ W.G. Hoskins, "The Rebuilding of Rural England, 1570—1640", p.44.

济水平提高又促使人们追求未烧毁区域住房条件的一同改善。因此,17世纪的伦敦因1666年大火的意外发生确实兴起过重建浪潮。而英国其他地区未曾经历伦敦般的大规模集中鼠疫,亦没有大火灾害迫使旧建筑消失殆尽,在新旧建筑的建制材质或风格上,同一时期内的大范围更替,自然不具备统一的官方行动,也难言经济补助。霍斯金斯也在其后的著作中将"整个英格兰"范围缩小为"除去最北端的四郡",后者大概"比英格兰南部晚了100年"。[①]因此,若横向对比,就"大重建"时期而言,整个英格兰是否均如霍斯金斯所言区域一致,尚存探讨的空间。即便在同一个区域内,不同阶级之间的房屋现代化效果也是有差异的。若纵向对比,"大重建"时期确切存在与否,与其他时期明显不同的结论是存在争议的。从这个意义而言,"大重建"的浪潮既有可能是间断性的区域现象,而非霍斯金斯所述的历史现象。

　　霍斯金斯提出"大重建"概念,意在说明当时斯图亚特王朝时期,资本主义发展,新兴资产阶级的经济力量在增长且强大,比如绅士、富裕农民、自耕农等新兴阶层。以罗伯特·麦金等为代表的"修正主义"学者除了质疑"大重建"时段外,对"大重建"本身的概念也提出挑战,认为任何时代可能都会存在房屋重建浪潮,不能特指17世纪而相对地忽略了其他时代。与此同时,结合当时自耕农等新兴阶层得以积蓄的经济因素和隐私意识的萌发,17世纪确有"大重建"存在的可能性和必要性。换言之,住宅形式的变化倒映出社会经济和文化的发展。他们要解决的最终问题是相似的,即房屋重建和现代化的同步性是不是一致的? 目前从树木年代学中获得的证据尚不能支持霍斯金斯的观点,即在1570年至1640年间,建筑活动出现了异常的激增。比如,近年汉普郡的树木年轮测年显示,在1570年之前,汉普郡就已经开始从零开始建造全楼层的房屋,而实质性的现代化进程主要发生在1570年之后。所以物理重建和现代化的同步性至少在英国汉普郡是不存在的。[②]

　　综上所述,笔者认为"大重建"概念的兴起有其特定的时代背景和综合因素。在没有树木年代学的帮助下,"大重建"证明了霍斯金斯思想的力量,他试图将社会和经济因素与建筑周期和民居规划的转变联系起来,为后世现代化研究开辟了一种新思路,建筑和景观的证据可以卓有成效地建立在经济和社

---

① 　W.G.霍斯金斯:《英格兰景观的形成》,第154、159—160页。
② 　Edward Roberts, "W.G. Hoskins's 'Great Rebuilding' and Dendrochronology in Hampshire," *Vernacular Architecture*, Vol.38, No.1(2007), pp.15—18.

会历史研究的基础之上。至于在 1570—1640 年期间,英国"大重建"现象存在的整体程度如何,尚需更多案例予以补充。即使 17 世纪"大重建"现象曾蔚为可观地在英格兰个别地区兴起过,尤其是对比 15—16 世纪变化较为缓慢的中世纪,甚至成为英国开启近代化的重要参考之一,但是这种转变不可能一代人就完全实现,它的实现是历史发展层层递进的结果,而"修正主义"学者对其定义溯源的不断讨论,也体现出随着历史境遇的转变,人们对现代化的标准和理解也在发生变化。从这个意义而言,也许"大重建"问题并不在于建筑本身,而在于人们对社会转型期异质性的敏感。

# The Wave of "The Great Rebuilding" in Early Modern British City Revisited
## —Taking 17th century London as an example

**Abstract**: In 1953, British scholar W.G. Hoskins proposed the famous concept of "The Great Rebuilding" to define the changes in residential architecture that took place in rural England between 1570 and 1640, and influenced the views of generations of vernacular architecture scholars. Further researches into the timing, scope, and impact of "The Great Rebuilding" have been conducted since the 1970s, and these findings suggest that the scale of housing reconstruction in England during this period was not as widespread as described by Hoskins, and that accidents such as plague and fire made the potential need for reconstruction more practical. At the same time, social science findings related to architecture also show that the understanding of modernization is an evolving process.

**Key words**: Britain; "The Great Rebuilding"; the Great Fire of London; Modernization

**作者简介**:安永娜,上海大学文学院历史学系博士后。

# 英国东印度公司统治期间马德拉斯的杜巴什阶层研究(1641—1800)①

汤誉波

　　摘　要:17 世纪中叶,英国东印度公司经营印度殖民地的初期,出于语言、文化、宗教等领域的隔阂,公司需要熟悉本地情况的代理人提供中介服务。在马德拉斯城,英东公司的代理人是杜巴什(Dubash)。杜巴什主要由当地高种姓的旧地主或商人组成,最初只是雇主的翻译,随着公司在印度地区的扩张,杜巴什的职权延伸到贸易、外交、行政等领域,积累了足以威胁公司统治的实力。17 世纪末 18 世纪初,双方围绕贸易份额、生产管理、城市治权多领域展开博弈,杜巴什取得的优势令公司陷入安全焦虑。于是,英东公司采取了制度改革、剥夺特权、污名化攻击等手段展开反击,将杜巴什从殖民国家的权力空间中驱逐。双方博弈的本质是对马德拉斯政治权威的争夺。在多方因素的合力下,杜巴什实现了去代理人角色的身份转型。

　　关键词:英国东印度公司　马德拉斯　代理人　种姓　杜巴什

　　马德拉斯(金奈)位于印度半岛东南部科罗曼德尔海岸,是今印度共和国泰米尔纳德邦的首府。1639 年,英国东印度公司派遣管理员弗朗西斯·戴(Francis Day)勘探科罗曼德尔海岸,他与当时的钱德拉吉里(Chandragiri)纳亚克王国②

---

①　本文为教育部人文社会科学重点研究基地重大项目"融合与冲突:都市移民的社群、空间和文化研究"(22JJD770057)的阶段性成果;上海师范大学高水平地方高校建设一流研究生教育项目之博士研究生拔尖创新人才培育"近代英属印度马德拉斯的杜巴什阶层研究"的成果。
②　纳亚克(Nayak),指代印度教地方领主。通常用于南印度,特别是今泰米尔纳德邦和安得(转下页)

的实际掌权人达玛拉·文卡塔巴(Damarla Venkatappa)谈判,请求纳亚克授予英东公司海岸边的土地以建立贸易工厂①。纳亚克同意了戴的请求,英东公司以每年支付 1 200 ②宝塔(Pagodas)③的代价,换取位于渔村马德拉斯帕南(Madraspatnam)约 3 平方英里的土地使用权。④马德拉斯控制着科罗曼德尔海岸的交通线,地理位置非常重要,但是基础条件较差,"早期到访的船只只能临时停靠在沙滩上"⑤。1640 年,英东公司开始在马德拉斯修建要塞圣乔治堡(Fort St. George)、港口等设施,从此以马德拉斯为据点,经营香料、纺织品等贸易。逐渐繁华的马德拉斯很快成为各方势力争夺的目标,卡纳蒂克战争⑥时期,法军在 1746 年至 1748 年间、1758 年至 1759 年间两度占领马德拉斯。在 18 世纪后期,马德拉斯也遭到了迈索尔苏丹海德·阿里(Hyder Ali)的攻击。1773 年,英国出台《印度规管法案》(Regulating Act),明确加尔各答为英属印度的首府,马德拉斯的政治地位进一步下降。20 世纪中叶印度独立后,为了去除殖民主义痕迹,印度政府在各地发起更改地名运动,1996 年,马德拉

---

(接上页)拉邦地区。纳亚克通常向维贾耶纳伽尔王国称臣纳贡,统治着特定地区,负责辖区内行政税款征收事宜,并为国家提供军事支持。维贾耶纳伽尔衰落后,南印度出现了几个纳亚克国家,最强盛的有马杜赖(Madurai)、坦贾武尔(Thanjavur)和金吉(Gingee)三国。对纳亚克群体的研究可参见 Amita Kanekar, "Two Temples of the Ikkeri Nayakas," *South Asian Studies*, Vol.26, No. 2, 2010, pp.125—159; A. Mahalingam, *The Vijayanagara-Nayakas: Art and Culture*, Sharada Publishing House, 2012.

① 近代英、荷等欧洲国家在殖民地建立贸易工厂是为了利用殖民地的资源,建立商业基地,并确保对当地贸易的控制。这些贸易工厂是殖民地经济体系的核心,通常由特许公司负责管理。

② Chidambaram S. Srinivasachari, *History of the city of Madras*, P. Varadachary & Company, 1939, p.41.

③ 宝塔(Pagoda),是一种用作货币的金属钱币。通常在锡兰(今斯里兰卡)和南印度泰米尔纳德地区被广泛用于商贸活动。它们的形状通常是多面锥形,类似佛教寺庙的宝塔,因而得名。宝塔在形状和设计上都具有独特性,通常包括宗教图案、文字和其他装饰。宝塔的使用反映了当时地区的文化和宗教影响。随着时间的推移,宝塔逐渐淡出使用,被英东公司发行的标准卢比取代。

④ Susan M. Neild, "Colonial Urbanism: The Development of Madras City in the Eighteenth and Nineteenth Centuries", *Modern Asian Studies*, Vol.13, No.2, 1979, pp.217—246.

⑤ Susan Margaret Neild, *Madras: The Growth of a Colonial City in India 1780—1840*, University of Chicago, 1977, p.8.

⑥ 卡纳蒂克战争(the Carnatic War)是指 18 世纪中叶在印度次大陆上发生的一系列军事冲突。一些名义上独立的印度土著政权和他们的傀儡发生了争夺领土与继承权的战争,结果导致法国东印度公司和英国东印度公司之间外交及军事上的冲突。战斗多发生在哥达瓦里河(Godavari River)三角洲地区。通过这些冲突,英国东印度公司在印度的各欧洲贸易公司中取得了支配地位,法国东印度公司的活动范围被限制于本地治理之内。英国东印度公司的胜利最终导致英国控制了印度的绝大多数领土,建立了英属印度。

斯(Madras)更名为泰米尔语的金奈(Chennai),本文为方便叙述,沿用马德拉斯旧名。

在英国人经营印度殖民地初期,因语言、文化等领域存在隔阂,需要熟悉当地情况的本地人提供中介服务,如加尔各答的"班尼人"(Banians)和马德拉斯的"杜巴什"(Dubash)。这些本地人外语能力强,既可以作为雇主的翻译,也可帮忙处理其他琐事,本质上是雇主的私人秘书。这类人群通常由当地的旧地主或旧商人组成,他们在当地的社会地位和经济实力较高,本文将他们定义为"代理人"。英国人和代理人的合作是一种双赢关系:一方面,由于语言和文化的障碍,英东公司需要代理人协助才能展开商贸或政治活动。另一方面,代理人可以利用东印度公司的声誉谋求利益。双方形成了一种互利共存的关系。本文的时间框定在 1641 年至 1800 年,是因为 1641 年 12 月,塞萨德拉(Sesadra Chetti)成为马德拉斯总督安德鲁·科根(Andrew Cogan)的杜巴什和首席商人,成为首任"首席杜巴什",开始协助总督管理马德拉斯。19 世纪后,马德拉斯完善了基础设施和公务员体系的建设,杜巴什的影响力式微。

## 一、杜巴什的起源

17 世纪中叶,初步移居马德拉斯的英国人对当地一个群体印象深刻:一些穿着白色薄纱长袍和长裤、脚穿红色拖鞋、头上戴着头巾的印度人[1]成群结队地登上停泊在马德拉斯港口的船只,他们当中有人为购买货物而与卖方议价,有人向船上乘客推销他们当地的农产品,也有人向不懂当地语言的新移民推销翻译服务。当乘客下船后,这些印度人依旧纠缠不止,这个群体被当地人称为杜巴什。[2]杜巴什是一个印度语单词,字面意思是掌握两种语言的人。[3]在英国东印度公司的早期记录中,杜巴什被称为"仆人",后被称为"代理人"或"经纪人"。[4]杜巴什的起源和消亡没有明确的时间,作为代理人阶层,他们的存亡与东印度公司的需求紧密相连。英国人进驻马德拉斯早期,杜巴什仅负

---

[1]　James Wathen, *Journal of a Voyage, in 1811 and 1812, to Madras and China*, London, J. Nichols, 1814, p.26.

[2]　Walter Hamilton, *A Geographical, Statistical, and Historical Description of Hindostan and the Adjacent Countries*, John Murray, 1820, p.410.

[3]　dho＝两种,bash 或 bashi＝语言,两者组成单词 dhobash 或 dubash。

[4]　M. Sundara Raj, "The Dubashes of Olde Madras", *Madras Musings (Archive)*, Vol.18, No.23 (2009), https://madrasmusings.com/Vol%2018%20No%2023/the-dubashes-of-olde-madras.html.

责翻译工作。随着移民的增加,他们的职责开始扩展:在公领域,公司、政府机构、法院都有自己的杜巴什,他们履行不同的职责,如翻译员、秘书、中间商以及充当本地人和公司官员之间的调解员;在私领域,马德拉斯较富裕的欧洲移民家庭会雇用杜巴什充当总管。对刚到马德拉斯的移民而言,杜巴什是顾问、向导或经纪人。对于已定居的公司员工或军官而言,杜巴什可以负责他们的私人投资。[1]英国人把所有的雇员,从家庭佣人到事务人员,都归入"杜巴什"的笼统范畴中,而不区分他们在社会中的相对地位、阶级背景或工作性质。对杜巴什而言,利用代理人身份取得的信息差来剥削欧洲人和本地人是主要的获利渠道。例如杜巴什可以通过语言优势向双方提供关于商品价值的虚假信息;再如他们压低本地商人的货物价格,遂以高价卖给欧洲商人,中间的差价被杜巴什视为合理报酬。[2]

英国在南印度的扩张与杜巴什阶层的崛起有密切关系。在英国殖民马德拉斯之前,当地有两种基本的政治结构:一种是不同种姓因为资源、空间、身份认同等问题产生的复杂斗争;另一种是纳亚克和农村地方首领共同组成了当地的统治集团,他们之间通过土地权益建立了效忠型的特权体系。英国东印度公司对马德拉斯的殖民统治重构了当地的政治结构,打破了旧有统治集团或种姓群体之间的利益关系,促进了当地社会流动。马德拉斯的种姓矛盾由来已久,英国的殖民扩张给当地的种姓矛盾带来了新特点。

前殖民时代的马德拉斯地区缺乏强力的政治权威,不存在中央集权的官僚征税制度,也未发展出公共司法体系。马德拉斯地区存在许多半自治的统治单位如村庄、氏族、寺庙等,种姓组织是这些统治单位实际控制者,亲属意识形态成为各领域政治活动的规则。[3]种姓之间被划分为"右手"(Right Hand,泰米尔语为 Valangai)和"左手"(Left Hand,泰米尔语为 Idangai)两大集合。"左右手"体系发源于 11 世纪的泰米尔诸国时代,[4]这是一种垂直的种姓结构,上层种姓享有崇高的地位和丰富的资源,底层种姓则构成"左右

① Susan Neild-Basu, "The Dubashes of Madras", *Modern Asian Studies*, Vol. 18, No. 1, 1984, pp.1—31.
② M. Sundara Raj, "The Dubashes of Olde Madras".
③ Pamela G. Price, "Ideology and Ethnicity under British Imperial Rule: 'Brahmans', Lawyers and Kin-Caste Rules in Madras Presidency", *Modern Asian Studies*, Vol.23, No.1, 1989, pp.156—157.
④ Burton Stein, *Peasant, State and Society in Medieval South India*, Oxford University Press, 1980, p.77.

手"中层,弃儿则处于底层,婆罗门不在"左右手"之列。左右手制度利用标签建立集体认同,维系社会稳定。在农村,种姓间用"左右之别"建立各自固定的社区;在城市,"左右手"致力于争夺生存空间,彼此都拥有强烈的领地意识。左右手制度在维系社会稳定的同时也造就了许多矛盾,如种姓群体的社会关系受到"左右之别"束缚,很难实现职业变动或阶级跨越。①再如这种标签化的制度会把集体认同和领地意识带向极端化,1652年,一户"右手"种姓家庭举行婚礼时路过了"左手"种姓控制的街道,"左手"居民反应激烈,双方产生矛盾。这场矛盾后演变为英东公司控制马德拉斯早期最激烈的种姓暴力冲突。②印度学者卡纳卡拉塔·穆昆德(Kanakalatha Mukund)认为这场冲突反映出"身份认同不仅位于他们抽象的社会空间中,也位于居住区的物理空间中,双方都认为生活在能实际控制的生存空间里非常重要"③。

"左右手"的判定并无明确标准,右手种姓以维拉拉尔(Vellalar)、巴里尤斯(Balijas)为主,维拉拉尔是今泰米尔纳德邦东北部通代曼达拉姆(Tondaimandalam)地区的一个种姓集合,④以农业为职业的种姓均被称为维拉拉尔;巴里尤斯属商人种姓集合,⑤他们长期从事与东南亚国家的贸易⑥。左手种姓以切蒂(Chetty)、坎马拉尔(Kanmalar)、潘奇拉(Panchala)为主,其中切蒂属商人种姓,其余两类种姓多从事工匠职业。⑦左右手的地位并不平等,右手种姓控制了马德拉斯大量土地,他们认为左手工商业者地位低下,应该向右手臣服。左手种姓,尤其是那些从事马德拉斯新兴贸易业和制造业的群体,拒绝承

① 刘欣如:《南亚种姓制中的社会流动性》,《史学理论研究》1999 年第 4 期。

② C.S. Srinivasachari, *History of The City of Madras*, P. Varadachary & Co., 1939, pp.78—79.

③ Kanakalatha Mukund, "Caste Conflict in South India in Early Colonial Port Cities:1650—1800", *Studies in History*, Vol.11, Issue 1, 1995.

④ Vijaya Ramaswamy, *Historical Dictionary of the Tamils*, Rowman & Littlefield Publishers, 2017, p.303.

⑤ 根据 1805 年马德拉斯城的种姓名单,维拉拉尔(Vellalar)分为几类亚种姓,Kondaikatti Vellalars、Tuluva Vellalars、Ponneri Tuluva Vellalars、Nel Vellalars;巴里尤斯(Balijas)分为几类亚种姓,"Jala vadagu" Balijas、"Pagadula" Balijas、"Wootrady Putty" Balijas。参见 *The Madras Almanac for the Year of Our Lord*, 1805, Military Male Orphan Asylum, pp.69—70。

⑥ Kanakalatha Mukund, "New Social Elites and the Early Colonial State: Construction of Identity and Patronage in Madras", *Economic and Political Weekly*, Vol.38, No.27, 2003, pp.2857—2864.

⑦ Arjun Appadurai, "Right and Left Hand Castes in South India", *The Indian Economic & Social History Review*, Vol.11, Issue 2—3, 1974, pp.216—219.

认右手种姓强加的从属地位,[1]他们通过从事工商业积累的财富,挑战右手种姓的传统地位。17 世纪中叶英国势力进入马德拉斯后,商业种姓"右手"巴里尤斯和"左手"贝里·切蒂(Beri Chettis)最先与英东公司开展贸易。[2]在双方合作的早期,英东公司无法取得当地的贸易优势,因为本地商人往往与多个欧洲国家展开合作,利用信息差取得了多个地区的贸易优势:如巴里尤斯控制了马德拉斯的水运网络,贝里·切蒂的贸易范围已延伸至东南亚。[3]17 世纪 90 年代后,荷兰东印度公司加强了对南亚土著贸易的打击力度,马德拉斯商人被迫选择与愿意提供武力保护的英国人合作。[4]马德拉斯的印度商人将贸易安全交予英国人负责的行为是对贸易自主权的放弃,此举削弱了他们的竞争力,提高了英国东印度公司在科罗曼德尔海岸的贸易话语权。

在传统效忠型特权体系中,纳亚克把土地授予军事头领、地方首领、寺庙、婆罗门、仆人等,其中只有婆罗门领地拥有永久产权,其他阶层的土地不得随便交易。[5]接受土地的一方成为当地的实际统治者并向纳亚克效忠,双方结成政治联盟。在这个体系中,获得土地的农村地方首领被称为"米拉西达尔"(Mirasdars),由米拉西达尔控制的村庄被称为米拉西村庄(Mirasi Villages)。米拉西达尔不从事农业生产,是事实的地主阶层,他们从四个方面攫取利益:(1)把土地租赁给村民后从租户收成中取得抽成;(2)让潘奈亚尔(Pannaiyal)或雇用的帕迪亚尔(Padiyal)[6]耕种土地以获得收益;[7](3)从荒地、池塘和果

---

① 在一份提交给调查这些争端的政府委员会的报告中,右手种姓领袖声称左手种姓是他们的仆人。"从古至今,按照他们的自己的权利,他们没有资格享有任何旗帜、标志或特权,除非这些权利被右手种姓允许。"参见 Madras Presidency, *Public Department Consultations*, 6 March 1812, to Committee from Heads of the Right Hand caste, 10 August 1810. 转引自 Susan Margaret Neild, *Madras: The Growth of a Colonial City in India 1780—1840*, p.225.

② Kanakalatha Mukund, "New Social Elites and the Early Colonial State: Construction of Identity and Patronage in Madras".

③ Arjun Appadurai, "Right and Left Hand Castes in South India", p.231.

④ S. Arasaratnam, "Trade and Political Dominion in South India, 1750—1790: Changing British-Indian Relationships", *Modern Asian Studies*, Vol.13, No.1, 1979, pp.19—40.

⑤ Nicholas B. Dirks, "From Little King to Landlord: Property, Law, and the Gift under the Madras Permanent Settlement", *Comparative Studies in Society and History*, Vol.28, No.2, 1986, pp.307—333.

⑥ 潘奈亚尔(Pannaiyal)和帕迪亚尔(Padiyal)分别为无地农奴和拥有工资的佃农。

⑦ D. Kumar, "Caste and Landlessness in South India", *Comparative Studies in Society and History*, Vol.4, No.3, 1962, pp.337—363.

园的产出收益;(4)从村民中获取杂税。与之对应,米拉西达尔需承担部分社会责任,如管理村庄民政和宗教寺庙等事宜。[①]在种姓构成上,大多数村社的米拉西达尔都属右手维拉拉尔种姓,所以维拉拉尔在农村地区拥有巨大影响力。

#### 1803—1836 年马德拉斯农村地区米拉西达尔所属种姓分析表

| 村庄名称 | 米拉西达尔数量(个) | 种姓所属 |
|---|---|---|
| 通迪亚佩特(Tondiarpet) | 11 | 维拉拉尔 |
| 阿塔波利亚姆(Attapolliam) | 5<br>3 | 维拉拉尔<br>切蒂 |
| 维亚塞尔帕迪(Vyaserpady) | 3<br>1 | 维拉拉尔<br>皮莱(Pillai) |
| 内敦巴里(Nedumbari) | 2 | 维拉拉尔 |
| 伊伦加南(Irunganam) | 4 | 维拉拉尔 |
| 佩拉姆布尔(Perambur) | 9 | 维拉拉尔 |
| 韦佩里(Vepery) | 1<br>1 | 奈克(Naik)<br>皮莱 |
| 普拉萨瓦卡姆(Pursewakkam) | 12 | 维拉拉尔 |
| 基尔保克(Kilpauk) | 12 | 维拉拉尔 |
| 切特普特(Chetput) | 10 | 维拉拉尔 |
| 埃格莫尔(Egmore) | 5<br>7 | 雷迪斯(Reddis)<br>维拉拉尔 |
| 农甘巴卡姆(Nungambakkam) | 14<br>1 | 泰卢固婆罗门<br>维拉拉尔 |
| 麦拉波尔(Mylapore) | 11<br>3<br>1 | 维拉拉尔<br>奈克<br>婆罗门 |

资料来源:Susan Margaret Neild, *Madras:The Growth of a Colonial City in India 1780—1840*, p.59。

这套以土地为纽带的效忠体系和米拉西制度有高度稳定性,数百年来,帝

---

① Susan M. Neild, "Colonial Urbanism:The Development of Madras City in the Eighteenth and Nineteenth Centuries".

国的兴衰对他们影响其微。①进入 17 世纪,这些制度开始动摇,如纳亚克对米拉西达尔的影响逐渐式微、米拉西达尔取得了土地买卖权、②左手工商种姓的兴起引起了维拉拉尔为主的米拉西达尔的不安,旧利益者迫切需要维护实力的新途径。

英东公司控制马德拉斯后,对农村地区实行羁縻统治,未剥夺米拉西达尔的土地,但公司在马德拉斯的活动加速了旧制度的瓦解。首先,马德拉斯的村社纺织业发达,英东公司控制马德拉斯后,长时间内把纺织业视为支柱产业,为提高生产效率,公司需要收购米拉西达尔的土地以鼓励织工定居,同时公司需要雇用杜巴什管理生产活动。英东公司推动的纺织业规模化生产和城镇的发展是旧利益者维持实力的契机,新经济的运转需要依赖贸易商业中心,而非小土地和手工艺生产。所以以右手维拉拉尔种姓为主的米拉西达尔开始向公司出售土地,成为公司代理人和城市新贵,参与产业革新。城市新贵的权力和影响力建立在他们的商业财富和与殖民统治者的联系上,而不再依靠继承的土地和对劳动者的控制上。③其次,18 世纪中叶,葡萄牙、荷兰的殖民势力已经消退,代以英法的竞争。双方频频武力相向,改变了马德拉斯的社会结构:一方面,不断增长的欧洲人口需要庞大的服务业支撑,包括住房、食品和仆人等;另一方面,战争破坏了米拉西村庄的稳定性,村社纺织业凋敝,马德拉斯的布匹贸易逐渐萎缩,而欧洲移民对军需、粮食和工业品的需求却急剧上升。新的城市市场需要本地人的劳动力补充。最后,18 世纪末开始,欧洲居民和富裕的印度居民追求在郊区建造花园住宅和度假胜地,米拉西达尔通过出售土地的方式维持体面生活。但在实际交易中,欧洲人往往强迫米拉西达尔同意低价售出优质的土地。④在城市化和产业变更的影响下,印度人越来越倾向为英国人服务:以维拉拉尔为主的米拉西达尔构成了杜巴什主体,⑤他们寻求在英

① 路易·杜蒙:《阶序人——卡斯特体制及其衍生现象》,王志明译,浙江大学出版社 2017 年版,第257 页。
② D. Kumar, "Caste and Landlessness in South India".
③ Susan Margaret Neild, *Madras: The Growth of a Colonial City in India 1780—1840*, p.126.
④ Susan M. Neild, "Colonial Urbanism: The Development of Madras City in the Eighteenth and Nineteenth Centuries".
⑤ 1805 年的马德拉斯年鉴在梳理种姓时仅仅将维拉拉尔定义为杜巴什种姓,由此推断杜巴什群体中维拉拉尔种姓应占多数。参见 *The Madras almanac for the year of our lord*, 1805, pp.69—70。转引自 Susan Margaret Neild, *Madras: The Growth of a Colonial City in India 1780—1840*, p.380。

东公司的高薪待遇,期望维持旧的生活水准;右手农业种姓的万尼亚尔和帕拉亚尔选择成为城市雇佣工人或杜巴什。大量右手农业种姓成为杜巴什的现象引发了左手种姓的担忧,因为杜巴什可以攫取与英东公司交流的渠道,获得接触权力的捷径,所以左手商人开始成为公司合伙商或转为杜巴什。一些左手陶工、砖匠、铁匠也放弃了他们在村庄的世袭职位,谋求受聘为东印度公司的产业工人或基层杜巴什。[①]

在英国东印度公司进入马德拉斯早期,他们的商贸活动需要代理人协助,所以公司为本地人创造了优越的工作条件,吸引杜巴什为之服务。社会结构和经济形式的变革促使了米拉西达尔、旧商人等高种姓群体成为杜巴什,他们是当地旧利益群体,拥有较高的文化水平和社会地位,掌握着大量财富,维持着与纳亚克的政治联系,有足够的实力成为公司在当地开展政治和商贸活动的合作伙伴。英国人到来所形成的新形势摧毁了农村旧制度存续的条件,可以说杜巴什的兴起与马德拉斯的城市化历程同步进行。

## 二、东印度公司的首席杜巴什

英国东印度公司以贸易起家,公司占据马德拉斯据点的初衷便是开辟印度市场,所以公司雇用杜巴什的首要作用是提高他们在当地的贸易效率。马德拉斯早期的商贸以纺织业为主,杜巴什在纺织业管理中最先证明了他们的价值。科罗曼德尔海岸的纺织业生产结构落后,织工多分散在内陆且流动性很大,"对贫穷的织工而言,尚未规模化生产的纺织业只是可供选择的工作之一,他们需要的只是树下可以架设织布机的地方"。[②]为了提高生产效率,英东公司对纺织业生产进行了两项改革:首先,公司雇佣杜巴什进入内地,推动当地纺织业的规模化,杜巴什除了负责监督职工生产,还需要引导他们迁至圣乔治堡附近的公司属地定居;[③]其次,针对织工的贫穷状况,公司建立了预付款制度以提高他们的生产积极性。公司提前向杜巴什支付部分货款,杜巴什抽取提成后将货款支付给织工,用作部分薪资。待全部货物生产完毕,公司再支付尾款。预付款制度是杜巴什利用他们生产环节中的关键地位与公司博弈的产物,本质是杜巴什的牟利手段。1675 年 9 月 28 日,杜巴什卡萨·维罗纳

① Susan Margaret Neild, *Madras: The Growth of a Colonial City in India 1780—1840*, p.380.
②③ Radhika Seshan, "From Chief Merchant to Joint Stock Merchant: A Comparative Study of Kasivirana and PeddaVenkatadri, Chief Merchants of Madras".

(Kasi Viranna)向东印度公司提出,织工在没有预付款的情况下不接受任何工作,为了及时完成订单,公司应该提前支付货款。杜巴什渲染了严峻的竞争环境,指出"否则荷兰人将抢走所有的织工和布料"①。于是,东印度公司预付了价值20万宝塔布匹的一半货款(即10万宝塔)来垫付织工工资。在杜巴什的帮助下,马德拉斯纺织品贸易蓬勃发展。

在英东公司雇用杜巴什早期,公司未设置统一的管理制度,杜巴什只听从雇主领导。杜巴什制度中最重要的角色是"首席杜巴什"(the Chief Dubash),他们是总督的杜巴什,是拥有巨大权力的私人秘书。首席杜巴什同时拥有"首席商人"(the Chief Merchant)身份,有权优先与公司展开贸易。②1640年3月,安德鲁·科根来到马德拉斯,出任首位"圣乔治堡总督"。③同年,印度商人塞萨德拉抵达马德拉斯,开始和英国人展开布匹贸易,很快受到英国人认可。1641年12月,塞萨德拉成为安德鲁·科根的杜巴什和首席商人,开始协助总督管理马德拉斯。④第一位首席杜巴什的任职并不顺利,塞萨德拉面临着多方挑战:首先,马德拉斯婆罗门教士卡纳帕兄弟(The Kanappas)觉察到对英贸易的巨大利益,决定从神职工作转向商贸,双方就贸易配额产生冲突。其次,在前文所提的1652年黑城左右手种姓因婚礼游行爆发的冲突中,塞萨德拉仅仅谴责了双方滥用暴力的行为,冲突由时任总督亚伦·贝克(Aaron Baker)和副手亨利·格林希尔(Henry Greenhill)等人协调解决。作为首席杜巴什,塞萨德拉未能替公司排忧解难。再次,1653年初,左手商业种姓贝里·切蒂的成员因贸易矛盾羞辱塞萨德拉。塞萨德拉随即召集同族人涌入贝里·切蒂的街道,制造了第二次马德拉斯暴乱。⑤东印度公司愤怒于塞萨德拉的行为,⑥但采取了妥协的态度。直到1655年,公司董事会发现塞萨德拉把私人贸易产生的

① *Records of Fort St. George*:*Diary and Consultation Book 1672—1678*,1910,28 September 1675,Duke University Library,p.74.

② S. Arasaratnam,"Trade and Political Dominion in South India,1750—1790:Changing British-Indian Relationships".

③ 参见 https://hmn.wiki/zh/Governor_of_Madras。

④ William Foster(ed.),*The English Factories in India 1637—1641*,the Clarendon Press,1912,p.316.

⑤ Henry Davison Love(ed.),*Vestiges of Old Madras*,Vol.I,John Murray,1913,p.121.

⑥ 总督亚伦·贝克对此评价:"(塞萨德拉)完全不尊重英国的力量……当天至少有500名武装人员进入城镇,维护他们的暴乱和傲慢,直到切蒂(Chetty)种姓成员逃离出镇……这让我决定,只能等切蒂们回来,才重新处理街道上的问题。"参见 Henry Davison Love(ed.),*Vestiges of Old Madras*,Vol.I,p.121.

债务转移到公司名下，①随即剥夺了他首席杜巴什的职位。

贝拉·蒂玛纳(Beri Timanna)和卡萨·维罗纳是塞萨德拉的继任者，两者颇有作为，提高了首席杜巴什在东印度公司的影响力。蒂玛纳出生于从事粗布制作的工匠种姓家庭。他从公司基层杜巴什起步，"每月收入只有一两个宝塔"，②以出众的理财能力逐渐受到公司肯定，被公司评为"唯一有经验并值得信赖的人"。③1662 年，蒂玛纳出任首席杜巴什，任职期间主管东印度公司的会计工作，以高效公正著称。当总督威廉·汤姆森(William Thomson)的弟弟托马斯·钱伯斯(Thomas Chamber)希望挪用公司 10 000 英镑的押金来填补个人坏账时，蒂玛纳拒绝了张伯伦的要求并向董事会写信检举。④蒂玛纳出色的能力也受到政敌的认可：⑤1667 年，爱德华·温特(Edward Winter)出任马德拉斯总督，以清洗前任派系为动机逮捕了蒂玛纳，但是温特向蒂玛纳勒索钱财后便将其释放，并再次委任他为公司的首席杜巴什，负责公司贸易管理和城镇关税事宜。⑥1669 年⑦蒂玛纳去世后，其好友卡萨·维罗纳出任首席杜巴什。维罗纳对东印度公司的价值主要在三方面：首先，维罗纳是本地商业巨头，他在马德拉斯本土市场有较大影响力。在蒂玛纳担任首席杜巴什期间，维罗纳和蒂玛纳建立了一个合资公司，为东印度公司供应布匹，⑧维罗纳能准时提供质量可靠的货物，由此获得公司青睐。其次，维罗纳能高效处理公司与当地统治者的关系。当公司与戈尔康达(Golconda)王国发生矛盾时，维罗纳代表公司与该统治者谈判，使后者在 1672 年以法律的形式承认公司在马德拉斯的既得利益。⑨最后，积极维护公司的利益，提高村社纺织业的生产效率。维罗纳

① William Foster(ed.)，*The English Factories in India 1651—1654*，1915，p.293.

② William Foster(ed.)，*The English Factories in India 1661—1664*，1923，pp.388—389.

③ William Foster(ed.)，*The English Factories in India 1661—1664*，pp.165—166.

④ Ibid.，p.387.

⑤ 后任总督爱德华·温特认为蒂玛纳"对公司非常有用，为了自己的利益，我不会把他开除……他是唯一能够接收所有他们的货物的人……他能高效地处理账务……"参见 William Foster(ed.)，*The English Factories in India 1661—1664*，p.388.

⑥ William Foster(ed.)，*The English Factories in India 1661—1664*，p.389.

⑦ William Foster(ed.)，*The English Factories in India 1668—1669*，1927，p.141.

⑧ Yogesh Sharm，"A Life of Many Parts：Kasi Viranna—A Seventeenth Century South Indian Merchant Magnate"，*the Medieval History Journal*，Vol.1，Issue 2，1998，pp.261—290.

⑨ "我们收到了纳瓦布寄来的文书，此文书是为了支付给纳瓦布费用，规定'(公司)每年统一支付 1 200 宝塔的租金，永远免除圣乔治堡的其他税费'。"参见 *Records of Fort St. George：Diary and consultation book 1672—1678*，11 April 1672，p.3。

在马德拉斯郊区购入大量农场,派人把这些农场改造成专业工厂。随后,维罗纳吸引大量织工汇集于此从事生产,规定每个工厂至少驻派5名代理商监管生产活动。[①]维罗纳对货品质量要求较高,他命令织工增加布匹厚度,与荷兰商品形成区别,以此提高产品竞争力。[②]截至1677年,维罗纳的工厂每年可生产4 000单位的普通布匹和1 000单位的上等布匹。[③]维罗纳创造的管理方式得到了公司的肯定,[④]新方式在提高布匹生产的效率和质量同时,能把马德拉斯郊区的纺织村和商业城镇融入统一的商业网络,由此提高公司对以上地区的控制力。

作为回报,英东公司赋予维罗纳更多的特权。在政治领域,早期的黑城仅是便于本地商人、工匠、仆人为圣乔治堡提供各类服务而建的聚集区,公司无意投入精力治理黑城,所以公司规定黑城内的商业活动和种姓事物由种姓首领和杜巴什负责;刑事和民事案件由公司驻黑城的法院负责。[⑤]在维罗纳的任内,首席杜巴什获得了黑城内征税商品税和过境税的权力,征税对象是渔业、槟榔和烟草业等印度商人。除了征税权,首席杜巴什还获得了"尊贵公司的总侍从"头衔,有权"行使司法职权并传唤对方受审"。[⑥]在贸易领域,1678年,公司规定维罗纳和后任首席杜巴什与公司进行贸易时减免一半关税;首席杜巴什享有对公司贸易总额的四分之一。[⑦]截至维罗纳去世,东印度公司的首席杜巴什已经拥有如下特权:首先,东印度公司在马德拉斯的贸易中四分之一的份

---

① *Records of Fort St. George*:*Diary and consultation book 1672—1678*,28 September 1675,p.74.

② *Records of Fort St. George*:*Diary and consultation book 1672—1678*,14 June 1672,p.6.

③ Charles Fawcett(ed.),*The English Factories in India*(*New Series*),Vol.Ⅱ,the Clarendon Press,1952,p.176.

④ 东印度公司赞扬了维罗纳的作为,时任马德拉斯贸易工厂的仓库管理员爱德华·亨利(Edward Henry)在报告中指出:"维罗纳的布料与其他商人提供的布料之间有很大的差异,后者的布料质量始终远不及前者。"参见*Records of Fort St. George*:*Diary and consultation book 1672—1678*,28 September 1675,p.74.

⑤ Susan Margaret Neild,*Madras*:*The Growth of a Colonial City in India 1780—1840*,p.129.

⑥ *Records of Fort St. George*:*Diary and consultation book 1678—1679*,1911,25 November 1678,p.139.

⑦ "此次颁布的命令和声明规定,在卡萨·维罗纳的寿命内,以及在他担任英国公司首席商人期间,他或他的受托人支付给海关官员……其他人的一半关税;他进出口到这个地区的所有货物,不论是以公司账户购买还是他个人……统一支付一半关税……该命令适用于他本人,他的继承人或受让人。""公司所有的贸易和投资事宜,其中四分之一由维罗纳负责,其余四分之三由其他商人负责。"参见*Records of Fort St. George*:*Diary and consultation book 1678—1679*,27 November 1678,p.143。

额属首席杜巴什。其他杜巴什或印度本地商人无力挑战首席杜巴什的经济和政治地位。其次,首席杜巴什负责东印度公司和当地商人的贸易谈判,基层杜巴什和地位较低的本地商人无权与公司直接谈判,而是与首席杜巴什谈判,这使得普通商人沦为了首席杜巴什的分包商。[①]通过如上安排,首席杜巴什取得了对英贸易的垄断地位。

从上述案例中可知,杜巴什在英国殖民马德拉斯早期历史中扮演了关键角色,且有着清晰的发展轨迹:最初,杜巴什是欧洲人的翻译和私人秘书,随着马德拉斯的商业和工业活动的增加,他们的角色逐渐扩展,不再仅限于提供翻译和私人服务。他们开始承担更多的经济职责,如管理织工生产、进行贸易谈判以及拓展市场范围等。他们充当了马德拉斯贸易的中介,助力于东印度公司在克罗曼德尔海岸地区的扩张。除了经济职责,杜巴什还承担一些社会工作,包括在饥荒时向饥民分发食物、管理黑城的行政事务,以及处理外交关系等。这些额外的职责提升了杜巴什的社会地位,使他们逐渐成为印度人和英国人之间信息交流的渠道。一定程度上,杜巴什可以影响公司的内部决策。到了 17 世纪晚期,杜巴什制度演化出了两个关键特点:第一,最初被雇佣以满足公司语言翻译和贸易扩展需求的杜巴什,最终在地方政治空间中发挥了显著作用。这是因为英国东印度公司需要填补作为新统治集团在马德拉斯政治中的权力空白,因此他们赋予了杜巴什大量的特权,希望将他们培养成完全顺从的代理人。但是,公司授予的特权提升了杜巴什的经济和社会地位,进一步加强了他们在马德拉斯政治空间中的影响力。第二,首席杜巴什是杜巴什制度中最重要的角色,得益于总督秘书的身份,他们掌握了巨大的权力,是马德拉斯实际的"副总督"。

### 三、杜巴什与东印度公司的博弈

随着杜巴什实力的扩张,英国人的态度开始改变。在私领域,雇主和杜巴什往往互利互信、关系良好。但在公共空间中,英国人对杜巴什群体充满了怀疑和偏见。英国人态度的分裂主要归于两方面:一是英东公司控制马德拉斯早期,尚无实力建立完善的行政体系和贸易网络,他们需要杜巴什协助统治,

---

① Joseph J. Brennig, "Chief Merchants and the European Enclaves of Seventeenth Century Coromandel", *Modern Asian Studies*, Vol.11, No.3, 1977, pp.321—340.

但两者并非平等的雇佣关系,英国人视杜巴什为被迫让渡权力以填补政治空白的"工具";二是杜巴什在履行权力时存在着贪腐、滥权行为,引起了公司的反感。作为殖民统治者,英国人存在严重的安全焦虑,当杜巴什的实力足以挑战公司在马德拉斯的权威时,公司便展开打击。

17世纪晚期,杜巴什发展出独立于公司的政治势力,如首席杜巴什的继承充斥裙带关系。名义上,首席杜巴什的权力仅源于总督授予,但在实际运作中,总督往往默许他们的滥权行为,也不制止他们利用公司身份谋取私利。17世纪末18世纪初的首席杜巴什可以左右继任者,甚至用家族成员世袭阁替。1709年,属婆罗门的雷亚萨姆·帕帕亚(Rayasam Papaiya)成为公司首席杜巴什。[1]1727年,雷亚萨姆·帕帕亚去世后,他的兄弟继任首席杜巴什,再后由雷亚萨姆·帕帕亚的儿子维亚萨姆·文卡塔查兰(Vyasam Venkatachalam)接替,直到1746年马德拉斯被法国人占领。[2]在近半个世纪的统治中,雷亚萨姆家族垄断了首席杜巴什一职,即使在法军占领马德拉斯时期,雷亚萨姆家族仍可以影响马德拉斯政局:第一次卡纳蒂克战争期间,法军攻占马德拉斯后任命马纳里·穆图克里希纳(Manali Muttukrishna)为马德拉斯的首席杜巴什,慑于雷亚萨姆家族在当地的影响力,法国的首席杜巴什在会见种姓领袖或翻译档案资料时,都会咨询维亚萨姆的意见,[3]形成双方共享首席杜巴什职责的局面。还有许多利用垄断杜巴什职位谋取利益的案例,如波内里(Ponneri)地区的穆达利亚(Mudalia)家族把持公司军事秘书处杜巴什职位超过70年。埃兰巴杜·莫蒂亚·穆达利亚尔(Ellambadu Mootia Mudaliar)的父亲出任杜巴什四十多年后在1793年把职位让给了儿子埃兰巴杜,后者接手了这份工作后获得了"首席本地经理和记录保管员"的头衔,成为18世纪早期英国东印度公司最受尊敬的印度官员之一。1819年,埃兰巴杜的儿子继任。凭借与东印度公司长期合作积累的政治资本,埃兰巴杜家族成为种姓首领。[4]

英国人主要利用两种方式遏制杜巴什的扩张,第一种是在政治和经济领域改革,削弱杜巴什的影响力。例如公司逐步完善马德拉斯的市政组织,利用现代公务员制度取代杜巴什在黑城的行政权。18世纪80年代,英国律师斯

[1] Henry Davison Love(ed.), *Vestiges of Old Madras*, Vol.II, p.52.
[2] Ibid., p.137.
[3] *Records of Fort St. George: Diary and consultation book 1749—1750*, 1931, p.167; p.18.
[4] Susan Neild-Basu, "The Dubashes of Madras".

蒂芬·波班(Stephen Popham)出任东印度公司法律顾问,主持了黑城改造事宜。在波班的主持下,黑城建立了新的公共市场和"调整委员会"(the Committee of Regulation),该机构负责商品价格调整、仆人工资管理、环境清理等工作。在波班改革前,这些工作均由首席杜巴什及其下属负责。[①]对于首席杜巴什,东印度公司致力于规范他们的职称并缩减他们的贸易特权。1679年,公司正式确定"首席杜巴什"职位,将该职位定义为公司总督的秘书,"负责常规商业活动以外的额外服务"。[②]1680年,英东公司把荷兰东印度公司作为模板,进行集资股份制改革,终结首席杜巴什的贸易垄断权。1680年3月28日,首席杜巴什维罗纳去世后,蒂玛纳(Timanna)的弟弟佩达·文卡塔德里(Pedda Vencatadry)继位。[③]马德拉斯其他商人认为新任杜巴什不应继承前任的贸易特权,要求重新分配贸易份额,双方产生矛盾。[④]时任公司总督斯特林沙姆·马斯特(Streynsham Master)以此为契机,改革公司结构。5月至6月间,马斯特多次召集首席杜巴什和其他商人,商讨公司改组问题。经过博弈,公司划设100股,每股价值500宝塔,公司和首席杜巴什共持25股,[⑤]剩余股份由其他26名商人按比持有;新的股份公司全权控制贸易,首席杜巴什允许保留四分之一的贸易份额。[⑥]文卡塔德里被迫同意本次改革,私下却采取了一系列措施破坏公司贸易,如继续利用首席商人身份向其他商人高价转卖公司商品、克扣公司支付给其他商人的货款。[⑦]1680年9月,文卡塔德里挑唆普纳马里(Poonamalee)统治者发动兵变封锁马德拉斯,切断了城市的物资供应。[⑧]作为回应,总督马斯特下令监禁文卡塔德里及其合伙人,扣押了他的个人财

---

① Susan Margaret Neild, *Madras: The Growth of a Colonial City in India 1780—1840*, p.144.

② M. Sundara Raj, "The Dubashes of Olde Madras".

③ *Records of Fort St. George: Diary and Consultation Book 1680—1681*, 1912, 28 March 1680, p.20.

④⑧ Joseph J. Brennig, "Chief Merchants and the European Enclaves of Seventeenth Century Coromandel".

⑤ *Records of Fort St. George: Diary and Consultation Book 1680—1681*, 10 July 1680, p.48.

⑥ "代理人和理事会已决定公司的投资将由联合股份的方式进行,如果他(文卡塔德里)愿意加入这个股份并成为其中的一员,他可以继续成为商人领袖,并拥有整体贸易的四分之一,就像以前一样。但如果他不愿意,他可以选择做任何他想做的事情,我们既不害怕也不关心他做什么。但作为公司的老商人,出于友谊的考虑,决定提前告诉他这个消息。"参见 *Records of Fort St. George: Diary and Consultation Book 1680—1681*, 4 July 1680, pp.44—45。

⑦ *Records of Fort St. George: Diary and Consultation Book 1680—1681*, pp.72—73.

产,取消了 1678 年时公司授予首席杜巴什的关税优惠,①从此首席杜巴什再无实力把持马德拉斯贸易。1768 年 2 月,公司理事会以库达洛尔(Cuddalore)的纺织村为试点,授意官员与织工直接签订合同,②并在织工中设立首席织工(Head Weaver)一职,负责管理预付款和生产任务。③1769 年,沃伦·黑斯廷斯(Warren Hastings)出任总督时,正式废除首席杜巴什的"首席商人"头衔,派遣低级文职人员监督生产。④1771 年 5 月,公司理事会决定将上述改革推广到马德拉斯其他纺织村。⑤公司的改革旨在打击杜巴什对公司贸易的干预,瓦解他们对纺织生产的操控,压缩他们的获利空间。

英国人对杜巴什的第二种打击手段是给他们冠上"腐败"的标签,在公共空间进行污名化攻击。如 1734 年,莫顿·皮特(Morton Pitt)任总督期间决定在毗邻黑城的库姆(Cooum)河畔建立织工村庄钦塔德里佩特(Chintadripet),他授予杜巴什文纳拉·纳拉亚纳(Vennala Narayana)工程监督权和预付款保管权。但是为了个人名声,文纳拉·纳拉亚纳挪用了大量预付款,在黑城建设了两座佛塔。⑥公司屡次要求这位杜巴什返还被挪用的款项,不过直到 1743 年纳拉亚纳去世,双方的债务矛盾仍未解决。⑦再如 1758 年,英法第三次卡纳蒂克战争期间,阿尔科特(Arcot)纳瓦布⑧前往马德拉斯寻求庇护,总督罗伯特·奥姆(Robert Orme)趁机向这位纳瓦布索取超过 2 万宝塔的"礼物"。本次索贿事件中,副总督杜巴什桑库·拉马·切蒂(Sunku Rama Chetty)负责前往纳瓦布驻地收取贿金,桑库·拉马在索贿过程中侮辱了纳瓦布,以至纳瓦布宣称"如果奥姆继任总督一职,便离开马德拉斯,放弃英国的保护"⑨。本次受

---

① William Foster(ed.), *The English Factories in India 1678—1684*, p.12.

② *Madras Public Proceedings 1768*, 23 February 1768, 240/26, Minutes of Council.

③ *Madras Public Proceedings 1771*, 2 December 1771, 240/32, Minutes of Council.

④ C.S. Srinivasachari, *History of The City of Madras*, pp.182—183.

⑤ *Madras Public Proceedings 1771*, 2 May 1771, 240/31, Minutes of Council.

⑥ 公司董事会认为杜巴什挪用公款修建佛塔的目的是"赢得底层贫民的好感和尊敬,贫民对这些建筑物充满了崇敬"。为了防止类似情况再现,公司规定"禁止未经批准在公司范围内兴建新的宝塔,违者将受到处罚和禁令"。参见 *Records of Fort St. George：Diary and Consultation Book 1753*, June 1753, p.154。

⑦ C.S. Srinivasachari, *History of The City of Madras*, pp.150—151.

⑧ 纳瓦布(Nawab)是莫卧儿帝国皇帝授予南印度一些半自治穆斯林统治者的荣誉头衔,他们名义上是帝国在边远行省的总督,实际上是独立统治者。有关马德拉斯纳瓦布的详细研究可参见 Henry Dodwell, *The Nabobs of Madras*, Williams & Norgate, 1926。

⑨ *Records of Fort St. George：Diary and Consultation Book 1758—1760*, September 25, pp.133—134.

贿事件暴露后,桑库•拉马在审判环节坚决否认奥姆参与其中,不过杜巴什对雇主的忠诚并不能换取司法公正,马德拉斯法庭对副总督奥姆从宽处理,却严厉谴责桑库•拉马,并将其逮捕入狱。18 世纪末的阿瓦德汉南•帕乌皮亚(Avadhanum Paupiah)腐败案对马德拉斯政坛影响深远,本案是杜巴什利用职务之便谋取私利并威胁英国人统治的典型。1789 年 2 月,约翰•霍兰德(John Hollond)出任马德拉斯的代理总督,①他的兄弟爱德华•霍兰德(Edward Hollond)出任公司理事会的税务局主席。②阿瓦德汉南•帕乌皮亚由一名基层杜巴什发展为霍兰德兄弟(the Hollonds)的心腹,在霍兰德兄弟主政马德拉斯期间,他们指使帕乌皮亚排除异己,巩固统治。同年中旬,马德拉斯发生了蓖麻租户要求维护蓖麻和烟草垄断权的请愿,请愿活动因政府的漠视而升级为暴乱。帕乌皮亚以蓖麻暴乱为契机,捏造证据指控暴乱主谋是霍兰德兄弟的政敌哈利伯顿(Heliburton),霍兰德兄弟以此为由将哈利伯顿调离马德拉斯。③能力出众的帕乌皮亚得到了霍兰德兄弟的重用,本地商人或地方统治者若希望与总督进行交流,都必须先获得帕乌皮亚的许可。他在马德拉斯拥有巨大影响力,以至“坦贾武尔和卡纳蒂克地区的纳瓦布不敢拒绝守帕乌皮亚的吩咐”。④1790 年初,霍兰德兄弟在领导与迈索尔土邦的战争中失利,被迫辞职。公司董事会总结战败原因时,发现本次失利与霍兰德兄弟挪用军费有关,⑤在后续的调查中,帕乌皮亚参与诬陷哈利伯顿的阴谋被揭露。⑥1792 年,帕乌皮亚被判入狱三年。⑦在向伦敦总部的汇报中,马德拉斯当局形容杜巴什阴险狡诈,不利于英国人的安全。⑧

---

① 当时英国东印度公司的总部已经迁至加尔各答。在此背景下,代理总督是公司在马德拉斯的最高负责人,负责管理公司在马德拉斯地区的贸易活动、行政事务和防务等工作。

② *Indian Historical Records Commission Proceedings of Meetings Vol. XII*, Calcutta: Government of India Central Publication Branch,1930,p.29.

③ *Indian Historical Records Commission Proceedings of Meetings Vol. XII*,pp.29—32.

④ Ibid.,p.29.

⑤ Ibid.,p.32.

⑥ Ibid.,p.33.

⑦ Ibid.,p.34.

⑧ “审判揭示了印度本地人在权力人士的支持下的不拘一格和大胆行为,也提醒人们要防范那些迄今为止在这个地区具有相当大影响力的骗子和阴险行为。它表明,在拥有权力的本地人中,野心、个人利益或怨恨是主导因素时,荣誉和诚信的固有原则将无法阻止他们诉诸任何手段,无论这些手段多么邪恶。通过影响和恐惧实施的影响,作用于弱小和胆怯的人们,足以使他们成为促使最卑劣计划的被动工具。只要情况如此,公众人物,包括最高层领导,都将永远不安全。”参见 *Indian Historical Records Commission Proceedings of Meetings Vol. XII*,p.35.

通过舆论造势，英国东印度公司将杜巴什阶层描绘成腐败、可鄙的形象，这一负面形象从公司内部传播到马德拉斯社会，成为打击杜巴什的舆论依据。

从杜巴什与英东公司的博弈中可知，在公司统治早期，马德拉斯的社会结构和贸易网络处于权力真空状态，公司需要代理人填补权力空缺，杜巴什也随公司在印度的扩张而获利，甚至出现17世纪末和18世纪初的几任首席杜巴什威胁公司统治的案例。在理想的代理人制度中，"当委托人将一些权力委托给代理人时，该代理人受到（正式或非正式的）合同的约束，以代表委托人的利益"。①英国人希望杜巴什充当公司和本地社会间忠诚、顺从的代理人角色，②但在现实中，代理人杜巴什认为自己与英国委托人身份平等，且可能更关注己方利益而非委托人利益。英东公司利用杜巴什协助统治的行为塑造了早期马德拉斯的城市政治的双重性特点，即公司和代理人共享城市治权。但是这种双重性政治的运作并不稳定，当一方相对成功时，城市治权便朝着单一化的结构发展：杜巴什主要由高种姓群体构成，他们深知只有成为社会单一领导力，才能更高效地维系社会和经济实力，巩固旧制度便能赋予他们的特权；英东公司利用杜巴什巩固统治的行为在提高效率和影响力同时，忌惮杜巴什成为城市真正的掌权者，这种矛盾的心理反映出当代理人在陌生领域内处优势地位，委托人会陷入安全焦虑。英东公司需要不断调整与代理人的关系，确保代理人的行为符合公司利益，所以公司需要监视代理人活动，并通过制裁强迫代理人履约。③两者博弈的本质是城市主导性政治权威的竞争。

作为代理人阶层，杜巴什在如上竞争中劣势明显，他们和英东公司并非现代契约的雇佣关系，而是被统治者和统治者之间松散的政治联盟。杜巴什取得的成就与公司身份紧密相连，他们的权力建立在公司对他们的价值判定，他们的利益绑定在公司对殖民地的运营。于是，当公司开始遏制杜巴什时，后者缺乏有效的反制手段，更缺乏集体对抗的条件。与之相对，英国人可以通过规范基层杜巴什的管理、剥夺杜巴什的特权、舆论污名等手段打击杜巴什，把他们从殖民国家权力空间中剔除出去。最终，英国东印度公司在马德拉斯的定

①　Thrainn Eggertsson, *Economic Behavior and Institutions*, Cambridge University Press, 1990, pp.40—41.

②　Kanakalatha Mukund, "New Social Elites and the Early Colonial State: Construction of Identity and Patronage in Madras".

③　Julia Adams, "Principals and Agents, Colonialists and Company Men: The Decay of Colonial Control in the Dutch East Indies", *American Sociological Review*, Vol.61, No.1, 1996, pp.12—28.

位由简单的贸易组织转变为军政合一的政府机构,杜巴什沦为殖民国家权力体系中的配角。

## 四、杜巴什的转型

17世纪末18世纪初,英国东印度公司通过多种手段剥夺杜巴什的贸易和行政特权,成为马德拉斯主导性的政治权威。除了公司的打压,马德拉斯的社会变迁也对杜巴什产生了深刻影响,在多方合力下,他们的身份开始转型。

18世纪中叶,英法两国在卡纳蒂克地区爆发了三次战争。二十余年的军事冲突破坏了当地的纺织业和贸易网络,马德拉斯城多次易手,战争改变了马德拉斯的城市格局、城市定位和商贸结构。18世纪50年代,黑城的一部分在法国占领期间被摧毁;1757年,英国人夺回马德拉斯后拆除了黑城的剩余部分,着力于扩建圣乔治堡以及城防工事。[1]突出军事防御的城市建设改变了马德拉斯的功能定位,它由贸易中心转向军事重镇。与之相对,英东公司在罗伯特·克莱武的领导下征服了孟加拉地区,新兴的加尔各答逐步承接了战时马德拉斯的政治和贸易功能。当加尔各答商人利用原棉、靛蓝和鸦片等商品开拓对华市场,[2]缓解纺织品出口衰退导致的经济危机时,马德拉斯的贸易却因战事缺乏对外扩展的条件。与此同时,公司贸易无法满足战争所需的物资需求,私人贸易开始壮大。英国个体商人和一些公司职员从欧洲和印度地区进口物资,在马德拉斯、库达洛尔、维萨卡帕特南等拥有贸易工厂的城市驻扎,[3]蚕食杜巴什、印度商人,甚至公司官方的贸易份额。根据霍顿·福伯(Holden Furber)的研究,1783年至1793年间,计入英东公司的印度商品销售净收益为15 277 019英镑,其中私人贸易销售净收益为4 319 498英镑,[4]占比约30%。私人贸易摧毁了17世纪末英东公司股份制改革时与杜巴什、马德拉斯商人关于贸易份额的划分结构。

进入19世纪,马德拉斯建成了从黑城到圣乔治堡市区的道路网络,完善

---

① Henry Davison Love(ed.), *Vestiges of Old Madras*, Vol.II, p.530.
② A. Sarada Raju, *Economic Conditions in the Madras Presidency 1800—1852*, University of Madras, 1941, p.89.
③ Holden Furber, *John Company at Work*: *A Study of European Expansion in India in the Late Eighteenth Century*, Harvard University Press, 1948, pp.170—185.
④ Holden Furber, *John Company at Work*: *A Study of European Expansion in India in the Late Eighteenth Century*, p.347.

了城市基层公务员制度,形成不需要依赖代理人服务的殖民国家新秩序,杜巴什的中介功能已经式微。一些富有的杜巴什凭借多年来为公司服务而积累的财富,在马德拉斯近郊购置土地和花园洋房,通过接纳殖民者的生活方式展示他们的经济实力。普通的杜巴什及其后代则寻求在马德拉斯市政府谋得一官半职或加入英印军队,①利用公务员和军官的身份维持中上的生活水准。总之,失去代理人身份的杜巴什逐步向城市新贵的身份转型。

# A Study of the Dubash Class in Madras During the Rule of the British East India Company(1641—1800)

**Abstract**: In the mid-17th century, when the British East India Company was operating the Indian colony, due to barriers in language, culture, religion and other fields, the company needed agents who were familiar with local conditions to provide intermediary services. In Madras City, the EIC's agent was Dubash. Dubash was mainly composed of old local high-caste landowners or businessmen. They were initially just translators for their employers. As the company expanded in India, Dubash's authority extended to trade, diplomacy, administration and other fields, and accumulated enough to threaten the company. The strength to rule. At the end of the 17th century and the beginning of the 18th century, the two sides competed in many areas such as trade share, production management, and urban governance. The advantages obtained by Dubash once caused the company to suffer from security anxiety. As a result, the EIC counterattacked by reforming the system, depriving privileges, and stigmatizing attacks to expel Dubash from the power space of the colonial country. The essence of the game between the two parties was the competition for political authority in Madras. With the combined efforts of many factors, Dubash achieved an identity transformation that eliminated the role of agent.

**Key words**: British East India Company; Madras; Agent Class; Caste; Dubash

**作者简介**:汤誉波,上海师范大学人文学院世界地区与国别史专业博士研究生。

---

① Susan Margaret Neild, *Madras: The Growth of a Colonial City in India 1780—1840*, p.349.

# 萨斯基亚·萨森的全球城市理论

## ——基于信息中心性的考察①

倪　凯　李东青

摘　要:20世纪70年代资本主义世界经历滞胀危机后,新自由主义在欧美发达资本主义国家逐渐取代了凯恩斯主义,开启了全球经济的重组进程。与此同时,新兴信息技术嵌入到全球经济重组中,产生了生产空间分散化以及生产者服务集聚化的现象,萨森在观察到这两种现象后,提出了全球城市理论,其中信息中心性理论是萨森全球城市理论的核心论点之一。萨森认为全球城市的信息中心性主要体现为信息集聚、信息生产、信息节点和信息空间载体四个方面。研究萨森全球城市理论中的信息中心性有助于丰富学界对于组织结构转型后城市功能变化的探讨,也有助于认识从工业社会到后工业社会城市功能的演进。

关键词:萨斯基亚·萨森　全球城市　信息中心性　生产者服务

萨斯基亚·萨森是全球化与全球城市研究领域最知名的专家之一。她主要研究全球化的影响,例如经济结构调整、劳动力和资本流动是如何影响城市生活以及通信技术对城市治理的影响等。②20世纪90年代,萨森提出了全球城市的概念,并在学术界产生了广泛影响。萨森的全球城市理论脱胎于世界

---

① 本文系国家社科基金青年项目"20世纪以来的世界大城市理论研究"(21CSS027)的阶段性成果。

② Saskia Sassen, "The Global City: Strategic Site/New Frontier," *American Studies*, Vol.41, No.2/3 (2000), pp.88—92; Saskia Sassen, "The Urbanizing of Global Challenges: The Case of Asymmetric War," *Theory, Culture & Society*, Vol.27, No.6(2010), pp.33—40.

城市理论,是其补充与发展。世界城市这个概念最早由帕特里克·格迪斯提出,1915 年格迪斯在《进化中的城市》中将世界城市定义为主导全球商业活动的城市。①1966 年彼得·霍尔在《世界大城市》中聚焦于城市空间结构的变化和城市的区域性功能,将在全球政治、经济、文化等领域有较大影响力的城市定义为世界城市。②1982 年约翰·弗里德曼和沃尔夫发表《世界城市的形成》,将世界城市定义为世界经济金融和服务部门的控制中心,认为世界城市之间通过电讯和金融业务的往来紧密地连接在一起。③1986 年约翰·弗里德曼的《世界城市假说》使得"世界城市"这一概念为学术界广泛关注。弗里德曼将世界城市定义为全球资本的空间组织基础点以及生产与市场的关节。④在弗里德曼的基础上,1991 年萨森出版《全球城市:纽约、伦敦、东京》,首次提出并定义了全球城市的概念。萨森指出 20 世纪 80 年代后,全球经济的地域构成发展为"一种空间分散"但全球一体的经济活动组织形式。这种经济活动组织新形式产生了一种新的城市类型,即全球城市。全球城市除了作为国际贸易和银行业中心的悠久历史外,还起着四个方面的作用:第一,全球城市是世界经济组织高度集中的控制点;第二,全球城市是金融机构和专业服务公司的主要集聚地,全球城市中的生产者服务业已经替代了制造生产部门成为主导经济部门;第三,全球城市是高新技术产业的生产和研发基地;第四,全球城市作为一个产品及其创新活动的市场。⑤

## 一、全球城市是全球信息集聚与信息生产中心

通信是人类基本的需要,对人类的组织形式具有重要的影响。马克思讲,人类社会存在两种基本组织形式,即人类的生产方式与人类的交往方式。⑥人类的交往方式包含交通和通信两个方面,无论是人与人还是物与物的迁移,其

① Patrick Geddes, *Cities in Evolution*, London: Williams, 1915, pp.22—32.
② Peter Hall, *The World Cities*, London: Wedidenfeld & Nicolson, 1984, pp.5—6.
③ John Friedman, Goetz Wolff, "World City Formation," *International Journal of Urban and Regional Research*, Vol.6, No.3(1982), pp.309—344.
④ John Friedman, "Wrold City Hypothesis," *Development and Change*, Vol.17, No.1(1986), pp.69—83.
⑤ Saskia Sassen, *The Global City: New York, London, Tokyo*, Princeton: Princeton University Press, 2001, pp.3—4.
⑥ 《马克思恩格斯选集》(第一卷),人民出版社 1995 年版,第 115—131 页。

核心要素都是信息的传播。信息是协调和维持经济活动的根本,市场体系的核心要素就是信息交换。新的资本主义系统既依赖于信息进行有效的资源分配,又通过信息处理来产生和传播对创新和经济增长至关重要的知识。信息作为一个关键性要素,其传播速率和存储容量都极大地影响着信息的力量。信息之父克劳德·香农认为"信息是用来消除不确定性的东西"[1]。诺伯特·维纳认为"信息是人们适应外部世界,并使这种适应反作用于外部世界,同外部世界进行互相交换的内容和名称"[2]。萨斯基亚·萨森认为信息有两种类型:"一种信息是数据,其表现形式是标准化资料,对于公司而言较为容易获得。另一种信息更难获得,因为不是标准化的,它需要进行复杂的处理,以期产生更高阶的信息。"[3]从 20 世纪 70 年代开始的信息技术革命使信息的传递速率和信息的存储容量等都得到了极大的突破,这使得信息的覆盖范围不断扩展,信息对资本流动的控制能力得到极大的加强。经济活动的空间分散化得以实现,这不仅仅要求有即时通信能力,更重要的是信息获取难度的降低使得专业技术人才可以更为轻松地获取各国的实时信息,可以更好地为跨国公司的分公司提供服务,这离不开全球城市信息中心的环境功能。[4]

城市在历史上一直是地区的中心,在人类文明的第一次大发展中,城市作为一种巨大的容器,将各种新兴的力量聚合在一个封闭的空间中,为国家经济、政治和社会提供了可以称为中心性的东西。[5]在口耳相传的时代,信息难以储存与传播,代表中心性的往往是纪念性的建筑。随着数学语言的出现,技术进步开始加速,在工业化时代,铁路等交通运输业使得信息覆盖范围与传播速率大幅增加。信息技术革命后,微型处理器和存储器使得信息的处理、传递和储存的能力得到极大的提升,信息的即时覆盖范围扩展到全球。经济全球

---

[1]  Claude Shannon, "A Mathematical Theory of Communication," *Bell System Technical Journal*, Vol. 27(1948), pp.379—423.

[2]  Norbert Wiener, *The Human Use of Human Beings*, Boston: MIT Press, 1950, p.17.

[3]  Saskia Sassen, *The Global City: New York, London, Tokyo*, Princeton: Princeton University Press, 2001, pp.115—122.

[4]  Manuel Castells, *The Rise of the Network Society*, Chichester: Wiley-Blackwell, 2010, pp.28—33;萨斯基亚·萨森:《全球城市转型之问》,《探索与争鸣》2019 年第 3 期;胡以志:《全球化与全球城市——对话萨斯基亚·萨森教授》,《国际城市规划》2009 年第 3 期。

[5]  芒福德:《城市发展史》,宋俊岭、倪文彦译,中国建筑工业出版社 2005 年版,第 36—37 页;Saskia Sassen, "The Global City: Introducing a Concept," *The Brown Journal of World Affairs*, Vol.11, No.2(2005), p.36.

化和信息技术革命重新配置了中心性及其空间相关性,创造了新的中心空间,即全球城市。①萨森认为全球城市是全球化和信息化的产物,信息技术在生产中的广泛应用是催生全球城市产生的重要原因。流行的观点认为,全球通信技术的进步,使人口和资源得以最大程度的分散化,因而城市的密集化和集中化变得过时。萨森挑战了这种观点,她认为正是由于通信技术促进了地区的分散化,才使某些中心化活动的集中得以迅速发展。她指出,目前经济活动的区域分散带来了强化中心控制和管理的必要性。经济越是全球化,中心功能在少数的城市——全球城市——的集聚就会越高。②

通过对城市中跨国公司和生产者服务业的表现形式及其所发挥的全球性影响力的分析,萨森提出了构建全球城市模型的七个假设。在这七个假设中,我们发现信息集聚和信息生产是全球城市产生与实施功能必不可少的条件。萨森指出,经济全球化和生产的分散化,使得跨国公司总部(中心)集聚到全球少数几个主要城市中(纽约、伦敦、东京、法兰克福和巴黎等),跨国公司在实施复杂中心功能时,采取了外包的策略,推动了生产者服务业的发展。公司、人才以及来自广泛专业领域的专家的混合,使城市具有特定类型的信息中心环境功能。生活在城市中就等于生活在一个极其强烈的、稠密的信息环中。这一信息环成为城市的增值特征,派生出信息、专家与人才的混合体,并形成了更加高级的信息秩序。由此,全球城市成为一流的信息生产场所。③跨国公司和生产者服务业公司需要及时获取全球市场的各种信息,同时需要对各种原始信息进行加工再生产,与传统的产品生产不同,全球城市生产的是全球化的信息服务与金融服务。萨森指出电讯技术使跨国数据流动,特别是使信息密集型服务的增长成为可能。电讯技术提高了服务在跨国公司及其他公司组织中的内部流动效率。④相较于弗里德曼的世界城市理论,萨森的全球城市理论更加注重信息的集聚以及信息技术的应用与发展。生产者服务业是集聚着大量信息的产业,这需要有足够的信息处理能力来完成生产,同时也需要利用新兴信息技术来构建全球客户网络,从而为各种类型的公司提供服务。

---

① Saskia Sassen, "The Topoi of E-Space: Global City and Global Value Chains," *Built Environment*, Vol.24, No.2/3(1998), p.135.

② Saskia Sassen, *The Global City: New York, London, Tokyo*, Princeton: Princeton University Press, 2001, pp.4—5.

③ Ibid., p. xx.

④ Ibid., p.47.

　　全球城市是 20 世纪 70、80 年代以来全球生产组织形式转型的产物,它的形成伴随着跨国公司总部、金融业和生产者服务业的集聚。全球城市相对于世界城市来说,是在一个特定的历史阶段形成的。20 世纪 70 年代,服务业和金融业迅速地发展,并且集中于纽约、伦敦、东京这样的全球城市。这是因为资本主义为解决经济危机,吸收了信息技术革命带来的新兴信息技术,使得资本的流动性大大加强,这种流动性是在受控制的情况下进行的。而控制资本流动的两个主体是国家和资本家。国家想尽可能地让资本流入本国以促进本国的经济发展,资本家则想尽可能地让自己的资本增殖。在全球范围内资本的流动和增殖都需要一个节点来提供其所需的服务,一些城市由于其自身的历史传统、地理位置以及政府政策支持成为这样的场所,这些城市就是全球城市。①卡斯特尔认为从新自由主义的实践开始,资本主义便进入了再结构的进程,而信息技术革命也嵌入到再结构的进程中,导致生产力的主要来源变成产生知识、处理信息的技术。②萨森认识到新兴信息技术的发展使得各国经济的组织结构开始发生转变,由先前的大规模生产模式,转变为灵活的分散化生产模式。她指出,资本的流动不仅由区位条件而且由技术条件构成,通过这一技术支持资本的流动,并且通过这种能力控制极度分散的全球生产体系。资本流动的增加,不仅带来了生产组织的地理区位以及金融市场网络的变化,它还产生了需要确保对这种新的生产和金融组织形式进行管理、控制和服务的生产类型。这些新的生产形式包括了从电子通讯到专业服务的发展。全球城市中的这种新的集聚形式的出现,完全是由全球化和经济活动的分散化引起的,而电信能力使全球化和经济活动分散化切实可行。③

　　萨森认为集聚使得全球城市是一流的信息生产和信息服务场所,它可以集聚、处理、生产信息来服务全球经济。这需要全球城市配备最先进的信息设施和最专业的信息人才。萨森指出,像会计、中介、咨询之类的高水平商务服务,一般不会被当作生产过程来分析,而通常被看作高等知识的产物。萨森挑

---

①　Saskia Sassen, *The Global City：New York，London，Tokyo*，Princeton：Princeton University Press，2001，pp.3—83.

②　Manuel Castells, *The Rise of the Network Society*，Chichester：Wiley-Blackwell，2010，pp.13—18.

③　Saskia Sassen, *Expulsions：Brutality and Complexity in the Global Economy*，Cambridge：The Belknap Press of Harvard University Press，2001，pp.18—19；Saskia Sassen，*The Global City：New York，London，Tokyo*，Princeton：Princeton University Press，2001，pp.23—24，34—35.

战了这种观点,认为全球城市是创造这些服务的最高级的生产场所。①全球城市的信息生产和信息服务功能主要由跨国公司、生产者服务和金融三个产业来实践。首先,全球城市是跨国公司总部的所在地,跨国公司是服务业国际化的神经中枢,它们聚集在伦敦、纽约、东京、法兰克福这样的全球城市,便于获取多样且精确的信息,获得专业化的服务,进行便捷的金融交易。跨国公司在实施复杂的中心功能时,将部分职能外包给了专业的生产者服务公司。②生产者服务的核心概念是服务支持生产,其主要组成部分是保险、银行、金融服务、房地产、法律服务、会计和专业协会。这些行业生产的产品主要是知识与信息,为政府和企业提供资讯和信息服务。萨森认为,生产者服务业特征是信息和知识的集中性,生产者服务业集聚在全球城市以获得生产与市场优势。③约翰·邓宁和乔治·诺曼发现生产者服务公司将其欧洲办事处设在伦敦、布鲁塞尔和巴黎,以便靠近其客户(通常是跨国公司)。④这是因为新兴信息技术的实现需要一个庞大的物理基础设施,使全球通信得以实现。这些基础设施包括专门的数据库、配电站以及专业技术人员,因其成本和人才的需求,它们很大程度上集聚在全球城市中。当然,这些基础设施的发展与进步也可以更好地吸引全球资本流入全球城市中。⑤

计算机和电子通信技术的重大发展及其在商业上的应用,促进了金融创新和专业金融服务的供给,提升了金融中心的重要性。萨森认为金融业是一

---

① Saskia Sassen, *The Global City：New York，London，Tokyo*, Princeton：Princeton University Press, 2001, pp.90—110；Saskia Sassen, "Cities in Today's Age," *The SAIS Review of International Affairs*, Vol.29, No.1(2009), pp.8—9.

② Saskia Sassen, *The Global City：New York，London，Tokyo*, Princeton：Princeton University Press, 2001, pp.63—64；Mohammad Arzaghi, J. Vernon Henderson, "Networking of Madison Avenue," *Review of Economy Studies*, Vol.75, No.4(2008), pp.1011—1038；Christian Fuchs, *Communication and Capitalism：A Critical Theory*, London：University of Westminster Press, 2020, pp.274—275.

③ Saskia Sassen, *The Global City：New York，London，Tokyo*, Princeton：Princeton University Press, 2001, pp.90—126.

④ John H. Dunning, George Norman, "The Theory of the Multinational Enterprise：An Application to the Multinational Office Location," *Environment and Planning A*, Vol.15, No.5(1983), pp.675—692.

⑤ Simon Curtis, "Global Cities and the Transformation of the International System," *Review of International Studies*, Vol.37, No.4(2011), p.1940；Anthony Goerzen, Christian Geisler Asmussen, Bo Bernhard Nielsen, "Global Cities and Multinational Enterprise Location Strategy," *Journal of International Business Studies*, Vol.44, No.5(2013), p.430.

个生产非物质产品,具有数字化、全球化特性的产业。新兴电子通信技术使得金融业变得更加分散,但是主要金融中心可以使电子通信的利益最大化并且为全球化运营提供新的环境,因而金融业聚集于主要的金融中心以获取更高的利润。①在信息化时代,金融活动的数字化以及金融交易所的电子化都表明,地理区位的影响大幅度降低,分散化相较于集中化似乎更节约运营成本,但现实却与之相反,主要金融中心仍然在持续强化。②金融活动从诞生起就一直表现出空间上集聚的性质,③欧洲最早的金融中心是一些中世纪的意大利城市,而到了 17 世纪阿姆斯特丹成为单一的金融中心,之后伦敦成为世界主要金融中心,金融中心一直呈现出集聚的趋势,这似乎是金融体系的本质,毕竟它们需要有大量的银行和金融机构来做支撑。④金融最核心的要素就是复杂工具的发明与推进。金融工具的创新需要专业技术人才,当然不仅是金融业,跨国公司和生产者服务业也需要大量的专业技术人才。因为推动创新创业的不是工作或办公室的密度,而是人才的密度,特别是对于全球城市而言,这些人才必须来自全球范围。⑤全球城市正是通过这些专业技术人才来促进自己的良性循环,不断生产出优质的信息来构建全球服务网络。

　　全球城市通过自身独特的性质集聚着大量的跨国公司总部、先进的生产者服务业和金融业等产业,这些产业使大量的资本流入全球城市,同时这些产业也会培养大量的专业技术人员,如高盛集团(Goldman Sachs)储备了众多物理学家来不断创新其金融工具。⑥对人才的需要也体现在生产者服务业中,专业技术人才就是生产者服务业的"基础设施",需要他们来处理和生产更为有效的高阶信息,以此来提供服务。这需要有良好的薪资、城市的基础建设、优

① Saskia Sassen, *The Global City*：*New York*，*London*，*Tokyo*，Princeton：Princeton University Press，2001，pp.117—118.

② David R. Meyer，"Hong Kong：Global Capital Exchange," Saskia Sassen(eds.)，*Global Networks*，*Linked Cities*，New York：Routledge，2002，p.250.

③ Giovanni Arrighi，*The Long Twentieth Century*，London：Verso，2010，pp.97—128.

④ 丝奇雅·沙森:《世界经济中的城市》,周振华等译,上海人民出版社 2020 年版,第 227—231 页。

⑤ Saskia Sassen，*Expulsions*：*Brutality and Complexity in the Global Economy*，Cambridge：The Belknap Press of Harvard University Press，2001，p.119；王子立、刘永军、麦家和:《全球城市国际人才集聚的经验与启示——以新加坡、多伦多、阿姆斯特丹、慕尼黑为例》,《中国人事科学》2022 年第 7 期。

⑥ Saskia Sassen，*Expulsions*：*Brutality and Complexity in the Global Economy*，Cambridge：The Belknap Press of Harvard University Press，2001，pp.119，137，144.

秀的医疗条件等来吸引这些专业人才,这些需求在全球城市中得到满足,服务业就业人员得到极大的提升。①资本吸引人才,促进创新,进一步带动了生产力的发展,使公司的盈利能力和竞争力也不断增强,这一循环在全球城市中得到很好的实现,使全球城市能够源源不断地生产信息来协调全球经济的发展。旧金山是体现这种良好循环的典型案例,旧金山的全球角色改变是由于硅谷的微电子革命。信息技术的创新带动了生产力的发展,也提高了行业的预期,使金融机构对产业公司进行融资,而产业公司则进一步对技术进行创新。②当然旧金山这套体系的包容性也是这个良性循环的关键因素。旧金山虽然并非萨森最开始关注的全球城市,在生产者服务业和金融业等方面也并不出彩,但是旧金山仍然是全球城市,这是对萨森全球城市理论的补充和完善。对萨森构建全球城市模型的七个假设进行简化分析可知,当一个城市拥有大量专业服务和专业人才,并且能够满足全球公司和市场的需求,它就能成为全球城市。

## 二、全球城市是生产分散化的网络节点

20世纪70年代以来,主要发达国家开启了产业转型的进程,主导产业由劳动力密集型产业转变为高新技术和知识密集型产业,制造业向欠发达国家和地区转移,由此产生了生产的分散化。办公室工作组织也出现了分散化模式,这包括把日常事务性工作转移或传送到驻外办事处、市郊家中,或者将办公室工作分包给其他公司。③经济活动分散化需要与之相匹配的中心功能来控制和协调,信息技术革命所带来的技术创新使得这种要求可以得到满足,但这需要专业技术人才以及相应的基础设施来提供支持,全球城市正是集聚这些要素的战略空间。其作为集聚和处理信息的中心节点,将生产出来的信息辐射全球,为全球公司和市场提供服务。萨森在《全球城市:纽约、伦敦、东京》中,表达的一个主要观点是,经济活动的空间分散和金融重组是促进集中化新形式的两个过程。经济活动的空间分散导致了中央功能的扩展及为此类功能

① Saskia Sassen, *The Global City: New York, London, Tokyo*, Princeton: Princeton University Press, 2001, pp.256—273;萨斯基亚·萨森:《全球城市转型之问》,《探索与争鸣》2019年第3期。
② Greg Clark, *Global Cities: A Short History*, Washington DC: Brookings Institution Press, 2016, pp.54—56.
③ Saskia Sassen, *The Global City: New York, London, Tokyo*, Princeton: Princeton University Press, 2001, pp.24—32.

提供各种服务的专业化企业的增长。金融业重组使得大型跨国银行，主要是美国银行，转移到了主要的金融中心。电信和信息技术对这两个过程都至关重要，为这一集聚增添了另一种力量。金融和专业服务是信息技术的主要使用者，需要采用最先进的设施。信息技术使远距离管理和服务以及瞬时汇款成为可能，这也要求配备复杂而难以移动的有形设施。①

　　萨森认为，全球城市是全球化的空间载体，当一个城市拥有大量专业人才生产专业服务，并且能够满足全球公司和市场的需求，它就能成为全球城市。②这要求全球城市必须要具有强大的连通性，形成网络化的城市体系，全球城市就是这个网络中的中心枢纽城市，是十分重要的节点。③通过这种连通性，全球城市能够为全球经济提供中心控制和协调功能，这一切都离不开信息的参与。④曼纽尔·卡斯特尔认为全球城市并非一个地方，而是一个过程，在这个过程中，先进服务业的生产与消费中心及其辅助性的地方社会，被连接在一个以信息流动为基础的全球网络中。⑤萨森认为全球城市确实有一个网络的功能，但是也有一部分是由深度地点性的城市构成的网络，流动空间和地点空间并不对立，不如说全球城市的地点性，部分原因就在于它是一个网络的功能。⑥因此，全球城市并非只有一个维度，它既有地点性，又有网络性。萨森认为全球城市是跨国城市网络的组成部分，高度专业化和网络化的服务部门是其独特的生产优势。这些服务部门的发展，吸引了高级专业人才的流入，为了提高效率，一系列经济活动的信息化程度提高。经济全球化以及电信技术已为城市空间性的创造作出了贡献，使其既是跨国界网络，又是大量资源聚集的地理枢纽。⑦

　　在全球范围中，随着经济一体化和信息技术的不断发展，全球城市之间、全球城市与非全球城市之间通过金融市场、服务贸易和投资等形式进行的交

① Saskia Sassen, *The Global City：New York，London，Tokyo*，Princeton：Princeton University Press，2001，p.19.
② Ibid.，p.360.
③ Ibid.，p.348.
④ Ibid.，p.xx.
⑤ Manuel Castells, *The Rise of the Network Society*，Chichester：Wiley-Blackell，2010，pp.21，417.
⑥ Saskia Sassen, *The Global City：New York，London，Tokyo*，Princeton：Princeton University Press，2001，pp.349—351.
⑦ Ibid.，p.xx.

易急剧增加。萨森认为全球城市这种由密集商业活动节点构成空间组织代表了一种新的中心领域组织形式。①随着信息技术革命爆发，信息的传输速度得到了极大的提升，信息的存储容量也大大增加，信息的重要性得到凸显。当世界经济形成网络化的体系后，信息的覆盖范围得到扩展，信息就需要一个集聚的节点来协调网络的循环，集聚信息的节点也就具有了这样的权力，全球城市就是这种节点的空间实体。也正是这样的功能使得全球城市成为连接经济活动空间分散化和权力的集聚化这两个进程的枢纽。②萨森指出信息的一个主要特性是以空间为基础的，邻近性是获得信息的关键。也就是说，信息是通过特定节点流通的。③信息集聚和生产的节点是代表信息化时代顶尖生产力和经济权力的空间，全球城市作为集聚信息和生产信息的战略空间④，取代了工业中心担负起了信息化时代中心城市的角色。

　　全球城市这个高度集聚化的空间却是实现经济活动分散化的网络节点，这似乎是相矛盾的，实际上，经济活动的分散化和权力的集聚化是两个同时发展的进程。萨森认为正是经济活动空间分散化导致了中心功能的扩大以及为这些功能提供服务的专业公司日益增多，因为制造业的地理分散化导致了老工业中心的衰落，产生了对扩大管理和规划等中心功能以及必要专业服务的需求，这也是全球城市发展的关键组成部分。⑤生产的分散化和 20 世纪 70 年代开始的资本主义危机有关。资本本身具有经济、社会、空间和时间的限制，在面临危机的情况下，会试图通过转移自身的界限来克服这种限制。⑥大卫·哈维（David Harvey）的时空修复理论认为，空间和时间是克服危机的策略，可以通过时间延迟和地理扩张这种方式来缓解资本主义危机。⑦

　　20 世纪 70 年代开始，新兴信息技术得到极大的发展，信息技术革命在缓

---

① Saskia Sassen, "The Topoi of E-Space: Global City and Global Value Chains," *Built Environment*, Vol.24, No.2/3(1998)，p.136.

② Saskia Sassen, *The Global City: New York, London, Tokyo*, Princeton: Princeton University Press, 2001，pp.109—110.

③ Ibid.，p.104.

④ Ibid.，pp.5—6.

⑤ Ibid.，pp.12—17.

⑥ Christian Fuchs, *Communication and Capitalism: A Critical Theory*, London: University of Westminster Press, 2020，p.269.

⑦ David Harvey, *The New Imperialism*, Oxford: Oxford University Press, 2003，p.115.

解资本主义危机的进程中担任了重要的角色。新兴信息技术消除了时间和空间的障碍,使欧美发达资本主义国家开始向外扩展市场,并进行了一系列改革,试图解决危机。这些改革包括放松管制、私有化等,这促进了资本主义的全球化。克里斯蒂安·福克斯(Christian Fuchs)认为这种资本主义的全球化是一种旨在降低生产要素成本、获取额外市场准入、为资本投资和出口创造机会的策略。[1]这也离不开资本的趋利性,其为了追求新的和廉价的生产空间会促使资本家将生产重新定位到更有利的地点。[2]而信息技术就是实现这种资本主义全球化的媒介,因为新兴信息技术简化了全球通信和全球贸易,使跨国公司形成全球范围的生产网络在新兴信息技术的支持下变得更加容易。这种经济活动的空间分散使之前那种僵硬的大规模生产变成了更为灵活的分散化生产,一个灵活的资本积累体制崛起[3]。福克斯对这个进程作出了相应的分析:"这一时期资本主义经历了经济、政治和意识形态危机,导致经济从福特主义大规模生产转型为后福特主义的灵活生产,政治上从凯恩斯主义转向新自由主义,文化上从国家文化转向全球文化。"[4]

这种转变也带动了城市功能的转变。在凯恩斯主义时期,城市往往是行政中心、制造业和商业中心。[5]伴随着经济活动的空间分散化,劳动力密集型产业转移到更为廉价的地区,欧美发达资本主义国家内部的工业中心城市开始衰败。资本外流导致工厂人员缩减以及工厂设备缺乏保养等一系列问题,最终大量工厂倒闭,据统计仅在1969—1976年之间,工厂的关闭使美国劳动市场失去了2 200万份工作。[6]关于这种现象萨森认为:"制造业的分散化是由技术和社会方面的原因造成的。一方面,解除高度发达国家传统工业中心所具有的强大劳工组织,是试图废除围绕生产而被组织起来的劳资关系(通常被称为福特主义)。另一方面,高技术产业的生产分散化是采用新技术的结果,

---

① Christian Fuchs, *Communication and Capitalism: A Critical Theory*, London: University of Westminster Press, 2020, p.269.

② David Harvey, *Space of Global Capitalism*, London: Verso, 2006, p.98.

③ David Harvey, *The Condition of Postmodernity*, Oxford: Blackwell, 1990, p.147.

④ Christian Fuchs, *Communication and Capitalism: A Critical Theory*, London: University of Westminster Press, 2020, p.271.

⑤ Saskia Sassen, "Cities in Today's Global Age," *The SAIS Review of International Affairs*, Vol.29, No.1(2009), p.4.

⑥ Barry Bluestone, Bennett Harrison, *The Deindustrialization of America: Plant Closings, Community Abandonment, and the Dismantling of Basic Industry*, New York: Basic Book, 1982, p.323.

这些新技术使低工资的日常工作与高技能的工作分离开来,从而最大限度地增加了企业区位选择性。"①沙伦·朱津(Sharon Zukin)也同样认为城市的增长从以制造业为主转变到以服务业为主导,这种转变是建立在将大规模生产与中产阶级工资和强大劳工工会紧密联系在一起的福特主义社会秩序的衰落基础上进行的。②

城市开始变成为全球经济提供服务的战略空间,其本质原因在于即使是位于非城市地区的实体工业,如矿业、钢铁厂等也会向位于城市的生产者服务业购买法律、咨询、软件编程、会计等专业服务。③正是这种转变,体现出了萨森对于"分散化"一词的解释,不仅仅包含地理方面的含义,还包含了生产过程中的一个复杂的政治、技术重组的过程。④萨森认为这种重组包含两种逻辑:一种是系统性的,被纳入大多数国家的经济和监管政策中,其中最重要的是私有化和取消进口关税;第二个逻辑是将世界上不断增长的地区转变为这些新的或急剧扩大的利润提取方式的极端区域,如全球城市和外包的工作空间。⑤这种转变在 20 世纪 70 年代便已开始,全球经济重组过程中伴随着去工业化、全球金融市场的形成、离岸银行和出口加工区的出现、跨国公司的崛起以及新的国际劳动分工的出现,城市的角色发生了变化。⑥弗里德曼通过探讨国家城市体系的等级以及世界体系理论,将城市置于国际政治经济进程当中,通过参考城市在国际层面的联系以及其在全球经济扮演的角色,来理解全球经济,将城市与经济重组连接了起来。⑦到了 20 世纪 90 年代,新兴信息技术得到了进一步发展,萨森更为强调信息技术使全球城市产生了新的能力,全球城市在全

①  Saskia Sassen, *The Global City*: *New York*, *London*, *Tokyo*, Princeton: Princeton University Press, 2001, pp.24—30.

②  Sharon Zukin, "The Best of Cities, The Worst of Cities," *Contemporary Sociology*, Vol.21, No.4 (1992), pp.481—484.

③  Saskia Sassen, "Cities in Today's Global Age," *The SAIS Review of International Affairs*, Vol.29, No.1(2009), p.4.

④  Saskia Sassen, *The Mobility of Labor and Capital*: *A Study in International Investment and Labor Flow*, London: Cambridge University Press, 1988, pp.126—168.

⑤  Saskia Sassen, "Shrinking Economies, Growing Global Markets for Land," *The Global South*, Vol.8, No.2(2014), p.18.

⑥  Simon Curtis, "Global Cities and the Transformation of the International System," *Review of International Studies*, Vol.37, No.4(2011), pp.1928—1929.

⑦  John Friedman, "World City Hypothesis," *Development and Change*, Vol. 17, No. 1 (1986), pp.69—83.

球经济中发挥了指挥和控制功能。正是信息技术革命嵌入到全球经济重组进程中,使得经济领域在 20 世纪 90 年代出现了分散化和集聚化并行的看似矛盾的趋势。萨森认为这种趋势是由于新的国际分工模式的出现,跨国公司的崛起以及数字网络的出现,创造了对新形势下的战略指挥和控制的需求。①这种需求迫切地要求有一个强大的中心功能来支撑,实现全球经济的控制与协调功能。因此,催生出一种不同于以往追求规模经济的旧有集聚形式,产生了一种新的集聚逻辑。②旧有集聚形式是追求经济活动在空间上的局部集聚以提升经济效率,从而提高利润。新的集聚逻辑则是在经济活动空间分散化的背景下,追求所有权和控制权的集聚化。这就需要一个中心来承载这种集聚化,去控制劳动力和管理这种庞大的分散化生产体系,这种管理和控制的能力通常由跨国公司总部提供或者是向专业的生产者服务业跨国公司购买。这种管理和监管的工作以及生产所需的中间投入,都趋向于集中在主要城市(全球城市)。③而全球城市作为一流的信息生产场所,且建设过程还有国家主体的参与都使得全球城市成为承载权力的空间载体。

## 三、全球城市是权力集聚化的空间载体

全球城市集聚着追求盈利能力和竞争力的跨国公司,集聚着推动技术创新的专业知识和人才,无论是技术创新、发展生产力还是提升盈利能力和竞争力都需要信息的参与。全球城市是全球化和信息化的产物,曼纽尔·卡斯特尔认为信息化表明了社会组织特殊形式的属性,在这种组织里,信息生产、处理与传递成为生产力与权力的基本来源。④信息的生产、运用与传播本身会产生权力。信息通过其信息量的多寡赋予其拥有者权力的大小,拥有有效信息总量较多的个人、企业或组织比拥有有效信息总量较少的个人、企业或组织具有优势。信息嵌入进当今的组织结构中,赋予了集聚信息的节点控制与协调能力。信息所具有的力量,极大地受限于信息量,根据香农对于信息量的定义

---

① Simon Curtis, "Global Cities and the Transformation of the International System," *Review of International Studies*, Vol.37, No.4(2011), pp.1929—1930.

② Saskia Sassen, "The Topoi of E-Space: Global City and Global Value Chains," *Built Environment*, Vol.24, No.2/3(1998), pp.134—135.

③ Saskia Sassen, *The Global City: New York, London, Tokyo*, Princeton: Princeton University Press, 2001, pp.127—130.

④ Manuel Castells, *The Rise of the Network Society*, Chichester: Wiley-Blackell, 2010. p.21.

可知,一条信息中消除的不确定性越多,它所含的信息量越大,这意味若信息不能消除不确定性,其信息量较少是有用信息,也即噪声。[1]通过理解信息量的定义,不难发现跨国公司等需要的信息就是有用信息,而这部分信息需要经过专业人才对大量的原始信息进行处理,将"噪声"消除,最终生产出萨森认为的信息量高的高阶信息。这种高阶信息的生产是全球城市作为权力集聚化的空间载体最为重要的支撑,这种高阶信息是满足全球公司和全球市场需求的最重要的环节,经济活动的空间分散化和全球经济一体化进程需要大量的高阶信息来为其提供服务。信息虽然是非物质性的,但却需要物质性的生产空间。没有完全虚拟的公司,也没有完全数字化的产业,即使是最先进的信息产业,如金融业,也仅是在电子空间的一部分存在。[2]通信过程不是在真空中发生的,它们是由个人、机构和技术组成的基本网络来提供便利和维持的,这些网络为制定、交流和解释信息以及在这些活动之间建立必要的联系提供了手段和机制。[3]由此产生的全球控制的能力也就不能简单地归入经济活动全球化的结构方面,它是被创造出来的。[4]这需要有物质性的基础设施来生产创造,全球城市作为空间载体便集聚了大量的生产信息的产业。其中主要包括跨国公司总部、生产者服务业公司以及数字化程度最高的金融业。这种集聚赋予全球城市协调组织和全球控制的能力。

萨森指出全球城市有能力进行全球控制,创造和再造金融业全球系统和全球市场的组织和管理工作,是实现全球控制的实际操作。[5]信息技术为金融业全球系统和全球市场的组织和管理提供了技术保障,这主要体现在产业结构调整和产业区位的选择两个方面。科技进步将一部分曾经是制造业的活动转移到了服务领域,在工厂车间里完成的工作转移到计算机及其伴随的技术和专业人员上面,使得在工作过程中空间和组织上出现了明显分离。产品的

---

① Claude Shannon, "A Mathematical Theory of Communication," *Bell System Technical Journal*, Vol. 27(1948), pp.379—423, 623—656.

② Saskia Sassen, "On the Internet and Sovereignty," *Indiana Journal of Global Legal Studies*, Vol.5, No.2(1998), p.553.

③ Linda Garcia, "The architecture of global networking technologies," Saskia Sassen(eds.), *Global networks, Linked cities*, New York: Routledge, 2002, p.40.

④ Saskia Sassen, "The Topoi of E-Space: Global City and Global Value Chains," *Built Environment*, Vol.24, No.2/3(1998), p.138.

⑤ Saskia Sassen, *The Global City: New York, London, Tokyo*, Princeton: Princeton University Press, 2001, p.6.

生产和装配在世界不同的工厂和仓库进行,这就是所谓的全球装配线。这样的全球装配线,急需管理、控制和计划的高度集中化和复杂化。制造业生产、服务和金融业多地点的发展趋势,极大地增加了对专业服务活动以及对工厂、服务点和办公室的全球网络体系的管理和控制的需求。①信息技术推动了金融业和生产者服务业的飞速发展,提高了生产者服务的可交易性,也催生了全新的服务类型,使得生产者服务日益专业化。②信息技术的发展使得生产者服务出现了双重趋势,即基于规模经济的集中化和基于常规程序电脑化的非集中化。电脑化和通信技术的进步"使以软件形式设计服务生产程序,并将投入和产出存储在电子存储器中更加可行"。这种技术发展的影响,是从时间和空间上将生产和消费相分离,并允许更加集中的生产。③在信息技术的影响下,金融业发展为一个拥有自己产品和流通范围的产业,其效用在于金融工具的销售和再销售,这不同于传统的银行和金融服务。④萨森认为包含在崭新的信息技术和跨国集团权力中的全球性运作、协调和控制能力是需要创造的。这种协调和集中的能力是通过新兴信息技术实现的,并借此生产和传递信息,正是这些基于信息的生产过程,中心性才得以构成。全球城市生产的是高度专业化的服务和金融产品。服务企业所生产的产品是全球控制能力的组成部分。⑤

　　信息技术革命后,交通和通信技术使资本能够克服空间距离,并缩短跨越距离所需的时间,带来了资本主义的加速,加速意味着能够在更短的时间内积累经济、文化和政治权力。⑥信息和通信是协调和维持所有经济活动的根本,在较大的范围中,如信息交换,是市场体系的核心,资本主义既依赖于信息交换来有效的分配资源,又需要通过它来生产和传播对创新和经济增长至关重要的知识;在小范围内,如在公司内部,提供及时和准确的信息是决定公司进入或退出市场的关键,如何获得融资,如何有效地管理和组织工人,以及如何

①　Saskia Sassen, *The Global City：New York, London, Tokyo*, Princeton：Princeton University Press, 2001, pp.10—11.

②　Ibid., pp.6, 118.

③　Ibid., pp.105—106.

④　Ibid., pp.74, 92, 95.

⑤　Ibid., pp.9—11.

⑥　Christian Fuchs, *Communication and Capitalism：A Critical Theory*, London：University of Westminster Press, 2020, p.269.

分销和营销产品等都离不开信息的参与。①跨国公司所拥有的信息量使其能够进一步拓展市场,将生产转移到更为有利可图的地区。萨森指出大公司通过对外直接投资、合并、收购或合资等形式实现其所有权与控制权的跨国化。跨国公司通过分散在世界各地的子公司进行生产,打开当地市场。生产的分散化及金融市场网络的变化,要求形成确保对这种新型的生产和金融组织进行管理和控制,并提供相关服务的新的生产形式。这些新的生产形式,包括了从电子通信到专业服务的发展(这是对工厂、办公室和金融市场的全球网络进行管理的重要投入因素)。②

全球城市中集聚的权力有两面性,促进经济发展的同时客观上也会给欠发达国家和地区发展带去破坏。作为集聚资本流动控制权的全球城市有能力带动世界欠发达地区的实体经济发展,并使这些国家进入良性循环,但是资本的逐利性以及过度的放松监管,使得金融资本越来越具有侵略性和破坏性,其带来的经济增长并没有真正地作用到各国的公民本身,没有改善社会环境。债务的金融化更是使得经济体系变得越来越脆弱,这些都是全球城市并未真正理性地控制资本流动所带来的。③跨国公司总部、生产者服务业和金融业等集聚在全球城市中,使其拥有全球控制和协调能力,其本质是这些产业的权力集聚并表现出控制资本的能力。在全球范围中,跨国公司总部这种分散化运营的权力,也直接或间接破坏了大量全球南方国家政府的稳定,使其本土的制造业等产业破产,使这些国家接受援助,将本国的经济活动置于世界银行等国际机构的规划之下,国家领土也就被置于全球企业的回路当中。④这是信息所赋予的控制资本流动的权力中的侵略性,拥有更多有效信息量就可以影响其他的国家、组织等的经济,无论是帮扶还是制裁。这种侵略性配合资本的逐利性,使得在新的经济形势下,全球经济中的野蛮性和复杂性暴露无遗。发达地区强硬地将欠发达地区摧毁并融入到它们所构建的全球经济体系当中。在这个进程中,生产者服务业是一个关键的变量。生产者服务业的发展离不开制

---

① Linda Garcia, "The Architecture of Global Networking Technologies," Saskia Sassen(eds.), *Global Networks*, *Linked Cities*, New York: Routledge, 2002, p.46.

② Saskia Sassen, *The Global City*: *New York*, *London*, *Tokyo*, Princeton: Princeton University Press, 2001, pp.23—34.

③ Saskia Sassen, *Expulsions*: *Brutality and Complexity in the Global Economy*, Cambridge: The Belknap Press of Harvard University Press, 2001, pp.134—148.

④ Ibid., p.84.

造业的发展。制造业尽管在全球范围内分散化生产,其也需要大量的生产者服务,因此生产者服务业的权力主要是用来为生产活动提供专业服务,帮助其更好的发展。这种转移生存的权力为很多地区带去了破坏。这种破坏不仅仅体现在全球范围内,在其本国也有体现。在国家内部,许多跨国公司都在私营监狱内设立了卫星工厂,使用廉价的监狱劳动力,这虽然是私营监狱推动的,为了获得更多利润,私营监狱与法官往往会形成利益往来,将服刑人员重判,这种现象反过来又加剧了司法腐败。①

　　金融业虽然也是生产者服务业之一,但是其独特性和复杂性导致金融业有别于其他的生产者服务业。金融业是一个生产非物质形态、具有极强可移动性产品的行业,区位似乎并不重要,而且为了在融入全球经济的国家中获得业务,某些金融活动也在地理上分散化。②但是其顶层运营集聚程度反而不断提高,金融公司为了进入主要位置中心甚至愿意支付溢价,许多金融市场的大部分业务都不成比例地集中在几个金融中心。③这正如萨森所述金融电子网络的权力虽然是建立在分布式的权力基础上,但是最终却变成了集聚的权力。④其结果是,全球资本市场现在有能力约束国家政府,这在1994年12月的墨西哥"危机"中变得明显,当投资者能够集体撤离时,外汇市场有能力极大地改变某些货币的汇率。⑤而金融将经济体制内一切事物全部证券化的侵略性能力,如将地方住宅变为金融工具更是反映金融权力的典型案例。⑥因为金融的网络化结构导致任何一个步骤出现危机,都会从主要的金融市场蔓延到全球范围,正如2008年美国的次贷危机带来了覆盖全世界的金融危机。金融的不确定性和复杂性导致了储贷危机、次贷危机等金融危机,而且由于去工业

---

① Saskia Sassen, *Expulsions：Brutality and Complexity in the Global Economy*，Cambridge：The Belknap Press of Harvard University Press，2001，p.72.
② Saskia Sassen, "Locating Cities on Global Circuits," Saskia Sassen(eds.)，*Global Networks，Linked Cities*，New York：Routledge，2002，pp.19—21.
③ Saskia Sassen, *The Global City：New York，London，Tokyo*，Princeton：Princeton University Press，2001，pp.115—126.
④ Saskia Sassen, "The Topoi of E-Space：Global City and Global Value Chains," *Built Environment*，Vol.24，No.2/3(1998)，p.139.
⑤ Saskia Sassen, "On the Internet and Sovereignty," *Indiana Journal of Global Legal Studies*，Vol.5，No.2(1998)，p.551.
⑥ Saskia Sassen, *Expulsions：Brutality and Complexity in the Global Economy*，Cambridge：The Belknap Press of Harvard University Press，2001，pp.117—124.

化,欧美等发达国家在面临金融危机后经济恢复十分困难。这也是这种控制资本流动权力的负面影响,通过金融工具所带来的杠杆营造出的经济泡沫,极大地刺激着资本的逐利性,最终带来了影响全球的金融危机。

　　金融权力并非都具有破坏倾向,在中国金融资本帮助下无数人脱离贫困便是其表现,但这是通过金融资本投资制造业、基础设施和其他实体经济来实现的,大部分情况下,金融业往往会运用金融资本去创造更多的金融资本,这也就带来了财富和权力的高度集聚。[1]这些金融业务大量集聚在作为金融中心的全球城市里,使其能够对其他国际和地区的经济主权产生影响。金融业集聚在全球城市中是由于成为金融中心有很多必要条件,如先进的远程信息技术、基础设施和专业人才等。基础设施如主干网容量,尽管不一定要求最大但是其有一个临界值;专业人才如上文所述集聚在全球城市中。虽然全球城市通常都是金融中心,但它们并非是竞争与对立的关系。最典型的三个全球城市,纽约、伦敦和东京,这三个金融中心同时涵盖了各个时区范围,方便从事金融贸易,并在同一个交易系统中运作。[2]而且城市的专业化差异也很大,每个全球城市集聚的要素也是不同的,纽约和圣保罗是全球咖啡商品的贸易中心,布宜诺斯艾利斯、芝加哥和孟买是葵花籽贸易中心,上海是铜贸易中心,圣保罗、约翰内斯堡和悉尼是黄金贸易中心,而当黄金作为一种金融工具时,伦敦和苏黎世才是顶级市场,尽管它们都不生产黄金,仅仅将黄金作为金融产品在交易。[3]全球城市的差异化发展也极大地扩展了跨国城市网络体系的覆盖范围,使其能够在更大程度上影响全球经济的发展。

## 四、结　语

　　萨斯基亚·萨森的全球城市理论提出后,各界学者从城市社会学、政治地理学、国际关系等领域对其进行了理论和应用层面的研究,全球城市理论将全球化与信息化、社会极化、国际关系等联系起来。在当今信息化时代,全球城市理论中最为重要的特性之一,毋庸置疑是将全球化与信息化相联系而表现出的信息中心性,这种特性是伴随着经济活动的空间分散化和全球经济一体

① Saskia Sassen, *Expulsions: Brutality and Complexity in the Global Economy*, Cambridge: The Belknap Press of Harvard University Press, 2001, p.147.
② Manuel Castells, *The Rise of the Network Society*, Chichester: Wiley-Blackwell, 2010, p.410.
③ 萨斯基亚·萨森:《城市专业化差异比我们认为的更重要》,《国际城市规划》2014年第2期。

化的进程产生的。①经济活动分散化需要与之相匹配的中心功能来控制和协调,信息技术革命所带来的技术创新使得这种要求可以得到满足,但这需要专业技术人才以及相应的基础设施来提供支持,全球城市正是集聚这些要素的战略空间。其作为集聚和处理信息的中心节点,将生产出来的信息辐射全球,为全球公司和市场提供服务。从 20 世纪 70 年代开始,资本主义为了解决其危机进行了一系列的改革,从凯恩斯主义转向新自由主义,放松管制、私有化等改革深刻地转变了经济的组织结构。信息技术革命嵌入到这种转变的进程中时,信息变得越来越重要。当信息存储、处理和生产能力得到极大提升时,信息的权力也就得以凸显。小到公司内部的决策运营,大到资本主义将经济活动分散化,都离不开信息的参与。卡斯特尔认为信息也改变了生产力的主要来源,进一步提出了信息资本主义的理论。②

信息作为促进创新、生产力和公司这个良性循环的助燃剂,需要一个信息中心来使这个循环不断运作、发展,全球城市正是这样一个信息中心。大卫·哈维用时空修补理论解释了信息化时代下,经济活动的空间分散化,这种生产活动的分散化,迫切地要求与之相配的中心功能,这促使生产者服务业的快速发展,生产者服务业的发展带动了专业人才的集聚。这种能够满足全球公司和市场需求的拥有大量专业服务和专业人才的城市就是全球城市。③因此,正如萨森所建构的全球城市,它是一个能够集聚、处理和生产信息的战略空间,是一流的信息生产场所。正是这种充斥着信息的信息中心环境不断地吸引着跨国公司总部、生产者服务业等产业集聚在全球城市中。这些产业的集聚同时带来了权力的集聚,使全球城市能够干涉其他地区的生产与生活,不断地吸引资本流入。这种权力是大量优质信息集聚的结果,这些信息也将全球城市变为一种新型的媒介,通过这种媒介将自己辐射到全球范围,不断加强自身的权力,这种权力表现为对资本的控制权力,没有进入信息覆盖范围的地区会被很快地边缘化。而且在全球经济一体化和信息技术革命不断发展的新形式

---

① Saskia Sassen, *The Global City:New York,London,Tokyo*,Princeton:Princeton University Press,2001,pp.109—110;胡以志:《全球化与全球城市——对话萨斯基亚·萨森教授》,《国际城市规划》2009 年第 3 期。

② Manuel Castells,*The Rise of the Network Society*,Chichester:Wiley-Blackell,2010,pp.78—80.

③ Saskia Sassen, *The Global City:New York,London,Tokyo*,Princeton:Princeton University Press,2001,p.360.

下,全球城市这个信息中心不但在地理层面起作用,即使是在电子空间中仍然发挥着其信息中心节点的作用。而由于各国家和地区接触信息技术的时间不同,创新的能力不同,导致信息技术带来的网络化结构逐渐发展为了另一种层级结构,全球城市就是这种结构里的信息中心。但同时作为信息中心的全球城市也应当具有社会责任,应当为全球经济真正进入良性的循环发展做出自己应有的贡献。

## *The global city theory of Saskia Sassen*:
## *An investigation based on information centrality*

**Abstract**:After the capitalist world experienced the stagflation crisis of the 1970s, Neo-liberalism gradually replaced Keynesianism in developed capitalist countries in Europe and America, initiating the restructuring process of the global economy. At the same time, emerging information technology became embedded in the process of global economic restructuring, leading to the phenomena of spatial decentralization of production and the concentration of producer services. After observing these two phenomena, Saskia Sassen proposed the theory of Global City, with the theory of information centrality being one of the core points of Sassen's Global City theory. Sassen believes that the information centrality of global cities is primarily manifested in four aspects:information aggregation, information production, information nodes, and information spatial carriers. Studying the Information centrality in Saskia Sassen's global city theory contributes to enriching scholarly discussions on the functional changes of cities after organizational structure transformation and helps understand the evolution of urban functions from industrial society to post-industrial society.

**Key words**:Saskia Sassen;Global City;Information Centrality;Producer Services

**作者简介**:倪凯,聊城大学历史文化与旅游学院副教授、硕士生导师;李东青,聊城大学历史文化与旅游学院研究生。

# 文明交往视阈下伊朗
# 内沙布尔历史演进探析①

冀开运　杨晨颖

**摘　要:**内沙布尔是伊朗东北部一个由军事要塞发展起来的边疆城市,战争年代,它是军事战略要地;和平年代,它成为文化融合的大熔炉。城市的军事性与文化性并存,造就了当地历史文化的延续性。在内沙布尔漫长的历史演进中,文明交往的链条贯穿始终,从古至今,内沙布尔一共见证了六种不同类型的文明交往,分别为古代伊朗文明与图兰文明的交往,伊朗文明与阿拉伯文明、中华文明、西方文明的交往,农耕文明和游牧文明的交往,以及伊朗传统城市文明与现代城市文明的交往。伊朗文化在内沙布尔始终如一的主体地位展现了伊朗文明的柔性、韧性和延续性,内沙布尔的文明交往盛况体现了丝绸之路沿线不同文明之间交往的高度、深度和广度。内沙布尔不仅是历史延续性与稳定性兼具的伊朗城市,也是古代丝绸之路文明交往的典范城市。

**关键词:**内沙布尔　伊朗　文明交往　城市史

内沙布尔(Nishapur)是今伊朗东北部拉扎维呼罗珊省(Razavi Khorasan Province)的中部城市,它位于拉扎维呼罗珊地区省省会城市马什哈德以西80公里处。内沙布尔是连接伊朗什叶派圣城马什哈德与首都德黑兰的重要城市,它位于德黑兰与马什哈德之间的主要交通路线②上。内沙布尔的平均海

---

①　本文系国家社科基金重大项目"丝绸之路城市史研究(多卷本)"(18ZDA213)的阶段性成果。
②　包括德黑兰—马什哈德铁路及德黑兰—马什哈德公路。

拔为1 250米左右,整座城市坐落于一片肥沃的平原上。内沙布尔北部靠近比纳卢德山脉(Binalud Mountains),因此,城市北部拥有较为肥沃的土地以及丰富的地表水和地下水资源,园艺业十分发达;而城市南部位于沙漠边缘,气候干旱而干燥,形成了内沙布尔南北独特的、具有差异性的城市景观。

在伊朗历史上,内沙布尔一直是呼罗珊地区①历史文化名城,也是古代丝绸之路沿线重镇,在政治军事、经济文化领域均有一定影响力。其一,由于内沙布尔位于呼罗珊大道②中段,它历来便是兵家必争之地。12—13世纪叙利亚地理学家、传记作家雅古特·哈马威(Yaqut al-Hamawi,1179—1229)曾形象地将这里称为"东方的门户"(The gate way to the east)③,它是古代东西方世界征服者的过境之地。其二,呼罗珊大道中段与丝绸之路西段重合,来自欧亚大陆东西两端的货物源源不断地输入内沙布尔,内沙布尔当地生产的陶器、棉花、丝织品等也沿着丝路被运送至世界各地。其三,内沙布尔是孕育和滋养伊朗文明的沃土,城市的文化底蕴早已得到伊朗乃至全世界的公认。13世纪伊朗历史家和政治家阿塔·马里克·志费尼(Ata-Malik Juvayni,1226—1283)曾在其著作《世界征服者史》(*Tarikh-i Jahangushay*)中对内沙布尔作出极高评价:"若将地球比喻为天空,那么地球上的城市便是天上的星星,(在夜空中)内沙布尔是闪耀的金星;若将地球比喻为人类,那么内沙布尔便是有尊严和修养的人。"④700余年后,在2010年10月,在捷克举行的第二次城际非物质文化合作网络成员(Inter-City Intangible Cultural Cooperation Network,ICCN)⑤会议上,内沙布尔宣布被纳入世界文化和精神遗产城市网络。⑥由于地理位置的特殊性和优越性,这里一直是战争交往、商业交往和文化交往等不同形式文明交往的频繁之地。

现如今,内沙布尔拥有约26万人口,⑦城市的主要产业支柱是农产品销

① 中古历史地理名词,其大致范围包括今伊朗东北部、阿富汗西北部以及中亚南部。
② 呼罗珊大道穿过呼罗珊地区,是古代伊朗与中亚、南亚之间的交通主干道。
③ Charles Kyrle Wilkinson, *Nishapur：Some Early Islamic Buildings and Their Decoration*, Metropolitan Museum of Art, 1986, p.38.
④ 阿塔·马里克·志费尼:《世界征服者史》(波斯文),阿米尔·卡比尔出版社1983年版,第103页。
⑤ 城际非物质文化合作网络是世界上唯一一个旨在保护世界非物质文化遗产,由地方政府和文化机构组成的国际组织。
⑥ 基汉报:《内沙布尔将加入世界文化和精神遗产城市网络》(波斯文),https://web.archive.org/web/20110427095356/http://kayhannews.ir/891204/11.htm,2024年2月2日。
⑦ Wikipedia, "Nishapur", https://en.wikipedia.org/wiki/Nishapur,2023年10月11日。

售业以及地毯、陶器制造业,尽管它的发展远远不如从前兴盛,然而城市各类的现代化建筑与历史遗迹却也证实了这座城市极强的历史延续性和深厚的文化传统根基。简而言之,内沙布尔拥有深刻的历史文化内涵,在伊朗文明的诞生、存活、传播与发展方面均发挥了不可替代的作用。在历史上,内沙布尔既是军事重镇,又是一处文化交往的宝地,是丝绸之路沿线通过文明交往推动城市发展的典范城市。

近年来,国际学界从不同的视角对内沙布尔展开了一定的研究。首先,欧美学者大都从考古学的角度来考察和验证内沙布尔历史的悠久性以及它在不同历史时期的繁荣发展。[①]20 世纪中叶,纽约大都会艺术博物馆(The Metropolitan Museum of Art)开始了对内沙布尔的考古挖掘工作,考古学家不仅发现了四处遗址[②],还有数百件物品[③]。1974 年,考古队员查尔斯·凯尔·威尔金森(Charles Kyrle Wilkinson,1897—1986)将考古发现整理为一部著作,即《内沙布尔:一些早期伊斯兰建筑和装饰》[④],该书是内沙布尔考古学研究的开山之作,证实了 9 世纪以来,内沙布尔不仅是伊斯兰世界的政治中心,也是一处繁荣的艺术、手工业以及贸易中心。其次,伊朗学者侧重于从政治、军事和经济的角度对内沙布尔不同历史阶段的重要性及其占据的地位展开研究,[⑤]这些研究证实内沙布尔在伊斯兰时期前后均在伊朗历史文化中占据重要地位:萨珊王朝时期(224—651),内沙布尔是琐罗亚斯德教宗教和文化中心,以及国家重要的铸币厂;阿拉伯帝国时期(632—1258),内沙布尔在政治、社会、

---

① 主要研究成果有:Charles Kyrle Wilkinson, "Life in Early Nishapur", *Metropolitan Museum of Art Bulletin*, Vol.9, No.2(Oct., 1950), pp.60—72; Saeid Nazari Adli, Mohsen Mohamadzadeh, "A Deleuzean Interpretation of Urban Morphological Transformation", *Archi-Cultural Translations through the Silk Road*, 2012, pp.401—406。

② 分别为特佩·马德拉塞(Tepe Madraseh)、葡萄园特佩(The Vineyard Tepe)、萨布兹·普尚(Sabz Pushan)、坎儿井特佩(The Qanat Tepe)。

③ 主要包括陶器、壁画、彩绘灰泥雕刻、陶土板、釉面瓷砖等。

④ Charles Kyrle Wilkinson, *Nishapur: Some Early Islamic Buildings and Their Decoration*, Metropolitan Museum of Art, 1986。

⑤ 相关研究成果主要有:侯赛因·哈桑·内贾德:《塞尔柱帝国时期的内沙布尔》(波斯文),《历史研究》2004 年第 2 期,第 25—50 页;阿米尔·阿克巴里:《塔希尔王朝统治时期的领土以及呼罗珊地区四城的重要性研究》(波斯文),《历史杂志》2010 年第 2 期,第 19—48 页;梅萨姆·拉巴夫·哈尼基:《萨珊王朝时期内沙布尔市与其周围城镇的政治经济互动》(波斯文),《考古研究》2012 年第 1 期,第 175—202 页;梅萨姆·拉巴夫·卡尼基:《萨珊王朝时期内沙布尔与丝绸之路的互动研究》(波斯文),《考古研究》2014 年第 1 期,第 87—97 页。

经济、文化领域的发展达到巅峰;此外,由于先后受到阿拉伯文化和突厥文化的影响,这里见证了伊朗—伊斯兰文化和波斯—突厥文化的诞生。最后,国内对内沙布尔的关注较少,目前仅从陶瓷的角度探究了阿拔斯王朝时期(750—1258)内沙布尔与长沙之间的文化交往,[①]提出在丝路贸易畅通的背景下,内沙布尔陶器和长沙瓷器在装饰技术、绘图手法、器型与纹饰方面相互影响,是内沙布尔不同文明间相互交往的见证之一。除了上述的专门研究,关于内沙布尔的研究多散见于一些伊朗城市史、伊朗史的著述中,显得较为零散。[②]

整体而言,现有的研究成果展现了该城市在不同时期的政治、经济、文化和艺术地位,但是缺乏内沙布尔城市研究的文明交往视角,文明史观强调不同文明之间的互动和交流,这在内沙布尔的历史上表现得尤为显著。正如彭树智先生[③]所言,"伊朗通史是一部写不完的文明交往史"[④],内沙布尔也是如此。就某种程度而言,其城市演进的历史堪称一部浓缩的伊朗文明交往史,内沙布尔历史演进中的文明交往盛况有待进一步揭示。鉴于此,本文从文明交往的视角研究内沙布尔,有助于加深对伊朗丝路沿线城市的了解和认识,同时扩充中东城市史的研究内容,具有一定的学术价值。

## 一、史前与古典时期:古代伊朗文明的摇篮

作为伊朗一座历史悠久、文化底蕴深厚的古城,内沙布尔早期历史是神话故事传说与历史叙事的结合。琐罗亚斯德教文化遗产是伊朗文明的重要组成部分,琐罗亚斯德教的经典古籍《阿维斯陀》(*Avesta*)[⑤]中已存在内沙布尔的记载,展示了内沙布尔在古代伊朗宗教和文化中的重要地位。此外,在前伊斯兰时期,内沙布尔当地还拥有琐罗亚斯德教三大圣火之一。就此而言,内沙布尔

---

① 车效梅、王欣:《9 世纪内沙布尔陶器与长沙瓷器互鉴研究》,《中东研究》2020 年第 2 期,第 1—14 页。
② 相关研究成果主要有:Laurence Lockhart, *Persian Cities*, Luzac, 1960; Roy Mottahedeh, Jürgen Paul, *Cities of Medieval Iran*, Brill Press, 2020;图拉杰·达尔亚伊:《伊朗城镇》(波斯文),马兹达出版社 2002 年版;沙布什提·阿里·伊本·穆罕默德:《迪亚拉特》(波斯文),库尔齐斯·阿瓦德出版社 2007 年版。
③ 彭树智先生是中国世界史学界"文明史观"的主要建构者之一,文明史观的核心内涵是文明交往论,文明交往论主张从"大历史观"的角度探寻世界文明之间的交往互动和文明自觉,认为文明自觉的内生动力促进社会的进步与人类历史的发展。
④ 彭树智:《我的文明观》,西北大学出版社 2013 年版,第 191 页。
⑤ 《阿维斯陀》也译作《波斯古经》,其内容涵盖伊朗的宗教神话、赞歌、戒律、民间传说和历史等,是研究古代伊朗历史文化的重要参考资料。

堪称古代伊朗文明的发源地之一。

关于内沙布尔建立的具体时间,历史上没有明确的记载。根据伊朗神话故事传说,内沙布尔的历史最早可以追溯到公元前 3000 年左右,其城市的建立者可能是闪族神话故事人物、亚当的后裔阿努什·伊本·赛斯·伊本·亚当(Anush Ibn Seth Ibn Adam),或伊朗神话传说中雅利安人建立的第一个波斯民族王朝皮西达德王朝(Pishdadian,共历时 2 441 年)①的第三任国王塔赫穆雷斯·迪乌班德(Tahmuras Divband,当政 30 年)。②在塔赫穆雷斯·迪乌班德时期,当神话中的牛哈迪乌什(Hadyush)背着人们在大海中移动时,③人们手中的火炉被暴风雨卷入海中,随后,琐罗亚斯德教三大圣火④——古什纳斯普(Gushnasp,国王和战士之火)、法恩巴格(Farnbag,祭司之火)和布尔津·梅赫尔(Burzen-Mihr,农民之火)代替火炉,以耀眼的光芒为人们指明前进的道路。⑤该传说象征着琐罗亚斯德教对人们的指引作用。其中,布尔津·梅赫尔圣火及火神庙位于内沙布尔的里万德山(Mount Rēvand),在前伊斯兰时期,由于布尔津·梅赫尔代表广大农民阶层,而且农业是古代伊朗人民生存的根本,它受到人民广泛的尊重和喜爱。

由于伊朗上古史料的缺乏,伊朗民族史诗《列王纪》(Shahnameh)⑥便成为考察内沙布尔早期历史文化的重要依据。在《列王纪》有关内沙布尔的记载中,可以窥见上古时期,古代伊朗文明与图兰文明的交往。

图兰(Turan)是中亚的一个历史区域,"图兰"一词起源于伊朗,在中古波斯语中,"图兰"的含义为图尔人(Tur)的土地。在波斯古经时代(约公元前 1500—公元前 500)⑦,伊朗人和图兰人皆为伊朗人部落的一支。以定居为主

---

① 建立于公元前 2 千纪左右。

② 侯赛因·哈桑·内贾德:《塞尔柱帝国时期的内沙布尔》(波斯文),《历史研究》2004 年第 2 期,第 27 页。

③ 在伊朗古代神话传说中,若想到达其他国家,只能通过哈迪乌什。

④ 在琐罗亚斯德教中,琐罗亚斯德教三大圣火都属于最重要、最神圣的火种——巴赫拉姆圣火(Atash Behram),它们分别代表社会的三个阶层,即国王和战士阶层、祭司阶层以及农民阶层。

⑤ 霍斯鲁·格里扎德:《基于巴列维语文本的伊朗神话文化》(波斯文),帕尔萨图书翻译出版公司 2013 年版,第 271—272 页。

⑥ 《列王纪》又称《王书》,是波斯诗人菲尔多西(Ferdowsi,940—1019/1025)于 10—11 世纪创作的波斯民族英雄史诗,主要描述了伊朗神话传说中的皮西达德王朝、凯扬王朝以及历史中的安息王朝、萨珊王朝的神话传说、勇士故事以及历史故事。

⑦ 波斯古经时代指《阿维斯陀》诞生的时期。

的伊朗人和以游牧为主的图兰人分属两个领地,二者之间时常发生战争。波斯古经时代 1 500 年之后,皮西达德王朝第六任国王费里敦(Feridun,当政 500 年)将帝国分给他的三个儿子:将包括安纳托利亚在内的国家西部地区分给长子萨尔姆(Salm);将包括科佩特山脉(Kopet Dag)、阿特列克河(Atrek River)、巴克特里亚(Bactria)①部分地区、索格底亚那(Sogdiana)②、马尔吉亚纳(Margiana)③在内的国家东部游牧部落聚集地分给次子图尔(伊朗人的竞争对手——图兰王国④由此诞生);将帝国中部的主要领土及其周边地区(如美索不达米亚、耶路撒冷)⑤分给小儿子伊拉吉(Iraj)(伊拉吉由于遭到两位哥哥的嫉妒而被谋杀)。此时,以伊朗人为代表的农耕民族和以图兰人为代表的游牧民族之间的对立关系已初步显现。直到公元 5 世纪起,萨珊王朝正式将"图兰"与"伊朗"对立起来,将其定义为国家东北部敌人的所在地。广义来看,在古代伊朗历史话语体系中,图兰指的是与定居的伊朗人相对应的异族游牧侵略者,"图兰"与"伊朗"是一组相对的概念。

根据《列王纪》中的描述,在皮西达德王朝第七任君主、伊拉吉的外孙曼努切赫尔(Manuchehr,当政 120 年)统治时期,内沙布尔被图兰王国统治者、图尔的孙子阿夫拉西阿卜(Afrasiab)侵略和吞并。此后,内沙布尔成为阿夫拉西阿卜统治势力的一部分。直到伊朗神话传说中雅利安人建立的第二个波斯民族王朝凯扬王朝(Kayanian)⑥的统治者凯伊·库巴德(Kai Kubad,当政 1 000 年)来到呼罗珊地区,他不仅打败了图兰人,还将他们驱逐出内沙布尔。从这一神话传说可以看出,内沙布尔自古以来便为了捍卫国家边疆领土而斗争,它是伊朗边疆至关重要的军事重镇。在领土的斗争中,伊朗人同仇敌忾,最终捍卫了国家主权和领土完整,神话传说中反抗异族侵略的内容也暗含了善与恶做斗争,正义最终战胜邪恶的价值观念,这既是琐罗亚斯德教二元观⑦的核心,也是早期伊朗民族主义的启蒙精神。战争也是古代人民交往的重要形式,通过《列王纪》中半神话半历史的记载,可以看见古代伊朗文明和图兰文明曾经交

---

① 中亚历史区域,其范围包括今阿富汗北部、塔吉克斯坦南部和乌兹别克东南部。
② 中亚历史区域,今属乌兹别克斯坦,部分在塔吉克斯坦和吉尔吉斯斯坦。
③ 以梅尔夫绿洲为中心的历史地区,位于今摩尔加布河流域。
④ 图尔去世后,他曾统治过的区域被称为图兰人的王国。
⑤ 伊拉吉所统治地区的称号为"伊朗"。
⑥ 关于凯扬王朝的延续时间,《列王纪》中的记载不详。
⑦ 琐罗亚斯德教认为,认为善与恶不断斗争,结局是善取得最后胜利。

往的痕迹。

　　"《列王纪》与琐罗亚斯德教文化皆为古代伊朗文明的精华之所在,《列王纪》一向被誉为古代波斯社会生活的百科全书,甚至在数百年的时间内被人们认为是一部内容可靠的史籍"①,它神话性与历史性兼具,堪称伊朗历史文化和民族精神的象征。"《列王纪》是一部充满战斗精神的作品"②,在《列王纪》中,菲尔多西洋洋洒洒地记录了 50 位民族英雄和帝王将相的光辉事迹。在这些事迹中,伊朗人英勇抵御外敌的侵略,面临侵略和欺辱也从未轻易低下骄傲的头颅,它与伊朗民族在历史上所经历的种种伤痛遭遇相结合,形成伊朗民族的集体回忆,是塑造伊朗民族精神与民族个性的关键。琐罗亚斯德教为前伊斯兰时期伊朗社会的主流信仰,其思想体系和价值观念对伊朗政治、历史、文化等各方面产生了深远影响,圣火和火神庙是琐罗亚斯德教信仰的核心,也是琐罗亚斯德教文化的象征。由此看来,虽然无法通过史料清晰而准确地追溯内沙布尔早期历史,然而,神话中的记载以及当地的宗教建筑也具备一定的参考价值,这些记载不仅能证明内沙布尔历史的悠久性,也证明它在伊朗早期历史文化中占据的主体地位。

　　在与内沙布尔有关的神话记载中,战争不仅是领土争夺和权力斗争的手段,也是不同文明交流和融合的契机,神话传说中伊朗国王和图兰国王在内沙布尔的领土斗争不仅展现了古代人民通过战争交往的图景,还彰显了伊朗人自古以来不屈不挠、坚韧不拔的民族精神,成为内沙布尔文明交往最古老的例证。总之,虽然内沙布尔地处国家边疆地带,却是一片孕育古代伊朗文明的沃土,厚重的文化根基也是内沙布尔城市历史延续千年而不绝的重要成因。

## 二、阿拉伯帝国前期:伊朗文明的存活与辐射

　　根据神话传说,皮西达德王朝时期,内沙布尔的城市建设在尚未完工之前便遭到毁坏。直到萨珊王朝时期,内沙布尔才得以重建。早在萨珊王朝时期,国家便开始长期在内沙布尔安排驻军,证明它在国家军事中的重要战略地位。2006 年和 2007 年的考古工作证实了萨珊王朝时期内沙布尔作为军事基地的

---

① 张鸿年:《波斯文学介绍(上)》,《国外文学》1982 年第 3 期,第 56 页。
② 张鸿年:《波斯文学介绍(上)》,第 64 页。

存在,考古学家发现了内沙布尔军事堡垒外墙的一部分,其中一些墙壁的厚度超过了 21 米。在围栏最高的地方,设有警卫室,警卫室上方还安装着箭筒。[①]长期以来,内沙布尔一直在国家边疆发挥着抵御外敌入侵的作用,是伊朗东北部边疆地带最重要的一处军事据点。呼罗珊地区是伊朗高原上阿拉伯人最后入侵的区域,内沙布尔城市没有因为阿拉伯人的入侵而衰落,反而在新任统治者的建设下继续发挥其在政治、军事上的重要性,稳定的局势不仅有利于城市的发展,也有利于文化的交流。

　　7 世纪中期起,内沙布尔逐渐成为阿拉伯人统治势力的一部分。650—651 年,阿拉伯人占领了内沙布尔。656 年,巴士拉长官阿卜杜拉·伊本阿米尔(Abdullah Ibn Amir)摧毁了当地的琐罗亚斯德教火神庙,并在原地建起一座清真寺,但他允许琐罗亚斯德教徒在该地不远处重新建立一座新的火神庙,表明阿拉伯人征服初期对不同宗教文化的宽容态度。656—657 年,在阿里(656—661 年在位)与穆阿维叶(661—680 年在位)的哈里发之位的权力斗争中,呼罗珊地区和突厥斯坦(Turkestan)[②]发生起义,阿拉伯人被驱逐出内沙布尔,退兵至巴尔赫东部。661 年,穆阿维叶下令让阿卜杜拉·伊本·阿米尔发起进攻,征服呼罗珊地区和锡斯坦(Siatan)[③],662 年,倭马亚王朝(661—750)再度控制了内沙布尔,当时,新上任的呼罗珊地区的总督曾在内沙布尔定居。665 年,为了更好地管理呼罗珊地区,阿拉伯军阀齐亚德·伊本·阿比耶(Ziyad bin Abih)将该地区划分为四部分,内沙布尔便为其中之一。这或是受到了萨珊王朝霍斯劳一世(531—579 年在位)的启发。因为早在霍斯劳一世统治期间,他便将波斯帝国的领土划分为四个军区(kust),呼罗珊地区为其中之一。呼罗珊地区又被进一步划分为四个较小的区域,分别为内沙布尔、梅尔夫(Merv)、赫拉特(Herat)以及巴尔赫(Balkh)。683 年,呼罗珊地区的总督阿卜杜拉·伊本·哈齐姆(Abd Allah Ibn Khazim)在内沙布尔发动反对倭马亚王朝的斗争,但以失败告终。

　　阿拉伯人的入侵导致内沙布尔的局势出现暂时性的不稳定,然而,内沙布尔不久后便逐渐成为伊斯兰世界最重要的城市之一。内沙布尔在阿拉伯

---

① 关于内沙布尔防御工事的细节,可参见梅萨姆·拉巴夫·卡尼基:《萨珊王朝时期内沙布尔与丝绸之路的互动研究》(波斯文),《考古研究》2014 年第 1 期,第 91 页。

② 中亚历史区域,意为"突厥人的地域",指中亚锡尔河以北及毗连的东部地区。

③ 伊朗古代历史区域,古称萨卡斯坦(Sakastan),在今伊朗东部和阿富汗南部。

帝国时期重要性的延续主要源于城市一直以来在国家军事中不可替代的地位。阿拔斯王朝时期，包括内沙布尔在内的呼罗珊地区受到了统治者的重视，并获得了较大的发展。在王朝建立初期，阿拔斯王朝第一任哈里发阿布·阿拔斯·萨法赫（750—754 年在位）曾将内沙布尔作为他的军事基地。在该时期，内沙布尔多次发动反对哈里发的起义，地方总督的更换也十分频繁，最著名的内沙布尔地方总督有 8 世纪呼罗珊农民起义领袖阿布·穆斯林（Abu Muslim）、阿拔斯王朝第七任哈里发马蒙（813—833 年在位）以及塔希尔王朝（820—872）建立者塔希尔·伊本·侯赛因（821—822 年在位）等。其中，马蒙曾经在内沙布尔居住了 6 年之久。由此看来，内沙布尔没有在阿拉伯人到来后衰落，它转而成为伊斯兰世界主要的军事基地和行政中心，以及经济和文化中心。当时，内沙布尔被誉为中世纪东部伊斯兰世界最伟大的城市之一。

内沙布尔并未因为阿拉伯人的入侵而毁灭，伊朗文明也并未因为阿拉伯文明的冲击而黯然失色，这在内沙布尔主要表现为当地陶器艺术的变迁。自古以来，内沙布尔便是伊朗陶器的主要生产地。公元 9 世纪起，内沙布尔陶器艺术达到顶峰，它成为呼罗珊地区陶器的生产和艺术中心。在阿拉伯文化和中华文化的影响下，内沙布尔陶器将萨珊王朝时期的图案风格与伊斯兰书法艺术、中华制瓷技术相结合，制造出了世界上独一无二的陶器艺术品，成为丝绸之路沿线畅销的商品。阿拉伯帝国前期，内沙布尔陶器艺术在多种文化冲击下的进步从侧面印证了伊朗文明顽强的生命力和久远的传播力，也见证了伊朗文明与中华文明、阿拉伯文明的交往。

首先，伊朗文明与中华文明的交往。9 世纪，除了内沙布尔的制陶业，中国长沙的制瓷业也在迅速发展。对于唐朝而言，瓷器的产地多位于南部，与海上丝绸之路线路较近，而且，与陆路运输相比，海路运输的效率和安全性更高。因此，这一时期瓷器的进出口主要途径为海路运输。在海上丝绸之路日渐兴盛的背景下，陆上丝绸之路与海上丝绸之路相辅相成，使得中国通过波斯湾与包括内沙布尔在内的呼罗珊地区间接取得联系和交流，古代世界中两个相隔甚远的城市因此通过器物展开隔空对话。在两国频繁的经贸往来和文化交流活动中，内沙布尔陶器和长沙瓷器都在原有的艺术风格上吸收融合了彼此的文化元素：内沙布尔陶器对长沙瓷器的借鉴主要体现在植物图案的变化、联珠纹的创新以及色彩搭配方案的改良方面；长沙瓷器对内沙布尔陶器的借鉴主要体现在窑釉下彩装饰技术的传入以及书法装饰方面。①

唐代瓷器对伊朗陶器的影响比较广泛,曾有大量唐代瓷器在内沙布尔出土。正如前文所述,查尔斯·威尔金森一行人在内沙布尔的考古研究证实了当地陶器工业在阿拉伯帝国时期的繁荣,查尔斯·威尔金森将考古挖掘出的陶器分为 12 类,其中一类为中国(唐代)瓷器。②唐代瓷器对伊朗陶器最重要的影响是将书法作为陶瓷的装饰元素,受到长沙瓷器的影响,内沙布尔开始逐渐增加陶器上的书法装饰,书法装饰的增加不仅是伊朗文明与中华文明交往的见证,也推动了伊朗文明与阿拉伯文明的交往。

其次,伊朗文明与阿拉伯文明的交往。这种交往主要体现在内沙布尔陶器的书法装饰上。二战爆发前夕,美国考古学家在内沙布尔旧址及其附近的沙迪亚赫(Shadyakh)郊区挖掘出了许多属于 9、10 世纪的,带有彩色装饰的陶器。一些陶器以动物、鸟类、人物等图案装饰,还有一些上面以阿拉伯库法体③铭文装饰,伊朗境内只有内沙布尔拥有装饰有阿拉伯库法体铭文的陶器。④内沙布尔将伊斯兰书法作为艺术装饰,反映出伊朗在文化领域对伊斯兰艺术的承认,也表明陶器的制造者意图通过装饰艺术来宣扬伊斯兰价值观,充分表明阿拉伯文明的渗透力。

"伊朗的历史充满了暴力和戏剧性——入侵、征服、战争和革命"⑤,内沙布尔也不例外。正如《波斯城市》(*Persian Cities*)的作者劳伦斯·洛克哈特(Laurence Lockhart)所言,"在这个世界上,可能没有哪个城市像内沙布尔这样,经历了如此频繁的城市摧毁和城市重建"⑥,这是由它地理位置的通达性和边缘性决定的。阿拉伯人入侵伊朗高原之后,内沙布尔凸显了它在军事和文化两方面的重要性。就军事而言,内沙布尔靠近国家东北部边境,是伊斯兰世界举足轻重的军事中心和行政中心,在保卫国家政治安全、军事安全和道路

---

① 关于内沙布尔陶器与长沙瓷器的互鉴,可参见车效梅、王欣:《9 世纪内沙布尔陶器与长沙瓷器互鉴研究》,《中东研究》2020 年第 2 期。

② Majid Reza Moghanipuor, Seyed Javad Zafarmand, Ashkan Rahmani, "Study of Mutual Effects of Neyshabur and Changsha Ceramics During the Abbasid Era(750—1258AD)", *Journal of History Culture and Art Research*, Vol.7, No.3(Sept., 2018), p.189.

③ 库法体是伊斯兰书法中最为古老的一种字体,以阿拉伯字母和早期的纳巴泰字母进行书写。

④ Laurence Lockhart, *Persian Cities*, Luzac, 1960, p.82.

⑤ 迈克尔·阿克斯沃西:《伊朗简史》,赵象察、胡轶凡译,民主与建设出版社 2021 年版,第 3 页。

⑥ Laurence Lockhart, *Persian Cities*, p.80.

安全上发挥了重要作用;就文化而言,内沙布尔在该时期凭借精美陶器享誉伊斯兰世界,陶器的发展不仅见证了伊朗文明与阿拉伯文明的交往,还在丝绸之路畅通发展的背景下见证了伊朗文明与中华文明的互动,再度印证了内沙布尔在阿拉伯帝国前期文明交往的繁荣盛况。

纵观伊朗历史,内沙布尔城市衰落的时期是伊朗文明黯淡的时期,而内沙布尔城市兴起的时期也是伊朗文明发展与传播的时期,可以说,内沙布尔城市与伊朗文明在发展进程方面存在一定的同构性。虽然内沙布尔的城市历史具有相对的连续性,然而,它在历史的演进中屡次被摧毁,又屡次被重建,城市的发展在曲折中前进;伊朗文明的发展也是如此,由于伊朗处于丝绸之路的枢纽和桥梁地带,有利于不同民族、国家之间的交往,然而,它也极易遭到入侵和摧残。因此,伊朗文明的发展轨迹并非一条平稳上升的直线,而是一条起伏的曲线,它随时面临着被异质文明同化甚至取代的威胁。以伊朗文明与阿拉伯文明的交往为例,伊朗高原被阿拉伯人统治之后,伊朗人接受了阿拉伯文化,但波斯文化并未从此消亡或完全被阿拉伯文化同化,它通过吸收阿拉伯文化中的优秀成分,兼收并蓄、求同存异,完成了文化的吸收与整合,保留了本土文化在伊朗高原的主体性和优越性。这充分说明伊朗文明已然发展成为成熟的文明,它不易被轻易地改变、改造,是一种柔性与韧性共存的文明。

## 三、阿拉伯帝国后期:波斯文化复兴与游牧文明冲击

阿拉伯人在伊朗高原的实际统治仅仅持续了不到 200 年左右,而内沙布尔所在呼罗珊地区本就远离阿拉伯人的政权中心,成为伊朗高原上最早建立独立政权的城市之一。自 9 世纪起,内沙布尔便开始更多地受到波斯地方王朝与突厥—波斯王朝的影响,而非阿拉伯帝国的影响。

首先是波斯地方王朝的影响。马蒙去世之后,伊斯兰世界内部分歧逐渐加剧、阿拉伯帝国军事实力逐渐下降,阿拔斯王朝的权力逐渐瓦解。此后,伊朗高原上开始纷纷出现地方性的封建王朝。9 世纪初,内沙布尔开始逐渐获得独立地位,它成为阿拔斯王朝的一个自治省,[1]随后,波斯地方王朝纷纷建

---

[1]　Charles Kyrle Wilkinson,"Life in Early Nishapur",*Metropolitan Museum of Art Bulletin*,Vol.9,No.2(Oct.,1950),p.41.

立,内沙布尔依次成为塔希尔王朝、萨法尔王朝(867—1002)以及塞尔柱帝国(1037—1194)的首都。萨曼王朝(874—999)期间,内沙布尔虽未成为国家首都,但作为呼罗珊地区的总督府,它仍旧在国家政治、经济、文化等方面发挥着引领作用。

820 年,塔希尔·伊本·侯赛因被马蒙任命为呼罗珊地区的总督,统治包括内沙布尔在内的巴格达以东的广大地区。两年后,塔希尔·伊本·侯赛因在一次主麻日的公开祷告中不再向马蒙致敬,后者从他的密探那里获知此事。塔希尔·伊本·侯赛因于此后不久的 822 年去世。[①]然而,塔希尔王朝继续在伊朗实际统治了 50 余年,830—845 年,内沙布尔成为塔希尔王朝的首都。塔希尔·伊本·侯赛因及其子塔尔哈·伊本·塔希尔·伊本·侯赛因(822 年—828 年在位)统治期间,内沙布尔、萨卜泽瓦尔(Sabzevar)和赫拉特(Herat)时常遭到哈瓦利吉派(Khawāridj)[②]的侵扰。830 年,阿卜杜拉·伊本·塔希尔·伊本·侯赛因(828—844 年在位)占领了呼罗珊地区。即位以后,为了解决哈瓦利吉派的骚乱,阿卜杜拉·伊本·塔希尔·伊本·侯赛因选择将内沙布尔作为行政中心,因为内沙布尔已然成为哈瓦利吉派在呼罗珊地区发动骚乱的中心,在写给马蒙的信中,阿卜杜拉·伊本·塔希尔·伊本·侯赛因曾写道:"当我到达内沙布尔时,我眼下所见,全是哈瓦利吉派的'巢穴'。因此,在我看来,内沙布尔是目前该地区[③]最需要关注的城市。"[④]

872 年,波斯铜匠、萨法尔王朝的创始人雅库布·伊本·莱伊斯·萨法尔(867—878 年在位)占领了呼罗珊地区,即位之后,他亦将内沙布尔作为首都。雅库布·伊本·莱伊斯·萨法尔十分看重内沙布尔,他认为内沙布尔是财富的集中地。据说,早在雅库布·伊本·莱伊斯·萨法尔出发远征塔希尔·伊本·侯赛因人之前,他曾说过要征服一片种植大黄的地区,那里的土地种满了庄稼,石头皆为绿松石。[⑤]通过分析和推测可知,他说的这个地方极有可能是内沙布尔。一方面,内沙布尔土地肥沃且盛产大黄;另一方面,内沙布尔西北

① 霍昌·纳哈万迪、伊夫·博马提:《伊朗四千年》,安宁译,湖南文艺出版社 2021 年版,第 126 页。
② 伊斯兰教最早出现的宗教政治派别,指与担任第四任哈里发的阿里·本·阿比·塔利卜(Ali ibn Abi Talib,601—661)分裂而出走的一个派别。
③ 即呼罗珊地区。
④ 沙布什提、阿里·伊本·穆罕默德:《迪亚拉特》(波斯文),库尔齐斯·阿瓦德出版社 2007 年版,第 138 页。
⑤ Laurence Lockhart, *Persian Cities*, p.82.

部的矿山中存在大量的绿松石。萨法尔王朝时期,为了提高内沙布尔作为首都的重要性,雅库布·伊本·莱伊斯·萨法尔的继任者埃米尔·伊本·莱伊斯(878—900年在位)对内沙布尔进行了一系列的修整与建设,主要包括城中老旧清真寺、城堡宫殿的重修,以及星期五清真寺(Juma Mosque)的建设等。

10世纪初,萨曼王朝统治者率兵出征击败萨法尔人,并夺取了呼罗珊地区的控制权。虽然该时期的王朝首都为布哈拉,但是内沙布尔作为呼罗珊地区的总督府,依旧是国家主要的军事中心。[①]10世纪波斯语地理典籍《世界境域志》(Hudud al-'Alam)对该时期内沙布尔城镇的情况进行了描述:内沙布尔是呼罗珊地区面积最大和最富庶的城镇,其所占据的地域达一程宽,居民很多。它是商人们常去的地方和军队指挥官的驻地。它有护城碉堡、城郊和内城。该城用水主要是泉水,都由地下渠导引。生产各种织物、丝、棉。附属于内沙布尔还有一个特别的省,包括十三个区(rusta)和四个社。[②]

内沙布尔在该时期两次成为国家首都,充分证明各朝执政者对于该城市的重视程度。同时,作为呼罗珊地区的战略要地,它在文化领域的发展深受此时呼罗珊地区波斯文化复兴浪潮的影响。一方面,呼罗珊地区是阿拉伯帝国后期伊朗高原上反抗异族侵略和统治的中心,当地复兴波斯民族和文化的热情最为高涨;另一方面,波斯地方王朝的统治者,尤其是萨曼王朝的统治者大力赞助波斯文学和诗歌的创作,并致力于推行达里波斯语,许多来自伊斯兰国家的学者、诗人、艺术家,以及其他教育人士聚集于呼罗珊地区,内沙布尔也在潜移默化中受到影响,使之成为阿拉伯帝国后期伊斯兰世界举足轻重的文化中心。

波斯地方王朝时期,内沙布尔见证了波斯文化的复兴,这种文化的蓬勃发展主要体现在波斯语著作的兴起以及波斯文学和诗歌的复兴上,包括内沙布尔在内的呼罗珊地区为波斯文化的复兴提供了沃土。以萨曼王朝时期为例,为了寻求知识阶级的支持,萨曼统治者必然需要培养和促进当地文化传统、文字和文学的发展,[③]因此,该时期以萨曼王朝都城为中心的呼罗珊地区新建了诸多学校和图书馆,当地的知识生活达到甚高的水准。在浓厚的学术氛围下,

---

① Clifford Edmund Bosworth, *The Ghaznavids*: *Their Empire in Afghanistan and Eastern Iran*, *994—1040*, Edinburgh University Press, 1967, p.150.

② 佚名:《世界境域志》,王治来译,上海古籍出版社2010年版,第89—90页。

③ B. A.Litvinsky, Ahmad Hasan Dani, *History of Civilizations of Central Asia*, Vol.4, UNESCO, 1998, p.93.

内沙布尔也诞生了不少著名学者,成为波斯文化复兴的见证者、参与者和贡献者。例如,9世纪伊朗哲学家、数学家、自然科学家、宗教历史学家、天文学家和作家阿布·阿巴斯·伊朗沙赫里(Abu al-Abbas Iranshahri,9—10世纪)。阿布·阿巴斯·伊朗沙赫里被认为是伊斯兰世界第一个与哲学接触的学者,他曾用阿拉伯语和波斯语撰写了多部著作和论文,著名的有《贾利勒》(*Jalil*)、《艾西尔》(*Athir*)、《马萨埃尔·乌塔比阿》(*Masael u'ttabi'a*),其中皆蕴含深刻的哲学思想与智慧。10世纪伊朗学者比鲁尼(al-Biruni,973—1048)曾对阿布·阿巴斯·伊朗沙赫里的学识给予正面评价,他称:"阿布·阿巴斯·伊朗沙赫里在其著作中巧妙地运用宗教术语来阐释哲学层面的深刻理念,旨在引领读者深刻领悟宗教的本质。"[1]阿布·阿巴斯·伊朗沙赫里以波斯语书面形式将哲学与伊朗化的伊斯兰文化相结合,为后世留下了宝贵的文化遗产。

其次是突厥—波斯王朝的影响。"突厥人是继闪米特语系的阿拉伯人之后对印欧语系的波斯人产生重要影响的又一语言和种族群体。"[2],977年,萨曼王朝突厥首领苏布克特勒(977—997年在位)征服加兹尼(今阿富汗),是波斯化突厥人在波斯统治的开端(此时主要为伊朗高原东部)。直到9个乌古斯部族之一的塞尔柱乌古斯人的部族之长图格里勒·贝格(1037—1063年在位)率领部族进军伊朗,逐渐建立起西至安纳托利亚、东至阿富汗西部、东北部达到中国西部的塞尔柱帝国,标志着波斯化突厥人彻底统治伊朗全境。塞尔柱帝国覆灭后,花拉子模王朝(1077—1231)的统治在伊朗持续了一段时间。在突厥—波斯王朝中,塞尔柱帝国对伊朗历史文化的影响最为广泛深远,这种影响体现在伊朗社会、文化等各个领域,由于游牧文化的冲击,原先流行于伊朗高原的阿拉伯文化逐渐被伊朗—伊斯兰文化和突厥—波斯文化替代。对于内沙布尔而言亦是如此,在文化领域,作为当时重要的文化中心,内沙布尔见证了波斯文化的进一步发展;在社会领域,波斯—突厥王朝对内沙布尔影响的表现形式为农耕文明与游牧文明的交往。

10世纪末,萨曼王朝在内沙布尔的统治走向终结,内沙布尔的统治权开始在加兹尼王朝(962—1186)和塞尔柱帝国之间摇摆不定,最终,内沙布尔被加兹尼王朝短暂地占领。虽然此时的内沙布尔不再是首都,城市也遭到了一

[1] Dariush Kargar, EIr, "IRĀNŠAHRI", http://www.iranicaonline.org/articles/iransahri-abul-abbas-mohammad-b-mohammad, 2024年7月30日。
[2] 王新中、冀开运:《中东国家通史伊朗卷》,商务印书馆2002年版,第162页。

定的毁坏,然而,统治者保留了其作为军事中心和政治中心的重要性,因此,城市也获得了一定发展。加兹尼王朝的马斯乌德(1030—1040 年在位)曾在内沙布尔沙迪亚赫郊区建造了两座宫殿,一座带有庭院和凉亭,大概率供他本人使用;另一座名为哈萨纳克(Hasanak),供官员使用。

　　1038 年,图格里勒·贝格占领了内沙布尔,内沙布尔再度成为国家首都。图格里勒·贝格登上马斯乌德在沙迪亚赫建造的王位,并自封为苏丹(Sultan)①,这一举动不仅表示图格里勒·贝格对王权与领土主权的宣誓,也充分证明内沙布尔在加兹尼王朝和塞尔柱帝国皆为战略重镇。1059—1063 年,内沙布尔的实际统治者为塞尔柱帝国第二任苏丹穆罕默德·本·贾格里(1063—1072 年在位),在成为苏丹之前,穆罕默德·本·贾格里曾担任内沙布尔总督。塞尔柱帝国时期,由于政治局势的稳定以及伊朗高原统一局面的形成,呼罗珊地区再度成为亚洲东西部之间重要的贸易枢纽,途经呼罗珊地区的呼罗珊大道是伊朗与东亚、西亚、中亚诸国家之间进行贸易往来的主要商道,推动帝国经济的繁荣发展。作为呼罗珊地区的重要城市,内沙布尔也受益于此,当地许多建筑都是在该时期建造的。1046 年,伊朗诗人纳西尔·霍斯鲁(Nasir Khusraw, 1004—1088)访问内沙布尔期间,他称这里有一所中学以及一所神学院。②第三任苏丹马立克沙(1072—1092 年在位)统治时期,王朝的维奇尔(vizier)③尼扎姆·穆勒克(Nizam al-Mulk, 1018—1092)十分重视学术的建设和发展,在他的建议下,马立克沙在内沙布尔投入大量资金,吸引了大批学者前来交流、学习、生活。此外,还有部分学者本身便出生于内沙布尔,并在此接受知识的洗礼。

　　例如,伊朗诗人、数学家、天文学家奥马尔·海亚姆(Omar Khayyam, 1048—1122)。奥马尔·海亚姆继承并发扬了萨曼王朝第三代国王纳斯尔一世(907—914 年在位)时期宫廷诗人鲁达基(858—941)发明的四行诗,他的代表作为《鲁拜集》(Rubaiyat)。由于当时呼罗珊地区是苏菲神秘主义的中心,大多数苏菲派学者聚集于此,奥马尔·海亚姆也是其中之一。"奥马尔·海亚

①　苏丹是某些穆斯林统治者的称号,该称号起源于加兹尼王朝,在阿拉伯语中,"苏丹"意为"权威",苏丹被视为帝国的权威统治者,它是基于突厥传统的政府体系下的产物。

②　Nasir-i Khusraw, *SeferNameh*: *Relation du voyage de NassiriKhosrau en Syrie, en Palestine, en Égypte, en Arabie et en Perse, pendant les années de l'Hégire 437—444(1035—1042)*, Paris E. Leroux, 1881, p.278.

③　伊斯兰国家历史上对宫廷大臣或宰相的称谓。

姆的作品崇尚饮酒之乐——在伊斯兰国家可谓放肆大胆——同时对人的境遇投去晦暗的目光,凝练之语言更令其直捣人心。"①受到苏菲派的影响,奥马尔·海亚姆的诗歌不仅意味深远、富有哲理,而且带有一定的神秘主义色彩。在一首四行诗中,他曾提到其故乡内沙布尔:"无论是在内沙布尔还是巴比伦,无论杯中流淌的酒是甜还是苦,生命之酒都在一滴一滴地流淌,生命之叶也在一片一片地飘零。"②该诗生动地描绘出了内沙布尔在历史上屡次被摧毁、又屡次被重建的苍凉感,也蕴含着世事无常,酸甜苦辣为人世间常态的深刻哲理。他的创作不仅体现了个人的哲学思考和艺术追求,也深深扎根于其故乡内沙布尔的历史背景之中,展现了对人类命运的独特洞见和深刻反思。再如,伊朗苏菲派著名诗人和思想家阿塔尔(Atar,1145—1230)同样出生于内沙布尔。阿塔尔确立了"爱的宗教"的基本要素,他对后来的苏菲派诗人都产生了强烈的影响。阿塔尔发展了"卡兰达尔"(qalandar)的观念,即旷野之人、世外之人,唯一指引他的是宗教伦理。③他最著名的代表作品是《百鸟朝凤》(*Mantiq at-Tair*)。在这首叙事诗中,阿塔尔通过描述百鸟在寻找凤凰过程中所经历的重重艰难险阻,借以说明苏菲派只有经过苦心修炼,才能获得真理,达到自身精神与真主的合一。

　　游牧文化对于伊朗的影响是深入的、全方位的、久远的,这在内沙布尔表现得极为明显。塞尔柱帝国时期,塞尔柱人游牧民族的生活习性深刻地改变了内沙布尔的社会生活和经济生活,展现了农耕文明与游牧文明的交往。内沙布尔是伊朗典型的农耕城市,塞尔柱帝国时期之前,内沙布尔当地拥有比较完善的农业发展体系。首先,在环境与设施方面,内沙布尔拥有肥沃的土壤和覆盖广泛的农业水利灌溉系统,其农业用水主要来自伊朗东北山区的山泉水——索加瓦尔河(Soghavar)的河水。索加瓦尔河水沿着内沙布尔的绿洲绵延近2帕尔桑(Parasang)④的距离,最终通向内沙布尔市内,接着,河水通过城市内发达的坎儿井(qanat)⑤系统运送至内沙布尔的各个区域。其中,内沙布尔大部分坎儿井,诸如阿布·阿姆鲁·哈法夫(Abu Amru al-Khafaf)、沙威亚

① 霍昌·纳哈万迪、伊夫·博马提:《伊朗四千年》,第146页。
② Laurence Lockhart,*Persian Cities*,p.80.
③ 迈克尔·阿克斯沃西:《伊朗简史》,第112页。
④ 伊朗历史上的步行距离计量单位,1帕尔桑等于4.8—5.6公里。
⑤ 坎儿井是一种地下水利系统,原理是利用重力将上游河谷的水通过地下沟渠引至下游河谷。

赫(Shviyakh)、苏瓦(Suvva)、萨赫勒·塔辛(Sahl Tashin)、哈姆里耶·阿里亚(Hamriyeh Aliya)以及贾哈姆(Jaham)穿过达斯特杰尔德村(Dastjerd),其余坎儿井则途经朱里村(Juri)。[①]经过地下暗渠的运输,河水最终被用来灌溉各地区的农业用地。其次,在管理制度方面,内沙布尔当地设有农业灌溉相关部门,部门的主要职责是水资源的分配以及坎儿井的日常清洁工作。[②]相关制度的确立和完善不仅确保了内沙布尔灌溉系统的正常运转,也在一定程度上避免了区域内的用水纠纷。

然而,塞尔柱人的到来对内沙布尔的农业体系造成了严重冲击。作为游牧民族的塞尔柱人与定居的内沙布尔人有着截然不同的生活方式:塞尔柱人以畜牧业为主,他们四海为家,骆驼、羊、马等是最重要的财产。由于没有固定住所,他们无需考虑当下生活环境的可持续发展;而内沙布尔当地居民则以农业为主,他们依靠农作物来维持生计、获取财富,在生产生活的同时,需要考虑当下生活环境的可持续发展。塞尔柱人一进入内沙布尔,便占领了当地的牧场和农田用以饲养他们的畜群,[③]畜群对农田的践踏无疑对土地造成了严重破坏。塞尔柱人的游牧生活习性与内沙布尔农业发展形成对立面,影响了当地农民的生计以及经济的发展。对此,伊朗学者曾评价道:"塞尔柱人的牲畜所带来的破坏远比他们的箭所带来的破坏要严重得多。"[④]伊朗学者的评价指出了在农耕文明与游牧文明交往的过程中,牲畜带来的破坏甚至超过了军事上的破坏,可见这种文化和经济模式冲突的复杂性和深远影响,而冲突的解决需要长期的交往、适应与融合。

阿拉伯帝国后期,伊朗高原不仅持续受到阿拉伯文化的影响,还受到突厥文化的冲击,然而,波斯文化岿然不动,它依然是伊朗高原的主导文化,并在历代波斯统治者的支持下一步步走向复兴,不断向前发展,并与不同文化交往交流交融。以内沙布尔为首的呼罗珊地区是波斯文化复兴繁荣300年的核心区域,在这一阶段的文明交往中,内沙布尔不仅是波斯文化复兴、发展的见证者,也是游牧文明冲击的经历者。一方面,在伊朗高原东部"文艺复兴"的浪潮下,内沙布尔成为文化交往与学术交流的圣殿,这里培育了诸多文人志士,堪称伊

---

①②③ 莫森·拉赫玛提、穆扎法尔·阿里·达迪·吉拉万德、哈迪·哈格·纳扎里、纳吉米·吉拉万德:《塞尔柱人对内沙布尔贸易的影响》(波斯文),《伊斯兰历史》2013年第3期,第166页。
④ 同上,第167页。

朗伟大诗人、作家、学者的摇篮;另一方面,当地也难以抵抗游牧世界对于农耕世界来势汹汹的冲击力和渗透力。此外,从游牧民族对于内沙布尔的影响程度,以及伊朗学者对突厥人的评价也可以看出伊朗人对于外来文化入侵广泛的接受度和较高的认知格局:对于游牧民族的入侵,他们不仅看到被破坏的农田,也看到被进一步发展的波斯文化。"突厥统治者注重文化建设,被铭记为波斯文化、艺术、文学和语言的支持者"①,14世纪伊朗抒情诗人哈菲兹(Hafez,1315—1390)更是对突厥人给予了高度评价,他说:"说波斯语的突厥人是生命的施主。"②

## 四、近现代前后:传统文明向现代文明过渡

蒙古入侵伊朗高原后,内沙布尔的历史仍在曲折中前进,然而,它却再也难以恢复往日盛况,主要原因如下:其一,自然灾害频发。12世纪以来,内沙布尔发生数次大地震,据记载,内沙布尔分别在1115年、1145年、1208年、1267年发生了毁灭性地震,地震使成千上万的人丧生,而幸存者也大都逃往附近的村庄避难。此外,每次地震都会使城市大部分建筑夷为平地,城市重建的速度已赶不上城市建筑被摧毁的速度。其二,蒙古入侵和屠杀对当地带来致命性破坏。1221年,成吉思汗之子拖雷(Tolui,1191—1232)入侵内沙布尔,他不仅推翻了花拉子模王朝在当地的统治,还对内沙布尔居民进行了无情屠杀,沙迪亚赫郊区也被夷为平地。根据当代美国中东文化和政治作家桑德拉·麦基(Sandra Mackey,1937—2015)的描述:"(当地)血流成河,(他们将)男人、女人、小孩的头堆成金字塔,甚至没有放过城里的猫和狗。"③这次入侵对内沙布尔的后续发展产生了决定性影响,它不仅彻底失去了作为伊斯兰文化中心的重要地位,城市还被荒废多年,无人居住,直到14世纪才恢复一定发展。

15世纪,内沙布尔被进一步重建,然而,13世纪的战乱和杀戮彻底破坏了当地的农业和城市发展体系,因此,虽然城市依靠丝绸之路沿线的纺织品贸易等获取了一定经济收益,但是城市已然失去经济发展的主要支撑,城市发展的

---

① Osman G. Özgüdenli, "Persian Manuscripts in Ottoman and Modern Turkish Libraries", https://iranicaonline.org/articles/persian-manuscripts-1-ottoman, 2023年12月10日。
② 霍马·卡图赞:《新月与蔷薇:波斯五千年》,王东辉译,译林出版社2022年版,第129页。
③ Sandra Mackey, *The Iranians: Persia, Islam, and the Soul of a Nation*, Dutton, 1996, p.43.

弹性严重缺失,再难迸发活力。萨法维王朝(1501—1736)以来,伊朗东北部地区频繁遭到突厥语系民族,如乌兹别克人、土库曼人等的侵扰。1722 年,内沙布尔被吉尔吉人占领洗劫。另外,随着地理大发现和西方国家的海外殖民活动,西方资本主义开始逐渐渗入伊朗,国家疲于应付与东西方世界之间日益错综复杂的关系。马什哈德的崛起进一步削弱了内沙布尔的地位,使其无法恢复历史上的主导地位。1822 年,18 世纪苏格兰旅行家、艺术家詹姆斯·贝利·弗雷泽(James Baillie Fraser,1783—1856)曾经过内沙布尔,他称当时的城市已经处于破败不堪的状态,大部分建筑都已变为废墟,人口不超过 5 000。进入现代,虽然内沙布尔恢复了一定发展,但无法恢复其曾经在呼罗珊地区的主导地位,因为它早已被马什哈德所取代。①总之,历史上的冲击和变化,使得内沙布尔再难重现昔日的繁荣和活力。

内沙布尔在近现代的发展虽然相对缓慢,甚至经历了停滞,但凭借其深厚的文化根基和历史延续性,仍在伊朗和世界范围内发挥着一定影响力。目前,内沙布尔历史的悠久性和连续性已经得到了世界的公认。在 2010 年 7 月联合国教科文组织召开的主题为"内沙布尔,一座稳定的伊朗城市"会议上,内沙布尔被确立为"伊朗历史上最稳定的城市"。②在近现代前后的文明交往中,内沙布尔见证了以下两种类型的文明交往形式。

首先是伊朗文明与西方文明的交往。如上文所述,伊朗诗人奥马尔·海亚姆是内沙布尔人,尽管后世更多地记住了他的诗歌作品《鲁拜集》,但在他自己的时代,奥马尔·海亚姆更以其数学和天文成就而闻名。在塞尔柱宫廷,奥马尔·海亚姆受到了极大的尊荣。尼扎姆·穆勒克十分看重奥马尔·海亚姆的才华,他任命奥马尔·海亚姆及其同伴修改伊朗历法。奥马尔·海亚姆所制定的贾拉里历法(Jalali calendar)比 1582 年由罗马主教格里高利十三世(Pope Gregory XIII,1502—1585)颁布的格里历(Gregorian calendar)还要精准。前者每 4 460 年出现一天误差,而后者每 3 333 年出现一天误差。

奥马尔·海亚姆在诗歌方面的成就于后来的 19 世纪中叶的西方世界得到大肆赞赏,这主要源于英国诗人爱德华·菲茨杰拉德(Edward FitzGerald,

---

① Laurence Lockhart, *Persian Cities*, pp.85—86.
② 梅赫尔通讯社:《联合国教科文组织在内沙布尔召开会议》(波斯文),https://web.archive.org/web/20120114122801/http://www.mehrnews.ir/NewsPrint.aspx? NewsID=1107811,2023 年 12 月 16 日。

1809—1883)对《鲁拜集》的翻译,译本自问世以来便一直备受赞誉和欢迎。美国诗人、散文家詹姆斯·罗塞尔·罗威尔(James Russell Lowell,1819—1891)曾对伊朗文化、奥马尔·海亚姆的《鲁拜集》以及爱德华·菲茨杰拉德的翻译都给予了高度评价。他说:"思想的珍珠在波斯的海湾中孕育而成,每一颗都犹如一轮皎洁的满月,柔和而圆润;奥马尔·海亚姆犹如潜水员,他将思想的珍珠从海底捞出,而爱德华·菲茨杰拉德用英语之线将它们串联。"①此后,奥马尔·海亚姆的声誉日益高涨,影响日益扩大,奥马尔·海亚姆研究已经成为一门专门学问。②由此可见奥马尔·海亚姆诗歌的影响力之巨大。还有西方学者认为,奥马尔·海亚姆可与达·芬奇相提并论。③"奥马尔·海亚姆的诗歌在西方引起如此大的反响,却在他生活的时代默默无闻,是因为他的科学家身份,决定了奥马尔·海亚姆必然以理性主义的眼光看待宇宙万物、人生人死等诸多问题,因此他的四行诗秉承的是受古希腊哲学影响的伊斯兰理性主义精神,而伊朗传统文化更多地秉承了伊斯兰苏菲神秘主义文化传统。因此,奥马尔·海亚姆四行诗的思想内容与波斯正统的宗教文化思想格格不入,流传不是很广泛,在大诗人林立的古代波斯诗坛籍籍无名。"④人们在东西方世界对奥马尔·海亚姆先后不同的身份认知是对奥马尔·海亚姆才华充分挖掘和肯定的结果,也是伊朗文化久远影响力的充分证明。

其次是伊朗传统城市文明与现代城市文明的交往。在伊朗尚未开始现代化改革之前,内沙布尔一直是伊朗传统城市,城市的建设与扩张主要发生于阿拉伯帝国时期。9世纪,内沙布尔是一个长方形的城镇,面积约16平方公里,周围被高耸的城墙、深邃的护城河和宏大的塔楼所包围。⑤城市主要由五部分构成:城堡、清真寺、巴扎、有四扇门的防御工事以及周围的郊区(郊区内设有驿站)。⑥城乡结合是阿拉伯帝国时期包括内沙布尔在内的呼罗珊地区行政规划的显著特色,城市—农村组成了社会的基本单位,城市与周围的农村之间存

① Laurence Lockhart,*Persian Cities*,p.83.

② 张鸿年:《波斯文学介绍(上)》,第64页。

③ 霍昌·纳哈万迪、伊夫·博马提:《伊朗四千年》,第146页。

④ 穆宏燕:《波斯文化多元性研究》,湖南文艺出版社2021年版,第332页。

⑤ Vladimir Minorsky,*The Turks*,*Iran and the Caucasus in the Middle Ages*,Variorum Reprints,1978,p.86.

⑥ SaeidNazariAdli,Mohsen Mohamadzadeh,"A Deleuzean Interpretation of Urban Morphological Transformation",*Archi-Cultural Translations through the Silk Road*,2012,pp.403—404.

在紧密的联系,农村的农业与城市的商贸业在经济上存在彼此依存、相互推进的密切关系。当时,村庄是内沙布尔人口划分的基本单位,每个村庄相当于一个小型的区域中心,居民大都在村庄内部进行交易和生活。10—12世纪,城市内部新增了许多建筑,诸如神学院、宫殿、清真寺等,但城市的基本格局保持不变。蒙古人的到来使得内沙布尔旧址几乎变为废墟,直到15世纪,帖木儿王朝(1370—1507)统治者沙哈鲁(1409—1447年在位)在内沙布尔如今的位置建立了新城,然而,由于上述一系列因素的影响,内沙布尔并未因为新城的建立而复兴。

第一次世界大战后,巴列维王朝(1925—1979)掌权,伊朗父子君王礼萨汗(1925—1941年在位)和穆罕默德·礼萨·巴列维(1941—1979年在位)开始对国家进行现代化改革。内沙布尔城市开始由伊朗传统城市向现代化城市转变。20世纪初,在城市规模方面,内沙布尔的防御工事被拆除,同时,城市扩展到护城河的另一侧;在现代化设施建设方面,内沙布尔建成新的铁路网。二战后,内沙布尔铁路网扩展至城市南段。直到如今,新建的道路网络(铁路网和公路网)畅通发展,使得这座城市保持着活力。①现如今,内沙布尔不仅有现代化的建筑和交通设施,也保留有旧城的遗迹,包括马赫鲁格圣陵(Imam-zadehMahrooq)、奥马尔·海亚姆陵墓(Aramgah Hakim Omar Khayyam)等,传统与现代相结合是内沙布尔显著的城市特色,使得这座城市具有独特的韵味。

蒙古入侵对内沙布尔和伊朗文明造成了沉重打击,使其发展一度陷入停滞。然而,内沙布尔顺应全球化的转型潮流,成功地从传统城市向现代化城市转变,成为古老城市发展的典范;奥马尔·海亚姆的诗歌在西方广受欢迎,成为伊朗文化的典型代表。这充分展示了内沙布尔在历史挑战面前的适应能力和伊朗文明的独特性,证明了二者的弹性与灵活性。

## 结　语

2023年7月3日,习近平主席向第三届文明交流互鉴对话会暨首届世界汉学家大会致贺信。习近平主席在贺信中指出:"在人类历史的漫长进程中,

---

① Saeid Nazari Adli, Mohsen Mohamadzadeh, "A Deleuzean Interpretation of Urban Morphological Transformation", p.405.

世界各民族创造了具有自身特点和标识的文明。不同文明之间平等交流、互学互鉴,将为人类破解时代难题、实现共同发展提供强大的精神指引。"①在伊朗文明形成与发展的过程中,内沙布尔这座城市注入了丰富的精神文化内涵,它是孕育伊朗文明的沃土,也是复兴、发展、传播伊朗文明的宝地。

文明交往是内沙布尔城市产生、发展与演变的内在动力源泉,这是由于其作为边疆城市的特殊性与丝路城市的交往性所共同决定的。途经内沙布尔的呼罗珊大道自古以来便是不同民族、语言、文化之间的交流交往之地,而由于伊朗文化向下扎根的生命力、包容力、渗透力和向上生长的传播力、影响力和接纳力,使得它始终是内沙布尔的主流文化。在内沙布尔演进的过程中,这里见证了伊朗文明交往乃至丝路文明交往最多、最全的类型。从彭树智先生的文明交往论来看,内沙布尔的历史演进在一定程度上较为完整地展现了人类文明交往链条的七个环节,即挑战与应战、冲突与整合、有序与无序、外化与内化、现代与传统、全球与本土以及人类与自然。②由此可见,内沙布尔在伊朗文明交往史乃至世界文明交往史无可替代的重要地位,在内沙布尔的历史演进中,伊朗文化在内沙布尔始终如一的主体地位展现了伊朗文明的柔性、韧性和延续性,内沙布尔的文明交往盛况体现了丝绸之路沿线不同文明之间交往的高度、深度和广度。内沙布尔不仅是历史延续性与稳定性兼具的伊朗城市,也是古代丝绸之路文明交往的典范城市。

## Analysis on the Historical Evolution of Nishapur, Iran from the Perspective of Civilization Exchanges

**Abstract**:Nishapur is a frontier city developed from a military fortress in the northeast of Iran. During the war, it was a military strategic place, while in peacetime, it became a melting pot of cultural fusion. The coexistence of military character and cultural character of the city has created the continuity of local history and culture. In the long historical evolution of Nishapur, the chain of civilization exchanges ran through the whole time. Since ancient times,

---

① 新华网:《携手促进人类文明进步——习近平主席致第三届文明交流互鉴对话会暨首届世界汉学家大会贺信引发与会人士共鸣》,http://news.cnr.cn/native/gd/sz/20230704/t20230704_526314820.shtml,2024 年 3 月 1 日。
② 彭树智:《我的文明观》,第 5 页。

Nishapur has witnessed six different types of civilization exchanges, namely, the exchanges between ancient Iranian civilization and Turan civilization, the exchanges between Iranian civilization and Arab civilization, Chinese civilization and Western civilization, the exchanges between agricultural civilization and nomadic civilization, and the exchanges between traditional urban civilization and modern urban civilization in Iran. The consistent dominant position of Iranian culture in Nishapur shows the flexibility, resilience and continuity of Iranian civilization, and the splendid exchanges of civilizations in Nishapur reflect the high depth and breadth of exchanges among different civilizations along the Silk Road. Nishapur is not only an Iranian city with historical continuity and stability, but also a model city for civilized exchanges along the ancient Silk Road.

**Key words**: Nishapur; Iran; Civilization Exchange; Urban history

**作者简介**: 冀开运,西南大学历史文化学院民族学院、西南大学伊朗研究中心教授;杨晨颖,西南大学历史文化学院民族学院、西南大学伊朗研究中心博士研究生。

# 历史无意识的视觉提喻：美国现代城市图像中的时空观念，1920s—1950s

聂皓雪

**摘　要**：本文从两个方面探究美国早期现代主义艺术与城市研究中彼此交叉的内容。一方面，在视觉艺术史框架下，检视与补足既有美国现代艺术史叙事中被长期忽视的城市主题图像，探寻其与所处时代之间构成的千丝万缕的呼应关系；另一方面，在社会历史框架下，探讨艺术家如何在作品中建构自外于客观时空顺序（time-space/spatial-temporal sequence）的、深刻体现时代普遍特征与艺术家个人主体性的时空框架，在两者之间的张力中形成独特的美国现代城市的图像意义系统。具体论述将分别从**"城市形象"**（city image），**"城市景观"**（city landscape）和**"城市场景"**（city scene）三个部分展开，从艺术作品中展现的不同的视觉表征与时空逻辑中，初步建构视觉城市话语的美国范式。

**关键词**：美国现代艺术　视觉提喻　城市图像　时空观念

## 引　言

在美国早期现代主义艺术①（ca.1913—1945）范畴中，城市景观是架上绘画与摄影艺术中一个十分重要的创作母题。它承接的是早在第一次工业革命以降便在欧洲绘画景观中占据重要位置的城市风景画（city scape）传统，其大致发轫于17世纪中后期的英国，起于对工业化早期面貌的再现；于18世纪得

---

① 在时间跨度上，本文语境中的美国现代主义艺术以创办于1913年的纽约军械库展览为起点，以抽象表现主义艺术的诞生与兴起为终点；尤其指向的是第一次世界大战到第二次世界大战期间，在欧洲现代主义艺术影响之下的美国现代主义艺术的发展过程。

到长足的发展,成为对城市化与现代化进程不无诗意特征的记述;后于19世纪法国印象主义的作品中开始了对日常城市经验的塑造,在叙事结构与审美特征上更为复杂与微妙,在社会学与历史学等向度的阐释上具有了更深层次的意义。而美国本土的城市风景创作,一方面构成了对英国与法国城市风景传统的兼收并蓄,同时也在对城市现代性及与此相关的时空观念的解读上作出了更为深入的探索。

20世纪上半叶美国本土城市风景绘画的几座高峰,分别是以纪实性特色见长的垃圾箱画派①(Ashcan School),集中彰显了机械时代美学特征的精确主义②(Precisionism)和以描绘现代性经验中的疏离、冷酷与个体焦虑著称的艺术家爱德华·霍珀(Edward Hopper),其中尤以霍珀的作品最具代表性和影响力,无可辩驳地成为二次世界大战前美国人城市生活经验的深刻写照与典型标签。在这三组以现代都会的视觉表征与存在方式为主题的图像中,霍珀几乎成为一个独树一帜的艺术史坐标,其作品也逐渐演变为视觉艺术领域得以涵摄美国现代社会史与城市发展史的文化符号。本文认为,在霍珀之外还存在许多未被主流艺术史记叙的城市主题作品,与其所处时代形成了深刻且微妙的共振,能够与之一同形塑更为丰富与完整的视觉艺术层面的现代城市话语系统。在现代化、工业化与城市化进程主导下的历史意识、城市空间与个人主体性的张力关系的议题上,20世纪上半叶的美国现代主义艺术领域产出了大量的各具视觉特征与时空逻辑的城市图像;其对城市主题的表达无疑能够在认识论层面对现有的美国20世纪上半叶城市文化研究起到补充作用。然而相当长一段时间以来,这个议题在学界鲜少受到关注,因而这个话语链条本身并不清晰,也未得到真正意义上的接续,本文将尝试对这一语焉不详的部分进行进一步探索。根据这些作品所投射的诸种不同维度的现代都会生活的

---

① 垃圾箱画派是20世纪初期诞生于美国本土的第一个致力于表现城市生活经验的艺术流派,以纽约为主要创作地点。其表现手法以现实主义为主,主要受到19世纪中叶以来法国现实主义画家到印象主义画家的创作风格的影响,同时倡导具有纪实性的与自然主义特点的审美观,主要表现中下阶层劳动人民的日常生活场景。代表艺术家有罗伯特·亨利(Robert Henri)、乔治·卢克斯(George Luks)、威廉·格拉金斯(William Glackens)和约翰·斯隆(John Sloan)等人。

② 精确主义艺术运动兴起于两次世界大战期间,是美国本土第一个真正意义上的现代主义艺术运动。其形制松散、概念含糊,被囊括在内的艺术家以相似的创作母题与视觉风格连缀在一起。他们多采用立体主义、未来主义与现实主义相结合的折中手法,对包括机械、厂房与现代建筑等在内的都市景观进行描绘。代表人物有查尔斯·席勒(Charles Sheeler)、查尔斯·德慕斯(Charles Demuth)、诺顿·山伯格(Norton Schamberg)和路易斯·劳泽维克(Louis Lozowick)等人。

意识形态,本文将这些图像大致分为三个类别:分别是"作为机械形式的城市形象""作为现代乡愁的城市景观"和"作为生命经验的城市场景"。其中,**城市形象**是指那些以抽象视觉语言,对现代都会形象的表征进行类型化转译的作品,**象征(symbolization)**是其主要表现手法;**城市景观**,是指与现实中的都会景观构成一定对应性又企图超越具象现实的、具有半抽象与半写实特征的城市图像,**再现(representation)**是其主要表现手法;**城市场景**,则是指那些以类似写实手法进行创作,具有一定叙事性,反映普遍社会现实与个体生活情境的城市图像,与其时的社会意识形态有较强的相关性。值得注意的是,虽然此类图像依然表现清晰实存的城市空间,但它却对应着一个具破碎性与断裂性的叙事结构,是经过艺术家主体性过滤后所**重构(reconfiguration)**的城市经验。

## 一、作为机械形式的城市形象:工业社会秩序的视觉转化

20 世纪初期直至 20 年代是美国历史的"进步年代"(Progressive Era)。在经历了前一个"镀金时代"(Gilded Age)的资本积累后,美国的现代化、工业化与城市化进程正处于一个加速发展的趋势中。紧随维多利亚时代之后,一向与英国的思想文化氛围关联紧密的美国,终于在 20 世纪初展开了真正意义上属于自己的时代。随着新世纪脚步的迫近,19 世纪中后期的浪漫主义与极具情绪张力、富于怀旧色彩的时代空气,在机械轰鸣的工业化大生产、进一步走向制度化与规范化的资本主义自由市场体系以及第一次世界大战的硝云弹雨中逐渐灰飞烟灭。与前一个时期的感伤主义与浪漫主义所不同的是,这一时期的社会氛围被一种更为冷静与审慎的价值观所笼罩。由对效率与效益的追求所主导的新的社会管理方式,使得人们有意识地抑制自己的主观情绪,寻求更加理性与实际的解决方案。

在这样的时代背景下,相当一批生活于两次世界大战之间的艺术家们探索与表现城市的冲动更多地落在了对其外在形式的化约上,他们对眼前这个迅速崛起、方兴未艾的全新居住空间充满了审美热情。诉诸于前一个十年中风靡欧洲的立体主义与未来主义的表现手法,并很快转化为与美国本土的现实主义传统彼此折中的视觉特征。这些作品以高度抽象的视觉符号系统与城市景观的创作主题彼此连接,其中一个重要共性便是视觉符号的相似性与高度重复性。例如,在作品《工业场景》(1930,图 1)、《垂直建筑》(1934,图 2)、《通风管道》(1948)、《公寓塔楼》(1944)和《白色工厂》(1928)中,观者仿佛置身于

一个由各式现代建筑与机械厂房构成的米诺斯迷宫之前:这些客体以连缀成章的方式并置于画布中,建构起一个与现实城市相平行的二维平面,诉说着一种充满匿名化的与同质化的视觉语言。虽然不乏高亢明亮的色彩点缀其间,但这些作品显然是由爆发出极强能量的几何形式所统摄的,它们有着分明的棱角与冰冷的质感,与工业化大生产流水线上输出的机械形式如出一辙,不显出一丝手工的痕迹。这些由正方体、长方体、三角形所架成的城市仿佛统一调配、整齐划一的机械复制的产物,遮蔽了传统加上绘画中微妙的、即时的与富于个体性的变化。这些画面中极度统一的连续性空间给人带来的压倒性感受,被行走于纽约钢筋水泥之中的法国哲学家萨特一语道破:

> 只有当我快速行步,才能获得轻快自如的状态。而如果我停下脚步,一阵慌乱的感觉立刻袭来,并且生出巨大的疑惑:"这城市有成千上万条街道,为什么我偏偏走在这条街上?"……突然,纯粹的空间在我眼前放大……在无数个匿名的街道中,我就是任何一个随处可见的路人,可以身处于任何一个角落,但是并没有一个实存的证据能够表明我身处于此地而不是彼地,因为它们是如此相似。你永远不会迷路,然而你却永远感到迷惘。[①]

在萨特的描述中,身处于现代都会空间中的每一个个体仿佛都具有一种与"任何其他人"所共享的身份,他们的存在与彼此之间有着一种抽象的连接关系,这使得它们成了一种匿名的整体性存在——这个整体由现代都会中蒙太奇一样的碎片化景观构成,对这种同质化与整体性都会的体验,几乎等同于一种失去重力与空间感的同时被剥夺了历史感的体验;它因而造成了个体的丧失与陨落,使得人们愈发习惯性地参与到一种客体化的普遍状态中进行生产实践活动,这种聚集起来的巨大的惯性力量,不但对应了萨特所谓的"实践惰性"[②]概

---

① Jean-Paul Sartre, New York: The Colonial City, in Sartre, *Literary and Philosophical Essays*, pp.128—129.

② "实践惰性"这一概念是法国现代哲学家萨特所提出的。他将其定义为"人们到目前为止的活动是由机械的/无能动性的惯性来承载与转移的"。在这个过程中,"无能动性的物质化将人类的多样性与丰富性包裹其中,将生产者转化为了产品"。对于萨特来说,实践惰性是对人性的否定。而任何的对于人性的重新确认,也就是有真实的自由性参与的地方,则必须对之进行否定的否定。Jean-Paul Sartre, *Critique of Dialectical Reason I: Theory of Practical Ensembles*, trans. Alan Sheridan-Smith, ed. Jonathan Ree(London: NLB, 1976), p.67; pp.318—341.

念,同时也是对社会学家大卫·奈"工业社会的现象学"①概念的呼应。

图 1　米克洛斯·苏巴:
《工业场景》(1930 年作,油画)

图 2　劳斯顿·克劳福德:
《垂直建筑》(1934 年作,油画)

　　与这种强调连续性的、并置的水平向度的形式一同存在的,还有一些作品中探索的纵深性极强的垂直向度的视觉形式。在作品《峡谷:百老汇与换乘站,曼哈顿》(1936,图 3)、《城市曲线:在曼哈顿 60 层高楼的视角》(1938)(图 4)、《摩天大楼》(1950)和《无题》(纽约,1929—33)中,艺术家们往往蓄意打破特定空间中的视觉平衡,追求一种失去重心的反重力效果。这些作品往往呈现出上下参差与左右不定的落差感和悬停感,在点线面的交错中不断挑战观者的心理预期,营造出一种紧张与矛盾的即时感受——这正是作为现代都市象征符号的摩天大楼的结构特征所带来的结果:美国历史学家威廉·泰勒(William Taylor)和托马斯·本德尔(Thomas Bender)就曾经指出,"水平向度的建筑暗示着一种出于公共视角考虑的、具备文明意图的纪念碑式的效果,而如巨塔一样的垂直结构则代表着联合资本主义的力量。"②荷兰心理学家巴恩德·贾格尔(Bernd Jager)则进一步强调了垂直落差给人的心理造成的巨大影响:"垂直空间使人进入身心放空的状态,也是一种形式的溶解剂……其内部

---

①　David Nye, *American Technological Sublime*, Cambridge, Mass, MIT Press, 1994,p.197.

②　William R. Taylor with Thomas Bender, "Culture and Architecture: Some Aesthetic Tensions in Shaping of New York, in Taylor, *In Pursuit of Gotham*, p.52.

潜藏着所有不受控制的内向性的与超脱尘世的元素。它同时也代表着疯狂与自杀的心理维度。"①如果说强调水平性的建筑代表着一种集体性与公共性的宽阔视野,那么垂直向度的距离落差则代表着一种私密的幻想,甚至是精神错乱的倾向;它使人感到孤独、隐蔽与无助。通过对垂直向度视角的呈现,创作者得以打破统一而连续的整体都会空间,以其极度主观的个人视角介入到普遍化的景观中,成为了挑动冲突的一方,也就使得看似高度统一的都会秩序渗入了一系列变动因素。

图3　贝莱妮丝·阿伯特:《峡谷:百老汇与换乘站,曼哈顿》(1936年作,摄影)　　图4　贝莱妮丝·阿伯特:《城市曲线:曼哈顿60层高楼上的视角》(1938年作,摄影)

与这种水平与垂直的张力关系相平行的,还有局部与整体之间的张力关系。作品如《转动的力量》(1939,图5)、《悬浮的力量》(1939)、《工业》(1927)、《摩天大楼》(1922)和《猫步》(1947)等均具有类似的视觉特点,在宏观的机械世界与摩天大楼的丛林中截取其中的微观细节——这显然不是一种基于人眼的观察习惯所表现出的视觉效果,而是借助了机械之眼表现出

① Bernd Jager, "Horizontality and Verticality: A Phenomenological Exploration into Lived Space", *Duquesne Studies in Phenomenological Psychology*, Vol.1, ed. Amedeo Giorgi, William F. Fischer, and Rolf Von Eckartsberg Duquesne University Press, 1971, p.219. 美国现代小说家欧·亨利也在其作品中有过关于摩天大楼视角对于心理状态之影响的记述:"从高处视角所观察到的城市形态,被降格为一种莫名其妙的扭曲变形的楼群中,各种视角的观察都变得极为艰难;令人敬畏的大海成了一个鱼塘,整个地球则变成了一个迷失的高尔夫球,所有的生活细节都消失了。"参 O. Henry, Psyche and the Skyscraper, *Complete Works of O.Henry*, 2: p.1564.

的人工特征。这些"被裁剪"的画面以其被放大的局部和逼仄的角度引人注目,与这种视觉形式相呼应的,则是其完全隐匿了手工质感的、细腻光滑的触觉特征——现代主义绘画风潮中一度占据压倒性优势的"涂绘性"(pictorialness)特点在此处消失殆尽,手工制作的温度与私密被充满了机械质感带来的精确与疏离取代。凡此种种,皆显露出现代摄影术对架上绘画产生的决定性影响。①这种不费吹灰之力的视觉效果,与此类作品中空旷无人的"去人化"处理具有相同的逻辑,它们一同构成了对机械时代之审美特征的绝佳隐喻。

**图 5　查尔斯·席勒:《转动的力量》(1939 年作,油画)**

这样一种无差别的、如同现代化大生产一样快速增殖的视觉形式的出现,逐渐演化为一种杂糅了社会内涵、国家身份与工业符号的普遍图像语法,也印证了法国社会学家列斐伏尔(Henri Lefebvre)所论及的现代城市中的"抽象空间"(abstract space)概念:在列氏看来,抽象空间正是现代性过程中诞生的一个全新的、不同于实体空间的概念,它是 19 世纪以来的资本主义经济制度发展进程中交换关系的产物;与现实生活中的"实在空间"所引导的具体经验不同,抽象空间所对应的是一种基于经济关系的"社会关系的

---

① 摄影术对于 19 世纪中后期乃至 20 世纪上半叶整个欧美范围内的架上绘画都产生了极为深远的影响。其中,19 世纪 60 年代以降风靡于英国的图绘主义(Pictorialism)是其中的一个高潮,其背后的动机在于通过将架上绘画与摄影术的结合来削弱后者天然具有的技术性特征,以赋予其具主体性的审美色彩,从而为摄影术真正跻身艺术创作媒介建构合法化话语系统。进入美国后的摄影术经历了一个在美学层面上从与架上绘画暧昧不清到分庭抗礼的过程,本节所论述的作品正处于这样一个过渡阶段中。

复制与再生产"。①现代性的诸种形而上层面的问题是注定要在诸如此类的抽象范畴中探索的,抽象本身如同金杯毒酒一般,但是现代性却必须要将其蒸馏到仅剩渣滓的程度,在一种假性的陶醉中进入昏厥状态,并声称这是上帝御赐的美味。②抽象的意义系统逐渐渗透到人们的现实生活中,使得人们对它的感知如同过去对实体的感知过程。**与实体的三维空间不同,抽象的空间天然地具有"无地点"(placeless)的特征,以上作品中所呈现出的视觉意义上的抽象形式与形而上层面对于抽象空间的隐喻,又构成了对于画面中"时间性"的消解,它们在共同作用下形成了一种凝滞(condensation/stagnation)的时空形态。**在这种"绝对的"时空形态中,这些作品也就滑向了一种反历史的倾向,游离于具体的时空序列之外。

## 二、作为审美形式的城市景观:现代乡愁话语的赋格与演绎

在第二次工业革命以来具有压倒性优势的科技乐观主义氛围中,欧洲本土也在掀起一场不容忽视的具有鲜明反现代主义倾向的文化浪潮。尤其在法国、意大利和德国等地,一批视觉艺术的创作者对眼前充满变化的时代感到恐慌与迷惘,沉浸在一种对古典主义艺术的回溯和缅怀中。时间推进到两次世界大战期间,这股被称为"回到秩序"③(return to order)的文化力量也影响到了美国本土的知识分子与艺术创作者,他们以自己的方式对其作出了回应。

与欧洲不同的是,作为新兴移民国家的美国并不具备一个丰富与完整的、能够在艺术创作中取之不尽的灵感与资源,当欧洲艺术家同侪们在自己的作品中尽情凭吊和重塑古典主义的审美范式时,美国艺术家则更多地寻求另类路径进行抒发。他们并不刻意对过往文化艺术资源作出精英主义姿态

---

① Henri Lefebvre, *Introduction to Modernity: Twelve Preludes*, September 1959-May 1961, trans. John Moore, London: Verso, 1995, p.193.

② Henri Lefebvre, *Introduction to Modernity: Twelve Preludes*. p.120.

③ "回到秩序"是第一次世界大战后不久兴起于欧洲的一场艺术运动,它是对19世纪末以来欧洲先锋艺术所代表的时代观念与审美理念的质疑与反拨。很大程度上,这场运动是在情感与精神层面对于第一次世界大战的回应,许多艺术家开始在废墟当中思考人类文明与艺术的未来走向,希望从古典主义艺术传统中寻找灵感与指引,他们的作品大多数流露出深厚的神秘主义与怀旧主义色彩。许多现代主义艺术家都参与到了这场艺术思潮中,毕加索、基里柯(Giorgio de Chirico, 1888—1978)、莫兰迪(Giorgio Morandi, 1890—1964)和卡洛·卡拉(Carlo Carra, 1881—1966)等人都是其中的代表人物。

的甄别与扬弃,而是更倾向于对包括民粹主义话语在内整个"前现代"文化与历史资源的撷取。其中,乡村与城市的张力关系是他们最为关注的主题——实际上,它正来自于19世纪中后期以降一直延宕至20世纪上半叶的、深深植根于美国本土的"反城市主义"传统。这个传统与美国的历史发展脉络紧密相关,它是早期移民的社会阶层、宗教信仰与文化身份彼此交融的产物——虽然身处方兴未艾的现代工业文明中,又不似自己的欧洲同侪们需要面对一个沉重的历史上下文,有着更多的物质条件和心理优势在现代化之路上筚路蓝缕,迈入全新的历史阶段,也在事实上成为二战之后全球最领先的资本主义国家。然而充满矛盾的是,美国的文化意识形态中却始终深理着一条乡土主义的话语,尤其在精英知识分子群体中占据上风——从开国元勋托马斯·杰斐逊(Thomas Jefferson)到建筑师弗兰克·莱特(Frank Llyod Wright)等人,无一不在各种不同的场合诉说着自己对于城市化发展过程的担忧,虽然这一群人是美国早期城市化的亲历者,但他们显然还沉浸在前现代社会的田园牧歌传统带来的精神遗产中,并不愿意脱离于人与自然的紧密关系。

对城市持抵触情绪的艺术人文领域学者亦是不胜枚举:虽然哲学家爱默生(Ralph Waldo Emerson)认为波士顿是一个值得探访的地方,但是他从未想过定居此地;小说家梭罗(Henry David Thoreau)甚至彻底的远离城市,隐遁山林。在梭罗于波士顿写给爱默生的信里,他如是鄙夷自己居住的城市:"街道中的猪群是这城市中最值得尊敬的居住者了。"①历史学家亨利·亚当斯(Henry Adams)在回顾了19世纪的乡村生活后,将作为城镇典型的波士顿与作为乡村代表的昆西放置在一起作了鲜明的对比,他认为城市与乡村之间存在着一种矛盾关系,是一种"积聚已久的世仇",而亚当斯则一向认为波士顿代表着现代生活的所有谬误的东西:"昆西则永远是正确的,因为它代表着一种道德准则——这种道德准则在波士顿受到了严峻的挑战。"②

---

① Quoted in Philip Gura, *American Transcendentalism*, New York, Hill and Wang, p.201;转引自Steven Conn, *Americans Against the City: Anti-Urbanism in the Twentieth Century*, Oxford University Press, 2014 p.15。

② Henry Adams, *The Education of Henry Adams*, Cambridge, MA: Riverside Press, 1918, see chs. 1&2.;转引自Steven Conn, *Americans Against the City: Anti-Urbanism in the Twentieth Century*, Oxford University Press, 2014. p.15。

视觉艺术领域的创作者们也延续着这种"恐惧城市"的思潮①。包括阿瑟·杜兰德(Arthur B. Durand)、弗里德里克·切尔奇(Frederick Church)、阿尔伯特·比尔斯塔(Albert Bierstadt)、约翰·肯塞特(John Frederick Kensett)等在内的艺术家都在自己的作品中表现田园生活,他们对哈德逊河、新英格兰地区与美国西部的自然景观有着热情洋溢的歌颂。即便是那些如托马斯·埃尔金斯(Thomas Elkins)这样真正涉猎城市生活的画者,也从不描绘城市景观本身,而是选择描绘其中的人物形象。及至 19 世纪末,如斯蒂芬·克雷恩(Stephen Crane)和西奥多·德雷塞(Theodore Dreiser)这样的现实主义作家依然将美国的城市视为一个巨大的动物的消化器官,所有裹挟其中的人们则不可避免地被吞噬。

在这样的背景下,美国本土的艺术创作者对城市生活的表达始终暗含着一种城市悲观主义者的底色,即便在 20 世纪初以降,许多的艺术家们开始真正地在作品中面对自己所处的生存环境,却对现代都会报以怀疑与消极的态度——这种对当下的否定往往伴随着对过去的美好想象。因此,这类作品往往在现代主义乡愁的情绪中混杂着唯美主义的视觉特征,对于这些创作者来说,城市景观并非最终的表现目的,真正重要的是由此延伸出的感伤主义的美学立场。

德裔艺术家斯戴凡·赫尔奇(Stefan Hirsch,1899—1964)的城市景观以其独有的装饰感而闻名——这几乎正是现代都会生活的反面。《纽约,曼哈顿下城》(1921)和《工业城》(1925,图 6)中呈现的正是这种奇异的景观:画面中的摩天大楼和厂房都宛如彩色积木一般以特定的秩序堆叠在一起,这些画面所显示出的静置感甚至不是相对意义上的,而近乎是绝对意义上的。显然,创作者并不在意动态的都市生活,而只试图将其图案化,在几何感的形式中积聚出一种超越眼前历史时刻的悬置感——它显然不来自眼前这个机械化的当下,而是来自一个更遥远年代的浪漫主义情怀。在作品《纽约街头的月光》(1925,图 7)与《纽约的新月》(1945)中,乔治娅·奥基夫(Georgia O'Keeffe)与乔治·奥特(George Ault)对历史感的追溯则更进一步,他们开始在自己的作品中展现前现代景观与工业景观之间的对峙与冲突。首

---

① 关于对美国"反城市主义"传统更为详细的论述,参见 Morton and Lucia White, *The Intellectual versus the City*, Cambridge, MA: Harvard University Press and MIT Press, 1962。

图 6　斯戴凡·赫尔奇:《工业城》(约 1925 年作,油画)

先,两幅作品都采用垂直构图的方式,同时以明暗对比法设色,且与赫尔奇相同的是,对现代都市形貌的展现显然只是点到为止——在抽象几何形态的基础上施以简单的明暗塑造,而不做过多的写实主义的描绘。其次,两幅作品都呈现出了代表自然的月光与代表工业景观的人工灯光的对峙关系,且两幅作品中的人工灯光都在这组对峙关系中更胜一筹,处在画面中更加显眼的位置。虽然作品描绘的是纽约这样一个国际大都会,却完全不见车水马龙与人声鼎沸,只有透出无限静谧的月夜,在冷酷浪漫主义的氛围中瑟缩在画面的最深处。显然,艺术家心系的并不是眼前高亢与喧

图 7　乔治娅·奥基夫:
《纽约街头的月光》(1925 年作,油画)

闹的现代社会,而是由唯美的月光所映射的前现代生活。在极具形式感的表现中,两位艺术家都显露出了对一种更加沉静与隽永的审美形态的追寻。

　　如果说这两幅作品中还保留着实在的"前现代"的因素，那么奥特创作于1932 年的《霍博肯工厂》(图 8)则表现出一种完全的对于现代生活的恐惧：这幅作品中，处于画面正中心的现代工厂，被浓郁的蓝灰色包围，画面右上方的烟囱正吐出缕缕浓烟，显示出这是一间正在工作中的厂房，然而让人感到不安的是厂房的一层漆黑一团，一片死寂，丝毫看不到工人的踪影，只有其上一层的空间内灯光大亮，与画面前景过分高亢的路灯相呼应。可以看出，艺术家刻意对作品作出了"去人化"的处理，将画面的阴沉与倾颓之势扩大到无以复加的程度，这是对现代工业化过程的不安与疑虑。整幅画面的氛围正如加缪在名篇《纽约的雨》中对纽约的描述："白天是监狱，夜晚则是焚火炉。曼哈顿中心地带则犹如巨大的坟墓。"①艺术家逃离现代都市的渴望呼之欲出。②

**图 8　乔治·奥特：《霍博肯工厂》(1932 年作，油画)**

① Camus A. The Rains of New York, in *Lyrical and Critical Essays* edited by P. Thody, translated by E.C. Kennedy, Vintage Books, pp.182—187.
② 关于此一时期城市主题作品中流露出的现代主义乡愁，参见聂皓雪：《边界之外：乔治·奥特与美国早期现代艺术，1915—1948》，人民美术出版社 2019 年版。

可以看出，以上作品中虽然没有对田园牧歌生活的具体想象，却分明地流露出艺术家对现代都市生活的消极态度。根据乡愁情绪的精神内核的区别，俄裔美国文化学者斯维特兰娜·博伊姆（Svetlana Boym）曾经将之分为复原式乡愁（restorative nostalgia）和反思式乡愁（reflective nostalgia）两种类型。其中，复原式乡愁强调的是一种"诺斯托斯"①（nostos）式的过程，寻求一种超越历史层面的、对于失落家园的重建；而反思式乡愁则更加侧重精神层面的渴望本身，它引发出一种痛苦（algia）的情绪感受，而且整个回归的过程是延迟的——充满了惆怅的、讽刺的与绝望的情绪。相较而言，反思式乡愁依附于人类渴望感与归属感之间的矛盾，同时并不回避现代性本身的矛盾。而复原性乡愁则保护绝对意义上的真实——这一点恰恰是反思性乡愁所怀疑的。②

以是观之，这些城市景观中所折射出的意识形态更加接近于反思式乡愁。其内在并不包含特定的以民族与家国情怀为核心的、单一而宏大的叙事线索，而是探索想象中异度时空的冲动；它迷恋的并非具特定历史与社会意涵的符号本身，而是透过其所流露出的对于特定时空的怀旧——这也必然是一种想象。对于这些创作者来说，过去并非是一个实存的、不可摆动的"彼岸"的存在，而是一个游离在国家身份与社会记忆之间的个人情怀，它被转译成了一种从现代都会夹缝中流露出的不合时宜，企图通过一种虚与委蛇的写意手法来营造一种与当下生活的错位感。

在另一些作品中，带有独特个人情怀的现代乡愁则以不同的时空逻辑展现出来。哈罗德·诺克尔（Harold Noecker）的《有角度的景观》（1945，图9）和约翰·阿瑟顿（John Atherton）的《圣诞夜》（1941，图10）均显露出一种年代错误的氛围，来实现对当下环境的超越。其中，在《有角度的景观》中，一座自右向左呈现四十五度倾斜的建筑居于画面的中心位置，处于一个空旷且荒凉的户外环境中。这个露天的环境由铺满青草的地面和占据画面约三分之二的天空连接而成，这显然与人们所习以为常的都市建筑群的周边环境格格不入，有

---

① 诺斯托斯是古代希腊文学中的一个常见主题，指的是史诗中航海归来的英雄，被视为是一种较高层次的英雄主义，或者是一个具有超强意志力的伟大的壮举。这个旅程通常是十分漫长的，其中还包括经历许多的海上事故与未知的困难。而这种回归，不但意味着物理意义上的回归，也意味着一种身份层面与精神层面的荣归。

② Svetlana Boym, *The Future of Nostalgia*, Basic Books, 2002, p.xviii.

一种明显的超现实感,也因此让这栋建筑显出一种极为荒凉的、被遗弃的氛围。同样的,在《圣诞夜》中,阿泽尔顿也在作品中营造出了一种不协和的氛围:画面呈现出一个破败的圣诞夜景观,一辆已经废弃的轿车悬停在一个由木板堆积起来的高台上,其外部也是由木板钉在一起的篱笆,与画面背景中破败的砖墙相呼应;只有缠绕在电线杆上的彩灯透露出时间信息,画面的前景与后景还散落着一些废弃的桌椅和树桩。这种历史意识与空间观念高度失调的都市角落,正对应了德国哲学家恩斯特·布洛赫(Ernst Bloch)所提出的"非同步性"(non-synchronicity)①的概念:即人类社会历史绝非一个线性的、不断匀速向前发展的整体,而是在很大程度上表现出参差错落的特征,它并非一道清晰简明的轮廓线,而是常常呈现出多重奏一般复杂的层次结构。这样一种同一时空内不相调和的社会历史发展阶段,在很大程度上体现在各个局部区域物质层面发展的不平衡性上——这是第一次世界大战以降的美国,在不断向心化扩张的城市结构中,在城市居民中所施加的某种震颤的心理效应——城市地理形貌的不均衡发展,使得其中充满了处于"尚未到来"与"尚未毁坏"两种状态之间的过渡地带。这些作品将"彼时"的景观置入到"此时"的情境中,这种"错时性"(anachronism)的表现手法,呈现出一种具有**分歧性(diversion)**的时空逻辑。它们是城市发展过程中看似缄默而实则充满异动的区域,提取了现代化与城市化过程中的心灵史切片。

图 9　哈罗德·诺克尔:《有角度的景观》
(1945 年作,油画)

图 10　约翰·阿瑟顿:《圣诞夜》
(1941 年作,油画)

①　参 Ernst Bloch,*The Heritage of Our Times*,Polity,2009。

### 三、作为生命经验的城市场景：多重主体性的诠释及其异化与延伸

　　同一时期，还有一类城市主题的作品与所处时代有着更加深切与具体的联系，侧重表现战争、经济与信仰危机、民族主义浪潮乃至个人存在性焦虑等议题。这些作品中，艺术家们开始将目光投射在"人"的身上，不论是具体的人还是普遍的人的概念。通过其与周边环境的互动来构建特定的叙事手法——它们都具有高度的个人化特点，同样不拘于现有的时空序列，而时常根据艺术家的主观情感作出各种变形与调整，极大地体现了意识的流动性。

　　从表达策略来看，此类作品的创作手法与其核心的表意系统之间存在着天然的裂缝，也就是以具象的与再现性的写实主义技巧来表达一种似是而非的、意涵模糊的、缺乏明确逻辑关联性的表意系统——这个表意系统本身甚至指向了与写实主义内涵完全相反的立场。这种倾向在乔治·托克尔（George Tooker）的作品中表现得极为明显。其中，《高速公路》（1953，图 11）展现出一个灰暗而充满危险的纽约高速路段：画面右方的远景处是典型的现代工业城市背景，闪现出工厂与大楼的轮廓；画面的左半部分则是呈曲线状环绕在高速公路旁的路灯与各种道路标志；穿梭在其间的则是居于轿车厢内的旅人。这些人彼此之间被独立的车厢空间所区隔，面部表情冷酷而淡漠，完全不显露出任何的情感倾向。与此相对的则是这条无尽的高速公路——观者也无从得知它来自哪里，去向何处。使得紧张感更进一步的则是画面前景处一个显眼的交通指挥者的形象——他左手持一枚路牌，身体微微右倾，右腿做稍浅的弓步姿势，右手则向后展开。整个人都仿佛化作一个人形的路牌符号，像是在对迎面到来的机动车做出"禁行"的手势，这样一来，观者也就被置于与之相对的行驶方向。值得注意的是，他左手紧握的路牌直接挡住了面部，使得他彻底隐匿于观众的视线中，这个形象也构成了整幅画面中的不稳定因素，成为焦虑感与困惑感的来源。整幅画面颇像一个现代城市经验的隐喻，营造出一种有意识的幻觉，展现出一种充满歧路感的现代性体验。作品中并不存在一个真正具有主体性的人格，而是裹挟在工业化与城市化进程中被极度窄化与压缩的灵魂和与此同时被极具放大、赋予无穷力量的周边环境。艺术家表现出现代技术发展对人类主体性的巨大威胁，传达了反乌托邦主义的情绪。

图 11    乔治·托克尔:《高速公路》(1953 年作,油画)

　　除了展现现代都会中的个人与群体之间的关系之外,托克尔的同期作品还试图直接刻画具体的城市生活经验,塑造了更为具体的人物形象。作品《舞蹈》(1946,图 12)中,托克尔引入了"人群中的人"①的视角,为之呈现出了一个怪异的、被恶魔征服的现代城市场景②:夜幕低垂的城中闹市区,人形街道的转角处有许多形色匆匆的行人,他们有着不同的肤色与性别,与街道中其他往来的行人并无过多互动。整幅画面的重点在于中心位置的一对男女,他们分别处于一左一右的位置,其中男性的年纪较女性更长,已经步入老年;女性则处于中年阶段。这位男性神色仓皇,似乎在追逐这位女性,他的右手则已经触碰到这位女性的右侧盆骨处。这位女性的面部表情则更加惊恐,其优雅富贵的着装穿戴显露出优越的社会阶层,她的两只手向前挥舞的同时侧身望向这

---

① 出自美国诗人爱伦·坡的同名短篇小说题目,发表于 1840 年。

② 据艺术史学者托马斯·加弗尔(Thomas Garver)的推断,托克尔该主题的灵感来源是艺术家汉斯·赫尔拜因的死神之舞木刻版画系列。托克尔的朋友、同为画家的保罗·凯德慕斯(Paul Cadmus)也曾在自己的作品中引用这一主题。与此同时,现代诗人奥登(W. H. Auden)的小书《死神之舞》也可能是托克尔的灵感来源之一。参见 Susan Jane Baker, George Tooker and the Modern Tradition, University of Kansas,1991. p.56。

位男士,似乎想要尽快逃离此地。当观者正要对两人的关系做出各种解读时,似乎找到了他们夸张情绪的根源:二人身后如幽灵一般出现的高大骷髅的形象,则彻底使得这个追逐的场景进入超现实的范畴中。这名骷髅身披黑衣,手中的黑帽似乎是刚从眼前男士的头顶摘下,他的眼神也在跟随着自己持帽的方向;画面的前景下部还飞散着一些被风吹起的纸片——当观者顺着最远处的纸片向最深处望去,可以看出街道尽头发生的另一幕同样戏剧性的场景——另一个幽灵般的骷髅以同样的方式攫住了另一对男女,二人也处于同样的惊恐之中。显然,画面中连续两次出现的骷髅形象是统摄全篇的一个重要符号,它也正是一个在时间线索上贯穿古今的、具有文化与宗教意义的符号。在中世纪的视觉艺术作品中,死亡舞者的形象常常意味着对不知悔改的犯罪者的警示:这些人坐拥世俗的财富,会在出其不意间被死神盯住,失去了救赎自己的机会。在这件作品的实际情境中,创作者谴责了人类对财富与性的贪婪,也暗示了其会对更广泛群体利益造成侵害。① 此外,画面右侧的三位女性有着几乎一样的发型、着装风格与身材——这是托克尔对现代都会生活所导向的群体同质化的又一次点题。同时,画面左侧还有一个细节引人注意,就是正要穿过街角的黑人夫妇对他们旁边正在上演的一幕士兵与妓女之间的互动场景显露出的鄙夷的神色。这是一个传统道德体系逐渐崩坏的现代社会,艺术家并不愿意粉饰和美化它的表象,而是尽可能地让它透出苍凉的底色。正如美国哲学家巴克尔·布罗姆内尔(Baker Bromnell)所说的那样,城市中的人"将自己的思考与兴趣抽象化,甚至他们的行为也与自然彻底剥离,远离精神的净化,他们聚居于极度庞大的族群中,但却无法真正融入一个稳定有力的群体或者一个真正完整与自洽的生活状态中"。② 美国社会学家威廉·奥格本(William F. Ogburn)亦曾有言:"城市正在对我们施加影响。这里的犯罪情况比乡村地区要严重得多……自杀在城市中也更加普遍。城市中的人也更容易出现神经质与神志不清的情况。"③ 在托克尔的作品中,与社会关切一样重要的是他的创作材料与技法,也就是以古老的坦培拉颜料进行具象的造

---

① Susan Jane Baker, George Tooker and the Modern Tradition, University of Kansas, 1991, p.23.

② Baker Bromnell, The Human Community: Its Philosophy and Practice for a Time of Crisis, (New York: Harper and Brothers, 1950), p.324, quoted from Susan Jane Baker, George Tooker and the Modern Tradition, University of Kansas, 1991.

③ William F. Ogburn, *You and Machines*, University of Chicago Press, 1934, p.33, quoted from Susan Jane Baker, George Tooker and the Modern Tradition, University of Kansas, 1991.

型描绘,这种文艺复兴时期的经典媒介曾在四五十年代的美国流行一时①,从托克尔对材料的选择中也可以看到艺术家对手工业时代的无限向往。这种绘画技巧本身也成为托克尔作品中的一个重要隐喻,成为他寻求与传统审美和价值体系共振的入口。

图 12    乔治·托克尔:《舞蹈》,(1946 年作,油画)

除了以个性化的方式回应普遍的社会议题之外,一些创作者开始在作品中关注个体本身的生存状态、个体之间及其与周围环境的张力关系。保罗·凯德慕斯(Paul Cadmus)的《博洛尼亚之夜》(1958,图 13)便呈现出一种极为微妙的情景关系。它展现了意大利博洛尼亚的一个充满神秘气氛的夜晚,画面的场景设置于古罗马式拱券建筑中,以写实主义的手法呈现出建筑结构之间精准的焦点透视关系;在古典主义建筑丛林的深处浮现出一座塔楼,它的象牙白色与古典建筑的砖红色形成对照。画面中共有三个人物形象,其中最显眼的一位在画面的前景处,是身着制服的士兵形象,顺着他向右后方倾斜的身体与充满打量的目光,可以看到画面左侧中景处的一位背对观者的女士,她身着华服,身体呈现出舒展妩媚的姿态,正在观察另外一位处于画面后景处的旅客——他的面前放有一件行李箱,似乎并未意识到这位女士的目光——有趣

_____

① 在托克尔所处的小圈子中,艺术家保罗·凯德慕斯和贾瑞德·弗兰西(Jared French)等人均以坦培拉材料进行具象绘画创作。

的是,这位旅客的目光似乎集中在这位士兵身上。整幅画面中较为引人注目的视觉特征是光影关系的建立,因为画面中景至远景处闪现的路灯为画面提供了唯一的光源,因此整幅画面呈现出前暗后明的视觉效果,它近似于明暗对比法,但处理方式比之更为柔和。进一步说,整体的暗色调中又有一些颇为出其不意的巧思:士兵周围的环境色以玫红为主色调;中间女性的环境色则倾向于黄色调,画面右后方旅客的环境色则在不甚澄明的黄色中加入了些许绿色调。某种程度上,这些不同的色调也与画面人物的内心情绪之间形成了千丝万缕的呼应关系,它亦引导着观者进行另一层次的对作品的观察与解读——就是个体在客观事实与心理反应之间建立的心理映射机制——它与哲学家本雅明所谓的"视觉无意识"(optical unconscious)概念相呼应,侧重于从心理分析层面解读机械复制时代的艺术作品。虽然本雅明所言及的是摄影作品,但它同样适用于受到摄影术观看方式影响的 20 世纪以降的架上绘画。在本雅明看来,摄影术为人们打开了一种不同于肉眼观看方式的全新的观看经验,它与心理分析的手段为肉身层面的无意识提供的通路是一样的。借由机械之眼,摄影术为人提供了一种抽离的视角,与自己所熟悉的环境与经验产生新的关联,从而生发出新的感受与认知。[1]可以说,观者对整个画面的感知过程,也是人们日常生活中对所处环境的"心理渗透"(psychic permeability)[2]的过程——对日常生活场景的反应往往浸染着无限变化的、即时的主观意识,也就赋予了客观环境以人格特质。

此外,艺术家克莱伦斯·卡特(Clarence Carter)在作品中更加聚焦个体本身的都市经验。在作品《穷人的普尔曼客车》(1930)中,卡特便将注意力集中在了现代都会中的另一类重要环境——"非地点"[3](non-place)中——这些车厢、火车站和宾馆大厅等现代都市的产物,就像一叶扁舟,漂浮于钢筋水泥的

---

[1]　Walter Benjamin, The Work of Art in the Age of Technological Reproducibility, in *Selected Writings*, Vol. 3: 1935—1938, Cambridge, Belknap Press of Harvard University Press, 2002, pp.101—133.

[2]　Edward Dimendburg, *Film Noir and the Spaces of Modernity*, Harvard University Press, 2004, p.133.

[3]　"非地点"一词是法国人类学家 Marc Augé 提出的概念,特指那些人类活动于其间的不具名的地点,与地点被赋予意义和人文特征不同,它们一般承担过渡性与功能性的作用,仅作为中转区域。比如高速公路,宾馆房间,机场与购物商场等。参见其著作 *Non-Places*: *Introduction to an Anthropology of Supermodernity*, Le Seuil, Verso, 1992。

图 13    保罗·凯德慕斯:《博洛尼亚之夜》(1958 年作,油画)

海洋中;它们是过渡与转换的场所,也相应地承担着人类的各种一闪而过的
微妙体验——这幅画面中居于主要位置的男士就在向观者传递着这样一种
难以捉摸的情绪。他被一个红绿色调所构成的车厢所包围,对窗外明媚的
阳光与宜人的风景视若无睹;值得玩味的是他直面观众的、不无狡黠的面部
表情——这种刻意为之的神态正与其对面的女性形成了鲜明的对比——后
者似乎正在平静地欣赏窗外的景色。画面中的两位旅客,彼此隔绝,耽溺于
自己的内心世界。此处,创作者似乎将观者置于了一个"窥探者"的视角,仿佛
每一个观看者都误入了他人私密生活的现场,他们在入口徘徊,却都没有进入
画中人心门的钥匙。卡特选择表现的正是充满连续性与重复性的都市生活中
某一个断裂与孤立的时刻,一个机械体系中的有机缝隙。这种连续性存在于
与经济的运行模式紧密相关的一系列社会实践活动中;它看似连贯而完整,周
而复始、不知疲倦地运转;而参与这些活动的人与人之间则充满了隔阂,处在

现代都会"序列性"①中的个体本身也充满了复杂的心理状态,在这个参差错落的线索中辗转腾挪,各行其是。此类作品所流露出的偶然性、失控性与另类性,呈现出一种审美形式、客观现实与心理意识相互竞争与博弈的状态。在此基础上,其内的时空逻辑就趋于**孤立性(insulation)**的特征。在创作者的主观意志下,它对时间、空间与主体性的相对关系作出新的缝合乃至建构,赋予其流动的与跳跃的特征,从而在既定的时空观念中分离出一种与之相颉颃的、高度主观的时空观念。

## 余　论

近年来,在回看 20 世纪 10 年代到 40 年代的美国本土现代主义艺术时,有美国本土艺术史学者提出了所谓的"冷酷现代主义"②(cool Modernism)概念。在美国现代艺术史乃至文化史的语境中,这一概念带有相当程度的意识形态色彩:它突出的是现代主义艺术在美国本土的衍生过程,意味着美国艺术脱离欧洲的影响,反映出一个更加独立的、具有本土民族身份的艺术表达范式。这个框架所强调的,是那些被抽离了"人"的概念的、疏离的、陌生化的、对现代都会生活典型景观的抽象化的表达,它赋予整个画面超然、冷静与克制的特征,也就无限趋近于机械的性征而脱离了人的主宰。除了与感性和主观相对的意涵之外,"冷酷"在某种程度上还被解读为对美国过往历史的隐喻,(侧重于殖民主义时代宗教与道德的叙事话语),抑或是对美国当下的表达(侧重于工业化背景下的实用主义话语)。③这一概念极具启发性与兼容性,能够在某种程度上概括这一时期的城市主题作品中流露出的、对于现代都市乃至整个现代化过程的审视而非参与的姿态。

从城市形象、城市景观到城市场景的转换中,创作者们分别以不同的时空观念对制度层面、环境层面与经验层面的现代都会进行了视觉化呈现。虽然

---

① "seriality"(序列性)是法国哲学家萨特提出的概念。他认为,现代都会中个体的生存状态在某种程度上是由一对彼此相悖的矛盾关系支配的:一方面,每一个体与他人之间存在一种共时性的孤立状态,强调的是"他异性";另一方面,他们又与整个现代社会的系统性结构之间存在一种连续性的关系,强调的是"交互性"。萨特将文化生产中直接与同时输出给每一个人又同时可能没有输出给任何一个具体的人的状态,称为序列性。

② America's Cool Modernism, O'Keeffe to Hopper: Ashmolean Museum, 23 March to 22 July, 2018.

③ 参 *America's Cool Modernism*, *O'Keeffe to Hopper*: Ashmolean Museum, University of Oxford, 2018, p.25。

城市发展过程本身更倾向于一个物质性的过程,但其也浸满了缠绕着时代意识形态和个体感受的、充满混杂状态的人类生存经验。通过对都会整体内涵的抽绎、变形乃至重塑,艺术家们也通过视觉艺术的方式书写着极富特色的城市心灵史。这些意涵丰富的图像,也越过了现代城市观念史的主流书写路径,指向一个另类的、不断弥散的、无所不包的、充分同构文字历史与视觉图像的**千变万化的风景(phantasmagorias)**;对这些图像的阐释势必会延伸到历史与哲学等相关领域,使得不同的认识论体系之间形成联动,对此前由抽象概念所主导的城市叙事形成有效补充,帮助我们钩沉一个更为广阔与深刻的城市观念史话语体系。

# Visual Synecdoche of the Historical Unconscious: Conceptions of Time-Space in City scapes of American Modern Art, 1920s—1950s

**Abstract**:This paper focuses on the city scapes within the framework of American modern art around the first half of the Twentieth century, to elucidate their reflections, implications, and embodiments upon the visual representations, functioning logic, and living experience of a modern city in the relevance between easel paintings and the profound historical unconsciousness behind them. Artworks are subsumed under three categories named city image, city landscape, and city scene based on visual forms, aesthetic values, and social connotations, thus constructing their respective pictorial system in terms of time-space conception.

**Key words**:American Modern Art; Visual Synecdoche; Cityscape; Conception of Time-Space

**作者简介**:聂皓雪,广州美术学院艺术与人文学院副教授。

# 城市汽车交通治理的历史分析
## ——以近代上海华界为例①

李沛霖

**摘　要：**自1901年汽车引入中国上海至全面抗战前，上海城市汽车交通业规模发展、日益隆盛，全国城市无出其右者；但因其间汽车肇事频密，引致城市交通安全面临严峻挑战。有鉴于此，上海华界当局通过统制汽车登记和检验、管控汽车行驶和停放以及规范执业者和乘车者等系列治理举措，为保障上海城市功能和社会秩序做出努力并取得成效。由是，通过回顾近代上海华界汽车交通治理的经验教训，省思其治理实践对于上海城市发展产生的典型意义及深切影响，俾期为当代中国交通治理与城市现代化衍生历史借镜和现实启示。

**关键词：**上海华界　汽车交通　治理实践

　　广义审视，城市治理活动是指城市主体（公共部门、私人部门和社会公众）参与城市治理的多元互动过程。②交通治理是城市治理活动的重要一环。伴随全球城市化进程加速和现代交通工具发展，交通事故成为严重威胁人类生命安全的"世界第一公害"，并与城市经济、车辆增多、人口增加密切相连。③回溯近代，"上海因为对内对外贸易上的发展，已变成中国一个最繁

---

① 本文系国家社会科学基金后期资助项目"汽车与上海城市客运研究（1901—1949）"（20FZSB084）的阶段性成果。
② 罗月领：《城市治理创新研究》，清华大学出版社2014年版，第92页。
③ 王正国主编：《交通医学》，天津科学技术出版社1997年版，第1页。

荣的都市"。①但自 1901 年汽车被引入上海,"汽车的出事次数较他种车辆为多,而其伤人殒命亦比他种车辆为多"②。因之降低汽车肇事发生率,控制并减少其伤害,成为上海城市交通治理着力点。然既往学者仅关注与租界治理相关的问题,对于华界的治理并未给予相应注意。③既如此,透过城市汽车交通业视域,回顾近代上海华界当局为维护交通秩序和社会安全采取的治理举措及其实践,俾期管窥它们对于上海城市发展和社会变迁产生的典型意义与深刻影响。

## 一、汽车肇事引致治理需求

不难发现,交通事故的损失是人或物,但人的损失不可弥补,给个人、家庭和社会带来巨大创伤。交通事故已成为危害人类社会和生命财产的世界性灾难。④伴随社会经济发展、城市化进程及汽车普及,引致交通事故频发⑤,如近代上海"汽车之肇祸伤人,昭彰报端"⑥。由此,交通环境繁杂、汽车伤害频密成为上海华界治理的重、难点领域。

究其本质,"市虎者何,汽车也。以汽车多伤人,故目为市虎","上海之市虎更多矣,郑重生命中外一致,上海之防市虎宜更严矣"。⑦即"上海汽车肇祸无日不有",行路者以为汽车来可从容而避,导致"发生祸患者十有八九"⑧;路人行走于闹市,"后面尽管汽车捏着啦叭呜呜的叫……一不留心,闯出人命大

---

① 王一木:《行路难! 行路难!》,《申报》1938 年 10 月 13 日,第 14 版。
② 孙俊:《如何能使汽车减少肇祸》,《申报》1922 年 6 月 24 日,第 21 版。
③ 相关研究可参见薛念文《抗战时期上海市内道路交通情况评述》(《学术月刊》2002 年第 1 期)、廖大伟《华界陆上公交的发展与上海城市现代化的演进(1927—1937)》(《档案与史学》2003 年第 3 期)、何益忠《近代中国早期的城市交通与社会冲突——以上海为例》(《史林》2005 年第 4 期)、陈文彬《城市节奏的演进与近代上海公共交通的结构变迁》(《学术月刊》2005 年第 7 期)、何兰萍《上海公共租界城市交通管理研究》(东华大学 2007 年硕士论文)、张松等《上海租界公共交通发展演进的历史分析》(《城市规划》2014 年第 1 期)、李沛霖《公共交通与城市现代性:以上海电车为中心(1908—1937)》(《史林》2018 年第 3 期)、李沛霖《近代上海公共租界城市交通治理探析》(《历史教学》2020 年第 2 期)、李沛霖《全面抗战前上海租界公交工人运动研究》(《江西社会科学》2023 年第 10 期),等。上述研究多聚焦于上海租界公共交通的发展、管理及其影响,但专于本题研究,迄今尚显寥寥。
④ 翟建安主编:《道路交通法医学》,警官教育出版社 1995 年版,"前言"页。
⑤ 黎德扬等:《交通社会学》,中国社会科学出版社 2012 年版,第 262 页。
⑥ 省:《汽车——奢华品》,《申报》1922 年 4 月 22 日,第 1 版。
⑦ 纳:《市虎说》,《申报》1921 年 3 月 3 日,第 11 版。
⑧ 《工部局统计车辆肇祸之方法》,《申报》1922 年 9 月 16 日,第 24 版。

祸",在这"汽车交通发达的大都市里,一星期里不知要发生多起"①。具如
1924年8月8日,华界的沪北兴市公共汽车公司汽车行经永兴路仁成米店,
司机误扳方向盘撞毁店门并撞倒一名老妇。该地岗警抄录司机号码报告四
区警署核办。②11月10日,该公司汽车驶过西藏路口撞倒10岁男孩,车轮碾
过肚腹肠流于外,当即气绝,由巡捕抄录汽车号码报告捕头并用车将尸体送验
尸所候验。③同年,上海县知事沈宝昌的汽车在梅溪小学附近碾伤小学生。④
至1929年10月4日,沪南公共汽车公司二路汽车行经龙华镇计家湾撞倒4
岁女孩,右轮碾伤左腰及大腿等处,血肉模糊惨不忍睹。由该处岗警将伤者送
上海医院救治并将司机带回公安局核办,女孩"伤势甚重,恐有性命之虞"。⑤
可见,"车辆肇祸案之激增,半因由于行人之不慎,而大半实在开车者之疏忽",
1929年9个月中"许多人因行路而送命,因行路而受伤,可见在上海走路的危
险了"。⑥

　　至20世纪30年代上海车辆"殊可惊人",1932年有公共汽车120辆、电车
299辆、汽车7 000辆、人力车20 000辆,来往马路"为数不知几许。故马路上
交通之管理,实为一件极大困难之事"。⑦譬如1930年9月1日沪南公司三路
汽车驶至新开河,司机急刹不及将突穿马路的7岁男孩撞倒,上唇血如泉涌、
不省人事。司机、岗警帮同竭力施救,"旋由该汽车直送至上海医院医治"。⑧
1932年,华商公共汽车公司汽车肇祸计35次,其中行人13次、物料14次、黄
包车5次、其他3次。⑨再如华界汽车肇祸1930年全年共计335起,死亡136
人(男95、女38、西人3),"其数只录报上所载,然处于僻静之地出有肇祸而未
刊者亦复不少"⑩;1932年全年共计272起,死亡106人(男89、女17),"深望沪

---

① 陵韵:《统制行人》,《申报》1936年9月9日,第25版。
② 《北公共汽车肇祸》,《申报》1924年8月9日,第15版。
③ 《公共汽车碾毙男孩》,《申报》1924年11月11日,第11版。
④ 《上海市公用局关于公共汽车扩展新线》,1936年5—9月,上海市公用局档案,上海市档案馆藏
　　(本文所引档案基本为该馆藏,故以下不再一一注明;引用中国台湾地区档案,文中另行说明),档
　　号Q5-2-382。
⑤ 《沪南公共汽车撞伤女孩》,《申报》1929年10月6日,第16版。
⑥ 徐国桢:《上海生活》,(上海)世界书局1930年版,第58—59页。
⑦ 《三十年来上海车辆消长录(续)》,《申报》1932年4月13日,第15版。
⑧ 《沪南公共汽车肇祸》,《申报》1930年9月2日,第15版。
⑨ 《上海市公用局关于1932年份华商公共汽车公司呈报开会并职员变迁》,1932年6—7月,上海市
　　公用局档案,档号Q5-2-603。
⑩ 三原:《上年汽车肇祸统计》,《申报》1931年1月14日,第28版。

上驾驶汽车者注重人道,呕谋行人之生命保全,对于肇祸之事,力求减少"(详情见表1)①。另据苏浙皖京沪闽赣七省市 1935 年汽车肇祸统计共 502 次,其中上海市 93 次占 18.5%(仅次于南京市 153 次、江西省 100 次);死亡 86 人(上海 9 人)、受伤 533 人(上海 85 人)。②而究其缘由,上海汽车肇事多属于"尚未娴熟驶法,开驶不照路章,受伤者为旅沪多年之中等以上之一流人(老女幼不在内)"。③

**表 1  上海华界汽车肇祸统计(1930、1932 年)**

| 年份 | 月份 | 因重伤而身死(人) | 头颅及腰腹等重伤(人) | 碾断腿足(人) | 手足等部轻伤(人) | 两车互撞毁物(起) | 肇祸次数(起) |
|------|------|------|------|------|------|------|------|
| 1930 | 1—6 | 58 | 54 | 31 | 49 | 2 | 159 |
|      | 7—12 | 77 | 62 | 40 | 24 | 5 | 176 |
| 1932 | 1—6 | 35 | 25 | 20 | 29 | 7 | 111 |
|      | 7—12 | 70 | 51 | 23 | 47 | — | 161 |

资料来源:三原:《上年汽车肇祸统计》,《申报》1931 年 1 月 14 日,第 28 版;文海:《上年汽车肇祸统计》,《申报》1933 年 1 月 13 日,第 23 版。

着实言之,其时上海"汽车肇祸,日有所闻,行人之被蹂躏者,轻则残伤,重则损合",主要由于"驾车者不精汽车机关"、"车夫之风驰电掣"、"行人走路不慎"及"刑罚不严"等。④例如 1934 年 10 月 7 日,市公用局公共汽车管理处的市 10008 号公共汽车在老西门与华商电车公司电车互撞,导致电车横架、汽车轮盘等损坏。文庙路警察所岗警邀请照相馆拍照肇事情形以凭交涉办理,并将肇事者带所核办。⑤至 1936 年,华界对于汽车肇事案件的处置方式主要分两类:一是送医院救治。因行人违反交通规则:2 月 1 日老西门中华路,公管处的市 10027 号公共汽车致伤 1 人;5 月 8、29 日赖义渡街,市 10007、10002 号汽车分别致伤 1 人;6 月 27 日新桥街,市 10033 号汽车致伤 1 人。因驾驶疏忽或争道竞行:5 月 2、6、15 日陆家浜路、新民路、方浜路,市 10012、1113、

① 文海:《上年汽车肇祸统计》,《申报》1933 年 1 月 13 日,第 23 版。
② 上海市出租汽车公司:《上海街道和公路营业客运(个别的公共交通)史料汇集》第四辑,1982 年 3 月油印本,第 75—76 页。
③ 《汽车肇祸之我见》,《申报》1923 年 7 月 21 日,第 15 版。
④ 省斋:《汽车肇祸之研究》,《申报》1922 年 1 月 14 日,第 19 版。
⑤ 《公用局公共汽车肇祸》,《申报》1934 年 10 月 8 日,第 11 版。

10027 号汽车分别致伤 1 人；6 月 28 日，市 10014 号汽车在龙华路、市 1377 号运货汽车在虬江路、第 4863 号出租汽车在肇家路分别致伤 1 人。二是收埋等处理。因争道竞行或超速：2 月 5 日民国路，市 10021 号公共汽车撞伤汽车叶子板；6 日新闸路乌镇路，市 15006 号汽车致死 1 人。因与他车互撞：2 月 12 日哈同路，市 17706 号运货汽车致伤 3 人；2 月 18 日、21 日麦根路桥，市 16393 号运货汽车、市 15049 号汽车分别致死 1 人；6 月 2 日交通路口，市 61089 号汽车严重受损。[1] 可见，"行驶了公共汽车，车辆偶然闹祸，在所不免"[2]，且如"驾驶人技术不好，不遵守交通规章，驾驶时疏忽不小心或喝酒过度或精神不足，都要闯祸"[3]。

纵观近代上海城市社会，"'行'也占很重要的一项，因之交通工具随之增加其重要性。但是在交驰奔逐，肩摩毂击的情形之下，交通秩序就发生了问题，'不安全'便成为了必然的后果"。[4] 进而，交通秩序乱象随之出现。例如 1925 年 10 月沪北兴市汽车公司呈文淞沪戒严司令部"公司乘车规则于汽车两旁不能站立乘客，以防发生危险，乃近日时有军警往来随意上下"，既不购票又不坐立，与之论理举手乱打。中秋节当日多名军士站立 10 号汽车旁，车辆不胜偏压以致倾倒，军卫生队员受微伤送院医治并无妨碍，但要求赔偿数十元并付住院金日五六元，"如此重大需索，敝公司值此困难万状时期，势将闭歇"。[5] 再据 1932 年华汽公司纠纷统计：乘客拒付车资 112 709 人，其中闸北警察 59 000 人、第 5 师士兵 48 000 人、江湾保卫团 3 540 人，发出免票乘客 1 019 人，学生军及其他强横乘车未在内。职工讨取车资被殴打 115 次，其中警察 40 次、学生 30 次、兵士 17 次、保卫团士兵 13 次、五党部人员 3 次、其他 12 次，其余未生纠纷任强横者行动不在列。[6] 可见，上海"市政当局所遭遇之种种困难中，要以交通问题为最严重。而在肇祸案件中人民损失之生命财产，尤不可胜计"，原因主要在于"一为若干驾驶人之漠视交通规则，一为一般市民之缺乏交

---

[1] 上海市出租汽车公司：《上海街道和公路营业客运（个别的公共交通）史料汇集》第四辑，第 80—83 页。

[2] 玉光：《闸北行驶公共汽车之路政问题》，《申报》1924 年 7 月 5 日，第 25 版。

[3] 何乃民：《汽车与公路》，商务印书馆 1944 年版，第 7 页。

[4] 赵曾珏：《上海之公用事业》，商务印书馆 1949 年版，第 183—184 页。

[5] 《沪北汽车公司呈请取缔军人乘车》，《申报》1925 年 10 月 7 日，第 16 版。

[6] 《上海市公用局关于 1932 年份华商公共汽车公司呈报开会并职员变迁》，1932 年 6 月—7 月，上海市公用局档案，档号 Q5-2-603。

通常识"。①

由上而述,近代"上海之交通问题实为世界最难者之一,非将交通管理之全部问题,从种种方面彻底研究,断不能采用枝枝节节之办法"。②当时"上海大人先生们事情太忙了,往来奔走就少不得要借汽车来代步。可是地窄人稠,怎能容得下许多汽车横冲直撞,因此便有不少的生命,给断送在四个无情的巨输之下了"。③然深究而论,"汽车乃交通之利器……就上海一地而论,交通便利端赖汽车之力为多,然行人以为汽车愈多杀人愈甚,此实不能视为定例"。④由此,上海华界当局鉴于汽车肇事频密的现状产生了迫切的治理需求,进而采取相应措施维护交通秩序和社会安全成为城市健康发展的必由进路。

## 二、汽车登记和检验的治理

业已证明,汽车工业长足进步有助于社会繁荣,但作为"致病源"的交通事故日益威胁人类健康。如何防治和控制交通事故,成为交通管理部门亟待解决的问题。⑤伴随20世纪以来上海城市交通形势变化及"汽车闯起祸来,对我们人类的害处,亦非常可怕"⑥之境况,华界当局成立汽车交通管理部门,以登记、检验等统制性治理施策亦接续展现。

其一,车辆登记与检验的管理规则。南市、闸北作为近代上海华界的主要构成,长期被租界分割。南市除上海旧县城外,包括城外沿浦至日晖港一带;闸北指苏州河北岸新闸与老闸间原上海、宝山两县大片土地。⑦譬如华界最早市政机关——南市马路工程局1895年开办。1897年改称工程善后局,设巡捕至各马路巡逻,巡捕房专为拘罚车辆行人违章而设。辛亥革命后改称南市市政厅,闸北改为市政厅。1925年"齐卢战争"结束后,南市、闸北分别改组为上海市公所、沪北市政局。具如1909年《上海城自治公所征收车捐现行章程》第4、7条规定:车辆捐领执照按月捐——营业汽车2元、自备汽

① 赵曾珏:《上海之公用事业》,第186页。
② 《讨论行人安全办法》,《申报》1934年8月10日,第14版。
③ 王一木:《行路难! 行路难!》,《申报》1938年10月13日,第14版。
④ 嵩生:《行人与汽车》,《申报》1922年7月15日,第23版。
⑤ 王正国主编:《交通医学》,第787页。
⑥ 何乃民:《汽车与公路》,第6页。
⑦ 张仲礼主编:《近代上海城市研究》,上海人民出版社1990年版,第232页。

车 1 元 5 角。每月 11 日起车辆查无执照,"照章议罚,仍令补捐领照"。①再如 1925 年沪北市政局公布整顿车照办法:"市公所同意本局向机关常年赠送车照改年为季",此章程咨请议会后由董事会执行。②至 1927 年 7 月上海特别市成立,上海市公所、沪北市政局被市政府接收。如《上海特别市暂行条例》第 21 条规定"公用局掌理":经营监督和取缔电力、电话、电车、自来水、煤气及其他公用事业;取缔汽车、马车、人力车等。③同年 12 月公用局《车辆登记检验办法》中规定:新购车辆 5 日内须将车行发票或其他文件到本局登记检验,"纳牌照费凭发牌照";旧有车辆欲在本市行驶,自布告日起一月内到局登记检验,"逾期罚款"。④翌年 8 月《上海特别市陆上交通管理规则》第 2、4、13 条规定:市区内行驶车辆除儿童游戏车外,均须向公用局登记;经检验合格发给号牌及行车执照后,方准行驶;旧车停用、另换新车,应报局登记检验,不得将原领号牌及行车执照使用;已检验合格车辆重向公用局"朦请检验,一经查出,应处罚金"。⑤

针对汽车事项,公用局于 1927 年 12 月通告:汽车检查合格者发给号牌两块,15 日前由各汽车车主将号牌"挂于事前显明之处及车后红灯之旁,均不得使在任何对象遮没号码,以资办认"。⑥次年该局《车辆登记暂行规则》第 1、3、4 条规定,本市境内一切车辆(汽车等)应先向本局申请登记;车商或车主领登记证后 7 天内应将车辆驶至车务处检验;未经检验合格领牌照前不得行车。⑦同年 2 月该局布告:闸北车辆(汽车等)登记检验及领取牌照手续每日 9—12 时、13—16 时至沪北车务处办理⑧;至 12 月,再要求当年起汽车车辆执照费每份 3 角,须于各车务处揭示⑨。

实质上,因汽车与"公众交通有密切关系,且与地方治安,亦有重大影

① 上海市出租汽车公司:《上海街道和公路营业客运(个别的公共交通)史料汇集》第一辑,1982 年 3 月油印本,第 8—10、240—241 页。
② 《沪北市政局整顿车照办法》,《申报》1925 年 12 月 19 日,第 14 版。
③ 《上海特别市暂行条例》,《东方杂志》第二十四卷第八号,1927 年 4 月 25 发行,第 101—102 页。
④ 《公用局布告车辆登记检验办法》,《申报》1927 年 12 月 21 日,第 14 版。
⑤ 《上海特别市陆上交通管理规则》,《申报》1928 年 8 月 9 日,第 24 版。
⑥ 《公用局稽查汽车罚则之布告》,《申报》1927 年 12 月 9 日,第 14 版。
⑦ 上海市出租汽车公司:《上海街道和公路营业客运(个别的公共交通)史料汇集》第一辑,第 244—245 页。
⑧ 《公用局检验车辆截止后办法》,《申报》1928 年 2 月 9 日,第 14 版。
⑨ 《市公用局规定车辆执照收费办法》,《申报》1928 年 12 月 26 日,第 15 版。

响",公用局颁行《上海特别市管理汽车行规则》,1929 年起办理登记、考验及发牌。[①]如该局《办理汽车行登记办法》要求:(1)登记时期为当年 3 月 16 日—31 日,汽车行应携具印鉴车厂图样赴总车务处办理登记手续。(2)各汽车行登记后应凭印鉴向总车务处领取正式执照,向财政局车捐处缴纳营业捐。(3)除新开汽车行外,逾期登记应纳逾期费 5(银)元。(4)4 月 16 日起尚未登记领照,停止营业。(5)仅 1 辆汽车载客营业,登记须有本市殷实商家保单。[②]1930 年 4 月再规定:汽车行及加油站未领执照,不准启用或营业。[③]嗣至 1935 年公用局颁行《上海市检验汽车办法》:一、依使用性质分为自用、轻便乘人汽车(甲、乙类)、运货汽车(丙类)、公共或长途汽车及大号营业乘人汽车(丁类)。二、检验规定:甲类在登记时检验;乙类及丙类除登记时检验外,丁类除制造车身及登记时检验外,每隔六月检验 1 次。三、各类汽车登记时检验及定期检验项目规定:甲类:(1)核对登记书所填项目;(2)秤定汽车本身重量;(3)检验喇叭前后灯及号牌地位;(4)检验制动机。乙类:(1)(2)(3)(4)同甲类;(5)检验车身;(6)检验引擎及底盘。丙类:(1)(2)(3)(4)同甲类;(5)规定最大载重量;(6)丈量各部尺寸。丁类:(1)(2)(3)(4)同甲类;(5)规定限载人数;(6)丈量各部尺寸;(7)检验全部机件及设备。四、定期检验日期由总车务处二周前通知车主将车驶至该处受验,不能受验的车主应声明改期,否则以检验不合格论。[④]至抗战前夕,"沪市之汽车捐,系分车别、十等、按季征收"。[⑤]

其二,汽车登记与检验的处罚事宜。依前而述,上海华界车辆监管的责任主体为公用局。如 1927 年 7 月上海特别市政府成立,分为工务、公安、卫生、财政、社会、教育、公用、港务、土地等九局及秘书处、参事室[⑥];8 日公用局随市政府而设,职掌水电交通、民营及其他政府机关经营的公用事项等[⑦]。譬如专事汽车登记和检验的处罚,1927 年 11 月公用局《验车罚则》作出规定:检验朦

①　上海市公用局:《十年来上海市公用事业之演进》,1937 年 7 月编印,第 69、71 页。
②　上海市出租汽车公司:《上海街道和公路营业客运(个别的公共交通)史料汇集》第三辑,1982 年 3 月油印本,第 30 页。
③　《市公用局注意整饬交通》,《申报》1930 年 4 月 13 日,第 15 版。
④　上海市出租汽车公司:《上海街道和公路营业客运(个别的公共交通)史料汇集》第三辑,第 98—99 页。
⑤　周一士:《中国公路史》,(台湾)文海出版社 1957 年版,第 169 页。
⑥　董修甲:《京沪杭汉四大都市之市政》,大东书局 1931 年版,第 1 页。
⑦　上海市公用局:《十年来上海市公用事业之演进》,第 1 页。

请两次者将原车充公。违犯各项照该车应纳捐照费加 1 倍处罚:已检验合格再购请检验,多领牌照;调换车上附件或零件,蒙混检验合格证书;检验时不听验车员指导 3 次以上;失落牌照。违犯各项罚银 2 元:失落检验合格证书;经登记后逾期请验;检验合格后逾三日请领牌照。① 是年 12 月该局《暂定稽查汽车罚则》第 1 条厘定罚款各项:(1)有号牌未悬挂、车头不挂号牌、车尾不挂号牌、未携行车执照、号牌与行车执照不符,自用汽车分别罚银 9、2、4、3、6 元,营业汽车分别罚 15、3、6、4、8 元。(2)车中无号牌,营业汽车罚 1 元。(3)无号牌执照,自用、营业汽车罚 18、30 元,仍到本局登记检验并凭发号牌。(4)故意铲除车内钢印、钢印号码模糊不清、钢印号码与牌照不符,自用运货汽车分别罚 4、8、6 元,营业运货汽车分别罚 6、12、8 元。(5)有牌照而无钢印号码,自用、营业运货汽车罚 18、30 元,仍到本局登记检验照打钢印号码并发牌照。(6)自用、营业运货汽车私打钢印,除将原车没收外,车主送司法机关究办。第(2)、(3)条规定,上项罚款如系公安、公用局查得判罚,分别由该局主管职员出具收据;受罚汽车如当日在其他地点重被查出违背同项规定,凭已缴罚款收据免再处罚。前列条款"如有违犯,一概扣留,照章处罚"。②

进而依据《上海特别市取缔汽车罚则》(1929 年 8 月)第 1—2 条规定:汽车包括(甲)自用乘人汽车、(乙)自用运货汽车及拖车、(丙)营业乘人汽车、(丁)营业运货汽车及拖车。伪造号牌捐牌执照或缴证、私打钢印,除没收汽车外,车主送司法机关究办。第 3 条,违犯各项缴纳保证金甲、乙 50 元及丙、丁 80 元后,至公用局总车务处登记检验领取牌照、财政局车捐处缴纳车捐,再凭牌照捐牌向原查获机关缴纳罚款并领还保证金:无号牌及执照,甲、丙分别罚 20、30 元;无号牌执照及钢印,乙、丁罚 20、30 元;借用他人号牌执照,甲乙、丙丁分别罚 24、36 元,由公用局吊销借牌;用试车牌照载客、货营业,丙、丁罚一季捐。第 7 条,汽车违犯各项缴纳保证金甲乙 20 元、丙丁 40 元,更正后再向原查获机关缴罚款并领还保证金:前牌、后牌钉挂不合式,甲乙分别罚 2、3 元或丙丁 3、4.5 元;小牌装订不合式,丙罚 1.5 元;捐牌悬钉不合式,甲乙罚 1 元、丙丁 2 元;号牌与执照号数不符,甲乙罚 6 元、丙丁 8 元;钢印与牌照号数不符,乙丁罚 6、8 元;捐牌与牌照或钢印不符,甲乙罚 6 元、丙丁 8 元。第 9 条,

---

① 《公用局规定验车罚则》,《申报》1927 年 11 月 9 日,第 14 版。
② 《公用局稽查汽车罚则之布告》,《申报》1927 年 12 月 9 日,第 14 版。

汽车违犯各项由公用局或公安局暂将牌照扣留,修理完整报请公用局检验合格后再行发还;车身破坏不堪、原动机损坏、制动机失效、车轮歪斜摇动。[1]可见,汽车分为自用、营业、运货三类;登记时须填明车主和司机的姓名、住址、电话及司机地位、执照号数;汽车的制造厂、号牌、马力、座位、车身和车轮等"登记时必须一一注明,规定颇严",自"实行登记检验以来,尤见进步"。[2]

概而言之,上海华界当局自"厘定其职掌,是为上海有主管公用事业行政机构之始"。之前"市区内各项公用事业,因陋就简,与当时租界相形见绌",自其成立"筚路蓝缕,积极推进,不数年间,成绩斐然,一切规制,不让租界专美于前"。[3]由是,抗战前华界当局"为整饬交通器具,保障行旅安全起见",要求行驶市内的各项车辆"均经检验办理登记"。[4]

## 三、汽车行驶和停放的治理

近代"都市交通,日趋复杂",车辆行驶停放已成为"各都市至不易解决之问题"。[5]汽车虽谓"市虎",但其"非真有伤人之心……苟驾驶者稍存勿纵出柙之心,行路者稍存如履虎尾之戒,则所谓市虎者,固亦无害于人"。[6]由此为避免汽车肇祸,上海华界当局对于行车和停放等管控性治理举措一一浮现。

其一,汽车行驶的管控。汽车"最应注意者即行车之速度"[7],如其"若疾驰伤人,则咎在驾驶人之鲁莽不慎"[8]或"总是唯恐其不快……就使许多行人无辜葬送在轮下"[9]。譬如最初上海南市当局规定车辆须靠马路左边行驶,凡汽车与汽车争先超越,各处10元以上罚金。[10]嗣至1927年上海市政府《上海特别市取缔道路规则》第5条要求:"在冲繁转角等处,后车之速度不准超越前

---

① 《市府公布修正取缔汽车罚则》,《申报》1929年8月31日,第15版。
② 悟:《上海公用局整理汽车方案》,《申报》1928年7月14日,第30版。
③ 赵曾珏:《上海之公用事业》,第53、81页。
④ 上海市公用局:《十年来上海市公用事业之演进》,第63页。
⑤ 董修甲:《京沪杭汉四大都市之市政》,第118页。
⑥ 纳:《市虎说》,《申报》1921年3月3日,第11版。
⑦ 赵曾珏:《上海之公用事业》,第280页。
⑧ 毅:《论本埠通行公共汽车》,《申报》1923年6月16日,第21版。
⑨ 徐国桢:《上海生活》,第59页。
⑩ 上海市交通运输局公路交通史编写委员会:《上海公路运输史》第一册,上海社会科学院出版社1988年版,第35页。

车。"①前述《陆上交通规则》第 24、27、30、42 条规定：各路行车速率不得超过公用局规定限度。车辆行近桥梁马路交叉口或转角应减低速率。同向行驶时低速车应让高速车先进。汽车在停车缓行或转弯时应用停车、缓行、左右转、前行等手势通知前方人、车、警。②《检验汽车办法》第 6 条要求：柏油路上车行速率每小时限定 30—90 公里。③具如"龙华寺重修工竣，沪人士之坐汽车往游者络绎不绝，惟汽车疾驶最易肇祸"，1921 年 4 月淞沪护军使饬令沿途岗兵传谕"经过汽车，不准疾驰，违即拘究。一面令行警厅迅即布告，禁止各项车辆开驶快车，务各缓行，以杜危险而重生命"。④且因"华界虽甚注意，而亦往往有危险之发生"，1928 年 7 月大东汽车公司与兵工厂汽车在罗别根路、虹桥路撞车，"皆因彼此行驶过速，致肇此祸"。嗣有汽车在沪西转弯速率超过 10 英里，岗警从严取缔并"发帖通衢，登诸广告，以促车主与驾驶者两方之注意任便疾驰以蹈危险而肇巨祸"。⑤至 1930 年 4 月，公用局通令"马路转弯处，车辆行驶不得过快"⑥。上述规定要求汽车行驶转弯转角处"应该十分留意，前面有人行走应该慢驶，处处存一个敬畏的心"⑦，进而导致"汽车夫驾驶汽车谨慎者居多，驰至热闹之处必大鸣警笛，否则撞死行人罚款颇巨，而各方面对于汽车肇祸亦异常注意"⑧。

关乎车辆载客，1929 年公用局《限制专在市内行驶营业汽车载客人数办法》中规定：(1)专在市区行驶(无租界照牌)的营业汽车，由本局与财政局规定载客人数，同时发给限制载客数牌 1 块，不领该牌不给号牌执照。(2)营业汽车载客超过牌上所载人数，应比照《取缔汽车罚则》第 6 条第 1 项处罚，6 岁以下幼童不限。(3)营业汽车如将牌上所载限制人数字样擅自毁去或改冒，比照《罚则》第 2 条第 1 项处罚。(4)该牌损坏后不即换领新牌，比照《罚则》第 5 条第 2 项处罚。⑨再据《取缔汽车罚则》第 8 条规定违犯各项由公用或公安局立

① 《上海特别市取缔道路规则》，《申报》1927 年 12 月 15 日，第 20 版。
② 《上海特别市陆上交通管理规则》，《申报》1928 年 8 月 9 日，第 24 版。
③ 上海市出租汽车公司：《上海街道和公路营业客运(个别的公共交通)史料汇集》第三辑，第 99 页。
④ 《禁止龙华马路上开快车》，《申报》1921 年 4 月 3 日，第 11 版。
⑤ 悟：《市公安局限制汽车速率》，《申报》1928 年 7 月 28 日，第 27 版。
⑥ 《市公用局注意整饬交通》，《申报》1930 年 4 月 13 日，第 15 版
⑦ 孙俊：《如何能使汽车减少肇祸》，《申报》1922 年 6 月 24 日，第 21 版。
⑧ 《工部局统计车辆肇祸之方法》，《申报》1922 年 9 月 16 日，第 24 版。
⑨ 上海市出租汽车公司：《上海街道和公路营业客运(个别的公共交通)史料汇集》第三辑，第 71 页。

即分别处罚:自用乘人汽车私自载客、货营业,甲乙罚银同营业汽车季捐,第二、三次加倍,车辆没收;运货汽车载客营业,乙罚 6 元;载客于不相当地位,甲、丙分别罚 4、6 元;载重量超过规定 200 公斤以内,乙、丁罚 5、8 元,以外每增 100 公斤加罚 4、6 元;载客过量,甲、乙罚 4、6 元;夜间行驶不燃前、后灯,甲乙罚 4、3 元或丙丁罚 6、4.5 元。①具如华汽公司乘客定额 29 位,坐满悬牌不再载客并统计车辆行驶的事故及损坏(见表2)。再如沪南公司三路公共汽车售票两手生疮向乘客卖票,"肌肤接触,机会甚多,殊属危险"。查疮疖系顽固传染病之一,任其服务,妨害公众健康",1930 年 5 月公用局令华汽、沪南等公司"亟宜预先检验,以重公众卫生",汽车服务须经医院检验方能从业。②至1933 年,华界出租汽车业采取缴纳肇事保证金形式,车行 66 家、汽车 505 辆,每辆保证金 10 元,本期共缴保证金 5 050 元。③简言之,上述"所订罚则,营业汽车数目较大,自用汽车次之,运货汽车又次之,可谓合于法理",施行后公用、公安局派员稽查"颇有成效"。④

**表 2　华商公共汽车公司车辆在途因事停顿及损坏表(1931 年)**

| 名目 | 次数 | 名目 | 次数 | 名目 | 次数 | 名目 | 次数 |
|---|---|---|---|---|---|---|---|
| 刹车 | 763 | 机件 | 1 200 | 汽油系 | 368 | 车轮 | 866 |
| 风扇 | 215 | 车头机 | 1 437 | 架舵 | 595 | 其他 | 1 165 |
| 电灯 | 546 | 水箱 | 422 | 职工生病 | 42 | 合计 | 7 619 |

　　资料来源:《上海市公用局关于 1932 年份华商公共汽车公司呈报开会并职员变迁》,1932 年 6—7 月,上海市公用局档案,档号 Q5-2-603。

　　其二,汽车停放的处置。近代上海"要找一处方便适当地方停放汽车,有时觉得非常困难"⑤,由于"缺少足够的停车场,大多数的办公大厦,都没有停

① 《市府公布修正取缔汽车罚则》,《申报》1929 年 8 月 31 日,第 15 版。
② 《上海市公用局取缔公共汽车电车服务人员传染病》,1930 年 5—7 月,上海市公用局档案,档号 Q5-2-491。
③ 上海市出租汽车公司:《上海街道和公路营业客运(个别的公共交通)史料汇集》第四辑,第 67—68 页。
④ 悟:《上海公用局整理汽车方案》,《申报》1928 年 7 月 14 日,第 30 版。
⑤ 何乃民:《汽车与公路》,第 12 页。

车场的设备,因此许多车辆,只能停在路上"①。因而前述《取缔道路规则》第 6
条要求:"车辆马匹在道路暂欲停顿时,须遵照规定停置地点暂时停顿。但时
间不得过久,以免逐增拥挤。其停车场所,由公用局规划指令钉立标识牌,以
资遵守。"②《陆上交通规则》第 50—54 条规定:车辆在路中及转弯处或狭窄街
道上,均不得停放。道路阔度不满 10 公尺,车辆不得在其两侧停放。车辆停
放地点,应注意下列限制:距离人行道侧石不得过 1/10 公尺;距离交叉口转角
或桥梁、火警机关或消防龙头分别不得在 5、3 公尺内。车辆欲向路右侧停歇
时,应用警告手势并应在车辆或行人稀少时斜驶路右。任何车辆不得久停于
大商店公共场所门前交叉口或繁盛街市。第 63、65、79 条规定,车辆肇事应
即停驶,并速报附近公安局长警不得隐匿,非得许可不得行驶。车辆撞坏他人
物件或伤害他人身体,车主应负赔偿及医疗之责。违背本则各条者,"科以罚
金,情节重大者另行处办。法人应受前条之处分时除罚金外,就其代表者执
行"。③可见,除严重伤亡事故外,汽车行驶和停放的违法惩治,华界当局基本
采用经济处罚方式。

具如"为便利乘客起见",华界的沪南公司 1929 年 11 月在中华路文耀里
口、方斜路大吉路口添设公共汽车停车招呼站,竖立停车标志。④该公司在外
马路停车点与华商电车停站"接连车辆,易致拥塞",次年 4 月公用局责令其移
设停车站至里马路西,"以利交通"⑤;即其各路汽车停车点"与电车停站距离
过密,致通行诸受阻碍",5 月该局令一、二两路汽车移设停站 16 处,"以期通
畅"⑥。再因方浜路口南的市办三路公共汽车停站"妨碍交通",1935 年 9 月公
用局要求三路移至东门路口南、四路移至民国路电车站北。⑦由是,基于"交通
情形日益繁复,各项规章以及各处信号,非赖岗警严厉执行,无以收整理之实效"
情势,1930 年 4 月公用局转请公安局通饬岗警注意:繁盛马路两旁除规定场所

① 赵曾珏:《上海之公用事业》,第 176—177 页。
② 《上海特别市取缔道路规则》,《申报》1927 年 12 月 15 日,第 20 版。
③ 《上海特别市陆上交通管理规则》,《申报》1928 年 8 月 9 日,第 24 版。
④ 《沪南公共汽车之发展》,《申报》1929 年 11 月 3 日,第 15 版。
⑤ 《上海市公用局为整理十六铺东门路交通饬还电车公共汽车停站》,1930 年 4 月,上海市公用局档案,档号 Q5-2-889。
⑥ 《市公用局整理沪南公共汽车停站》,《申报》1930 年 5 月 13 日,第 15 版。
⑦ 《上海市公用局关于整顿东门路交通迁移法商电车掉头地位等事项》,1935 年 9 月—1936 年 2 月,上海市公用局档案,档号 Q5-2-890。

外,不准停留各项车辆;电、汽车除特别事故外,不得未到站前随时停车或开门;公共汽车停车站附近,禁止其他车辆停放。①至 1933 年,上海北火车站旅客每月约 30 余万人,公用局在站外划定汽车等停车地位及路线。②翌年 12 月,该局在宝山路口、五角场、尚文门、东门路、大码头街外滩、老西门等 17 处,划定车辆停止线及禁止停放线。③嗣因"交通日繁,亟应规定停车场所,以资改善",1935 年 6 月公用局会同公安、工务局在沪南、闸北区分别设置停车场 23、17 处。④次年 11 月,华汽公司已在公共汽车各处站点粘贴停车标志,"以俾众知,定于实行"。⑤

一言蔽之,上海汽车"速率之规定,行驶之方法,在均须有良法以规定之能,如是则肇祸之事必减,而行人之生命,亦可以稍获安全"。⑥由此,华界当局次第推行"行车秩序之整饬及空车停放之管理"等疏导措施,使得"所有车辆都依交通规则行驶,实在是很有益的事"⑦;汽车行驶和停放的管控性模式遂成为城市交通治理的必要之策。

## 四、执业者和乘车者的治理

交通是适应和满足人类建立、发展社会关系的基本需要。人们建立交通组织,制造交通工具,制定交通规则,培训交通职工,进行交通活动。⑧迨及近代,因汽车驾驶"与旅客安全关系最切"⑨,为减少汽车肇事伤害、保障生命财产安全,上海华界当局采用规范执业者和乘车者的治理策略,持续孕育城市场域中的交通意识和法制观念。

其一,汽车执业者的训验。据统计,驾驶员因素造成交通事故的占 52%。事故处理的关键还是人。⑩如汽车肇事以"上海一埠而论,年亦死人二百,伤人三千",司机"实应予以严密考验之必要"。⑪而我国最早汽车专科学校——上

① 《市公用局注意整饬交通》,《申报》1930 年 4 月 13 日,第 15 版。
② 上海市出租汽车公司:《上海街道和公路营业客运(个别的公共交通)史料汇集》第三辑,第 213 页。
③ 《南市闸北各要路装设交通指挥灯》,《申报》1934 年 12 月 1 日,第 16 版。
④ 《公用局整理本市交通》,《申报》1935 年 6 月 28 日,第 11 版。
⑤ 《闸北公共汽车改用颜色牌柄以表示路名》,《申报》1936 年 11 月 19 日,第 11 版。
⑥ 黎离尘:《取缔汽车之我见》,《申报》1923 年 3 月 10 日,第 23 版。
⑦ 赵曾珏:《上海之公用事业》,第 159、177 页。
⑧ 黎德扬等:《交通社会学》,第 73 页。
⑨ 上海市公用局:《十年来上海市公用事业之演进》,第 69 页。
⑩ 翟建安主编:《道路交通法医学》,前言页、第 218 页。
⑪ 上海市出租汽车公司:《上海街道和公路营业客运(个别的公共交通)史料汇集》第四辑,第 65 页。

海中华工业专门学校 1924 年创立，设汽车道路专科。1927 年中央汽车专门学校在沪创办，设初、高级班和驾驶速成班，毕业千余人分往各省服务。华商飞隆汽车行等附设汽车学校培训一批司机。①截至 1922 年，上海汽车执照统计发出 3 038 张，其中自备车 2 095 张、公共车 342 张；汽车夫考验合格予以驾驶执照 633 名。②嗣至 1927 年公用局《行政大纲暨实施办法》要求：订定商办水电交通取缔条例、人员资格检定规则等；并会同关系各局"严格办理，一面订定罚则，以资执行"。③进而《陆上交通规则》第 18—20 条规定不得驾驶车辆情形：患有碍作业的疾病者；年龄 17 岁以下或 50 岁以上者（汽车司机不受 50 岁以上限制）；酒醉者。汽车司机应向公用局登记，经考验合格发给执照后取得司机资格。司机执照应随车携带，备受公用局稽查员、公安局警察查验。④自 1929 年 10 月 1 日起，驾驶汽车"查无本市司机执照，即行照章处罚"。⑤如机动车辆无司机执照不得驾驶并处罚金，扣留违章车辆牌照或司机执照时，电话（南市 553）通知公用局第四科"以防车主蒙混补领之弊"⑥；且各汽车司机所领执照已届一年，"未遵章送请审验者，为数尚多"，该局饬令应即呈验"否则一经查出，当照该规则第九条第九项处罚不贷"⑦。即当局对于驾驶技术、交通规章、机械常识、当地地理等详加考验外，对驾驶人"违章肇祸，处罚更重"⑧；各汽车行主及驾驶人"为自身营业计名誉计更为人道计，亦宜谆嘱御者谨慎行事，使沪埠之一大惨剧，或可渐渐减少"⑨。

从而，"驾驶人员的考验工作等，均应经常严格的施行"。⑩譬如 1928 年 12 月《上海特别市管理汽车司机人规则》第 2、4、9 条规定：驾驶或学习驾驶的汽车主、汽车夫均应在公用局登记考验领取执照，否则不得驾驶。司机登记考验

---

① 上海市公用事业管理局：《上海公用事业（1840—1986）》，上海人民出版 1991 年版，第 259 页。
② 嵩生译：《一年来上海车务情形》，《申报》1923 年 3 月 24 日，第 21 版。
③ 《上海市公用局拟订 1927 年度施政大纲》，1927 年 8 月—11 月，上海市公用局档案，档号 Q5-3-908。
④ 《上海特别市陆上交通管理规则》，《申报》1928 年 8 月 9 日，第 24 版。
⑤ 上海市公用局：《十年来上海市公用事业之演进》，第 69 页。
⑥ 《市公用局注意整饬交通》，《申报》1930 年 4 月 13 日，第 15 版。
⑦ 《汽车司机执照》，《申报》1930 年 4 月 20 日，第 15 版。
⑧ 何乃民：《汽车与公路》，第 7 页。
⑨ 毅：《对于此周汽车肇祸感言》，《申报》1922 年 8 月 5 日，第 21 版。
⑩ 赵曾珏：《上海之公用事业》，第 184 页。

应纳5元(含摄影及考验手续费),第一次考验不及格后每复验一次手续费1元。汽车司机违犯本则依下列各款处分:(1)未有司机执照罚银10元,仍责令至公用局受验领照;(2)已领司机执照而未携带罚3元;(3)借用他人司机执照除将照吊销外罚10元;(4)就业或易主时不遵期报请公用局签字罚5元;(5)遇传询逾期三日始来局罚3元,后逾一日加罚1元、逾九日以上吊销执照;(6)执照毁坏或遗失,不即报请换领或补领罚5元;(7)不照规定将执照送请审验,逾一月内罚5元、一月以上吊销执照;(8)利用汽车犯法纪应受刑事处分,除吊销执照外永不得再任司机。①且驾驶"对于交通安全关系尤钜",1931年公用局呈准市府取消上述《司机人规则》第2条,增添第3、4条:汽车司机曾在本市特区或市内领有司机执照确能证明有六个月驾驶经验者得免予考验,但须经过口头询问,如有疑点仍须考验及格方可发照。汽车司机曾领本市或他处市政机关所发司机执照而仅有驾驶普通乘人汽车经验者,如欲驾驶运货、长途、公共、大号汽车时概须重新考验。另为便利起见,除节假日外每日上午举行汽车司机考验;至11月,该局登记市内汽车司机已达12 200人。②如"年来汽车辆数日增,汽车驾驶人及匠徒亦随之增多",1936年6月、12月该局登记考验汽车匠徒分别1 857、2 167人。③推究其故,"取缔汽车,宜增进司机人之识力与人格,识力大则技术精,人格高则道德重,技术精、道德重则祸端少,而杀伤减矣"④;华界当局为防止汽车肇祸训练、考验司机,体现出避免人财物损失和减轻社会创伤之真义。

其二,乘坐汽车者的规范。当时公用局"对于本市的交通秩序,和市民的生命安全,是付着管制和保障的责任的。一面力求改善交通,确保安全,一面是强制守法,取缔越轨",以为"养成市民行路习惯,养成市民公共观念——牺牲个人便利,顾及公共利益"。⑤鉴于上海部分军警和民众乘车陋习与交通规范形成的强烈反差,沪南公司订定《乘客须知》(1929年12月)有:未停车前不得上下;乘客不得站立踏板;车内不准涕吐;小孩满6岁照章买票;酒醉及患疯癫、传染病者不得上车;乘客不得携带禽兽及笨重对象;衣衫褴褛及裸体者不

①　上海市出租汽车公司:《上海街道和公路营业客运(个别的公共交通)史料汇集》第三辑,第141—142页。
②　《公用局修正管理汽车司机人规则》,《申报》1931年11月17日,第15版。
③　上海市公用局:《十年来上海市公用事业之演进》,第69页。
④　旡用:《车辆与生命》,《申报》1922年2月12日,第15版。
⑤　赵曾珏:《上海之公用事业》,第183页。

得上车;乘客不得携带违禁品。①进而《上海市公用局公共汽车管理处乘客规则》(1934 年 3 月)中规定:(1)无票乘车,概照该路最高票价补票。(2)乘客每人占一座位,不得横卧竖立妨碍其他乘客。(3)乘客上下车除应先让怀抱小孩的妇女上下外,余均依次而行,不得争先恐后并不许由窗口逾越。(4)乘客不得探身伸手于窗外,车未停止不得随意上下。(5)乘客不得与车务人员谈笑,致碍业务。(6)乘客不得携带危险及违禁物品即一切有碍公众卫生及安宁的物件与牲畜。(7)乘客在车内不得涕唾吸烟叫嚣唱歌或奏乐,并不得互相殴打及将食物果壳抛弃车内。(8)车务人员可拒绝乘车或令其下车:赤膊及衣服褴褛污秽不堪;病重垂危无人扶持;小孩或龙钟老人无人领导;醉酒或癫痴;身患恶疾及传染病。②且彼时乘坐公共汽车还应注意数端,如乘客"如遇匆忙不克事先兑换(铜元)时,可以不必竟在车上以法币购票为妥。因搭车各站人品复杂,常有扒手小窃,乘机施技,匆忙中不可不防"。③

针对军警乘车,1934 年《优待军警乘坐公共汽车规则》第 1—2、4 条规定:军警应遵守汽车上一切规章,遇事听从车务人员指导。凡身穿制服、佩戴正式符号者购军警优待票(售铜圆 10 枚),未有符号及未穿制服者须购全票;每车优待票限 3 张。军警抗不购票,由车务人员报告本局转知所属军队警署机关核办。4 月,上海市政府、沪淞警备司令部联合布告:本市军警乘坐公共汽车一律按"规则"照章购票,抗不购票者送交该管长官"严惩不贷"。④同年国民政府军事委员会主席蒋中正关注乘车行为,饬令新生活运动主管人员布告《公共汽车乘车须知》:坐车不可歪斜;说话不可喧哗;不可吸烟;不可吐痰;不可跳窗;不可伏窗。"以上六条应印贴在车内,先教练车站办事人员并令各车夫能够明白解释,凡客上车,如有犯此者,即开车手或车掌应即照规取缔",通令各省市照此办理。⑤嗣因"本市各交通公司优待儿童乘车办法向不一律",1935 年

① 《上海市公用局关于沪南公共汽车公司为油价暴涨请增车资》,1930 年 6 月—8 月,上海市公用局档案,档号 Q5-2-569。
② 《上海市公用局订定公共汽车管理处优待军警乘车规则及职工规则、乘客规则》,1934 年 3—5 月,上海市公用局档案,档号 Q5-2-419。
③ 柳培潜:《大上海指南》,(上海)中华书局 1936 年版,第 32 页。
④ 《上海市公用局订定公共汽车管理处优待军警乘车规则及职工规则、乘客规则》,1934 年 3—5 月,上海市公用局档案,档号 Q5-2-419。
⑤ 《革命文献——新生活运动》,1934 年 3 月 4 日,蒋中正总统文物档案,台北:台湾"国史馆"藏,档号 002-020200-00027-003。

12月上海市市长吴铁城要求公用局、教育局、华汽公司等单位商定儿童乘车规范及待遇办法:(1)以儿童长短尺寸为标准,不满1米免收车资,1—1.25米购半票,1.25米以上全票;(2)团体,每人收费1/4以示优待,"惟各学校当局须于事前通知公司,以便准备"。①因而,当时上海公交车"有年老者和妇女小孩们上来,坐在附近的男子们,大都站起来让座,差不多已成了一种普通的习惯了"②;且汽车司机"一不谨慎从事致肇祸端,而个人生计将愈不给",由此呈现"市民关心道路之明证,可于愿赴公堂作证者之增加"③等现象。可见,华界当局和汽车交通企业规制乘客行为并附惩戒措施,有力推动市民交通安全和规则意识的形塑与进步。

统而论之,近代上海是"国际的大都市,应该有一个良好的模范,为全国的标准"。因之"吾人要达交通'安全'的目的,希望各方面都能合作,如行人、驾驶人、乘客、摊贩、警士,还有学校当局。这军、政、民三方面的人,身体力行,经常警觉,守法不渝,然后才能完成一个有秩序保安的中国第一大都市"。④伴随城市化进程加速与汽车肇事频密,上海华界交通治理逐步走向制度化、规范化,进而"执行稽查车辆事宜,以取缔违章车辆,保障行车安全,经积极整顿,目前车辆违章及肇祸案件,已日渐减少"⑤。揆厥原因,华界当局采用统制汽车登记和检验、管控汽车行驶和停放以及规范执业者和乘车者等系列治理举措及其行动功效,不仅持续保障城市功能、社会秩序和交通环境的有序渐进,而且为国内其他城市作出示范效应,由此形塑城市交通治理"中国化"之基础。改革开放以来,我国交通事故逐年增加,截至1997年每年因交通事故致死约6万人,占全世界致死人数14.3%,居于世界首位。⑥由此基于现状客观反思与总结近代上海华界汽车交通治理的经验教训,不仅可为当代中国交通治理与城市现代化提供历史镜鉴,而且有助于新时代"国家治理体系和治理能力现代化"的理论参照与决策支持。

---

① 《上海市公用局关于优待儿童乘坐汽车及电车办法》,1935年10月—1936年1月,上海市公用局档案,档号Q5-2-870。
② 徐国桢:《上海生活》,第63页。
③ 嵩生译:《一年来上海车务情形》,《申报》1923年3月24日,第21版。
④ 赵曾珏:《上海之公用事业》,第183—184页。
⑤ 上海市公用局:《十年来上海市公用事业之演进》,第62页。
⑥ 王正国主编:《交通医学》,第787页。

# Historical analysis of automobile traffic govern in modern Shanghai Chinese area

**Abstract**: From 1901, when the automobile was introduced into Shanghai, China to the Anti-Japanese War, the scale of Shanghai's urban automobile transportation industry developed and prospered day by day, which was no other city in China. However, due to frequent car accidents, urban traffic safety is facing serious challenges. Based on this, Shanghai Huajie authorities have made efforts to safeguard Shanghai's urban functions and social order through a series of governance measures such as controlling car registration and inspection, controlling car driving and parking, and regulating practitioners and passengers. Therefore, by reviewing the experience and lessons of automobile traffic governance in modern Shanghai Huajie, we reflect on the typical significance and profound influence of its governance practices on the urban development of Shanghai, so as to provide a historical reference and practical inspiration for the derivation of traffic governance and urban modernization in contemporary China.

**Key words**: Shanghai Chinese area; Automobile traffic; Governance practice

作者简介：李沛霖，南京医科大学马克思主义学院教授。

# 城市与社会

# 被遗忘的圣地与迥异的空间诗学：
# 希伯来圣经文学中伯利恒的
# 双重空间叙事

赵艺瞳

摘　要：在《路得记》《撒母耳记》《弥迦书》等诸多希伯来圣经文学经典中，犹太民族的圣地伯利恒呈现出了被分别建构为和谐、质朴的田园空间与属灵、历史的神圣空间的诗学态势，并在文学叙事的过程中体现出了与空间形态相对应的民间叙事与神圣叙事两种迥异的叙事风格。体验的多样性固然是叙事空间最为重要的特征，然而一旦将这种现象置于希伯来圣经文学研究的视域进行考察，则会发现伯利恒的双重空间叙事风格背后所投射出的，其实正是希伯来民族所具有的独特民族审美取向。

关键词：希伯来圣经文学　伯利恒　空间诗学　民间叙事　神圣叙事

## 一、"面包之家"：田园牧歌情怀与民间叙事

伯利恒（Bethlehem），希伯来文写作בֵּיתלֶחֶם，原意为"面包之家""面包工坊"，在希伯来圣经中也称"以法他"（Ephatah，希伯来语"富饶"之意）。据相关考古研究表明，这个坐落于犹大山地 2 350 英尺处，距离希伯来民族的圣殿耶路撒冷（Jerusalem）仅 8 公里的小城，可能是自然资源较为匮乏的犹大山地地区一处难能可贵的富庶之乡，山间良田遍布，乡村景象优美，早在圣经时代的以色列先民就已经将这个地方与金色的田野、饱满的麦穗、馨香的谷物等一系列美好的田园意象进行了丰富联想。而在整部希伯来圣经中，最为鲜明突出

地将"伯利恒"作为一个富有浓郁的田园牧歌式情怀的独特空间来加以书写描绘的经典篇章,当数被同时归入"圣录"(*Hagiographa*)与"礼仪五卷书"中的《路得记》(*The Book of Ruth*)。与此同时,作为礼仪之书的《路得记》被要求诵读于五旬节(又称"收割节"或"七七节"),具体时间是在犹太历西弯月的第6日与第7日,这个农业性节日的到来标志着庄稼成熟、小麦收割结束,人们通过欢庆收获以感谢耶和华神的恩惠。①——而这也是从侧面为被誉为"面包之家"的伯利恒在空间诗学的层面上又增添了一抹别有生趣的乡村风情,亦是与《路得记》中如田园牧歌般质朴而和谐的民间叙事风格相得益彰。

在《路得记》经卷的开篇伊始,叙述者便已用简洁凝练的话语直接交代了故事发生的时空背景:"当士师秉政的时候,国中遭遇饥荒。在犹大的伯利恒,一人带着妻子和两个儿子往摩押地去寄居。"(《路得记》1:1—2)而后继续讲述了在丈夫与儿子先后去世后,无男性照拂、仅与两个摩押儿媳相依为命的犹太妇人拿俄米(Naomi)决定重返伯利恒,重返故土的原因也同样与粮食温饱问题息息相关:"因为她在摩押地听见耶和华眷顾自己的百姓,赐粮食与他们。"(《路得记》1:6)而拿俄米与追随她返乡的儿媳——摩押女子路得(Ruth)从摩押地回到伯利恒时,又"正是动手割大麦的时候"(《路得记》1:22)。寥寥数语之间,不仅将拿俄米与路得婆媳二人辗转于摩押和伯利恒这两个不同地理空间的前因后果交代得清晰顺畅,使文本的整体叙述有明确的逻辑思维可循,同时也在字里行间中暗示了当时正值农忙之时的伯利恒乡村所具有的"年丰时稔"的地理环境特征,并为后续故事情节的推动发展预先设置了一个具有充分合理性的空间背景。

其中值得注意的是,当拿俄米与路得从摩押地返回伯利恒时,随着地理空间的流转,二人的身份也将必然发生改变。结合当时的历史语境,在旧约时代的以色列男权社会中,失去丈夫且没有子嗣的女性实际上沦落成为部族制度下的边缘人,当身为家族中的"家长"的男性去世并从族谱中被"除名",也就残酷地意味着作为"遗孀"的女性的生存权利已经不再有所保障。②由此,即便回到了物质生活环境富足,但却又象征着以色列男权社会空间缩影的伯利恒中,处于孀居状态的拿俄米与路得婆媳的悲惨生活境遇仍是可想而知的,生活的

---

① 参见《民数记》28:26。原文为:"七七节庄稼初熟,你们献新素祭给耶和华的日子,当有圣会;什么劳碌的工都不可做。"

② 王立新:《古犹太历史文化语境下的希伯来圣经文学研究》,商务印书馆2014年版,第324页。

困窘与地位的卑微使得路得只能靠在伯利恒的田间跟随收割人的身后捡拾麦穗维持生计。①然而《路得记》的文本叙事的魅力正在于人物命运进入低谷后的触底回升,借此机缘巧合,摩押女子路得在伯利恒乡村的田间这一重要的空间场所,偶遇了作为家族至亲的大地主波阿斯(Boaz),并受到其庇佑:

> 波阿斯对路得说:"女儿啊,听我说,不要往别人田里拾取麦穗,也不要离开这里,要常与我使女们在一处。我的仆人在那块田收割,你就跟着他们去。我已经吩咐仆人不可欺负你;你若渴了,就可以到器皿那里喝仆人打来的水。"(《路得记》2:8—9)

> 到了吃饭的时候,波阿斯对路得说:"你到这里来吃饼,将饼蘸在醋里。"路得就在收割的人旁边坐下;他们把烘了的穗子递给她。她吃饱了,还有余剩的。她起来又拾取麦穗,波阿斯吩咐仆人说:"她就是在捆中拾取麦穗,也可以容她,不可羞辱她;并要从捆里抽出些来,留在地上任她拾取,不可叱吓她。"(《路得记》2:14—16)

韩国学者金明求曾提出:"'空间'是个提供人类活动、思考的舞台,更重要的是空间本身并不具单一性及绝对性,相反地它可能具延展性及多元性。空间之中还会产生许多不同的空间,甚至可以无限产生,无谓数量及大小的限制,完全视所要探讨的深度及范围来定。"②正是由于空间所具有的独特延展性,随着《路得记》的故事推进,尤其是在路得与波阿斯夜宿禾场这一令人印象极为深刻的情节中,我们可以看到,主人公路得与波阿斯身处的交往空间已经由伯利恒乡村这个具有公开性、公共性的"大空间"逐渐范围缩减至更显私人性与隐秘性的夜间禾场这个"小空间"之中,而随着两人所处的空间愈加精细化与亲密化,路得与波阿斯之间的情感态度也发生了十分明显的转变,他们的关系也正是在隐秘无人的夜间禾场这一"小空间"的互动中而得以实质性的进展:

---

① 参见《利未记》19:9—10。原文为:"在你们的地收割庄稼,不可割尽田角,也不可拾取所遗落的。不可摘尽葡萄园的果子,也不可拾取葡萄园所掉的果子;要留给穷人和寄居的。我是耶和华——你们的神。"

② 金明求:《虚实空间的转移与流动》,大安出版社 2004 年版,第 8 页。

路得就下到场上,照她婆婆所吩咐她的而行。波阿斯吃喝完了,心里欢畅,就去睡在麦堆旁边。路得便悄悄地来掀开他脚上的被,躺卧在那里。到了夜半,那人忽然醒来,翻过身来,不料有女子躺在他的脚下。他就说:"你是谁?"回答说:"我是你的婢女路得。求你用你的衣襟遮盖我,因为你是我一个至近的亲属。"波阿斯说:"女儿啊,愿你蒙耶和华赐福……你今夜在这里住宿,明早他若肯为你尽亲属的本分,就由他吧,倘若不肯,我指着永生的耶和华起誓,我必为你尽了本分,你只管躺到天亮。"(《路得记》3:6—13)

早在先民时期的农业社会传统中,谷神拥有着极高的地位,而禾场往往也就成为先民崇拜谷神的最佳场所,并在此庆祝丰收——犹太民族的精神灯塔耶路撒冷圣殿的原址也正是建构于古老的禾场之上。[①]在某种意义上而言,土地的作物产出与人类自身的生育繁衍具有一定的相似性,因而人们在禾场上的劳作、收获也逐渐与性产生了暧昧的联想,田间禾场也就成为一种隐约指向男女交好的理想场所。[②]而路得作为年轻的媚妇,在夜间掀开被子躺在波阿斯的脚下,并委婉地请求这个男人"用衣襟遮盖我",其实就已经明确地表达出了她想要与波阿斯建立特殊关系的愿望,而波阿斯接受她的请求并以神的名义起誓,以及在翌日前往城门口与本家亲族进行协商以求"合法"迎娶路得的行为,也印证了在禾场"小空间"内的交往互动后,两人间的亲密关系得以进一步的提升。与此同时,在"夜间禾场"这一极具有田园意趣的空间中,路得顺从地躺卧于波阿斯的脚下,柔婉谦卑的女性话语与恳切坚定的男性话语相交织,为这个宁静浪漫的场景平添几分旖旎的"野合"色彩,也更是润物无声地为《路得记》本身的文本叙事风格增添了些许浓郁的民间叙事情调。

"《路得记》的叙述节奏是从容不迫的,娓娓道来的语调宛若作者在面对面地向我们讲述一个年代久远的故事。当我们反复阅读这个故事时,最深刻和最突出的感受是一种'和谐'之美……或者说,我们在这一短篇小说的整体结

---

① 参见《历代志》3:1。原文为:"所罗门就在耶路撒冷,耶和华向他父大卫显现的摩利山上,就是耶布斯人阿珥楠的禾场上、大卫所指定的地方预备好了,开工建造耶和华的殿。"

② 李炽昌、游斌:《生命言说与社群认同:希伯来圣经五小卷研究》,中国社会科学出版社2003年版,第50页。

构中竟令人惊异地难觅任何'冲突性'的因素。"①诚如王立新教授所言,在《路得记》中,直至故事情节发展的末尾——波阿斯为按照犹太律法迎娶路得而在城门口与另一位至亲的本家亲族进行协商,整个事件的解决过程也都是流畅而和谐的,并生动鲜明地反映出了宗法时代以色列先民的社会生活与风俗律例。②即便作为协商族内重要事务地点的"城门口"因仅允许男性家长参与事务的商讨,而被建构成为一个具有浓重男权色彩的交往空间,但在事件的协商过程中,另一位至亲毫无异议地愿意脱鞋作为凭证以放弃优先赎买制,而本族的各位长老也同样心平气和地作为见证人见证了波阿斯所获得的让渡而来的赎买权,并赠与了波阿斯和路得以诚挚的祝福:"我们作见证。愿耶和华使进你家的这女子,像建立以色列家的拉结、利亚二人一样。又愿你在以法他得亨通,在伯利恒得名声。愿耶和华从这少年女子赐你后裔,使你的家像他玛从犹太所生法勒斯的家一般。"(《路得记》4:11—12)在伯利恒的"城门口"这一独特的空间场所中,虽然士师时期以色列氏族部落中男权社会的特征再次得以鲜明彰显,但与此同时,文本在叙事过程中也从侧面反映了当时的以色列先民对于民族律法和社会风俗的普遍认同与虔诚遵守、部族成员间和谐安定的伦理关系乃至于看待外邦人(摩押女子路得)所秉持的开放包容的态度,小城伯利恒也因而被笼罩上了一种田园牧歌式的理想主义色彩——而这都使得《路得记》的叙事风格如同山涧的涓涓细流般自然淳朴,并体现出了整体性的"和谐"的民间叙事审美特征。

正如伟大的德国诗人歌德曾赞美的:"《路得记》展现了一颗高尚的心灵,是诗歌艺术中的瑰宝。它试图为以色列的国王寻找到一种体面的、有趣的血统;同时它又可称为以叙事诗或田园诗的形式流传到我们手上的最具魅力的、最完整的短篇文学。"③极为精妙的是,《路得记》的经卷末尾还记述了以色列

---

① 王立新:《古犹太历史文化语境下的希伯来圣经文学研究》,商务印书馆 2014 年版,第 323 页。

② 《路得记》真切地体现出了士师时期氏族部落的生活方式,比如转婚房制、近亲优先赎买制等风俗制度,可参见《申命记》25:5—10。原文为:"弟兄同居,若死了一个,没有儿子,死人的妻子不可出嫁外人,她的丈夫的兄弟当尽兄弟的本分,娶她为妻,免得他的名在以色列中涂抹了。……他若执意说:'我不愿娶她。'他哥哥的妻就要当着长老到那人跟前,脱了人的鞋,吐唾沫在他脸上,说:'凡不为哥哥建立家庭的,都要这样待他。'在以色列中,他的名必称为脱鞋之家。"在《路得记》中,路得要改嫁以利米勒家族的近亲波阿斯,但由于波阿斯不是至亲的亲族而无法立即达成迎娶路得的决定,需要那位至亲的族人放弃优先权,并在本族长老的见证下才得以实现。

③ 转引自 Preminger, Alex & Edward L. Greenstein, *The Hebrew Bible in Literary Criticism*. New York: Ungar Publishing, 1986。

统一王国时期最为功勋卓越的君主——大卫王（King David）的家族谱系："法勒斯的后代记在下面：法勒斯生希斯仑；希斯仑生兰；兰生亚米拿达；亚米拿达生拿顺；拿顺生撒门；撒门生波阿斯；波阿斯生俄备得；俄备得生耶西；耶西生大卫。"（《路得记》4：18—22）这份家谱清晰地显示了，在以色列民族史上被犹太子民视为精神象征的大卫王在血缘关系上其实属于摩押人与以色列人的后裔，他的故乡便是位于犹大山地顶部，洋溢着田园牧歌情调的小城伯利恒。由此不难推测，也正是由于孕育出了大卫这样一位曾问鼎以色列王权巅峰的杰出君主，在《路得记》中处处弥漫着乡村风情的伯利恒，才将在申命派史官与祭司派史官的书写中被蒙上一层神圣的面纱，作为一个特殊的"属灵的"空间，并呈现出一种与《路得记》迥然不同的诗学风格。

## 二、"属灵之地"：君主、弥赛亚的诞生与神圣叙事

空间理论认为，之于普通人而言，"空间"往往意味着"均质"（Homogeneous）和"广延"（Extension），但对于宗教徒而言，某些空间将会由于它的特殊性而被赋予"圣"的特性。在虔诚笃信的犹太信徒与基督教信徒的宗教信仰中，伯利恒这个并不如耶路撒冷那般声名显赫的城市，也将因以色列统一王国时期攀上王权顶峰的大卫王，以及《新约》中作为"弥赛亚"（מָשִׁיחַ，Messiah）降生以救赎世人的耶稣的出现而具有"属灵"的特性。正如罗马尼亚宗教史家米尔恰·伊利亚德（Mircea Eliade）所言："对于宗教徒来说，空间并不是均质的。教徒能够体验到空间的中断，并且能够走进这种中断之中。空间的某些部分与其他部分彼此间有着内在品质上的不同。耶和华对摩西说：'不要近前来，当把你脚上的鞋脱下来，因为你所站之地是圣地。'于是，就有了神圣的空间。"[①]

纵观整部希伯来圣经，我们不难看出，伯利恒的历史其实可以上溯到族长时期（The Patriarchal Period），雅各的妻子拉结（Rachael）正是埋骨此处："拉结死了，葬在以法他的路旁；以法他就是伯利恒。"（《创世记》35：19）但显然，最早真正使伯利恒成为一个"激动人心、意义深远的空间"的事件还当属先知撒母耳（Samuel）依循耶和华神的指引来到伯利恒，并膏立耶西之子大卫为王的记述：

---

① 米尔恰·伊利亚德：《神圣与世俗》，王建光译，华夏出版社 2002 年版，第 1 页。

耶和华对撒母耳说:"我既厌弃扫罗作以色列的王,你为他悲伤要到几时呢? 你将膏油盛满了角,我差遣你往伯利恒人耶西那里去;因为我在他众子之内,预定一个作王的。"(《撒母耳记》16:1)

耶西叫他七个儿子都从撒母耳面前经过,撒母耳说:"这都不是耶和华所拣选的。"撒母耳对耶西说:"你的儿子都在这里吗?"他回答说:"还有个小的,现在放羊。"撒母耳对耶西说:"你打发人去叫他来;他若不来,我们必不坐席。"耶西就打发人去叫了他来。他面色光红,双目清秀,容貌俊美。耶和华说:"这就是他,你起来膏他。"撒母耳就用角里的膏油,在他诸兄中膏了他。从这日起,耶和华的灵就大大感动大卫。撒母耳起身回拉玛去了。(《撒母耳记》16:10—13)

《撒母耳记》(The Books of Samuel)反映了以色列人从混乱无序的士师时期(The Period of the Judges)走向立王、建国的王政时期的历史①,其中也显示了古代以色列民族国家君主制在古老的律法传统影响下呈现出的一个重要特征——君权神授,君主的出现不仅是顺应历史发展的产物,同时也更是耶和华拣选的结果。但与直接由耶和华"预定作王"的大卫相比,以色列统一王国时期的第一位君主扫罗(Saul)虽然同样是由耶和华所拣选,先知撒母耳以神的名义对其进行膏立,但却是通过采用公开的"掣签"的方式来履行宗教程序:"于是撒母耳使以色列众支派前来掣签,就掣出便雅悯支派来;又使便雅悯支派按着宗族近前来,就掣出马特利族;从其中又掣出基士的儿子扫罗。"(《撒母耳记》10:20—21)即便在后续的故事中,大卫仍是依靠卓越的才智以及武装斗争夺取政权的方式击败扫罗而正式登上王位,但从两位君主受膏方式的差异中我们也能够看出,由于预先有耶和华神明确的启示与指引,大卫从伯利恒乡村中无人问津的牧羊少年到成为以色列民族记忆中最伟大的君主的历史经过也因而被渲染上了神圣叙事的色彩。而所谓"神圣叙事"(Sacred Narration),

---

① 关于《撒母耳记》:《撒母耳记》与《列王记》《约书亚记》和《士师记》一道,被后世称为"申命派史著",因编纂者往往秉持《申命记》的立场来对历史进行宗教道义上的评价而得名。"申命派史著"的每一卷其实都是由多种资料组合而成的,尽管编纂者在组合、编辑这些资料的时候进行了修改,特别是加入了自己对人物和事件的评价,但通过对相关文本进行多角度的互证和探讨,学界内普遍认为"申命派史著"中的具体资料仍具备反映历史状况的古老背景。

即指"一种社会文化赖以存在的基本叙事形式。它通过叙述远古时代的先例，论证社会秩序与价值的合理性，是该社会文化的'原始信仰与道德的实用宪章'。"①（由于社会文化的差异，神圣叙事可以采取不同的叙事形态，可以是神话，可以是史诗，也可以是古史，同时也包括希伯来圣经中创作中主要采用的散文体叙事。②）而在尊崇耶和华为唯一神的以色列——犹太子民的信仰意识中，这样的叙述模式同时也更是为论证大卫夺取王位的合理性这一命题提供了逻辑思路。

与此同时，由于大卫身上所展现出的"圣"的特性以及其作为犹太民族关于民族传统最为辉煌的象征，大卫出生、成长、受膏的场所——伯利恒也将被虔诚的犹太教信仰者视为他们个人宇宙中的圣地，是一种独特的"神圣空间"，一如英国学者杰拉德·德兰迪（Gerard Delanty）所说的："一些特殊的场所被认为能够唤起一个共同体的历史，并将我们与该共同体的过去连接起来……这些场所或者遗迹被视为圣地，任何将它用于世俗目的之举，都会引起大家的义愤填膺。"③正因如此，希伯来圣经中有关于大卫的神圣叙事成功地在犹太信徒的心中区分出了作为圣地的伯利恒与寻常之地，并进一步将伯利恒视作属灵的"神圣空间"而进行全新的神圣叙事。诸如在被纳入"后先知书"（Latter prophets）的《弥迦书》（The Book of Micah）中，在犹大王约坦、亚哈斯、希西家在位时作预言的先知弥迦就曾试图通过公元前722年北国灭亡、公元前701年南国危机的历史教训，警示犹大南国社会如果继续倒行逆施、不行公义，那么也将如北国一般招致毁灭，并预言有一位能够拯救以色列人于覆灭之际的掌权者将出于伯利恒——这便是著名的"伯利恒的弥赛亚"的预言：

> 成群的民哪，现在你们要集结成队；
> 因为仇敌围攻我们，
> 要用杖击打以色列审判者的脸。
> 神应许一位掌权者出于伯利恒

---

① 陈连山：《论神圣叙事的概念》，选自张三夕编著，《华中学术（第九辑）》，华中师范大学出版社2014年版，第377页。
② Robert Aler，*The Art of Biblical Narrative*，New York：Basic Books，2001，p.36.
③ 杰拉德·德兰迪、恩靳·伊辛著：《历史社会学手册》，李霞、李恭忠译，中国人民大学出版社2009年版，第584页。

> 伯利恒的以法他啊，
>
> 你在犹大诸城中为小，
>
> 将来必有一位从你那里出来，
>
> 在以色列中为我作掌权的；
>
> 他的根从亘古，从太初就有。（《弥迦书》5：1—2）

　　虽然学界内对弥迦预言中提及的"掌权者"究竟是谁的讨论至今仍未有定论，但无论是根据"以法他的伯利恒"这两个词语并列连用的形式而从《撒母耳记》17：12 中找到依据——"大卫是犹大伯利恒的以法他人耶西的儿子"，说明其与大卫的出生地有关，但尚不明确是否是大卫家族的后裔；还是指与《以赛亚书》（"The Book of Isaiah"）9：7 中明确提出的"他必在大卫的宝座上治理他的国"形成文本呼应，肯定了大卫王室的永久统治；抑或是直接指认了"伯利恒的以法他"就是一个英雄辈出之地，是孕育以色列民族统治者的母体，但并没有说这位掌权者是否是大卫后裔，甚至都没有认定其是一位君主。尽管经文的记述语焉不详，但不可否认的是，这些讨论的最终指向都是肯定了在《弥迦书》的神圣叙事中，伯利恒作为以色列人心中举足轻重的"神圣空间"而存在的重要意义。

　　在《神圣与世俗》（*Das Heilige und das Profane*）中，伊利亚德曾指出："宗教徒的生活离不开一个充满着神圣的环境，所以我们必须期望找到许许多多方法来圣化一个地方。神圣是一种真实的存在，因而它同时也是一种力量，一种灵验，以及是生命和生命繁衍的源泉。"[1]而伯利恒作为"神圣空间"的生命活力在后来《新约·马太福音》（"Gospel of Matthew"）与《新约·路加福音》（"Gospel of Luke"）的记载中也得以传承与延续，先知弥迦关于"弥赛亚"的预言也因耶稣基督在伯利恒之夜的诞生而得以奇妙地应验：

> 犹大地的伯利恒啊，
>
> 你在犹大诸城中并不是最小的；
>
> 因为将来有一位君主要从你那里出来，
>
> 牧养我以色列民。（《马太福音》2：6）

---

[1]　米尔恰·伊利亚德著：《神圣与世俗》，王建光译，华夏出版社 2002 年版，第 6 页。

在伯利恒之野地里有牧羊的人，夜间按着更次看守羊群。有主的使者站在他们旁边，主的荣光四面照着他们；牧羊的人就甚惧怕。那天使对他们说："不要惧怕！我报给你们大喜的消息，是关乎万民的；因为今天在大卫的城里，为你们生了救主，就是主基督。你们要看见一个婴孩，包着布，卧在马槽里，那就是记号了。"（《路加福音》2:8—12）

在空间叙事学中，"所有的历史事件都必须发生在具体的空间里。因此，那些承载着各类历史事件、集体记忆、民族认同的空间或地点便成为特殊的景观，成为历史的场所。但只要发生历史的场所还在，只要储藏记忆的空间还在，我们就能够唤醒对往昔的鲜活的感觉。"①不同于《路得记》中的那个在和谐美好的民间叙事中处处洋溢着田园牧歌式理想主义色彩的乡村空间，在《撒母耳记》与《弥迦书》等希伯来经卷中，伯利恒被重新塑造成了在以色列民族心中占据着独特地位的"神圣空间"，并在创作者的神圣叙事中沉淀成为承载着犹太民族的集体记忆与民族认同的重要景观，默然伫立于犹大山地，在时间的长河中永恒凝望着以色列民族绵延不绝的历史延伸向更遥远的未来。

### 三、迥异的空间诗学：希伯来圣经文学中的民族审美取向

法国历史学家费尔南·布罗代尔（Fernand Braudel）曾表示："在穿越历史的多重门槛时，所有的门在我看来都是美好的。"与之相似的是，文学叙事也同样是具体时空中的现象，任何叙事作品都将必然涉及某一段具体的时间与一个或多个具体的空间。通往希伯来圣经解读的并非只有希伯来—犹太神学这扇唯一的门扉，而当我们把文本中的历史事件与时空背景紧密结合起来进行考察——也就是说，从空间性与时间性的双重维度来观照希伯来圣经文学，也许能够为人们感悟这一犹太民族献给全世界的精神文化宝藏之玄秘与瑰奇提供更为广阔的研究视野。

由此，如果在空间研究的视域下来对希伯来圣经文学中的伯利恒进行观照，在不同的经卷篇章中，主要体现出了被建构为文学空间的伯利恒所具有的两种不同的空间叙事风格——田园牧歌情调式的民间叙事与民族恢弘史诗式

---

① 龙迪勇：《空间叙事学》，生活·读书·新知三联书店 2015 年版，第 384 页。

的神圣叙事。那么到底是在什么原因的驱动下,才会使同一个空间在文本叙述中产生两种迥然不同的诗学风格?结合文本中具体的时间背景进行历史性的考察我们不难发现,以伯利恒为例,在希伯来圣经文学中所体现出的不同空间叙事风格背后所投射出的其实正是希伯来民族所具有的两种独特民族审美取向——即古代希伯来民族曾作为游牧民族所遗存的田园牧歌理想,与因被拣选为"神的子民"而衍生的强烈尊严意识。

**1. 诗与歌:作为游牧民族的田园牧歌理想**

在历史考古学记载中,希伯来民族作为古老的闪米特民族的一个分支,于公元前 2000—1500 年间①自美索不达米亚地区泗水而渡进入迦南地区(Canaan),并由此被称作"Hebrew",即"渡河而来的人"。这也就意味着,直至公元前 14 世纪末期入主迦南并征服周边地区,加之地理条件限制而无法形成大规模的农业生产等自然因素,古代希伯来人在漫长的族长时期与旷野时期中仍以居无定所的游牧生活为主要的生活方式。而这种游牧为主的生产方式与对"以天为棚以地为塌"的生活习惯的钟情也已经成为希伯来民族一种独特的童年经验,反映在希伯来圣经文学的众多篇章中,彰显出了这个民族文化心理中深厚的亲近自然的情结,并由此形成了一种崇尚古朴原生、自由和谐的游牧理想的民族审美意识。而在希伯来圣经文学中最为鲜明地反映这种纯朴自然的审美意识的经卷,当属以美妙而赤诚的笔触记述书拉密女(Shulammite)与牧羊少年的纯真爱恋,被盛赞为"歌中之歌"的《雅歌》("Song of Solomon"):

> 我的佳偶,你甚美丽! 你甚美丽!
> 你的眼睛好像鸽子眼。
> 你的头发如同山羊群卧在基列山旁。
> 你的牙齿如同新剪毛的一群母羊,
> 洗净上来,个个都有双生,
> 没有一只丧掉子的。(《雅歌》4:1—2)
>
> 你的两乳好像百合花中吃草的一对小鹿,

---

① 希伯来民族自两河流域美索不达米亚地区渡河进入迦南的主要历史时段通常被认为处于古代近东考古时代分期中的中期青铜时代(Middle Bronze Age)。

就是母鹿双生的。

我要往没药山和乳香岗去,

直等到天起凉风、

日影飞去的时候回来。(《雅歌》4:5—6)

　　《雅歌》如同一支独属于这个游牧民族的悠扬牧曲,带着原始艺术的纯真与对自然情趣的钟爱,回荡在希伯来圣经文学从宗教神学阐释的压抑与束缚中逃逸后的字里行间,其中使用的如"羊群""基列山""母鹿""百合花"等喻体都与希伯来民族的游牧生活息息相关,纯朴的男女情感也正是在丘山村野的淡薄气息与土地的厚重生机中孕育而来,并凭借着古朴原生的兴味与不加雕琢的天然情调生动地形成了一种醇厚、祥和、野性的文学审美情趣,彰显了希伯来民族潜意识中对于放达不羁、自由浪漫的游牧理想的怀念与向往。

　　而与此相类似,以如诗如画的伯利恒乡村为叙事空间的《路得记》也同样体现出了与《雅歌》相类似的田园牧歌式情调,伯利恒乡村金色的麦田、在田地间捡拾麦穗的摩押女子、夜晚时分宁谧而暧昧的禾场……朴素自然的乡村意象叠加,再加之平民化的叙事对象选择与自然淳朴的叙事话语运用,都使得《路得记》体现出了一种牧歌式的自然之音与宁静祥和的田园情调,并同样在文学叙事的层面展现出始终怀有游牧理想的希伯来民族的独特审美趣味。更为值得关注的是,一旦结合《路得记》文本中的具体时间背景——"士师秉政的时候",我们会惊异地发现,固然从漂泊的游牧生活发展到安稳的农耕生活是希伯来民族发展进步的显现,但在混乱失序、充斥着战争杀戮以及对权力的争夺的士师时期,早期人与人、人与自然之间和谐平等的关系却已经呈现出了一种持续的退化状态,当读者麻木于士师时期那浓郁的血腥气味、干渴于被战火烧焦的贫瘠、晕眩于英雄成败的秋千上时,《路得记》的出现就如同粗犷严峻的峭壁间悠然涌现出的一股清泉,在伯利恒乡村这一别具特色的空间中发泄着以色列先民对寻求原始复归的渴望,以及对游牧时期自由平等的生活与真挚淳朴的情感的向往。

　　**2. 血与火:作为神选民族的强烈尊严意识**

　　"呈现过去的历史也呈现了人类活动的地方,历史的描述并不是作为一种陈词滥调的'穿越时间之变化',而是一种经由空间的变迁。因此从严格意义上说,有关过去的知识与地图相关;那是一幅与时空坐标相对应的关于历史地点的图示。"①正如美国史学理论家菲利普·埃辛顿(Philip J. Ethington)所言，伯利恒作为在希伯来圣经文学中留下鲜明印记的历史空间，它的存在意义必然与作为"神的子民"的希伯来民族恢弘壮丽的民族历史和民族经验有着千丝万缕的联系。

在《撒母耳记》与《弥迦书》等经卷中，伯利恒作为以色列君主大卫与救世弥赛亚的诞生之地而被建构成为带有神圣属性的历史空间，其诗学风格也与《路得记》中的田园牧歌情怀迥然不同，而是体现出了一种在宗教文学书写中鲜明而常见的神圣叙事特点。神圣叙事为希伯来圣经文学的编纂者论证民族历史事件发生的合理性与正确性提供了叙事策略上的支持，在宏大叙事中将希伯来民族的历史与神的启示相勾连，不仅体现出了希伯来圣经文学成书过程中编纂者对于民族宗教、民族历史的神圣性与崇高性的维护，也更是彰显了在以色列民族史上一贯有之的强烈民族尊严意识，而这样的一种独特的民族审美风格尤其在祭司派的史学著作中得到了淋漓尽致地展现，诸如：

> 波斯王古列元年，耶和华为要应验藉耶利米之口所说的话，就激动波斯王古列的心，使他下诏通告全国，说："波斯王古列如此说：'耶和华天上的上帝，已将天下万国赐给我，又嘱咐我在犹大的耶路撒冷为他建造殿宇。你们中间凡做他子民的，可以回去，愿耶和华他的上帝与他同在。'"
> (《以斯拉记》1：1—3)

这段记载既是《历代志》(*The Books of Chronicles*)的结束语，亦是《以斯拉记》("The Book of Ezra")的开篇语，从中可以看出，祭司派史著的作者是将耶和华的恩赐话语视作了居鲁士大帝(کوروش کبیر，又译为"古列")在攻克巴比伦城后对犹太人进行放归的本质缘由，继而使犹太人得以结束"巴比伦之囚"岁月、回归故土、重建圣殿的历史具有了"神圣叙事"的色彩。正是为了更好地解决重建家园时期的内忧外患，以以斯拉(Ezra)与以西结(Ezekiel)为代表的祭司、文士阶层采取了一系列堪称为"严厉"的宗教整肃措施，并有意识地在汇集、编纂史书的过程中对犹太教经典进行了"正典化"(诸如在《历代志》中，极

---

① 菲利普·J.埃辛顿著：《安置过去：历史空间理论的基础》，杨莉译，《江西社会科学》2008年第9期，第241—253页。

力渲染了大卫家族在以色列民族史上的功绩与贡献，并强调祭司职务的极端重要性），用以维护犹太民族的宗教纯洁性与历史传统的崇高性，从而体现了希伯来圣经文学中另一种特殊的民族审美取向——即犹太民族作为"神选民族"的强烈尊严意识。与此同时，经由祭司与文士阶级大刀阔斧革新的第二圣殿时期亦成为被后世的犹太史学家盛赞为"一个在人类文化编年史上只有雅典的'黄金时代'或是意大利的'文艺复兴时期'能与之相媲美的文学活跃时期"。①千百年来，作为"神选民族"的强烈尊严意识深植于犹太子民的心中，在希伯来圣经文学的历史书写中演化升华为民族审美内涵的一部分，并给予犹太民族共同体内的成员以强烈的民族归属感与历史认同感——即使遭受故国的覆灭被掳为因，即使面对漫长的流散岁月，但对回归神圣故土的渴盼与对复兴民族历史的期许在犹太子民的心中也不曾消退，正如安东尼·史密斯（Antony D. Smith）曾表示："即使一个族群已经离开他的祖地很久，他依然可以凭借一种强烈的乡愁与精神依恋存续下来，这正是犹太人和亚美尼亚人这样的流散共同体所拥有的命运。"②

　　长久以来，学界内在对希伯来圣经文学进行阐释与解读的过程中，更多的往往是依照其时间规律及因果关系，将其视为类似于小说或散文般的叙事文本，其中复杂的深层结构也逐渐被简化成为一种时间性的"链条"。但实际上，脱离了特定场所的历史是根本不存在的，而作为历史基本构成材料的历史事件首先应是空间性的，历史的发生总是与一定的空间联系在一起。那么作为一种能够在一定程度上真实反映希伯来民族历史的重要文献记载，希伯来圣经文学的解读也不应脱离时间与空间的双重维度——承载着历史事件、集体记忆与民族认同的空间将在文学的叙事中成为一种特殊的"景观"。一方面，它显现于希伯来圣经的文本叙事之中，空间诗学背后所彰显的正是希伯来—犹太民族在文学书写过程中独特的民族审美意识；另一方面，它潜藏于整个犹太民族的集体记忆之中，以准备时刻唤醒其民族成员对于本民族历史的鲜活感知与真切认同。诚如美国城市研究学者凯文·林奇（Kevin Lynch）所言："景观充当着一种社会角色，人人都熟悉的有名有姓的环境，会成为大家共同的记忆和符号的源泉，人们因此被联合起来，并得以相互交流，为了保存群体

---

① 塞西尔·罗斯著：《简明犹太民族史》，黄福武、王丽丽等译，山东大学出版社 1997 年版，第 74 页。
② 安东尼·D. 史密斯著：《民族认同》，王娟译，译林出版社 2018 年版，第 22 页。

的历史和思想,景观充当着一个巨大的记忆系统。"①

## 四、结　语

纵观整部希伯来圣经文本,伯利恒其实并非一直被视作一个荣耀显赫的空间而被加以浓墨重彩地书写,尽管伯利恒曾作为以色列民族英雄的诞生地而被赋予了"圣"的特性,但在漫长的历史与文学记载中它也曾遭受忽视与遗忘。虽作为圣地,却始终无法与犹太民族的精神圣殿耶路撒冷平起平坐,但一如它重要的地理方位所昭示的——也许它更像是犹太民族通往耶路撒冷的朝圣之旅中必经的中转站。故而,盘踞于犹大山地顶部的伯利恒在地理学意义上而言是"虽小"的城,但也正是在这个麦谷香气与田园牧歌相交织、民族起源与弥赛亚预言相辉映的历史空间之中,沉眠着希伯来民族始祖雅各之妻拉结的枯骨,定格了摩押女子路得在金色的田间捡拾麦穗的身影,见证过大卫从寂寂无名的牧羊少年逐步登上以色列王权巅峰的荣膺,甚至到日薄西山的王国时代末期,先知弥迦也仍不无骄傲地为这个已经逐渐被人忘却的圣地许下了"王"将诞生的预言。直至 700 年后,它在基督教的传颂下目睹了神使其爱子耶稣基督降生于马槽的谦卑——从"面包之家"到"属灵之地",之于犹太民族而言,伯利恒不仅庇护着民族先祖的归宿,亦托举起了以色列王国创立者的发迹,并始终守望着末日审判到来前弥赛亚的降临,尤其在希伯来民族的游牧理想与尊严意识这两种不同审美品格的双重观照之下,"伯利恒"在犹太民族的集体记忆中,已不再只是一个单纯的地理名称,同时更成为一个集结并沉淀着民族历史与民族经验的重要基点。

## The Forgotten Holy Land and the Disparate Spatial Poetics:
## Double Spatial Narrative of Bethlehem
## in Hebrew Biblical Literature

**Abstract**: In numerous Hebrew Biblical classics, such as "The Book of Ruth" "The Books of Samuel" and "The Book of Micah", Bethlehem, the holy land of the Jewish people, is pres-

---

① 凯文·林奇著:《城市意象》,方益萍、何晓军译,华夏出版社 2001 年版,第 95 页。

ented as a poetic situation in which it is constructed separately as a harmonious simple idyllic space, and a spiritual historical sacred space. During the process of literary narrative, it embodies two different narrative styles, namely, the folk narrative and the sacred narrative, which correspond to the spatial form. The diversity of experience is undoubtedly the most significant feature of narrative space. However, upon examination of this phenomenon within the context of Hebrew biblical literature, it becomes evident that the dual spatial narrative style of Bethlehem is, in fact, the manifestation of the distinctive national aesthetic orientation of the Hebrew nation.

**Key words**: Hebrew Biblical Literature; Bethlehem; Spatial Poetics; Folk Narratives; Sacred Narratives

**作者简介**:赵艺瞳,南开大学文学院 2021 级比较文学与世界文学专业博士研究生。

# 利特菲尔德论题与《绿野仙踪》研究的历史化①

赵辉兵    焦秀丽

**摘　要:**美国著名的儿童文学家 L.弗兰克·鲍姆的《绿野仙踪》自 1900 年问世以来,尽管为人们所津津乐道,但学者们大多将其视为难登学术研究殿堂的大众文学的一部分,认为它不过是一部童话故事。直到 1964 年,美国高中历史教师亨利·M.利特菲尔德在《美国季刊》发表了极具争议与原创十足的文章《〈绿野仙踪〉:平民主义的寓言》,才打破了这种固有的认知:他主张《绿野仙踪》不仅是一部儿童文学故事,更是一部关乎 19 世纪末美国社会政治转型历史的平民主义寓言;由此学者们关注的重点也从文本本身的解读转为文本生成的语境与创作者所处的时代背景。随着利特菲尔德论题的提出,有关《绿野仙踪》与创作者鲍姆的学术研究可谓"一石激起千层浪"。学者们开始广泛探讨《绿野仙踪》与 19 世纪末 20 世纪初美国社会政治的关联。平民主义论、进步主义论、种族主义论、神智论、女权主义论、地区政治论、政治文化论、历史记忆论等,纷纷呈现,莫衷一是。究其实质,《绿野仙踪》不仅是一部童话故事,亦是一部寓教于乐的乌托邦小说;它既有对赤子之心般美好人性的憧憬,也烙下并融入了深深的时代印记;它一方面迎合了青少年对美好神奇生活的向往,另一方面也折射了 19 世纪末 20 世纪初美国现代化转型的困境。

**关键词:**利特菲尔德论题　《绿野仙踪》　历史化

① 本文系国家社会科学基金一般项目"美国知识精英与公共政策变迁研究(1872—1925)"(22BSS008)的阶段性成果。

　　《绿野仙踪》(*The Wonderful Wizards of Oz*)是由美国儿童文学作家莱曼·弗兰克·鲍姆(Lyman Frank Baum，1856—1919)创作，W.W.丹斯洛(W. W. Denslow，1856—1915)提供彩色插图的一部文学名著；于1900年出版，旋即畅销美国，而后被翻译成多国文字，遍及世界各地；其版本不计其数，"根据其情节，制作了音乐戏剧、舞台剧、动画片(有声与无声)、木偶戏、无线电广播剧、依然流行的电视剧、黑胶密纹唱片以及动漫卡通片"①。由此，《绿野仙踪》自然而然地以世界儿童文学名著为人们尤其是儿童所喜闻乐读。该名著最早的中译本是由我国著名儿童文学作家与翻译家陈伯吹于1942年翻译的，"在《小说月报》上连载发表，1947年由中国书局出版，被列入《儿童文学名著译丛》。"该书中译名的创意"来自清中叶时期的一部同名百回体神怪小说《绿野仙踪》"②。然而，这样一部经典的儿童文学名著何以如此经久不衰？缘何在1900年问世不久就大有"洛阳纸贵"之势？这部被美国人公认为最受欢迎与最伟大的"土生土长"的奇幻文学故事除了其非凡的想象力、色彩斑斓的插画、惟妙惟肖的人物刻画与别开生面的文学风格外，是否还与19世纪末20世纪初世纪转型的美国社会政治文化与历史记忆有着剪不断理还乱的复杂纠缠与多元意象呢？如果这部儿童文学名著不仅仅是一部奇幻文学故事，更是一部寓言故事与政治小说的话，那么其背后都蕴含了哪些隐喻，映射了世纪转型期美国哪些方面的现实问题与困境呢？利特菲尔德论题则首次系统地给出了一种解答，由此，无意间真正开启了《绿野仙踪》研究的历史化进程。1964年春季，纽约州弗农山高中(Mount Vernon High School)历史教师亨利·M.利特菲尔德在《美国季刊》发表了颇有争议与极具原创的论文《〈绿野仙踪〉：平民主义的寓言》。利特菲尔德语惊四座地指出：在这部童话故事温情灵动的写作风格之中，"隐藏在原创的《绿野仙踪》背后的深度令人出乎意料"，透过字里行间惟妙惟肖的环境烘托、角色勾勒与情节铺陈，栩栩如生、不无讽喻地描绘了一个进入20世纪的中西部人，由此折射了19世纪末20世纪初美国现代化转型中的种种问题与历史困境。③那么，《绿野仙踪》的历史化或利特菲尔德论题是如

---

① L. Frank Baum, *The Wonderful Wizard of Oz: An Exhibition of His Published Writing, in Commemoration of the Centenary of his Birth, May 15, 1856*, Columbia University Libraries, 1956, p.3.

② 段风丽：《〈奥兹国的巫师〉与〈西游记〉比较研究》，《世界文学评论》2007年第1期，第221页。

③ Henry M. Littlefield, "The Wizard of Oz: Parable on Populism", *American Quarterly*, Vol.16, No.1 (Spring, 1964), p.50.

何提出的？其后《绿野仙踪》的历史化是如何推进的？带着这些问题,本文以利特菲尔德论题为切入点,试图对《绿野仙踪》研究的历史化进程与维度进行相对客观的概要梳理与初步的综合,希冀能为历史研究的文化转向与文学研究的历史化提供些许的借鉴与观照。

## 一、"奥兹国的御用史学家":L.弗兰克·鲍姆的生平经历与时代背景

在梳理 120 年来《绿野仙踪》的世人评说与学术探讨之前,我们有必要先知其人,论其世。这很大程度上与国内学术界对鲍姆的了解程度有关,陈伯吹先生不无伤感地写道:"从事儿童文学的作家,往往名不见经传。在世界各国,迄今为止,都有这种情况。正因为这个缘故,作为译者的我,对于这位曾经创作了出色的童话作品《绿野仙踪》(The Wizard of Oz 直译应作《奥芝国的魔术师》)的作家的生平事迹,几乎无可奉告","甚至在美国文学史中也还找不到他的名字,别说他的生平事迹了。"①

莱曼·弗兰克·鲍姆生于纽约州雪城(Syracuse)附近的小村庄奇特南戈(Chittenango);其父本杰明·沃德·鲍姆(Benjamin Ward Baum),其母辛西娅·斯坦顿·鲍姆(Cynthia Stanton Baum)。鲍姆一家在其出生不久后搬到了雪城市区居住。1861 年,他父亲在雪城的北郊购置了一块约 15 英亩的名为"玫瑰草坪"(Rose Lawn)的地产。多年后,这个地方由一户发展为一个镇,大约在一战时变得小有名气,现在名叫马特代尔(Mattydale)。自早年起,鲍姆的文学才华就有所展露;在其十四五岁时,便和他的哥哥亨利·克莱·鲍姆(Henry Clay Baum)一起在娱乐性报纸上发表作品。平时,他更喜欢使用"路易"而不是"莱曼"这个名字,署名时习惯使用 L. Frank Baum。②笔者猜想,这大概是其名 Lyman 的发音与 lie man(说谎者)谐音有关,故而习惯用 L.吧。内战并没有影响其父本杰明通过石油以及其他商业投资来发家致富,这使其能轻松养活 9 个孩子之家。早年的鲍姆过着养尊处优的生活。1868 年,鲍姆被送去了皮克斯基尔军校(Peekskill Military Academy),但他十分讨厌严苛的纪律与作息,并因身体不适于 1870 年离开了该学校。他的职业生涯始于记者工

---

① 莱·弗·鲍姆:《绿野仙踪》,陈伯吹译,少年儿童出版社 1979 年版,第 143 页。
② L. Frank Baum, *The Wonderful Wizard of Oz*: *An Exhibition of his Published Writing*, *in Commemoration of the Centenary of his Birth*, *May 15*, *1856*, Columbia University Libraries, 1956, p.1.

作。1871 年,他创建了一份家庭报纸《玫瑰草坪家庭报》(*the Rose Lawn Home Journal*)。令青年时期的鲍姆遭受心理创伤的事件之一是在 1873 年经济恐慌中,鲍姆家的财产损失惨重:鲍姆的父亲本杰明所经营的雪城第二国家银行(the Second National Bank of Syracuse)倒闭了。造成这场恐慌的原因之一就是库克银行(House of Cooke)的倒闭,而后者是由詹姆斯·J.希尔(James J. Hill)经营的北太平洋铁路公司(Northern Pacific Railroad)的股票崩盘导致的,而希尔的朋友就是"1873 年罪行"(即指 1873 年恐慌)的罪魁祸首之一。[1]1877 年,他开始在一些专业杂志上发表文章,并参与戏剧创作与演出。1878 年,踌躇满志的他在曼哈顿的联邦广场大剧院(the Union Square Theatre)进行演出,开始了演艺生涯。1882 年,其父为鲍姆出资创办了一家戏剧公司;他写的第一部戏剧《少女雅兰》(*The Maid of Arran*),在为期两年的商演中取得了巨大成功。同年,鲍姆与莫德·盖奇(Maud Gage)结婚。后者的母亲是美国女权运动的先驱之一玛蒂尔达·乔斯林·盖奇(Matilda Joslyn Gage)。[2]鲍姆和莫德并非传统上夫唱妇随、男主女从的夫妻关系:在其家里家外,莫德都是一家之长,掌管着财政大权;鲍姆则十分体贴随和,安之若素。[3]由于要养家糊口,他便开始谋求能带来更大实惠的职业,而不是他所心仪的戏剧。他经营过一家制造车轴润滑剂的工厂,但这家企业最终因同事的携款逃跑与死亡而关门歇业。之后有好几年,他对珍禽养殖感兴趣,在 1886 年他出版了一本约有 70 页的养鸡指南。[4]1887 年,其父亲与大哥去世,家道中落。感觉东部竞争过于激烈、西部会有更多机会后,他举家前往南达科他领地的阿伯丁(Aberdeen),因为莫德的兄弟姐妹在那生活。鲍姆在那开了一家杂货店,叫"鲍姆的市集"(Baum Bazaar)。这家店铺主要经营一些花哨的商品,比如绘有柳树图案的瓷器和陶器、相机器材、书籍、体育用品等;其店面是他的小姨子海伦·盖奇

---

① Willard W. Radell Jr., "Decoding L. Frank Baum's and W. W. Denslow's Wicked Witch of the West", *Great Plains Quarterly*, Vol.38, No.3(Summer, 2018), p.286.

② Gretchen Ritter, "Silver Slippers and a Golden Cap: L. Frank Baum's 'The Wonderful Wizard of Oz' and Historical Memory in American Politics", *Journal of American Studies*, Vol.31, No.2(Aug., 1997), p.175.

③ Dennis Abrams, *L. Frank Baum*, Chelsea House Publishers, 2010, pp.38—39.

④ L. Frank Baum, *The Wonderful Wizard of Oz: An Exhibition of his Published Writing, in Commemoration of the Centenary of his Birth, May 15, 1856*, Columbia University Libraries, 1956, p.2.

(Helen Gage)租给他的。不过,由于他们慷慨地赊账给那些饱受干旱之苦的牧场主与农场主,加之经营不当,使得他们经营的店铺于 1890 年倒闭;而后,仍由海伦来接手店面。①然后,他又不合时宜地尝试进军新闻编辑与其他出版行业。他接手了《达科他先驱者报》(the Dakota Pioneer),并更名为《阿伯丁星期六先驱者报》(Aberdeen Saturday Pioneer)。这时,适值美国边疆的消逝与著名的印第安人领袖坐牛之死与伤膝涧大屠杀,而鲍姆曾为此专门先后写了两篇与之相关的社论。由于该地的报纸众多,竞争激烈,加之该地社区的日趋萎缩,导致 1891 年初这家报纸最终还是破产了。②

这时,鲍姆夫妇已有四个子女;生计所迫,鲍姆再次背井离乡,辗转到了芝加哥。为了维持生计,鲍姆在从事记者工作的同时,还为一家玻璃制品公司做走街串户的销售员,并取得了很好的业绩。该公司名叫皮特金与布鲁克斯公司(Pitkin and Brooks),主要从事进口销售中国陶瓷器的工作。这一时期鲍姆经历的主要事件有:为纪念哥伦布发现美洲新大陆 400 周年,芝加哥在 1893年举行了世界博览会;同年,美国发生了经济大萧条;1894 年,失业人群在雅各·考克西(Jacob Coxey)领导下,从美国多处向华盛顿进军,要求工作与救济,是为"考克西大军";同年尤金·德布斯领导了普尔曼工人大罢工:大约有 100 家工厂停工,平均停工 50 天,参与的工人约达 46 000 人。可以说,经济恐慌与社会运动的此起彼伏,"令中上层的美国人担惊受怕",忧心忡忡。③在这种经济与社会转型的阵痛之中,1896 年 7 月,民主党人齐聚芝加哥提名总统候选人为平民党领袖威廉·詹宁斯·布赖恩(William Jennings Bryan)。凭借着"金十字架"演说而名声大振的布赖恩启用阶级对立的修辞,强调农场主与农村的重要性,并支持自由铸造银币运动;④而共和党则祭出民族大团结的修辞,以此来"巩固美国文化中南北和解的愿景,"并"攻击布赖恩的货币政策是

---

① Nancy Tystad Koupal, "The Wonderful Wizard of the West: L. Frank Baum in South Dakota, 1888—1891", *Great Plains Quarterly*, Vol.9, No.4(Fall, 1989), p.204.

② L. Frank Baum, *The Wonderful Wizard of Oz: An Exhibition of his Published Writing, in Commemoration of the Centenary of his Birth, May 15, 1856*, Columbia University Libraries, 1956, p.2.

③ Patrick J. Kelly, "The Election of 1896 and the Restructuring of Civil War Memory", *Civil War History*, Vol.49, No.3(Aug., 2003), p.255.

④ Tim Ziaukas, "Baum's Wizard of Oz as Gilded Age Public Relations", *Public Relations Quarterly*, Vol.43, No.3(Fall, 1998), p.9.

通过某种凸显地区分裂危险的历史记忆的方式来达成的,与此同时却忽视了在内战与重建时期美国种族关系转型中共和党的作用"。①这些美国转型时期的社会政治形势与氛围后来在鲍姆的《绿野仙踪》中都在不同程度上有所反映。在 1897 年,他创办了《橱窗秀》月刊(*Show Window*),主要致力于装饰窗户方面的杂志。同年,他给儿童写的第一本书《鹅妈妈的故事》(*Mother Goose in Prose*)出版,反响很好。此后,鲍姆时来运转:大约是这个时期他结识了插图画家 W.W.丹斯洛,并于翌年二人联手创作了《鹅爸爸的故事》(*Father Goose, His Book*);这本书在三个月内就卖出了 75 000 册。②此后,鲍姆的儿童文学写作生涯一发不可收。1898 年至 1899 年前后,他创作了后来成为世界儿童文学经典的《绿野仙踪》;该书于 1900 年出版,另辟蹊径地"将各种奇思妙想直接同现实中的美国风貌相结合"。③

同年,他还出版了 5 本其他风格的文学作品,但唯有《绿野仙踪》广受男女老少的青睐。因此,在读者要求续写的呼声下,鲍姆开始继续奥兹国丛书的创作。甚至是在 1919 年 5 月 6 日,鲍姆去世后,奥兹国丛书的创作仍在继续,由鲁丝·普拉姆利·汤普森(Ruth Plumly Thompson)继续写作,直到 1939 年。④

## 二、利特菲尔德论题之前有关《绿野仙踪》的文本解读(1900—1964)

《绿野仙踪》最初是在 1900 年由乔治·M.希尔公司(Geo. M. Hill Co.)出版发行的。该书的出版商乔治·希尔是鲍姆文学作品的崇拜者,当他得知作者要提前预支部分稿酬 100 美元之时,结果希尔给鲍姆开了一张 3 432.64 美元的支票。⑤由此,鲍姆知晓其作品取得了成功。后来他私下同其兄弟讲,《绿野仙踪》是其创作的众多文学作品中最出色的一部,无有出其右者。⑥该书定稿时,鲍姆为其取名为《翡翠城》(*The Emerald City*);不过,出版公司不满意这个书名,提出了《从堪萨斯到仙境》(*From Kansas to Fairyland*)、《奥兹国》

---

① Patrick J. Kelly, "The Election of 1896 and the Restructuring of Civil War Memory", *Civil War History*, Vol.49, No.3(Aug., 2003), p.254.

② L. Frank Baum, *The Wonderful Wizard of Oz: An Exhibition of his Published Writing, in Commemoration of the Centenary of his Birth, May 15, 1856*, pp.2—3.

③ Ibid., p.3.

④ Ibid., p.4.

⑤ Dennis Abrams, *L. Frank Baum*, Chelsea House Publishers, 2010, p.69.

⑥ Ibid., p.63.

（*The Land of Oz*）等建议，最后定名为《绿野仙踪》（*The Wonderful Wizard of Oz*）。该书问世不久，便一版再版，好评如潮。《纽约时报》（*New York Time*）在 1900 年 9 月 8 日赞道："故事不仅妙趣横生，而且处处散发着哲理，这不仅会对儿童的思想产生一种触动，而且也为将来心理学学者和教授们的研究与调查增添了新领域。"①《明尼阿波利斯学刊》（*The Minneapolis Journal*）在 1900 年 9 月 18 日写道：《绿野仙踪》是"本世纪最优秀的儿童故事书"②。出版不久的《绿野仙踪》不仅备受儿童青睐，而且在成年人中也大受欢迎。个中原因，《美国文学参考指南》（*Reference Guide to American Literature*）中的一位评论家在同年敏锐地指出：个中原因，很可能与《绿野仙踪》能令大人们再度回到孩提时代，进而远离喧嚣动荡的现实世界有关。在《绿野仙踪》中大魔法师奥兹是从奥马哈乘坐氢气球飞到翡翠城的，也是乘坐氢气球飞走的。③我国著名学者李剑鸣在谈到 19 世纪末 20 世纪初美国社会转型期的紧张气氛时，这样写道："到 19 世纪后半期，美国虽然在经济上取得了奇迹，但政治腐败、道德沉沦、社会不公等弊端也空前严重，以致让某些美国人自己都觉得，世界的末日快到了，最好是做一个热气球升空，以便躲避即将到来的毁灭。"④也有美国学者后来指出："儿童喜欢它，因其是一个好故事，充满了好笑的人物与令人神往的奇遇。成年人——特别是我们当中那些研究历史及其相关领域的人士——喜欢它是因为我们在 L. 弗兰克·鲍姆的文字当中看到了 19 世纪末 20 世纪初转型之际美国的多元意象。"⑤

不过，也有一些人特别是部分图书管理员对《绿野仙踪》颇有微词，并一度对其进行封杀，在一些图书馆中禁止其上架。一些牧师与教育界人士认为《绿野仙踪》会影响读者，使其不再虔敬上帝，而且还会通过强调女性的领导作用，而削弱男性的主导地位。⑥例如，在 1902 年，作为普拉特学院免费图书馆（the

① Michael Patrick Hearn，"Toto，I've a Feeling We're not in Kansas City Anymore… or Detroit… or Washington，DC！"，*The Horn Book Magazine*，Vol.77，No.1，（January—February，2001），p.18.
② Ibid.
③ 莱·弗·鲍姆：《绿野仙踪》，陈伯吹译，少年儿童出版社 1979 年，第 103—104，115 页。
④ 李剑鸣：《我们今天为什么还要读美国历史》，《博览群书》2009 年第 6 期，第 13 页。
⑤ David B. Parker，"The Rise and Fall of The Wonderful Wizard of Oz as a 'Parable on Populism'，" retrieved from http：//www.halcyon.com/piglet/Populism.htm，at Oct. 31，2020.
⑥ "The Wonderful Wizard of Oz，" retrieved from https：//oz.fandom.com/wiki/The_Wonderful_Wizard_of_Oz，at Oct. 31，2020.

Pratt Institute Free Library)儿童图书管理员的安妮·卡罗尔·摩尔(Anne Carrol Moore)就特别不喜欢《绿野仙踪》;她在 1906 年成为纽约公共图书馆(New York Public Library)的管理员,"可能是全美最有权力的儿童图书馆管理员"。她在向爱荷华州图书馆委员会(the Iowa Library Commission)提供的"儿童图书馆推荐书单"中,不仅没有将《绿野仙踪》列入书单,而且还贬低、批评了鲍姆的其他作品。①1928 年芝加哥市所有图书馆中的公共图书室禁止该书上架。这种情况即便到了 20 世纪 50 年代,依然有图书管理员与文学评论家无视其存在,理由是作者写作水平一般,哗众取宠,而其书甚至带有政治问题。比如,佛罗里达州图书管理员多萝茜·多德(Dorothy Dodd)认为该书不适合儿童阅读,建议该州所有图书馆都要将其扫地出门。②

不过,也有不少图书馆管理员喜爱《绿野仙踪》,并且作为书迷还给鲍姆写信。③而对《绿野仙踪》受到的攻击也有学者开始认真研究并为其进行辩护。一般认为,美国文学评论家与学者爱德华·瓦根克内希特(Edward Wagen-knecht)在 1929 年出版的《美国乌托邦》(Utopia Americana)一书中首次系统地探讨了鲍姆及其奥兹国丛书。他们认为:"《绿野仙踪》可能是首次别开生面地尝试将美国的素材筑入仙境之中。"④在此后的 20 多年里,也有少数学者,如马丁·加纳(Martin Gardner)、罗素·B.奈(Russel B. Nye)、S.J.萨克特(S. J. Sackett)对《绿野仙踪》进行了初步的研究。其中,加纳强调了鲍姆作品的主题是宽容,"间或嘲笑狭隘的民族主义与种族中心主义";奈主张奥兹国是一个"家庭版的乌托邦",反映了家庭友爱、同情弱者与务实肯干等家庭美德;萨克特则认为,鲍姆的乌托邦是对美国现实社会中理想部分的某种综合,"以确保民主、文明与生活的赓续"。⑤他们都认为《绿野仙踪》不仅是一部童话故事,也

---

① Michael Patrick Hearn, "Toto, I've a Feeling We're not in Kansas City Anymore... or Detroit... or Washington, DC!", pp.18—19.

② Dennis Abrams, L. Frank Baum, p.16.

③ Michael Patrick Hearn, "Toto, I've a Feeling We're not in Kansas City Anymore... or Detroit... or Washington, DC!", p.19.

④ Ibid., p.23.

⑤ Henry M. Littlefield, "The Wizard of Oz: Parable on Populism", American Quarterly, Vol.16, No.1 (Spring, 1964), p.50; Ken Derry, "'Like You Could Read What Was inside of Me': Genocide, Hermeneutics, and Religion in The Wizard of Oz", Journal of Religion and Popular Culture, Vol.26, No.3(Sept., 2014), p.295; S. J. Sacckett, "The Utopian of Oz", The Georgia Review, Vol.14, No.3(Fall, 1960), p.290.

是一部乌托邦小说，"奥兹国是一个乌托邦，反映了对人性潜力的一种乐观的看法，至少是对我们自身原本的第一世界（primary world）的复杂性以及人类性格缺陷的一种乐观回答。"①有关《绿野仙踪》是一部儿童乌托邦小说的看法，即便是到了 1961 年，弗兰克·乔斯林·鲍姆（鲍姆之子）与罗素·P.麦克福尔（Frank Joslyn Baum and Russel P. MacFall）所写的传记《为了愉悦孩子：奥兹国御用史学家 L.弗兰克·鲍姆传记》中依然强调《绿野仙踪》的童话故事属性与一定程度上的道德劝诫价值。二人写道，比如故事中的稻草人形象很大程度上缘于 L.弗兰克·鲍姆小时候在其父亲的农场里看到了稻草人后，睡觉时会梦到稻草人追赶他的噩梦，由此"多年以后，这个梦在《绿野仙踪》中得到了持久的体现"②。而作者少年时期酷爱维多利亚时期受人欢迎的那些英国小说家，诸如查尔斯·狄更斯（Charles Dickens）、威廉·萨克雷（William Thackeray）以及查尔斯·里德（Charles Reade）："在所有这些作家当中，对鲍姆写作影响最大的、清晰可见的无疑是狄更斯，通过运用讽刺来达到喜剧与道德说教的目的，这一点在奥兹国的许多居民中有所反映。"③究其实质，二人依然强调《绿野仙踪》序言中 L.弗兰克·鲍姆的话语：《绿野仙踪》尽管也有道德劝诫的初衷，但它淘汰掉了令人毛骨悚然的"旨在昭示的道德警诫"，"这部故事的写作只为今天的孩子们开开心心"，"其宗旨是成为一部现代的童话故事，只有神奇与欢乐，没有伤心与梦魇"④。换言之，《绿野仙踪》是要以愉悦儿童为第一要务的前提，来寓教于乐的。然而，不论如何，有关《绿野仙踪》的这些研究成果，特别是对其是一种乌托邦文学作品的探讨，为其与 19 世纪末转型期美国历史之间的关联，为 1964 年利特菲尔德论题的提出打下了前期的基础。

这一点通过美国学者琼·菲尔泽（Jean Pfaelzer）与英国学者约翰·罗纳德·瑞尔·托尔金（John Ronald Reuel Tolkien）有关乌托邦小说、奇幻文学与现实世界的关系的探讨可以推知。有关乌托邦小说与现实世界的关系，在菲尔泽看来，乌托邦小说叙述结构的基础是对历史发展动力的敏锐觉知，是对特定时代流行大众文化理论的反映，因此"在这层意义上，乌托邦小说是元史

①　David L. Greene，"The Concept of Oz"，*Children's Literature*，Vol.3，1974，p.173.
②　Frank Joslyn Baum and Russel P. MacFall，*To Please a Child：A Biography of L. Frank Baum，Roy Historian of Oz*，Reilly & Lee Co.，1961，p.22.
③　Ibid.，p.24.
④　L. Frank Baum，*The Wonderful Wizard of Oz*，Geo. M. Hill Co.，1900，pp.11—12.

学"。它必然会带有现实主义倾向,乃是"缘于作者当时社会困境种种起源的分析。"①根据托尔金对奇幻文学的"第一世界"与"第二世界"关系的探讨,相对于真实存在的、原初的"第一世界"而言,尽管想象出来的、架空了的"第二世界"是奇幻作家创造出来的、脱离了现实世界的文本世界,但为了让读者有身临其境之真实感,"第二世界"也要"能够承载或体现人类往昔的文化或文明精神",也会考虑实际生活的经验。②在第二世界中,这些第一世界的可观察的"事实"和"原材料"(primary material)是前提和基础,而后才能通过运用幻想与想象,进行重新的编排与加工。③纵然如是,但真正将《绿野仙踪》同 19 世纪末世纪转型期美国的社会政治文化语境联系起来,并首次进行了"历史化""现实化"与"语境化"的功劳非亨利·利特菲尔德(Henry Littlefield)莫属。

### 三、利特菲尔德论题的提出与《绿野仙踪》研究的历史学转向及维度

《绿野仙踪》发表之际,正是人文社会学科的专业化、职业化与科学化如火如荼展开之时;这种学术研究范式的核心特征就是注重客观真理与社会发展规律的探求。就其缘起来说,受到近代以来高举理性主义、进步主义与实证主义的自然科学影响很深,诸人文社会科学都希望"通过明确以自然科学作为研究工作的模仿对象的做法来证明其努力的正当性"。④因此,作为大众文化一部分的《绿野仙踪》在 1964 年以前并没有得到多少学者较为认真严肃的对待,这很大程度上与强调科学、客观与规律的人文社会科学研究不无相关。而二战结束后,随着科学化的人文社会科学研究取向因其自身内在的缺陷而开始走下坡路,"社会科学的信心经受了严峻的考验。对于可能目标的科学探讨,或者至少是对社会生活的不偏不倚的解释,已经在各个方面受到质疑;社会科学饱受批评,被认为既不科学又不客观,当然无权解释。……社会科学的认识论、学科性、政治性乃至道德基础,都存在十分严重的分歧。"⑤而这种情形连

---

① Jean Pfaelzer, *The Utopian Novel in America*, *1886—1896*, *The Politics of Form*, University of Pittsburgh Press, 1984, p.3; p.15.

② 史莹:《奇幻小说"第二世界"构建之意义研究》,南京师范大学硕士学位论文,2012 年,第 3—4 页。

③ J. R. R. Tolkien, *Tree and Leaf*, Harper Collins Publishers, 2001, pp.47—49.

④ 理查德·比尔纳其:《超越文化转向》,方杰译,南京大学出版社 2008 年版,维多利亚·E.邦内尔和林·亨特所作"引言",第 8 页;赵辉兵:《20 世纪以来西方史学写作范式的两次转向:评林·亨特的〈全球时代的史学写作〉》,《史学理论研究》2016 年第 3 期,第 133—134 页。

⑤ 理查德·比尔纳其:《超越文化转向》,维多利亚·E.邦内尔和林·亨特所作"引言",第 1 页。

同 20 世纪 50 年代在英国兴起的文化研究、关注内在深层结构的法国结构主义与批判结构的后结构主义和后现代主义,催生了各种文化理论研究的兴起,由此带来了人文社会科学领域的"文化转向"与"语言转向",开始强调"每一个历史文本都有其隐喻的、非陈述的性质"。①具体体现在《绿野仙踪》的研究上就是将其"语境化""历史化""现实化"或"社会政治化"。利特菲尔德论题正是在如此学术大背景下应运而生的。

1964 年春季,亨利·M.利特菲尔德在《美国季刊》发表了极具争议与原创十足的论文《〈绿野仙踪〉:平民主义的寓言》。利特菲尔德认为:"《绿野仙踪》既没有《天路历程》(Pilgrim's Progress)的那种登峰造极的宗教魅力,也没有《老实人》(Candide)的那种哲学之深邃。"②而后他话锋一转,语惊四座地指出:在这部童话故事温情灵动的写作风格之中,"隐藏在原创的《绿野仙踪》背后的深度令人出乎意料",透过字里行间惟妙惟肖的环境烘托、角色勾勒与情节铺陈,栩栩如生、不无讽喻地描绘了一个进入 20 世纪的中西部人。③这是一部平民主义的寓言。当然,利特菲尔德也承认:这种隐喻是第二位的、次要的,是以不牺牲孩子们的开开心心与奇幻想象为第一原则的。④

利特菲尔德为了解释《绿野仙踪》与 19 世纪末 20 世纪初转型期美国之间的关系,首先简述了"奥兹国御用史学家"L.弗兰克·鲍姆的生平经历,而后阐释了《绿野仙踪》的平民主义隐喻。主人公多萝茜代表的是天真善良而又头脑冷静的美国普通女孩。在飓风吹来的房子压死东方恶女巫后,多萝茜穿上其银鞋,"因此多萝茜就成了鲍姆所讽喻的白银问题的天真无邪的代言人"。但多萝茜、北方的好女巫、芒奇金人等都不知晓银鞋的奥秘,被迫走上了充满危险的黄砖路。⑤途中遇到稻草人、铁皮伐木人、胆小的狮子三位伙伴,打败了恶女巫,在好女巫,甚至包括大魔法师奥兹的帮助下,圆了各自的梦想。

利特菲尔德对故事中的主要人物进行了破译:邪恶的东方女巫代表控制着人们(芒奇金人)的东部工业家与银行家;稻草人是聪明而又天真的西部农场主;铁皮伐木人代表被剥夺人性的工人;胆小鬼狮子是威廉·詹宁斯·布赖恩,主张平民主义的 1896 年的总统候选人;充满各种危险的黄砖路意指金本位制度;多萝茜的银鞋代表的是平民党人提出的化解全国人民经济苦楚的办

---

① 理查德·比尔纳其:《超越文化转向》,维多利亚·E.邦内尔和林·亨特所作"引言",第 1 页。
②③④　Henry M. Littlefield, "The Wizard of Oz: Parable on Populism", p.50.
⑤　Ibid., pp.52—53.

法,即不受限制地自由铸造银币;翡翠城是哥伦比亚特区华盛顿;那个看似无所不能、实则有点笨手笨脚的魔法师则指镀金时代的任何一位总统;飞猴喻指大平原的印第安人。①

利特菲尔德有关《绿野仙踪》是一部平民主义寓言的论题,可以说是真正打开了对鲍姆及其《绿野仙踪》进行系统学术研究的大门,学者们开始从不同角度不断地挖掘书中隐含的各种寓意与价值。

在 1971 年有关中西部政治与文化的研究中,理查德·詹森(Richard Jensen)委婉地指出:那些支持布赖恩的白银派并非都是平民主义者。不过,他为书中角色隐喻又增加了两条:多萝茜忠诚的小狗托托代表了滴酒不沾的禁酒派(teetotaling Prohibitionists),他们是白银派的重要同盟军;Oz 则是 ounce 的缩写,指代的是金本位制。②

1980 年,学者布莱恩·阿特伯里(Brian Attebery)也是选择性地接受了利特菲尔德的论题,指出多萝茜的原型应该是年轻时期的玛丽·利兹(Mary Lease)。这位来自堪萨斯州的平民主义女演说家号召农场主要少种庄稼多搞事。③

到了 1990 年,学者休·罗克夫(Hugh Rockoff)进一步指出:致命的罂粟花田是胆小鬼狮子睡大觉而不思进取之地,使得布赖恩畏惧不前的是反帝国主义,让布赖恩因而忘掉了自由银币这个主题。④而一旦到了翡翠城的宫殿,多萝茜不得不经过 7 座大厅,爬过 3 段楼梯;而 7 和 3 合在一处就是 73,代表着“1873 年罪行”即国会通过该法案驱逐了银币,并向所有平民党人证明国会与银行家沆瀣一气。⑤而多萝茜及其朋友一行人齐聚翡翠城意指 1894 年的考克西失业大军(Coxey's Army)进军华盛顿;而这支失业大军的领导者雅各·考克西(Jacob Coxey)是支持绿背纸币运动的,他主张联邦政府要建设一些公共工程,用纸币来给工人们发工资。⑥东方的恶女巫是格罗弗·克利夫兰总

①②③　Henry M. Littlefield, "The Wizard of Oz: Parable on Populism", pp.48—58; David B. Parker, "The Rise and Fall of The Wonderful Wizard of Oz as a 'Parable on Populism'", retrieved from http://www.halcyon.com/piglet/Populism.htm, Nov. 3, 2020.

④　Hugh Rockoff, "'The Wizard of Oz' as a Monetary Allegory", *Journal of Political Economy*, Vol. 98, No.4(Aug., 1990), pp.748—749.

⑤　Ibid., pp.749—750.

⑥　Hugh Rockoff, "'The Wizard of Oz' as a Monetary Allegory", pp.748—749; Gretchen Ritter, "Silver Slippers and a Golden Cap: L. Frank Baum's 'The Wonderful Wizard of Oz' and Historical Memory in American Politics", *Journal of American Studies*, Vol.31, No.2(Aug., 1997), p.183.

统;西方的恶女巫是威廉·麦金莱。对黄皮肤的温基人(yellow Winkies)的奴
役暗指在美西战争结束后,"麦金莱没有很好地进行伪装、拒绝立即给予菲律
宾独立的决定"。①奥兹魔法师本人就是麦金莱的总统竞选经理人马库斯·阿
隆佐·汉纳(Marcus Alonzo Hanna),习惯称为马克·汉纳(Mark Hanna)。②瓷
器城的公主暗指慈禧太后,爬过高高的城墙意指中国的万里长城。而在《绿野
仙踪》中,所有的破坏都是外来侵略者造成的,由此可见,一如鲍姆对温基人
(即亚洲人)的态度一样,这个立场反映了其平民主义的反对帝国主义的主
张。③可以说,罗克夫进一步丰富了利特菲尔德论题,细化了隐喻的角色。

　　不过,尽管许多美国学者认可利特菲尔德论题中提出的《绿野仙踪》隐喻
了19世纪末美国社会政治与经济转型的观点,但并不都认可《绿野仙踪》是一
部平民主义的寓言。以吉恩·克兰顿(Gene Clanton)和弗雷德·埃里斯曼
(Fred Erisman)为代表的学者主张:尽管《绿野仙踪》折射出的是19世纪末20
世纪初转型的困境,但它是一部进步主义的寓言,而不是平民主义;如果说东
方恶女巫指的是工业资本主义势力的话,那么西方恶女巫则指的是平民主义
本身。④而鲍姆本人也并非是一位平民主义运动的支持者,而是一位传统的共
和党人。学者南希·蒂斯塔·考帕尔(Nancy Tystad Koupal)通过鲍姆在南达
科他的办报经历以及该时期发表的社论,认为"在将鲍姆的政治观植入《绿野
仙踪》的解读中,一些批评家误以为鲍姆是民主党人,另一些人则正确地认识
到他是传统的共和党人"⑤。不过,即便他是共和党人,很有可能也不过是一
位机会主义者。在这一点上,鲍姆的禁酒立场也是类似的,唯一终其一生不渝
的是其支持女权的政治立场。而鲍姆支持妇女运动的立场可以从以下两个方
面找到解释:一是鲍姆的岳母马蒂尔达·乔斯林·盖奇是位激进的女权运动
领袖;二是1890年这一年南达科他首次掀起了大规模的妇女选举权运动。⑥

①　Hugh Rockoff, "The 'Wizard of Oz' as a Monetary Allegory", p.751.
②　Ibid., p.750.
③　Ibid., p.755.
④　Fred Erisman, "L. Frank Baum and the Progressive Dilemma", *American Quarterly*, Vol.20, No.3
　　(Autumn, 1968), pp.616—623; Gene Clanton, *Populism: The Humane Preference in America*,
　　*1890—1900*, Twayne Publishers, 1991, pp.149—150.
⑤　Nancy Tystad Koupal, "The Wonderful Wizard of the West: L. Frank Baum in South Dakota,
　　1888—1891", *Great Plains Quarterly*, Vol.9, No.4(Fall, 1989), p.207.
⑥　Ibid., pp.205—208.

而考帕尔的观点兜兜转转,实际上在一定程度上又退回到了利特菲尔德论题提出之前,比如爱德华·瓦根克内希特的看法上。

以布拉德利·A.汉森(Bradley A. Hansen)和兰吉特·S.迭戈(Ranjit S. Dighe)为代表的学者认为:尽管《绿野仙踪》并非是一部金融或政治寓言,仅仅是引人入胜的童话故事而已,鲍姆可能也并不同情平民主义运动,但该书却是一个很好的教学手段,用于讲授19世纪末枯燥沉闷的美国经济史。[1]换言之,《绿野仙踪》与19世纪末20世纪初发生的许多重大历史事件,诸如南达科他州的干旱与平民主义运动初兴、伤膝涧大屠杀(the Wounded Knee Massacre)、芝加哥世界博览会、布赖恩的"金十字架"演说,以及1896年总统竞选中的"金银本位之争"等,不过是巧合的"无心插柳"而已,绝非作者有意为之。

也有一些学者,如理查德·图尔克(Richard Tuerk)和格蕾琴·里特(Gretchen Ritter),提出鲍姆的种族主义观点与种族灭绝言论问题,即他主张要将印第安人赶尽杀绝。在他们看来,鲍姆尽管对那些印第安人心怀同情与遗憾,但和那些铁石心肠、久经沙场的边疆人仍是持有同一个立场,即出于白人的安全起见,最好还是将剩余的印第安人全部消灭掉。[2]这些学者主要基于的是1890年12月20日和1891年1月3日鲍姆在《阿伯丁星期六先驱报》发表的两篇有关坐牛之死的社论。前一篇社论是在南达科他格兰德河(Grand River, South Dakota)附近,印第安人领袖之一坐牛(Sitting Bull)被警察杀死数天后发表的。他开篇先赞扬坐牛是"现代史中最有声望的苏族人"(Sioux)与"他那个时代最伟大的巫医"(Medicine Man)。他既同情这位伟大人物想要赶走殖民者的努力,也讴歌了其英雄气概。然后,鲍姆笔锋一转:"随着他的离去,高贵的红皮肤人也被消灭殆尽了,而剩下呜呜哀叫、奴颜婢膝的少数野狗。在征服法则、文明正义支配下的白人是美洲大陆的主人,而且通过全歼这些散

---

[1] Bradley A. Hansen, "The Fable of the Allegory: The Wizard of Oz in Economics", *The Journal of Economic Education*, Vol.33, No.3(Summer, 2002), p.255; Ranjit S. Dighe, "The Fable of the Allegory: The Wizard of Oz in Economics: Comment", *The Journal of Economic Education*, Vol.38, No.3(Summer, 2007), pp.318—319.

[2] Gretchen Ritter, "Silver Slippers and a Golden Cap: L. Frank Baum's 'The Wonderful Wizard of Oz' and Historical Memory in American Politics", pp.185—186; Hunter Liguore, "Sympathy or Racism? L. Frank Baum on Native Americans", *Great Plains Quarterly*, Vol. 37, No. 2(Spring, 2017), pp.79—82.

兵游勇的印第安人将会为边疆拓殖者的安全提供终极保障。"①在这篇评论 9 天后,美国骑兵团(the US Calvary)在迁走靠近南达科他伤膝涧(Wounded Knee Creek)拉科他苏族营地的过程中发生了大屠杀,其间"25 名美军士兵被杀,苏族人死亡多达 300 人,其中许多是缺胳膊的妇女和儿童;一些拉科他人则是在试图逃跑时,从背后遭到射杀的"②。在 1891 年 1 月 3 日的后一篇社论中,鲍姆则在批评美国政府因用人不当而造成美军伤亡惨重的同时,径直主张:"数百年来,我们宁愿选择不公正地对待他们,以便保护我们的文明,接下来将错就错,让这些无法驯化、桀骜不驯的造物从地表上消失。"③不过,有关鲍姆的种族主义观点问题,即便是在鲍姆的后人为其种族灭绝言论进行了道歉之后,依然有一些学者认为:鲍姆并非是种族主义者,他是同情印第安人的,至少仅凭这两篇社论是不足以断定鲍姆就是主张种族灭绝的。④而且,根据对《绿野仙踪》的解读,书中多萝茜被罂粟花迷倒昏睡过去,很可能表明鲍姆后来意识到了种族主义思想这种迷惑人的精神鸦片;而多萝茜的苏醒表明了创作者从种族主义的魅惑中解脱了出来,恢复了神志,象征着其自身"灵性的觉醒",并为此表示悔过。⑤

这或许与当时风行的神智学运动有一定的关联。迈克尔·帕特里克·赫恩(Michael Patrick Hearn)、约翰·阿尔杰(John Algeo)、肯·戴瑞(Ken Derry)等学者则对《绿野仙踪》中折射出鲍姆的宗教立场进行了解读。他们认为:鲍姆小说中的乌托邦看法往往来源于鲍姆的宗教取向,他痴迷于神智论(theosophy),即主张通过直接体验可以认识上帝。⑥《绿野仙踪》反映了神智论的信仰,即不论社会地位,众生平等,都有其自身的价值;而这个故事本身就是一个

---

① Ken Derry, "'Like You Could Read What Was inside of Me': Genocide, Hermeneutics, and Religion in The Wizard of Oz", *Journal of Religion and Popular Culture*, Vol. 26, No. 3(Sept., 2014), p. 294; L. Frank Baum, "The Sitting Bull Editorial," *The Aberdeen Saturday Pioneer*, 20 December, 1890.

② Ken Derry, "'Like You Could Read What Was inside of Me': Genocide, Hermeneutics, and Religion in The Wizard of Oz", p. 294.

③ Ken Derry, "'Like You Could Read What Was inside of Me': Genocide, Hermeneutics, and Religion in The Wizard of Oz", p. 294; L. Frank Baum, "The Wounded Knee Editorial," *The Aberdeen Saturday Pioneer*, 3 January, 1891.

④ Hunter Liguore, "Sympathy or Racism? L. Frank Baum on Native Americans", *Great Plains Quarterly*, Vol. 37, No. 2, (Spring, 2017), p. 82.

⑤⑥ Ken Derry, "'Like You Could Read What Was Inside of Me': Genocide, Hermeneutics, and Religion in The Wizard of Oz", p. 297.

发现自我的旅程，每个人都能获得神智的核心真理，他们必须"通过经验来知晓，而不是其他。尊者与巫师都不能满其所愿，因为它是内在于其自身的"。①

　　到了 20 世纪末，有关《绿野仙踪》利特菲尔德论题的研究更是有增无减，不过，学者们转而更多强调的是《绿野仙踪》所映射出的 19 世纪末 20 世纪初美国的社会政治文化与历史记忆问题，而不再过多深探鲍姆本人的真实意图、社会政治思想与立场问题。在这方面比较有代表性的学者是格蕾琴·里特。在她看来，《绿野仙踪》既不是利特菲尔德所说的平民主义的寓言，也不是威廉·利奇（William Leach）的消费资本主义的憧憬，而是最好将其"理解为一种文化与政治的讽刺"，反映了 19 世纪晚期的政治文化与历史记忆问题：地区政治（即内战后的南北和解问题）、种族政治与货币政治。②可以说，"L.弗兰克·鲍姆的《绿野仙踪》是一件有关政治文化的人工制品，货币、颜色与地理象征了阶级、种族、区域的广泛斗争。"③对此，著名美国史学家埃里克·方纳也认为：《绿野仙踪》"对 1896 年总统竞选及其后果提供了一种点评"，"无论鲍姆的象征主义具有什么含义，有一件事情应该是清楚的，麦金利的胜利打破了自 1876 年以来的政治僵局，创造了一个在美国历史上延续时间最长的政治大多数……在经济政策上深深地打上了自己的印记"④。尽管随着《绿野仙踪》产生的历史语境渐行渐远，当时的许多政治文化在当今的美国政治中不再那么重要，但作为一种历史记忆，它依然值得我们去记忆。⑤当然，依然有学者继续对《绿野仙踪》中的角色进行破译工作。例如，美国学者小威拉德·W.罗德尔（Willard W. Radell Jr.）通过多方求证，指出西方恶女巫另有所指，历史原型应该是"帝国的构建者"詹姆斯·J.希尔；此人"作为有着传奇色彩的铁路大亨，掌管着那个时代最大的公司帝国，在政治上是金本位的积极支持者，极力而有效地抵制了平民主义与'自由铸造银币运动'"⑥。而如果西方恶女巫是希尔的

① Ken Derry, "'Like You Could Read What Was inside of Me': Genocide, Hermeneutics, and Religion in The Wizard of Oz", p.297.
② Gretchen Ritter, "Silver Slippers and a Golden Cap: L. Frank Baum's 'The Wonderful Wizard of Oz' and Historical Memory in American Politics", pp.173—176.
③ Ibid., p.202.
④ 埃里克·方纳：《给我自由！一部美国的历史》（下卷），王希译，商务印书馆 2010 年版，第 820—821 页。
⑤ Gretchen Ritter, "Silver Slippers and a Golden Cap: L. Frank Baum's 'The Wonderful Wizard of Oz' and Historical Memory in American Politics", pp.200—202.
⑥ Willard W. Radell Jr., "Decoding L. Frank Baum's and W. W. Denslow's Wicked Witch of the West", *Great Plains Quarterly*, Vol.38, No.3, (Summer, 2018), p.274.

话,那么书中许多隐喻的历史人物与历史事件可能都需要重新梳理。

诚如美国学者昆汀·P.泰勒所言:"显然,《绿野仙踪》既不是一部拥戴平民主义的寓言故事,也不是一部反对平民主义的寓言故事。严格说来,如果寓言的定义是带有说教目的的故事的话,那么它根本就不是一部寓言故事。鲍姆的目的与其说是教育,莫若说是娱乐;与其说是演说,莫若说是消遣。因此,最好将奥兹国的故事视为对平民主义运动与当时政治的一种象征性与讽刺性的具象,同时也是一部儿童文学故事。简单地说,《绿野仙踪》在两个层面上同时运行着:一面是儿童文学性,一面是象征与政治性。其在两个层面上都引人入胜则证明了作者令人叹为观止的智慧与天赋。"①

在笔者看来,《绿野仙踪》不仅是一部童话故事,亦是一部寓教于乐的乌托邦小说与政治小说。因为"在这个时代里,对历史动力有着绝无仅有的自觉,社会发展的各种流行的大众理论就成了乌托邦小说叙述结构的基础。在这层意义上,乌托邦小说就是元史学"②。就这层意义而言,作为乌托邦小说的《绿野仙踪》,与其说是一则带有回望美好往昔、会带来"伤心与梦魇"的平民主义寓言,不如说是一则向往锦绣前程、迎接"神奇与欢乐"的未来的进步主义童话。圣·奥古斯丁有言:"过去的事情于现在是记忆,现在的事情于现在是直觉,将来的事情于现在是等待。"③换言之,凡此以往,已成过去,皆为历史,惟赖记忆。从这个意义上讲,似乎我们可以说在《绿野仙踪》中我们"发现"了美国社会转型的历史与记忆。

## Littlefield's Thesis and the Historicization of Research on *The Wonderful Wizards of Oz*

**Abstract**: L. Frank Baum's *The Wonderful Wizards of Oz* was published since 1900, it became the favorite book for the children and the adults. However, many scholars believed that this book was merely a fantasy story, not worthy of academic research. Until 1964, Henry M.

① Quentin P. Taylor, "Money and Politics in the Land of Oz", *Independent Review*, Vol.9, No.3(Winter, 2005), p.426.
② Jean Pfaelzer, *The Utopian Novel in America*, 1886—1896, *The Politics of Form*, University of Pittsburgh Press, 1984, p.3.
③ 圣·奥古斯丁:《忏悔录》,应枫译,时代文艺出版社 2000 年版,第 242 页。

Littlefield，an American high school teacher，published the article "The Wizard of Oz： Parable on Populism" in *American Quarterly*. He asserted that *The Wonderful Wizards of Oz* was not merely a fantasy story，but also a populist's Parable on the American society and politics during the late 19th century and early 20th century. Consequently，the scholars shifted their concerns from the text to the context. The Littlefield's thesis ignited the hot discussions on *The Wonderful Wizards of Oz* and L. Frank Baum. The Scholars put forward many different views：populism, progressivism, racism, theosophy, feminism, regionalism, political cultures and history memory etc. In essence to say，*The Wonderful Wizards of Oz* was not only a fantasy story，but also a utopian novel with delight and morality；not merely has the promise of good humanity，but also stamped the marks of the era；not only pleased for the hope for the good life，but also reflected the dilemma of American modern transformation during the late 19th century and early 20th century.

**Key words**：Littlefield's Thesis；*The Wonderful Wizards of Oz*；Historicization

**作者简介**:赵辉兵,渤海大学历史文化学院教授;焦秀丽,江苏师范大学历史文化与旅游学院 2022 级世界史专业硕士研究生。

# "鲁迅自成一家,后起摹拟者有老舍等人"

## ——论 30 年代老舍长篇小说创作
## "国民性"主题的守与变①

罗敏仪

**摘　要:**以"国民性"为核心的鲁迅文学与精神传统,对老舍产生了重要影响。老舍自进入文坛以来,鲁迅的经典之作《阿 Q 正传》对老舍产生了直接而深刻的影响。在《猫城记》中,国民性主题的借用、典型人物的塑造以及讽刺笔法的使用都有师法《阿 Q 正传》的痕迹。老舍对《猫城记》模仿的"失败"经历,促使他放弃"过分讽刺"的创作方式,这为老舍后来的文学创作与国民性理解提供了一种全新的可能性。老舍对国民性的理解与思想有其独特性,他探索了一条与鲁迅改造国民性截然不同的道路。

**关键词:**"国民性"　鲁迅　老舍　《猫城记》

"国民性"主题在鲁迅文学谱系中的确立,引发了许多作家与文学青年对国民性批判的模仿和借用。其中,鲁迅暴露并改造"国民性弱点"的《阿 Q 正传》被视为典范文本,深刻地影响了同时代作家的创作。回溯老舍在 20 世纪20—30 年代的文学创作,我们发现关于国民性批判的文化资源最初源自鲁迅改造国民性的文学精神。通过考察鲁迅与老舍的独特关联,以《阿 Q 正传》作为范本,探讨老舍如何将这一主题融入他的"国民性批判"小说。《阿 Q 正传》何以影响老舍的文学创作? 老舍在历史语境中是如何理解国民性的? 与鲁迅

---

①　本文系国家社科基金重大项目"中国现代文学图像文献整理与研究"(16ZDA188)的阶段性成果。

的国民性思想相比,老舍在哪些方面存在守与变的情况? 这些问题构成本文重点研究的核心问题。

## 一、"国民性批判"小说的诞生:老舍 20 世纪 20—30 年代的长篇小说

1926 年 7 月,老舍的长篇小说《老张的哲学》开始在《小说月报》上连载,标志着老舍正式踏上新文学舞台。1928 年,商务印书馆出版了老舍的首部长篇小说《老张的哲学》以及《赵子曰》。朱自清评价两本书的宣传广告"讽刺的笔调,轻松的文风",可谓十分切实。他将这两部作品与《阿 Q 正传》进行比较,认为它们在"讽刺的态度"上保持了一致,都带有"不少游戏的调子",但同时"都有一个严肃的悲惨的收场",并将其定位为"现代作品而不是谴责小说"的类型①。可见,老舍在新文学舞台初露头角时,就因其作品中独特的"讽刺"笔调与鲁迅的《阿 Q 正传》产生关联,为他的文学生涯奠定了独特的基调,给新文学的读者和其他作家留下了深刻印象。

《老张的哲学》作为老舍的首部长篇小说,在他的文学生涯中具有重要的坐标意义。这部作品不仅展现了 20 世纪 20 年代末至 30 年代初中国社会的面貌,还通过叙述普通市民的不幸遭遇,揭示了他们的精神困境。老张这一人物形象,贪财、狠毒、吝啬,体现了封建思想的腐朽一面,也呈现了国民性中的弱点。发表于 1927 年的《赵子曰》取材于北京八旗中纨绔子弟的大学生活,在五四新文化风起云涌的时代,赵子曰却没有任何建树,混日子、自欺欺人,用自己的一套生存法则麻木地度日。他缺乏社会责任感、家国观念,更没有个人理想,读书做官背后是小市民安于现状、趋利逢时的功利心态。作品揭示了现代青年虚荣和浮躁的弊病。老舍的创作,从市民阶层到学生阶层,不论是从封建时代成长起来的市井人物,还是受到五四新文化熏陶的大学青年,老舍都批判了他们身上不同的国民劣根性。即便身在遥远的英国,老舍在创作第一部作品时已经站在中西民族、新旧文化的比较视野下,揭示了民族劣根性的存在,这种对国民性的深刻观察和批判为老舍后来的文学创作奠定了坚实基础。

老舍最初问世的两部小说在沿着"国民性问题"展开的探索中,不仅扩充了与鲁迅笔下来自晚清的阿 Q 不同的国民性新内涵,还深刻探讨了现代国人(尤其是北京满人)的精神劣根性特征。老舍在 1930 年代的文学创作建立在

---

① 知白(朱自清):《〈老张的哲学〉与〈赵子曰〉》,《大公报》1929 年 2 月 11 日。

对"国民性问题"的提出与确认基础上,力图通过更多理想人物的塑造与思想理论的学习,来探索解决"国民性问题"的途径。1929年春,老舍第三部小说《二马》的发表,是老舍写作史的一个重要转折点。通过描述马则仁和马威父子在伦敦经营古玩店的遭遇,小说生动展示了英国资本主义的繁荣与种族歧视。在小说中,老马呈现出一种迷信、懒散、得过且过、无所事事的状态,似乎投射了阿Q的影子,"他背后有几千年的文化"①,代表着中国民族性。通过两国国民性的对比,小说展示了中国人受尽屈辱与苦难的经历。可以说,《二马》与老舍以往作品的不同之处在于,它在"国民性问题"上迈出了更大的步伐,站在国际视野上去审视中国的国民性难题。在刻画人物"理想的产儿"小马时,老舍坦言:"那时在国外读书的,身处异域,自然极爱祖国;再加上看着外国国民如何对国家的事尽职责,自然使自己想做个好国民,好像一个中国人能像英国人那样做国民便是最高的理想了。个人的私事,如恋爱,如孝悌,都可以不管,只要能有益于国家,什么都可以放在一旁。"②这是老舍真实的心声。他希望构建的理想人物具备强烈的家国情怀,有自我牺牲的精神,并将英国的积极进取、参与国家事务的国民品格引入,将中国国民置于西方文化语境中,通过中西国民性对比寻找更多"改造国民性"的有效理论与具体路径。

1930年2月底,老舍离开新加坡回国后,相继完成了五部充满国民性批判色彩的长篇小说:《大明湖》(1931年)、《猫城记》(1932年)、《离婚》(1933年)、《牛天赐传》(1934年)、《骆驼祥子》(1936年)。老舍创作这些"国民性批判"主题的长篇小说的动机源于对当时现实社会的愤怒与失望。在这些小说中,老舍不再着眼于中西民族性的比较,而是顺应了1930年代左翼文学的主潮,秉持"为人生"的理念,将社会现实的描绘与人生的改造作为创作准则,将国民性批判与民族危机相结合。从文化批判的角度,老舍切实地关注着整个中国社会的弊病以及国民精神的根本问题。

《大明湖》书稿因"一·二八"事变毁于日军炮火,未能问世。据老舍回忆,"前半的本身已像个故事,而这故事里已暗示出济南的危险。后半还继续写故事,可是遇上了'五三',故事与这惨案一同紧张起来"③。尽管涉及"性欲"爱

---

① ② 老舍:《我怎样写〈二马〉》,《宇宙风》1935年10月16日第3期,见《老舍文集:第15卷》,人民文学出版社1990年版,第176页。

③ 老舍:《我怎样写〈大明湖〉》,《宇宙风》1935年11月16日第5期,见《老舍文集:第15卷》,人民文学出版社1990年版,第184页。

情,亦是因济南"五三惨案"而家破人亡。《猫城记》是老舍独特的寓言体作品。通过探险者经历,详述猫国由文明大国沦为受侵略的落后国家。老舍聚焦揭示了猫国国民性的自欺、不求上进、夜郎自大、愚昧保守、冷漠麻木、上行下效的特征。《离婚》作为老舍钟爱之作,甚至远超《骆驼祥子》①。"老舍对《离婚》的评价一直是很高的"②,尽管在讨论幽默技巧时表示"对《离婚》似乎又不能满意了,它太小巧,笑得带有点酸味!"③。作品描绘了北京市民的灰暗生活,新旧人物的刻画勾勒出普通国人的庸常灵魂,生活在中华数千年文化基因背后。张大哥的个性极为懦弱,遇到恶人不敢反抗,遇到危险就躺着等死。老李作为大学生,受到过五四新文化洗礼,但也只是"旧时代的弃儿,新时代的伴郎"④。他们的婚姻在百无聊赖中维持现状,如他们苟且度日、敷衍麻木的人生一般。老舍的《牛天赐传》沿着他前期小说中对国民性的探索,采用古典传统的叙事模式,讲述了被遗弃的"私生子"牛天赐被牛老者夫妇收养的成长历程,同时也是老舍处理个人童年经验和精神创伤的文本。小说展示了牛天赐所代表的国民文化中的怯懦、逃避、敷衍以及过于苟且的心态。《骆驼祥子》是老舍辞去教职后的创作,被文学史认为是中国现代文学中足以传世的经典之一,堪与鲁迅的《阿Q正传》、沈从文的《边城》相媲美⑤。小说通过"人力车夫"祥子三次买车而三次丢车的故事揭示了一个踏实勤劳的青年逐渐屈从于命运,走向自暴自弃的深渊。老舍明言:"我所要观察的不仅是车夫的一点点地浮现在衣冠上的、表现在言语与姿态上的那些小事情了,而是要由车夫的内心状态观察到地狱究竟是什么样子。车夫的外表上的一切,都必有生活与生命上的根据。我必须找到这个根源,才能写出个劳苦社会。"⑥祥子的人物刻画与老舍过去的作品有所不同,深刻地阐释了"越努力

---

① 据吴晓铃回忆,1941年文艺界许多朋友推举《骆驼祥子》为老舍的最佳作品,但老舍却说:"非也,我喜欢《离婚》。"吴晓铃追问原因,老舍回答:"你还年轻,没到岁数呢!"详见吴晓铃:《老舍先生在云南》,舒济编:《老舍和朋友们》,生活·读书·新知三联书店1991年版,第611页。

② 赵家璧:《老舍和我》,《新文学史料》1986年第5期,第123页。

③ 老舍:《我怎样写〈离婚〉》,《宇宙风》1935年12月16日第7期,见《老舍文集:第15卷》,人民文学出版社1990年版,第193页。

④ 老舍:《何容何许人也》,《人间世》1935年12月20日第41期,见《老舍文集:第14卷》,人民文学出版社1989年版,第54页。

⑤ 程光炜、刘勇、吴晓东、孔庆东、郜元宝:《中国现代文学史:第二版》,中国人民大学出版社2007年版,第221页。

⑥ 老舍:《我怎样写〈骆驼祥子〉》,见《老舍文集:第15卷》,人民文学出版社1990年版,第206页。

越失败"这一悲剧主题①。老舍不仅从社会角度分析了祥子的悲惨人生,还从个人奋斗的主体性上揭示了穷人精神堕落的真相,往往从失去最为宝贵的品质开始。

在20—30年代的文学创作中,老舍经历了观察视角的变迁,尤其在长篇小说中展示了对国民性的不同发展阶段的体察。最初在英国时,他以中西民族的对比为基础,通过西方的强盛反观中国的弱势,审视中国的经济、社会、文化和国民性。这一阶段的创作受到五四新文学的影响,体现了被鲁迅发扬的国民性批判主题。1930年随着回国,老舍的创作关注中国当时的民族危机,如"九·一八"事变、"一·二八"事变、国内革命战争的失败等。他通过描绘中国市民阶层的困境,抨击社会制度的不合理,展现了国民劣根性特征。老舍致力于探讨国家与社会的理想出路,改造国民精神。在这一时期,他将目光转向中国传统文化的内在,批判更为深刻,全面呈现国民性弱点的具体特征。因此,20—30年代,老舍的长篇小说具有挖掘国民弊病的意旨,特别是对小市民阶层不良习气的批判。他通过具体的历史语境,全面、丰富地呈现了国民性弱点的具体特征,体现了他在观察视角上的变迁和对国民性的深切关注。

## 二、《阿Q正传》的文化典范:"改造国民性"的借用

通过观察老舍在1932年发表的《猫城记》与《阿Q正传》的相似之处,我们可以将《猫城记》看作是对《阿Q正传》中"改造国民性"主题的一种借用。在探索《猫城记》的创作模式时,我们能够发现老舍在面对国民性问题时的批判意识。他既具备与鲁迅相似的文化积淀与焦虑,同时也展现了独属于他自身学识和经验的内在批判理路。

据记载,老舍的长篇小说《猫城记》自1932年8月1日开始在《现代》第1卷第4期连载,直至1933年4月1日第2卷第6期完结②。与之前交予《小说月报》发表不同,《猫城记》能够在《现代》发表的直接原因是主编施蛰存的"长篇"邀约以及《小说月报》因战火停刊③。《猫城记》初问世即在学术界引起激

---

① 哈迎飞:《论〈骆驼祥子〉与老舍的晚年"迷失"》,《中国现代文学研究丛刊》2017年第11期,第142页。
② 甘海岚编撰:《老舍年谱》,书目文献出版社1989年版,第31页。
③ 老舍:《我怎样写〈猫城记〉》,《宇宙风》1935年12月1日第6期,见《老舍文集:第15卷》,人民文学出版社1990年版,第187页。

烈讨论,评价褒贬不一。一方认为其是"近年来极难得的佳构"①;另一方则指责小说"涂满了悲观的色调","太把猫人讽刺得有些过分了"②,与《阿 Q 正传》读者谭国裳的反馈"讽刺过分"相呼应。因此,《猫城记》与《阿 Q 正传》在问世初期所受到的评价可视为两者之间的关联之一。

　　老舍表示,《猫城记》的创作动机来源于对中国社会现实的失望:"头一个就是对国事的失望,军事与外交种种的失败,使一个有些感情而没有多大见解的人,像我,容易由愤恨而失望。"③考察老舍的创作背景,当时国民党政府的"攘外必先安内"的政策引起国民的不满,尤其是作为知识分子的老舍。然而,国民党政权一直严格控制着公开言论和图书出版④。《猫城记》通过文本中"故事地点的幻想性和特异性帮助作家混过了书刊检查机关,出版了这本首先是反对国民党集团的小说","从幽默诙谐转为对中国 30 年代现实的无情讽刺"⑤。小说采用的讽刺笔法,"这种文学之传统的方式,只是鲁迅的《阿 Q 正传》的扩大;但后者和《猫城记》所不同的,却在于《阿 Q 正传》只创造一个典型的社会人物,而《猫城记》却是在于要企图创造一个典型的社会,于神秘的外衣里,包含着现实的核心"⑥。《猫城记》的寓言体形式、讽刺的语言、曲笔写实的笔法,以及对 20 世纪 30 年代中国社会的全景式抨击,都彰显了老舍的文学观念,旨在对国家的衰败根源进行深刻揭示。从老舍的创作动机和写作策略来看,《猫城记》与鲁迅的《阿 Q 正传》在这两方面有着相似之处,可视为两者的关联之二。

　　曾有学者指出,"20 世纪的中国文学史,锲而不舍地以创作实践弘扬思想启蒙主旨,并贯穿'改造国民性'这一思想,从而形成较完整理论的,当属鲁迅和老舍两个人"⑦。老舍的文学创作自创作伊始便融入了中国现代文学改造

① 谐庭:《猫城记》,《益世报·文学周刊》1933 年 9 月 23 日第 43 期。
② 王淑明:《猫城记(书评)》,《现代》1934 年 1 月 1 日第 4 卷第 3 期,见曾广灿、吴怀斌编:《中国文学史资料全编·现代卷:老舍研究资料(下)》,知识产权出版社 2010 年版,第 637 页。
③ 老舍:《我怎样写〈猫城记〉》,《宇宙风》1935 年 12 月 1 日第 6 期,见《老舍文集:第 15 卷》,人民文学出版社 1990 年版,第 188 页。
④ 周毅:《抗战时期文艺政策研究》,四川大学出版社 2013 年版,第 2 页。
⑤ [苏]A.安基波夫斯基:《〈猫城记〉——老舍创作和世界观发展的重要标志》,宋永毅译,《中国现代文学研究丛刊》1987 年第 2 期,第 197 页。
⑥ 王淑明:《猫城记(书评)》,《现代》1934 年 1 月 1 日第 4 卷第 3 期,见曾广灿、吴怀斌编:《中国文学史资料全编·现代卷:老舍研究资料(下)》,知识产权出版社 2010 年版,第 634 页。
⑦ 魏建、房福贤:《中国现当代作家作品研究》,山东人民出版社 2001 年版,第 52 页。

国民性主题。以文化批判为擅长领域,老舍在改造国民性方面凸显了深刻的文化批判。在文学书写中,鲁迅是"改造国民性"的先锋,而老舍则可视为后继者中的主将。鲁迅专攻以"立人"为核心的国民性批判精神,而老舍则在"文化批判"领域展现了对民族性的深刻思考,两人在各自擅长的领域里呈现出振聋发聩的影响。同时,在鲁迅作品的巨大影响下,老舍作为后来者,也在一定程度上承续并补充了这一思想。

老舍坦言,他的创作深受《阿Q正传》的影响。对于当时学界普遍评论"鲁迅自成一家,后起摩拟者有老舍等人",老舍回应:"这话说得对,也不对。不对,是因为我是读了些英国的文艺之后,才决定也来试试自己的笔,狄更斯是我在那时候最爱读的,下至于乌德豪司与哲扣布也都使我欢喜。这就难怪我一拿笔,便向幽默这边滑下来了。对,因为像阿Q那样的作品,后起的作家们简直没法不受它的影响;即使在文学与思想上不便去模仿,可是至少也要得到一些启示与灵感,它的影响是普遍的。一个后起的作家,尽管说他有他自己的创作的路子,可是他良心上必定承认他欠鲁迅先生一笔债。鲁迅先生的短文与小说才真使新文艺站住了脚,能与旧文艺对抗。这样,有人说我是'鲁迅派',我当然不愿意承认,可是决不肯昧着良心否认阿Q的作者的伟大,与其作品的影响的普遍。"①在老舍的回应中,一方面指出了他在20世纪20年代文学创作之初的幽默滑稽风格主要是受到英国文艺的影响;另一方面则赞誉了《阿Q正传》的伟大,以及对中国现代作家的普遍影响。然而,《阿Q正传》具体如何影响自己或在哪些作品中产生作用,老舍则语焉不详。通过文本细读与查阅史料,我们可以在老舍的小说《猫城记》中找到许多受《阿Q正传》影响的细节。

老舍在创作意图上表示,"好的讽刺文字是能一刀见血,指出人间的毛病的;虽然缺乏对思想的领导,究竟能找出病根,而使热心治病的人知道该下什么药"。同时,老舍自谦地说:"我呢,既不能有积极的领导,又不能精到地搜出病根,所以只有讽刺的弱点,而没得到它的正当效用。"②不难看出,老舍创作《猫城记》的动机在于眼前的坏现象是他最关切的,他希望通过小

---

① 老舍:《鲁迅先生逝世两周年纪念》,《抗战文艺》1938年10月16日第2卷第7期,见《老舍文集:第15卷》,人民文学出版社1990年版,第359—360页。

② 老舍:《我怎样写〈猫城记〉》,《宇宙风》1935年12月1日第6期,见《老舍文集:第15卷》,人民文学出版社1990年版,第188页。

说的讽刺笔法找出病根。鲁迅在创作动机上提到："仍抱着十多年前的'启蒙主义',以为必须是'为人生',而且是要改良这人生。"①在对象塑造和取材上,他表示,"多采自病态社会的不幸的人们中,意思是在揭出病苦,引起疗救的注意"②。《阿Q正传》的创作目的"大约是想暴露国民的弱点"③,而背后是鲁迅对中国人的深沉关爱。老舍的《猫城记》通过一位地球人到火星探险坠机后幸免于难被猫人俘获的故事,以及对猫国的政治、文化、教育、军事、社会、家庭、猫人性格等各领域的全景描绘,见证了猫人因愚昧、苟且、自相残杀最终被灭绝的过程。这部作品寓言象征近代中国,猫人则影射国民,实际上揭示了国民性的弱点。老舍坦言,"猫人的糟糕是无可否认的。我之揭露他们的坏处原是出于爱他们也是无可否认的"④。老舍的《猫城记》与鲁迅的《阿Q正传》在创作意图上一脉相承,都旨在揭示国民性的病症,以期疗救受苦的人们。

此外,在叙事视角上,《猫城记》中的"我"以第一人称叙事视角介入,身处故事内部,构成一种内视角;《阿Q正传》同样采用第一人称叙事,开头的序言中,"我"要给阿Q立传,这里是内视角。然而讲述阿Q的故事时,"我"不再出现,变成了第一人称叙述中的见证人,采用旁观视角,站在阿Q的故事之外,形成一种外视角。因此,《阿Q正传》的"我"经历了从内视角到外视角的转变。在《猫城记》中,作者以"我"的身份介入故事,实际上是作者的化身,推动了故事的发展。这个"我"既是故事的叙述者,又是一个清醒头脑、不愿苟活的正面人物,对猫人的奴性行为进行无情批判。相反,《阿Q正传》中的"我"实际上是作者鲁迅本人,通过客观而平静地叙述阿Q的悲剧人生,有力地批判了阿Q等国民劣根性的代表。在叙事视角上,两部小说虽有不同的叙事视角转换,但都采用了第一人称视角,充分体现了作者强烈的批判态度,最大限度地实现了作者的表达意图。

在典型人物的刻画方面,《猫城记》采用了群像描写的手法,比如猫国中成群结队的猫人,以及那些无真学问、庸碌无能的学者文人,与《阿Q正传》中描

①② 鲁迅:《我怎么做起小说来·南腔北调集》,见《鲁迅全集:第4卷》,人民文学出版社2005年版,第526页。

③ 鲁迅:《再谈保留·伪自由书》,见《鲁迅全集:第5卷》,人民文学出版社2005年版,第154页。

④ 《我怎样写〈猫城记〉》,《宇宙风》1935年12月1日第6期,见《老舍文集:第15卷》,人民文学出版社1990年版,第190页。

绘的未庄乡民们、阿Q相呼应，"仿佛猫国就是个阿Q世界，人人都是阿Q"①。阿Q最为突出的"精神胜利法"在猫国人这里得到充分展现，举国上下随处可见"阿Q相"。尽管猫国因落后受外国人的欺凌仍然沾沾自喜，沉湎于过去的辉煌成就，盲目傲慢、自欺欺人，表现得如同阿Q一般。面对强国，猫人屈服顺从，奴性十足；而面对弱者，猫人则像阿Q欺负小尼姑一样欺软怕硬。在《阿Q正传》中，不论是赵老太爷还是阿Q觉得围观革命党杀头"好看"，或者乡民们围观"阿Q"赴刑场砍头，都展现了国民的冷漠自私，这点在国民劣根性中尤为突出。在《猫城记》中更进一步，猫民们自私苟安，对他人生死漠不关心，惯于"窝里斗"，最终导致国家灭亡和族群消亡。

　　除了群像描写外，都有中心人物的书写。《猫城记》中的小蝎与阿Q存在相似之处。首先，小蝎的性格特征呈现出自私、麻木、苟安和卑怯等阿Q式的一面。与大鹰一样，小蝎是老舍笔下不同于猫人的正面人物，拒绝同流合污，不沉湎于迷叶，不满足于"半死的活着"。尽管小蝎曾到过外国，具有新思想，但由于守旧，也表现出妥协和卑怯。在小蝎的性格描写中，显现出一种二重性，似乎难以清晰勾勒："他的性格和行为的显现上，似乎犹未能见出十分清晰的轮廓，有些隐晦，模糊。不，这样说，还不适当，他在前后的位置里，其形态的转换，竟会现出二重性来，几乎要使人疑心他本来不是一个人的。"②在《猫城记》中，小蝎人物发展的二重性被凸显出来，这也是老舍在人物刻画上的一处缺陷："喻言中要以物明意，声东击西，所以人物往往不能充分发展——顾及人（或猫）的发展，便很容易丢失了故意中的暗示；顾及暗示，则人物的发展受到限制，而成为傀儡。《猫城记》正中此病。我相信自己有一点点创造人物的才力，可是在《猫城记》中没有充分地施展出来。"③可见，小蝎的人物发展不充分与老舍兼顾小说的寓言体形式相关。尽管如此，这是小蝎与阿Q的又一相似之处。郑振铎曾言："像阿Q那样的一个人，终于要做起革命党来，终于受到那样大团圆的结局，似乎连作者他自己在最初写作时也是料不到的。至于在

---

①　史承钧：《影响与契合：从〈阿Q正传〉到〈猫城记〉》，《上海师范大学学报（哲学社会科学版）》1992年第3期，第49页。

②　王淑明：《猫城记（书评）》，《现代》1934年1月1日第4卷第3期，见曾广灿、吴怀斌编：《中国文学史资料全编·现代卷：老舍研究资料（下）》，知识产权出版社2010年版，第635页。

③　老舍：《〈猫城记〉新序》，见曾广灿、吴怀斌编：《中国文学史资料全编·现代卷：老舍研究资料（上）》，知识产权出版社2010年版，第526页。

人格上似乎是两个。"①小蝎与阿Q在人格上的二重性，以及"不是一个人"的疑虑，表明两者都是中国人"谱"的代表，没有具体的指向或清晰的轮廓，呈现出人物的模糊和含混，将焦点扩大到每个国人，凸显了小蝎与阿Q一样具有普遍性特征，是国民性的典型代表。

"改造国民性"这一创作命题，在鲁迅的小说，尤其是《阿Q正传》中被引入并发挥出极大的影响力，阿Q的"精神胜利法"成为高度概括国民性的显著特征。实际上，《阿Q正传》提供"改造国民性"的文本典型，成为1930年代老舍亟须且最适合的创作命题。从创作意图、采取的写作策略（寓言体、讽刺笔法、叙事视角）以及典型人物塑造等方面看，老舍的《猫城记》创作准确地契合了《阿Q正传》的节拍。老舍在小说创作中一直秉承"改造国民性"的原则，而在《猫城记》中更是借鉴了《阿Q正传》的写作手法，拓宽了国民性书写的表现领域。然而，老舍对《猫城记》的评价却经历了从"写得很不错"②到"是最'软'的一本"③的变化。前者反映了老舍在1933年对《猫城记》的讽刺寓言体"改造国民性"书写的满意与自信；而后者则是1947年因政治原因而说的"违心话"，同时也包含对《猫城记》采用的"讽刺寓言体"形式的反思。正是老舍对《猫城记》的深刻反思，使得他在《离婚》的创作上取得了巨大突破，标志着老舍创作的真正成熟④。

### 三、另一条道路：老舍的国民性理解与思想来源

国民性是一个民族在漫长历史发展中形成的稳定精神状态与心理特征，表现为独有的态度、习惯和情感。国民性对同一民族是共同的，对外民族则呈现为特质⑤。因此，国民性也被称为"民族性"和"民族性格"。在1919年新文化语境下，该术语与国民精神相互混用，"一国之政治状态，一国人民精神之摄

---

① 西谛（郑振铎）：《呐喊》，《文学周报》1926年11月21日第251期，见中国社会科学院文学研究所鲁迅研究室编：《1913—1983鲁迅研究学术论著汇编：第1卷》，中国文联出版公司1985年版，第208页。

② 老舍：《〈猫城记〉自序》，见曾广灿、吴怀斌编：《中国文学史资料全编·现代卷：老舍研究资料（上）》，知识产权出版社2010年版，第439页。

③ 老舍：《〈猫城记〉新序》，见曾广灿、吴怀斌编：《中国文学史资料全编·现代卷：老舍研究资料（上）》，知识产权出版社2010年版，第526页。

④ 赵园：《老舍：北京市民社会的表现者与批判者》，见《论小说十家》，生活·读者·新知三联书店2011年版，第25页。

⑤ 李盛平、任大奎、陈有进：《新学科新知识词典》，中国国际广播出版社1989年版，第470—471页。

影也。无以名之，名之曰国民之精神。政治学者，或别称之曰国民性，即一国民之思想也"①。因此，国民性、民族性、民族性格和国民精神常混用，统称为国民性。自五四新文学以来，改造国民性成为文学的主题，鲁迅和老舍都在创作中秉承这一观念。然而，两者的不同在于，鲁迅主要通过"思想之深刻"疗救病态国民，而老舍则通过文化批判描绘北京市民的生活，思考国民性的问题，寻找民族的发展。更进一步说，老舍在讨论国民性时实际上是在探讨民族性。在老舍的小说中，国民性和民族性常混用，因此老舍所谓的国民性实际上是指民族性，"改造国民性"实际上就是"改造民族性"。

　　若说鲁迅对"改造国民性"持明确而强硬的态度，那老舍则相对温和许多。老舍强调自己的小说仅起到规劝的作用，难以达到文学"为人生"的效用。鲁迅透过描摹国民的沉默灵魂，深挖传统文化的弊病，从而改造国民精神。相比之下，老舍自称，他的写作是为了表现"坏现象"而生，对传统文化有肯定的一面。在处理"人"的问题上，鲁迅强调改造国民性首要"立人"摆脱奴性，"立人"才能"立国"。在对国民的态度上，鲁迅倾向于用启蒙先驱者的知识分子身份思考国民性问题，在文学创作中克制叙述，低落而平静，以"冷的讽刺"为主。与之相反，老舍只是一个"讲故事"的人，叙述北京普通市民的生活，擅长描写穷人的悲剧人生。老舍坦言："假若我专靠着感情，也许我能写出相当伟大的悲剧，可是我不彻底；我一方面用感情咂摸世事的滋味，一方面我又管束着感情，不完全以自己的爱憎判断。这种矛盾是出于我个人的性格与环境。我自幼是个穷人，在性格上又深受我母亲的影响——她是个愣挨饿也不肯求人的，同时对别人又是很义气的女人。穷，使我好骂世；刚强，使我容易以个人的感情与主张去判断别人；义气，使我对别人有点同情心。有了这点分析，就很容易明白为什么我要笑骂，而又不赶尽杀绝。我失了讽刺，而得到幽默。据说，幽默中是有同情的。我恨坏人，可是坏人也有好处；我爱好人，而好人也有缺点。'穷人的狡猾也是正义'，还是我近来的发现；在十年前我只知道一半恨一半笑地去看世界。"②

　　老舍在此传达了几个重要信息：情感上保持克制，避免以爱憎评判事物；

①　光升：《中国国民性及其弱点》，见杨宏峰主编：《〈新青年〉简体典藏全本：第2卷》，宁夏人民出版社2011年版，第348页。

②　老舍：《我怎样写〈老张的哲学〉》，《宇宙风》1935年9月16日第1期，见《老舍文集：第15卷》，人民文学出版社1990年版，第166页。

由于家境贫困,他从小与底层人民生活在一起,因此对他们有很深厚的情感;尽管揭示了底层人民的弱点,但态度上更显柔和。老舍的父亲早逝,母亲为生计做工,他长期与底层人民共同生活,这让他对他们的性格了解深刻,包括卑怯庸常、自欺欺人、欺软怕硬等弊病,但同时也看到了他们的勤劳、直爽和爱憎分明。在老舍的小说中,尽管揭示了国民性弱点,但情感上更多地表现出同情、悲悯和宽容。与鲁迅的"尖锐的利剑"式的国民性批判不同,老舍的态度更像是"磨平的钝刀"式。在老舍的国民性理解中带有鲜明的平民色彩,将自己置身于他们之中,更强调对他们悲剧人生的同情与悲悯,在对国民性弱点的态度上更显忍受与中庸,在国民性弱点上是"哀其不幸"的态度。与鲁迅的精英启蒙身份形成鲜明对比,鲁迅在国民性弱点上更多持"怒其不争"的态度。

实际上,老舍对人物的描写,特别是对穷人的刻画是极其深刻的,这一点可以从《骆驼祥子》中"祥子"的成功形象中得到印证。然而,老舍在《骆驼祥子》之后放弃了对穷人问题的深入探讨,没有沿着这个思路推进,而是融入了宏大叙事的救亡图存主流,进行社会和文化的批判。正因为他未能及时反思与清理自己存在的"穷人"灵魂问题,包括根深蒂固的奴性意识和对权威的崇拜,为他晚年的迷失悲剧埋下了伏笔①。由于老舍在"国民性"问题上缺乏尖锐的反省意识,更多地表现为包容与忍让,对国民性问题的关注更多集中在民族文化上。与鲁迅强烈的主体性意识不同,老舍的关注点在"国族"(民族),而不是"国民"。鲁迅认为"立人"后"立国",而老舍则主张"立国"后"立人",不同排序自然导致了对国民性的不同思考。

鲁迅认为"改造国民性"首先在"立人",因此对"国民性"批判相对激进,他的小说多以利刃的笔锋刺穿外表,揭露出国民愚昧落后的真实面目,以引起疗救的注意。老舍则强调"民族"问题是首要条件,只要解决民族问题,国民的问题也就能得到解决。他希望通过调和中西文化,解决中国古老文明与西方现代文明相撞的问题,以实现"洋为中用"的效果,达到"补偏救弊"的目的。老舍对国民性的态度更为温和宽厚,将国民劣根性归因于现实社会的无能为力,而与主体是否自省与反思关联不大。他认为动荡社会是中国国民性状态的原因,指出,"小市民的习气往往是遇见患难就紧张一会儿,

---

① 哈迎飞:《论〈骆驼祥子〉与老舍的晚年"迷失"》,《中国现代文学研究丛刊》2017 年第 11 期,第 150 页。

'太平'一点儿就马上泄气"①。老舍认为国家稳定是最关键的,只有"保住国家,才能保住自己"②,即国泰才能民安。这也与老舍的满族身份有关。满族人和老北京人一样生活,他更关注普通人的生活,这也是他的文学作品里所着重表现的部分。而国家变革与社会运动对他来说是知识分子所关注的大事。因此,老舍一直强调的"改造国民性"实际上是在讨论"改造民族性"的问题。

老舍认为文学的使命是反映社会现实,具备写实本领可以像悬起一面镜子,有情绪感诉能力则能向人心投掷炸弹③。这一文学观决定了老舍的作品风格,他以幽默的笔触致力于描绘普通市民生活的各个方面,从鲁迅笔下的鲁镇未庄扩展到英国的市民阶层和中国底层市民,基本囊括了士、农、工、商等各阶层。相比之下,可以说老舍在"国民性"书写方面的表现领域更为广阔④。此前提到,《猫城记》后老舍对"国民性"书写进行了重要的反思。在《猫城记》中,寓言体与讽刺笔法的运用尤为突出,但老舍认为作品的"失败"主要归咎于这两种形式限制了人物的发展,对人性缺乏深刻的表现。因此,在观察老舍自《猫城记》后的文学创作中,他不仅舍弃了寓言体的创作方式,还放弃了"讽刺过分"的笔法。

谈及幽默与文艺的关系,老舍强调,"文字要生动有趣,必须利用幽默"⑤,将幽默视为使文艺避免晦涩与乏味的重要因素;在讨论幽默与讽刺的关系时,老舍指出,"讽刺必须幽默,但它比幽默厉害。它必须用极锐利的口吻说出来,给人一种极强烈的冷嘲,它不使我们痛快地笑,而是使我们淡淡地一笑,笑完因反省而面红过耳。讽刺家故意地使我们不同情于他所描写的人或事。在他的领域里,反语的应用似乎较多于幽默,因为反语也是冷静的。讽刺家的心态似是看透了这个世界,而去极巧妙地攻击人类的短处……幽默者的心是热的,讽刺家的心是冷的;因此,讽刺多是破坏的"⑥。老舍认为讽刺常常使用尖锐

① 老舍:《挑起新担子》,《新观察》1951年10月1日第3卷第5期,见《老舍全集:第14卷》,人民文学出版社1999年版,第472页。
② 老舍:《且讲私仇》,渝《新民报》1938年1月20日,见《老舍全集:第14卷》,人民文学出版社1999年版,第116页。
③ 老舍:《我怎样写〈猫城记〉》,《宇宙风》1935年12月1日第6期,见《老舍文集:第15卷》,人民文学出版社1990年版,第189页。
④ 迟蕊:《老舍对"国民性"书写的思考及与鲁迅的差异》,《中国现代文学研究丛刊》2016年第7期,第131页。
⑤ 老舍:《谈幽默》,见《老舍文集:第15卷》,人民文学出版社1990年版,第231页。
⑥ 同上,第232页。

语言,带有强烈的冷嘲,缺乏对人的同情,因此多破坏文艺效果;而在讨论讽刺、幽默与道德的关系时,老舍认为,"讽刺因道德目的而必须毒辣不留情,幽默则宽泛一些,也就宽厚一些,它可以讽刺,也可以不讽刺"①。

这实际上就是鲁迅和老舍两位作家对讽刺的真实看法。鲁迅为了实现对国民性道德批判的目的,在《阿Q正传》中采用了"讽刺过分"的手法,而老舍则更倾向于宽和温和,更多地使用幽默的笔调。老舍论及真正的幽默,"嬉皮笑脸并非幽默;和颜悦色,心宽气朗,才是幽默。一个幽默写家对于世事,如入异国观光,事事有趣。他指出世人的愚笨可怜,也指出那可爱的小古怪的点。世上最伟大的人,最有理想的人,也许正是最愚而可笑的人,唐吉诃德先生即一好例。幽默的写家会同情于一个满街追帽子的大胖子,也同情——因为他明白——那攻打风磨的愚人的真诚与伟大"②,这段话基本概括了老舍的写作目的,也是老舍的创作真实写照。老舍的选择从讽刺转向幽默,不仅是一种创作风格的改变,更是他对国民性解读的变革。在《猫城记》之后,老舍深刻地反思了由于追求讽刺效果而导致人物发展过于简单的问题,因此他放弃了过分讽刺的手法,转而采用幽默的方式,将国民性特征与人物个性有机地结合,延续了社会批判与救亡图存相结合的文学传统,并融入抗战时期的大众文艺运动,以老舍的视角阐释"国民性"即"民族性"问题。

老舍于1926年初登上文坛时,仍在英国任教。他坦言,自己创作小说受到英国作家狄更斯的影响,尤其是狄更斯小说中的现实主义手法和对童年记忆的描绘,这些因素让老舍在精神上产生了共鸣,并在创作上得以实践。老舍在英国期间完成的前三部小说,包括《老张的哲学》《赵子曰》《二马》,明显展现了中英社会的对比,尤其关注中国传统文化。在《赵子曰》中,李景纯被塑造成老舍心目中的理想人物,务实而肯干,老舍认为实干是中国人身上的宝贵品质之一。而《二马》则着重比较中国人与英国人所代表的民族性,在老舍的描写中,老马身上的盲目乐观和不思进取代表了国人普遍的性格弊病,而英国人的积极进取和爱国主义则正好弥补了老马身上的国民性缺失。因此,老舍的国民性思想源自对不同民族文化品质的融合,通过借鉴英国的民族文化,寻找中华民族发展的道路,以西方科学追求的民族精神来激活国民性问题。

① 　老舍:《谈幽默》,见《老舍文集:第15卷》,人民文学出版社1990年版,第233页。
② 　同上,第235页。

老舍与左翼文学的关系学界研究得相对较少,然而在 30 年代,左翼文学盛行的时期,老舍的小说创作极为活跃。回国后,他开始积极在作品中反映社会现实与政治。《大明湖》《猫城记》这两部长篇小说都明显带有左翼文学的痕迹。在左翼文坛对老舍的批评中,除了前面所提到的左翼批评家王淑明对《猫城记》过于悲观的批评——没有预示光明的前景,还有非左翼评论家李长之指出,《猫城记》的结尾缺乏新生的信念,作家应该要"信辩证法的进展"①,李长之实则提醒老舍要有光明未来的信仰。李长之对"辩证法"的宣扬与左翼批评家王淑明的批评不谋而合。

老舍的《猫城记》采用寓言体形式,通过对国民党政府不作为、腐败官僚主义和资本主义的批判,暗喻社会现实。这与左翼文学批判现实主义的艺术特征相契合。同样,在《骆驼祥子》中,老舍也展现了明显的左翼文学倾向。小说揭示了祥子"越努力越失败"的原因是社会制度的不合理。祥子通过努力奋斗想要改善生活,但资本主义劳动关系的剥削与罪恶不断腐蚀着祥子踏实上进、淳朴肯干的品质直至堕落,让祥子在无望中沦为施害者,呈现了对资本主义劳动中人的"异化"批判。要想改变底层人民命运,必须通过社会革命来改变不公平、不合理的制度。这与左翼文学通过揭示底层人民被压迫的命运、阐述中国革命的必要性不谋而合。老舍对于改造国民性的追求实际上就是对改造民族性的关切。在 20 世纪 30 年代,左翼文学致力于国家民族的变革,与老舍改造民族性的需求一脉相通②。老舍对国家和民族命运的深切关怀,包括对封建腐朽文化、官僚主义和资本主义等社会一切不合理制度的不满,与左翼文学的革命诉求在整体上是一致的。

## 结　语

老舍在 20 世纪 30 年代被誉为卓越的文学家之一,其小说创作担负着塑造国民性的历史重任。随着社会语境的不断演变,国民性呈现出动态而稳定的发展态势,老舍的创作也经历了显著变化。从中西文化对比中吸取思想养分,逐步转向关注眼前社会现实与历史变迁,从描绘滑稽人物发展到强烈探讨民族救亡与个人命运的结合,老舍在 30 年代现实主义题材中展现了对社会文

---

① 李长之:《猫城记》,《国闻周报》1934 年第 11 卷第 2 期。
② 陈红旗:《老舍与左翼文学(1926~1937)》,《民族文学研究》2010 年第 2 期,第 57 页。

化进行批判性叙事的力量和方向。"五四"新文学中"改造国民性"的经典之作《阿 Q 正传》穿越历史的层层迷雾,在 20 世纪 30 年代老舍的文学创作和左翼文学的交汇中,特别是在《猫城记》中找到了同道者。与此同时,由于《猫城记》摹本的创作"失败",老舍为当时他的文学创作提供了自我反思的契机,并深刻地影响着随后他文艺大众化思想与创作转变的进程。

# "Lu Xun developed a distinctive style of his own, and later imitators included authors like Lao She": The preservation and change of the theme of "national character" in Lao She's novels in the 1930s

**Abstract**: The core theme of Lu Xun's literature and spiritual tradition, centered around "national character," had a significant impact on Lao She. Since entering the literary scene, Lao She's novelistic creations have consistently followed the theme of criticizing the national character that originated in the late Qing dynasty. Concurrently, as a novelist dedicated to portraying the national character, Lu Xun's seminal work, "The True Story of Ah Q," had a direct and profound influence on Lao She. In "Cat City Chronicles," traces of Lu Xun's influence can be seen in the borrowing of the national character theme, the portrayal of typical characters, and the use of satirical techniques. Lao She's "failed" attempt to imitate "The True Story of Ah Q" prompted him to abandon an excessively satirical creative approach, providing a novel possibility for his later literary creations and understanding of the national character. Lao She's unique understanding and thoughts on the national character led him to explore a path distinctly different from Lu Xun's transformation of the national character.

**Key words**: "National Character"; Lu Xun; Lao She; *Cat City*

**作者简介**:罗敏仪,上海师范大学人文学院 2020 级中国现当代文学专业博士生。

# 《子夜》:都市空间的"现代性"想象[①]

张　玲

**摘　要:**《子夜》在对 1930 年代上海的具象书写中,茅盾有意突出上海现代性与城市化的一面,即政治的、工业的、金融的上海。在茅盾看来,引导上海运转的是金融资本与政治的结合。因此他抓住最能体现上海特质的"现代"社会,通过对不同场域空间的书写,塑造了一个处于中国现代化进程中的现代民族国家想象中的"上海形象",并借此传递出了整个民族国家建构现代性的意义诉求。

**关键词:**《子夜》　都市空间　现代性　政治　金融

意大利作家卡尔维诺在《看不见的城市》中形容城市生活时说:"如果你吹着口哨昂首而行,你对她的认识就是自下而上的:窗台、飘动的窗帘、喷泉。如果你指甲掐着手心低头走路,你的目光就只能看到路面、水沟、下水道口的盖子、鱼鳞和废纸。你无法说出这种风貌比那种更加真实。"[②]在这过程中,观察者并非只是通过观看的方式进入城市空间,更多的是他对这个城市的文化记忆和传统价值观念进行想象和寻访的过程。在这个意义上,城市空间无疑成为承载历史的文化符号。1930 年代的上海作为中国现代城市经验最为丰富的地方,也是重要作家作品集中展示的地方,上海作为文学文本表现的对象,已不仅仅是一个代表空间的物质性的存在,更多地是作家们通过想象、变形甚

---

① 本文系江西省社会科学"十四五"基金项目"革命视域下中国左翼戏剧大众化研究(1927—1937)"(21YS26)的阶段性成果。

② ［意］伊塔洛・卡尔维诺:《看不见的城市》,张宓译,译林出版社 2019 年版,第 66 页。

至拼贴的方式呈现出来的艺术世界。作家们对上海这座城市的理解和把握更多地来自主体的体验和感悟,是主体心理、情绪等在文本上的投射,是一种被赋予意义的上海想象。所以同样是表现上海,不同于刘呐鸥、穆时英、张爱玲等人固守自己所熟悉的现代都市生活,也不同于国外作家如横光利一等对上海浮光掠影式的扫描,对于茅盾来说,尤其是在《子夜》的书写中,上海更多的是一种关于现代性的想象空间,它不仅是"一个独特类型的定居地,并且隐含着一种完全不同的生活方式及现代意涵"①,是理性审视之后融于情感层面的呈现。

《子夜》中,虽然茅盾以庞大的手笔构建了一幅1930年代的上海地图,但并不是简单叙写上海罪恶或者繁华奢靡的一面,而是抓住最能体现上海特质的一面——现代社会,来完成和构建他文学中的上海想象。《子夜》更为热衷和关注的是上海的政治、经济以及对社会发展动态的把握和表现,在茅盾看来,引导上海运转的是金融资本与政治的结合,上海"一方面是现代各种政治力量博弈的场所,另一方面又是现代生活与批判性内容交织在一起的表现空间"。② 从这个意义上来说,茅盾的《子夜》实际上表达的是国家意义上的上海都市想象。

一

与一般的文学写作者不同,茅盾初登文坛时便带着商务印书馆的职业编辑与政治活动家双重身份,他的文学活动与党派政治有着极其密切的关系,在他的文学活动中,政治意识与文学审美是统一在一起的,这在很大程度上造就了茅盾视野的宏远和作品的深刻。在茅盾的上海书写中,政治意识和文学活动是合二为一的,社会活动赋予其政治意识,政治意识推动文学创作,他"从政治中获得经验和体会,在文学中寻求表现与创造"③。《子夜》的写作基本是在严格的政治理念的控制下完成的,在情节的设定和人物性格的塑造上,茅盾并没有按照其自身发展的逻辑来推进,而是遵循某种革命或者政治的目的,来完成文本上海的构建,这是《子夜》中茅盾关于上海想象的重要组成部分,换言之,《子夜》的政治化正是茅盾上海想象的重要特点之一。

---

① ［英］雷蒙・威廉斯:《关键词:文化与社会的词汇》,刘建基译,生活・读书・新知三联书店2005年版,第44页。
②③ 杨扬:《茅盾与上海——2014年7月5日在上海图书馆的讲演》,《名作欣赏》2015年第16期。

《子夜》中,茅盾调动了他全部的城市体验和生存感悟,以史诗般的气魄和宏大的叙事手法展现了上海都市各种势力的纠缠斗争,农村动乱、金融交易、工厂罢工等各种场景融为一体,以历史的视角、全景式的生活态势,集中展现了上海这座现代都市特有的生活图景:那旋风般前进的汽车,怪兽般的洋房,夜总会里的光怪陆离,大街小巷猛烈嘈杂的声浪,证券交易所里声嘶力竭的火拼等,一切都纳入"子夜"的社会中。买办阶级、投机分子、民族资本家、工人、政客等各色人物以各自的生存方式和政治经济文化立场,共同呈现了 1930 年代上海都市的复杂的生态图景。其规模之大正如瞿秋白在《读〈子夜〉》中所评价的:"在中国,从文学革命后,就没有产生过表现社会的长篇小说,《子夜》可算第一部。"[①]《子夜》不仅涉猎内容广泛,更提出了当时社会的许多重要问题,因此,《子夜》中上海都市空间的建构,并非是对现实上海城市景观的简单描摹和反映,而是作者精心挑选和构建的结果,甚至对有些地方的描绘加入了主观想象的色彩,如某些空间不断重现并被赋予强烈的政治和文化意义。丹尼斯·伍德认为:"地图建构世界,而非复制世界。"[②]文学中的"地图"亦如此,"茅盾小说的上海空间也是作者从现实的上海空间这个'大仓库'中有意识地选取他所需要的建筑物、地段、街道等建造起来的,因此,并非完全是写实化的空间,而是他小说中人物的阶级属性、精神世界的象征性表现。"[③]这个空间从某种意义上来说,是"社会关系的生产和某些关系的再生产",是"政治性的、战略性的"[④]。茅盾在《子夜》中把对上海相关图像放到不同的生活片段中,为它们在时间与空间中寻找一个位置,并赋予其特定的政治意义。

上海的都市性、现代性在茅盾的笔下首先通过"物"的形式被想象、建构出来。他用"物"来表达城市的时间与空间,从而使得对上海的描写更具备都市文学的现代性品格,而"物"作为空间的一部分,正如列斐伏尔在《空间的生产》中所言,"也被政治化了,因为它构成了各自有意无意之政治策略的一部分"[⑤]。文学中城市空间的建构蕴涵着写作者丰富的思想情感,上海城市的景

---

① 瞿秋白:《读〈子夜〉》,《中国新文学大系 1927—1937》(第一集·文学理论集一),上海文艺出版社 1987 年版,第 794 页。
② [美]丹尼斯·伍德:《地图的力量》,王志弘等译,中国社会科学出版社 2000 年版,第 34 页。
③ 陈晓兰:《文学中的巴黎与上海:以左拉和矛盾为例》,广西师范大学出版社 2006 年版,第 164 页。
④ [法]亨利·列斐伏尔:《空间与政治》,李春译,上海人民出版社 2015 年版,第 27、37 页。
⑤ [法]亨利·列斐伏尔:《空间政治学的反思》,陈志梧译,《现代性与空间的生产》,包亚明编,上海教育出版社 2003 年版,第 67 页。

观符号在茅盾的笔下并非仅仅是一个叙述背景,而是茅盾将自身对于城市的情感体验融入到对城市的理解中,通过想象性的书写来表达都市文化政治内涵。小说开篇就用全景俯瞰式的方法,给我们展示了一个具有强烈现代性与都市化特征的现代上海生存空间。公园里的音乐、高耸的钢架桥、电车、洋栈、霓虹电管广告,从色彩到声光,茅盾以点带面,给我们展示了一幅上海现代都市的"全景"图。都市外部的现代性特征冲击着我们的眼球,这是现代化都市特有的躁动、欲望与力量的结合,它充满了光与影的浮动性、充满了热与力的刺激性。正如李欧梵在《上海摩登》中所说,"在 20 世纪 30 年代,上海已经和世界最先进的都市同步了"①,尤其是最后三个英文单词:Light,Heat,Power!即光,热,力! 茅盾在此处显然强烈暗示了另一种"历史事实",即西方现代性的到来。"高耸碧霄的摩天建筑"、"光秃秃的平地拔立的路灯杆",这些现代城市的标志性建筑,是茅盾上海都市空间里的重要景观。他试图通过对这些具有现代性特征的"物"的描写,勾勒出一幅完全不同于古老中国闭塞乡村的现代都市图景,从而揭示出现代化都市历史进程中所特有的时代情绪与时代特征,为其关于现代国家的想象提供重要的物质依据。但有别于现代派作家纯粹从个人视角沉醉于上海都市的声光电化,茅盾在从高处俯瞰上海的同时,总是带着冷静的、政治的眼光,审视着上海的现代化进程,从而完成其政治想象的宏大建构。

《子夜》对上海都市空间的政治化想象中,最具有现代性冲击力的"物"的形象,便是在上海街头呼啸而过的三辆雪铁龙汽车,汽车是《子夜》想象与建构上海经验的重要空间之一。汽车,作为典型的现代物质文化表征,虽然真实地存在于 1930 年代的上海都市生活空间,但具体到《子夜》中,它并不是简单地代表着一种先进器物,而是都市现代化进程的一个典型的文化标志,它以西方物质文明的身份代表着时髦的现代都市文化。"这时候——这天堂般五月的傍晚,有三辆一九三〇年式的雪铁龙汽车像闪电一般驶过了外白渡桥,向西转弯,一直沿北苏州路去了。"②汽车,这一现代机械的出现为整个上海都市注入了一种新的活力和新的速度,并试图从物质和精神层面来真正推动中国的现代化进程,从而完成茅盾对以上海为代表的现代中国形象的建构。

---

① ［美］李欧梵:《上海摩登:一种新都市文化在中国(1930—1945)》,毛尖译,人民文学出版社 2010 年版,第 7 页。
② 茅盾:《子夜》,《茅盾全集》第 3 卷,人民文学出版社 1984 年版,第 3 页。

作为一种文化象征,汽车是中国从传统社会走向城市文明的产物,它的出现意味着现代文明对传统文化的挑战和撼动。在《子夜》的都市想象中,茅盾一开始就赋予这三辆现代机械一个特殊的任务:迎接吴老太爷。作为儿子的吴荪甫并没有选用传统的出行工具——轿子,来迎接从乡下远道而来的老父亲,而是选择了现代机械——汽车,这本身就代表了一个很强的文化寓意。如果说这个号称"绝对不愿意来上海"①的吴老太爷是封建文化的维护者,那么吴荪甫毫无疑问是旧文化的抵抗者和叛逆者。而吴老太爷从"绝对不愿意来上海"到怀着虽抗拒但又无奈的心情,来到上海这个现代都市,这本身便是对现代文明的一种妥协。而儿子用汽车这样一种极具现代性意味的机械来迎接父亲,在某种程度上更可以说是对旧乡村文化一种无声的宣判和挑战,在这场新旧文化对立中,乡村传统文化已显示出败落的趋势。不仅如此,为了更加突出视觉上的刺激,在瞿秋白的建议下,茅盾将"福特"改为了"雪铁龙",只是因为"'福特'轿车是普通轿车,吴荪甫那样的资本家该坐'雪铁龙'"②。实际上,茅盾从一开始就为传统文化设定了被毁灭的命运:"汽车越走越快,沿着北苏州路向东走,到了外白渡桥转弯朝南,那三辆车更像一阵狂风,每分钟半英里,一九三〇年式的新记录。"③作为1930年代上海特有的街头小景之一,闪电般地向前飞驰着,利索地与传统划清了界限。那快速矫健的姿态既代表了城市的节奏和欲望,也反映了上海的现代化步伐。现代物质表象的背后,现代文明正以疯狂的速度冲击着渐趋没落的传统文化。

吴老太爷到达上海之后,首先被迫面对的就是传统与现代强烈的对立与冲撞:"一八八九号的车子开到了,藤椅子也上了岸,吴老太爷也被扶进汽车里坐定了。"④吴老太爷与汽车的意象构成了一个强烈的冲突,他作为现代文明的对立面被强行接受现代物质形态的改变,而他唯一所能做的就是在现代文明面前,捧着护身法宝《太上感应篇》,"心里专念着文昌帝君的'万恶淫为首,百善孝为先'的告诫"⑤,以求得到心灵的慰藉。如果说汽车对于吴老太爷来说只是一个异化的物体,接着由汽车移动所带来的视觉冲击,在茅盾的上海想象中来得更为尖锐:

① 茅盾:《子夜》,《茅盾全集》第3卷,人民文学出版社1984年版,第10页。
② 茅盾:《回忆秋白烈士》,《茅盾全集》第13卷,人民文学出版社1986年版,第445页。
③⑤ 茅盾:《子夜》,《茅盾全集》第3卷,人民文学出版社1984年版,第9页。
④ 同上,第7页。

"汽车发疯似的向前飞跑。吴老太爷向前看。天哪！几百个亮着灯光的窗洞像几百只怪眼睛,高耸碧霄的摩天建筑,排山倒海般地扑到吴老太爷眼前,忽地又没了;光秃秃的平地拔立的路灯杆,无穷无尽地,一杆接一杆地,向吴老太爷脸前打来,忽地又没有了;长蛇阵似的一串黑怪物,头上都有一对大眼睛放射出叫人目眩的强光,啵——啵——地吼着,闪电似的冲将过来,准对着吴老太爷坐的小箱子冲将过来! 近了! 近了! 吴老太爷闭了眼睛,全身都抖了。他觉得他的头颅仿佛是在颈脖子上旋转;他眼前是红的,黄的,绿的,黑的,发光的,立体的,圆锥形的,——混杂的一团,在那里跳,在那里转;他耳朵里灌满了轰,轰,轰! 轧,轧,轧! 啵,啵,啵! 猛烈嘈杂的声浪会叫人心跳出腔子似的。"①

　　都市的景象一幕幕从汽车的窗口快速闪过,让人目不暇接。茅盾将上海都市风景的真实与虚构糅合在一起,在表现上海城市繁华的同时,也写出了在繁华表象之下的现代人的感官反应和焦躁的情绪。原本一幅充满活力的现代工商业图景,在吴老太爷充满强烈道德判断和憎恶色彩的视角中,变形、扭曲,而这一切都是在汽车这个"物"中完成的,无疑这成为茅盾想象与建构上海经验的一个重要空间。随着吴老太爷视觉的转移和情绪的变化,茅盾让我们感受到的是现代都市给传统乡村所带来的扑面而来的压迫感与紧张感,这个完全陌生化的都市空间它那吞噬性的力量极大地震惊了封建老乡绅吴老太爷,这一切"像一枝尖针刺入吴老太爷迷惘的神经",让他在光怪陆离的现代都市面前有着强烈的不适感和无力感。正如史书美所说:"都市的速率类似于摩登女郎更换男友和跑车的速度,变换的风景、莫测的罗曼史和飞快的跑车共同遭遇在都市之中。"②

　　汽车作为一种完整意义上的西方物质文化符号,在《子夜》中还传达了一种新的都市生活方式:都市中生活的男男女女,他们的穿着、打扮,言行举止,处处充满了某种现代诱惑。吴老太爷来到上海第一次睁开眼睛却是因为二小姐身上的香气刺激,这让他感到一种从未有过的恐惧,裂帛似的一声怪叫:"《太上感应篇》!"这是一种乡村对于城市、传统对于现代的恐惧。虽然吴老太

①　茅盾:《子夜》,《茅盾全集》第 3 卷,人民文学出版社 1984 年版,第 10—11 页。
②　[美]史书美:《现代的诱惑——书写半殖民地的中国的现代主义(1917—1937)》,何恬译,江苏人民出版社 2007 年版,第 331 页。

爷以自己的方式拒绝和对抗着这种现代生活形式感,却终究抵抗不了现代生活对传统文明的强烈冲击。在这个狭小的"异物"空间内,紧挨着的女儿二小姐时髦现代的穿着让他无比压抑;然而车窗外,都市现代生活却给了吴老太爷更大的刺激,"不提防扑进他视野的,又是一位半裸体似的只穿着亮纱坎肩,连肌肤都看得分明的时装少妇,高坐在一辆黄包车上,翘起来赤裸裸的一只白腿,简直好像没有穿裤子。"①汽车,作为上海都市空间现代化的典型缩影,车厢空间里外都充满了刺激与欲望。"机械的骚音,汽车的臭屁,和女人身上的香气,霓虹电管的赤光,——一切梦魇似的都市的精怪,毫无怜悯地压到吴老太爷朽弱的心灵上,直到他只有目眩,只有耳鸣,只有头晕! 直到他的刺激过度的神经像要爆裂似的发痛,直到他的狂跳不歇的心脏不能再跳动!"②上海城市正以一种极其现代化的姿态,快节奏地不断压向吴老太爷,让他来不及去接受,甚至连喘息的机会也没有,这个完全陌生的时空形态为吴老太爷呈现出一场现代文化盛宴。这是茅盾所理解和想象的上海,作为一个乡下长大的外来者,不同于张爱玲等本土长大的作家,上海都市对于茅盾来说更多的是一个异己的想象,他对这种城乡的变化之感尤为强烈,在这个完全陌生化的都市空间里,吴老太爷如此强烈的内心反应,也许才更符合茅盾想象中的现代上海,快速的上海,充满激情和诱惑的上海,这是现代都市所独具的不同于古老中国闭塞乡村的景象。正是如此,茅盾在《子夜》中写出了一个全新的现代都市上海。

"《子夜》真正有价值的地方恰恰是茅盾用他特有的一种理想、浪漫和颓废,来描述了上海当时的环境和文化特征,成为了一部左翼海派文化的代表作。"③《子夜》虽然采用掩藏作者视角的方式,回避了茅盾自己对于上海现代都市空间的价值判断,但通过吴老太爷的眼睛和神情变化,我们看到现代化的物质文明和西洋化的生活方式,在现代都市空间里,作为一种它异力量,对中国乡村传统文化的冲击和摧毁。《子夜》中茅盾把上海想象成为完全现代化的资本主义都市,他用了一个强烈的对比宣告了西方现代文明的到来:一方面封建传统文化恰如"子不语"、坐在"怪物"汽车上的吴老太爷,在现代都市空间里被折磨的痛苦不堪;另一方面,现代城市文明如同那三辆以不可阻挡的速度

① 茅盾:《子夜》,《茅盾全集》第 3 卷,人民文学出版社 1984 年版,第 12 页。
② 同上,第 13 页。
③ 陈思和:《〈子夜〉:浪漫·海派·左翼》,《上海文学》2004 年第 1 期。

"每分钟半英里,一九三〇年式的新纪录"的雪铁龙一样,快速傲骄地驰骋在上海的南京路上,这是现代感的生活节奏,标示着上海走向现代社会的欲望和效率。这样的上海,"不仅是现实主义理论中的上海,还是一个浪漫主义者理想中的上海"①,是茅盾对上海都市空间现代化的某种想象与憧憬。正如日本学者是永骏所说:"(茅盾)心里面本来带有这样的憧憬,所以才能写出来大都市工业化的宏伟情景。对于作家来说,不能吸引他的事物,他决不会把它屡次写在作品里。按简明的看法来说,我们应该指出茅盾是把自己的憧憬化为了作品。"②正是如此,茅盾才成就了《子夜》。

　　一直以来,茅盾都对机械保持着清醒的态度,他虽然肯定并赞美机器,认为"机械这东西本身是力强的,创造的,美的。我们不应该抹杀机械本身的伟大",在作品中处处流露出了机械与大工业生产给上海这座城市带来的现代活力,但也理性地认识到"在现今这时代,少数人做了机械的主人而大多数人做了机械的奴隶"③。在《子夜》中,汽车不仅是都市文化的表征,更是一种政治权力的体现。因而汽车作为茅盾完成现代性想象的重要空间之一,承担着特定的社会角色。在《子夜》中,汽车作为上层社会身份和权力的象征,自然成为底层劳动人民仇视的对象,成为激起民情、煽动工人暴动的重要工具。茅盾怀着时代的政治敏感,把汽车作为鼓动民族情绪、鞭笞西洋文明的矛头。当工人的要求没有得到合理解决时,无数的工人拦住吴荪甫车子的去路,"他们一边嚷,一边冲破了警察和李麻子他们的防线,直逼近那汽车",直到"把工厂前的马路挤断了交通,把吴荪甫连那汽车包围得一动也不能动",同时"有些碎石子和泥块从女工队伍的后方射出来,目标却不准确"。如果说这个时候工人们还没有完全正式作战的意思,那么随着汽车喇叭的声响,彻底激发了工人们的愤怒,"汽车夫没有法子,就先捏喇叭。那喇叭的声音似乎有些效力。最近车前的女工们下意识地退了一步。车子动了,然而女工们不再退却。一片声呐喊,又是阵头雨似的碎石子和泥块从她们背后飞出去,落在车上。"茅盾的这些书写并非意在否认汽车这种现代物质文明,而是站在底层民众立场,对以汽车为代表的现代机械的政治权威进行解构。《子夜》中,通过对汽车的书写,茅盾一边表达了对上海都市现代化进程的肯定和乌托邦想象,一边又对中国现代化

① 　张鸿声:《文学中的上海想象》,人民出版社 2011 年版,第 110 页。
② 　是永骏:《茅盾小说文体与二十世纪现实主义》,《文学评论》1989 年第 4 期。
③ 　茅盾:《机械的颂赞》,《茅盾全集》第 19 卷,人民文学出版社 1991 年版,第 402 页。

进程中出现的问题深表担忧。

<h1 style="text-align:center">二</h1>

坐落在法租界的吴公馆,是《子夜》中重点描述的另一个现代化的都市空间。这个原本纯粹的物理空间,在茅盾的"文学上海"中,由于活动于其间的人物的阶级属性和社会行为,而被赋予了一种明显的文化和政治意义。茅盾曾经说过:"我在上海的社会关系,本来是很复杂的。朋友中间有实际工作的革命党,也有自由主义者,桐乡故旧中间有企业家,有公务员,有商人,有银行家,那时我既有闲,便和他们常常来往。从他们那里,我听了很多。向来对社会现象,仅看到一个轮廓的我,现在看得更清楚一点了。"①因此与其他都市作品不同,茅盾在《子夜》中"完成了一幅在现代文学史视野中最为宏阔、体系最为完整的都市人物大观图"②,他将所有的人物集中在吴公馆这个狭小的客厅中,将资本、欲望、革命观念和殖民意识以及各种势力的纠缠斗争在这个空间中一一展现出来,涵容了 1930 年代上海错综复杂的人情世相。有死亡、狂欢、冷漠与迷茫,穿梭其间的是 20 世纪 30 年代初各阶层人物的典型代表,他们在这个空间中各怀心思,出演自己。这里"既是刺探经济界和内战情报的场所,也是左右局势的资本家心怀鬼胎的密谋场所"③,茅盾借用作品中的人物李玉亭之口一语道出这个规定性场景的政治寓意:"这小客厅就是中国社会的缩影。"茅盾以此空间为窗口,来探察和剖析处于特定中国社会背景下的上海都市人物在西方物质文化冲击下的内在心理,从而揭示出上海都市的某种文化特性,因而使得《子夜》"读起来就像是一部高级形式的社会文件"。④

那些象征着现代文明的物质空间,在《子夜》中不仅构成了都市的形式,亦演化成了都市的内容,在都市与乡村的二元对立中,都市毫无疑问成了物和欲的象征。如果说汽车这个"物"的空间只是给吴老太爷带来强烈的不适感,那吴公馆这个现代都市空间给吴老太爷带来的则是致命的刺激。从外观看,吴公馆是典型的现代化的建筑和欧式装修风格,这让来自古老乡村的吴老太爷

---

① 茅盾:《子夜是怎样写成的》,《茅盾研究资料》(上),孙中田、查国华编,知识产权出版社 2010 年版,第 424 页。
② 谭桂林:《现代都市文学的发展与〈子夜〉的贡献》,《文学评论》1991 年第 5 期。
③ 陈晓兰:《文学中的巴黎与上海:以左拉和茅盾为例》,广西师范大学出版社 2006 年版,第 166 页。
④ 蓝棣之:《一个高级形式的社会文件——重评〈子夜〉》,《上海文论》1989 年第 3 期。

异常陌生。汽车刚在吴公馆门口停下,"从晕眩的突击中方始清醒过来的吴老太爷吃惊似的睁开了眼睛",但是"紧抓住了这位老天爷觉醒意识的第一刹那",却是"七少爷阿萱贪婪地看着那位半裸体似的妖艳少妇的那种邪魔的眼光",以及四小姐那一句"乡下女人装束也时髦得很呢,但是父亲不许我……"的抱怨,这让吴老太爷更加恐慌,只能紧紧地抱住《太上感应篇》。在步入客厅时,吴老太爷在众多女郎的簇拥下,碰到的是"滑腻的胳膊",闻到的是"异常浓郁使人窒息的甜香",听到的是"狂荡的艳笑",那灯火辉煌的客厅,烧的吴老太爷的脸色"变为青中带紫"。在这充满现代感的空间里,最后刺激吴老太爷猝然死去的,是吴公馆中铺天盖地而来的各种现代"邪魔"——红的绿的电灯、多角形的家具、在金光中跳着转着的男男女女……以及自己苦心培养的"金童玉女"的快速改变而带来的信念危机和精神解体,使得吴老太爷再也无力抗拒。吴公馆本应指代的文化符号——"家",已经不再是隔绝外界的私密空间,在某种程度上,吴公馆所构成的家庭场域和都市空间已经合为一体了。私人空间的公共化,使吴老太爷对现代社会的拒绝与对传统文化的坚持之心无处安放,顽固守旧的封建卫道士,在上海这个由西方文化观念和生活方式所构建的现代都市中,瞬间崩溃瓦解。为了更进一步深化这种意旨,茅盾借助于作品人物范博文的话给以解释:

> "我是一点也不以为奇。老太爷在乡下已经是'古老的僵尸',但乡下实际就等于幽暗的'坟墓',僵尸在坟墓里是不会'风化'的。现在既到了现代大都市的上海,自然立刻就要'风化'。去罢!你这古老社会的僵尸!去罢!我已经看见五千年老僵尸的旧中国也已经在新时代的暴风雨中间很快的很快的在那里风化了!"①

《子夜》将现代上海都市与传统乡村的巨大差距,通过吴老太爷面对上海时的各种戏剧化的夸张反应表现出来,最后以吴老天爷这一形象实体的死去,预示了旧乡村文化的解体与沦亡,同时也意味着现代社会现代化进程不可阻挡的趋势。茅盾在此宣扬了一种暴力美学,不同于传统美学所追求的和谐、平静、安宁等,作为现代性美学的范畴,暴力成为现代都市生活的一个重要特征。

---

① 茅盾:《子夜》,《茅盾全集》第3卷,人民文学出版社1984年版,第29—30页。

在现代文明面前,茅盾把封建文化写得如此不堪一击,着实有些戏剧化,朱自清就曾指出:"书中以'父与子'的冲突开始,便是封建道德与资本主义的道德的冲突。但作者将吴荪甫的老太爷,写得那么不经事,一到上海,便让上海给气死了,未免干脆得不近情理。"①不仅如此,"在许多场景许多人物的表现上,都觉得非常得不够而不真实"②,好歹这位老太爷三十年前也是"顶括括的'维新党'",有着"满腔子的'革命'思想",怎能轻易被上海的新事物给吓死过去呢? 作品中那些同样看似滑稽的情节安排,显然是茅盾的有意为之,是他对于上海现代都市的崇拜以及中国现代性的一种政治乌托邦想象。

乡村文化的继承者七少爷阿萱,初到上海,便被新奇的一切所吸引,"张大了嘴巴,出神地贪看那为半裸体的妖艳少妇",在现代都市的诱惑面前,封建礼法轻易地就被击溃。封建传统的一切包括在吴老太爷的道德教义规范下长大的一对"金童玉女",一进上海,便很快被都市生活所同化;而吴老太爷死后留下的那本平摊在吴公馆桌子上的《太上感应篇》,也在上海席卷而来的疾风劲雨中被打湿、弄污,旧式的一切在这座现代都市公馆中都荡然无存,连痕迹都不曾留下。这正是茅盾对于现代化上海都市的理解与认识,抛弃了封建中国文化的一切,成为纯粹的现代化城市。这种对上海现代性夸大想象的叙述,这一动机"源于世界主义背景下整体的对'中国现代性与中国现代化'这一民族'想象的共同体'的向往"③,隐含了作者对以上海都市为中心的中国现代化的想象与憧憬。在《子夜》的都市想象中,上海实际上"充当了国家建构中有关独立与现代化意义的最大载体"④。

茅盾在《子夜》中还构设了 1930 年代以吴公馆为代表的上海都市的另一特性:奢靡与堕落,以及生活于其间的都市人的自私与冷漠。"民族被想象为一个共同体,因为尽管在每个民族内部可能存在普遍的不平等与剥削,民族总是被设想为一种深刻的、平等的同志之爱。"⑤但《子夜》中民族情感的表达,却掺杂着阶级和文化观念。《子夜》把吊唁吴老太爷的场面,变成了一个充满着狂欢味道的场所,透露出的是一种深入骨髓的都市灵魂的糜烂。这个现代都

① 朱自清:《子夜》,《朱自清序跋书评集》,生活·读书·新知三联书店 1983 年版,第 198 页。
② 韩侍桁:《〈子夜〉的艺术思想及人物》,《现代》1933 年第 4 卷第 1 期。
③④ 张鸿声:《文学中的上海想象》,人民出版社 2011 年版,第 1 页。
⑤ 〔美〕本尼迪克特·安德森:《想象的共同体——民族的起源与散布》,吴叡人译,上海人民出版社 2011 年版,第 7 页。

市财富和各界社会名流的汇聚地,并没有因为吴老太爷的去世而影响到它丝毫的喧闹与浮华,吊客们高谈阔论的是上海滩最流行的话题:公债、标金、狐步舞、战争、电影明星、劳资矛盾等,人情消失,拜金主义和享乐文化至上,这里没有一丝悲哀的气氛,间或传出来却是"醉人的脂粉香和细碎的笑语声"①。在等候着送殓的短暂空隙中,那些平日里高谈着"男女之大防"的"社会栋梁"们,也不忘调情戏谑:"轮盘赌、咸肉庄、跑狗场、必诺浴、舞女、电影明星"②,"歌声舞姿蛤蟆跳","男人和女人扭在一起,笑的更荡,喊的更狂"③,这些"赤裸裸的肉感的纵谈"给人带来的是无限的想象和无穷的视觉刺激。而作为儿子的吴荪甫,此刻关心的并不是父亲的丧事,丝毫没有因为父亲的去世而影响心情。反而是投资的失败给了他沉重的一击,吴荪甫在夜游黄浦江后,回到公馆,抑制不住内心的烦躁,"'公馆不像公馆了!'——他在客厅里叫骂,眼光扫过那客厅里的陈设,在地毯上,桌布上,沙发套上,窗纱上,一一找出'讹头'来呵骂那些男女当差。他的威厉的声浪在满屋子里滚,厅内厅外是当差们恐慌的脸色,树叶苏苏地悲啸;一切的一切都使得这壮丽的吴公馆更显得阴沉可怖。'公馆不像公馆了!'"④如果说吴荪甫的第一句自语"公馆不像公馆了",充满了愤怒之情,那么发泄之后的再次强调"公馆不像公馆了",则不免充满了失败者的凄凉。茅盾对吴公馆这个具有政治意味的空间的叙事,容纳了作家对于阶级、文化问题的思考和对现代性的某种批判,通过吴荪甫的个人命运,茅盾写出了关于中华民族国家现代性的某种寓言。

《子夜》通过这些象征性空间来展现上海都市的现代性,并指出了空间背后的政治文化指涉意义。与乡村的传统与落后相比,上海虽然现代化,但人的精神沉沦、丧失。茅盾以自己的理解和体验方式,反映了以上海大都市为中心的中国社会的问题和矛盾,可以说,茅盾塑造的是一种处于中国现代化进程中的现代民族国家想象中的"上海形象"。

三

《子夜》中,茅盾关于"现代性"的想象还来自都市空间中的金融活动。

---

① 茅盾:《子夜》,《茅盾全集》第 3 卷,人民文学出版社 1984 年版,第 32 页。
② 同上,第 41 页。
③ 同上,第 70 页。
④ 同上,第 499 页。

作为城市的一种,上海在茅盾的笔下不仅是"充满着政治和文化意味的公共空间"①,还是"资本主义治理以及金融文化的聚合地"②。百货商店、跳舞场、电影院咖、咖啡馆等已不再是作家笔下简单的现代想象了,茅盾在《子夜》中把上海生活现代性的一面表现得更加淋漓尽致,不仅有现代城市特有的标志性景观,高楼大厦、灯红酒绿等,茅盾还重点写出了 1930 年代上海才有的金融证券交易所和现代大机器生产、民族工业等。以吴荪甫为代表的实业资本和赵伯韬为代表的金融资本之间在公债市场上的争斗,无不反映了 1930 年代上海城市化和工业化的过程。正如朱自清指出的那样,茅盾的《子夜》写的是"民族资本主义的发展与崩溃的缩影",侧重表现的是"工业的金融的上海市"③。《子夜》中,茅盾紧紧抓住上海都市文化的一个核心内容,即金融资本,来完成对上海都市空间的现代性想象。

1929 年西方的经济危机严重影响了以上海为中心的中华民族工业的发展,这反而更加剧了上海金融形势的畸形发展。以金融经济支配的现代城市生活改变了以往传统的社会模式,几千年来中国传统的经济基础始终是农业和农村小作坊为主的手工业生产,都市经济从农业经济开始向金融经济转变。茅盾通过一个个金融资本术语以及对经济斗争现象的剖析,书写了现代上海作为一个新兴都市的金融文化状态,其目的并不是为了简单地反映历史,而是通过对这个发达而又畸形的金融资本世界的叙写和想象,探讨资本主义扩张的本质。

茅盾在《〈子夜〉是怎样写成的》中提到:"数年来农村经济的破产,掀起了农民暴动的浪潮,因为农村的不安定,农村资金便向都市集中。论理这本来可以使都市的工业发展,然而实际并不是这样,农村经济的破产大大地降低了农民的购买力,因而缩小了商品的市场,同时留在都市中的资金不但不能促进生产的发展,反而增加了市场的不安定性。留在都市的资金并未投入生产方面,而是投入投机市场。"④据悉,在 1930 年前后,全国流通资金集中到上海来的有半数以上,"资金既充斥于都市,而内地则因战事匪患,工商业无从发达,以

① [美]李欧梵:《上海摩登:一种新都市文化在中国(1930—1945)》,毛尖译,人民文学出版社 2010 年版,第 22 页。
② 蒋晓璐:《"在金融的上海呻吟"——论〈子夜〉中的金融与现代性》,《文学评论》2019 年第 6 期。
③ 朱自清:《子夜》,《朱自清序跋书评集》,生活·读书·新知三联书店 1983 年版,第 193 页。
④ 茅盾:《〈子夜〉是怎样写成的》,《茅盾研究资料》(上),孙中田、查国华编,知识产权出版社 2010 年版,第 425—426 页。

致都市资金苦乏运用之途,则咸投资政府公债……其投资利息恒在一分五厘以上,故投资于此项公债者日见增多,公债之交易极为繁盛。"①农村经济的破产、工业经济的萎缩,更加刺激了上海金融市场的畸形发展。

《子夜》中,金融市场是茅盾上海想象的一个重要的现代空间和文化语符。上海,这个充满着欲望的大都市,总是不断地以新的事物刺激着现代中国人,曹聚仁在《上海的"华尔街"》中,这样描述30、40年代的上海:"纽约有华尔街,那是美国的金融中心。上海也有'华尔街',也是金融集中的地区,有林立的银行、钱庄、信托公司、交易所;也有矗立云霄的大厦,凸肚子的银行老板,发光的金条,成捆的钞票……"②1930年代的上海,集中了资本主义各种态势的发展以及金融化的日常渗透,不仅外滩是上海金融机构的集中地,就连一条普通的弄堂也几乎聚满了大大小小的钱庄与商号。

《子夜》写作期间,茅盾曾托关系多次进入"门禁甚严"的华商交易所实地观察,交易所里那"冲锋似的呐喊","密密层层的人头",那"多头"的魄力和"空头"的大胆,给了茅盾丰富的感知和想象。公债市场作为上海现代都市一个特有的文化象征,极大地刺激着人们的感官和心理。在这个空间里,"人们不再像在相对稳定的生活环境中那样主要是作为阶级或阶层的成员存在,而是作为一种类别、一种模型存在着。"③这个"跟大戏院的池子似的"的证券交易所,是"冒险家的乐园",在市场后方的那块小小的"拍板台"决定着投机者的命运,"会叫许多人笑也叫许多人哭"。这是一个疯狂的金融资本上海:"交易所里比小菜场还要嘈杂些。几层的人,窒息的汗臭……台上拍板的,和拿着电话筒的,全涨红了脸,扬着手,张开嘴巴大叫;可是他们的声音一点也听不清。七八十号经济人的一百多助手以及数不清的投机者,造成了雷一样的数目字的嚣声,不论谁的耳朵都失了作用。"④公债市场高速疯狂地运转着,在这个欲望的海洋中,人们密密层层地拥挤着、喧闹着,"更响更持久的数目字的'雷',更兴奋的'脸的海',更像冲锋似的挤上前去,挤到左,挤到右。"⑤。显然,这样的描述茅盾是有意突出上海现代性与城市化的一面,某种程度上,这也是茅盾以上海为代表的国家现代化的一种憧憬与崇拜。

---

① 参考千家驹编:《旧中国公债史资料》(1894—1949),中华书局出版社1984年版,第30页。
② 参考许洪新:《回梦上海老弄堂》,上海科学技术文献出版社2004年版,第150页。
③ 谭桂林:《现代都市文学的发展与〈子夜〉的贡献》,《文学评论》1991年第5期。
④⑤ 茅盾:《子夜》,《茅盾全集》第3卷,人民文学出版社1984年版,第317页。

20世纪30年代的上海,国民党统治区经济破产,市场萎缩,公债变成了买办封建金融资本和小市民们赚钱的对象。作为一种新生事物,股票交易所带来的丰厚利润与刺激,引起了人们极大的兴趣,一时上海金融市场热闹非凡,胆大的甚至把全部家当都统统押在买空卖空上。交际花吴玉英对于证券交易所市场的经络堪称熟知:她的父亲"在十多年前的'交易所风潮'中破产自杀","投机家"哥哥,因"做金子"失败,"侵吞了巨款吃官司,至今还关在西牢里",他的公公和已故的丈夫,也都是"开口'标金',闭口'公债'的"。但家庭的遭遇和变故依然阻止不了金钱带给她的诱惑和刺激,她不仅常常逗留交易所,"把交易所当作白天的'家',时常用'押宝'的精神买进一万,或是卖出五千",甚至不惜出卖自己在赵伯韬和吴荪甫之间周璇。

在疯狂的投机市场面前,《子夜》中人人失去了理智。冯云卿,这位乡下土财主,因战乱躲避到上海租界做寓公,在公债市场的风潮下,也"栽跟头一交,跌得他发昏"。得知自己的女儿在外面行为不检时,作为父亲"此时他的心情已经不是单纯怨恨女儿败坏了'门风',而是带着几分抱怨着女儿不善于利用她的千金之体"①,为刺探市场情报,不顾"诗礼传家"的传统道德,主动把亲生女儿送给了金融巨头赵伯韬。传统的伦理道德在经济利益面前彻底沦丧,人性在都市冲击力下开始异化。"在城市中,尤其是大城市中,人类联系较之在其他任何环境中都更不重人情,而重理性,人际关系趋向以利益和金钱为转移。"②《子夜》中,几乎所有的人物都因各自的经济利益而具有某种政治立场,包括赵、吴两派大资本家,周仲伟、王和甫、孙吉人等小资本家,那些出入吴公馆的青年男女如范博文、曾家驹等人也都是资产阶级的一员,在经济利益的竞争中夹杂着的是现代都市中强烈的物欲、情欲和人性的堕落。

赵伯韬更是对金融市场有着强烈的操纵欲和占有欲,为达目的使用一切手段。随意操纵公债市场,"各项公债他都扒进",同时也"扒进各式各样的女人";而"英雄"人物吴荪甫也不例外,在父亲的灵堂前,他没有流露出丝毫的悲伤之情,而是利用这样的时机继续算计着自己生意上的利益。虽然他刻板、严肃,"向来不是见美色而颠倒的人",可是却也利用表侄女也即交际花刘玉英实施"美人计",当他回味"刘玉英刚才那笑,那脸红,那眼波,那一切的诱惑性,他

① 茅盾:《子夜》,《茅盾全集》第3卷,人民文学出版社1984年版,第234页。
② 〔美〕帕克等:《城市社会学——芝加哥学派城市研究文集》,宋俊岭等译,华夏出版社1987年版,第21页。

把不住心头一跳"，即使在睡梦似乎也忘不了她的媚态。在工厂和益中公司不顺之时，随意强暴下人，在他眼里"眼前的王妈已经不是王妈，而是一件东西！可以破坏的东西！可以最快意地破坏一下的东西！"①。在现代资本主义强劲的冲击力下，一个具有实力的资产者也变得疯狂，失去控制力。

金融交易作为现代都市文化的一个重要标志，极大地影响和改变着现代都市人的生活状态和精神心态。在吴老太爷的灵堂上，众多人物一出场谈论的即是"标金""大条银""花纱"等各类公债，关心的是"关税""编遣""裁兵""棺材边"等影响公债市场行情的话题；军人雷参谋、五云织绸厂老板陈君宜、大兴煤矿公司总经理王和甫、丝厂老板朱吟秋、火柴厂老板周仲伟等人簇拥在一起，讨论着战争的胜败与公债的涨跌，一声"公债又跌了！停板了！"引起了众人的骚动。而赵伯韬等人更是借前来吊丧的机会，拉拢吴荪甫、杜竹斋参加做"多头"的投机阴谋。《子夜》通过全民做金融投机的疯狂状态反映了1930年代上海金融界的经济形势，从而对上海的发展提出了质疑。在茅盾看来，这是一个畸形的都市发展，"上海是'发展'了，但发展的不是工业的生产的上海，而是百货商店的跳舞场电影院咖啡馆的娱乐的消费的上海！上海是发展了，但是畸形的发展，生产缩小，消费膨胀！"②正如有研究者认为，《子夜》中，茅盾"利用金融的隐喻，通过文学叙事呈现了一个现实的意义，也就是20世纪30年代金融的上海的现实意义"③。也即这是一个由金融经济连带混乱政治杠杆转动起来的上海社会，这同时也暗示了中华民族资本主义必然崩溃的结局。

《子夜》直接揭露了上海的金融资本市场的起伏变化与政治的联系。战争的爆发，使得"土财主都带了钱躲到上海来；现金集中上海，恰好让政府再多发几千万公债，然而有钱就打仗，有仗打就是内地愈加乱做一团糟，内地愈乱，土财主带钱逃到上海来的也就愈加多，政府又可以多发公债——这就叫做发公债和打仗的连环套"④。不仅中央军的胜败关系到公债价格的升降，买办金融资本家可以操纵公债价格的变化，如小说中冯云卿对何慎庵说："你说公债的涨跌全看前方的胜败，可不是？然而也不尽然。大户头的操纵也很关重

① 茅盾：《子夜》，《茅盾全集》第3卷，人民文学出版社1984年版，第427页。
② 茅盾：《都市文学》，《茅盾全集》第19卷，人民文学出版社1991年版，第422页。
③ 蒋晓璐："在金融的上海呻吟"——论《子夜》中的金融与现代性》，《文学评论》2019年第6期。
④ 茅盾：《子夜》，《茅盾全集》第3卷，人民文学出版社1984年版，第224页。

要。"①因此，当吴荪甫、王和甫等人在办工厂和做公债上犹豫不决时，赵伯韬却踌躇满志："这可说不定。看涨上了，我就抛出去，一直逼到吴老三坍台，益中公司倒闭。"这赤裸裸地暴露了赵伯韬的帝国主义鹰犬的嘴脸。甚至买办资本家可以通过操控战争的方式来操纵公债市场的价格，《子夜》中第一次公债市场斗争，便是赵伯韬拉拢吴荪甫等联合起来，采用贿赂西北军"打败仗"的办法，来做"多头"，"花了钱可以打胜仗，这是大家都知道的。但是花了钱也可以叫人家打败仗，那就没几个人想得到了。——人家得了钱，何乐而不败一仗。"赵伯韬毫不掩饰地说出了金融资本操纵军阀战争的上海公债市场潜规则："整整三十万！再多，我们也不肯；再少，他们也不干。实足一万银子一里路；退三十里，就是三十万。"②同样的叙述也出现在洪深的《咸鱼主义》里："你以后只要打听公债的上落；像这几天连着高涨，你就晓得，中国和日本，决不会打起来的。"③这是1930年代现代上海公债市场上的险恶，也是股票交易给上海都市带来的新鲜与刺激，金融市场行情的波动决定了一切斗争的形式。吴荪甫辛苦经营的工厂倒闭，并不是因为贯穿小说始终的工人大罢工，而是股票交易价格的暴跌。但是金融投机的命运不只是资本家之间的斗争所决定的，小说中通过上海的金融图景的展现，茅盾指出了其背后的重要因素：世界性的经济危机、美国资本对中国的渗透、日本工业的扩张以及国内的战争等。

在上海这个冒险家的乐园里，"公债魔王"赵伯韬始终认为"中国人办工业，没有外国人帮助都是虎头蛇尾"，因而做了美国资本家的"掮客"。投靠了外国主子的他为所欲为，不仅利用中国独裁政治势力和帝国主义联盟左右着上海的经济；在和吴荪甫的公债斗争中，甚至计划着"用'内过公债维持会'的名义电请政府禁止卖空！"并打算"一面请财政部令饬中央，中交各行，以及其他特许发行钞票的银行对于各项债券的抵押和贴现，一律照办，不得推诿拒绝；一面请财政部令饬交易所，凡遇卖出期货的户头，都必须缴现货担保，没有现货上去做担保，就一律不准抛空卖出——"④他的随心所欲、放荡纵欲与吴荪蒲的紧张严肃的生活方式相比，暗示了中华民族工业危机的重要原因之一——帝国主义的金融势力对中华民族经济的严重影响和控制。而吴荪甫、

---

① 茅盾：《子夜》，《茅盾全集》第3卷，人民文学出版社1984年版，第220页。
② 同上，第50页。
③ 洪深：《咸鱼主义》，《洪深文集》第2卷，中国戏剧出版社1957年版，第30页。
④ 茅盾：《子夜》，《茅盾全集》第3卷，人民文学出版社1984年版，第535页。

赵伯韬类的人物,只有上海才能造就这样的人物,可以说他们是上海都市的现代产物。

在《子夜》中占据上海中心舞台的是资本家和资产阶级生活,他们在公债市场上明争暗斗,互相算计,而赵、吴两大巨头之间的竞争也主要表现为在证券交易所的公债买卖上。实业资本家吴荪甫原本一心只想经营好民族工业,不想涉足公债市场,"不!我还要干下去的!中华民族工业就只剩下屈指可数的几项了!丝业关系中华民族的前途尤大!——只要国家像个国家,政府像个政府,中国工业一定有希望的!"①双桥王国梦破灭后,丝厂又濒临倒闭,不得已,吴荪甫决定和王和甫、孙吉人等人组建益中信托投资公司,企图以此来扩大工厂规模,提高效益。但由于公债市场的不稳定,以及赵伯韬的蓄意破坏,吴荪甫孤注一掷将所有资金抵押在公债市场,最终却以全盘溃败收尾。在1930年代的上海,由于受帝国主义控制的买办资本企业对中华民族工业的打压,工厂陆续倒闭,工人们纷纷失业,工人运动高涨。在金融资本家们的打压与逼迫之下,以吴荪甫为代表的实业资本家们终究无法实现发展民族工业的梦想,只能以失败告终。《子夜》中,面对世界经济危机带来的混乱,上海火柴厂主周仲伟无比懊恼:"我是吃尽了金贵银贱的亏!制火柴的原料——药品,木梗,盒子壳,全是从外洋来的;金价一高涨,这些原料也跟着涨价,我还有好处么?采购本国原料罢!好!原料税,子口税,厘捐,一重一重加上去,就比外国原料还要贵了!况且日本火柴和瑞典火柴又是拼命来竞争……"②上海作为最大的工业中心,民族工业在帝国主义经济的侵略之下逐步走向破产,而买办资本家大获全胜,突出了美帝国主义金融资本对民族工业的吞并和绞杀,民族工业的失败这也正说明了中国现代化进程的曲折。茅盾在《子夜》中写资本家,写资产阶级,实际上探讨的是国家、民族的政治性命题,探求的是以上海为中心,发展民族工业、振兴经济对于一个国家、民族的重要性,是茅盾的一种国家现代化想象。

## 结　语

茅盾在《现在文学家的责任是什么?》一文中指出:"文学是为了表现人生

---

① 茅盾:《子夜》,《茅盾全集》第3卷,人民文学出版社1984年版,第64页。
② 同上,第42页。

而作的。文学家所欲表现的人生,决不是一人一家的人生,乃是一社会一民族的人生。"①《子夜》中,茅盾以高度的历史责任感,通过对中国社会本质与发展动向的整体认识,以上海为中心,力求反映 1930 年代的中国社会全貌。《子夜》对上海的描述,可以说"完全表现了作者创作的国家想象特质"②。虽然茅盾试图以各种戏剧化的方式对现代上海都市进行乌托邦想象,但民族资本家失败的挣扎、金融资本家胜利的狞笑、工业的凋零与破产、金融投机的狂潮,以及沪上的狂欢享乐与身体欲望,在《子夜》中无不呈现出上海作为一个畸形的殖民城市,并未走上资本主义化国家的混乱状态,这些无一不反映了在中国现代性进程中茅盾对中国未来的焦虑和矛盾心情。基于此,《子夜》中的上海想象,实则被赋予了整个民族期盼现代化的情感和价值意义,在很大程度上传递出的是整个民族国家建构现代性的意义诉求。

## Midnight：The "Modernity" Imagination of Metropolitan Space

**Abstract**：In its vivid portrayal of 1930s Shanghai, "Midnight" emphasizes the modernity and metropolitan aspects of Shanghai, focusing on its political, industrial, and financial dimensions. In Mao Dun's view, what propels Shanghai's dynamics is the combination of financial capital and politics. By capturing the quintessential "modern" society of Shanghai through his writing on various spatial domains, he constructs an "Shanghai image" that the contemporary nation builds up in their imagination during the process of China's modernization, which conveyed the significance and demands of constructing modernity for the entire nation.

**Key words**：Midnight；Metropolitan Space；Modernity；Politics；Finance

**作者简介**：张玲,上海大学上海电影学院博士后,南昌航空大学文法学院讲师。

---

① 茅盾:《现在文学家的责任是什么?》,《东方杂志》1920 年第 17 卷第 1 期。
② 张鸿声:《文学中的上海想象》,人民出版社 2011 年版,第 103 页。

# 吴方言的现状及传承路径探究①

朱　敏　陈昌来

　　**摘　要:**当下,吴方言的使用人口已经高度老龄化。在已有的静态与动态保护措施的基础上,新媒体技术成为吴方言保护与传承的新路径。具体表现形式有三,一为网络视频,特别是短视频;二为优秀文艺作品及其传播载体;三为 AI 智能语音。在充分利用新媒体技术为吴方言的保护和传承"赋能"的同时,也要警惕新媒体技术的"负能"陷阱,做到扬长避短、趋利避害。

　　**关键词:**吴方言　传承路径　新媒体技术　短视频　AI 智能语音

　　"醉里吴音相媚好",吴方言以上海话为代表,素以软糯著称,被称作"吴侬软语"。上海曾是战国"四君子"之一——春申君的封邑。目前,上海是国际经济、金融、贸易、航运、科技创新中心②,成为东方一颗耀眼的明珠。苏州被称为上海的"后花园",错落有致的庭院小巷、韵味绵长的昆曲评弹、软糯香甜的各季糕点、历史悠久的吴歌、结构精美的园林、精细雅洁的苏绣、古香古色的路名,这一切都因苏州话而流露出与众不同的"味道"。早在春秋战国时期,吴方言已初步形成。《吴越春秋·夫差内传》有云:"且吴与越,同音共律,上合星宿,下共一理。"随着历史的发展,战争的洗礼、政权的更迭、人口的迁徙、民族

---

①　本文系江苏省 2021 年度高校哲学社会科学研究一般项目"文化自信视域下的吴方言传承与发展问题研究"(2021SJA1485)的阶段性成果。

②　国务院关于上海市城市总体规划的批复[EB/OL].(2016-04-01)[2023-10-11] https:// baike.baidu. com/reference/127743/dd51-nX0C6c _ sxOSLt69PTLc0qBgXYJAOowHW76jPLX72irgg _ COYKN- PCP7caC-c_oVAc-u3_49X8ZbRyzJY6t2D_xZf2ImjNcWEYqOWT8KPn_qIb7RmvwJviSMG.

的融合、经济的发展等诸多因素促成了今天的吴方言区。

## 一、吴方言呈现式微态势

吴方言主要分布于今上海、江苏南部、浙江、安徽南部、江西东北部、福建北一角，被划分六大片区，其中最大的是太湖片区，其吴方言使用人口达到吴方言使用总人口的 65%。近七十年来，随着推普工作的深入开展，普通话在全国范围内的普及已初见成效，伴随而来的是，各地方言呈现式微态势。作为全国乃至全世界范围内最大的非官方语言，吴方言的使用人口已经高度老龄化。根据联合国教科文组织的语言生命力评判标准（共分 0 到 5 级，0 级为消亡，5 级为安全），吴语属于 2 级（严重濒危型）[1]。以苏州为例，据统计，近二十年来，苏州话使用人群老龄化趋势明显。2007 年时，不会说苏州话与不太会说的总比例达到 30%，14 岁以下人群 50% 左右不会或不太会苏州话。到了 2012 年，完全不会说苏州话的比例就有 39.2%，其中儿童人数明显上升（见表 1）。[2]2023 年，我们对在苏 10 所高校的苏州籍大学生作了调查，共有 406 人参与了调查问卷的填写工作。统计数据显示，认为"自己的苏州话和父辈一样地道"的被调查者仅占总人数的 15.02%（见表 2），"使用苏州话频率"较高者仅占总人数的 19.21%（见表 3）。虽然目前有近一亿人还在使用吴方言，但是这些调查数据触目惊心，值得引起我们的重视。语言规划学家费什曼认为"濒危语言之所以被称为濒危语言，是因为缺乏非正式的代与代之间的传递和非正式的日常生活支撑，而不是因为学校里不再教授这些语言"。[3]

表 1　2007 年 vs. 2012 年苏州本地人不会说苏州话与不太会说苏州话人数比例变化

|  | 不会说苏州话人数比例 | 不太会说苏州话人数比例 | 比重 |
|---|---|---|---|
| 2007 年 | 30% | | 5% |
| 2012 年 | 39.2% | | |

[1][3]　吴语已被国际语言文化组织正式确认为世界严重濒危语言[EB/OL].(2022-12-16)[2023-10-27]https://www.360doc.com/content/16/0401/15/9881002_547081850.shtml.

[2]　作为世界上使用人口最多的非官方语言，吴语是如何走向消失的？[EB/OL].(2020-03-23)[2023-10-04]https://zhidao.baidu.com/daily/view?id=198748.

表2    2023年在苏高校苏州籍大学生自评苏州话水平

|  | 人数 | 比例 |
|---|---|---|
| A. 受普通话影响,和父辈相比变化较大 | 44 | 10.84% |
| B. 受普通话影响,和父辈相比有一些变化 | 301 | 74.14% |
| C. 和父辈一样地道 | 61 | 15.02% |

表3    2023年在苏高校苏州籍大学生使用苏州话的频率

|  | 人数 | 比例 |
|---|---|---|
| A. 较低 | 66 | 16.26% |
| B. 一般 | 262 | 64.53% |
| C. 较高 | 78 | 19.21% |

## 二、吴方言保护措施回顾

我们将吴方言的保护措施分为静态措施和动态措施两类。所谓静态措施,指以单向录入为主,意在抢救保存吴方言语料、分析研究其语言特征的保护措施。所谓动态措施,指以双向交际为主,意在使用并传承吴方言的保护措施。下面分而述之。

### (一)静态措施之一——纸质记录

纸质记录是最传统的吴方言保护和传承方式。1853年,英国传教士艾约瑟编写了《上海方言口语语法》①,按照英语语法框架来描写上海口语语法,这不仅是最早的吴语语法著作,也是汉语方言语法最早的著作。1869年,艾约瑟又编写了《上海方言词汇集》②。1928年,"中国现代语言学之父"赵元任撰写了中国第一部用现代语言学方法研究方言的著作——《现代吴语的研究》③,这是真正意义上的吴语乃至汉语方言语法研究的开山之作。从20世纪50年代起,吴语专家许宝华开始进行吴方言的调查研究,先后发表了《上海

---

① 艾约瑟:《上海方言口语语法》,钱乃荣、田佳佳译,外语教学与研究出版社2011年版。
② 艾约瑟:《上海方言词汇集》,上海美华书馆1869年版。
③ 赵元任:《现代吴语的研究》,商务印书馆2011年版。

方言的内部差异》①《新派上海方言的连续变调》②等重要研究成果,还出版了《上海市区方言志》③《上海方言词典》④等著作。2005年,《明清吴语词典》⑤问世,其中收录了明清两代和民国初年的吴语方言词汇。2006年,吴语专家褚半农编著的《上海西南方言词典》⑥,被列入"上海闵行非物质文化遗产丛书",他的《明清文学中的吴语词研究》⑦《莘庄方言》⑧分别于2008年、2013年问世。钱乃荣是研究吴语的另一位代表人物,1997年编著了《上海话语法》⑨,2007年编著了《上海话大词典》⑩,2022年钱乃荣的《原来上海话这样说——沪语佳句佳语配音学》⑪问世。另还有徐烈炯、邵敬敏的《上海方言语法研究》⑫、李小凡的《苏州方言语法研究》⑬、游汝杰主编的《上海地区方言调查研究》⑭、曹志耘等编著的《吴语处衢方言研究》⑮《吴语婺州方言研究》⑯、王洪钟的《海门方言语法专题研究》⑰《海门方言研究》⑱等。这些专著是各位语言学家站在专业的角度对吴方言的保护和传承作出的卓越贡献,对吴方言的后续研究具有非凡意义。

**(二)静态措施之二——多模态数据库**

2008年,中国语言资源有声数据库建设启动。国家从政策层面开始着手保护和传承吴方言。2015年,教育部、国家语委在中国语言资源有声数据库

---

① 许宝华、汤珍珠:《上海方言的内部差异》,《复旦大学学报》1962年第1期。
② 许宝华、汤珍珠、钱乃荣:《新派上海方言的连续变调》(一)(二)(三),《方言》1981年第2期、1982年第2期、1983年第1期。
③ 许宝华、汤珍珠:《上海市区方言志》,上海教育出版社1988年版。
④ 许宝华、陶寰、李荣:《上海方言词典》,江苏教育出版社1997年版。
⑤ 石汝杰、宫田一郎:《明清吴语词典》,上海辞书出版社2005年版。
⑥ 褚半农:《上海西南方言词典》,上海人民出版社2006年版。
⑦ 褚半农:《明清文学中的吴语词研究》,上海辞书出版社2008年版。
⑧ 褚半农:《莘庄方言》,学林出版社2013年版。
⑨ 钱乃荣:《上海话语法》,上海人民出版社1997年版。
⑩ 钱乃荣:《上海话大词典》,上海辞书出版社2007年版。
⑪ 钱乃荣:《原来上海话这样说——沪语佳句佳语配音学》,上海大学出版社2022年版。
⑫ 徐烈炯、邵敬敏:《上海方言语法研究》,华东师范大学出版社1998年版。
⑬ 李小凡:《苏州方言语法研究》,北京大学出版社1998年版。
⑭ 游汝杰:《上海地区方言调查研究》,复旦大学出版社2013年版。
⑮ 曹志耘、秋谷裕幸:《吴语处衢方言研究》,好文出版社2000年版。
⑯ 曹志耘:《吴语婺州方言研究》,商务印书馆2016年版。
⑰ 王洪钟:《海门方言语法专题研究》,安徽师范大学出版社2011年版。
⑱ 王洪钟:《海门方言研究》,中华书局2011年版。

建设的基础上启动了一项重要的语言文化工程——"中国语言资源保护工程"。在一期工程中,利用现代化技术手段,全面调查我国当今语言状况,收集记录汉语方言、少数民族语言和口头文化的实态语料,建立活态数据库。比如《浙江省方言资源典藏》①(第一辑)的纸质图书中,以二维码的形式呈现多个调查点语保专家团队采录的相关音视频②。多模态数据库的建立使得吴方言得以以一种比文字更为直接的方式保存下来。

### (三) 动态措施之一——吴方言的官方使用

吴方言区的各级政府已注意到吴方言的濒危状态,开始从政策上着手对吴方言实施保护措施,努力营造吴方言使用的社会气氛。比如,上海、苏州、杭州等地的部分公交车上均配有使用吴方言的站名播报系统,甚至还播放吴方言节目的视频,让乘客切身感受浓浓的吴语氛围。又如,上海、苏南地区、杭州、温岭等地区都开展了"方言进课堂"等校园方言文化活动,以及各地电视台的方言节目,《闲话上海滩》(上海)、《施斌聊斋》(苏州)、《洋葱头讲劲头》(无锡)、《开心茶馆》(杭州)、《师爷说新闻》(绍兴)、《来发讲啥西》(宁波)等,引导全社会关注吴方言的使用问题。再如,苏州市政府多部门协作开展系列与吴方言有关的活动——"普通话、苏州方言、英语口语"比赛(简称"三话"比赛,迄今为止已举办 14 届)、"寻找吴语小传人暨苏州少儿吴语童谣大赛"、"2023 苏州全民艺术提升季之'苏'话少年——苏州地方童谣展示大赛"等。

### (四) 动态措施之二——吴方言的民间使用

在政府的舆论引导和政策导向的支持作用下,社会各界对吴方言的保护和传承问题予以积极的响应。以第五批取得"苏州话辅导师"资格的师资分布为例,在上榜的 105 位"苏州话辅导师"中,在职教师约占 2/3(68 人)、社会各界人士约占 1/3(37 人)。③这说明在政府征集"苏州话辅导师"备选人员的过程中得到了社会各行各业人士的关注。每一个对吴方言保护和吴文化传承有责任心的吴方言使用者都在积极参与,为吴方言的保护和传承贡献自己的力量。

---

① "中国语言资源保护工程·浙江汉语方言调查"项目组:《浙江省方言资源典藏》,浙江大学出版社 2019 年版。

② 品一种方言,懂一座城[EB/OL].(2018-12-27)[2023-10-12] https://www.sohu.com/a/285205810_166576.

③ 第五批"苏州话辅导师"名单[EB/OL].(2017-04-05)[2023-09-20] http://jyj.suzhou.gov.cn/szjyj/jsry/201704/9JA4JBA82D0QVPBYCDHDZADLAHPQWCGE.shtml.

## 三、吴方言传承新路径的探索

### (一) 现有措施的不足之处

#### 1. 现有静态措施的不足之处

现有的静态措施的确以文字和语音的方式对吴方言进行了有效的抢救性保护,但吴方言的传承重在使用,而人际沟通中,交际双方并不仅仅从所说的内容、发出的语音来接收信息,交际时的背景、环境氛围,再加上说话时的语气、眼神、表情以及其他肢体动作等,都会对沟通产生巨大的影响,甚至决定沟通能否正常进行下去。从这一角度考虑,无论是文字记录,还是语音、视频转录,都会不可避免地丢失一部分信息。因此,通过静态措施保存下来的吴方言并不能视为完全的"原汁原味"。

#### 2. 现有动态措施的不足之处

现有的动态措施的确得到社会各界部分热心人士的支持,且在政府的影响下,参与的人数呈现上升趋势。但是我们不得不承认,吴方言的传承应依靠吴方言区所有使用吴方言的人的集体力量。一种语言走向消亡不是一朝一夕的事,同样,一种语言的传承也不是能够立竿见影的,这需要几代人甚至几十、成百、上千代人的努力。如何将古老的吴方言交给未来,面对"十里不同音"的吴方言,如何让更多的民众参与进来,这是摆在我们面前亟须解决的难题。

### (二) 新媒体技术在吴方言传承中的实践

科技创新推动了社会的进步,21世纪以来,互联网的普及、通讯装备的更新、各种新功能电子产品的开发使用使得新媒体成为吴方言传承工程中的新兴力量。一方面,新媒体技术的运用打破了物理空间的禁锢,使得许多远在他乡的吴方言使用者能够在云空间运用吴方言进行沟通交际。另一方面,新媒体技术的运用使得前文所述的静态措施、动态措施中的不足之处得以改进,即既可以以视频的方式原汁原味地保存交际中的吴方言原始语料,又可以让民众参与度大幅度提高。下面将介绍几种备受欢迎的新媒体技术。

#### 1. 网络视频(含短视频)

据2023年8月28日中国互联网络信息中心(CNNIC)发布的第52次《中国互联网络发展状况统计报告》统计,截至2023年6月,我国网民规模达10.79亿,互联网普及率达76.4%。在互联网的各类应用中,网络视频用户规模为 10.44 亿,用户使用率高达 96.8%。①通过与 CNNIC 的第 51 次报告相比,各项数据均呈现稳步增长态势。②以网络视频中的短视频为例,自 2013 年起,随着秒拍、小咖秀、美拍、快手、微视、映客、西瓜视频、火山视频等 App 的问世,十年来短视频以其原创性、即时性、活泼性、互动性的特点风靡网络,其中微信、微博、抖音被称为"两微一抖",成为短视频中的代表。这些短视频作为信息传播载体的价值得到社会各界的认可。在短视频创作者的浩荡大军中,也有吴方言短视频创作者的身影,他们有的用吴方言演绎评论各类生活见闻,如@徐祥、@悟空小碎嘴、@布衣小南;有的用吴方言传播家乡美食、风俗文化,如@评弹小刘、@苏州知弦社评弹、@昆曲小子;有的做吴方言教学,如@上海小马哥、@姑苏佳颖、@乡音计划……这些短视频的拍摄地可以是富有生活气息的市井场所,可以是极具地方特色的旅游胜地,往往集吴方言、娱乐、地域特色于一体,或轻松诙谐,或庄重典雅,或嬉笑怒骂,或娓娓道来,一经发布就受到网民的大力追捧。

**2. 艺术作品**

一部优秀的作品所产生的影响不仅仅体现在文学、艺术价值本身,作品所描绘的地域环境、所承载的语言载体、所体现的风俗文化等都会成为受众关注的焦点。先看文学作品,清代小说《海上花列传》被胡适称为"吴语文学的第一部杰作";四大名著之首《红楼梦》展现了江南一带的风俗文化,书中"黛玉葬花"片段中黛玉极具特色的吴方言唱词将其哀怨惆怅体现得淋漓尽致;鲁迅小说中使用了大量的绍兴方言,"警句或炼话,讥刺和滑稽,十之九是出于下等人之口的,必用土话",文学"有地方色彩的,倒容易成为世界的"(鲁迅语)。再看影视作品,张艺谋于 2011 年导演的《金陵十三钗》不仅在票房上斩获了 5.92 亿的骄人成绩,更以 8.3 分的高评分引发了社会广泛的关注与讨论。影片中改编自江南民间小调《无锡景》的《秦淮景》一曲就是通过苏州评弹这一传统曲艺说书戏剧形式来呈现的。2023 年底王家卫导演的电视剧《繁花》中上海话是全剧营造年代、城市氛围不可或缺的道具。原著作者金宇澄曾说:"方言是一

① 10.79 亿网民如何共享美好数字生活? ——透视第 52 次《中国互联网络发展状况统计报告》[EB/OL].(2023-08-28)[2023-10-04] https:// baijiahao.baidu.com/s?id=17754805210356134538.wfr=spider&for=pc.
② 中国互联网络发展状况统计报告(1997—2022)[EB/OL].(2023-05-31)[2023-10-04] https:// baijiahao.baidu.com/s?id=17673728033472243388.wfr=spider&for=pc.

种味道,是最能代表地域的一种滋味。"方言是一个地区历史文化的生动体现,剧中出现了许多上海俗词俚语,必须通过方言才能表达出其中的情感。这些影视作品受到社会广泛关注的同时,影视作品中呈现的吴方言也给观众留下了深刻的印象,这对于吴方言的传播来说,无疑是一个积极有效的助力。

**3. AI 智能语音**

科大讯飞在 2017 年就发起了方言保护计划,通过"AI＋公益"创新方言保护形式。历时四年,在收集了 150 多万条珍贵方言语料并且根据这些数据建立了"方言库"之后,于 2021—2022 年联合摄制了人工智能方言文化公益微电影——《姑苏琐记·金缕衣》《姑苏琐记·懒画眉》。在短片中全程担任苏州方言旁白的并非真人,而是由科大讯飞苏州方言语音合成系统将方言合成出来后配音完成。另外,浙江师范大学中国方言研究院联合讯飞输入法,发起"浙里有乡音"浙江方言文化影视典藏公益项目,用人工智能传承乡音。由此可见,科技不仅能改善人们的生活条件,还能助力于方言的保护与传承。

## 四、吴方言传承新路径的价值思考

新媒体技术的助力使得吴方言的保护和传承工作向纵深大力推进。一方面,我们必须承认,新媒体技术为吴方言的保护和传承带来了便捷,不仅弥补了传统措施中的不足,还为吴方言的保护和传承提供了新思路、新方法;另一方面,互联网产品也具有"双刃剑"的特点,我们也要看到网络谣言、诈骗、暴力、色情等违法违约现象。下面将从新媒体技术对吴方言保护和传承项目的"赋能"与"负能"两方面分而述之。

**（一）新媒体技术的"赋能"价值**

**1. 网络视频(含短视频)**

首先,网络视频,特别是短视频拓展了吴方言的使用空间。一方面,创作者可以结合自身的兴趣爱好,利用自己擅长的技能,将吴方言以多种形式引入视频中。人人都可以成为自己生活的导演,被大众关注的成就感激发了创作者的创作热情。另一方面,受众可以按照自己的兴趣爱好,选择自己感兴趣的吴方言主题视频进行观看与互动。众多的视频平台让受众有了更多选择的机会。其次,网络视频集文字、图像、声音于一体,一方面更加真实地保留了吴方言的本来面貌,另一方面也极大影响着受众的情感体验,创作者与受众之间、受众与受众之间的互动功能激发了大家的参与热情,使得更多年轻人能够自发自觉地感知、学习吴地民俗文化。以上二者均使得吴方言的快速、广泛传播成为可能。

**2. 艺术作品的传播载体**

优秀文学、影视作品的影响力不容小觑,新媒体技术的介入使得人们阅读文学作品、观看影视作品不再仅仅依靠书本和影院,kindle 系列产品以其方便携带、存储空间大、护眼无反光等特点为许多阅读爱好者带来良好的阅读体验,优酷、爱奇艺、哔哩哔哩等知名视频网站使得"在家看电影"成为普通人生活中一件极其平凡的事,与 20 世纪 90 年代流行的录像带、DVD 相比,视频网站资源数量之巨、内容之丰富、价格之低廉,都是前者无法比拟的。另外,观众在观看网络视频中的影视资源时,可以在弹幕上发表自己对内容、演员等视角的多方面评价,大大提高了与艺术作品的互动性。新媒体技术已悄无声息地介入我们的生活,当然也会对吴方言的传承带来潜移默化的影响。

**3. AI 智能语音**

《姑苏琐记》等作品通过民俗、服装、道具诸多细节方面重塑传统美学,融入很多新意,让更多人特别是当代年轻人回忆起或开始重视地域传统文化。一方面,这种配备 AI 苏州方言旁白的微电影让受众得到视觉、听觉融于一体的美好体验,使得他们更加直观地感受吴地文化的魅力;另一方面,微电影的推广又可以让更多人参与到吴方言语料的收集中来,从而实现双赢的效果。

**(二) 新媒体技术的"负能"陷阱**

新媒体技术在为吴方言的保护和传承工作带来便捷和方法创新的同时,我们也必须警惕网络创作的隐匿性、创作内容的任意性、吴方言传播的非正宗性等问题。

**1. 网络创作的隐匿性**

网络创作者往往采用任意网名来指称自己,当我们观看其作品时,对这个创作者的为人、生平并不了解,这是网络新媒体技术的共性特征。因为身份隐匿,所以其发布作品的目的性、作品的真实性都难以判断。一旦某些网络创作者出于某种恶意而散布虚假内容的吴方言视频,受众也很难察觉,还可能会因为乡音的亲切感对其产生轻信心理,从而上当受骗。

**2. 创作内容的任意性**

吴方言创作者们依据个人喜好,或介绍民俗风情,或介绍吴方言区的某种次方言,或介绍当地特色文化,内容的选择比较随意,内容的质量也良莠不齐。

对于广大吴方言爱好者网民来说,如何区分创作内容的优劣成为一大难题,很有可能因为对某个视频的制作质量失望而选择放弃观看所有吴方言视频,从而使得吴方言视频用户黏性降低。另外,在网络小说流行的今天,一些粗制滥造的作品充斥网络,如何辨别网络小说的质量优劣,也是摆在广大读者面前的一道难题。

### 3. 吴方言传播的非正宗性

如今活跃在互联网上的吴方言视频制作者多为年轻人,部分创作者本身所讲的吴方言受普通话的影响,已经不如父辈正宗,可能也没有得到过专业培训,却在视频中传播带着普通话味道的吴方言,甚至还有操着沪普、苏普、杭普口音的创作者教大家如何讲吴方言,这使得吴方言的正宗性传播受到威胁。

## 五、结 论

源远流长的吴地文化是中华优秀传统文化不可分割的一部分,城市的发展、文化的传承离不开方言这个载体。吴方言中洋溢着吴地浓郁的乡土气息,蕴含着吴地极具特色的风土人情,沉淀着吴地深厚的历史文化底蕴。吴方言为吴地人民树立文化自信提供了充足的养分和赖以生存的土壤。目前,吴方言急需保护和传承的问题,已受到吴方言区各级政府的重视,政府和民间都开始积极行动起来。在倡导文化自信、传承中华优秀传统文化的今天,随着自媒体、数智时代的到来,运用新媒体技术开拓吴方言保护和传承的新天地,是时代的选择。我们应充分认识到新媒体技术在吴方言保护和传承过程中的"双刃剑"效果,扬长避短,利用这些新媒体技术并开发更多的新技术,让吴方言区人民能够真切、直观、生动地感受吴文化的魅力,积极主动地为吴方言的保护与传承工作开拓新路径,让吴语不会"无语"。

## A Probe into the present situation and inheritance path of Wu dialect

**Abstract**:At present, the population of Wu dialect has been highly aging. On the basis of the existing static and dynamic protection measures, new media technology can become a new path to the protection and inheritance of Wu dialect. There are three specific forms of expression, one is the network videos, especially short videos; the second is the excellent literary works and their communication carriers; the third is AI intelligent voice. While making full use of new media technology to empower the protection and inheritance of Wu dialect, we should also guard against the "negative energy" trap of it, so as to make full use of strengths and avoid weaknesses, seek advantages and avoid disadvantages.

**Key words**: Wu dialect; inheritance path; new media technology; short video; AI intelligent voice

**作者简介**: 朱敏, 上海师范大学对外汉语学院博士研究生, 苏州工业园区职业技术学院人文与国际学院副教授; 陈昌来, 上海师范大学对外汉语学院教授、博士生导师。

# 何以为都:明代视觉文化中的南京图像

郭世聪

　　**摘　要:**城市图像的大量制作和传播是明代视觉文化中的重要现象,南京以其"南都"的独特政治、文化地位而成为各类图像(包括舆图、旅游手册、城市图、胜景图)再现的重要对象。有明一代,作为明初首都的南京,其形象屡经变迁,每一次变迁都意味着不同话语的较量与协商,图像作为一种直观的信息载体为探索城市形象变迁提供了可能。本文首先通过对明朝官方南京方志图像和文人活动(私修志书、结社题咏)过程中创作的图像进行比较,考察其图像制作策略的差别,前者强调南京作为"都城"的建设成果,后者则是伴随文人在南京的交游、结社等活动而产生的,因此具有明显的社会交往属性。其次,本文以旅游手册、城市图、胜景图为例探讨不同形式的图像如何再现南京的"城市因素"和地方经验。在以《上元灯彩图》《南都繁会景物图卷》等为代表的城市图像中,"都城"意识仍然处于核心地位;但是朱之蕃的案例却说明图像作为一种综合性的手段,再现了地方的文籍知识、图像传统和地方经验。

　　**关键词:**金陵胜景图　方志图像　城市形象　视觉文化

## 一、引　言

　　"观古今于须臾,抚四海于一瞬。"①陆机的这句话道出了文学语言所蕴含

---

① (晋)陆机:《文赋》,(清)严可均编:《全上古三代秦汉三国六朝文·全晋文》卷九十七,中华书局1958年版,第2013页。

的将时间与空间融为一体的能力——时间和空间不仅是记忆发生的场所和载体,同时也被记忆所塑造。当记忆的对象是一座具体的城市时,相较于文字,图像提供了一种直观的对城市的空间与记忆进行再现和认知的方式。有明一代,舆图、胜景图、城市图等南京图像被大量制造,并通过绘画、方志、旅行手册等形式进行传播,它们提供了明人关于南京城市形象认知和创造的直接材料。

学界对图像中的南京城市形象的研究,多集中在明朝中晚期,以往的研究显示出一个具有明显内在张力的叙述:一方面,以王正华、费丝言为代表的学者突出晚明作为"早期现代中国"的意义,指出了这一时期文人笔下的南京城市形象具有与政治话语相背离的非官方的、本土化特征;[1]另一方面,以李孝悌、罗晓翔为代表的学者立足于历史的延续性,强调政治力量对南京形象塑造的持续作用。[2]如何在历史语境中理解南京文化形象的建构过程? 大量存在的南京图像为回答这一问题提供了重要的资料。在前人研究的基础上,本文以明代南京方志图像、胜景图和城市图为研究对象,考察以下问题:明代南京如何被认知和再现,图像在这一过程中如何发挥作用、发挥了怎样的作用。[3]

## 二、都城书写与都会风雅:官方图志与文人胜景中的南京形象

在被图像化之前,文本在南京形象的建构过程中扮演了至关重要的角色。文学领域的诸多研究都指出了"金陵怀古"的诗歌母题在南京文化形象塑造方面的重要作用,在强势的"怀古"传统影响之下,后人对于金陵的任何书写都难免恢复到这一伤感的叙述模式之中。[4]类似于布鲁姆(Harold Bloom)所说的

---

① 王正华:《过眼繁华——晚明城市图、城市观与文化消费的研究》,李孝悌主编《中国的城市生活》,新星出版社 2006 年版,第 1—52 页;[美]费丝言:《谈判中的城市空间:城市化与晚明南京》,王兴亮译,浙江大学出版社 2021 年版。
② 李孝悌:《桃花扇底送南朝:断裂的逸乐》,李孝悌:《恋恋红尘:明清江南的城市、欲望和生活》,广西师范大学出版社 2022 年版,第 34—103 页;罗晓翔:《"国都记忆"与晚明南京的地方叙事——兼论明清时期的国家与城市关系》,《江海学刊》2017 年第 6 期,第 162—172 页。
③ 在方法层面,本文借助柯律格(Craig Clunas)的"图像环路"(Iconic circuits)理论,这一概念"意指一套具象艺术的体系,其中某类特定图像在涉及图绘的不同媒介之间流通"。它有助于在明朝这个视觉文化繁盛的时期,通过建立图像之间的关联、以图像对图像进行解释的可能。参阅:[英]柯律格:《明代的图像与视觉性》,黄晓鹃译,北京大学出版社 2016 年版,第 43—52 页。
④ Stephen Owen, "Place: Meditation on the Past at Chin-Ling," *Harvard Journal of Asiatic Studies*, Vol.50, No.2, 1990, pp.417—457.

"影响的焦虑","怀古"构成了金陵文化意象中一个挥之不去的幽灵,但"书写"始终是一件极具当下性的事件。具体到明代视觉文化中的南京图像,官方立场与文人趣味的互动共同促进了南京视觉形象的生成与传播,前者在明朝官修方志中得到了最直观的体现,后者则集中表现于文人的私修方志与胜景题咏、图绘活动中,二者都直接指向明代南京的文化环境和士林生态。

1356年,朱元璋(1328—1398)攻占当时的集庆路(今南京)并改名"应天",自立为吴王。《明史·太祖本纪》记载朱元璋政权自元朝至正二十五年(1365)至吴元年(1367)对南京进行了基本的建造,包括建国子学、新的宫殿以及各类祭祀场所。①洪武元年(1368年)朱元璋定都南京后颁布了《立南京北京诏》,诏书中提到明朝的建立终结了数百年来夷狄统治的局面,出于统治广大疆域的需要,南北二京被设立,而江左地区作为"基业"仍然是"本":

> 然立国之规模固大,而兴王之根本不轻,以金陵、大梁为南、北京,朕于春秋往来巡狩驻守,播告尔民,使知朕意……江左开基,立四海永清之本,中原图治,广一视同仁之心。②

刊行于朱元璋统治末期的《洪武京城图志》(以下简称《图志》)可以看作洪武年间都城建设成果与理念的直接呈现。③相较于明朝之前的两本南京方志《景定建康志》和《至正金陵新志》,《图志》采用了一种详于图而约于文的形式,对南京城市空间按照不同的空间尺度进行罗列,绘制了展现南京全境的《山川》《官署》《庙宇寺观》《街市桥梁》《楼馆》五幅舆图,以及展现南京局部空间的《皇城》《山川坛》《大祀坛》《国学》四幅舆图。这种制图策略不仅突出了南京作为"都城"的空间概念和洪武年间的建设成果,更以舆图的形式确立了一个不在场的"目光"。这种目光即朱元璋曾在《阅江楼记》一文中叙述过的帝王视角:"若天霁登峰,使神驰四极,无所不览,金陵故迹,一目盈怀,无有掩者……虽一叶帆舟,不能有蔽。"④在《图志》的序文中,官员王俊华(生卒年不详)再次

① (清)张廷玉等撰,中华书局编辑部点校:《明史》卷一,中华书局1974年版,第14—15页。
② 马蓉等点校:《永乐大典方志辑佚·应天府志》,中华书局2004年版,第461页。
③ (明)礼部纂修:《洪武京城图志》,南京稀见文献丛刊,南京出版社2006年版。
④ (明)朱元璋:《阅江楼记》,胡士尊点校:《明太祖集》,黄山书社1991年版,第274页。

强调了这种政治性的视觉:"凡所以大一统之规模者,可以一览而尽得之矣。"①正是在此意义上,费丝言认为《图志》代表了朱元璋的"帝国愿景"。②

朱元璋"帝国愿景"的重要特征是它被认知为以"静态"的形式存在的。正如卜正明(Timothy Brook)指出的那样,"静态"构想同时存在于对物理空间移动和社会阶层流动的限制上。③这种关于静态国家的设想同样投射在他对南京的城市设计上,尤其是"坊厢"制度。顾起元《客座赘语》记载:"国初,徙浙、直人户,填实京师,凡置之都城之内曰坊,附城郭之外者曰厢,而原额图籍编户于郊外者曰乡。"④罗晓翔指出这一制度是为了"固定匠人与工商业者的居住地,以便于中央政府勾摄公务"⑤。但一系列致力于将国家静态化的制度并没有达到朱元璋预期的效果。朱元璋的继任者朱棣(1360—1420)迁都北京的举措以及之后"两京制"的确立深刻改变了南京的政治生态与文化形象:一方面,朱元璋时期"徙实京都"政策所导致的政策性的财富、文化移植被迁都导致的"人口减半"所打断,洪武时期的都城记忆也被制度性地抹除;⑥另一方面"陪京"的独特地位和经济优势仍然使得金陵成为一个文化名流汇聚之所。⑦

在南京新的环境下成长、汇聚于此的士人开始以自己的方式创造新的南京形象,此种创造主要体现在两个方面。其一是少数文人通过私修方志的方式整理南京的地方知识,⑧主要代表是南京士人陈沂(1469—1538)于正德十

① (明)王俊华:《〈洪武京城图志〉记》,(明)礼部纂修:《洪武京城图志》,南京稀见文献丛刊,南京出版社 2006 年版,第 6 页。
② [美]费丝言:《谈判中的城市空间:城市化与晚明南京》,王兴亮译,浙江大学出版社 2021 年版,第 141—152 页。
③ [加]卜正民:《纵乐的困惑:明代的商业与文化》,方骏等译,海南出版社 2023 年版,第 21 页。《大明律》在对物理空间和社会阶层流动的限制上都有较为明确的规定。在社会流动方面,《大明律》规定"凡军民、驿灶、医卜、工乐诸色人户,并以籍为定";关于空间移动限制的规定更为细密:"凡无文引私度关津者,杖八十。若关不由门、津不由渡而越度者,杖九十。若越度缘边关塞者,杖一百,徒三年……"参阅:(明)姚思仁著,怀效锋点校:《大明律》,法律出版社 1998 年版,第 45—117 页。
④ (明)顾起元撰:孔一校点:《客座赘语》,中华书局 2012 年版,第 39 页。
⑤ 罗晓翔:《陪京首善:晚明南京的城市生活和都市性研究》,凤凰出版社 2018 年版,第 39 页。
⑥ [日]新宫学:《旧都南京——〈洪武京城图志〉研究序说》,胡阿祥等主编:《南京古旧地图集·文论》,凤凰出版社 2017 年版,第 50—60 页。
⑦ 罗晓翔:《陪京首善:晚明南京的城市生活和都市性研究》,凤凰出版社 2018 年版,第 294—402 页。
⑧ 以下仅举数例:陈沂的《金陵古今图考》《金陵世纪》《献花岩志》,盛时泰的《栖霞小志》《牛首山志》,葛寅亮的《金陵梵刹志》《金陵玄观志》等。

年(1515)编纂的《金陵古今图考》。在这本书中,陈沂对南京的历史进行考证,绘制了详细的南京历代地图。其中最值得关注的是一幅《历代互见图》(图1,右),该图将自吴越到明朝的南京城市空间绘于一幅图上,南京因此被认知为历史地层不断叠加、不断生成的空间——通过这种方式,陈沂追溯了被永乐政权政治性抹除的明初南京建都史。

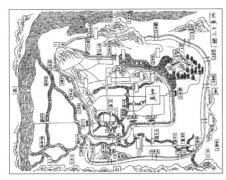

**图1 《洪武京城图志·京城山川图》与《金陵古今图考·历代互见图》**

左:(明)礼部:《洪武京城图志》,南京稀见文献丛刊,南京出版社2006年版,第15页。
右:(明)陈沂:《金陵古今图考》,南京稀见文献丛刊,南京出版社2006年版,第98页。

其二是时人大量创作的金陵胜景诗与金陵胜景图,这与图像有着更为直接的关系。有记载最早的金陵胜景图是文徵明(1470—1559)绘制的《金陵十景册》。明人张丑在《清河书画舫》中记载:"文徵仲《金陵十景》一册,画法精细古雅,详其笔趣,盖盛年作也。"①该画约创作于弘治到正德年间,以此为起始直到万历二十八年(1600)之前,金陵胜景图的主要创作者都是来自南京之外的画家。尽管文徵明的这套作品已经散佚,但是他创作的《东园图》为理解他创作《金陵十景册》的历史语境提供了一定的参考价值。《东园图》创作于嘉靖九年(1530),该图描绘了嘉靖六年(1527)正月,南京名流为陈沂送行的情形。文徵明与南京名流的交往可以追溯到弘治八年(1495)初次应天参加乡试时期,他在这一时期就与南京的顾璘(1476—1545)、陈沂、王韦(1470—1525)等重要士人结交往来。陈沂在卷尾列出此次雅集的参与者"太常边公、光禄安公、通政黎公、京兆王公,给舍彭公、邹公、黄公、丘公、方公、赵公、林公",应皆

---

① (明)张丑著,徐德明点校:《清河书画舫》,上海古籍出版社2011年版,第593页。

为仕宦于南京之人。雅集发生的前一年,文徵明得以致仕,同年春返回家乡,因此可能来不及参与此次雅集,但他仍以图像的方式弥补这一憾事。①类似的情形同样体现在明代画家吴伟(1459—1508)于弘治十八年(1505)所绘的《词林雅集图卷》中。据画中题跋所叙,本次雅集的目的是为将赴任浙江按察佥事的南京士人龙霓(1462—1521)送别,与集文人"人为一诗以赠,题必以浙之胜者"。顾璘、陈沂、王韦等22位南京士林人物皆参与其中。②尽管两幅作品相隔12年,但参与其中的核心人物有很大的重合。(图2)

**图 2 两幅明代南京的雅集图**

上:(明)吴伟,《词林雅集图卷》,绢本墨笔,27.9×125.1厘米,上海博物馆藏。
下:(明)文徵明,《东园图》,绢本设色,30.2×4 126.4厘米,故宫博物院藏。

这两幅雅集图为理解明代视觉文化中的南京图像提供了两个重要的信息。其一,"以景赋诗"是当时南京文人雅集的常规活动,金陵之景更是题咏活动中的常见题材。如明人朱孟震(1530—1593)在《停云小志》中记载的,明代南京文人雅集一个重要的活动是"每月为集,遇景命题,即席分韵"。③黄仲昭

---

① 根据周道振编辑的文徵明年谱,文徵明于嘉靖五年(1526)上疏乞归得以致仕,第二年春天冰雪消解后南归,至当年九月偕其子文嘉至金陵访友。嘉靖九年(1530)年秋,游金陵。参阅:(明)文徵明撰,周道振辑校《文徵明集·下》,上海古籍出版社2014年版,第1746页。
② 相关研究参阅:石守谦:《浪荡之风——明代中期南京的白描人物画》,《台湾大学美术史研究集刊》,1994年第1期,第39—61页;单国强:《吴伟〈词林雅集图〉卷考析》,《故宫博物院院刊》2009年第4期,第81—94+160页。
③ (明)朱孟震撰:《河上楮谈·卷三·停云小志》,明万历刻本,第259页。

(1435—1508)的《南都壮游诗序》记录了一场围绕金陵胜景品赏、题写的交游事件，为考察这类活动提供了更多细节。黄仲昭，名潜，以字行，成化二年(1466)得中进士，同年张祖龄"税粮输于南都"，与金陵诸公同游，诸公以石城夜泊、钟山晓望、龙江潮势、凤台山色等十二景分而为题，赋诗以赠，黄仲昭为之写序：

> 祖龄喜曰："今兹之行，上以供公家之役，下以伸兄弟之情，其殆天假也，况南都山川形势之美、衣冠文物之盛甲于四方，吾得以行役之暇，探奇览胜以畅其怀抱，亲贤友善以博其见闻，抑岂非浮生之一快哉！"于是浮深涉险而来。泛龙江，以观天堑之险。登凤台，以览形胜之奇。瞻虎踞于石城，望龙蟠于钟山。访朱雀之桥，以吊王谢繁华之迹。临玄武之湖，以询齐陈争战之墟。凡京师宫阙陵庙之雄壮，廪藏苑囿之富饶，台榭寺观之幽奇，园林泉石之瑰伟，无不历览登眺。祖龄兹游，其亦可谓壮矣。既竣事将归，顺庵同官诸公，即祖龄所尝游者，分而为题：曰石城夜泊、曰钟山晓望、曰龙江潮势、曰凤台山色、曰朱雀停骖、曰玄武观鱼、曰牛首晴岚、曰鸡鸣夕照、曰报恩登塔、曰朝阳谒陵、曰雨花怀古、曰栖霞眺远，凡十有二，各采一题赋诗赠之，装潢成轴，题曰"南都壮游"。①

其二，此时图像的创作也如赋诗一般具有明确的社交属性。这些图像一方面形成了文人精英社会身份的标志和社会权力的视觉表达，另一方面士人通过彼此交游形成了一个"永不完结的义务互惠之圈"②——社会交往不仅产生于同辈之间，更在代际之间延续。例如，文徵明《丁亥九月九日徵明同子嘉彦明同子榖游嘉善寺》一诗记录了嘉靖六年(1527)文徵明、文嘉(1501—1583)父子与南京人许堂(1469—1536，字彦明)、许榖(1504—1586)父子同游嘉善寺一事。许堂与"金陵三俊"素有交往，其子许榖更是跟从顾璘学习，在南京同游的活动形式因此提供了两个家族交情延续、深化的场合。

明朝金陵胜景图创作所对应的社交网络中，另一个重要的特点是金陵胜

---

① (明)黄仲昭：《南都壮游诗序》，《未轩公文集》，明嘉靖三十四年黄希白刻本。
② ［英］柯律格：《大明：明代中国的视觉文化与物质文化》，黄小峰译，生活·读书·新知三联书店，2019年，第71—75页。

景图的绘制者大多科举不顺。①例如苏州画家、文徵明的侄子文伯仁(1502—1575)绘有《金陵十八景》,论者多认为此册具有明显的"隐逸"倾向和自觉"去政治化"的意图。②这种倾向和意图一般被认为集中体现在文伯仁的景观选择策略上,例如在描绘钟山一景时,他并未采用常见的"钟山王气"之说,而是强调钟山上的"草堂"(图3,左),志书记载草堂位于钟山之西,为南朝周颙(?—493)隐居之地。但文伯仁这套作品实际上没有提供除景名之外的任何文字信息,关于"隐逸"的解读固然提供了理解这套图册的一种可能,但也忽视了作为此时南京文坛集会常见话题的"金陵胜景"所具有的社交性意义。《列朝诗集》中所附《人日草堂诗》记录了文伯仁与金陵士人交游、题咏、绘画的事件——寓居金陵的朱曰藩与金大舆、何良俊、文伯仁等人于"嘉靖己未人日"相聚,这场聚会的产物是一幅由文伯仁绘制的《人日草堂图》并与集诸人所赋诗篇。这类事件充分说明绘画在此时金陵画坛的社交作用。③

　　大约同一时期的同题材作品为理解金陵胜景图的社交属性提供了更为直接的证据,如黄克晦(生卒年不详)绘制的《金陵八景》与蒋乾(生卒年不详)等人绘制、王穉登(1535—1612)等人题诗的《金陵八景扇面》。前一套作品题有黄克晦、颜廷榘(1519—1611)、黄乔栋(生卒年不详)三位福建人彼此唱和的诗歌。黄克晦,志书言其"以绘事称",年稍长至福建永春投靠颜廷榘,并在颜廷榘的支持下习诗、从游,④可见颜氏应为其早期庇主,同乡和赞助情谊可能是促成这套册页创作、三人题咏的契机。黄克晦这套作品虽以金陵胜景为题,但他没有按照实景写生,而是采用了类似潇湘八景的图示。(图3,中)这种基于图式的景观再现方式无法通过黄克晦外乡人的身份得到充分解释——据朱孟震记载,黄克晦参与过隆、万之际的青溪社,⑤他在寓居金陵期间曾写就《金陵诗稿》,清人朱彝尊认为就诗歌方面的成就而言,"青溪社集诸公允当推(黄克晦)为祭酒"。⑥可见黄克晦对南京的景观应当是十分熟悉的,因此这种图式化

① 　其中只有两个例外:其一是钟惺,他曾绘制过《金陵十景图》(现藏香港中文大学文物馆);另一个是朱之蕃主导并赞助陆寿柏绘制了《金陵四十景图咏》。

② 　胡箫白:《胜景品赏与地方记忆——明代南京的游冶活动及其所见城市文化生态》,《南京大学学报(哲学·人文科学·社会科学)》2014年第6期,第76—90与155—156页。

③ 　(清)钱谦益撰集,许逸民、林淑敏 点校:《列朝诗集·丁集第七》,中华书局2007年版,第4545页。

④ 　(清)黄锡蕃撰:《闽中书画录》卷六,民国三十二年合众图书馆排印及石印合众图书馆丛书本。

⑤ 　(明)朱孟震撰:《河上楮谈·卷三·停云小志》,明万历刻本,第259页。

⑥ 　(清)朱彝尊辑:《明诗综》卷六十三,清康熙四十四年六峰阁刻本。

的处理方式应为画家有意识的选择,画家自觉化用了"潇湘八景"的母题以传达一种文人化的地方感。《金陵八景扇面》的创作缘起同样缺乏明确的史料,但在这幅《金陵八景扇面》上作画、题诗的十一人中,除一人信息不明外,其余十人中有九人来自苏州,且均科举不第。(图3,右)①例如画家张元举(生卒年不详),《崇祯吴县志》记载其为文徵明之徒陈淳(1483—1544)的外孙,"以县籍游府学";②王穉登则是文徵明的徒弟,明史载其少有文名,虽未能入朝为官,但"吴中自文徵明后,风雅无定属。穉登尝及徵明门,遥接其风,主词翰之席者三十余年"。③借助图像创作,同辈乃至代际之间的社交网络得以建立和延续。

**图3　由南京以外文人绘制的金陵胜景图举隅**

左:(明)文伯仁,《金陵十八景册》(草堂),纸本设色,22.8×20.5厘米,上海博物馆藏。
中:(明)黄克晦,《金陵八景图册》(凤台夜月),绢本设色,30.5×40.5厘米,江苏省美术馆藏。
右:(明)蒋乾等,《金陵八景扇面》,金笺设色,3.5×17.5厘米,南京市博物馆藏。

图像中的"社交属性"深刻扎根于当时南京作为南方都会的城市地位——作为保留了一套丧失大部分实际职能的中央行政机构的留都,南京的王公子孙、"闲寂"官员、本土富户成为文艺活动的重要赞助人。加之南京为国子监、府学所在之地,文化与政治资源的汇集吸引士人借求学、交游、科举等活动活跃于南京,彼此结社,以求仕宦、荐举、谋食、文名等机会。在如此强烈的社交属性之下,如何理解以往研究中提出的金陵胜景中的"文人意趣"与"隐逸倾向"?石守谦在关于明中晚期以南京为代表的江南地区的"避居山水"的研究中指出,由文徵明发端的"失意文士的避居山水"在16世纪被困于场屋的江南文人充分体认和接受,因此成为16世纪文派山水中常见的风格;继文徵明而

---

① 十一人分别为:蒋乾、孙枝、张元举、周时臣、周廷策、王穉登、张凤翼、杜大中、周天球、强存仁、薛明益。除蒋乾来自江宁、薛明益身份不详外,其余九人均来自苏州。
② (明)牛若麟修:《崇祯吴县志》卷之五十三,明崇祯十五年刻本。
③ (清)张廷玉等撰,中华书局编辑部点校:《明史》卷二百八十八,中华书局1974年版,第7389页。

起的吴门画家在形式上与文徵明相呼应，并在南京地区获得了主导地位。①然而，当一种绘画方式成为固定的风格语汇，对图像意涵的解读就不能仅仅依据其视觉含义，更要充分考察其创作和使用的历史语境。一个可能的解释是：明朝绘制金陵胜景图的画家大多没有功名在身，对他们而言，以具有隐逸之风的画作参与地方文坛既出于对自身境况的体认，也是一种对流行视觉语汇的征用——当"避居山水"成为流行的视觉语汇并被广泛应用到具有社交性质的图像创作中时，这种语汇就成为一种文人身份的确认。尤为明显的是，这种身份是乡土和功名的复合——失意文人和外来者的身份使画家往往处于文人活动中的从属地位，金陵胜景图的创作体现出他们交游过程的复杂面貌：一方面，围绕南京景观题咏、游览、雅集、绘画的活动是他们参与南京文坛、建立社交网络的重要方式；另一方面，这些创作和题咏又多发生在同乡之间，成为他们维系地方情感的方式。

### 三、城市图像与地方经验：重思明代"旅游风潮"中的南京及其图像

无论是"都城"还是"都会"，都显示出南京作为一个区域性中心城市的特征。既然如此，明朝的南京图像中是否传递出独特的、关于城市的体验和空间认知？这种认知是否促生了全新的"城市因素"并直接影响到图像的再现方式？明中叶以来的南京方志图像、旅游手册、城市图提供了重要的切入点。

城市的空间认知首先被城市的物质形态和制度设计所界定。尽管前文提到"静态"是朱元璋的国家理想，但这一理想实际上没有能够实现。就南京本地而言，无论是国初"徙实京都"还是永乐年间迁都导致的"人口减半"都伴随着长时间且数量巨大的人口流动；至少到明朝中期，出身南京各籍之人已经可以凭借科举提高社会地位。就全国而言，交通限制政策的另一面是为了提高行政效率而大规模建设的交通系统，得益于这些系统，明朝士人能够在全国范围内仕任、观览。②到晚明，洪武时期设立的交通限制、官方的驿站系统都受到

---

① 石守谦：《失意文士的避居山水——论 16 世纪山水画中的文派风格》，《风格与世变：中国绘画十论》，北京大学出版社 2018 年版，第 325—371 页。

② 《大明律》第十七卷对官方消息的传递效率有明确且严格的规定，例如规定"凡铺兵递送公文，昼夜须行三百里；稽留三刻，笞二十每三刻加一等，罪止笞五十"，这种对于效率的要求并非单纯律法可以满足，必然有完善的驿递系统、水路交通网络等的支持。

不同程度的破坏,商业力量介入交通领域,形成了完善的水路交通网络,各阶层在全国范围内的移动成为现实,使得原本基于地方的制度、原则、知识被重构。①在这一背景之下,旅游风潮的兴盛成为中晚明文化的显著特征。以往的研究中,明清旅游的消费性特征被更多地关注到。例如巫仁恕在《游道》中指出,明朝旅游活动的参与者就已经包括上至士大夫、下至平民百姓的广阔范围,伴随着旅游业的发展,与之相关的住宿、交通、导游等配套设施都极大地商品化了。②在另一本专著中,巫仁恕进一步指出,这种快速发展的消费活动进一步改变了明清城市空间,它同时作用于"消费空间的形成、消费空间的社会意义以及城市空间的权力协商"③。与消费发展相伴随的是物质文化尤其是相关出版物和图像的大量出现,周振鹤指出,嘉靖、万历时期游记开始大量出现,时人对于旅游的态度也从明朝中叶的否定而转变为将之视为"名高"之事。④这一时期,不仅诗文游记被大量刊刻,地方选景图像、旅游手册、城市图也被创作出来,如万历年间杨尔曾编纂的《海内奇观》(1609)、王圻与王思义父子编纂的《三才图会》(1609)等。

在诸多手册中,金陵都是一个重要的旅游目的地,但是,由本土士人朱之蕃(1558—1624)主导创作的《金陵四十景图咏》(以下简称《图咏》)是否能够被视为与《海内奇观》没有太大差别的"旅游指南"? 正如施坚雅(G. William Skinner)、章道生等学者指出的,钟鼓楼、城墙、贡院等有形的存在不仅在功能和物质形态上,同时也在文化、心理上确立关于城市的认知。⑤中国山水画中极少有对城市元素的直接描绘,但在明中晚期的金陵胜景图与城市图中,这种城市元素却极为明显——这些特质体现出区别于《海内奇观》等著作的地方经验。

---

① 参阅:Du Yongtao, *The Order of Places*:*Translocal Practices of the Huizhou Merchants in Late Imperial China*. Leiden:Brill,2015;Kai-wing Chow. "The merging of shi and shang in travel:the production of knowledge for travel in late Ming book."*Frontiers of History in China*,Vol.6,No.2(2011):163—182.

② 巫仁恕,狄雅斯:《游道:明清旅游文化》,三民书局2010年版。

③ 巫仁恕:《优游坊厢:明清江南城市的休闲消费与空间变迁》,中华书局2017年版,第339页。

④ 周振鹤:《从明人文集看晚明旅游风气及其与地理学的关系》,《复旦学报(社会科学版)》2005年第1期,第72—78页。

⑤ [美]施坚雅主编:《中华帝国晚期的城市》,叶光庭等译,中华书局2000年版,第319页;[美]章道生《城市的形态与结构研究》,[美]施坚雅主编:《中华帝国晚期的城市》,叶光庭等译,中华书局2000年版,第84页。

晚明松江画家宋懋晋(1559—1622)所绘《江南名胜十八景册》中的南京景观,寺庙、街衢等元素占据了极大的比重,这也是金陵胜景中第一次出现明显的城市元素,但没有留下足够的文献证据来考察画家的创作意图(图4,左)。相较而言,南京本地士人朱之蕃于天启三年(1623)委托陆寿柏绘制的《图咏》留下了更多细节。朱之蕃,字元介,明上元人,万历二十三年(1595)状元。朱之蕃所编的《图咏》最重要的特点在于对金陵胜景的汇集,此前尽管有不同版本的金陵胜景,但是在景名、图像形式方面均不统一,朱之蕃则"搜讨记载",汇总为四十景,并以四字景名、图、记、诗相结合的形式描绘金陵胜景。在图册的序文中,朱之蕃说明了这套图像创作的原因:

> 宇内郡邑有志,必标景物,以彰形胜、存名迹。金陵自秦汉六朝,凤称佳丽;至圣祖开基定鼎,始符千古王气。而龙盘虎踞之区,遂朝万邦、制六合,镐洛殽函不足言雄,孟门湘汉未能争钜矣。相沿以八景、十六景著称,题咏者互有去取,观览者每叹遗珠。之蕃生长于斯,既有厚幸,而养疴伏处,每阻游踪,乃搜讨纪载,共得四十景。属陆生寿柏,策蹇浮舻,躬历其境,图写逼真,撮取其概,各为小引,系以俚句,梓而传焉。虽才短调庸,无当于山川之胜,而按图索径,聊足寄卧游之思。因手书以弁首简,题数语以弁首简,贻我同好,用俟赏音云尔。①

这段引文同样体现出前文所指出的金陵胜景图的"社会交往属性",但也出现了一些新的因素——地方观感与地方经验。这套作品对城市细部的描绘发展到更为精细的地步,尤其是在秦淮渔唱、青溪游舫几幅中,游人、商贩、船舫、城墙等图像元素反复出现,体现出区别于以往金陵胜景的城市或市井元素(图4,右)。次年,朱之蕃重刻《图咏》,该版同时收录了陈沂编纂的《金陵古今图考》以及朱之蕃与余孟麟(1537—1620)、焦竑(1540—1620)、顾起元(1565—1628)三位南京本地科举成功者围绕金陵二十景唱和的《雅游编》。通过将志书、题咏、图像整合刊刻,《金陵四十景图咏》体现了以朱之蕃为代表的士人通过刻书整理地方文化的尝试。如朱之蕃所述,当其刊刻《金陵四十景》时,陈沂所著《金陵古今图考》、余孟麟诸人唱和的《雅游编》等"先达苦心盛

---

① (明)朱之蕃编,陆寿柏绘:《金陵四十景图像诗咏》,南京出版社2012年版。

事日就湮没无闻"，①刊刻这一行为也就具有了"深寄今昔之感"的含义。②但是后续的作品并没有承袭朱之蕃《金陵四十景图咏》对城市细节的关注。如魏之克《金陵四季图卷》仅在卷轴开端处描绘了城门和部分城市内部景象，该画卷因此描绘了一段由城内向城外的旅程；邹典《金陵四季图卷》仅"石城"部分出现城墙的元素，并未显出对南京城市生活的着意表现(图5)。

**图 4　明朝金陵胜景图中的"城市元素"**

　　左二：(明)宋懋晋，《江南名胜十八景册》(长干里，太平堤)，纸本设色，24.3×22.1厘米，南京博物院藏。

　　右二：(明)朱之蕃编，陆寿柏绘，《金陵四十景图像诗咏》(秦淮渔唱，青溪游舫)，南京出版社2012年版。

**图 5　魏之克与邹典作品中的"城市元素"**

　　上：(明)魏之克，《金陵四季图》(局部)，纸本设色，31.3×1 183.6厘米，纽约大都会艺术馆藏。

　　下：(明)邹典，《金陵胜景图卷》(局部)，纸本设色，29×1 272.5厘米，故宫博物院藏。

---

①　(明)陈沂：《金陵古今图考》，明天启金陵朱氏刻本。
②　(明)余孟麟等：《雅游编》，明天启金陵朱氏刻本。

是否可以将朱《金陵四十景图咏》中的"地方认知和地方经验"进一步推论为图像中具有早期现代意味的"城市特征"？相较于胜景图，一些围绕南京城市创作的图像展现出更多的城市元素，如《上元灯彩图》《南都繁会景物图卷》等。王正华较早关注到了这些图像并进行了综合性的研究，她在研究中强调这些图像的非官方、非文人特质，可以看作是同类论点的典型代表。她指出这些图像中的南京，最大的特点在于"作为一个城市的完整的图绘"。这一结论首先从两重比较中得出：其一是从张岱《陶庵梦忆》中对江南地域的记述与《三才图会》《海内奇观》的比较开始，作者指出在张岱的描写之中江南地域的记述是"连成一片"的，在后两者之中南京则以一种独立、完整的面貌出现；其二是在后两个文本的内部进行比较，作者发现其余地方景观都是围绕特定的景点进行描述，而南京图像则呈现出"全城的景观"，由此体现出一种"城市意识与城市观感"。①王正华可能未曾注意到自明中叶以来即大量出现的对名胜精选、品题的作品对金陵局部的细致刻画，因此在某种程度上，这两部旅游手册在形式上的选择并不能说明具有现代意义的"城市整体性"。

重新审视史料的性质在此显得尤为必要。首先，上述第一层比较的两组材料的形式并不一致——前者是笔记，因此记述较为自由；后者作为史地类著作，具有围绕特定地点进行集中书写的惯例。第二层比较同样存在一定的问题，一方面，两本史料的共同点是对某一地方景观的认识具有文化上的整体性，例如《海内奇观》中《京口三山》《湖山一览图》（西湖）等都是文学书写中的常见主题或对象；②另一方面，《海内奇观》第一张图为《皇明华夷一统图》，《三才图会》则绘制了明朝各省的舆图③，说明所谓"整体认知"很可能是基于政治或行政区划观念的。因此我们可以提出两种假设：其一，《三才图会》《海内奇观》所代表的地方图绘是基于一种文化承袭上的整体性意识，这种意识主导下的地理认识与文学中常描写的地点有强烈的一致性，因此对"作为整体的南京"的认识，很可能来源于一种文化传统或者惯例；其二，对"作为整体的南京"的认识，来源于北京和南京当时独特的政治地位，因此《三才图会》《海内奇观》这类书籍中，南北二京都以地图的形式被呈现。如果没有充足的理由来排除

---

① 王正华：《过眼繁华——晚明城市图、城市观与文化消费的研究》，李孝悌主编《中国的城市生活》，新星出版社 2006 年版，第 1—52 页。
② （明）杨尔曾：《海内奇观》，浙江人民美术出版社 2015 年版。
③ （明）王圻，王思义：《三才图会》，上海古籍出版社 1988 年版。

这两种假设，那么将这种认识归结于"晚明的城市性"可能存在一定的偏差。

王正华敏锐地注意到明清时期被大量复制的《清明上河图》或各类城市图，指出《清明上河图》作为明清城市图像原型的意义，并认为这些质量不佳的图像暗示了大批量制作与消费城市图像的可能，城市图可能成为一种新兴的文化商品显示出明显的非官方、非文人特征：

> 《南都繁会图》中南京的城市性，可见非官方、非文士的描绘观点，全然不是根植于历史传统的金陵图像，而是眼下身边的实时景观。此中并可见城市观念的成形，也就是意识到城市的特殊性，不同于乡村，不同于文化史迹。城市于此成为一个凝结的观念与意象，可供不同的人群消费与运用。另一方面，南京城或因为城市特质，凝聚了晚明出现的城市观，清楚地表现出可观性与消费性等城市特质。①

以"观看"和"消费"这两个极具现代性意味的概念为结论，晚明的城市似乎具有了某种"现代早期"的意味。然而难以解释的问题在于，一方面这种"城市因素"何以未曾催发出新的绘画图式？近来关于明清世俗绘画尤其是以女性图像为描绘对象的研究指出了画家如何借用传统的图式以表现青楼妓馆的消费活动，学者们对待"消费"大多持谨慎态度，没有证据表明具有现代性意义的"消费"成为这种"女性空间"之所以被形塑的根本动因。相反地，来自士夫阶层以上群体的文化活动更直接地影响了图像的空间呈现，这些图像往往依托《清明上河图》《汉宫春晓图》等传统的图式来表达新的"城市空间"。②另一方面，以《清明上河图》为代表的城市图之所以如王正华所说的"具有横跨地域的普遍性"，一个重要的原因在于它提供了基于"盛世"的图像语汇。③如果考虑到画卷尾端隐藏在云雾里的宫城、宫城之前"大小文武官员下马"这样隐晦的表达和预设的观者目光，我们可以理解为帝国的眼光不仅没有缺席，反而具

---

① 王正华：《过眼繁华——晚明城市图、城市观与文化消费的研究》，李孝悌主编《中国的城市生活》，新星出版社 2006 年版，第 1—52 页。
② 参阅［美］高居翰：《致用与娱情：大清盛世的世俗绘画》，生活·读书·新知三联书店，2022 年版；［美］巫鸿：《中国绘画中的"女性空间"》，生活·读书·新知三联书店 2019 年版；黄小峰：《目击风流：明代青楼的空间与图像》，《美术大观》2023 年第 8 期，第 12—22 页。
③ 罗晓翔：《"国都记忆"与晚明南京的地方叙事——兼论明清时期的国家与城市关系》，《江海学刊》2017 年第 6 期，第 162—172 页。

有了一种强烈的在场(图6)。①关于这种城市图像与政治力量关系的论述,罗晓翔的研究提出了有力的论断,她指出明代的城市图可以视为以图像呈现的"京都赋",《南都繁会景物图》卷尾以明朝旧内作结,也体现出画家"献赋"于朝廷的心态,这种基于《清明上河图》的城市图像只有在"都城叙事"下才可能成立。②

　　某种程度上,对"商业力量"的过度强调遮蔽了明清旅游风潮中政治力量和地方认知的影响——而这正是理解明清南京文人活动及胜景创作的重要背景。尽管明朝的金陵胜景图、城市图具有某些城市元素,文人在南京的活动具有某种"旅游"特质,但它们始终受政治话语的影响。在此,并非作为"城市"的"现代性",而是作为"都城""都会"的政治性和作为本地人生活空间的地方性决定了图像再现空间的方式。③

**图6　《南都繁会景物图》卷尾的皇城及"大小文武官员下马"字样**

　　(明)仇英(传)《南都繁会景物图》(局部),绢本设色,44×350厘米,中国国家博物馆藏。

---

① 在关于乾隆时期苏州图像的研究中,王正华也注意到了政治力量对地景塑造的重要作用。参阅:王正华:《乾隆朝苏州城市图像:政治权力、文化消费与地景塑造》,王正华:《艺术、权力与消费中国艺术史研究的一个面向》,中国美术学院出版社 2011 年版,第 127—195 页。

② 罗晓翔:《"国都记忆"与晚明南京的地方叙事——兼论明清时期的国家与城市关系》,《江海学刊》2017 年第 6 期,第 162—172 页。

③ 安东篱(Antonia Finnane)曾将扬州形容为"一个人为结构的获益者",罗晓翔在关于晚明南京的研究中提出"国家与城市的共生"而非西方式的城市自治才是理解中国古代城市发展的核心。这些论述解释了中国古代城市发展的根本政治动因。马克斯·韦伯(Max Weber)的论述曾经深刻影响了对中国古代城市的研究。在韦伯的定义中,城市经济以及伴随经济所发展出的自治"共同体"成为理解城市的核心。在这一学说的笼罩下,中国古代的城市完全不具备韦伯所说的特质。如何理解中国古代城市? 罗晓翔的专著《陪京首善》提出"国家与城市的共生",她认为中国古代城市的发展取决于城市"在国家政治经济版图中的地位"。由此,国家和地方并非对立关系,相反,国家在城市发展中占据了更为积极主动的地位。参阅:[澳]安东篱:《说扬州:明清商业之都的浮沉》,李霞等译,北京联合出版公司 2022 年版,第 29 页;罗晓翔:《陪京首善:晚明南京的城市生活和都市性研究》,凤凰出版社 2018 年版。

## 四、结　语

图像在何种意义上可以视为真实状况的再现？这一提问并非旨在将我们的目光带回到"再现的"图像与真实景物的关系，而在于检视图像作为"目光"的凝固所具有的复现其创作者的视觉与记忆的可能——在此，图像所给予我们的将不仅仅是历史的真实，更是真实的观念。

作为一种实用性的书籍，方志图像并非对客观地貌的真实呈现，其中往往融入了描述者历时性的观看方式。①当朱元璋定都南京时，他面对的是一个在历史上往往被视作屏弱偏安政权的都城和凝聚了诸多兴亡教训的南京——将一个凝聚了历史兴亡的"金陵"转变为统一整合的"应天"也就成了都城文化建设的一个重要议题。在这种背景下，《洪武京城图志》通过对都城空间的反复强调以及对"帝王目光"的引入，塑造了朱元璋的"帝国愿景"。

相较而言，永乐迁都之后活跃于南京的士人则处于都城北迁之后留下的一片文化空白之中，如何在让后人"无处措辞"的南京文学名篇、洪武年间的都城记忆、他们身处的真实南京三者的缝隙，描绘他们眼中的南京，成为一个重要的问题。文人是以图像的方式描绘南京这一创作活动的主要参与者，他们的创作策略也因身份、目的的不同而有所区别。对于以文徵明、文伯仁、黄克晦等为代表的外来文人而言，"金陵胜景"是他们参与南京雅集时的常见话题，以此为题的作品也因此具有明确的社会交往属性。对于以陈沂、朱之蕃为代表的本地士人而言，他们通过知识性书写、题咏、绘图、刊刻等行为对地方文化进行整合，作为都城的南京文化形象逐渐从代际之间的"交往记忆"而被整合到地方的"文化记忆"之中。②这种地方的文化记忆，尽管其中有一些"城市元素""旅游特征"，但仍然难以用"早期现代城市"对之加以解释，无论是以陈沂《金陵古今图考》为代表的方志图像、朱之蕃《金陵四十景图咏》为代表的胜景图，还是以《南都繁会景物图》为代表的城市图，都体现了明显的政治意识和地方文化意识，而非与国家、宫廷对立的"城市"意识。总体而言，这些图像为我们提供了明代视觉文化下人们对南京认知和再现的重要材料，同时也展现出图像参与城市形象与创作者身份认同建构的方式与过程。

---

① 葛兆光：《古地图与思想史》，《中国测绘》2002 年第 5 期，第 31—34 页。
② ［德］扬·阿斯曼：《文化记忆：早期高级文化中的文字、回忆和政治身份》，金寿福等译，北京大学出版社 2016 年版，第 41—61 页。

# Images of Nanjing in the visual culture of the Ming Dynasty

**Abstract**：The mass production and dissemination of city images is an important phenomenon in the visual culture of the Ming Dynasty, and Nanjing, as the main object of images, is one of the important cases. In the Ming Dynasty, as the capital of the early Ming, the image of Nanjing has changed repeatedly, and each change means the contest and negotiation of different discourse. As an intuitive information carrier, images provide a possibility for exploring the change of urban image. This paper first compares the official maps of Nanjing with the images created by the scholars in the activities of communication, and examines the differences in their image-making strategies. The former emphasizes the construction of Nanjing as the "capital", while the latter is the by-product of the scholars' social activities, so it has obvious social communication attributes. Secondly, this paper discusses how different forms of images can represent Nanjing's "urban factors" and local experience. The consciousness of "capital city" is still in the core position in the works like "Shangyuan Dengcai Tu" and "Nandu Fanhui Tu". However, the case of Zhu Zhifan's "Forty views of Jinling" shows that images are used as a comprehensive means to represent local knowledge, image traditions and local experience.

**Key words**：Scenic landscape paintings of Jinling; maps in local gazetteer; City image; visual culture

作者简介：郭世聪，南京大学艺术学院硕士研究生。

# 民国杭州公墓建设与风景都市的建构

朱振英

**摘　要:**民国时期,杭州的传统商业渐趋式微,杭州市政府开始寄希望于旅游业,并在此背景下确立了建构"风景都市"的城市发展理念。西湖一带的荒冢厝屋与"风景都市"的理念相对立,公墓由此被纳入市政建设的规划之中。与上海、天津等城市不同,杭州的公墓建设从一开始就由政府主导,其建设目的不仅限于节约城市土地与改善城市卫生,更重要的是要塑造城市风景,打造"风景都市"。在此过程中,"风景都市"的发展理念与公墓建设交织共振,共同推进了民国杭州的城市发展进程。

**关键词:**民国杭州　公墓　风景都市　城市治理

　　传统中国社会的墓葬以私墓为主,墓地形式没有统一规制。在"发肤受之父母""入土为安"观念的影响下,中国传统社会形成了以土葬为主的习俗。人死后多半归葬乡里宗族墓地。穷人或乞丐等无钱买棺入殓者,在非战争年代及相对富裕的社区,多由当地施棺会帮助归葬于义冢,但有时也会乱葬或停棺不葬。开埠以来,随着口岸城市的兴起与内陆城市的发展,现代意义上的市政建设与城市风貌治理被提上议程。近代城市中传统的私墓义冢管理不善,往往变成乱葬岗,有碍市容卫生。①民国以降,时人对此问题有所描绘:"私墓,为我国旧时最通行之墓制,累累青冢,到处可遇,若计以数,恐较四万万生存之国

---

① 严昌洪:《民国时期丧葬礼俗的改革与演变》,《近代史研究》1998 年第 5 期,第 176 页。

民数为尤夥,谗者喻'民国'为'墓国',实非过论。"①舆论开始呼吁改革传统的丧葬形式和墓葬制度,效仿西方建立公墓。1928年10月,南京国民政府内政部颁布《公墓条例》,正式将公墓建设纳入政府的行政范畴中。

　　我国公墓制度的引进伴随着西风东渐的过程。公墓最早出现在租界中,这种公墓形式及其体制,逐渐融入城市近代化的历史进程,并最终内化为近代城市文明的一部分。学界目前对近代城市公墓的研究主要集中于上海和天津。研究表示,上海主要是在租界公墓的示范与刺激下,由私人、政府等相继建立私营公墓和市政管理下的市立公墓,其目的主要是为缓解城市生存空间的压力以及防治疫病。②为达到相同目的,天津市政府以租界公墓和原有的私营公墓、义地为基础,将公墓纳入了市政管理的范畴,但政府自建公墓却未有效落成。③作为民国时期的两个超大城市,其公墓建设主要围绕人口集聚所带来的城市问题而开展,且或多或少都受到租界公墓的影响。杭州作为全面抗战爆发前成功建立公墓的少数城市之一,④既非租界城市,人口密度也不及上海、天津,其公墓建设具有鲜明的地域特征。杭州的公墓是在政府主动意识的作为下建成的,这与民国时期杭州城市空间的改变以及城市规划理念密切相关。民国以后,杭州城市空间伴随"西湖入城"大大扩展。杭州市政府据此确立了"风景都市"的城市定位,⑤希冀以西湖风景区开发为重点带动市政建设和经济文化发展⑥。由于西湖一带遍地荒冢庐屋的残败景象严重有碍风景观瞻,筹建公墓遂被作为塑造城市风景的重要举措列入市政规划中。总体而言,

① 毛子正:《公墓浅说》,《医药学》1929年第6卷第5期,第55页。
② [法]安克强著,刘喆译:《镰刀与城市:以上海为例的死亡社会史研究》,上海社会科学院出版社2021年版;李彬彬:《公墓与近代上海的城市变迁:1909—1937》,上海社会科学院出版社2021年版;陈蕴茜、吴敏:《殖民主义文化霸权与近代中国风俗变迁——以近代上海公墓为中心的考察》,《江海学刊》2007年第6期;艾萍:《双轨制下民国公墓制的创建——以上海为个案》,《华中师范大学学报》2012年第3期;等等。
③ 参见王先明、王琳:《亡灵"公共空间"的制度建构——近代天津公墓的历史考察》,《史林》2013年第3期。
④ 1928年10月20日,南京国民政府内政部公布《公墓条例》,要求各市、县政府选择适宜地点建立公墓,公墓建设被正式纳入政府行政范畴中。但直至全面抗战爆发前,全国范围内仅成功建立12个公墓。其中,杭州市占2个。参见谢世诚、伍野春、华国梁:《民国时期公墓制的创建与演变》,《民国档案》1995年第2期,第122页。
⑤ 何王芳、陈银超:《民国杭州城市休闲空间的发展(1911—1937)》,《民国档案》2017年第2期,第91页。
⑥ 赵可:《民国时期城市政府行为与杭州旅游城市特色的显现》,《中共杭州市委党校学报》2004年第2期,第51页。

民国杭州的公墓建设体现了不同于其他城市的背景、初衷与路径，有必要对其进行系统性梳理。有鉴于此，本文拟聚焦于民国杭州公墓建设的过程，探讨其与民国杭州建构风景都市之间的密切联系，以期对近代城市公墓研究有所增益，同时深化对民国杭州探索建构风景都市的认识。

## 一、从社会现象到城市问题：杭州公墓建设的背景

土葬作为中国传统的丧葬形式，一直保持到了近代甚至现代。五代吴越国至南宋时期的杭州，在佛教僧侣圆寂均火化的影响下，曾流行火葬。至明洪武三年（1370）火葬被禁，清承明习。民国时期，仍行土葬，从城郊到农村，坟冢垒垒，在西湖风景区宝石山、栖霞岭、灵隐一带也到处可见。南宋时，临安多汴京人和西北流民，他们旅居异乡，以期有终之年"返骨"故土，在杭城逐渐形成"厝柩"之俗。[①]官方志书对此习俗也有过记载，例如光绪《杭州府志》卷七十三"恤政四"："杭州习俗，多不葬其亲者"，"杭人多停柩权厝"。[②]杭州尤以西湖一带寄柩权厝现象最为普遍，时人评价杭州西湖之南北两山"为坟墓之数"[③]、"殡房不可胜计"[④]。在此习俗的影响下，经营厝屋[⑤]也成为当地人民谋取收入的方式之一。"盖山民每有隙地辄造此屋，以为停寄棺柩之所，或五间或十间为一排，或廿间或三十间为一排，每间年租非二三千文不可，本微息重。"[⑥]丰厚的利润吸引了大批民众经营厝屋。至民国时期，随着外来人口的增长，杭州市内存放厝柩的山庄会馆，达数十处之多，且大致集中于西湖周围。据笔者统计，民国时期西湖一带可停厝棺柩的地点主要有：西湖法相山庄、西湖八旗义庄、西湖杨公祠、西湖灵隐三锡堂、西湖金沙港茔地、西湖瑟希草堂、西湖宝石山西竺山庄、西湖招贤寺、西湖净寺前南库房、西湖南屏静居、西湖卧龙山庄等 11 处。[⑦]

① 杭州市民政局编：《杭州市民政志》，余杭华兴印刷厂 1993 年版，第 317 页。
② 转引自王卫平：《清代江南地区社会问题研究：以停棺不葬为例》，《江苏社会科学》2001 年第 2 期，第 134 页。
③ 《书保坟墓章程后》，《申报》1882 年 2 月 8 日，第 1 版。
④⑥ 《厝屋遗尸》，《申报》1882 年 6 月 22 日，第 2 版。
⑤ 厝屋，为小屋于旷野，赁于人以停棺。吾浙杭州城外多有之，谓之"攒基"。参见（清）俞樾著，周去病标点：《俞曲园笔记》（下），大达图书供应社 1935 年版，第 63 页。
⑦ 这 11 处地址均统计自《申报》，分别参见《申报》1881 年 11 月 8 日第 2 版、1903 年 5 月 9 日第 3 版、1912 年 2 月 23 日第 7 版、1917 年 11 月 10 日第 1 版、1925 年 4 月 10 日第 1 版、1926 年 8 月 30 日第 1 版、1926 年 11 月 22 日第 2 版、1927 年 6 月 11 日第 1 版、1930 年 4 月 5 日第 3 版、1930 年 7 月 15 日第 2 版、1932 年 7 月 21 日第 2 版。

此外,赤贫之家每遇葬事,则备薄棺,或葬于义冢,或直接抛尸荒岭。至 19 世纪末,这一现象仍较为常见,"西湖一带南北两山,厝棺林立,触目伤心,贫苦之家仅用稻草遮盖其上,夏则烈日以曝,冬则雨雪相加。"①除浮厝棺枢外,私墓荒冢在西湖一带也触目可及。可见,西湖一带优美的自然环境以及多山林的生态地理特征,使其不仅是世人出游赏景的胜地,也成为亡灵寻求"来世"的"天堂"。

民国以前的西湖游离于杭城之外,地处城郊范围。清代旗营濒湖而建,进一步阻断了西湖与城区的联系。民国肇始,浙江军政府颁布并实施了一系列整顿社会和经济的政策、措施,对杭州城市空间的演变产生了深远的影响。1912 年,杭州光复之后,革命军政府没收旗营土地,除马路和公共用地外,将其余土地出售,以开辟新市场。同时拆除钱塘门至涌金门城墙,建立湖滨公园。这些举措打破了原本封闭的杭州城市空间,西湖与城区开始融为一体。城市空间变迁的同时,环湖一带荒冢累累、厝屋林立的残败景象开始映入城市眼帘,这不仅有碍风景观瞻,于城市卫生也多有不利。1922 年 3月,杭县县议会召集之前,即有议员指出西湖为名胜之区,浮厝棺木有碍卫生,提案指定一区效仿香港、上海,建立公共坟山。②虽此议案最终并未付诸实践,但整顿西湖风景区,效仿西人筹设公墓已经开始被纳入市政建设的规划之中。

1927 年,国民革命军奠定两浙,国民党中央政治会议浙江分会于 4 月 28日举行第三次会议,议决通过筹办杭州市市政厅案,并推定省务委员兼秘书长邵元冲任杭州市市政厅厅长,电请中央任命。邵氏被任为市政厅厅长后,即起草杭州市暂行条例,划杭县所属城区及西湖之全部为杭州市市区范围。③自此,西湖正式从传统城郊名胜转化为现代城市景观,杭州市政府更加重视西湖风景区对于城市发展的影响。

自宋代以来,"上有天堂,下有苏杭"就在民间广为流传。时至今日,"天堂"仍常被人们用来代称杭州。杭州三面临山,加之中间的一湖明镜,使其拥有着优美的湖山景色。西湖的风光更是吸引着成千上万的外地游客前来观

---

①　《葛岭松涛》,《申报》1897 年 1 月 11 日,第 2 版。

②　《杭州快信》,《申报》1922 年 3 月 20 日,第 3 张第 10 版。

③　杭州市档案馆编:《民国时期杭州市政府档案史料汇编(1927—1949)》,杭州市档案馆藏,1990 年版,第 1 页。

赏。民国时期曾游玩过瑞士日内瓦的人评价道:"杭州非但是被人目为中国的风景区,简直可以与世界的公园——日内瓦相媲美。"①近邻上海开埠以后,凭借着优越的地理位置迅速崛起。杭州作为京杭大运河的终点,其商业地位在海运渐兴的趋势下逐渐衰落。对此,杭州市政府依据自身特性,确立了"风景都市"的城市定位,②希望通过发展旅游业挽救日益衰落的传统商业。时任杭州市长的周象贤也强调:"欲繁荣杭市,首当整理西湖,吸引游客。"③对杭州有着详细且权威介绍的《杭州市指南》一书更加明确地表示了西湖区的特殊地位,其称"西湖风景区域,为目下杭市命脉所系,是以规划务求远大,限制亦应从严"④。针对未来杭州之发展,此书表示杭州自清朝"幽禁时期"结束以后就直接步入"风景时期",其认为"民国以来,旧旗营辟为新市场,开放孤山公园,新筑湖滨公园,西湖景象,焕然一新;加以交通进步之速,上海商埠发展之快,西湖风景之美,方得公之于世;故今日之西湖,已非满清时代可比,不但居民日增,游人蚁集,即欧美各国人士,慕名而来者,亦不可胜计,然在此期内,杭州之发展,除西湖之自然风景外,固毫无足述者,故名之曰风景时期"⑤。所以,"今后杭州市政计划,仍当以风景为前提,勿使秀丽湖山沦为俗地。"⑥在这一理念下,工务局开展之工务"莫不以布置风景,造成庄严灿烂之杭州市为主旨",且所有新建工程"凡道路桥梁固为交通上所急不容缓,其余类皆偏重于风景之建设"。⑦程远帆在回顾十年间杭州市的发展道路时也曾指出:"从前杭州市之建设,似偏重于风景之整理,欲藉天赋艳丽之湖山,吸引游客,振兴市场,效欧洲瑞士之故技。"⑧

　　随着建构"风景都市"理念的明晰,环湖一带的私墓荒冢、停柩厝屋逐渐从一常见的社会现象转变为影响风景、有碍观瞻的城市问题。杭州城内荒冢厝屋散布的残败景象开始遭到时人诟病,"西湖祠墓太多,好山好水,不为活人筹

①　倪锡英:《杭州》,中华书局有限公司 1936 年,第 3 页。
②　何王芳、陈银超:《民国杭州城市休闲空间的发展(1911—1937)》,《民国档案》2017 年第 2 期。
③　杭州市政府秘书处编印:《杭州市政府十周年纪念特刊》,"序",1937 年版,第 2 页。
④　张光钊:《杭州市指南》,杭州市指南编辑社 1935 年版,第 12 页。
⑤　张光钊:《杭州市指南》,第 14 页。
⑥　张光钊:《杭州市指南》,第 16 页。
⑦　沈景初:《杭州市工务之吾见》,杭州市政府秘书处编:《杭州市政府十周年纪念特刊》,"征文",1937 年版,第 1—2 页。
⑧　程远帆:《十年来杭州市之进展与今后之展望》,《市政评论》1937 年第 5 卷第 7 期。

享用娱乐方法，专被死人占有，此实一大误，虽相沿久，亟应纠正。且自苏小岳坟，有英雄儿女千秋之句，一般荒伧艳羡，效颦选胜，营造坟茔。"①并建议政府颁布政令，禁止在沿湖及内山葬坟，违者戮尸。游杭外国人士也曾表示："杭州是素以富庶称世的浙江省会，有人口五十万，但恐坟墓还多于居民。"②官方也意识到传统丧葬习俗的负面性，"我国对于葬事向取放任主义，而无具体之取缔法则，其在荒僻壤地之私墓排列凌乱，形式分歧，彼富裕之家有一墓而占地数亩者，若贫窭之户则圹穴浅密，更有于平原田畦撅穴营葬者，或竟曝棺露厝；至于义冢之地，非属潮湿，即系毗近田居，且多掩埋浮浅；杭嘉一带每于田亩间杂有星罗棋布之坟丘设，无取缔之方，不独与公众卫生攸关，其与节省土地原则不合。"③此外，随着来杭旅游外国人员的增多和沪杭甬铁路的通车，杭州的市容市貌也在一定程度上也代表着国家形象。1934年，京沪沪杭甬铁路管理局曾公函杭州市政府，"查本路经行于江浙繁盛之区，游旅众多。且南京为首都所在，苏杭等处又为名胜所在，外国人士来华者多数必乘本路火车前往观光。惟沿线附近，颇多贫民草棚，浮厝棺木，以及露天厕所，行车所过，秽气扑人，丑象逼露，使外国人士一入吾国门，即得一种不良之印象，于是摄为照片，记入篇章，胜诸彼邦社会，有玷国家声誉。"④要求杭州市政府协助铁路管理局，将铁路沿线一百公尺以内之草棚、浮厝棺木及露天厕所等，一律勒限迁移或设法掩埋遮蔽，以整观瞻。由此，杭州传统丧葬惯俗构成的社会现象被进一步问题化。

　　杭州流传已久的停丧不葬习俗，使西湖一带厝棺林立。同时，山林茂密、风景优美的自然环境也吸引大批民众在西湖一带营造坟地，久而久之形成了大片私墓荒冢。这些景象在1927年杭州设市时，随着"西湖进城"而被搬入城中，其不仅有碍风景观瞻，而且造成严重的卫生、环境问题，与杭州市政府建设"风景都市"以发展旅游业的城市规划理念相冲突。在此背景下，杭州城内停丧不葬、自由营葬等传统丧葬行为逐渐演变成一显著的城市问题，杭州市政府不得不加以干涉。

---

① 陶在东：《西湖忆语》，《申报》1931年4月5日，第5张第17版。
② 寄寒摘译：《樊迪文的游华感想录》，生活周刊社编辑：《游踪》，生活书店1934年版，第8页。
③ 《公共卫生·(三)办理公墓情形》，《浙江民政年刊》，1930年版，第122页。
④ 《布告沿京沪沪杭甬路线之草棚浮厝棺木及露天厕所等一律勒限迁移或设法遮蔽》，《杭州市政季刊》1934年第2卷第4期。

## 二、曲折与纷争:政府主导下的公墓建设

1927年杭州设市,市政建设开始步入正轨。建设公墓作为整治城内荒冢厝屋问题的主要办法,开始被纳入市政规划当中。杭州市政府成立之初就将筹设公墓的计划纳入杭州市工务局行政计划纲要。纲要第九条指出:"公墓则更为杭州市亟应注意之一问题,西湖上坟墓累累,其中虽不乏先贤往哲之足为纪念必须保存者,而大半均为私人坟墓,耗失土地,损坏风景,莫此为甚,若仿照欧美办法建设公墓以容纳之,并加以美术之点缀,使其布置如一公园,斯一举而两得也。"①时任杭州市市长的周象贤也曾感叹:"本府以西湖名胜,甲于天下,中外游人,络绎不绝,近因交通便利,市面益臻繁盛,惟沿湖一带,荒冢累累,更有厝屋,星棋罗布,殊与风景卫生均有关系,亟应筹建公墓,以资整理。"②

1928年5月,浙江省民政厅厅长朱家骅言:"以国人迷信之风日甚一日,对于风水之说牢不可破,甚者以祖先枯骨遗骸为发财之工具,事之荒唐,一至于此。且亦有肥腴之区,为冢墓所占,致成荒芜之地。若长此以往,贻害民生,何堪设想,现值青天白日时代,况当训政开始之时期,依照总理建国方略,凡荒冢之区,皆不容存在"③,建议仿效欧美,建立公墓,取缔私墓整顿义冢,取缔灵柩停厝,并草拟公墓条例,提交省府会议议决通过。草例规定:自十八年六月一日起,不许人民自择葬地,以前所葬坟墓,除有历史关系者外,一律不予保护,倘仍有迷信风水,或因墓地发生诉讼时,一律将该地充公,从事种植,或拨作农林场。④然而,该草例未经正式公布就遭到反对。宁波旅沪同乡会⑤、余姚旅沪同乡会⑥、绍兴七县旅沪同乡会⑦、杭属八县同乡会⑧分别呈请浙江省政府慎重取缔私墓。其以孙中山三民主义为据,强调地权受法律保护,旧时坟地也应受到保护;原草案中"墓地涉讼则一律充公"有违法律,取缔私墓更违背了中国孝道之理。浙江省政府不得不修改原草例内容,将取缔旧时私墓,以及涉

---

① 《杭州市工务局行政计划纲要》,杭州市政府编辑股编:《三个月之杭州市政》1927年版,第73页。
② 《呈为遵令呈复筹建公墓一案情形祈鉴核由》,《杭州市政季刊》1935年第3卷第2期。
③④ 新眉:《朱家骅提议设立浙省公墓》,《图画星报》1928年第3期。
⑤ 《甬同乡会昨开委员会》,《申报》1928年6月12日,第4张第14版。
⑥ 《余姚同乡会执委会纪》,《申报》1928年6月17日,第4张第15版。
⑦ 《绍属旅沪各团体请浙省府慎重取缔私墓》,《申报》1928年6月17日,第4张第15版。
⑧ 《杭属八县同乡电请慎重取缔私墓》,《申报》1928年6月18日,第4张第14版。

讼墓地一律充公等激进内容暂时搁置,于 1928 年正式公布《浙江省公墓条例》,令各市、县政府选择适宜地点设立公共墓地。①其内容正好与杭州市政府整顿西湖风景区的市政部署相契合,杭州市的公墓建设遂在政府的主导下发端。

1928 年 7 月 7 日,杭州市长陈屺怀转函省建设厅要求,"公共墓地应择土性高燥,饮水无碍,并距离住宅工厂海塘河道在一千尺(即营造尺)以外地方设立之",②令工务局在三个月内选定公墓地点。公墓选址过程可谓一波三折。1928 年 10 月,工务局选定慈云岭及净心亭高地两处地点,绘图呈报市府。杭州市第二次市政会议以净心亭高地一部分与禁葬区域有碍为由,将图样发还。经过修正后的图样于 1929 年初送省政府核定。省政府除令准在所呈两处地点先行建设公墓外,还以"杭州市幅员辽阔,户口殷繁,仅恃前项两处地点恐难敷用"③为由,令工务局另行添选公墓地点。然而,未及开工,净心亭处选址地点便因范围过小(共清丈土地十七亩)而改于亩分较多的慈云岭处。④慈云岭地处玉皇山半,与凤凰山为界,远离闹市,风景优美,旧坟甚多。所以,在慈云岭划地建造公墓遭到了旧坟所属民众的强烈反对。更有市民袁啸青、吴庚伯等据理力争,分别向浙江省政府和内政部请愿,以"杭市公墓圈定慈云岭一带,旧坟甚多,请另饬选定,以免抛掘,而安幽魂等情"⑤,请求另选地点。最终浙江省民政厅以"慈云岭西一段山地,原有私墓过多,迁葬不易,且雨水渗下流经长桥注入西湖,妨碍饮料之清洁,该地附近并有房屋住户,核与公墓条例诸多未合"⑥为由,令市政府另选公墓地点。第一次公墓选址以失败告终。

1929 年 9 月,工务局将新添选的公墓地点笕桥车站西、笕桥汽车站东及石虎山三处呈报市政府审核,并特别强调石虎山一处"地势平坦,土层高燥而深厚,广约六百余亩左右,如以一亩葬一百人计之,可葬六万人之谱,堪作大规模之公墓"⑦。但经市政府调查,"该处屋宇坟墓不少,征收方面纠纷必多,且面积太大,经营不易着手"⑧,故石虎山处选址并未获批建造公墓。同时,市政府又以"公墓地点自以参酌四境区域均匀分配为宜,该局添选之笕桥附近地点

①② 《浙江省公墓条例》,《浙江民政月刊》1928 年第 8 期。
③ 《令杭州市政府工务局:转知选定公墓地点案由》,《市政月刊》1929 年第 2 卷第 3 期。
④ 《呈报净心亭公墓现拟改于慈云岭称行建造由》,《市政月刊》1930 年第 3 卷第 6 期。
⑤⑥ 《奉省令据民政厅呈复查明慈云岭公墓地点情形仰另择地点仰遵照由》,《市政月刊》1930 年第 3卷第 9 期。
⑦⑧ 《呈添选公墓地点并送图样说明书由》,《市政月刊》1929 年第 2 卷第 10 期。

两处,业聚一隅似嫌重复"①为据,驳回另外两处地点。第二次公墓选址也以失败告终,公墓建设被暂时搁置。

公墓在近代中国作为一项新创的制度,推行阻力重重。曾两次主政浙江的黄绍竑在其回忆录中就提到公墓制度在浙江省推行时的艰难。概括地来说,主要有三点:"第一,公墓是新创的制度,社会上没有送死人进公墓的观念和习惯。第二,公墓设备太简单了,只有一块木制的墓碑,似乎不够体面。第三,社会上大多迷信风水,公墓是不考究这一套的,如果强制他们的先人遗骨离开好风水的地方,而到公墓里去,是一件不可补偿的损失。而且公墓的建筑设备,本来是葬者公共的事业。一般人宁可个人花费数万以至数十万,去建筑私人的坟墓,要他们在公墓里花上一万八千,就没有人乐意了。在财政困难的时候,政府哪里有这许多钱来从事公墓的建筑? 公墓建筑不成功,私墓的迁移,就成问题。"②可以看出,民众观念与政府经费是公墓建设最主要的阻力。

杭州市政府成立后,革新市政,"对市区以内,按照各地段情形,建筑道路,以利交通,疏浚河道,以资灌溉,而便航运。整理西湖名胜,开辟公园,俾吸引游客,繁荣市面。"③随着这些举措的进行与完成,城市面貌逐渐趋新,来杭游客数量显著增长。环湖一带的荒冢厝屋与蒸蒸日上的西湖风景区格格不入,公墓建设再次被提上日程。1935 年 2 月,杭州市政府布告市民,"拟定在西湖区内青石桥地方,建筑第一公墓一处,艮山门外彭家埠地方,建筑第二公墓一处、第三公墓一处。"④鉴于前面公墓选址的失败经历,此次选定的区域包括部分农田,所涉私坟甚少。虽然避免了迁移旧坟所引起的官民纠纷,但却大大提升了征地的成本。

市民顾涛等人为保护农田,直接上书省政府,状告市政府勘定的第一公墓地点并非圹地,妨碍农作,违背了公墓选址的原则,请令饬另予勘定,以维民命。⑤杭市石虎山公民顾锡三等人电呈蒋介石,因石虎山为其数十年辛勤而成之熟地,垦殖茶叶,请蒋介石令杭州市政府另勘圹地。⑥对此,杭州市政府解释

---

① 《呈添选公墓地点并送图样说明书由》,《市政月刊》1929 年第 2 卷第 10 期。
② 黄绍竑:《五十回忆》,杭州云风出版社 1945 年版,第 313 页。
③ 杭州市档案馆编:《民国时期杭州市政府档案史料汇编(1927—1949)》,第 84 页。
④ 《呈为遵令呈复筹建公墓一案情形祈鉴核由》,《杭州市政季刊》1935 年第 3 卷第 2 期。
⑤ 《呈复勘定杭州市第一公墓地点一案情形祈鉴核由》,《杭州市政季刊》1935 年第 3 卷第 3 期。
⑥ 《石虎山公墓妨碍农产蒋电省府查明核办》,《东南日报》1935 年 5 月 26 日,第 8 版。

道,"查筹建公墓,本应利用荒地,且以地质高燥与环境并无妨碍为原则。但杭市区域虽广,所有荒地,大都葬有旧坟,现正计划设法整理,保全风景。况此种荒地,不成片段,面积亦小,不敷应用,至于其他荒山,类多石质,营葬亦非所宜,且与风景攸关,必须备作造林之用,未便辟为公墓",①且"该处虽略有茶地,仅占全部面积十分之三四",经省政府复核无异,准予征用。②同时积极与涉讼市民协商地价,"除原定标准价每亩四十元外,再加津贴及花息费等,约计每亩银一百元",最终在西湖青石桥村北面石虎山地方,勘定圹地一百四十五亩二分,筹建杭州市第一公墓。以每亩约银五十元的价格,在彭家埠勘定圹地一百六十五亩零三分六厘,筹建杭州市第二公墓。③以每亩约银五十元的价格,在艮山门外彭家埠附近,勘定圹地一百四十六亩二分一厘,筹建杭州市第三公墓。④至此,公墓选址才尘埃落定。

关于公墓建设经费来源的问题。为减轻市政负担,杭州市政府决定向银行界借款三十万元,公墓建成后酌收穴费,偿还借款,市库方面,可不必负担是项费用。⑤第三公墓应需建筑及一切费用,以第一第二公墓之收入补助之。⑥此外,还有一部分财政拨款,例如"为整顿市容及保护风景区域,特于二十四年度内,列支二十余万元,为建筑市区公墓之用"⑦。建设公墓所耗费用最大的是围墙,为减少经费压力,浙江省建设厅曾函杭州市政府"营墓所需石料,拟将拆卸城砖石块留一部分应用"⑧,且"公墓围墙可依经济状况以下列几种类型建造:甲、水泥围墙;乙、石砌围墙;丙、砖墙;丁、砖泥合筑围墙;戊、完全泥墙;己、木桩铁丝栏代墙;庚、密植常青树代墙"⑨。这在一定程度上缓解了公墓建设的经费压力。

历时一年左右,市设第一、第三公墓相继完工。1936 年 6 月 6 日,杭州市政府布告民众,市设公墓已开始放领营葬。第一公墓划分 8 648 穴,平均每穴

---

① 《呈复勘定杭州市第一公墓地点一案情形祈鉴核由》,《杭州市政季刊》1935 年第 3 卷第 3 期。

② 《杭市第一公墓基地准收用,茶地不足五成》,《东南日报》1935 年 8 月 11 日,第 5 版。

③⑥ 《呈为勘定杭州市第一第二公墓检同地图工料估价单请鉴核示遵由》,《杭州市政季刊》1935 年第 3 卷第 3 期。

④ 《呈报勘定杭州市第三公墓检同地图工料估价单请鉴核由》,《杭州市政季刊》1935 年第 3 卷第 3 期。

⑤ 《市府决借款三十万建筑市区三公墓》,《东南日报》1935 年 4 月 22 日,第 8 版。

⑦ 杭州市档案馆编:《民国时期杭州市政府档案史料汇编(1927—1949)》,第 198 页。

⑧ 《杭州快信》,《申报》1928 年 7 月 5 日,第 3 张第 10 版。

⑨ 《令各市市长、县县长:令发建筑公墓须知通饬遵照办理》,《浙江民政月刊》1930 年第 29 期。

收费银 65 元。①为吸引民众营葬于公墓内,在第三公墓划分的 10 000 穴中设立免费区,少部分墓穴仅收费 10 元。②在公墓建设完成之前制定并颁布《杭州市市设公墓章程》,对公墓的规模、样式、各项设施的收费标准以及运营方式作了系统的介绍。同时,成立杭州市市立公墓基金保管委员会,"各公墓穴费提存之保管基金由市政府发交该会查收保管,并存储于浙江地方银行,开立公墓基金专户"。③该委员会主要管理公墓收入,维持公墓日常支出;并开会议决公墓有关事项,保证公墓的正常运营。公墓建成后,杭州市政府即责令停枢一律安葬市设公墓,一时申请营葬者为数颇多,为统一事权,在卫生科下特附设杭州市公墓事务所,主持公墓营葬及一切关于公墓接洽事宜。④为减少公墓制度的推行阻力,杭州市政府迎合民众需求,尽可能地完善公墓内的设施。例如,在公墓内另建礼堂供葬户免费使用,以举办营葬典礼;⑤礼堂内设有壁龛以备各葬户供奉被葬人木主之用;⑥建立殡舍以提供暂厝棺枢之处,惟日期至长不得逾两个月。⑦

公墓建成后,陆续有少量市民申请营葬于环境较好的第一公墓。但由于风气未开,仍然有相当一部分市民固守传统,拒绝营葬于公墓内。甚至谣传二十年后公墓内的棺木将会被掘起火化,这大大影响了公墓制度的推广。对此,杭州市长周象贤在报纸上公开声明"公墓将永远保护,火葬或将提倡,但须出于家属自愿;且第一公墓所收穴费,提存银行生息,即为永远保管坟墓之办法"⑧以消除市民疑虑,鼓励市民积极营葬于公墓内。尽管营葬于公墓内的普通市民数量无从考证,但可以明确的是,当时已有部分政府官员积极营葬于公墓内。1937 年 3 月逝世的国民党浙江省党部监察委员王廷扬,更是以公葬的形式被安葬于第一公墓。⑨这对公墓制度的推广产生了积极影响。经过漫长曲折的公墓建设后,杭州市政府才得以真正开展对于风景区内荒冢厝屋的治

---

① 《呈为勘定杭州市第一第二公墓检同地图工料估价单请鉴核示遵由》,《杭州市政季刊》1935 年第 3 卷第 3 期。

②⑦ 《杭州市市设公墓章程》,《浙江省政府公报》1936 年第 2576 期。

③ 《杭州市市立公墓基金保管委员会章程》,《杭州市政季刊》1937 年第 5 卷第 1 期。

④ 《杭市设立公墓事务所》,《浙江自治》1936 年第 1 卷第 25/26 期(合刊),第 15 页。

⑤ 《杭州市市设公墓各葬户借用礼堂办法》,《杭州市政季刊》1936 年第 4 卷第 3 期。

⑥ 《杭州市市设公墓各葬户供奉木主规则》,《杭州市政季刊》1936 年第 4 卷第 3 期。

⑧ 《周象贤谈公墓永远保护》,《东南日报》1936 年 6 月 30 日,第 5 版。

⑨ 《公葬王廷扬》,《中央日报》1937 年 4 月 19 日,第 4 版。

理工作,以切实推进建构风景都市的进程。

### 三、塑造风景:杭州公墓建设的主要目的

　　公墓是现代城市公共空间不可或缺的组成部分,在城市形象、城市空间布局等方面有着重要影响,是塑造和表现城市文明的公共载体。①除受租界影响外,近代广州、上海等口岸城市率先建设公墓的主要目的也在于整治停枢厝棺、缓解城市生存空间的紧张。民国时期的杭州人口数量虽不及上海等口岸城市,但其优美的湖光山色在吸引大批游客前来观光的同时,也被认为是死后长眠的理想之地。革命女侠秋瑾生前就向好友郑重相托:如遭不幸,请"埋骨西泠"。逝于上海但无法安葬的富人群体中也有相当部分选择停枢杭州抑或长眠于此。1930年访华的前比利时外长樊迪文(Vandervelde)到访杭州后就表示:"杭州有人口五十万,但恐坟墓还多于居民……吾们天天可以看到从上海至杭州的河道里,无数帆篷船满载着五颜六色的棺材运往圣地的杭州。"②西湖一带日益增多的厝枢坟茔虽没有造成城市生存空间的紧张,但却严重影响了城市风景的观瞻。而且与杭州市政府成立后确立的建构"风景都"的城市发展理念相冲突。所以,民国杭州公墓建设的主要目的实在于塑造城市风景,推进风景都市的建构。在城市风景区内划定禁葬区域并取缔有碍观瞻的荒冢厝屋自然是公墓建成后的首要工作。

　　早在公墓建成之前,杭州市政府就公布了《禁止营葬区域说明书》,详细划定城内所有禁葬区范围。不久后又颁布《杭州市禁葬区内已葬坟墓登记规则》,要求所有禁葬区内的已葬坟墓所属市民主动到府登记,领取登记凭证,否则将被视为无主坟墓迁移至市立公墓,并将坟地充公。③杭州市政府宣称此举意在取缔禁葬区内已成未葬之墓,同时将无主之荒坟废冢迁入公墓,整理腾出的坟地,以保湖山风景之长存。但由于其第五条规定"登记坟墓每墓应纳登记费一元",主动向政府登记纳费者寥寥无几,而且引发大片在杭市民与旅外杭州同乡会的反抗。二者纷纷向浙江省政府呈书,表示杭州市政府此举实为"违法敛钱"④。

① 李彬彬:《国家与社会视域下的上海公墓建设(1909—1937)》,《社会科学研究》2014年第6期,第171页。
② 寄寒摘译:《樊迪文的游华感想录》,第8页。
③ 《杭州市禁葬区域内已葬坟墓登记规则》,《市政月刊》1932年第5卷第2期。
④ 《杭州市公民项椒连等呈省政府文》,《杭州市禁葬区域内已葬坟登记事略》,责任者及出版地不详,1933年版,第5页。

其认为市府划定禁葬区域旨在"使未来之私自营葬者不再轻予尝试,以免妨害区域内之风景,用意未尝不善"①。但"旧葬者,既合法取得所有权,无不经政府之登记,给有户折,县政府册籍具在,可以稽考,何用再行登记?"②表示旧葬登记与否与未来之新葬无关。而且"柩非细小之物,耳目尤易闻见"③,应令各处警所加以注意,自可断绝私葬之事。从民众所呈的 12 封反对坟墓登记规则的文书内容来看,他们对于划定禁葬区内禁止营葬新墓是基本赞同的,但对于原本旧墓之取缔是持完全反对观点的。一来旧坟地皆是合法所得,自古以来就受法律保护;二来旧坟地在前不久土地陈报过程中皆已向省民政厅缴费呈报。杭州市政府此次强迫纳费登记与迁坟威胁无理无据,实为借端敛财。④在民众的强烈反对之下,浙江省政府要求杭州市政府撤销禁葬区内已葬坟墓登记规则,另定禁葬规则。杭州市政府预想通过已葬坟墓登记实现对已成未葬之墓和荒坟废冢的取缔迁移工作暂告失败,但登记规则并未完全撤销。

1936 年公墓建成后,杭州市政府再次布告全体市民,"杭州市区除公墓外,一律不准营葬"。⑤此外,修订坟墓登记规则,规定坟墓登记概不收取费用,要求禁葬区内所有已葬坟墓、已成未葬之寿坟、义冢地在两年之内向卫生科领证登记;逾期未登记的坟墓将由市政府登报催告,一年后还是无人认领即由政府代迁至公墓编号掩埋;已迁葬墓地所属人须在一年之内向政府申请管业,逾期将由市政府收管。⑥就笔者目力所及,未见有反对此项修订规则的相关史料。可以说,取消登记费用、延长登记期限等规则的改变大大削减了坟墓整理工作的阻力,无主荒坟在一定程度上得到了清理。而对于固守传统、拒绝营葬于公墓内的市民,杭州市《禁葬办法》第七条规定,允许市民"将灵柩运市外埋葬"。⑦这一规定可谓是杭州市政府在传统丧葬习俗根深蒂固的时代背景下做出的灵活变通之处,虽然其在革新市民传统丧葬观念上未产生较大影响,但对于整饬市容,建构风景都市产生了助推作用。

除禁葬措施和整理荒坟废冢外,取缔停柩厝屋工作在公墓建成之后也取得了实质性的进展。1929 年南京国民政府卫生部曾颁布《取缔停柩章程》,规

---

①③ 《公民刘鼎等呈省政府文》,《杭州市禁葬区域内已葬坟墓登记事略》,第 17 页。

② 《公民汪原润等呈省政府文》,《杭州市禁葬区域内已葬坟墓登记事略》,第 21 页。

④ 参见《杭州市禁葬区域内已葬坟墓登记事略》中所载的 12 封民众呈书。

⑤⑦ 《杭州市府订定营葬办法》,《东南日报》1937 年 1 月 27 日,第 6 版。

⑥ 《杭州市坟墓登记办法》,《警察杂志》1936 年第 33 期。

定"停搁待葬期间至多不得过六十日",①令各省市县照章办理。杭州市政府曾于1933年布告市民,"禁止建筑西湖等处零星厝屋,并限三年内将以前所筑厝屋一律拆除,以整市容",②但迫于无地安置权厝各地的棺柩,此项工作直到市立公墓建设兴工后才得以真正开展。1936年3月,杭州市政府布告相关市民,限本年十月底前拆除"既碍观瞻,又妨卫生"的厝屋,寄存厝屋内的棺木由各家族迁葬,逾期将由政府强制代迁。③9月份再次紧急通告各厝屋主,如期拆除厝屋,"逾期即由本政府按照前次布告,派工执行,决不展期。"④布告言辞之强硬可见其取缔停柩厝屋之决心。但由于"厝屋乃一般人民的产业,如果一旦拆毁,产主既无租金收入,又遭极大之破产,损失更重;厝屋拆毁须要相当工资,如果又要人民负担,不免要感到出钱毁己屋的痛苦,何况在这农村破产的时候,哪里有这一笔闻空的金钱来作拆费呢?"⑤且"大多厝主以柩主远旅在外,不敢擅动棺木为辞,大都观望"⑥所以遵限拆除厝屋者寥寥无几。也有市民在报刊上公开表明,"为顾量整个市府行政起见,该地人民亦只能舍己为群,勉强遵照",但对于拆费以及拆除时间方面的问题请求政府妥善解决。⑦由此看来,厝屋不难拆毁,只是厝屋主不愿自掏腰包,自毁己业。对此,杭州市政府商同省区救济院实地查勘,带同夫役派车搬运寄存棺木,经行车运第三公墓编号掩埋。从1936年12月起至1937年4月,共计搬运棺木702具,经过此次大举搬运,"各厝主始无所籍口,而自动拆除净尽矣"。⑧此外,为厉行取缔停柩厝屋的政策,对于市民偶尔私自停棺的行为,杭州市政府也制定了相应对策。例如1937年2月,杭州市政府通报凤凰山麓时常发现无主尸棺。为防止其他地方也发生同样的事情,由市政府稽查处随时查察,并令省会公安局训饬所属员警,各就管辖区内严切注意,遇有暴露尸棺,即责成家属或关系人限期迁葬,不准任意抛弃。如经查明确系无主尸棺,立即电知市政府卫生科公墓事务所派工运葬,以整市容,而重卫生。⑨在禁葬政策、取缔政策和公墓制度的同步实施下,杭州城内的荒冢厝屋得到一定程度的清理。尤其是以往常被作为亡灵寻

① 《卫生部公布取缔停柩章程》,《新闻报》1929年4月24日,第9版。
② 《布告为禁建及限期拆除厝屋仰各知照由》,《杭州市政刊》1933年第1卷第3期。
③ 《为限期拆除厝屋迅将寄存棺柩一律迁葬由》,《杭州市政季刊》1936年第4卷第2期。
④ 《紧急通告各厝屋主如期拆除厝屋催令各寄柩家族在限期前自行营葬由》,《杭州市政季刊》1936年第4卷第4期。
⑤⑦ 《对于拆毁厝屋的一点意见》,《东南日报》1936年10月24日,第12版。
⑥⑧⑨ 杭州市档案馆编:《民国时期杭州市政府档案史料汇编(1927—1949)》,第200页。

求"来世天堂"的西湖一带,在公墓建立以后逐渐被塑造为专供世人游览观瞻的城市风景区。

虽然抗日战争的全面爆发使公墓制度的发展几乎停滞,但战后修复措施的迅速实施使公墓的功能更加完善。抗战结束后杭州市政府重申西湖一带禁葬区域内禁止营葬;遵照公墓美术化的原则积极修复市设第一、第三公墓。第一公墓分两期整理,第一期工程为四项:开掘明沟;围打竹笆;割草;平土。第二期工程约分为两项:修筑道路;添造建筑物。①在第三公墓划出一部分(共计1064穴)建造国殇墓园,②营葬殉难志士,增强公墓的影响力。为妥善接洽公墓运营事项,筹建第一公墓办公室供公墓事务所人员专门办理公墓事务。此外,还在第一公墓内筹建殡舍供有需要的市民在规定期限内暂时寄存棺木,以减少战后未能及时返乡而暂厝城内的外籍棺木。这些举措及时恢复了市立公墓的正常运转,为整治战后城内的浮厝棺木以塑造城市风景提供了切实保障。

在公墓功能日益完善的同时,为进一步推广公墓制度,浙江省政府决定在全省范围内开展公墓运动。1947年7月,民政厅初步拟定《浙江省推行公墓运动办法草案》,致函杭州市政府主办省会公墓运动,主要活动有:设立示范公墓、举行宣传周、举办公墓讲座、张贴公墓标语、提倡速殓与火葬等。③在此基础上鼓励民众建设家族公墓或私人营利性公墓,但需将公墓地点、面积及其公墓图样先行呈报,批准后即可建造。此间即有民众响应这一号召,积极建造公墓。例如,1947年7月,杭州市政府函准王正廷在杭州市徐村屏风山购置山地百余亩备筑王氏公墓。④1946年,兴建于1935年、位于杭州留下乡间的泉唐公墓恢复营业。⑤在政府推行公墓制度的影响下,浙江省区救济院函请市政府

① 《杭州市工务局为拟整理本市青石桥第一公墓初期工程检附图样及预算各一份的签呈》,1946年6月29日,杭州市档案馆藏,档案号:L006-001-0251。
② 《奉令筹设国殇墓园一案报请鉴会由》,1948年7月22日,杭州市档案馆藏,档案号:L006-001-0251。
③ 《浙江省民政厅特别拟浙江省推行公墓运动办法草案的函》,1947年7月26日,杭州市档案馆藏,档案号:L006-001-0251。
④ 《准函请建造王氏公墓一案复请查照并盼见复由》,1947年9月8日,杭州市档案馆藏,档案号:L006-001-0251。
⑤ 《召开杭州市泉唐公墓垫款人紧急会议通告》,1947年9月1日,杭州市档案馆藏,档案号:L006-001-0288。

派员会勘,拟将救济院原义冢地改建为新式公墓,以利社会。①杭州市基督教也申请将教会墓地改造为公墓,按照公墓条例办理营葬事务。②这些民间公墓在政府统一规制下运转,不仅在潜移默化中塑造了城市风景,也在一定程度上反映出公墓制度已经开始慢慢渗透到杭城市民的观念里。

不论是禁葬措施还是取缔措施,二者取得实质性效果的前提都需要公墓进行托底,而公墓制度的推行也需要依靠禁葬、取缔措施的维护。对环湖一带荒冢厝屋的统一治理以及禁葬区域的有效圈定,极大推进了西湖风景区的建设与发展,进一步明晰了其作为城市风景区的功能所在。抗日战争的全面爆发虽然使刚步入正轨的公墓制度近乎停滞,但战后的修复工作和政府进一步的宣传动员,不仅完善了市立公墓的功能,也促使了一批私立公墓的兴起。可以看出,民国杭州的公墓建设始终是基于建构风景都市的城市定位,而公墓制度的推行与禁葬、取缔措施的实施也共同塑造了城市风景。

## 四、结　语

私墓荒冢、停枢厝屋在传统中国社会中并不是一个具有消极意义的社会问题,而是作为一种独特的丧葬习俗被传承下来。但近代以来,在城市现代化进程中,"传统殡葬方式的举办体现出来的已经不再是一种礼——社会秩序的再生产了,而是一种落后、愚昧,危及新的社会秩序的行为了,带来的是各种问题的产生。"③现实的社会状况要求政府对居民的丧葬惯俗和死亡行为进行管理,以符合城市变迁的整体要求。公墓建设也就自然而然地被纳入近代城市市政建设的规划之中。而就杭州公墓建设的特殊性来说,其出发点不仅在于城市现代化之大势所趋,更为相关的是民国时期杭州确立的城市发展理念——"风景都市"。

自古以来,西湖就吸引大量文人骚客驻足,也因此产生了大批文学作品。时至民国,杭州的传统商业在近邻城市上海、宁波的迅速崛起下受到巨大冲击。杭州不得不重新定位自身,即发展新的旅游业以提升商业水平。随着杭

①　《省区救济院建新式公墓》,《东南日报》1934 年 12 月 13 日,第 8 版。
②　《据呈为教会墓地请按公墓例办理祈核备等情批饬知照由》,1947 年 11 月 5 日,杭州市档案馆藏,档案号:L006-001-0251。
③　崔家田:《从"无序"到"有规"——一项关于殡葬改革的历史社会学研究》,苏州大学历史系硕士学位论文,2005 年,第 83 页。

州城市空间的变迁,"西湖搬进了城",①自然景观和古代文人在西子湖畔留下的文化遗迹被逐步开发,于是"文人目光被作为文化消费的游客目光所代替,西湖变为被观赏的事物"。②整顿西湖风景区,建构"风景都市"的城市规划理念应运而生。杭州的公墓建设随即在这一理念的直接驱动下兴起,且从一开始就由政府主导。另一方面,公墓的成功建设使城内有碍风景观瞻的荒冢厝屋得到初步治理,环湖一带作为城市风景区的功能定位更加明确,建构"风景都市"的理念在公墓建设的过程中被不断强化。可以说,民国杭州的公墓建设与建构"风景都市"的城市发展理念始终密切相关,二者交织共振,共同推进了近代杭州城市的发展进程。

# The construction of cemetery and scenic city of Hangzhou in the Republic of China

**Abstract**: In the period of the Republic of China, the traditional commerce of Hangzhou gradually declined, and the Hangzhou government began to place its hope on tourism, and established the urban development concept of constructing "scenic city" under this background. In contrast to the concept of "scenic city", the cemetery was incorporated into the planning of municipal construction. Unlike cities such as Shanghai and Tianjin, the construction of cemeteries in Hangzhou has been led by the government from the beginning, and its purpose is not only to save urban land and improve urban health, but more importantly to shape the urban landscape and create a "scenic city". In this process, the development concept of "scenic city" and the cemetery construction interwoven resonance, jointly promote the process of urban development of Hangzhou in the Republic of China.

**Key words**: Hangzhou in the Republic of China; Cemetery; Scenic city; Urban Governance

**作者简介**:朱振英,天津师范大学历史文化学院中国史专业博士研究生。

---

① 钟毓龙:《说杭州》,浙江人民出版社 1983 年版,第 191 页。
② 汪利平:《杭州旅游业和城市空间变迁(1911—1927)》,《史林》2005 年第 5 期,第 105 页。

# 晚清民国报刊视阈中的"公园"①

顾宇玥

**摘　要:**公园是中国近现代城市公共空间一个重要的组成部分。晚清民国时期的报纸杂志中刊载了大量与之相关的新闻报道、评论文章以及各式体裁的文学文本。借由报纸杂志这一新视角,可以呈现出我国近代城市公园的丰富内涵和复杂面貌。作为一种传播理念,公园承载了知识分子塑造理想国民、希冀国族强盛、追求平等自由的现代追求;作为一种文明装置,公园不仅被作为休闲娱乐的公共空间,更承担了启蒙教化的重要职能。同时,公园所暴露的现实问题:身份的冲突和隔阂不断被书写和言说,而与其理念构想产生了一定的偏离。因此,公园也较为典型地展现了诞生于西方的文明设施,在与中国本土社会的融合过程中可能遭遇的问题和困境。

**关键词:**公园　报刊　文明装置　现代性　偏离

　　公园是西方城市文明的产物,于 19 世纪中后叶传入中国。晚清民国时期,全国境内开始大量兴修公园。随着西方文明的渐次传播,公园也成为中国近现代城市公共空间的一个重要组成部分。与实体公园的兴建历程相同步的,晚清民国时期的报纸杂志中同样刊载了大量与此相关的新闻报道、评论文章以及各式体裁的文学文本。它们从不同层面呈现了"公园"理念在中国本土流播和接受的过程,其被赋予的理想功用,展现的现实图景以及所暴露的实际问题。可以说,中国近现代公园既是大量存在的城市公共空间,也是具有丰富

————————

①　本文系教育部人文社科青年基金项目"'日本共运'理论与'中国左翼文学'思潮研究(1925—1937)"(24YJC751012)和江苏省社科基金项目"国际共运与中国左翼文学研究"(22ZWB008)阶段性成果。

内涵的文化象征符号。借由报纸杂志这一新视角,可以为观照中国近代城市公园的复杂面貌,提供一种新的可能。

## 一、文明的装置——外国公园的推介和公园理想的倡导

日本学者白幡洋三郎曾提出:"公园并不仅仅是一个装置,它是都市的一种应有的姿态,是实现都市理想的一种制度,更是一种思想的体现。"①作为建筑实体,公园最早由西人引入中国,其后在政府的主导下于国内逐步推广;而作为一种新型的概念、理想,报纸杂志中大量刊载的有关"公园"译介、宣传和倡导的文章,则对公园在理念和认知层面的广泛传播起到了关键性的作用。

"公园"一词在我国虽古已有之,但其含义与现今差距较大。《魏书·景穆十二王任城王传》有"表减公园之地以给无业贫口"②的记载,但此时的"公园"指的是"官家的园囿",而非现代意义上的公共花园。现代"公园"(Public Park)的概念则是西风东渐的产物。1868 年上海外滩公园建成,时人称其为"公家花园",其后报纸上亦有以"公花园""工部花园""大花园"指称"公园"的说法。③目前所见,最早在报纸杂志上将"公园"作为专有名词并对其进行推介的文章,是 1903 年《启蒙画报》第 7 期发表的《叙公园》④一文。文章列举了公园对于民智、民风、民德陶冶教化的功用,并介绍了法、德等国公园内的陈设、活动及其建设取得的巨大成效,由此证明公园的益处良多。尽管该文在论证上还颇显粗疏,但已初步呈现了晚清民国时期知识分子引进——倡导公园理念时一贯的思路范式,即:罗列公园功效＋介绍国外公园典范。

在诸多的外国公园中,美、英、法、德、日五国的公园尤为受到知识分子的青睐。这些国家鲜明的共同点在于:它们既拥有较为完备的公园建制,也是世界上文明最为现代、国力最为强盛的国家。而在当时的国人看来,"公园"设施与一国的文明程度间存在着互为因果的必然联系:

> "文明生公园,公园生文明。文明愈进,则公园愈多。欲觇一国家之文明程度,观公园之多少,可知其大概。此语在稍知欧西文化者,类能道

---

① ［日］白幡洋三郎:《近代都市公园史:欧化的源流》,李伟、南诚译,新星出版社 2014 年版,第 4 页。
② 魏收:《魏书·景穆十二王·任城王传》,《魏书》,中华书局 2017 年版。
③ 对公园最初译名及其含义的考证,详见李德英:《城市公共空间与社会生活——以近代城市公园为例》,《城市史研究》2000 年 Z2 期。
④ 《叙公园》,《启蒙画报》1903 年第 7 期。

之。"①(《谈公园》)

换言之,公园既是衡量文明的一把标尺,也是推进文明的一项装置。而对于20世纪初的中国知识分子而言,西方国家亦是他们认识、学习现代文明的一个重要的标杆。因此,在倡导公园理想时援引西方典范,实则体现出双向的推导逻辑:公园是西方现代文明的重要表征,西方国家构建了公园理想的范式;与此同时,意图学习西方文明,公园则是一个关键的装置。由此,修建公园与学习西方间的逻辑即形成勾连,公园的修筑不再局限于园林或市政范畴下的一个实际问题,而成为这一时期先进知识分子所共同倡导的一种"理想"的"文化符号"。

那么,"公园"究竟被寄予了哪些"文明期待"呢?参阅此时期报纸杂志中的相关文章可见,对于公园价值和功用的阐述,其观点和论证大都趋同,可概括为以下四方面:其一,实现公共性的发端;其二,有益卫生;其三,有助于民众的教育和教化;其四,提供正当的休闲娱乐空间。其中,将公园作为启蒙设施以教化民众的设想,又被认为是最为迫切和重要的。所谓的"教化"功用,涵盖了多重维度,包括自然科学知识的普及,高尚道德情操的陶冶,社会公德心的养成以及民族、国家认同感的培育,等等。

这里以南京国民政府时期,南京五洲公园(今玄武湖公园)的命名、陈设和运作过程为例。1927年,时任南京市市长的刘纪文主持将玄武湖收归市有。次年市政府将其开辟为公园,并正式命名为"五洲公园"。②在公园开幕典礼上,刘纪文发表讲话"略述成立此园之意旨"③。这则讲话随后整理为《五洲公园记》一文,刊发于《申报》《新闻报》《首都市政公报》等各大新闻报刊中。刘纪文这样阐发公园的宗旨及其命名之缘由:

> "纪文重长市政,严禁狎邪赌博,以端人心之趣向;又以人生不可无高尚娱乐也,乃改全湖为首都公园……总名之曰五洲公园。俾乘兴来游者,增进博物之智识,具有世界之目光……抑吾闻之,世界大同,为郅治极轨,亦总理所抱之弘愿……世界大同,即可由空言而见诸实事;而中国首都之

---

① 祝年:《谈公园》,《精武画报》1929年第2卷第14期。
② 有关五洲公园开放情况始末,详见:于静、荆世杰:《民国时期玄武湖的人文生态演变——"五洲公园"的理想与现实》,《南京林业大学学报(人文社会科学版)》2015年第1期。
③ 《玄武湖公园开幕礼》,《新闻报》1928年8月20日。

南京,亦将为全球文化中心之所在。"①

　　将玄武湖开辟为公园,意在拔除市民不良之习气,而使其习得高尚之趣味。以"五洲"命名公园,并在园内陈设上逐一突出世界五大洲特色,不仅有助于智识的增长,更旨在从观念和实践两个维度将对于"世界"的认知向中下层民众普及。同时,文章将"五洲"的命名与孙中山的"大同"理想相联系,又在"大同"理想中突出了"中国中心"的理念,也正是在启迪民众的国族认同感以及文化层面的民族自豪感。

　　五洲公园开放后,政府又在园内增建动物园、网球场、阵亡将士纪念碑等陈设,并举办展览会,组织诗文社,以吸引市民入园参观。②其时,蒋介石、王正廷等政府高官也亲赴公园游览并发表演说。据《新闻报》载,五洲公园网球场落成当日,蒋介石曾在园内发表演讲"谓国人体魄日就衰弱,为国家灭亡征兆。网球为良好运动,可强身强国,希望各界纷起组织,个人虽不善此道,愿加入为一会员。"③此后,又为五洲公园题写联语"洗眼认前朝,湖水镜明,照见兴亡千古事。拨云开异境,园林藻迹,保持造化十分春。"④以文人笔调感慨历史的兴亡更替,公园今昔之变。蒋介石作为当时的国家元首,其游览五洲公园的举措不能被简单认作个人行为,而具有强烈的示范效应。同时,当我们将公园开幕礼上刘纪文等人的致词与蒋介石的演讲对读后可以进一步发现:在此时的语境下,游览公园的行为本身即不被当作个人的休闲活动,而是与国家之兴亡、民族之盛衰等更为宏大的概念紧密相连。这就不仅在实践层面将公园作为启迪民众的设施,更是将"公园——启蒙——兴国"的逻辑观念直接灌输与民众,从而构成器物与思想上双重教化的功用。

　　因此,20世纪初先进知识分子所倡导的公园理想,并不以修筑实体公园作为唯一的所指,其中更承载着一种追求文明进步、国族富强的现代观念。公园既被作为实践的装置,亦是表达理想的媒介。

## 二、现代性的公共空间——日常生活中的公园图景

　　中国近代公园的兴起,不仅拓展了城市的公共活动空间,更为市民阶层提

①　刘纪文:《五洲公园记》,《首都市政公报》1928年第22期。
②　《五洲公园杂讯:筹设动物园、建立纪念塔、举行展览会、组织诗文社》,《首都市政公报》1928年第24期。
③　《玄武湖公园网球场落成蒋介石等演说》,《新闻报》1928年9月24日。
④　《蒋主席题五洲公园联语》,《军事杂志》1930年第25期。

供了现代性且多样化的休闲娱乐选择。此前,传统城市中可供市民休闲娱乐的地域、活动十分有限,一般市民日常除了在街巷游逛外,仅有茶社、酒肆等处可去。然而这些场所不仅空间逼仄,人员杂乱而且风气不佳,对于市民身心的健全无甚益处。时人对此亦有感慨:

> 没有一处敢寻那正大光明的娱乐,实在没有一处不寻那有损无益的娱乐。现在星期休息,中国已然通行,但是通都大邑,没有个正当的游玩地处,因而闹得多数男子,都趋于吃喝嫖赌的道儿上去。①

相较之下,新建的公园不仅空间广阔,且园内广种绿植,间造假山、荷塘、亭台之景,并建有中西餐馆、球场、音乐厅、照相馆、展览室等专业化的配套设施,为市民阶层带来了更为丰富的选择。

这一时期的《时报》《新闻报》等各大报纸,频繁报道各地公园举办活动的盛况。民国时期,国内各主要公园除了广植花木外,还会定期举办赏花、赛花大会,集中展出一批奇花异卉供游客赏玩,其中尤以秋季的赏菊大会最为壮观。1922年,《时报》就接连推介了在中央公园和西湖公园两个著名公园内,各式菊花争奇斗艳,游众络绎不绝的盛况。②游艺会则是公园内另一种经常性举办的活动,这一活动往往以赈灾、专项筹款为目的,通过举办展览、戏曲、武术表演、音乐会、电影放映等系列活动,吸引游众参观,由此募得门票、捐款作为善款。1920年,《新闻报》连续报道北京中央公园举办助振游艺大会的活动,通过开办书画古玩展览会,表演文明戏、武术、幻术,举办音乐会、戏曲会,放映电影、放烟花等一系列活动,筹款赈济旱灾。

北海公园一年一度的化妆溜冰大会也是当时享誉国内的一场盛事。届时参赛者往往穿着中西各式奇装异服,在冰面上进行趣味游戏和比赛。1926年大会首次举办时,《晨报星期画报》曾辟专号,图文并茂地介绍了这场盛会。③到了1928年,主办方将大会更名为"万国化妆溜冰大会",寓意使之更与国际相接轨。大会在规模气势上也更胜往届,"场中五光十色,人行如御风,万国旗

---

① 转引自:石桂芳:《民国北京政府时期北京公园与市民生活研究》,吉林大学博士学位论文2016年。
② 参见《北京中央公园赛菊会奇姿异种名目繁多》,《时报》1922年11月16日版;《西湖公园之菊花大会名菊数百盆》,《时报》1922年11月23日版。
③ 《北海化装溜冰大会记》,《晨报星期画报》1926年第1卷第22期。

四面交叉,迎风殊壮丽"①。即便是以一个世纪后今人的标准来评判,化妆溜冰大会的构想与时人的着装依旧是新奇和前卫的。因此可以想见,对于百年前的北京市民而言,这一别开生面的活动为他们的日常生活平添了怎样的惊喜与欢乐。

公园之中休闲生活的图景同样呈现在这一时期的文学创作中。在民国报纸杂志所刊载的,以"游公园"为主题的所有文本中,旧体诗词创作占有很大一部分的比例。这些诗词或叙写与友人相伴同游,修禊雅集,把酒赋诗的雅兴;或咏景抒怀,在描绘公园秀丽幽美的景致之余,抒发别样的情思与慨叹,从而接续了中国山水、园林诗词一脉悠久的传统。其中亦有一些创作,取公园内的新式景观,兼纳公园内涵所引申出的新思想入诗,而为旧体诗词中融入了现代性的新要素。游记亦是此类创作中较为常见的一种体裁,往往对公园优美的景致、别样的陈设和建筑进行描绘,表现出游览者放松、闲适的心情。

值得一提的是,晚清民国时期的"公园"书写中,出现了"以公园写婚恋"的独特创作模式。在一些报刊评论中,公园被称为"恋爱介绍所"②,时人亦曾有"公园求婚,今小说之陈列也"③的总结。在不少名家名作中,公园经常被作为促使青年男女产生情感交集的重要场所:茅盾的《幻灭》中,抱素在法国公园内与慧女士共进晚餐并向其求爱;张恨水的《啼笑因缘》中,樊家树与沈凤喜在先农坛(即城南公园)初识,而后又在公园内定情;鲁迅的《伤逝》中,涓生与子君最为幸福的恋爱时光,就包括"到过几回公园"④去。那么,新兴的公园空间究竟具有怎样的内涵与特质,使其得以成为都市恋爱的主要阵地呢?

在中国传统的两性关系中,男女双方在婚前的接触是十分有限的。同时,旧时未婚女性尤其是大家闺秀的活动范围也受到严格的限制,一般只在自己的闺阁之内,最多止步于家中的后花园。因此,即便是在富于浪漫想象的才子佳人小说中,青年男女幽会的场地也多半设定在后花园内。然而,后花园虽然是一个半开放性的空间,但在本质上仍属于家宅范围的一部分;发生在其间的恋情不仅极易被撞破,且实际上仍处于封建家长的视野和掌控范围之中。而

① 王郎:《北海万国化装溜冰会纪盛》,《北洋画报》1928 年第 156 期。
② 老凌:《厂甸(六)北京惟一之公园! 海王村公园的公字不亚于孙中山天下为公的公字》,《时报》1927 年 5 月 2 日。
③ 青凤:《公园求婚》,《红玫瑰》1925 年第 1 卷第 38 期。
④ 鲁迅:《彷徨·伤逝》,《鲁迅全集》第 2 卷,人民文学出版社 2005 年版,第 117 页。

公园这一新兴公共空间的出现则为青年,特别是青年女性提供了广阔而开放的社交场所。公园的一个特点在于"所展示的是一个陌生人的世界"①,其间可以产生复杂而多样的社会关系,女性不仅可以在此游园、会友、恋爱,甚至可以与陌生人交往互动,从"走不出的后花园"到"可以四处游览的公园",女性的活动和交际范围都有了极大的扩展。青年男女不仅可以借由公园相识,更可以在其间较为自由地相知、相恋。相较于传统的后花园,公园的出现有助于恋爱关系的发展进一步摆脱家庭、家长的管制和束缚。此外,上文中提到:公园无论是作为实体空间,抑或是精神理想,其间都承载着先进知识分子追求文明进步的现代理念。这种文明、现代的空间内涵与女性解放、婚恋自主的观念间无疑存在着一种契合。公园不仅为青年男女的自由恋爱提供了一个合适的场所,更无形中给予其精神上的支持和依托。

### 三、公园不"公"——公园"病态"的展现

智识阶层将西方公园理念引入中国,为的是传播文明进步的现代观念;政府在国内广泛修筑公园,为的是发挥公园社会教化的积极功用;广大市民渴望进入公园,为的是体验新型、现代的休闲生活方式。可以说,在晚清民国时期,各式人群最初都对"公园"这一概念抱有热烈而乐观的想象和期待。但事实上,自公园在国内建成之日起,由其所引发的矛盾和冲突以及由此带来的质疑、反思之声,就一直见诸于各大报纸杂志之中。

时至今日,提及与"公园"有关的争论,最为人所熟知的,仍属那块相传曾立于上海外滩公园门首的"华人与狗不得入内"的标示牌。租界公园歧视、排斥华人游客的举措,不仅在当时引发了华界强烈的愤慨和抗议,更是成为近现代民族、国家集体屈辱记忆一抹鲜明的烙印。尽管从史实层面来说,目前学界的主流观点认为,这一极具侮辱性的木牌很可能并不存在。②但租界公园曾在相当一段时间中限制华人入内的政策和事实是不可否认的。这一事件在当时

---

① 胡俊修、李勇军:《近代城市公共活动空间与市民生活——以汉口中山公园(1929—1949)为表述中心》,《甘肃社会科学》2009 年第 1 期。

② 对于这一问题的考证,详见:熊月之:《外争权益与内省公德——上海外滩公园歧视华人社会反应的历史解读》,《学术月刊》2007 年第 39 卷 10 月号;吴恒:《"华人与狗"与"华人"'狗'"——以公共租界工部局档案为中心重新检视近代上海租界公园歧视华人的史实与传闻》,《近代史学刊》2012 年第 9 辑;王彬彬:《"华人与狗不得入内"的公德教训》,《顾左右而言史》,江苏凤凰文艺出版社 2018 年版,第 1—13 页。

的报纸杂志中也引发了轩然大波。一方面，《申报》《时报》《新闻报》等各大报刊对于租界公园禁华事件的始末，华人就此问题的抗议，与租界管理处交涉以及最终解决方案等问题进行了持续的跟踪报道；另一方面，时评、小说、诗歌等各类文学作品，也对此展开了反复的言说和探讨。郭沫若在《月蚀》中悲愤于华人比亡国奴甚至于狗皆不如的命运："我们与狗同运命的华人公园是禁止入内的……其实狗倒可以进去，人是不行，人要变成狗的时候便可以进去了。"① 郑振铎曾与许地山同游，后者却因身着中国服而被阻拦在公园门外，郑振铎据此愤而疾呼："我们是被放逐于乐园之外了！主人翁是被放逐出自己的公园之外了！……我们的呼吸权是被剥夺尽了！"②

  租界公园禁华问题的产生，既是源于西人主观歧视华人的偏见；客观上，华人不守公德，缺乏卫生意识也是不可否认的一种因素。后者在当下的记忆中虽然逐渐被淡忘，但时人对此却多有发人警醒的反思。一个值得关注的时间节点是 1928 年。是年 6 月，工部局迫于各方压力，最终向华人开放租界公园。租界公园的开放从提上议程到最终落实，华界各方的交涉和努力功不可没。因此，公园的开放可视为华界一次不小的抗争胜利。当年度的报纸杂志，除了对公园开放的全过程进行了细致的跟踪报道外，亦刊载了大量与之相关的议论言说。面对近半个世纪的抗争所取得的最终胜利，国人理应感到欢欣鼓舞、士气倍增。然而与预期略有不同的是，在 1928 年对于公园开放事件的评论中，相较于表达民族情绪与斗志的高昂，审慎自省的一方反而占到了多数，反省、强调公德问题再次成为论说的重点。例如《上海画报》刊发一则名为《公园中的我们》的短文，借由路过华人公园时所见国人攀折花木的不文明行为，呼吁读者游览公园时一定要遵守公德，切莫让限华令卷土重来。③《小朋友》《常识大全》等面向儿童及普通民众的科普性杂志，在介绍昔日公园禁华原因时，也认为这与华人公德心的缺失密切相关。④希望国人能够正视不足并"知耻而后勇"，这一认知的可贵之处，是其一定程度上超脱出公园禁华问题所包裹的时代话语和民族情绪，而勇于直面和批判本民族自身的缺憾与不足。

---

①  郭沫若：《月蚀》，《创造周报》1923 年第 17 期、18 期。
②  郑振铎：《上海之公园问题》，《文学周报》1928 年第 251—275 期。
③  哲生：《公园中的我们》，《上海画报》1928 年第 357 期。
④  白丁：《法国公园游记》，《小朋友》1928 年第 293 期；《游览公园时之种种常识》，《常识大全》1928 年第 1 集。

面对歧视,这种以自省取代控诉的言说方式,显得尤其冷静与可贵。

因此,借由晚清民国报刊中的史料文本,有助于我们溯回历史事件的第一现场。而纵览租界公园禁华事件的始末,如果说呐喊和抗争使华人得以及时捍卫自己应有的权利,那么审慎与自省则能提升国民素质,同时从根本上消除来自外人的歧视与偏见。

需要注意的是,身份的冲突与隔阂不仅见诸于租界公园内,也同样发生在国人自主修建的公园中。《晨报》1925年曾刊载一篇题为《不公园》的文章,指责和讽刺了北京各个公园中"假公实私"的"不公"现象:

> 不论哪一处都是为有钱的人开放的,一般平民焉敢涉足⋯⋯并且园里的设备都为阔人的,不适于平民,所以游公园的都是有钱的人⋯⋯我想北京各处公园的'公'字上,再加一个'不'字,才妥当。①

从字面义上看,"公园"即"公共的花园","公共性"理应是公园最本质的属性。换言之,公园是面向全体公众、市民所开放的,不应存在由身份差距所产生的差别待遇。但事实上,出于修缮维护、经营管理等多方因素的考量,民国时期不少公园都需购票入园。对于当时的中下层百姓而言,这是一笔不小的开支。而公园对于入园者的着装又有一定的要求,衣衫褴褛者一般也不被允许入内。因此,公园虽名为"公",但实则将许多生活贫困的底层市民隔绝在外。上述文本意图揭露的现实正是,广大的平民阶层由于金钱、智识、趣味等个中原因被阻隔于园外,公园依旧为上流的特权阶层所占有。因此,公园之不"公"不仅仅呈现在华/洋关系的矛盾中;即便是在国人自主修建的公园里,也同样存在等级的差异与偏见。

1917年《兴华》杂志刊载史觉甦《中央公园夜游记(北京)》一文,就对中央公园内外富与贫、乐与苦之间的巨大反差进行了淋漓尽致的描绘:

> "至则电灯綵坊,中央之设施也;汽车喧填,中央之游客也;大餐馆、啤酒肆,中央之况味也;熙来攘往者,首饰金珠,足嵌钻石,中央之士女也;时而红灯万盏,烟花齐放,中央之庆祝也。及倦而返,则有拥挤而抖嗫,拉客

---

① 《不公园》,《晨报》1925年8月6日。

如命者,中央之车夫也;道旁哀哭,声嘶泪断者,中央之乞丐也;鸠面鹄形,鹑衣百结,中央之难民也;手冻足裂,役同牛马,中央之苦力也……"①

文化地理学者迈克·克朗指出:"地理景观的形成反映并强化了某一社会群体的构成——谁被包括在内? 谁被排除在外?"②当广大贫民和劳动者被隔绝于园外时,公园内优美的环境、现代化的陈设,包括欢乐祥和的氛围实际都为有钱有闲阶层所占有和享用;对于相当一部分连温饱尚不能自足的贫苦民众而言,逛公园只能是不切实际的奢望。因而,本应成为"大众的乐土"的公园实际却似乎衍生为了"士绅的乐园"。

综上,公园虽然以"公"命名之,其间诸种"不公"之事却时有发生;尤以种族之矛盾、阶层之分隔,冲突最为激烈,反思也最为持久。而当我们将前述知识分子所构想的"公园蓝图"与其在现实中所遭遇的问题和困境相对照时,中国近代公园理想与现实相偏离的状态也就由此呈现出来。

## 四、结　语

中国近现代城市公园的广泛兴起,是晚清民国时期政府和智识阶层借鉴、学习西方文明的典型产物。在这一过程中,以报纸杂志为代表的现代传媒,为公园理念的引介、确立和流播起到了关键的作用。作为一种传播理念,公园承载着这一时期知识分子塑造理想国民、希冀国族强盛、追求平等自由的现代追求。公园不仅是实体上的公共空间,也是一种价值上的理想符号。同时,作为一种文明装置,公园不仅被作为市民阶层休闲娱乐的现代性空间,更承担了启蒙教化的重要职能。然而,公园的实际情况与其理念构想间却出现了某种偏差与矛盾。在报刊传媒中,由公园所引发的身份冲突和隔阂不断被书写和言说,公园不"公"的一面也由此被展现和凸显。

因而,晚清民国报刊的独特视阈,为我们多角度观照公园这一现代城市公共空间,发掘和呈现其驳杂而多样的性质,提供了一种新的角度和可能。同时,中国近代公园所呈现出的理想与现实偏离的状况,也较为典型地展现了诞生于西方的文明设施,在与中国本土社会的融合过程中可能遭遇的问题和困境。

---

① 史觉甦:《中央公园夜游记(北京)》,《兴华》1917年第14卷第4期。
② [英]迈克·克朗:《文化地理学》,杨淑华、宋慧敏译,南京大学出版社2003年版,第50页。

# The "park's" writing phenomenon in newspapers and magazines in the late Qing Dynasty and the Republic of China

**Abstract**: Parks are a significant part of public space in modern Chinese cities. The newspapers and magazines of the late Qing Dynasty and the Republic of China published a large number of park-related news reports, commentary articles and various genre literary texts. With the new perspective of newspapers and magazines, the rich connotations and complex features of modern city parks in our country can be presented. As a dissemination concept, the park carries the modern pursuit of intellectuals to shape ideal citizens, hope for the prosperity of the nation, and pursue equality and freedom. As a civilized installation, the park is not only used as a public space for leisure and entertainment, but also assumes the importance of enlightenment and education functions. At the same time, the real problems exposed by the park: the conflict and estrangement of identities are constantly being written and spoken, and there is a certain deviation from the conception. Therefore, the deviation of ideals from reality in modern parks in China typically shows the civilized facilities born in the west and the problems as well as dilemmas which may be encountered in the course of integration with the Chinese local society.

**Key words**: park; newspapers and magazines; civilization installation; modernity; deviation

**作者简介**:顾宇玥,江苏开放大学外国语学院讲师。

# 日本近代殖民扩张背景下
# "满蒙"概念的制造
## ——以鸟居龙藏的博物馆调研为视角①

刘　爽

摘　要：博物馆在展示特定地域历史文化与自然地理特征的同时，也是国家意识形态的传播场所。20世纪初，日本考古学与人类学家鸟居龙藏对此亦有深刻认识。在鸟居龙藏的"满蒙"调查期间，他详细调研了日俄建立的博物馆并依据馆藏文物划分了文化区域，将远东、"满洲"、内蒙古东部地区、朝鲜半岛及日本相连。其后，鸟居龙藏又参观"满洲国国立博物馆"，该馆通过展品塑造了一种剥离汉族影响的历史叙事，其背后隐藏着"满蒙非中国"式的东北史大纲。此类展览并非是单纯地陈列文物，而是旨在宣扬日本统治的"合理性"与"合法性"，它不仅展示了对该地区文物资源的控制，还表明其掌握了解释过去的权力。

关键词：鸟居龙藏　博物馆　"满蒙"　知识生产

在日本帝国主义对外扩张的现实需求下，其为寻找殖民扩张的借口人为地构建了"满蒙"概念。随着日本侵略的加深，日本在"满蒙政策"的驱动下侵占的土地逐步由中国东北南部（即所谓的"南满"）向四周扩散，其侵占的"满蒙"地区包含"东北四省""东蒙""察哈尔省""绥远省"和晋北。②为了策应日本

---

① 本文系国家社会科学基金重大项目"近现代日本对'满蒙'的社会文化调查书写暨文化殖民史料文献的整理研究（1905—1945）"（19ZDA217）的阶段性成果。

② 金海：《从地域概念看日本"满蒙政策"的演变及其实质》，《内蒙古大学学报（人文社会科学版）》，1997年第2期，第21页。

侵占所谓"满蒙"地区的"合理性",则急需从自然地理和历史文化两个维度构建上述地带的"共性"。正因为博物馆是自然地理和历史文化交融的实物档案,其成为研究帝国日本构建上述地区历史叙事的重要视角。而作为长期活跃于"满蒙"地区的考古学家和人类学家鸟居龙藏①,早已意识到博物馆具有保存文化遗产和阐释历史的作用。②

鸟居龙藏在东京帝国大学求学期间结识了国学家小杉榲邨③并频繁访问博物馆参与考古学的实践活动。④同时,鸟居龙藏还向时任皇室博物馆馆长的三宅米吉学习历史考古学的知识。⑤在东京帝国大学人类学教研室整理标本的工作进一步提升了他对物质文化的理解。尽管学界对鸟居龙藏的调查方法、国际视野⑥以及其在活动中的殖民主义倾向⑦已有详细的分析,但是关于博物馆在鸟居龙藏学术生涯中的作用与影响,特别是有关日俄在"满蒙"地区所建博物馆的政治目的及鸟居龙藏对东西伯利亚及中国东北博物馆的考察记录的研究相对较少。鉴于此,本文以鸟居龙藏在东西伯利亚地区及"满蒙"地区的博物馆调研活动为线索,回溯日俄在该地区建设博物馆的历史,借由当事人鸟居龙藏所记的博物馆展品实况来考察帝国主义如何通过博物馆这一机构塑造"满洲"叙事。

## 一、博物馆在帝国主义构建中的角色

### (一) 博物馆的本质属性

博物馆一词,源于人们对古希腊缪斯女神的崇拜。早期欧洲商人通过收

---

① 鸟居龙藏(1870—1953),日本著名考古学家、人类学家,师从日本人类学学科奠基者坪井正五郎,是继坪井之后广义人类学的先驱,在日本及世界均有较大影响力。他的家乡德岛为其修建了一座纪念馆,定期发行《鸟居龙藏研究》刊物。

②④ 鳥居龍藏:『ある老学徒の手記』、東京:岩波書店、2013 年、163 頁。

③ 小杉榲邨(1835—1910 年),德岛县人。1882 年(明治十五年),于东京大学古典文学系教授日本文学。在此期间,他作为皇室博物馆研究员从事古代神社建筑以及国宝的研究。

⑤ 鳥居龍藏:『ある老学徒の手記』、東京:岩波書店、2013 年、164 頁。

⑥ 樋口清之:「代りのない学者」、『鳥居龍藏博士の思い出(複製版)』、德岛:德岛県立鳥居記念博物館、2016 年、42—45 頁;天羽利夫:「人類学者鳥居龍藏の学問と人物像」、『鳥居龍藏の学問と世界』、京都:思文閣、2020、3—44 頁。

⑦ 韩国学者咸舜燮明确指出其调查的殖民性,批判鸟居的"日鲜同祖论"。咸舜燮原著,吉井秀夫訳:「植民地時代における鳥居龍藏の慶州月城および大邱達城調査について」、『德岛県立鳥居龍藏記念博物館研究報告』(第 2 号)、2015 年。中国学界如刘正爱:《人类学他者与殖民主义——以日本人类学在"满洲"为例》,《世界民族》,2010 年第 5 期;崔海洋:《殖民统治时期及"二战"后日本学者对朝鲜半岛文化的研究与应用转型——兼对日本民族学研究史的评析》,《世界民族》,2019 年第 5 期。

集古代文物与异国物品来提升财富及社会声望,私人收藏成为财富与知识的象征。这些收藏反映了时代审美与个人品位,在资本主义扩张驱动下各国纷纷建立国家博物馆,其成为展示国力与文明以及体现国家意志的平台。道格拉斯·克瑞普(Douglas Crimp)将博物馆比作"监禁"机构,扩展了米歇尔·福柯(Michel Foucault)对权力与知识结构的分析。[①]本尼迪克特·安德森(Benedict Anderson)更进一步指出,在从殖民地到民族国家的转型过程中,博物馆成为构建政治想象的关键空间,它们强化了文化遗产必须服务于政治权力的观念。[②]

在展示功能方面,博物馆成为殖民主义与种族主义叙事的工具。博物馆内展品的选择和陈列方式,不仅仅是展现物品本身还包括对该地区自然地理、历史文化及社会风情的描述,这些都是构筑一个全面的微观世界的手段。这些展示并非简单地映射现实,它们往往反映并强化殖民者有意构建的历史谱系,该谱系服务于对外殖民的政治意图。因此,博物馆占据了帝国文化展示工具的核心位置,参与帝国叙事的构建与传播,并且成为帝国权力宣扬其文化主张的舞台。

### (二) 俄罗斯帝国与远东博物馆

俄国在修建西伯利亚铁路后大量派遣人员前往西伯利亚地区,该地区随即成立地理学会以便进一步调查和进行人类学考察,其中博物馆作为地理学会的分支机构而大量扩充。至 19 世纪末,西伯利亚地区已有 18 座博物馆,其中 8 座由地理学会管理。[③]例如,伊尔库茨克州、后贝加尔州、阿穆尔州、滨海边疆区、萨哈林州等地均设有博物馆,其中哈巴洛夫斯克(伯力)和符拉迪沃斯托克(海参崴)的博物馆尤为宏伟。[④]需要指出的是,博物馆作为一种文化机构被赋予了收藏、保管、研究、教育及娱乐的多重职能。[⑤]俄国在西伯利亚地区所

---

[①]  Douglas Crimp, "On the Museum's ruins", in Hat Foster(ed.), *The Anti-Aesthetic*:*Essayson Postmodern Culture*, Washington. Bay Press, 1983, p.45.

[②]  Anderson:*Imagined Communities*:*Reflectionson the Origin and Spread of Nationalism*(*revisededition*). London:Verso, 2006, pp.178—185.

[③]  Труевцева О. Н.. "Императорское русское географическое общество как основатель сибирских музеев" Вестник Кемеровского государственного университета культуры и искусств, No.35, 2016, p.82.

[④]  鳥居龍蔵:「人類学及人種学上より見たる北東亜細亜」,『鳥居龍蔵全集』第 8 巻、東京:朝日新聞社、1976 年、32 頁。

[⑤]  耿超:《博物馆学理论与实践》,科学出版社 2018 年版,第 16 页。

设的博物馆同样担任了其作为科学考察的筹备中心、后续研究的平台、资料储存的仓库以及教育活动基地的角色，①与此同时，博物馆机构作为信息资源的主要任务是塑造民族认同感。②而鸟居龙藏在其东西伯利亚的考察旅行中就已详细记录这些博物馆的藏品陈列情况。

据鸟居龙藏的实地参观，发现上述博物馆内的陈列品涵盖了人类学、民族学、考古学、动物学、植物学、地质学等领域。馆内展品有动物标本、土著的泥塑人像以及他们在日常生活中使用的物品等等。这些展品生动地展现了土著的相貌和风俗。此外，博物馆还展示石器、陶器和金属制品，以及植物标本和化石等。③除东西伯利亚地区外，俄国在中国东北地区也设立了大量研究所。1922年俄国创设哈尔滨"东省"文物研究会，1923年开设"东省"文物研究会陈列所，并向观众正式对外开放。其后改称为"东省特别区"文物研究会博物馆、"东省特别区文物研究所"、"滨江省立文物研究所"。④这些博物馆内展品所涉领域之广以及博物馆数量之多，不仅彰显俄国博物馆学建设之全面，也向参观者展示俄国获取知识的广度，从而在知识层面占据话语权。

### （三）日本在"满蒙"地区的博物馆布局

1915年，关东都督府设立所谓的"满蒙"物产陈列所并在1918年改为关东都督府博物馆。1924年，该博物馆更名为旅顺博物馆。同样，"满铁"在大连设立"满蒙"物资参考馆，于1928年更名为"满蒙"资源馆。⑤该馆是"满铁"设立的自然博物馆，用以展示在中国东北地区出土的文物、中国文化财以及大谷光瑞探险队的中亚及其印度发掘品。⑥需要注意的是，日本在辽东半岛南端建立的博物馆名称中使用了"满蒙"而非"满洲"二字。这种特定称谓背后体现的是日本帝国试图将"满洲"与"蒙古"强制合并的意图。1932年，日本操纵成立

① Труевцева О. Н.. "Императорское русское географическое общество как основатель сибирских музеев" Вестник Кемеровского государственного университета культуры и искусств, No.35, 2016，p.82.
② Самойленко П. Ю.. "Музеи Приморского края как ресурс информационной интеграции и национальной идентичности" Гуманитарные исследования в Восточной Сибири и на Дальнем Востоке, No.2(22), 2013，p.103.
③ 鳥居龍蔵：「人類学及人種学上より見たる北東亜細亜」,『鳥居龍蔵全集』第8巻、東京：朝日新聞社、1976年、33頁。
④ 大出尚子：『「満洲国」博物館事業の研究』東京：汲古書院、2014、17頁。
⑤ 李治亭：《关东文化大辞典》,沈阳：辽宁教育出版社1993年版,第921页。
⑥ 石井正己：『博物館という装置：帝国・植民地・アイデンテイテイ』東京：勉誠出版、2016、12頁。

伪满政权后,将这些博物馆定为地方社会教育机关。①1933 年,大谷光瑞的弟子水野梅晓提出急需加紧建设博物馆,他们随即在中国收集大量的古文书和档案,并成立"日满协同文化委员会"。②1935 年 6 月 1 日,所谓的"国立博物馆"挂牌开馆。1936 年,日本在承德避暑山庄设立"省立热河宝物馆"及 1939 年在新京(今长春)和奉天(今沈阳)新设自然博物馆与历史博物馆。1941 年,日本又在高句丽时期的王城辑安县成立博物馆,1942 年建成抚顺古物保存馆和 1943 年在辽代发祥地设立林东史迹保存馆。③这些在东北地区设立的博物馆实际上是推行殖民统治的文化机关,更是日本帝国主义对东北文化遗产进行掠夺的手段。④

日本将"满洲国国立博物馆"的成立宣称为其博物馆史的一个重要节点,⑤然而,"国立"二字在名称中带有不可忽视的政治色彩,暗示了日本帝国主义企图透过文化机构为殖民统治提供"合法化"依据。据《"国立中央博物馆"分科章程》,"国立中央博物馆"隶属于"民生部",以收集、保存和展览自然科学和人文科学的资料,为政府各机关的政务提供参考以及进行一般学术研究、社会教育为目的。⑥国家博物馆不仅仅是文化机构,更是国族主义的代言。⑦伪满政权正是通过博物馆的名称以及馆内的收藏、陈列、展示与研究工作,试图营造一种所谓的"国家象征"。例如 1934 年在渤海国东京城遗址发掘的"和同开珎"便是一个明显的例证。通过博物馆的展品解说,日本帝国主义强行论证"满洲"与日本的关系远非近代所始,而是一段绵延千年的所谓"不可分割"的纽带,借此将其标榜为日"满"两国共同的"国宝",并试图借助文物的解释权来为自己的殖民统治寻求"合法性"。可见,"国立博物馆"旨在通过宣扬一种经过精心编织的"国族主义"叙事来巩固其在所谓"满蒙"地区的统治。

对于普通观众而言,参观博物馆是一种复杂且存在一定知识壁垒的体验,

---

① 文教部禮教司:『禮教概要』,1933、4 頁。
② 「1.国立博物館設置ニ関シ水野梅暁ノ意見」JACAR(アジア歴史資料センター)Ref.B05016059400,日満文化協会関係雑件/博物館関係(H-6-2-0-29_5)(外務省外交史料館),14 頁。
③ 大出尚子:『「満洲国」博物館事業の研究』東京:汲古書院,2014、15—18 頁。
④ 王玉芹:《满铁在中国东北设立的博物馆及其作用与性质》,《东北师大学报(哲学社会科学版)》,2017 年第 4 期,第 102 页。
⑤ 犬塚康博:「20 世紀日本の博物館に関する研究」千葉大学博士後期課程、2008 年度(平成 20 年度)、26 頁。
⑥ 「国立中央博物館官制」『国立中央博物館時報』第 1 号、10 頁。
⑦ 徐坚:《名山作为思想史的早期中国博物馆史》,科学出版社 2016 年版,第 102 页。

他们跟随一条经过博物馆设计的叙事路径并吸收策展人给定的知识。国家通过博物馆的此种知识传播方式得以将普通民众的历史观与国家意志相关联。随着西方工业革命的发展、民主思潮以及殖民主义的扩张,博物馆亦随之增加并逐渐成为科学、文明、知识、现代化以及建构民族国家认同的机构。在殖民扩张中,博物馆成为贯彻国家意志、塑造利于殖民地国族意识的宣传工具,也能通过馆藏文物的展示来扮演知识的权威。一方面博物馆成为了解当地历史文化和自然地理最为便捷的方式,另一方面日本和俄国在东北亚的博物馆建设与各自的对外政策同步推进,充斥着浓重的政治意图,甚至不惜扭曲历史事实来证明其侵占他国领土的"合法性"。同时,两国以近代科学知识为"武器",以博物馆为载体,各自展开叙事以争夺学术主导权。鸟居龙藏异于日本其他学者之处在于其敏锐地意识到东西伯利亚地区在日本侵略扩张中的战略地位,以及博物馆在传播知识与扩大文化影响力方面的重要性。

## 二、鸟居龙藏的博物馆调研概述

在东京求学期间,鸟居龙藏就向博物馆学人求教考古学知识并意识到博物馆是了解当地历史文化的最佳场所。鸟居龙藏利用其在"满蒙"地区调查研究的机会,访问了日本和俄国的多家博物馆。下文以鸟居龙藏的调查时间线为基准,概述其所访问博物馆的展览情况,并通过他的描述重现东西伯利亚地区以及"满蒙"地区博物馆的藏品情况。

### (一) 1919 年鸟居龙藏的东西伯利亚调查

1919 年 6 月 8 日,鸟居龙藏在获得东京帝国大学、朝鲜总督府及三井财阀的经济资助后启程前往东西伯利亚进行学术调查。6 月 13 日,鸟居龙藏一行人抵达符拉迪沃斯托克(即海参崴)。[①]海参崴博物馆作为该地区的重要文化机构,其藏品涵盖自然地理、历史文化与人类学领域。鸟居龙藏依据海参崴博物馆的展品将该区域历史分为史前、古代、近代三个阶段,即史前时期的包括如石矛,即石制的长矛头;古代时期涵盖青铜器和铁器时代,展了如青铜矛和铁剑等代表性器物;近代则从渤海时期延续至金代,展品包括瓦片、石碑等。[②]

---

① 鳥居龍藏:「人類学及人種学上より見たる北東亜細亜」,『鳥居龍藏全集』第 8 卷、東京:朝日新聞社、1976 年、35 頁。
② 同上、41—42 頁。

人类学展览方面,该博物馆展出了鸟居龙藏所称的"古西伯利亚民族"群体即吉利亚克人和阿伊努人等在内的人物模型,以及鸟居龙藏所称"新西伯利亚民族"的通古斯人、鄂伦春人、满族人和朝鲜人等模型。①这些展品不仅反映了西伯利亚地区民族群体的多样性,而且通过复原的人物模型和生活场景生动地再现了他们的风俗习惯与日常生活。

　　1919 年 7 月 9 日,鸟居龙藏与陆军少将高柳保太郎②一行人抵达伊尔库茨克市。伊尔库茨克博物馆建筑为两层高的砖木结构,该馆馆藏丰富,共分设41 个展馆,馆藏总数达到 4 107 件。1886 年,其馆藏数量显著增加,新增藏品1 045 件。其中,动物学相关藏品有 556 件,古生物学藏品达到 273 件,而考古学藏品增加了 22 件。1889 年,博物馆再次扩展其藏品,购置了 9 048 件新物品。③在展出的文物标本中,分为石器时代和金属时代两大类。鸟居龙藏根据这些文物的特点,推测它们可能来源于安加拉河流域。④石器时代的典型器物是石刀⑤,而这些石制品主要出自内蒙古东部地区。石斧的类型众多,包括磨制、半磨制和打制三种工艺,其原材料大多为软玉,形态各异。鸟居龙藏还观察到这些石斧在地理上呈现出从高加索地区至里海沿岸的东欧地区分布的特点,并指出日本北海道至奥羽地区常见的蓝绿色磨制石斧在此处也有广泛分布,而且该处陶器与日本弥生时代的陶器风格相吻合。⑥长矛和三翼铜镞等青铜时期的标本表明该地区与地中海乃至叶尼塞河上游地区可能存在直接联系。博物馆还展示了突厥时期的文物,包括刻有狩猎场景的岩石板,上面有古突厥语铭文,还有一只鹿和其他九种动物的形象以及持弓箭的人物和毒蛇。鸟居龙藏认为这些在鄂尔浑河盆地发现的古突厥语铭文与叶尼塞河畔的岩壁

① 鳥居龍藏:「人類学及人種学上より見たる北東亜細亜」,『鳥居龍蔵全集』第 8 卷、東京:朝日新聞社、1976 年、41 頁。
② 高柳保太郎(1870—1951),日本西伯利亚出兵时任参谋,主要从事对俄、苏联情报活动,是"弘报"和特务机关的命名者。
③ Ткачев Виталий Викторович. "ОБЩЕСТВЕННОЕ ЗНАЧЕНИЕ МУЗЕЕВ В ГОРОДСКОМ ПРОСТРАНСТВЕ ИРКУТСКОЙ ГУБЕРНИИ И ОТНОШЕНИЕ К ПРЕДМЕТАМ ИСКУССТВА НА РУБЕЖЕ XIX—XX ВВ." История и современность, No.2(48), 2023, pp.97—98.
④ 鳥居龍藏「人類学及人種学上より見たる北東亜細亜」,『鳥居龍蔵全集』第 8 卷、東京:朝日新聞社、1976 年、58 頁。
⑤ 石刀,原文作石剃刀。
⑥ 鳥居龍藏:「人類学及人種学上より見たる北東亜細亜」,『鳥居龍蔵全集』第 8 卷、東京:朝日新聞社、1976 年、58—59 頁。

图样极为相似。①

　　在 1919 年 8 月 15 日至 18 日期间,鸟居龙藏与其团队在赤塔进行了为期四天的学术调研。鸟居龙藏通过对博物馆展品的深入研究推断该地区的历史发展经历了从原始石器时代、突厥时代、契丹至元朝的演变。在展出的石器部分,他发现石斧主要分为磨制和打制两种类型,且均源于鄂嫩河流域,与日本发现的石斧在形制上高度相似。石镞的形状也与日本、蒙古及西伯利亚叶尼塞河沿岸出土的石镞类似,这种一致性暗示了跨地区的文化交流。②此外,石制剃刀与兴安岭地区蒙古族使用的剃刀的相似性进一步证实了鄂嫩河流域与周边地区如叶尼塞河流域及内蒙古东部之间的文化联系。③

　　鸟居龙藏通过研究赤塔博物馆收藏的古突厥时代遗址墓葬出土的匕首、双刃剑和尖刀等文物发现它们与叶尼塞河上游地区的出土物有着高度的相似性。此外,他还注意到该地区出土的三翼式箭头和盔甲等武器在样式上不仅与内蒙东部地区和叶尼塞河上游地区相似,也与鞑靼时代及日本原史时代的相类似。鸟居龙藏进一步观察到这种盔甲在西藏地区仍有使用,表明其为远东民族的特有文物,非由中国传入。④此外,墓葬中出土的大量马具与日本信州的墓冢中的马具相似,因此鸟居龙藏推测北方地区在宗教信仰上可能存在共通性。他还注意到遗迹中发现的契丹和元代的砖瓦与内蒙古东部西拉木伦河流域的辽上京遗迹中的砖瓦非常类似,鸟居龙藏推测这些砖瓦可能来源于蒙古早期或契丹时期。⑤

　　1919 年 9 月 6 日,鸟居龙藏一行人抵达布拉戈维申斯克市(即海兰泡)。鸟居龙藏在该市进行了为期八日的学术考察,在这期间访问日本驻地兵站司令部并受到当地机构的优待。⑥海兰泡博物馆是阿穆尔州地理学会的分支,其藏品主要来自黑龙江中游地区。该馆馆藏石器部分展品包括石斧、石刀(俗称"石庖丁")、石锥及石矛等。鸟居龙藏据该馆展出的石刀碎片指出其形态与在

---

① 鳥居龍藏:「人類学及人種学上より見たる北東亜細亜」,『鳥居龍藏全集』第 8 卷、東京:朝日新聞社,1976 年,61 頁。

② 同上,103—104 頁。

③ 同上,106 頁。

④ 同上,106—107 頁。

⑤ 同上,107—108 頁。

⑥ 同上,136 頁。

朝鲜半岛及"满洲"出土的石刀极为相似。①此外,博物馆内的陶器展品多为表面有交叉线条或布纹印痕或长方形图样等几何图案装饰的红褐色的陶器。鸟居龙藏根据展品的形态认为其与朝鲜半岛、中国东北以及内蒙古东部、叶尼塞河流域、鄂嫩河流域的陶器存在相似性,并特别强调其与日本弥生时代陶器的共通特征。②在人类学领域,海兰泡博物馆主要展示了雅库特人的物品并细致复原了达斡尔人女萨满的形象。鸟居龙藏根据所见展品分析认为这些达斡尔人并非阿穆尔州的原住民,他们实际上来自完善中国境内的黑龙江省嫩江流域。③

1919 年 9 月 17 日,鸟居龙藏一行人乘船抵达哈巴罗夫斯克市(即伯力)。伯力博物馆作为东西伯利亚地区最具代表性的文化机构,其藏品的来源范围涵盖了阿穆尔州、滨海边疆区及中国东北地区、朝鲜半岛和日本等地。鸟居龙藏据伯力博物馆的展品将该地历史划分为史前时期、靺鞨(或渤海)时期以及金—女真时期。史前时期的展品包括石器、陶器、骨器等,它们出土自黑龙江流域、乌苏里江流域、滨海边疆区沿海地带和库页岛一带。靺鞨时期的遗物中包含了带有武器的铠甲、墓主的个人武器和金属配件。金—女真时期的展品种类繁多,其中以铜器和铁器为主,次之为装饰品、古钱币和石碑等。另外,还有来自黑龙江下游特林地区发现的观音堂砖瓦。④伯力博物馆的人类学展区全面地展示了远东地区的民俗风情,其展品尤以鄂伦春、满族等通古斯系民族的物品为主,此外还包括堪察加人、楚克奇人等其他民族的物品。不仅如此,博物馆还展示了来自朝鲜半岛、中国东北以及日本的物品,其中日本明治时期的绘画尤为丰富。⑤伯力博物馆丰富的展品为鸟居龙藏全面直观了解远东地区的人文历史提供便利和平台。

鸟居龙藏在俄国博物馆的考察活动可以看作是其在知识层面上的验证与重组。鸟居龙藏以专业学者的身份对博物馆的展品展开深入研究,利用其考古学的知识来划分该地区的历史分期。在此基础上,鸟居龙藏根据博物馆内

---

① 鳥居龍蔵:「人類学及人種学上より見たる北東亜細亜」,『鳥居龍蔵全集』第 8 巻、東京:朝日新聞社、1976 年、140 頁。
② 同上,140—141 頁。
③ 同上,139 頁。
④ 同上,149—150 頁。
⑤ 同上,150 頁。

展品的形态与特点将远东地区相联系以此来构建相互关联的文化分区,为他之前研究中所未能触及的领域提供了实物证据。因此,鸟居龙藏在其著作中对俄国博物馆的描绘不仅仅是单纯的记录,而是其学术观点与俄国国家历史叙事之间的一种知识层面的交锋。

### (二)鸟居龙藏的"满蒙"调查与"国立博物馆"

博物馆自其成立之初便在日本的行政架构之中,受国家行政管辖。九一八事变爆发后,日本博物馆协会便移交文部省管理,博物馆成为国家体制的一部分。[1]1932 年,傀儡政权伪满洲国成立后,便迅速开始建设博物馆。翌年,"国务院"会议通过《满洲古迹保存案》决定建立"国立博物馆"。[2]1939 年,伪满政府在奉天(今沈阳)设立了历史博物馆,即"国立中央博物馆奉天分馆"。[3]"奉天分馆"馆址所在地原为汤玉麟官邸,馆藏包括张作霖和汤玉麟从"热河"以及抚顺等地收集的逾 800 件中国古代的珍贵文物。[4]《盛京时报》则详细地介绍了馆内展品并形容其为"古今奇珍荟萃于一堂"。[5]"所陈各品有元太祖铜牌,仅余天赐二字,此为难得之品,余如辽、金二代瓷器,多发自热河,亦自可贵。"[6]尤为突出的是馆内诸多藏品均出自汤玉麟对辽代皇帝墓葬庆陵的盗掘,藏品主要是"热河"地区出土的辽金时期的文物。鸟居龙藏同样关注到该地区的辽金时期墓葬并展开家族式调查研究,甚至于他们勘察过的物品也见于博物馆的展览之中。

1935 年 11 月至 12 月,鸟居龙藏及其家族进行第九次"满洲"调查。这次调查活动受"东方文化学院"的资金援助,同行人员有妻子鸟居君子和次子鸟居龙次郎。他们主要调查的是辽代皇陵、画像石墓和京城等地的寺庙。12 月 4 日,由小平总治[7]和河濑松三[8]二人亲自带领鸟居龙藏一行人参观仅建成半

---

① 並松信久:「近代日本における博物館政策の展開」,「京都産業大学日本文化研究所紀要」第 21 号,平成 28 年(2016),36 頁。

② 《大同日报》1933 年 6 月 22 日第 7 版。

③ 大出尚子:『「満洲国」博物館事業の研究』東京:汲古書院、2014、15 頁。

④ 「待望の国立博物館/来月一日愈よ開館式」『大阪朝日新聞(満洲版)』1935 年 5 月 31 日朝刊第 5 版。

⑤ 《明日开幕之国立博物馆》,《盛京时报》1935 年 5 月 31 日第 4 版。

⑥ 金毓黻:《金毓黻文集》编辑整理组校点,《静晤室日记》第 5 册,辽沈书社 1993 年版,第 3588 页。

⑦ 小平总治:字绫方,是近代日本外交官、翻译官。曾为清皇室肃亲王爱新觉罗·善耆的宾客。

⑧ 河濑松三:"满洲国立博物馆"研究人员,曾与黑田源次、杉村勇造等人一同参与金代大官屯窑的发掘工作。

年的"国立博物馆"。以下即为该展厅的内容。

表1 "满洲国国立博物馆"的开馆时的展示构成(1935年)

| 第1室 | 佛像 | 第2室 | 服饰 | 第3室 | 佛像和法器 | 第4室 | 铜器 |
|---|---|---|---|---|---|---|---|
| 第5室 | 铜器和陶器 | 第6室 | 陶瓷器 | 第7室 | 瓷器 | 第8室 | 景泰蓝 |
| 第9室 | 文房 | 第10室 | 铜版画 | 第11室 | 清代书画 | 第12室 | 御笔 |
| 第13室 | 御笔 | 第14室 | 明清书画 | 第15室 | 明代书画 | 第16室 | 宋元书画 |
| 第17室 | 宝座 | 第18室 | 刺绣 | 第19室 | 缂丝 | 第20室 | 明器 |
| 第21室 | 墓志 | 第22室 | 古代遗物 | 廊路 | 挂屏 | 别室 | 墓志 |

资料来源:《明日开幕之国立博物馆》,《盛京时报》1935年5月31日第4版。该展览具体藏品可见《"国立博物馆"陈列品目录》,参见大出尚子:『「満洲国」博物館事業の研究』東京:汲古書院,2014、32—42頁。

　　"国立博物馆"的馆藏以乾隆年间的文物为主,其中还包括东亚考古学会参与考古发掘出土的鸡冠壶和墓志。[①]该馆藏有包含3件黄釉鸡冠壶在内的共16件鸡冠壶和9件辽道宗、辽圣宗的哀册拓本。[②]1935年9月23日,从辽圣宗皇后陵出土的哀册石刻已被转移到奉天并展出于博物馆。[③]这些展品亦与鸟居龙藏的调查发现有所重叠,他在1906年至1908年间对内蒙东部地区的调查中就已在大巴林旗(今林西县)西拉木伦河河畔发现了带有浓黄釉的鸡冠壶。[④]鸟居龙藏在后续的1930年辽庆陵调查中亦发现此类鸡冠壶并确证是辽代契丹人所用之物,也正是在本次调查中鸟居龙藏首次向日本学界介绍了以东陵壁画为中心的庆陵。在"国立博物馆"内展出的还有鸟居龙藏自行带来的鞍山画像石墓的门。[⑤]经鸟居龙藏调查发现鞍山地区存有多处画像石墓,并且他推测这些墓葬是辽代时期的契丹人墓葬。[⑥]此外,鸟居龙藏根据这些墓葬中包含的萨满教、佛教、景教以及《二十四孝子图》等儒家元素认为辽代时期流

① 大出尚子:「日本の旧殖民地における歴史・考古学系博物館の持つ政治性─朝鮮総督府博物館及び『満洲國』国立(中央)博物館を事例として─」,『東洋文化研究』、14号、2012年、11頁。

② 大出尚子:『「満洲国」博物館事業の研究』東京:汲古書院,2014、34—41頁。

③ 金毓黻:《金毓黻文集》编辑整理组校点,《静晤室日记》第5册,辽沈书社1993年版,第3664页。现藏于辽宁省博物馆。

④ 鸟居龙藏:《石面雕刻之渤海人风俗与萨珊式胡瓶》,《燕京学报》,第30期,第55—56页。

⑤ 鳥居龍藏:「遼の文化を探る」,『鳥居龍藏全集』第6卷,東京:朝日新聞社、1976年、531頁。

⑥ 鳥居龍藏:「西比利亜から満蒙へ」,『鳥居龍藏全集』第10卷,東京:朝日新聞社、1976年、213頁。

行多元的宗教信仰。①

　　日本学者对辽代帝后哀册的发掘调查始于鸟居龙藏。1930 年夏,"热河"军阀汤玉麟之子汤佐荣暴力盗挖辽庆陵。同年 10 月,鸟居龙藏及其夫人随即对庆陵进行了调查。1931 年,东亚考古学会的内蒙古研究组在田村实造和江上波夫的带领下也对该遗址进行了探查。1933 年 10 月和 11 月,鸟居龙藏勘察辽圣宗、兴宗和道宗的陵墓并使用摄影技术记录壁画等情况。鸟居龙藏通过分析发掘出土的哀册资料推测西陵是辽道宗的陵墓。在其 1936 年出版的《考古学上所见辽文化图谱》第四卷中详尽地整理了三陵的图版,总计共收录 98 幅。②这些图版包括辽道宗入口情况③、内部状况④、道宗皇帝的哀册汉文(拓本)⑤、宣懿皇后契丹文哀册并盖⑥等辽代皇陵的一手资料,该书为辽代皇陵的图像研究提供重要参考。

　　鸟居龙藏借助俄国在远东地区建立的博物馆资源了解该地区的原始社会形态并通过对比馆内展品将远东、"满洲"和朝鲜半岛各区域间的文化谱系相勾连。日本学者及官员则直接邀请鸟居龙藏参观"国立博物馆",以极具辽代特色的馆藏文物来展示中国东北地区辽金时期文化的兴盛繁荣。然而,值得注意的是博物馆展出文物的持续主导性。当文物展出后,会在其展出的时间和博物馆场所内产生特定的"知识"或者认知,该特定时空框架下的认知又会成为历史的阐释模式并持续地作为主导范式而存在。

## 三、知识与权力交缠下的博物馆调研

　　对博物馆的认识与理解可从建筑形态、机构与组织形态,以及产出与活动

---

①　鳥居龍藏:「西比利亜から満蒙へ」,『鳥居龍藏全集』第 10 卷、東京:朝日新聞社、1976 年、213 頁。关于鞍山画像石内容的解读,刘未认为鸟居龙藏除了契丹风俗和部分孝子图故事的解释比较恰当之外,其余实属牵强附会,对其书中收录的画像石内容重新进行解释。具体参见:刘未:《辽代墓葬的考古学研究》,科学出版社 2016 年版,第 119 页。

②　鳥居龍藏:『考古學上より見たる遼之文化圖譜』第 4 冊、東方文化學院東京研究所、1936、第 254—302 图版。

③　同上、第 255 图版。

④　同上、第 259 图版。

⑤　同上、第 267 图版。

⑥　同上、第 270 图版。该文物现存于辽宁省博物馆,具体参见:https://www.lnmuseum.com.cn/#/collect/detail?id=21010302862128A000014。

形态三个维度切入。其中,博物馆作为知识生产与消费的机构与场所,其在向各界观众呈现知识内容方面扮演着生产者的角色。①此外,博物馆文本分析的三要素是策展—展品—观众,其中涉及知识体系、权力话语、学术知识等方面的阐释。②针对鸟居龙藏所参观的博物馆可从知识生产的视角出发,通过其所记录的展品与展陈的细节等展现在日本帝国主义对外扩张背景下"满蒙"的"边界"与"内核"。

**(一) 何谓"满蒙"**

鸟居龙藏通过研究俄国在东西伯利亚地区建立的博物馆藏品之间的相似性描绘了远东地区原始社会的文化图谱。不仅如此,鸟居龙藏利用其近乎"科学"的考古学知识,借由出土物之间的联系人为地划分文化区域,将远东、"满洲"、内蒙古东部地区、朝鲜半岛以及日本相连,以此"加强"了"满蒙"与周边地带的关联。

然而,在鸟居龙藏的论述中存在着一个值得警惕的倾向,即有意无意地将中国东北地区与中华文化主体相分离,通过其考古发现所建立的三地"链接"人为地创造出一个文化区划。鸟居龙藏的布拉戈维申斯克(海兰泡)博物馆调研活动最能体现其对东北亚地区原始社会的认知。该馆内新石器时代的展品主要来自黑龙江中游,鸟居龙藏发现石刀形状与朝鲜、"满洲"出土的石刀相似,石剃刀出自"东蒙古"与鄂嫩河流域。③此外,鸟居龙藏还特别强调该处的陶器与日本弥生式陶器、朝鲜、"满洲"的陶器存在共同之处。④总而言之,黑龙江中游的文物是与"满洲"、朝鲜半岛、黑龙江上游以及后贝加尔州地区的文物相混杂的。此外,鸟居龙藏根据海兰泡博物馆内的石刀和石斧的形制判断其与海参崴、朝鲜半岛和"南满洲"的石器较为相似,陶器是与日本奥州和北海道的陶器相似。⑤鸟居龙藏上述各地区出土文物的相似性认为"西伯利亚"或"满洲"的说法是一种政治上的人为区分,从地理角度来看,"北满洲"和东西伯利亚是一个整体。⑥这种见解虽然强调了跨区域的文化联系,但同时也存在将中

---

① 潘守永:《新博物馆学理论与实践》,江苏凤凰文艺出版社 2023 年版,第 31 页。
② 同上,第 100 页。
③ 鳥居龍藏:「人類学及人種学上より見たる北東亜細亜」,『鳥居龍藏全集』第 8 卷、東京:朝日新聞社、1976 年、140 頁。
④ 同上,140—141 頁。
⑤ 同上,141 頁。
⑥ 鳥居龍藏:「黒龍龍江と北樺太」,『鳥居龍藏全集』第 8 卷、東京:朝日新聞社、1976 年、303 頁。

国东北地区从中华文化圈中划分出来的倾向。

**(二)"满蒙"的内核**

"满洲"的内核即为"满洲国"存在的"正当性"。以鸟居龙藏参观调研的"满洲国立博物馆"为线索,其馆内展品的来源、考古活动的"客观"成果、展陈特点成为考古学领域内"满洲国"的"正当性"来源。

**1. 出土文物的"客观性"**

日本帝国为了构建一种独立于中国历史的"满洲历史"并为其对该地区的统治提供"合法性"依据,便迫切需要论证这一地区拥有独特的历史文化。通过所谓"科学"的考古发掘出土的文物便客观上证明了该地存在历史文化。鸟居龙藏在 1908 年和 1930 年进行的考古调查中发掘了极具辽代特色的鸡冠壶。需要注意的是出土鸡冠壶的地区位于"兴安省"南部和"热河省"北部,这是 1933 年帝国日本新纳入"满洲国"版图的地区。在日本帝国迫切寻求"历史合法性"的背景下,"国立博物馆"陈列了众多辽代文物。这些文物的展出成为日本帝国主义知识生产的一环,它们证明了该地区辽代文化的繁荣,这又成为日本帝国主义历史阐释的组成部分。

中国东北地区历史上存在过的都城对于日本帝国论证该地区存在政治"独立性"同样至关重要。鸟居龙藏早在 1911 年于《国华》发表《辽上京及其遗物》①向日本学界介绍了辽代上京都城的遗迹。1927 年,鸟居龙藏在其第四次"满洲"调查中对渤海上京城进行了系统性的探查。随着 1933 年《古迹保存法》及其实施细则的颁布,"满洲国"教育部迅速开展了古迹调查工作,东京帝国大学的原田淑人随后组建东亚考古学会。该学会首先启动的是 1933 年和 1934 年对渤海上京的考古调查活动并出版日、英版本的《东京城—渤海国上京龙泉府遗址的发掘调查》②。两次大规模的调查充分说明东北地区历史上存在过少数民族政权的都城。原田淑人同鸟居龙藏一样,并没有深入讨论渤海从与其接壤的唐朝接受的制度和文化影响,而是更强调高句丽和渤海国之间的历史联系,这与"满洲国"试图构建独立于中国历史的"满洲国历史"的政策意图相一致,都是通过考古活动赋予"满洲国历史"历史内涵以及"正当性"。

---

① 鳥居龍藏:「遼の上京と其遺品」,『國華』21、1911、第 248・253 号,另收录于『鳥居龍藏全集』第 6 卷、東京:朝日新聞社,1976 年、576—587 頁。
② 原田淑人:『東京城:渤海国上京龍泉府址の発掘調査』、東京:東亜考古学会、1939 年。又见于:原田淑人:『東京城:渤海国上京龍泉府址の発掘調査』(复刻版)、東京:雄山閣、1981 年。

**2. 民族的"协和"**

随着东亚考古学会陆续在中国东北地区进行考古发掘活动，"国立博物馆"的展陈以高句丽（辑安）、渤海国（东京城）、辽（庆陵）、金（白城）的出土文物为主。[①]可以看出展陈的朝代都是极力强调异于中原王朝的。1942 年在东京帝国博物馆举办了一场"满洲国国宝展览会"（下文简称"国宝展览"）也是体现日本帝国主义意在宣扬"满洲独立"的例证。1942 年 9 月 10 日至 15 日，由东京国立博物馆和"满洲国十周年庆典委员会"主办了"国宝展览"。举办该展览的目的是弘扬东方古文化和东亚民族的"共荣"，能借出"国宝"供公众欣赏正是"皇国"的缘故。[②]然而尽管展览的名字是"满洲国宝展"，但展出的并非"满洲国"指定的国宝，实际上这些展品均是由日本帝国选定并赋予了国家政治意义的文化财产。[③]该展览分为典籍、满洲文大藏经、缂丝刺绣和陶瓷四个部分。[④]这些面向公众的展品主要来自"满洲国国立图书馆"和"满洲国国立博物馆"，这些展品极力呈现所谓的"满洲"地方特色。例如典籍类有《钦定满洲源流考》《蒙古源流》等等，出土文物有从"热河省"喀喇沁右旗和乐村出土的辽代大安六年（1090 年）墓志、白釉碗、自五十家子出土的黑彩釉以及在"满洲"文化史上占据重要地位的鸡冠壶等等。[⑤]此外，"国立博物馆"的藏品主要来源清宫旧藏和"满洲"地域范围内的出土物。在展出的文物中刻意锐减代表着中华文明的文物，大幅度增加已在"满洲国"地域内消亡的高句丽、渤海、辽、金各王朝的文物。[⑥]由此可见，"国立博物馆"的展品呈现出突显异于中华文明的"满洲特色"的趋势。日本帝国主义通过博物馆的展品将周边民族视作东北历史的主人公，将高句丽、渤海、辽、金进行勾连，制造出一种前后相继的独立的历史文明谱系，有意识地将其所宣称的为政治服务的"民族协和"强行构架于东北地区的民族发展史之中。"国宝展览"又以日本学者自日俄战争后开始的

① 大出尚子：「日本の旧殖民地における歴史・考古学系博物館の持つ政治性—朝鮮総督府博物館及び『満洲國』國立（中央）博物館を事例として—」，『東洋文化研究』，14 号、2012 年、11 頁。

② 秋山光夫：「弁言」，『満州国国宝展覧会目録』（満州国建国十周年慶祝会，1942），1—5 頁。

③ 김용철：「만주국 국가보물의 일본 나들이：1942 년 도쿄제실박물관（東京帝室博物館）의〈만주국국보전람회（満洲國國寶展覧会）〉」，『博物館學報』44、2022 年、117 頁。

④ 秋山光夫：『満州国国宝展覧会目録』（満州国建国十周年慶祝会，1942），6 頁。

⑤ 秋山光夫：『満州国国宝展覧会目録』（満州国建国十周年慶祝会，1942），22、23 頁；김용철：「만주국 국가보물의 일본 나들이：1942 년 도쿄제실박물관（東京帝室博物館）의〈만주국국보전람회（満洲國國寶展覧会）〉」，『博物館學報』44、2022 年、118、121 頁。

⑥ 大出尚子：『「満洲国」博物館事業の研究』東京：汲古書院、2014、47 頁。

"满洲"调查研究为基础,将"满洲国"作为拥有"自己"历史的"国家"来进行展示,并强调其作为日本"友邻"在东亚秩序的重要性。[①]由上,日本是通过周边民族的叙述来"以中国为中心",从"日本周边"的史观中创造出"日本中心""中国周边"的范例,并以此作为日本帝国主义的辩护逻辑。[②]

综上所述,在日本语境下的"满洲"的内核是空洞的。俄国在其博物馆展览中有意识地通过加强"异域感"以及日伪利用"满洲国国立博物馆"展品建构"历史谱系",这些举措都是在试图建立起一个"客观上"或"真实"存在的"满洲"。俄国的伯力博物馆的人类学陈列完整地展示了远东民俗学的物品,此外还有朝鲜、"满洲"和日本的出土物品。日本借由所谓的"满洲国国立博物馆"的展陈建立极具"满族"特色且汉人文化缺失的谱系。这种建构反映的不是一种历史事实,而是政治权力下学术研究的一种投射。博物馆不是殖民者与被殖民者的单向二元对立场所,而是一个多重力量交错的场域。国家博物馆不仅是知识权威的象征,更是争夺话语权的空间。借由鸟居龙藏在东西伯利亚地区和中国东北地区的博物馆调研可以清晰地看出日俄双方在"满洲"的学术竞争博弈与知识话语权的抢占。即第一,博物馆作为殖民扩张的附属品而存在,东西伯利亚地区的伯力、海参崴以及中国的大连、沈阳地区所建博物馆之时间与日本侵略进程相一致。第二,博物馆是日俄在其所占之地的知识殿堂与构建切合自身利益的叙事的宣传机构。鸟居龙藏记录下的博物馆展陈不仅是日俄两国考古发掘成果的介绍,其更隐秘的内涵是日俄两国在面向观众时所预置的知识体系与叙事逻辑。第三,博物馆内所展示的"他者"是经过筛选的,掌握"他者"意味着掌握了解释过去的权力并以此可以为"现在"提供正当性。

## 四、结　语

19世纪以来,英、德、俄、法等欧洲列强向非欧洲世界扩张,开启了国际关系史意义上的帝国主义时代。在这一时期,欧洲大力发展文化教育组织和设

①　김용철:「만주국 국가보물의 일본 나들이:1942년 도쿄제실박물관(東京帝室博物館)의〈만주국국보전람회(滿洲國國寶展覽会)〉」,『博物館學報』44、2022年、124頁。
②　진정곤:「"주변민족"의 재창출과 도리이 류조(鳥居龍藏 )」東亞細亞日本學會東北亞細亞文化學會 2009年度秋季國際學術大會、384頁。

施建设,具体而言有大学、研究机关、博物馆、图书馆、动植物园等等。①俄国和欧洲的大型博物馆都是由皇室或贵族的私人收藏展厅发展成大型博物馆。但是它们都是在殖民主义对外扩张背景下利用自身所谓的"帝国优势"向殖民地暴力夺取文物。②博物馆是帝国主义的展示装置,它又通过展陈建构了自己的历史体系,同时也是具有国家政治意义的文化输出组织。而鸟居龙藏通过自己的"满蒙"调查并参观调研日俄所建立的博物馆,这些都成为两国知识生产的一部分。

日本帝国通过对博物馆的展品以及在此基础上人为制造的历史谱系来构建利于对外侵略扩张的历史叙事。其中,"满洲国国立博物馆"对"满洲"历史进行了改造,将历史上东北地区多民族发展的历史描述为独立于中华民族的与中国"并行传承"的历史谱系。而且在"国宝"外出展览等体现官方意识形态的场合,通过凸显地方特色的展品消除了东北地区与中国的历史联系。这种刻意忽视汉族影响的"历史谱系"并在文化宣传中消除中原王朝在此地影响的历史解释是为日本殖民侵略服务的一种自创性的知识生产,也是日本帝国将其认知强行附加于中国东北历史的手段。

近代西方对世界的认知实际上是西方凭借其知识体系对世界进行分类的尝试。随着近代西方地理学知识的传播以及殖民探险的推进,在西方知识框架下空白地带逐渐被拼凑完整。在殖民时代认知世界的过程中,日本逐渐形成了对东北亚地区的认知,将自己比作类西方国家,并构建"西洋—日本—东洋"逐层递减的文明史观。日本以此文明史观干预博物馆建设,使得这一时期的博物馆有深刻的殖民烙印,鸟居龙藏的博物馆调研即可觉察这种烙印。

## The Creation of the Concept of Manchuria and Mongolia in the Context of Japan's Modern Colonial Expansion
### —Torii Ryuzo's Museum Research as a Perspective

**Abstract**: Museums, while displaying the historical, cultural and physical features of a region, are also places for the dissemination of ideology, which was also deeply recognized by the

---

① 石井正己:『博物館という装置:帝国・植民地・アイデンテイテイ』東京:勉誠出版、2016、2 頁。
② 同上、228 頁。

Japanese archaeologist and anthropologist Torii Ryuzo in the early 20th century. During his Manchuria and Mongolia investigation, Torii Ryuzo firstly investigated the museums established by Japan and Russia in detail, and divided the cultural regions according to the artifacts in the museums, connecting the Far East, Manchuria and Mongolia, Korea and Japan. Later, he visited the Manchukuo National Museum, where exhibits emphasized a historical thread that stripped away the Han people's influences and hid a northeastern historical outline in the style of the "Manchuria and Mongolia-Non-China Theory". Rather than simply displaying artifacts, such exhibitions were designed to promote the "rationality" and "legitimacy" of Japanese rule, demonstrating not only control over the region's cultural resources, but also its power to interpret the past.

**Key words**: Torii Ryuzo; Museums; Manchuria and Mongolia; Knowledge Production

**作者简介**：刘爽，吉林省社会科学院历史研究所。

# 新式职工的培育：
# 申新公司养成教育模式考察①

刘盼红

**摘　要**：20世纪20年代，中国纺织工业领域开始出现自办养成所培育新式职工的模式，改变了以前工头制下的用人方式。申新公司在近代纺织行业中规模最大，也是最早创办养成所的纺织企业。公司成立初期主要采取工头制管理劳工，工厂内形成以总工头为核心，由帮会、师徒、家属、亲戚组成的关系网络和利益集团，职工工作怠惰散漫，效率较低。公司创办养成所后，以公开招考等方式筛选出一批学员，再利用新式教育制度和报刊媒介对他们进行技术和精神层面的培育熏陶。学员们在教育与自我教育中完成身份的转变，成为有德有才、服从管理、爱岗敬业的新式职工，取代工头制下的旧式职工。养成所培育的职工逐渐在纺织行业担任重要角色，部分养成所发展成为正式的纺织专科学校，为培养纺织人才作出持续而重要的贡献。但企业制度选择有时未必按照"现代化"的路径单向进行，工头制在申新公司中长期存在，影响了养成所的实际成效。

**关键词**：申新公司　养成所　工头制　劳工管理制度

　　20世纪二三十年代，中国纺织工厂大量创建养成所，在较短时间内培养现代职员和工人，以适应现代企业发展需要。目前学界缺乏关于近代工厂养

---

①　本文系上海市哲学社会科学规划青年课题"上海近代纺织报刊中的工人运动资料整理与研究"（2021EDS001）的阶段性成果。

成所的专门研究,只是在讨论近代民族企业改革问题时有所涉及,主要包括两
类视角。一类是劳资关系的视角,例如池子华关于申新三厂劳工自治区的研
究、田彤等关于1922—1937年申新三厂企业文化与劳资合作的研究,将养成
所作为工厂福利事业之一加以考察,揭示了该企业为缓和劳资关系作出的努
力。①另一类是现代化的视角,例如高超群从中国整个工业化进程视角,探讨
现代工人与企业关系的历史演变时认为,"中国近代企业中的劳动者,基本都
是来自农村,如何让他们成为合格的工人,并不是一件容易的事",企业家们意
识到不仅要加强科学管理改革,还要"尝试进入工人的精神世界,改造和引导
他们,使之适应现代工业社会",在此基础上,申新三厂决定创办养成所。②

　　上述研究为本文提供了有益的视角参考,但关于养成所究竟是在什么情
况下建立的、具体是如何从技术到精神层面培育人才的、产生的实际效果如何
等关键问题缺乏专门论述,影响了该研究的深入。已有研究多以申新三厂为
个案,原因在于该厂在当时民族棉纺织厂中规模最大、设备最精,并且首设"劳
工自治区",进行劳工福利改革。实际上,申新公司中除申新三厂外,申新二
厂、申新四厂、申新九厂、申新总公司等均设立了养成所,形成养成教育体系和
模式。申新公司是最早设立养成所的民族企业,之后又出现了天津恒源纱厂
养成所、济南仁丰纱厂养成所、上海荣丰纺织厂养成所等。本文将申新公司养
成教育置于近代民族企业管理变革的框架下予以审视,探讨申新公司养成教
育的实践过程、培育方式与实际效果等问题。

## 一、工头制与申新公司建立初期的劳工生产状况

　　工头制源自中国传统农村地主家庭的管家制度。20世纪初期,不少乡
绅、地主官僚等受纺织业巨额利润吸引,或出于实业救国目的进行投资,同时
依靠家族、同僚关系集资创办纱厂,依靠个人地缘网络招募农民进厂做工。申
新公司创始人荣宗敬、荣德生的创业经历也不例外。1883年,其父荣熙泰随
清朝太湖水师提督王青山南下广东,在族叔荣俊业推荐下,结识了任广东磨刀
口税官的朱仲甫,并追随他担任了厘卡师爷。1902年,荣宗敬、荣德生在无锡

---

①　池子华:《近代长三角地区打工妹就业路径探析》,《江苏社会科学》2014年第2期;田彤、卫然:《企
　　业文化与劳资合作——以1922—1937年之申新三厂为个案》,《浙江学刊》2013年第1期。
②　高超群:《现代工人与企业关系的历史演变——从大生看中国工业化进程中的社会重建》,《文化
　　纵横》2019年第2期。

创办保兴面粉厂（后改为茂新面粉厂）时，朱仲甫出资 1.5 万元，时任英商鸿源纱厂代办的族人荣瑞馨出资 9 000 元，其伯父荣秉之出资 3 000 元，荣宗敬、荣德生各出资 3 000 元，其余对外招股，共计 3.9 万元。之后荣氏兄弟相继在全国各地创办了福新、茂新共 12 家面粉厂，申新共 9 家纺织厂，其间均能看到传统熟人社会的影子。①他们在工厂中沿用传统农村地主家庭的管家制度，将之演变为工头制。

申新三厂于 1919 年在无锡开设。该厂在生产方面的组织分为武场和文场两大系统。武场的首领是总工头，负一切技术责任，下设各车间工头，负责管理试验室、修机工、加油工、保全工等工作；文场的首领是总管，负责一切行政工作，下设各车间领班、副领班和记账等人员。但由于武场精通技术，掌握着几乎全部大权。工厂内形成以总工头为核心，由帮会、师徒、家属、亲戚组成的关系网络和利益集团。工头权势很大，据时任申新三厂职员郑祥德讲述，"工头统治如同酋长统治，以个人的好恶为好恶，大有'顺我者生，逆我者死'之概"。②

这种关系网络呈现"差序格局"的特点，与工头关系走得越近的工人，越容易受到工头的庇护，工作也较为怠惰散漫。例如在申新三厂梳棉车间，工人绝大多数是大小工头们的徒弟、亲戚，工资论日计算，"谁也不在他们眼里，经常利用他们自己论日计算的工资，工作态度极不负责，在整日工作中做做停停，或是整天的停，照样可以拿到工资"。又如修机工、加油工、保全工等与机器有关的工头及其从属人员，面对工人们修理故障机器的请求，往往置之不理，甚至斥责殴打。逢夜工班次，"就不约而同地投向车间暗角落里、废花堆里，或杂乱堆置着的各式各样的箱子里，躺着睡觉"。③

申新三厂规模虽大，但由于受工头制的制约，生产程序和劳工管理均不完善，生产落后，效率较低，浪费严重。据时任该厂职员谈家桢回忆，"那时五万纱锭，一天只能产十六支纱九十几件或一百零几件，锭扯只有 0.7 到 0.8 磅，而标准应为 1 磅"。④工头们为了堵住生产漏洞，采取无限制增加廉价劳动力的

---

① 李雅菁：《近代新式棉纺织企业工头制管理方式浅析》，《安徽史学》2007 年第 6 期。
② 《郑祥德访问录》，乐农史料选编：《荣德生与企业经营管理》（下），上海古籍出版社 2004 年版，第 711 页。
③ 楼震旦：《申新纺织第三厂一九二五年破除封建工头管理制度斗争的回忆》，乐农史料选编：《荣德生与企业经营管理》（下），上海古籍出版社 2002 年版，第 685—689 页。
④ 《谈家桢访问录》，乐农史料选编：《荣德生与企业经营管理》（下），上海古籍出版社 2002 年版，第 700—701 页。

措施,大大提高了劳动力成本。该厂在成本、产量、质量等各方面,都远赶不上日本纱厂。

20 世纪 20 年代初期,正值科学管理制在中国工商业界兴起之时。①荣宗敬和荣德生考虑到如不对工厂加以整改,可能走上倒闭的危险,甚至可能被外商企业吞并。另外,当时工厂还积欠了美商慎昌洋行的机器价款。鉴于此,二人决心逐步废除工头制,推行科学管理制度。1924 年,工厂聘请工业学校毕业、曾在日本纱厂工作过的楼震旦,到粗纱间担任领班,主持改革工作。②同时,申新一厂也在改革。在此之前,汉口申新四厂先行改革。正如有研究者指出的,"以一种科层的、物化的、机械的新式管理方法,来代替用人情、关系、权力等构筑起来的传统劳工社群体系,其面临的挑战是显然的",③申新公司改革管理工作并不顺利,申新三厂相继发生了 1925 年工头殴辱新职员、1926 年布厂机工殴伤职员、1928 年布厂工人殴辱职员等工潮,其他工厂也不例外。

改革者意识到,要想废旧,必须立新。近代新闻学研究者吴国良曾对此有过言论:"吾国始办工厂之时,无所谓考验工人之优劣,只知能出货物,即算完事。后受洋货之压迫,稍知改良出品,减轻成本。而一般做手女工,旧习早已铸就,迨今呼伊矫正,实非易事。如欲矫正从善,必须调班训练,使其恶习感散,走上自新之路。"④新式企业亟须引入一批接受过新式工业学校教育、具有一定技术和经验、服从工厂管理的新式职工。

## 二、用工焦虑与养成所的建立

新式职工从何而来成为当时企业经营者的忧心之处。时任申新三厂总工程师的汪孚礼曾指出:"目下比较新式的工厂,动辄有才难之叹。"⑤但从当时设有纺织类科目的新式学校规模看,并非无人可用。伴随着近代教育制度的改革进程,纺织教育取得长足发展。据统计,自 1912 年 5 月至 1916 年 7 月

---

① 1910 年代中期开始,泰罗的科学管理学说被引进中国。20 年代初期,中国一些工商业者也逐渐在企业内推行科学管理制。
② 田彤、卫然:《企业文化与劳资合作——以 1922—1937 年之申新三厂为个案》,《浙江学刊》2013 年第 1 期。
③ 冯筱才:《科学管理、劳资冲突与企业制度选择——以 1930 年代美亚织绸厂为个案》,《史林》2013 年第 6 期。
④ 吴国良:《织布工及养成工组织浅言》,《励进月刊》1933 年 2 月第 1 期,第 6 版。
⑤ 汪孚礼:《纺织人才问题》,《纺织周刊》1931 年 9 月 25 日第 1 卷第 24 期,第 6—8 版。

底,全国各省设立甲种实业学校有 99 个,其中设有蚕科、染织科、机织科、染色科等纺织类科目的有 40 个,约占甲种实业学校的 40%。① 这一数据还不包括乙种实业学校。以湖南为例,1931 年该省工业和职业学校办有 10 余所,其中差不多一半设有纺织染织或机织等科,而纺织工厂只有一个,可谓僧多粥少。② 为何纺织专业学生供过于求,纺织厂还有人才缺乏之虞呢? 究其原因,大致有以下三点。

其一,工头制长期存在,阻碍了学生的加入。如前文所述,申新企业破除封建工头管理制度的斗争并没有取得完全胜利。1925 年工潮发生后,新旧两派暂时达成妥协方案,技术归新派掌握,有关技术操作、机器运转、检修保养等,由技术员开单,交工头办理。③ 在这种新旧体制同时并存的环境下,矛盾和冲突不时发生。旧式职工对学生入厂感到恐慌,各种谣言层出不穷,久而久之演成工潮,"厂主既无办法以善其后,政府亦无保障以济其穷,非富有特别勇敢的精神,谁敢冒此危险呢?"④ 由是可见,学生惧于新旧两派对立局面,不敢进厂。

其二,纺织工作艰苦,学生视其为低下职业。近代纺织工厂不仅环境较差,机声隆隆,棉絮满天,而且采用两班工制,昼夜颠倒,作息紊乱。故汪孚礼感慨:"以视当教师的清闲,作官吏的威势,进而做政客或为军人的,可以顿时大富贵,何苦而为此纺织工务员呢?"⑤ 申新四厂的一名纺织女工曾撰文指出,每逢放假,"同房几个较情投的女工友,简直把工厂当作囚牢地狱,得了这个脱身的机会,早已逃之夭夭"。⑥ 纺织工厂的工作环境和工作强度,影响了学生的就业选择。

其三,学生实践经验不足,不能迅速为工厂所用。当时新式学校主要教授原理和研究方法。例如 1912 年癸丑学制颁行后,甲种实业工业学校染织科专业课程包括应用化学、应用机械学、化学分析、染色法、机织法、纺绩法大意、织物整理、制图及绘画;乙种实业工业学校染织科专业课程包括应用机械学大意、染色法、机织法、织物整理、制图及绘画。⑦ 直到 1922 年壬戌学制推行,职业教育地位才得以提升,但由于高中创办不久,设备不全,除商科外,工农等科往

① 《全国各省设立甲种实业学校情况一览表》,琚鑫圭、童富勇、张守智编:《中国近代教育史资料汇编·实业教育、师范教育》,上海教育出版社 1994 年版,第 289—299 页。

②④⑤ 汪孚礼:《纺织人才问题》,《纺织周刊》1931 年 9 月 25 日第 1 卷第 24 期,第 6—8 版。

③ 姚晓平:《1920 年代申新三厂的改革风波》,《档案与建设》2018 年第 5 期。

⑥ 何竹韵:《我的家庭》,《朝气》1935 年 7 月创刊号,第 7 版。

⑦ 赵博翀、邓可卉:《癸丑学制下民初纺织工业教育制度的建设与施行》,《自然辩证法通讯》2022 年第 11 期。

往不能适合社会需要;初中因没有职业训练的设备和合格的职业教育师资,也出现职业教育流于形式的情况。①

在"用人难"的焦虑下,很多工厂经营者决定不再坐等正规学校毕业生进厂工作,转向自行建立养成所,招录年轻人进所再造,培育符合工厂需要的新式职工。1927年2月,申新总公司试验开办职员养成所,聘请前恒丰纱厂总技师朱仙舫为主任,招收工业学生予以专门训练,毕业后分派至各厂服务。②这是申新公司开办的第一个养成所。

1928年秋,无锡申新三厂继申新总公司之后,创设职员养成所,聘请曾留学英、日学习纺织的沈泮元为主任,地点位于荣巷公益工商中学旧址。半日在校练习科学,半日赴厂实习工业,为期1年。③1932年,申新三厂试图改良宿舍、使家属及男女工人分居的计划失败后,发出"深知原有工友,不可与谋改良"的感叹,因此设立女工养成所,由顾谷诒主持一切,招收远道生手女工,授以教育技术等训练,逐步替代原有工人。同时设立机工养成所,培养男工技术。④

1933年左右,汉口申新四厂、上海申新九厂和二厂也开始招收养成工。这年,申新九厂从原来的杨树浦路迁至澳门路,因缺乏工人便设法招收养成工。⑤3月29日,申新四厂惨遭火灾,全厂除清花车间部分外均付之一炬,"所有熟练工友,悉数星散,或入他厂,或还乡里"。1935年该厂浴火重生,但开工时应聘者寥寥,荣氏毅然决定从根本上改革,创办工作员养成班,全部招募青年女工,后又设立职员训练班。该厂同时有6班养成工接受训练,人数最多时有700—800人,如此大规模训练养成工,在当时国内实为创举。⑥大致在抗日战争发生之前,申新二厂准备工业复兴,创办职员训练班,招收初中毕业或具有同等学力者,教学2年,实习1年,毕业后升任副科长,或派保全部管理机械,或派运转部督促生产。⑦

① 杨晓:《1932年中学改革对"壬戌学制"的反思及其启示》,《四川师范大学学报(社会科学版)》2022年第5期。
② 《各厂消息:申新开办职员养成所》,《纺织时报》1927年2月14日第382号,第2版。
③ 《茂新、福新、申新总公司三十周年纪念册》,1929年编印,第189页。
④ 申三管理处:《申新第三纺织公司劳工自治区概况》,《无锡杂志》1934年11月第21期,第25版。
⑤ 张贯访问记录(1959年1月),《荣家企业史料》上册,上海人民出版社1962年版,第579页。
⑥ 聂仲勋:《复兴后的申新四厂》,《纺织周刊》1935年3月2日第5卷第8期,第11版。
⑦ 《申新纺织第二厂职员训练班第二届招生章程》(1937年前),上海市档案馆,档案号:Q193-1-1038-21.

一些研究者认为由于养成工待遇较差,抗日战争以后就很少见了。①实际上直到 1945 年,茂福申新总公司考虑到受战争影响,当时工业界急需管理人员与技术人员,还联合申新四厂、福新五厂、公益机器厂、公益工商研究所,组成茂福申新职员训练委员会,荣德生次子荣尔仁为主任,创设茂福申新职员养成所。茂福申新职员养成所以"培养工商业中级干部之管理人员及技术人员,增进效率,改良技术,从而促进整个国家之工业化"为宗旨,分高级、中级两班,均以男性为限。②至于申新公司养成所终止经营的时间,目前尚无直接资料可考。根据 1951 年 5 月 8 日上海申新纺织厂总管理处一年工作总结可以看出,养成所已不在职工福利设施内容之中,因此可以判断申新公司养成所终止经营的时间最晚不迟于 1950 年。③

20 世纪二三十年代,申新公司兴办福利改革事业,创设劳工自治区,养成所也被列为职工福利的内容之一。学界已有关于申新三厂劳工自治区的研究,④实际上申新四厂相关事业也小有规模。1935 年初,该厂开始筹办劳工自治区,以副经理、总工程师、总务主任、训练主任、庶务主任等组织的人事委员会为最高机关,以训练科、医药股、教育股、惠工股、人事股等股主任为实际负责人。养成所同时受训练科和教育股管理。⑤

### 三、"新人"的培育:教育与自我教育

养成所建立以后,申新公司开始着手对新式职工的培育。公司首先试图摈弃工头制下的用人方式,采用公开招考等多种渠道筛选出一批学员。继而用新式教育制度教以纺织相关专业理论、技术,尤其注重对他们职业素养、思想道德和生活习惯等精神领域的培育。除此之外,申新公司还在养成所物理空间之外,创造了一个以行业报刊为媒介、养成工进行自我教育的舆论空间,构成该公司养成教育体系的重要组成部分。

#### (一)采用多种渠道筛选学员

申新公司养成所招收学员的方式主要有四种:公开招考、由社会慈善团体

---

① 高超群:《中国近代企业的组织形态初探——以包工制为中心》,《东南学术》2018 年第 3 期。
② 《茂福申新职员养成所章程》(1945 年 7 月 11 日),上海市档案馆,档案号:Q193-1-1038-24.
③ 《上海申新纺织厂总管理处一周年的工作》(1951 年 5 月 8 日),乐农史料选编:《荣德生与企业经营管理》(下),上海古籍出版社 2002 年版,第 1194 页。
④ 池子华:《申新三厂劳工自治区:近代劳工福利改革研究——以"打工妹"为视点》,《上海师范大学学报(哲学社会科学版)》2015 年第 3 期。
⑤ 章剑慧:《汉口申新第四纺织厂之劳工概况及其惠工设施》,《朝气》1936 年 3 月第 8 号,第 1—7 版。

选送、由地方政府介绍，以及由包工头招募。

20世纪二三十年代，随着中国近代民族工业和新闻事业的进步，涌现了一大批工业类报刊。在报刊上公开刊登招考广告，成为当时申新公司养成所招收学生的方式之一，也是较为公允、透明的新型招生方式。申新公司创办的第一家养成所申新职员养成所的首届和第四届招生，均借由华商纱厂联合会创办的刊物《纺织时报》发布，规定了招收学生的名额、资格、待遇、报名方式和考试要求。①

但这种登报公开招考方式主要在职员养成所中出现，女工养成所或机工养成所则很难实行。这可能与职员和工人的地位、待遇存在差距有关，社会上一般认为职员地位较高，待遇较好，因此报名进入职员养成所比较踊跃，而工人地位和待遇则相反，应考者寥寥。例如申新四厂灾后重建亟需大量工人，创办的工作员养成班"起初是出广告招收，后来人民了解养成工生活待遇很苦，报考者少，厂方就依靠天主教孤儿院的帮助，每年总由它送进一批幼童进厂做养成工"。②

除天主教孤儿院外，申新公司养成所还从江湾妇孺救济会中招收学员，这类社会慈善团体为公司养成所提供了大量生源。1933年申新九厂招收了几百名养成工，其中一部分从江湾妇孺救济会招入。前后几次招生中，共计有100余人来自该救济会，大都是年轻女性。她们毕业后由厂方直接雇佣，但部分工钱要交给救济会。③其中一名养成工叫戚秀英，她回忆自己进入江湾妇孺救济会以及被选为申新九厂养成工的过程："我原籍天津，从小没有爷娘。后娘把我卖给邻居大娘，我八岁时她把我带到上海。巡捕房的外国'包打听'（原文注：警探）来查问，大娘说我是她的女儿，我回说不是，她是我的大娘，包打听就把大娘关了起来，把我送到江湾救济会去了。我十六岁时，申九工账科长沈芝，几次到江湾会里挑选养成工，第一批五十人，第二批三十人，以后零零星星进来，共有一百多人。我是第一批进来的。"④

---

① 《申新开办职员养成所》，《纺织时报》1927年2月14日第382号，第2版；《申新职员养成所四届招生》，《纺织时报》1931年6月25日第808号，第8版。
② 武汉市工商局、纺织工业局调查资料，《荣家企业史料》上册，上海人民出版社1962年版，第573页。
③ 《申九职员恽启元访问记录》（1959年1月），《荣家企业史料》上册，上海人民出版社1962年版，第573页。江湾妇孺救济会为近代上海留养类慈善团体。
④ 《申九工人戚秀英访问记录》（1959年1月），《荣家企业史料》上册，上海人民出版社1962年版，第576页。

　　第三类渠道是通过地方政府介绍。例如申新三厂女工养成所招考学员时，"曾由厂方备函通知乡间各区长，请他们把乡下姑娘，必须年在十五岁至二十岁，身体强健，品性温和，举动灵敏，略识文字者一个个介绍来，预先报名登记，填就登记表，然后定期考试"，最后应考者有 200 余人。①

　　第四类渠道是由包工头招募。尽管养成所的创设是为了规避工头制带来的弊端，但工头制的废止并非一蹴而就，甚至养成所招生也依赖这一旧制。申新九厂迁至澳门路后，工人十分缺乏，除从江湾妇孺救济会招生外，主要通过包工头从苏北、常州等地的乡下包来。每个包工头包几十名养成工，供给养成工衣服、被褥和膳食。养成工和包工头形成契约关系，一般为 3 年，也有 1—2年。在契约期内，养成工的工资完全归包工头所有。②由是可知，申新公司养成教育并未完全摆脱工头制的束缚，在培育新职工时不可避免与旧有制度产生关联，也影响了养成所的实际成效。

　　公开招考是申新公司养成所引进新式职工的第一步，应考者需要满足年龄、性别、健康、智力、教育背景等诸多要求。大体可以分为两大类。一类是职员养成所。该类养成所对考生教育背景要求较高，低则初中毕业，高则大学毕业。例如申新纺织公司职员养成所要求考生为"甲工及高中毕业、工专肄业或有相当程度者"③；申新三厂职员养成所创办之初招收高中毕业生，1933 年起改招初中毕业生④；申新二厂职员训练班，招收初中毕业或具有同等学力者⑤；茂福申新职员养成所高级班招收大学或专科学校工商管理系毕业生，中级班招收高中毕业或工业专科学校五年制修业两年以上学生，应考者还需通过国文（作文及常识）、英文、数学（大代数、三角、解析几何）笔试及口试。⑥

　　另一类是工人养成所。该类养成所对学员教育背景要求不高，小学学历即可，有些只要求略识文字，甚至不作要求。例如申新四厂工作员养成班学员受教育程度，"甚不一致，大抵曾入小学者，仅占百分之十弱，其余百分之九十

① 陈涵若：《申三考试女工养成所新生志》，《纺织周刊》1932 年 9 月 23 日第 2 卷第 37 期，第 8 版。
② 时任申九车间考工张贯访问记录（1959 年 1 月），《荣家企业史料》上册，上海人民出版社 1962 年版，第 579—580 页。
③ 《申新职员养成所四届招生》，《纺织时报》1931 年 6 月 25 日第 808 号，第 8 版。
④ 《茂新、福新、申新总公司三十周年纪念册》，1929 年编印，第 189 页。
⑤ 《申新纺织第二厂职员训练班第二届招生章程》（1937 年前），上海市档案馆，档案号：Q193-1-1038-21。
⑥ 《茂福申新职员养成所章程》（1945 年 7 月 11 日），上海市档案馆，档案号：Q193-1-1038-24。

强,均系目不识丁之农家女子"。①但这类养成所要求应考者年纪较轻、身体健康、能吃苦耐劳、品行端正等。又如申新三厂机工养成所招收学员,"限定年龄自十五岁至二十岁,具有初小或高小程度,品性纯善,身体强健,能耐劳苦,且身材高度以达五十四寸者为合格"。②申新四厂要求工作员养成班学员"年在十五岁至十八岁,天足,剪发,身体健全,头脑清晰,略通文字算法,而又未婚之青年女子为合格",并且"须填写详细家庭状况及志愿书,经过体格的检查和智力的各种测验"③。

### (二)采用新式教育制度培育新式职工

经过初论筛选,满足条件的应考者进入养成所接受训练。训练一般按照规定期限、课程和要求进行,比较规范、严格。养成期限职员养成所为1—3年,工人养成所为1—6个月,具体还与学员技能掌握情况和年龄有关。例如茂福申新职员养成所高级班修业1年,中级班修业2年。④申新二厂职员训练班期限3年,其中教学2年,实习1年。⑤申新四厂工作员养成班养成期限为3个月。⑥申新九厂养成工招来后规定学习6个月,但据其中一位当事人回忆,实际上"没有固定的规章,根据个人情况,能独立操作就算学满期了。我那时人小,很喜欢学,三个月就学满,有的人要六个月"⑦;而另一位当事人也称"刚进厂,先学习,学到会独立做工为止,所以学习期限不一定,我学了一个月左右"。⑧

培训课程首重德育。申新四厂养成班章程中定有专条:"学科及格而操行不及格者,仍在开除之列。"⑨逢开学日、毕业日或重大事件纪念日,申新公司便借此时机向养成所学生灌输德育精神。1935年9月,申新四厂第16届养成

---

① 张敦礼:《惠工概况》,《朝气》1936年10/11月,第15/16期,第1版。

② 上海银行:《申新一、二、三、五、八厂调查报告》(1934年),《荣家企业史料》上册,上海人民出版社1962年版,第570页。

③⑥ 聂仲勋:《复兴后的申新四厂》,《纺织周刊》1935年3月2日第5卷第8期,第11版。

④ 《茂福申新职员养成所章程》(1945年7月11日),上海市档案馆,档案号:Q193-1-1038-24。

⑤ 《申新纺织第二厂职员训练班第二届招生章程》(1937年前),上海市档案馆,档案号:Q193-1-1038-21。

⑦ 申九工人戚秀英访问记录(1959年1月),《荣家企业史料》上册,上海人民出版社1962年版,第576页。

⑧ 申九工人孔香云访问记录(1959年1月),《荣家企业史料》上册,上海人民出版社1962年版,第578页。

⑨ 李国伟:《言论:九一八对训练班谈话》,《朝气》1935年10月第3号,第1版。

班开班。在开班仪式上,时任总务科科长张敦礼教导学员要"勤学敦品""忍苦耐劳",在财产上不敢妄动;在交际上保持正当态度;在言语上诚实和气;在工作上"除了以精力赚得相当物质的报酬维持生活外,还含有生产救国服役社会的要义",赋予纺织生产以救国重任和时代使命的伟大意义。①

另外教以纺织管理或生产相关专业理论与技能。职员养成所课程相对比较高深,理论性较强,主要由学识渊博、经验丰富的纺织专家担任教员。如申新三厂职员养成所,曾先后聘请毕业于日本名古屋高等工业学校纺织科的万鹏,日本九州帝国大学工学士、申新三厂布厂调查部主任陆荣圻担任或兼任工作法主任,聘请东吴大学理学士朱孔容教授物理、化学及高等数学等科。②工人养成所则注重理论与实践的结合,并逐渐过渡到以实践为主。如申新四厂养成工第1月授课3小时(每日上午、下午或晚间),工作9小时;第2月授课2小时,工作10小时;第3月授课1小时,工作11小时。课程为纺织标准工作法、纺学、公民、国语、常识、音乐、体育等科。③

养成期间管理较为严苛,学员必须严格服从工厂规定。养成工同其他工人一样,进厂须填写保证书,保人为殷实商店、地方殷实人士或工厂高级职员等,保证进厂后遵守厂规,"不得鼓动罢工",一经发现"得随时开出",并"不得要求复工",保人还要"负完全责任"。④工厂对养成工制定了严格的请假制度:请假前,家长或保人须亲自来厂,或提交请假信并签名盖章,经管理员核准;假满仍未到厂者,须先行续假;非有重大事故或危险疾病,不得任意请假;家居本厂附近者,休息日之前一日放工时起至休息日下午止,可请假回家,但须由家长或保人预先具函申明;每月请假不得过3日,如平均假期超过养成期十分之一者,须延长补足,方准毕业。⑤

经过数月乃至数年的培训教育,养成所学员们还需完成测试方能正式进厂。例如申新四厂养成工每月底举行学科及实习考试一次,不及格者留级。⑥申新三厂养成工须完成"勤怠之测验""能力之测验""健康之测验",设一名管

① 张敦礼:《对第十六届养成工首次公开的讲话》,《朝气》1935年9月第2号,第4版。
② 《申新开办职员养成所》,《纺织时报》1927年2月14日第382号,第2版;《申新职员养成所近讯》,《纺织周刊》1931年5月15日第5号,第21版。
③⑥ 聂仲勋:《复兴后的申新四厂》,《纺织周刊》1935年3月2日第5卷第8期,第11版。
④ 武汉市工商局、纺织工业局调查资料,《荣家企业史料》上册,上海人民出版社1962年版,第592页。
⑤ 申三总管理处:《申新第三纺织公司劳工自治区概况》,《纺织周刊》1934年11月5日第4卷第45期,第10版。

理员专门记录女工之勤怠，以便分类判罚与奖励；测验能力则视其对所习工作是否具体明了、手续清爽、工作合法；测验健康亦甚重要。凡能吻合上述条件，即认为合格，可正式录用。①

### （三）利用报刊媒介浸润新式职工

随着近代行业报刊的兴起，不仅带来招生途径的变化，还为养成所学员接受教育与自我教育提供了舆论空间。1935 年 7 月，申新四厂在湖北汉口创办《朝气》刊物，主要刊登有关纺织业方面的消息和言论。自 1937 年 10 月第 26 期后停刊。在短短 3 年时间里，该刊报道了大量养成所相关内容，大体可以分为两类。

一方面报道工厂管理者对养成所学员的训话。即在养成所教室以外，该厂还辟有另一舆论空间，用以进一步教育学员。例如该刊 1935 年第 2 期刊载张敦礼《对第十六届养成工首次公开的讲话》，第 3 期刊载总经理李国伟《言论：九一八对训练班谈话》，1936 年第 11 期刊载朱觉卿厂长夫人李亚芬《二十届训练班毕业训话》，第 14 期刊载朱觉卿《第二十三届养成班毕业典礼词训》。1934 年，国民政府推出"新生活运动"，加强道德培养，实践"礼、义、廉、耻"，教导国民"明礼义，知廉耻，负责任，守纪律"。《朝气》发行期间正是"新生活运动"推行时期，工厂管理者常以"新生活运动"的标准教育学员。②朱觉卿厂长鞭策学员要有"恒心""责任心""公德心"。③

另一方面报道养成所学员的生活。《朝气》十分关注申新四厂养成工的学习和训练生活，在 1936 年第 9 期和第 10 期先后刊载了养成工训练照片、在教室内上课照片、养成班教练粗纱工作法情形照片和纱厂训练科养成班训练梳棉养成工情形照片。④同时，该刊尝试进入工人的精神世界，改造和引导他们，增强他们的身份认同感。如前文所述，纺织工人常被社会认为是身份较为低微的工作，踊跃报名进入养成班者寥寥。为转变养成工这一思想，更加积极地工作，该刊专辟"学生园地"栏目，刊发不少养成工自己撰写的文章，同时起到自我教育和教育他人的作用。

---

① 于云生：《关于养成工组织浅说》，《纺织周刊》1932 年 12 月 9 日第 2 卷第 48 期，第 21 版。
② 李亚芬：《二十届训练班毕业训话》，《朝气》1936 年 6 月第 11 号，第 1—2 版。
③ 《第二十三届养成班毕业典礼词训》，《朝气》1936 年 9 月第 14 号，第 2—3 版。
④ 《在训练时期的养成工》，《朝气》1936 年 4 月第 9 号，第 1 版；《在教室内受课的养成工》，《朝气》1936 年 4 月第 9 号，第 23 版；《本厂养成班教练粗纱工作法情形》《朝气》1936 年 5 月第 10 号，第 1版；《本厂纱厂训练科养成班训练梳棉养成工情形》，《朝气》1936 年 5 月第 10 号，第 2 版。

刊发内容以宣传劳工事业的正当性、神圣性和高尚性为主。例如，养成工彭德霞毕业时发表感想："在此短促时期中，我们已学会了一种正当的职业，在个人得到独立谋生的技能，在厂方亦增加一部分生产人才，尤其值此社会环境恶劣日益深刻化的中国，女子能够得到独立谋生的机会，这是多么幸慰的一件事哟！"①周春球撰文称："劳工比什么都神圣，工厂生活，比什么还高尚。不像那般依靠他人过活的，受尽了限制和压迫。"②汪翠华直接号召大家"做工去"，在她看来，做工"并不是下流可耻痛苦的职业，在我国这产业落后的当儿，工业是很重要而高尚的业务，而且，以精力的代价换来的金钱，来维持生活，是光明正大的，是应份的"。③报刊不但为养成所学员提供了一个表达心声的渠道，提高了学员的参与感，而且有助于增强学员的身份认同感。养成所学员在教育与自我教育中完成身份的转变，成为有德有才、服从管理、爱岗敬业的新式职工。

## 四、被培育的"新人"：申新公司养成教育效果与影响

目前学界关于工厂养成所的评价存在两种截然不同的观点：一种观点采用的是阶级斗争话语叙事，认为养成工制度是一种工奴制度，养成工是被资本家剥削最重、生活最苦的童工。④另一种观点采用现代化叙事，认为养成所属于近代以来中国工业化过程中的一环，企业家尝试将自己的观念传递和灌输给民众，并在"新社会"中为这些民众找到合适的位置。⑤之所以存在这两种观点，当然与历史学叙事方式变化有关。同时我们要意识到，工厂养成所不能用非黑即白简单评价，只有真正置于当时环境中，从多个角度审视，才能更加客观地看待这一问题。

伴随着近代教育制度的改革，近代各省均设有纺织类科目的新式学校，且规模不小，导致就业市场供过于求。纺织工厂养成所的设立一定程度上缓解

---

① 彭德霞：《毕业后的感想》，《朝气》1935 年 11 月第 4 号，第 14 版。
② 周春球：《深夜的感想》，《朝气》1935 年 12 月第 5 号，第 15—16 版。
③ 汪翠华：《做工去》，《朝气》1935 年 12 月第 5 号，第 15 版。
④ 蔡树立：《抗日战争前汉口福新第五厂和申新第四厂的劳资关系和工人运动》，《武汉大学人文科学学报(历史专号)》1959 年第 4 期，第 53 页；《荣家企业史料》上册，上海人民出版社 1962 年版，第 575 页。
⑤ 高超群：《现代工人与企业关系的历史演变——从大生看中国工业化进程中的社会重建》，《文化纵横》2019 年第 2 期。

了这一矛盾，为毕业生提供了就业机会。正如申新四厂厂长在养成班毕业典礼上所说："目下，我国的学生，不论其在小学、初中、高中，或大学毕业，大都毕业即是失业。各位毕业后即始业，相形之下，各位是何等的有幸福。"①对于文化程度较低的农村青年男女，养成所更是提供了一个谋求生存的渠道。近代政治局势波诡云谲，先是军阀混战，内乱不止，继而日军侵略，战争不断，民不聊生，能够进入工厂做工确是一份正当的事业。不少养成工感叹命运不幸，做工虽不得已，但也是一项选择："我们这些不幸的青年们，生在这个艰难的时代，和恶劣的环境中，到处都感觉着经济的恐慌和困难。家庭里人口众多的，而所赚的钱又少……例如不能继续求学的我，到本厂来做工，还不是一桩很正当的业务吗？"②

　　但由于申新公司养成教育并未完全摆脱工头制的束缚，部分养成工与过去的包身工一样，受到包工头的管制，阻碍了养成所改善职工福利、提高劳动生产效率愿望的实现。例如申新九厂养成工中很多是由包工头管理，养成工和包工头之间订立契约关系，一般为 3 年（也有 1—2 年），在契约期内，养成工工资完全归包工头所有。③纪小妹由包工头从江苏农村带到申新九厂做养成工，她回忆称厂方规定两星期出去一次，但还要请示包工头，并由包工头派人监视，有时放假要帮老板做家务事，如洗衣裳、刷马桶等。④不少养成工不堪重负，未满期就选择中途离开，如申新四厂 1936 年纱厂中途离厂者 223 人，布厂中途离厂者 67 人，共计 290 人。⑤

　　但总体而言，养成所的推行一定程度上有助于提高工厂生产效率。负责申新三厂"劳工自治区"创办工作的薛明剑曾做过一项统计，结果显示包括养成所在内的劳工事业能够促进劳资合作，缓解劳资纠纷，而劳资之间如有龃龉，即使管理再严格，工人仍于暗中损坏物料和机器，或有意增加消耗，降低出品成色，所谓"以力服人者非心服也"；如能互相了解，互相爱护，可以减少暗

---

① 《第二十三届养成班毕业典礼词训》，《朝气》1936 年 9 月第 14 号，第 2—3 版。
② 汪翠华：《做工去》，《朝气》1935 年 12 月第 5 号，第 15 版。
③ 张贯访问记录（1959 年 1 月），《荣家企业史料》上册，上海人民出版社 1962 年版，第 579 页。
④ 申九工人纪小妹访问记录（1959 年 1 月），《荣家企业史料》上册，上海人民出版社 1962 年版，第 578—579 页。
⑤ 武汉市工商局、纺织工业局调查资料，《荣家企业史料》上册，上海人民出版社 1962 年版，第 575 页。

损,增加出数。①

表1　申新三厂纱厂历年产额和每支纱开支(1931—1936年)

| 年份 | 锭扯指数(1931年＝100) | 支出(包括物料、电力、工资、杂项) |
|---|---|---|
| 1931 | 100 | — |
| 1932 | 110.9 | — |
| 1933 | 107.4 | 21.157 2元 |
| 1934 | 113.6 | 17.836 1元 |
| 1935 | 118.6 | 17.836 1元 |
| 1936 | 125.1 | 13.833 4元 |

资料来源:《荣家企业史料》上册,上海人民出版社1962年版,第582—584页,根据相关资料整理而成。锭扯指的是每锭所出棉纱磅数。

申新三厂于1930年成立"劳工自治区",举办职工医院、机工养成所、女工养成所等,以后逐步扩大,至1933年春又先后举办单身女工宿舍、工人晨校、储蓄部、自治法庭等,改善了职工生产和生活环境,调动了大家的积极性。②根据上表,1931年每天锭扯指数为100,1936年增为125.1;1933年每件棉纱支出约为21.16元,1936年降为13.83元。薛明剑也指出,这一成绩虽不能说是完全归功于办理劳工事业,但工厂办理劳工事业后,劳工生活和环境大为改善,一定程度上提高了生产效率。③

单以职员养成所而论,其效果主要是正面、积极的。首先体现在对学员个人职业发展的影响上,大部分学员毕业后继续从事纺织行业,发展较好,担任职务下至普通技术人员,上至工厂厂长。以申新总公司为例,1928—1932年间,申新总公司职员养成所共培养4届毕业生共80人。1948年,该公司曾系统排摸毕业生离校后服务经历情况。在80名毕业生中,除12名未知职业者外,只有3名毕业生服务于职业学校或冶炼行业等,剩余65名毕业生全部任职或曾经任职于纺织行业,占已知职业毕业生人数的96％。在这65名毕业生中,按照最高职务计算,位至副厂长或厂长的约有10人,位至工程师或总工程

① 《荣家企业史料》上册,上海人民出版社1962年版,第582—584页。
② 许涤新主编:《中国企业家列传》第4册,经济日报出版社1990年版,第120页。
③ 无锡市史志办公室编:《薛明剑文集》下,当代中国出版社2005年版,第940页。

师的有 15 人,位至副主任或主任的有 16 人,其余还有技师或职务不明者。①

　　其次,申新公司职员养成所培养了一大批优秀毕业生,部分在纺织行业担任重要角色,影响了中国纺织行业的近代化进程。譬如李向云,曾相继服务于申新二厂、鼎鑫纱厂、振新纱厂,后历任新友企业公司总经理、中国纺织建设公司第四厂厂长。②1941 年,他参与发明小型纺织机,马力七匹余,利用柴油、木炭、电力、水力均可发动。③再如荣德馨,先后在申新纱厂、恒大纱厂任职,后赴日、美长期考察棉纺工业,回国后担任申新二、五厂总工程师。20 世纪 30 年代,他针对纺织设备固定喷雾机的缺点,设计出 380 度回转式喷雾机的方案,受到纺织厂的欢迎。在担任申新二厂工程师期间,他统一各种型号机器的转换齿轮,加强企业经营管理,使棉纱日产增加 50%。④

　　最后,申新公司部分养成所逐渐发展成为正式的纺织专科学校,为培养纺织人才作出持续而重要的贡献。例如 1940 年申新总公司职员养成所改为私立中国纺织染工业专科学校,正式招收高中毕业生,学制为 3 年。1946 年秋改为私立中国纺织工程学院,学制为 4 年。次年秋呈准教育部更名为私立中国纺织工学院,董事长为荣德生,内设纺织工程及染化工程两个学系,校舍有三层楼大厦一座、四层楼大厦一座,另设大礼堂、办公厅、教室、自修室、制图室、实习工场、物理实验室、化学实验室、图书馆、膳厅、寝室、运动场、娱乐室等。私立中国纺织工学院师资队伍雄厚,有教授 23 名,副教授 5 名,导师 4名,助教 1 名。⑤该校毕业生一般服务于纺织工厂、各纺织科系院校,或有关纺织事业的机关单位,继续为纺织工业贡献力量。

## 五、结　语

　　近代不少民族工商业者初步探索中国工业化道路,奠定了中国工业化和现代化的基础,养成所就是这一探索下的产物。辛亥革命后,尤其是第一次世界大战期间及战后的数年,中国民族工业取得迅猛发展,工厂引进大规模新式机器和装备,但管理制度却严重滞后于生产力,阻碍了生产力的发展。正值国

①　《申新总公司职员养成所同学名册》(1948 年),上海市档案馆,档案号:Q193-1-1039。
②　《李向云君之近影》,《纺织世界》1937 年 4 月 10 日第 1 卷第 15 期,第 4 版。
③　《工业界李向云等新发明小型纺织机》,《苏讯》1941 年 7 月 10 日第 26 期,第 9 版。
④　周来:《荣氏家族的纺织专家荣德馨》,《江淮文史》1995 年第 6 期。
⑤　《私立中国纺织工学院》,《纺织染工程》1948 年 7 月第 10 卷,第 24—25 版。

内专科学校培养的第一批工程技术人员开始在企业崭露头角,具备改革的人才基础,不少企业大胆改革,自办养成所,造就了一批有德有才、服从管理、爱岗敬业的新式职工,以代替原来工头制下怠惰散漫、服从工头领导而非工厂领导的旧式职工。事实证明,改革提高了工厂生产效率,初步建立起近代化的劳工管理模式。之后受抗日战争影响,除少数规模较大的企业继续改革外,大部分民族企业的管理体制没有重大变革。

纵观整个近代历史,养成教育并非申新公司所独创,而是诸多领域采取的一种短期内获得所需人才的普遍途径,揭示了中国近代化过程中的人才短缺现象和应对策略。在 1904 年清政府颁布的《奏定学堂章程》中,就规定设立实业教员讲习所,以养成实业教员,为各类实业学堂培养师资。①中国近代养成教育最初主要借鉴日本、英国经验,如该年《教育世界》杂志报道了伦敦中等教员养成所的情况;②1906 年晚清时期重要官办教育刊物《直隶教育杂志》刊载山东开办学监养成所的新闻,并称该养成所使用的是日本名称。③之后出现各类名目的养成所,如监狱官吏养成所、农业教员养成所、工业教员养成所、法官养成所、护士养成所、实业员养成所、技师养成所、测绘养成所等,遍布各行各业。本文仅就申新公司的职员养成所、女工养成所、机工养成所等作专门探讨,关于整个近代养成教育有待日后再论。

## The cultivation of new employees: an investigation into the cultivation education model of Shenxin Company

**Abstract**: In the 1920s, the Chinese textile industry began to adopt a model of cultivating new employees through self operated training centers, which changed the previous employment method under the foreman system. Shenxin Company is the largest textile company in the modern textile industry and the earliest textile enterprise to establish a training center. In the early stages of the company's establishment, the main approach was to adopt a foreman system to manage labor. The factory formed a network of relationships and interest groups

---

① 琚鑫圭、唐炎良编:《中国近代教育史资料汇编·学制演变》,上海教育出版社 1991 年版,第 468 页。

② 《外国学事记:伦敦中等教员养成所》,《教育杂志》1904 年 2 月第 71 号,第 4 版。

③ 《时闻:开办学监养成所》,《直隶教育杂志》1906 年第 7 期,第 127 版。

with the chief foreman as the core, consisting of gangs, apprentices, family members, and relatives. The employees were lazy and lax in their work, resulting in low efficiency. After the company established a training center, a group of students were selected through public recruitment and other methods, and then trained and nurtured on a technical and spiritual level using the new education system and newspaper media. Students completed the transformation of their identities through education and self-education, becoming modern employees with virtue, talent, obedience to management, and dedication to their work, replacing the old style employees under the foreman system. The employees cultivated by nurturance gradually played an important role in the textile industry, and some nurturance institutions have developed into formal textile vocational schools, making sustained and important contributions to the cultivation of textile talents. However, sometimes the choice of enterprise system may not necessarily follow the path of "modernization" in one direction. The foreman system has long existed in Shenxin Company, which has affected the actual effectiveness of the training center.

**Key words**: Shenxin Company; Development Institute; Foreman System; Labor Management System

**作者简介**: 刘盼红, 东华大学马克思主义学院讲师。

# 城市有机更新视域下红色文化空间的当代建构
## ——基于空间与文化的互动①

刘铭秋

**摘　要:**文化导向的城市有机更新将城市看作一个有机生命体来塑造城市文化空间、提升城市文化吸引力和竞争力,强调顺应城市文脉、尊重城市内在秩序和规律。党的十八大以来,以习近平同志为核心的党中央始终高度重视红色资源保护与红色基因传承。红色基因是新时代中国共产党人的精神力量源泉,同时也是城市秩序和精神的内核。城市有机更新和红色基因传承之间同频共振、共融共生,二者的一致性具体表现在价值引领的同向性、文化使命的同质性以及人民立场的同源性。在城市有机更新中赓续党的红色血脉,重在实现红色文化空间的当代建构,处理好传统与现代、保护与传承之间的关系,深刻把握空间、文化与人的互动互促,最终达成红色基因传承与历史风貌延续的统一、与当代现实生活的融通、与多元文化需求的交汇。

**关键词:**红色文化　文化记忆　城市空间　有机更新

## 一、问题的提出

党的二十大报告站在推进文化自信自强、铸就社会主义文化新辉煌的高度,对"弘扬以伟大建党精神为源头的中国共产党人精神谱系,用好红色资源"

---

①　本文系 2023 年度上海市哲学社会科学规划青年课题"社会融合视域下超大城市社区微更新的治理阻梗及优化机制研究"(2023ESH002)的阶段性成果。

提出了重要要求。红色基因贯通历史、现实和未来，凝结着中国共产党在百年奋斗历程中形成的伟大建党精神，是新时代中国共产党人的精神力量源泉。2019年，习近平总书记在主持中共十九届中央政治局第十四次集体学习时指出："把研究五四精神同研究民族精神和时代精神统一起来，同研究党领导人民在革命、建设、改革中创造的革命文化和社会主义先进文化统一起来，使之成为激励人民奋勇前进的精神力量。"①其实，不仅是五四精神，所有红色基因传承的重点不仅在于复现、复活历史，而是通过深入唤醒红色记忆、挖掘红色基因的当代意义，不断结合新的时代条件使红色基因渗进血液、浸入心扉。

当前，我国城市发展进入城市更新的重要时期，由大规模增量建设转为存量提质改造和增量结构调整并重，城市更新模式也从"大拆大建"走向"有机更新"。2023年底召开的中央经济工作会议强调，"实施城市更新行动，打造宜居、韧性、智慧城市"，进一步对城市更新提出明确要求。在城市有机更新过程中要特别关注历史文化遗产，这类遗产地具有较高的历史和文化价值，如肌理连续成片、风貌品质优秀的红色文化街区，但是如何在文化传承和城市发展之间达成平衡，是这些"历史文化敏感区"②推进城市更新的重点和难点。

然而，在文化遗产保护过程中，始终存在"厚古薄今"的错误思维定式。红色文化资源作为我国形成时间较晚的文化遗产，尽管我国很多城市采取了诸多保护措施，但仍有很多遗址在城市更新中消失。近年来，我国在城市有机更新中不断创新红色文化资源的保护利用方式，但也存在着传播样态简单、内容同质化、叙事路径单一等问题。

城市空间可以看作是"容器"和"最好的记忆器官"③，城市既容纳了大量的人口，也容纳着街道、广场、建筑、公园等城市元素，但城市的核心功能还是在于凝聚、储存、流传人类文明。可见，任何城市都类似一个具有明显文化导向的有机体，经历诞生、成长、衰退等生命周期，需要加以更新或改造才得以继续成长。如何运用好红色资源、传播好红色文化，再造红色文化空间，更重要的是处理好城市改造开发与传承红色基因的关系，从根本上回答以城市有机更新赋能红色基因传承何以可能、何以可为的核心议题。

---

① 习近平：《论党的宣传思想工作》，中央文献出版社2020年版，第28页。

② 伍江、周鸣浩：《城市有机更新简论》，《当代建筑》2023年第6期。

③ 刘易斯·芒福德：《城市发展史——起源、演变和前景》，宋俊岭、倪文彦译，中国建筑工业出版社2005年版，第563页。

## 二、文化导向：城市更新的理论转向和实践基础

城市更新贯穿于城市发展的各个阶段，同时，也符合城镇化发展的阶段性规律。西方国家城市更新大体经历了三个阶段：从社会病理学视角解决城市问题的物质更新，到回应城市治理需求的社区更新，逐渐过渡到以可持续发展为目标的城市复兴。城市更新在法国、英国等发达国家经历了较为系统的发展，我国很多城市于 21 世纪初开始持续推进城市更新并引起了学界的诸多关注与讨论。我国城市更新的进程虽然晚于西方国家，但是中国式现代化的"并联式"逻辑又在一定程度上指导城市更新服务于中国特色新型城镇化建设。近年来，我国的城市更新已经逐步转向整体性、综合性的有机更新阶段，无论是其内涵还是外延都呈现出明显的文化导向。

### （一）问题导向：西方国家城市更新的探索

国外城市更新的理论与实践最初是从社会病理学视角出发，针对解决城市特定区域贫困问题而展开的社区开发规划。19 世纪末，工业化和城市化造成了城市地区的重组与扩张，由于支柱性产业的萧条，西方工业城市出现了基本相似的衰退。为了恢复城市中由于工业化而失去的视觉美和生活和谐、改进社会秩序，一些学者提出了城市美化运动，包括了城市艺术、市容改善、户外艺术和古典设计四个方面的内容①，其中，市容改善的主要任务之一就是消除日益蔓延的贫民窟。

20 世纪中叶，世界城市化进程不断加快的同时，西方国家不同程度地出现中心城区衰退以及郊区化趋势。城市更新的理论与实践研究经历了从重建到更新，从城市再生再到城市复兴的转型，形成了诸如增长机器、聚集式增长②等理论。这一阶段城市更新的重点在于弥补物质化更新带来的社会、文化等方面的问题，城市复兴的目标聚焦于改善城市环境和市民生活、增强城市经济活力等方面。

如果用"规划的时代"来表达 20 世纪上半叶西方城市的社会物质需求，那么 70 年代以后则是"市场的时代"，这个时代追求的是一种消费至上的建筑环境。城市规划者开始注重城市的象征形式，城市中心从制造业中心转变为重

---

① 陈雪明：《美国城市规划的历史沿革和未来发展趋势》，《国外城市规划》2003 年第 2 期。

② Harvey L. Molotch, "The City as a Growth Machine: Toward a Political Economy of Place", *American Journal of Sociology*, Vol.82, No.2(Sep., 1976), pp.15—27.

要的购物和消费中心。在城市空间重组过程中,土地投机行为是城市更新的主要动力。基于上述背景,城市更新的目标开始从解决特定区域的贫困问题转向对城市治理需求的针对性回应。有学者在研究曼哈顿从制造业中心到高消费的居住及金融中心的转变过程时指出,制造业的衰落不仅是产业结构调整的结果,也是适应经济政治精英利益需要的必然选择。①随着城市因快速变化而经历分裂和混乱,城市建筑环境不断被建造和拆毁,"分裂的城市"与"冲突的城市"②等理论在20世纪八九十年代发展起来。这种空间层次的"现代性"被大卫·哈维(David Harvey)称为"创造性破坏"(creative destruction)③,在房地产市场的催逼之下,城市原有肌理被迅速拆除与重建,这种代表了资本对利润极大化追求的价值观似乎已经成为城市本身的性质。

20世纪90年代后期,城市规划理念发生变化,城市更新中的治理维度日益重要。由于社会不平等以及贫困状况日益严重,国外学界转向对城市有机更新的关注,在理论层面,重视改善居住品质与邻里关系,保证人与空间的有机联系。在实践层面,反思大规模拆建的弊端,并在小规模渐进性规划、城市微观层次改造等方面进行相关探索,社区治理和社会凝聚力进而成为学界研究的重点议题。一些学者认为,大规模再开发项目相反的,小城市空间的价值是巨大的。④

**(二) 有机更新:新型城镇化建设的中国超越**

我国城市更新的理论与实践研究虽然起步较晚,但是中国与西方国家在城市更新背景、目标与模式方面具有诸多差异。从背景上看,正如上文所述,西方国家城市更新最初是聚焦于城市衰败地区的;而中国城市更新是"伴随着城市建设与发展而逐步展开的,是顺应城市发展新理念新形势,服务于中国特

---

① 安东尼·奥罗姆、陈向明:《城市的世界——对地点的比较分析和历史分析》,曾茂娟、任远译,上海人民出版社2005年版,第55页。
② Peter Marcuse, "What's So New About Divided Cities?", *International Journal of Urban and Regional Research*, Vol.17, No.3(Sep., 1993), pp.355—365.
③ 这一概念最初是由经济学家约瑟夫·熊彼得(Joseph Alois Schumpeter)提出,是指当一个产业在革新之时,都需要大规模地淘汰旧的技术与生产体系,并建立起新的体系,以便为进一步的积累开路。
④ 威廉·H.怀特:《小城市空间的社会生活》,叶齐茂、倪晓晖译,上海译文出版社2016年版,第110—112页。

色新型城镇化建设的重要抓手"①。从目标和内涵上看,西方国家城市更新是以问题为导向的;而中国城市更新是以人为核心的。中国的城镇化是 20 世纪以来人类社会的重大进步,我们仅用了几十年时间就走过了其他国家百年来的城市发展道路。党的十八大以来,以习近平同志为核心的党中央深刻把握我国城镇化发展规律,提出推进以人为核心的新型城镇化,为社会主义现代化建设作出重大贡献。实践证明,推进以人为核心的新型城镇化,创造了人类城市新文明,是以中国式现代化推进中华民族伟大复兴的必然选择。

作为新型城镇化高质量发展的必经阶段,城市更新既是对城市功能更新换代的响应,也是解决城市问题的重要途径。党的二十大报告中明确提出实施城市更新行动,这是以习近平同志为核心的党中央站在全面建设社会主义中国式现代化国家、实现中华民族伟大复兴中国梦的战略高度,准确研判我国城市发展新形势,对进一步提升城市发展质量作出的重大决策部署。自 2021年起,"城市更新"连续三年被写入《政府工作报告》,进一步为我国今后的城市工作指明了方向。

近年来,我国的城市更新也朝着整体性、综合性的方向发展,又或者可以称为"有机更新"。我国的城市更新已经逐步进入以盘活存量为主、在存量空间中实现增量价值的发展阶段,更新目标主要聚焦于老旧小区微改造、非正规住房的拆建、特色小镇建设与产业升级、历史文化街区保护与活化等方面。

国内学界对有机更新的关注源于对大规模拆建弊端的反思,吴良镛等学者较早地在小规模渐进式有机更新等方面进行相关探索。②张杰在研究北京历史文化保护街区时开始关注居民自发式小规模改造现象,并将其概括为"自助式微改造"。他认为,这种微观视角改造也是有机更新的一种形式。③从此,微观视阈作为一种分析和认识路径进入国内城市有机更新的研究视野。之后,广州、上海等城市率先在地方实践中改变城市更新理念,提出"微改造""微更新"等公众参与城市治理的办法和途径,由此激发学术界对城市有机更新研究的热情,很多学者从社区微基建、微改造的原则、更新目标和研究方法

---

① 朱正威:《科学认识城市更新的内涵、功能与目标》,《国家治理》2021 年第 47 期。
② 吴良镛:《北京旧城居住区的整治途径——城市细胞的有机更新与"新四合院"的探索》,《建筑学报》1989 年第 7 期。
③ 张杰:《探求城市历史文化保护区的小规模改造与整治——走"有机更新"之路》,《城市规划》1996年第 4 期。

等不同层面展开研究①。

### （三）文化驱动:探索中国特色有机更新的新路径

从国内外各地城市有机更新的推进与转型来看,无论是城市有机更新的内涵还是外延都呈现出明显的文化导向。但是,文化驱动的中国城市有机更新相较于其他国家的城市更新,最主要的区别在于中华文明的突出特性以及中华优秀传统文化的特质赋予了中国特色有机更新以深厚底蕴。作为推动中华优秀传统文化创造性转化、创新性发展的一种可能形式,城市有机更新的文化导向值得我们关注。

文化导向的城市更新研究可以总结为"空间的文化"和"文化的空间"两个不同的理论视角,其中,"空间的文化"视角是指赋予城市空间以文化内涵的实践行为;"文化的空间"则是将无形的文化具象化并赋予其空间形态的政策过程。②可见,空间和文化是研究文化驱动的城市有机更新的两大要素,基于空间、文化的特性以及二者之间的关系,可以将文化导向的城市有机更新分为具有不同指向性的多种模式(见表1)。

表1　文化导向的城市有机更新模式及文化空间类型比较

| 划分标准 | 更新模式 | 空间类型 | 主要内涵 |
| --- | --- | --- | --- |
| 空间尺度 | 宏观文化格局更新 | 城市文化轴线 | 实现城市整体风貌、城市精神、城市意象与城市空间的耦合 |
| | 中观文化场景更新 | 历史街区、特色小镇等 | 表达区域性空间文化物质 |
| | 微观文化设施更新 | 博物馆等公共服务设施以及书店等消费文化设施 | 满足城市居民日益增长的精神文化需求 |
| 空间开放程度 | 公共空间更新 | 文化公园、城市书房、文化驿站等 | 对所有市民开放、提供公共文化服务的城市空间 |
| | 私人空间更新 | 私人美术馆、文化会馆 | 具有明显边界以及较强的领域性 |
| | 过渡空间更新 | 具有居住功能的历史街区的外部空间(弄堂、庭院等) | 公共空间与私人空间的过渡领域,是邻里之间进行文化交流的重要场所 |

---

① 刘淑妍、诸大建、孙辉等:《超大城市社区微基建共治新进路》,上海人民出版社 2021 年版,第 15 页。

② 黄晴、王佃利:《城市更新的文化导向:理论内涵、实践模式及其经验启示》,《城市发展研究》2018 年第 10 期。

续　表

| 划分标准 | 更新模式 | 空间类型 | 主要内涵 |
|---|---|---|---|
| 文化种类 | 基于传统文化的更新 | 历史文化名城名镇、历史建筑和历史风貌区等 | 以保护传统文化为主要目的 |
| | 基于外来文化的更新 | 欧洲风情街、唐人街等 | 增进不同文化之间的交流互鉴 |
| 文化功能 | 消费复合型更新 | 文旅街区、文化主题乐园等 | 以文旅融合驱动城市复兴 |
| | 生产复合型更新 | 创意产业园区、影视文化园区等 | 涉及旧工业区及工业遗产的改造,通过产业腾挪更替实现升级 |
| | 居住复合型更新 | 北京胡同、上海石库门里弄等 | 保留一定的历史文化遗迹,但是需要改造修复、提升居住体验 |
| 空间与文化的关系 | 文化"空间"化模式 | 节日小镇或用于举办城市节庆活动的场所 | 将文化"具象"为促进更新的引擎或催化剂 |
| | 空间"文化"化模式 | 文化城市、创意城市等 | 文化活动与某一地区的更新战略完全整合在一起,将文化融入政策和规划 |
| | "文化—空间—人"模式 | 艺术社区、社区文化活动中心等 | 由居民、社区和其他社会组织主导开展的小规模改造 |

表格来源:作者自制。

　　基于城市空间尺度,文化导向的城市有机更新可以分为宏观文化格局更新、中观文化场景更新以及微观文化设施更新三种模式;基于空间的开放程度,文化导向的城市有机更新又可以分为对所有市民开放的公共文化空间,具有明显边界、较强的领域性的私人空间以及公共空间与私人空间过渡领域的改造和重建。基于文化的种类,主要表现为基于传统文化的更新以及基于外来文化的更新两种城市有机更新模式;基于文化的功能,国内外城市有机更新实践主要可以划分为消费复合型更新、生产复合型更新以及居住复合型更新。

　　同时,本文根据空间与文化的互动关系,还将文化导向的城市更新划分为三种模式。一是文化"空间"化模式,尤其凸显了将抽象文化具象化的思考逻辑,使其成为促进城市更新的重要引擎;二是空间"文化"化模式,文化活动与某一地区的更新战略整合在一起,将文化融入城市更新政策和规划之中;三是"文化—空间—人"模式,在文化与空间两个要素之中引入"人"这一行动主体,由居民、社区或其他社会组织主导开展文化导向的小规模改造。

红色文化是红色基因①的文化表征,而红色文化又是以物质文化和非物质文化形态呈现的红色文化资源为载体,可以说,红色文化是红色基因的物化形态,而红色基因是对红色文化的内化与认同②。作为中华文化的血脉传承,红色基因是中华民族精神信仰的重要价值符号,同样也是提升城市文化底蕴、增强城市文化软实力的重要载体。可见,红色基因传承是城市有机更新的重要驱动力。从空间属性上看,承载红色基因的红色文化空间兼具物质空间、精神空间以及社会空间多重属性。而从文化的功能来看,以红色基因传承为根本指向的城市有机更新超越了基于文化生产功能和文化消费功能的城市有机更新,凸显了红色文化以文化传承、文化服务和文化创新为主体构成的多重价值属性。因此,城市有机更新赋能红色基因传承不能依靠表1中所划分的某一种更新模式来实现,而是亟待建立一个全新的框架来诠释城市有机更新赋能红色文化空间再造何以可能、何以可为。

### 三、文化使命:城市有机更新赋能红色文化空间再造的耦合逻辑

城市有机更新和红色基因传承有着诸多内涵与目标的一致性,二者更多的是双向促进的关系,并逐步形成相互嵌入、共融共生的状态。一方面,城市有机更新赋能红色基因传承,城市有机更新对红色基因的整合、连接和空间改造,是延续红色文脉、提升城市内涵的重要手段,一些红色文旅新空间、新体验和新生态在更新实践中应运而生。另一方面,红色基因传承也在一定程度上反哺城市有机更新、激发城市经济的文化活力,是城市更新产业转型的重要方向。

---

① 基因原本是一个生物学概念,指的是决定生物体基本构造和性能的遗传因子。作为一个比喻性概念,红色基因是将生物学的基因概念运用于政治领域而产生。其基本内涵是对中国共产党革命精神的传承,构成了中国共产党独特的文化传统和文化本质,是中国共产党人的精神内核,更是中华民族的精神纽带。红色基因有狭义和广义之分:中国共产党领导的革命文化可称为狭义的红色文化;鸦片战争之后一切反对帝国主义侵略、反对封建主义压迫、争取民族独立与人民自由幸福的精神文化,可称为广义的红色基因。本文所述红色基因主要是指广义的红色基因,尤其针对红色革命遗址(文物)的保护与传承进行深入探讨。
② 彭正德、江桑榆:《论红色基因及其在新时代的传承》,《湖南社会科学》2021年第1期。

### (一) 全球视野:价值引领的同向性

首先,基于全球视野的红色基因传承应该体现文化认同的力量。当今世界,大国竞争越来越体现在中心城市软实力的"较量",可以说,文化是全球城市发展生生不息的力量源泉。纵观全球城市的发展历程,其影响因子排第一位的是文化吸引力,也可以理解为"文化认同的力量"[1]。红色文化作为中国共产党人带领人民群众共同创造的、富有中国特色的先进文化,是我国推进国际文化大都市建设最为显性化的特质。

中国城市研究尤其是城市更新研究无法回避国外城市化进程中的经验与教训。城市更新(urban renewal)一词源于西方,二战后至今,城市更新在西方经历了从"城市重建"(urban reconstruction)到"城市复兴"(urban rehabilitation)再到"城市再生"(urban regeneration)的内涵变迁过程。比较而言,中国与西方国家在城市更新背景、目标与模式方面具有不同的特征。根据《上海市城市总体规划(2017—2035 年)》,上海将"卓越的全球城市"定为2035 年的发展目标,理论上,要探索有中国背景和世界情怀的全球城市理论;实践上,要建设中国自己的全球城市。对标伦敦、巴黎、东京等世界顶级城市的更新政策及制度经验,能够为上海等大城市的城市更新以及城市治理现代化提供全新思路。纽约、东京和巴黎等全球城市在特色文化再生产过程中所表现出的文化自觉与自为,特别是全球城市的文化场域建构、文化创新经验,体现在创造一种东西方文化融合、历史文化传承以及世界文化融合的价值。

其次,在城市有机更新中推动红色基因传承也是展示真实、立体、全面的中国的重要载体。早在 2007 年 8 月,在上海世博会中国馆的主题确定为"城市发展中的中国智慧"时,习近平总书记指出:"中国智慧要体现中华民族的大智慧,比如大象无形、大方无隅、大智若愚、大音希声,这些中国智慧如果能体现出来,会很有意思。"卓越的城市必有卓越的文化,文化软实力已经成为城市有机更新的核心要素,也是城市参与全球竞争的关键实力。[2]城市有机更新中的中国智慧正是体现在厚植城市精神,彰显城市品格,全面提升中国城市软实力。同时,在城市有机更新中传承红色基因,也是推动中华文化走出去的一种

---

[1] Allen J. Scott, "Globalization and the rise of city-regions", *European Planning Studies*, Vol.9, No.7 (Oct., 2001), pp.813—826.

[2] 于洪生:《建设全球城市,为何要传承红色基因》,《解放日报》2018 年 3 月 6 日。

形式,在空间改造中"向世界阐释推介更多具有中国特色、体现中国精神、蕴藏中国智慧的优秀文化"①,以此提升中华文化的感召力、中国形象的亲和力以及中国话语的说服力。

**(二) 中国式现代化道路:文化使命的同质性**

一方面,习近平总书记指出,中国式现代化赋予红色基因以现代力量,红色基因赋予中国式现代化以深厚底蕴,同时也为新时代的城市有机更新提供了丰富的文化动力。上海作为社会主义国际文化大都市,理应成为中国式现代化的"拓疆者",探索具有中国特色的红色基因传承路径,其丰富的红色文化、海派文化、江南文化是推进城市有机更新的宝贵资源。

与井冈山、延安、古田等地的红色文化相比,上海红色文化具有丰厚性与特殊性,中国共产党在 1921 年至 1949 年间共举行过七次全国代表大会,其中一大、二大、四大在上海召开,另有六次中央全会在上海举行,这源于近代上海特殊的国际联系、政治格局、经济结构、文化结构和文化态势。②近年来,上海在城市有机更新中表现出明显的红色基因传承转向,通过深入挖掘这些特有的红色文化资源,对城市空间的整合、连接和改造,延续红色文脉,提升城市内涵,弘扬"海纳百川、追求卓越、开明睿智、大气谦和"的城市精神以及"开放、创新、包容"的城市品格。

另一方面,作为中国式现代化的重要载体,以人民为中心的城市有机更新是延续城市文脉、提升城市内涵的重要手段,为广大人民群众提供了强大的精神指引。党的二十大报告提出:"坚持人民城市人民建、人民城市为人民,提高城市规划、建设、治理水平,加快转变超大特大城市发展方式,实施城市更新行动,加强城市基础设施建设,打造宜居、韧性、智慧城市。"③这是"城市更新"首次写入中国共产党全国代表大会报告,是以习近平同志为核心的党中央站在"以中国式现代化全面推进中华民族伟大复兴"的战略高度,对进一步提升城市发展质量作出的重大决策部署。这一要求顺应了城市发展新趋势、改革发展新要求、人民群众新期待,为新时代做好城市工作、推进以人为核心的新型城镇化指明了方向。

---

① 习近平:《习近平谈治国理政》第 4 卷,外文出版社 2022 年版,第 316—317 页。
② 熊月之:《光明的摇篮》,上海人民出版社 2021 年版,第 363—368 页。
③ 习近平:《高举中国特色社会主义伟大旗帜　为全面建设社会主义现代化国家而团结奋斗——在中国共产党第二十次全国代表大会上的报告》,人民出版社 2022 年版,第 32 页。

在完善中国特色社会主义文化治理体系和治理能力现代化的过程中,乡村振兴、城市更新同时从两个空间、两大社会经济文化形态为重构中国文化发展空间形态和文化治理形态创造条件。中国的城市有机更新要走出一条充分体现中国城市特色文化形态的中国式现代化的城市发展之路,留住红色符号与基因,建构极具中国红色文化底色的城市空间形态,最终实现推进文化自信自强、讲好中国故事以及促进文明交流互鉴。

### (三) 市域社会治理现代化逻辑:人民立场的同源性

以红色基因传承引领城市建设是促进城市高质量发展的不竭动力。随着中国经济发展进入"新常态",城市更新不再局限于传统的物质层面、拆旧建新式的更新,而是迈入空间内涵式有机更新的新阶段。可见,随着我国城市化进程向纵深推进,城市有机更新是贯彻新发展理念、转变城市开发方式的必然要求,已成为驱动城市高质量发展的重要抓手,对加快形成国内经济大循环和稳住我国经济基本盘有着重要的战略意义。党的二十大报告指出:"中国式现代化是全体人民共同富裕的现代化。共同富裕是中国特色社会主义的本质要求,也是一个长期的历史过程。我们坚持把实现人民对美好生活的向往作为现代化建设的出发点和落脚点。"①高质量发展的出发点和落脚点同样是以人民为中心。因此,把握城市有机更新的人民属性是推动高质量发展的必然选择,更是全面建设社会主义现代化国家的应有之义。

在城市有机更新中推动红色文化空间的当代建构,不仅激发了红色文化资源开发利用的内生动力,而且较好地满足了人民对美好生活的文化需要,对于增进民生福祉、推动社会融合具有积极意义。因此,在城市有机更新过程中,既要关注红色基因传承,也要考虑改善民生和生态环境。这与二十大报告关于中国式现代化重要特征和本质要求的论述是一致的。

目前,国家治理日益压缩为城市治理和社区治理,精细化、个性化的城市有机更新成为时代必需,也是实现多元主体共建共治共享的重要媒介。2018年11月,习近平总书记视察上海浦东新区城运中心时指出,城市管理搞得好,社会才能稳定、经济才能发展。一流城市要有一流治理。提高城市管理水平,要在科学化、精细化、智能化上下功夫。可见,在经济发展中,城市地位举足轻

---

① 习近平:《高举中国特色社会主义伟大旗帜 为全面建设社会主义现代化国家而团结奋斗——在中国共产党第二十次全国代表大会上的报告》,人民出版社 2022 年版,第 22 页。

重,在推进国家治理体系和治理能力现代化的过程中,城市治理同样重要。中国特色社会主义进入新时代,我们需要在国家治理体系和治理能力现代化的语境下,用城市治理理念来诠释城市有机更新,进一步将红色文化融合发展同优质的公共文化服务相结合,让更多的市民便捷直观地体验到红色文化特质和精神品格,更好地满足人民日益增长的精神文化需求。

### 四、文化繁荣:城市有机更新赋能红色文化空间再造的实践路径

2021 年,联合国教科文组织和世界银行联合发布《城市·文化·创意:以文化和创意为支点促进可持续的城市发展和包容性增长》,报告中指出,文化导向对城市发展具有推动作用。①在城市有机更新中实现文化传承与空间营造,对城市发展的积极影响既体现在以城市文化功能助力城市空间转型升级,更重要的是在城市可持续发展中坚定文化自信,为推动文明交流互鉴作出更大贡献。从马克思主义整体性思维来看,文化传承的内涵不仅仅是保护,更重要的是活化利用,具体而言,兼顾文化空间的三重属性,深刻把握空间、文化与人的互动关系,充分挖掘城市文化资源的当代价值,最终实现文化传承与历史风貌延续的统一、与当代现实生活的融通以及与多元文化需求的交汇。

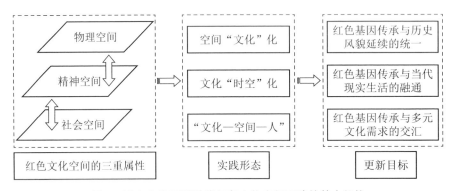

**图 1　城市有机更新赋能红色文化空间再造的基本架构**

图片来源:作者自制。

---

① UNESCO World Bank, "Publication: Cities, Culture, Creativity: Leveraging Culture and Creativity for Sustainable Urban Development and Inclusive Growth", https://openknowledge.worldbank.org/entities/publication/0a8dde74-1253-5f00-afc4-837d332247b7, 2021-05-20.

### (一) 空间"文化"化:红色基因传承与历史风貌延续的统一

为了避免城市公共空间在进行转型升级的过程中出现文化异化等问题①,必须充分把握红色基因突出的延续性。有学者将近代中国红色资源的形成路径总结为根据地式、纪念地式和半根据地、多纪念地式三类。其中,"根据地式的红色资源呈整体性、系统性特点,而纪念地式则不一样,呈单一性、孤立性特点"②。作为兼具以上两种部分功能的第三种类型,近代上海红色文化既丰厚又深邃,上海全市共存 1919 年五四运动至 1949 年上海解放的红色资源 612 处,包括中国共产党诞生地、中国工人运动发源地、新文化运动发祥地等 15 类。③概言之,无论是哪种红色资源,在城市有机更新的过程中都不能忽视以空间开放和空间整合来凝聚中华民族一脉相承的价值追求。

从共时性视域看,红色文化具有导向功能。"文化记忆"理论提出者扬·阿斯曼(Jan Assmann)坚信,每种文化都会形成一种"凝聚性结构"④,起到连接和联系的作用。吴良镛作为最早提出"城市有机更新"理论的学者,在研究北京旧城整治途径时指出,城市永远处于新陈代谢之中,他主张对历史文化名城体形环境的有机秩序进行整体性保护。⑤城市有机更新正是通过红色基因的创新性传承来"构建城市的整体意象"⑥,激活城市空间随历史进程而日益获得并强化的红色记忆,并对其进行整体性保护。

为解决一些城市红色基因之间的内在串联不足、红色文化主题场馆的协同联动较少的问题,地方政府可以通过打造线性的红色基因轴线,引导"红色文化地图"布局,形成富有层次的红色文化空间序列。纵观伦敦、纽约、巴黎、东京等城市的有机更新进程,各有形成了泰晤士河轴线、曼哈顿第五大道轴线等独特的城市文化轴线。⑦

上海的红色文化资源分布总体上呈现出向心聚集性,并沿"红色一平方公

---

① 刘铭秋:《城市更新中的空间冲突及其化解》,《城市发展研究》2017 年第 10 期。

② 熊月之:《上海租界与近代中国》,上海交通大学出版社 2019 年版,第 264 页。

③ 苏智良、姚霏主编:《初心之地:上海红色革命纪念地全记录》,上海人民出版社、学林出版社 2020 年版,第 1—2 页。

④ 扬·阿斯曼:《文化记忆:早期高级文化中的文字、回忆和政治身份》,金寿福、黄晓晨译,北京大学出版社 2015 年版,第 4 页。

⑤ 吴良镛:《北京旧城与菊儿胡同》,中国建筑工业出版社 1994 年版,第 60—68 页。

⑥ 韩传喜:《城市文学:写出城市的精气神》,《人民日报海外版》2020 年 10 月 22 日第 7 版。

⑦ 魏伟、刘畅、张帅权、王兵:《城市文化空间塑造的国际经验与启示——以伦敦、纽约、巴黎、东京为例》,《国际城市规划》2020 年第 3 期。

里"呈放射状延伸。"以中共一大会址为核心,东起顺昌路,西至思南路,北抵延安东路,南达合肥路,这周围大约 1.8 平方公里的'方寸之地'中密布着与中国共产党早期创建有关的重要革命历史旧址 10 多处。这里是中国共产党创建的红色起点。"①近年来,上海对"红色一平方公里"区域高度重视,发布《上海红色文化地图》系统梳理了上海地区的红色文化遗址资源。此外,武汉等城市也在城市有机更新的过程中,统筹挖掘红色资源,将区域内红色文化资源串联起来。八一南昌起义发生时,武汉是当时的中共中央所在地,因此,武汉是人民军队建军的重要策源地。基于此,武汉以中共中央机关旧址为中心打造"一平方公里红色街区"②,修复黎黄陂路、改造中山大道江岸,进一步发挥红色基因的文化导向作用。

**(二) 文化"空间"化:红色基因传承与当代现实生活的融通**

2013 年,习近平总书记视察临沂市时将沂蒙精神诠释为"水乳交融、生死与共"的党群关系和军民关系。他指出:"在沂蒙这片红色土地上,诞生了无数可歌可泣的英雄儿女,沂蒙六姐妹、沂蒙母亲、沂蒙红嫂的事迹十分感人。"③事实上,不仅是沂蒙精神,党同人民群众的鱼水深情始终是中国共产党人红色基因和中华民族宝贵精神财富的重要组成部分。

以上海为例,1900 年,上海城市人口超过 100 万人,已是中国第一大城市。④中国共产党创建时的上海,已是中国的贸易中心、金融中心与工业中心。同时,上海成为工人阶级的集中地,这也是中国共产党选择上海作为建党城市的依据之一。⑤作为中国近代工业的摇篮、中国工人运动的发祥地,黄浦江、苏州河沿岸的工人运动留下了丰富的红色文化资源。可见,城市有机更新赋能红色基因传承的重点在于把握"人民城市"历史脉络与时代机遇的互动,延展红色文脉的深度与广度,凸显红色基因的价值立场。

从历时性视域看,红色文化具有稳定社会和再生产的作用,红色文化记忆就是由社会建构起来的历时身份。空间作为一种符号化的媒介,也在文化记

---

① 东方网"红色一平方公里"课题组、李宏洋:《关于上海"红色一平方公里"的调研与思考》,《上海党史与党建》2021 年第 2 期。

② 《研究追考人民军队建军重要策源地 寻访"1927 年的武汉"》,《解放日报》2017 年 7 月 24 日第 4 版。

③ 习近平:《论党的宣传思想工作》,中央文献出版社 2020 年版,第 25 页。

④ 何一民:《中国城市史》,武汉大学出版社 2012 年版,第 571—573 页。

⑤ 中共一大会址纪念馆编:《中共首次亮相国际政治舞台(档案资料集)》,上海人民出版社 2016 年版,第 397 页。

忆承载中具有重要意义。①因而,作为红色基因的重要载体,红色文化记忆的"空间化"表达,是红色基因传承与当代现实生活融通的关键。红色基因传承既要求从共时性视角关注空间上的关联性,也强调从时间维度挖掘其历史层积性。将当代社会生活重新引入已经丧失部分功能的红色遗址中,为人们营造共融共生的"沉浸式体验",使红色文化资源重新焕发价值与生命力。

红色文化空间的多重属性体现在,它不仅具有建筑实体的形式,而且还具有精神上的意义,诺伯舒兹(Christian Noberg-Schulz)将其凝练为"场所精神",对特定场所的"创造性的参与意味着在新的历史状况下具体化这些基本的意义"②。红色文化空间的场所精神是中国共产党带领中国人民在长期革命实践中留下的宝贵精神财富,只有深刻理解这些城市空间中蕴含的党的伟大精神和光荣传统,才能对红色基因进行创造性地参与和贡献。

一是凭借主题活动复现红色基因的历史文化和时代价值。文化在社会和时间的层面上起到连接和联系的作用,它凝聚共识、确立价值、诉诸实践,除了文字、图画、纪念碑、博物馆能够存储文化记忆以外,仪式或庆典也能够通过"重复"和"现时化",一次又一次复现过去,最终形成集体认同。③其中,文化线路作为一种新型遗产类型,承载着过去、现在和未来的丰富信息④,是将红色文化和现代生活融为一体的重要方式之一。2024 年正值上海解放 75 周年之际,上海市历史博物馆特别推出了"红色征程"上海解放 75 周年系列活动——City Walk 寻访上海城市行走,通过线下集章、线上打卡等形式,充分展现出石库门里弄丰厚的红色基因,也反映了红色基因在时间和空间上的交叠变迁,真正做到让红色文化资源"活起来"。

二是在城市有机更新中运用数字技术赓续红色基因,实现红色文化资源展示传播的数字化转型,通过 AR 交互、3D 影像、有声读物等技术将实体空间和虚拟空间相互嵌入,将与红色基因有关的"人""事""物"有机融合,使参观者重新感受中国共产党的奋斗历程,完成从参观者到参与者再到传承者的身份

① 阿莱达·阿斯曼:《回忆空间:文化记忆的形式和变迁》,潘璐译,北京大学出版社 2016 年版,第 1—2 页。
② 诺伯舒兹:《场所精神:迈向建筑现象学》,施植明译,华中科技大学出版社 2010 年版,第 185 页。
③ 阿莱达·阿斯曼:《回忆空间:文化记忆的形式和变迁》,潘璐译,北京大学出版社 2016 年版,第 4 页。
④ 王光艳、樊志宏:《文化线路的内涵、功能与时代价值:基于时空重构与价值共享视角》,《学习与实践》2023 年第 7 期。

转变,唤醒当代人对红色文化的深层记忆。

### (三)"文化—空间—人":红色基因传承与多元文化需求的交汇

海德格尔(Martin Heidegger)通过对古代德语的分析后发现,"住所"(dwelling)代表人与场所的关系,在海德格尔的基础上,诺伯舒兹指出空间由场所而得以存在,而场所精神是由人与场所之间产生的有意义的关系(又或者称为"认同感")得以充分体现。"疏离感最主要是由人对构成其环境之中的自然和认为的物丧失了认同感所引起的。"①红色文化空间同样也是社会空间,理应加深人与红色文化空间的联结,以实现红色基因传承与多元文化需求的交汇。

正如习近平总书记所强调的,市民是城市建设、城市发展的主体。因此,用人民城市理念引领城市有机更新,用城市治理思维推动红色基因传承,具有很强的时代性与指向性。"城市更新与城市文化的空间再造,实际上是再造人与城市的文化空间关系。"②红色文化突出的包容性体现在"共享",红色文化空间改造与开发既要实现经济与社会、物质与红色文化并重的发展目标,也要使人民共享城市发展的成果、平等的城市权利和均质的城市公共文化服务。

一是党建引领红色基因传承。在城市有机更新的实践中充分发挥区域化党建的资源优势,激励基层党组织和广大党员凝心聚力,提升城市治理效能,赋能红色基因传承。近年来,上海以党建引领城市社会发展的特点逐渐清晰,山阴路历史风貌区作为上海12个市级历史风貌保护区之一,红色资源十分丰富,周恩来、鲁迅、陈延年等人均在此工作生活过。虹口区人民政府四川北路街道山二居委会将原先的内部空间改造成为社区会客厅和居民议事厅,形成开放共享、议事协商、邻里交往、终身学习、便民服务的"五个空间"。③同时,通过打造"里弄里的党史学堂",呈现四川北路区域早期红色故事、保留恒丰里的百年变迁,使居民走出家门就能重拾老弄堂的红色记忆。

二是高校开放红色文化空间。青年群体是红色基因渗进血液、浸入心扉

---

① 诺伯舒兹:《场所精神:迈向建筑现象学》,施植明译,华中科技大学出版社2010年版,第208页。
② 胡惠林:《文明转型:中国工业文化遗产与城市文化空间再造论纲——城市文化经济与政策的现代议程》,《东岳论丛》2019年第8期。
③ 杨洁、解敏:《上海城市更新报告⑤|老建筑魅力重塑与品质提升》,《新民晚报》2023年11月14日第3—7版。

的关键力量。因此,传承好红色基因不仅要和当下生活、未来社会深刻联结,还要和青年群体产生广泛交集。产生交集不仅是单向地灌输、传达红色文化,而是激发青年群体主动融入、积极分享红色文化的意愿。近年来,上海推动中心城区高校拆除围墙,全面打造开放式校园,融入城区、街区和社区。2021年,苏州河华东政法大学段滨水空间全面更新、开放,并于2023年开展孙中山在上海史迹地寻踪系列活动。作为上海城市史上最早的大学校园,华东政法大学依托丰富的红色资源,向市民开放共享"三大文化"相互交融的城市文化空间,这些高校的红色文化资源同时也是思政教学最生动的素材。

三是全过程协同、全社会参与。城市有机更新将红色文化空间塑造成为更加多元化的社会平台,具有调动和整合社会关系的作用。①红色文化资源一定程度上能够保持其特有的、作为"地方共同意识"(local common sense)的凝聚力。从根本上看,红色文化资源保护与利用是全社会共同参与的一项文化运动,落脚点是人民群众的获得感、幸福感、安全感。近年来,上海在全国率先基本建成现代公共文化服务体系,中心城区10分钟、郊区15分钟公共文化服务圈基本形成。②依托这一优势,上海在梳理、挖掘红色文化资源及特色的基础上,同优质的公共文化服务相结合。上海市徐汇区永嘉路291弄慎成里66号曾经是"抗战时期中共江苏省委机关旧址",是革命战争时期领导上海和江浙地区革命斗争最重要的省级机构之一,也是上海人民抗日救亡斗争史的重要组成部分。2021年起,徐汇区政府开展"进弄堂,见初心"慎成里微更新设计方案征集活动,鼓励和引导居民、规划师、社区工作者等各方社会力量积极参与红色基因传承工作,实现"慎成里社区会客厅"的共治共建共享,建立全过程协同、全社会参与的共同保护机制。

## 五、结论与讨论

2023年6月2日,习近平总书记从连续性、创新性、统一性、包容性、和平性五个方面深刻阐述中华文明的突出特性③,进一步深化对中华文明的规律

---

① Richard Florida, "The Rise of the Creative Class. Why Cities without gays and rock bands are losing the economic development race", *Washington Monthly*, May 1, 2002.
② 上海市人民政府:《上海市社会主义国际文化大都市建设"十四五"规划》,https://www.shanghai.gov.cn/nw12344/20210902/167294c60727444f8ac1d84b65fbbb70.html,2023年4月2日。
③ 习近平:《在文化传承发展座谈会上的讲话》,《求是》2023年第17期。

性认识。作为中华文化的重要组成部分,红色基因是共产党人价值理念的集中体现,也是各类文化中最先进、最优秀的代表。红色基因主要集中展现了中华文明的延续性、创新性以及包容性,因此,城市有机更新视域下建构新时代红色文化空间的首要任务也是对这些突出特性的充分阐释。

第一,以空间整合巩固红色基因的连续性。党的二十大报告对红色基因传承作出重要部署,充分体现了以习近平同志为核心的党中央对赓续红色文脉的高度重视。城市有机更新的文化导向体现在对承载这些红色基因的城市建筑的改造从"零敲碎打"向"整体提升"转变,使红色基因与城市文脉和谐相融,使文化文脉与城市生活和谐共生。总而言之,城市有机更新不仅是物理空间上的更新,更是红色基因的保护与传承、居民居住条件的改善和社会生活的整体性复兴。

第二,以创新载体展现红色基因的创新性。红色基因传承不是静态的,而是应该放在推动城市文化繁荣、建设文化强国等更大的框架内思考。保护不是最终目的,只有把红色基因作为建设中华民族现代文明的重要资源,其多重价值才能被真正释放。具体而言,红色基因除了蕴含巨大的文化价值和历史价值以外,还体现在对于革命老区和乡村建设的旅游经济价值、对于党史学习教育的政治价值、对于生态建设和环境保护的生活美学价值等多属性价值。因此,要统筹好红色文化资源保护、传承与利用的关系,在保护中加强传承和利用,在传承和利用中促进保护,在城市有机更新中唤醒激活红色基因创新创造的强劲动能。不过,需要注意的是,推动红色文化创新性发展、红色基因创造性转化不应该以破坏中华优秀传统文化铸魂育人的根本属性为代价。

第三,以共建共治共享诠释红色基因的包容性。对于保护级别较高或保护价值较大但仍为民居的红色旧址,要有计划地通过置换或协议安置方式,逐步腾空并向社会开放,例如北京在核心区历史文化街区已开展居民自愿申请式退租的相关实践①。而对于那些保护级别相对较低、仍为民居的红色旧址,则要尽可能实现红色旧址更新、红色基因传承与居民生活改善之间的平衡。从微观尺度上看,也就是在保护红色基因的基础上,将红色旧址改造为满足城市居民文化需求的城市基底空间,邀请社会各界参与其中,形成全社会共同传

① 北京市人民政府:《关于做好核心区历史文化街区平房直管公房申请式退租、恢复性修建和经营管理有关工作的通知》,https://www.beijing.gov.cn/zhengce/zhengcefagui/201905/t20190522_61782.html,2023 年 11 月 20 日。

承红色基因的整体合力。

# Contemporary Construction of Red Cultural Space in the Perspective of Organic Urban Renewal

## —Based on the Interaction between Space and Culture

**Abstract**：Culture-oriented urban organic renewal regards the city as an organic life to shape the urban cultural space, enhance the attractiveness and competitiveness of urban culture, and emphasize conforming to the urban context and respecting the internal order and laws of the city. Since the 18th National Congress of the Communist Party of China, the CPC Central Committee with Comrade Xi Jinping at the core has always attached great importance to the protection of red resources and the inheritance of revolutionary tradition. The revolutionary tradition is the source of spiritual strength of the Chinese Communists in the new era, and it is also the "root" and "soul" of a city. The consistency between urban organic renewal and red gene inheritance is embodied in the homogeneity of value leadership, the homogeneity of cultural mission, and the homology of people's positions. The focus of continuing the party's red blood in the organic renewal of the city lies in profoundly grasping the interactive relationship between space, culture and people, and finally achieving the unity of the inheritance of revolutionary tradition and the continuation of historical features, the integration with contemporary real life, and the convergence of multicultural needs.

**Key words**：red culture; cultural memory; urban space; organic renewal

**作者简介**：刘铭秋,东华大学马克思主义学院讲师。

# 艺术中的都市文化

# 二战后艺术该如何表现
# "大屠杀"与纳粹历史?
## ——以安塞姆·基弗《苏拉密》为例

王玺钧

**摘　要:**德国当代艺术家安塞姆·基弗创作于 1983 年的《苏拉密》,运用多处矛盾表现了"大屠杀"与纳粹历史:首先,《苏拉密》中未出现主人公的具体人形,这既可以被阐释为犹太人苏拉密因纳粹迫害而消逝,也令观众猜想基弗对受害者肉身放弃了具象表达,画面留下的空缺符合创伤记忆的特性;其次,隐去犹太人的同时却展露纳粹建筑的壮美,这是基弗根据不同描绘对象合理运用抽象与具象表现方式,同时旨在故意吸引观众体验当年纳粹符号的诱惑力;最后,哀悼纳粹军人的场所和犹太人的受难场所、雅利安与犹太元素糅合在一起,可能意味着基弗将德国人和犹太人均表现为受害者,而战后联邦德国人的"受害者意识"不应被彻底否定。基弗打破图像表现禁忌,将相互对立的元素并置以制造矛盾,是因为争论有利于历史记忆保持活跃,且体现了基弗认可历史是主观建构的结果。这种充满矛盾的表现方式回应了西奥多·阿多诺提出的奥斯维辛之后艺术表现的困局。

**关键词:**安塞姆·基弗　纳粹　大屠杀　矛盾　记忆

　　二战结束后,联邦德国民众围绕该如何对待"大屠杀"与纳粹历史展开了持久而激烈的争论。虽然从 60 年代开始即陆续有民众对此进行公开反思;然而,不少人仍旧主张回避、压制这段历史。①在 70 年代后期,势力渐升的保守

---

① 　吕一民,范丁梁:《"克服过去":联邦德国如何重塑历史政治意识》,《人民论坛·学术前沿》2004 年第 10 期,第 20 页。

主义政党更是采取了一系列修正二战史、扭转民众史观的政策,致使支持将纳粹从德意志民族史中剔除的民众人数急剧上升。[①]

面对这样的趋势,不少艺术家以作品表达抗争。然而,"奥斯维辛之后,写诗是野蛮的。"[②]西奥多·阿多诺的(Theodor Adorno)这一论断是他们创作时无法绕开的问题。二战后,艺术该如何表现"大屠杀"与纳粹,才能使民众对此形成健康的历史记忆?

于二战尾声出生的德国艺术家安塞姆·基弗(Anselm Kiefer),以其自60年代初开始的漫长艺术生涯,对上述问题作出了深刻的回应。20世纪80年代是联邦德国国民对于那段血腥史的论争变得空前激烈的时期;[③]亦是基弗创作语言趋于多样而练达的阶段。笔者认为,他于该年代初完成的绘画《苏拉密》(Sulamith)(见图1)不仅涉及国民论争中多个热门议题,其对矛盾元素的精妙运用堪称战后艺术表现历史最合宜的方式之一。故下文将试析此作。

相较于国外,国内学界对基弗的讨论开始较晚,且多停留于材料、颜色的运用等形式美感方面。近年来方有学者谈论基弗对矛盾的运用、其作品与历史记忆的关联,然这类研究或将基弗与其他新表现主义艺术家归为一类,并对其略作介绍,或将基弗的多例作品罗列并稍作说明,然未能详细搜集艺术家本人和批评家的语录,深入挖掘其与战后德国社会联系,同时亦缺乏对个别代表作的深入解析。[④]国外学界虽早已对基弗进行了丰富的探究,然诸多分歧仍有待继续廓清。笔者不揣谫陋,欲以拙文略作补充,以求教于学界。

该系列取材于犹太诗人保罗·策兰(Paul Celan)的、被喻为"战后欧洲的'格尔尼卡'"[⑤]的诗歌——《死亡赋格》(Todesfuge)。"赋格"是一种音乐形式,

---

① 景德祥:《二战后德国反思纳粹历史的曲折过程》,《学习月刊》2005年第7期,第32页。保守主义政策的实施和拥护者的摇旗呐喊,使得国民的历史意识发生了扭转:在70年代末至80年代初的民意测验中,超过半数的受访者支持追究纳粹罪行,反对为历史画上句号;而到了1985年,情况发生了反转,54%的受访者认为大众媒体不应再无休止地继续谈论希特勒和二战;1986至1989年的数据更是对比鲜明,2/3左右的受访者赞同为纳粹历史落下句点。参见范丁梁:《集体历史意识塑造权之争——1980年代的联邦德国政党关于历史政策的争论》,《浙江学刊》2014年第5期,第117页。

② Theodor Adorno, "Cultural Criticism and Society," in Theodor Adorno, *Prisms*, trans. Samuel and Sherry Weber Nicholsen, Cambridge: MIT, 1981, p.34.

③ 吕一民、范丁梁:《"克服过去":联邦德国如何重塑历史政治意识》,第24页。

④ 贾成良:《解析安塞姆·基弗艺术中对立与矛盾元素的运用》,《西北美术》2023年第4期,第68—74页;夏开丰:《当代艺术中的"记忆的政治"》,《文化研究》2022年第3期,第44—59页。

⑤ 约翰·菲尔斯坦纳:《保罗·策兰传:一个背负奥斯维辛寻找耶路撒冷的诗人》,李尼译,江苏人民出版社2009年版,第28页。

图 1　安塞姆·基弗,《苏拉密》,1983 年,
帆布上的油、丙烯酸、乳液、虫胶、稻草及木刻,290×370 厘米
萨奇画廊,伦敦

"死亡赋格"指的是集中营里的一种惨象:犹太人被迫在他们的同胞被处死的过程中奏乐、跳舞,最后,演奏者自己也将被铅弹射杀。

　　该诗与《苏拉密》密切相关之短句有三:"你的金发玛格丽特""你的灰发苏拉密""我们在空中掘个坟墓躺下不拥挤"。玛格丽特是歌德(Johann Wolfgang von Goethe)作品《浮士德》(Faust)中有着金发的雅利安女性角色;苏拉密是犹太女性角色,来自希伯来圣经中的《雅歌》(Song of Songs)(7:1)。"在空中掘个坟墓"指犹太人被焚尸后的骨灰飘荡在微风中。苏拉密的秀发原为紫黑色,在诗里暗示的集中营焚尸炉内却变成了灰烬般的灰发。

　　然而,画作非诗作的直白转译,反倒同样充满谜团。首先,题名"苏拉密",却毫不见苏拉密的具体人形,画面反而被纳粹建筑——威廉·克莱斯(Wilhelm Kreis)设计的纳粹军人殡仪馆(见图 2)①占满,画作表面还粘贴稻草,这在基弗的作品中象征玛格丽特的金发;其次,建筑内壁不似实景那般光洁亮堂,而是布满黑色笔触。另外,顺着表现建筑空间纵深的透视线,画面中

---

① 　https://smarthistory.org/anselm-kiefer-shulamite,访问时间:2024 年 3 月 10 日。

下部、一个形似祭坛的结构上,有数点浅色笔触——不少学者赞同这是犹太教光明节(Chanukah)的烛火;有学者猜测是《旧约》中"在会幕中法柜前的幔外,亚伦和他的儿子,从晚上到早晨,要在耶和华面前经理这灯。这要作以色列人世世代代永远的定例"(出埃及记 27:21)所说的灯火。①

图 2　威廉·克莱斯,为纳粹军人设计的殡仪馆,1939 年,柏林

　　基弗极少解释自己的具体作品,因而观众对于这幅画中几个谜团众说纷纭。下将逐一辨析。

## 一、为何苏拉密没有具象人形?
### ——探寻对"大屠杀"中犹太受害者的图像呈现方式

　　对于苏拉密为何没有具象人形这一谜团,第一种解释认为,这是由于她被纳粹投入焚尸炉后化成了灰烬。

　　许多学者注意到,建筑墙壁上的黑色笔触像是苏拉密黑发化成的灰烬,这使人将建筑内壁与焚尸炉被熏黑的内壁联想到一起。就如在"死亡赋格"里,舞乐掩盖了亡魂的哀嚎,在《苏拉密》中,殡仪馆曾举行着纪念纳粹军人的庄严仪式,置身于此的纳粹分子们却对被他们杀死的苏拉密置若罔闻。一个纪念

---

① 　Brett Ashley Kaplan, *Unwanted Beauty*: *Aesthetic Pleasure in Holocaust Representation*, University of Illinois Press, 2007, pp.116—117.

恶魔的场所,如同恶魔用来屠杀无辜之人的焚尸炉一样罪恶。苏拉密的亡魂徘徊于建筑内,发出无声的控诉,只有建筑尽头跳动的光明节烛火讽刺地暗示着无人悼念的亡魂和葬仪背后的暴行。正如安德烈亚斯·休森(Andreas Huyssen)所述:"没有呈现暴行,暴行导致的痛苦却回荡在建筑四壁。"①

受害者的消失,暴行在环境中留下的痕迹,共同调动着观者的想象。20世纪80年代不乏运用此手法的艺术作品:例如基弗的《铁之路》(*Eisen-Steig*)令人联想运载着犹太人的火车驶向集中营,类似波兰一地的混凝土被浇筑成枕木的形状,引发行人对特雷布林卡集中营的思考;②又如位于柏林的一栋建筑,在其原居住者犹太人被送往集中营后,该建筑被炸毁而仅存两侧防火墙,艺术家克利斯提昂·波坦斯基(Christian Boltanski)将写有最后一任居住者的姓名、职业和居住时间的牌匾贴在防火墙上,以作纪念,人称"消失的房子"。

有学者如丽莎·萨尔兹曼(Lisa Saltzman)则对苏拉密的消失提出另一种解释:艺术家故意不以具象人形来表现她,而是将她隐身,用白色字母写成的名字指示其存在。③

历史上对是否该使用具象形象争议已久。《旧约·出埃及记》(20:4)中的第二诫命(the Second Commandment)"你不能制作雕刻的偶像",即典出摩西为制止人们崇拜具象神像而砸碎亚伦制造的金牛犊。亚伦认为必须有一个物质性的偶像才能凝聚广大俗人信众,而摩西则认为这会使人们迷信有形的神像,而淡忘无形的神性,舍本逐末将导致信仰变质。正如乔治·斯坦纳(George Steiner)对勋伯格(Arnold Schönberg)剧作《摩西与亚伦》的评论:"摩西对上帝的理解更加真实,更加深刻;但是,他的理解本质上是无言,或者只有极少数人可知。没有亚伦,上帝的意图就不可能实现;但是,通过亚伦,上帝的意图又会扭曲。"④

基弗也曾于80年代多次探讨过这一命题。他分别于1980年、1984年各创作了一幅名为《亚伦》(*Aaron*)的画作。在更为典型的后者中,基弗没有将亚伦描绘成具象人形,而是以其杖为提喻;基弗创作了图像,又避免了具象图像

① Andreas Huyssen, "Anselm Kiefer: The Terror of History, the Temptation of Myth", *October*, Vol. 48(Spring, 1989), pp.42—43.

② https://en.wikipedia.org/wiki/Treblinka_extermination_camp#/media/File:Treblinka_-_Rail_tracks.JPG,访问时间:2024年3月10日。

③ Lisa Saltzman, *Anselm Kiefer and Art after Auschwitz*, Cambridge University Press, 1998, p.23.

④ 乔治·斯坦纳:《语言与沉默:论语言、文学与非人道》,上海人民出版社2013年版,第155页。

的偶像性,正如萨尔兹曼所言:"似乎同时在扮演亚伦与摩西。"①基弗对苏拉密的处理,又何尝不是同时在扮演亚伦和摩西?

《旧约》中摩西对具象圣像的排斥,影响了拜占庭时期爆发的"圣像破坏运动"。1980 年,基弗即以此为题创作了一幅绘画(Bilder-Streit),然他指桑骂槐,在画中描绘了现代才出现的坦克,坦克碾过代表艺术家的调色盘,象征纳粹对部分艺术家的迫害、对图像的清洗。

有趣的是,这幅画中有数点白色的火焰,这是基弗其他探讨艺术表现之困境的画作中的标志性符号,而在《苏拉密》画面中下部也有类似的火点。我们不妨将它视为"禁止表现之火"。如同纳粹禁止展出许多艺术家的作品,他们也希望以焚尸炉的熊熊大火抹去犹太人肉身的存在;这把火还烧到了战后的联邦德国:在 20 世纪 60 年代初,关于屠犹的恐怖场面仍然成为联邦德国历史课的禁忌。②这把火压制着对苏拉密的表现,然而,该以何种手段反抗亦值得深思。

虽然 60 年代中后期之后,教材叙述的批判性开始增强,且在部分政府要员的支持下,历史教科书开始以较长的篇幅清楚地描述屠犹惨象;③但艺术家的语言是图像,要知道,经文字描述的惨象再生动,或许亦不如一张纪实的图像令人颤栗。那么,作为艺术家,是否该把大屠杀场面赤裸裸地以自然主义的形式呈现给观众呢?

基弗对此已作出了探索。他曾描绘过苏拉密的具象肉身:在《你的灰色头发,苏拉密》(Dein aschenes Haar,Sulamit)中,苏拉密的裸体与城市环境并置,表明那些降临在她身上的滔天罪行是文明对手无寸铁的受害者所犯下的。④然恰如阿多诺所述,第二诫命就是对"主体对客体感官的、淫欲的观看关系"的禁止。⑤如果具象地表现受害者的肉身,好处是更能瞬间吸引眼球,使观众直观领略到暴行导致的痛苦;但也不免令观众对"大屠杀"的记忆被确定的形象所固化,甚至引起不必要的邪念。

---

① Lisa Saltzman,*Anselm Kiefer and Art after Auschwitz*,pp.24—25.

② 孟钟捷:《如何培育健康的历史意识:试论德国历史教科书中的二战历史叙述》,《世界历史》2013 年第 3 期,第 57 页。

③ 同上,第 59 页。

④ Mark Rosenthal,*Anselm Kiefer*,Art Institute of Chicago and Philadelphia Museum of Art,1987,p.96.

⑤ Theodor Adorno,*Aesthetic Theory*,trans. C. Lehnhardt,Routledge & Kegan Paul,1984,p.16.

创作于两年后的《苏拉密》则采用了相反的表现形式,这次他不再只"扮演亚伦",而是隐去苏拉密的肉身,以开放的想象代替固定的答案,以空缺唤醒观众的思考,从而使历史记忆保持活跃。

《亚伦》《圣像破坏运动》等作均创作于80年代初期,亦即《苏拉密》完成前后不久,可见基弗在这段时间内集中地思考这一命题。因此,《你的灰色头发,苏拉密》与《苏拉密》对人形不同的处理方式,或许是基弗的有意探索。[①]

意欲"击碎圣像"、破除对固定形象崇拜的,不止基弗一人。20世纪80年代的德国出现了一座"反法西斯纪念碑"(*Monument against Fascism*),公众被邀请在其上签名,随着签名数量的增多,碑体会渐渐下沉。[②]"总有一天,它会彻底消失。到最后,只剩我们自身能够站起来抵抗法西斯主义。"[③]基座边的文字这样写道。现今,这座纪念碑确已完全沉入地底。[④]

设计者约亨·戈尔茨(Jochen Gerz)、艾斯特·戈尔茨(Esther Gerz)别出心裁,是为了探寻纪念碑本身究竟激发还是阻碍了公众对大屠杀的记忆。道义上,他们当然认为记住大屠杀是他们的义务,但是在美学上,他们对传统纪念碑的形式提出了质疑。首先,传统纪念碑高耸、伟岸的风格曾一度被希特勒青睐,因此战后德国人容易将它与纳粹艺术联想到一起,从而对其产

---

① 萨尔兹曼有不同的看法。她认为,《苏拉密》中,苏拉密是"全然不在场(pure absence)",而左上角用白色字体写就的人名瑟缩在画面的一角,与基弗其他画作中出现的文字不同,属于对苏拉密的抽象表现。笔者认为,这个人名很可能是起到的是题目名字的作用,基弗的画作中常有将题名用同样的白色字写在画面中的现象;之所以被写在角落,有可能是因为基弗考虑到构图因素,不想让人名与中间的烛台冲突。她还认为,《你的灰色头发,苏拉密》虽描绘了苏拉密的具体人形,但还是以头发为提喻,因此这幅画仍属于对犹太人的抽象描绘,是画家故意隐去苏拉密更具体的表现。笔者认为萨尔兹曼这样解释有些牵强,她没有必要试图把"被隐去"套用到基弗所有描绘犹太人的作品上.见:Lisa Saltzman, *Anselm Kiefer and Art after Auschwitz*, p.31, p.135.

夏开丰将基弗归入"后记忆"的代表艺术家,他本人并没有经历过纳粹时期,他不是原初的见证人,而是从一些文献记载中了解到了纳粹时期的情况,所以他尽量避免直接再现纳粹的暴行和灾难,而是常常借助具有象征性的母题来触及这个话题。举例《你的金发,玛格丽特》(*Your Golden Hair, Margarete*)中的金发为象征。但是基弗并不排斥再现纳粹暴行,相反,他呈现苏拉密的裸体与工业城市并置,且直接呈现了纳粹殡仪馆建筑之美;使用符号是为了探讨是否该以具象形象表现的问题,同时符号能带来陌生化的效果,激发讨论。见:夏开丰:《当代艺术中的"记忆的政治"》,第59页。

② http://www.sanantoniopeace.center/mondays-monument-monument-against-fascism-war-and-violence-and-for-peace-and-human-rights-hamburg-harberg-germany,访问时间:2024年3月10日。

③ James E. Young, *Texture of Memory*: *Holocaust Memorials and Meaning*, Yale University Press, 1994, p.30.

④ http://www.shalev-gerz.net/?portfolio=monument-against-fascism,访问时间:2024年3月10日。

生排斥情绪；①其次，由于它篡夺了公众主动去记忆的意愿，传统纪念碑的形式容易使记忆僵化。"我们想要的，不是一个巨大的基座，弄个什么东西上去，然后告诉人们他们应该思考的是什么。"②设计者这样说道。故而，他们将此作品命名为"反纪念碑"（Gegen-Denkmal）。

80年代亦有不少历史学家这样讨论记忆，例如皮埃尔·诺拉（Pierre Nora）。他说："记忆的场所存在着，因为记忆的环境已不复存在。"③传统纪念碑这一"记忆的场所"，往往因其形象和意义的固定、单一，导致公众理所当然地遵循纪念碑告诉我们的权威性解释，记忆也因此产生惰性。尼采早已提出了警示："很多人没有变成思想者，只是因为他们的记忆力太好了。"④"太好"的记忆，是一种更可怕的遗忘。

另外，"大屠杀"对于包括犹太人在内的许多人都是一种创伤记忆，相较于完备地去表现，或许对创伤记忆作一定程度的留白处理更妥，或许这也是基弗、戈尔茨以及诺拉等人曾考虑过的。诚如齐泽克指出的："关键是，不要尽可能准确地记住过去的创伤；这种记录是一种先验的错误，它将创伤转化为中立的客观事实，而创伤的本质恰恰是记忆太可怕了，导致我们无法准确记下它，无法将它融入我们的象征世界。我们所要做的就是通过一些象征'空'的形式，在创伤令人恐惧的不可能性与无法整合性中，去反复标记创伤本身。"⑤

其实，综上所述对苏拉密形象缺失的两种阐释并不冲突，或许第二种阐释想要达到的结果，正是有些观众推测出了第一种阐释，为焚尸炉中消散的犹太人而悲痛。就像戈尔茨所言："最好的纪念碑，可能根本不是什么纪念碑，而是对消失纪念碑的怀念本身。"⑥正在回忆、思索中的人们，才是最好的纪念碑。

---

① Brett Ashley Kaplan, *Unwanted Beauty*, pp.150—171.

② Claude Gintz, " 'L'Anti-Monument' de Jochen et Esther Gerz", *Galeries Magazine*, No.19（June—July, 1987）, p. 87. 引自：James E. Young, *Texture of Memory: Holocaust Memorials and Meaning*, p.28.

③ Pierre Nora, "Between Memory and History: Les Lieux de Mémoire," *Representations*, No. 26, Special Issue: Memory and Counter-Memory（Spring, 1989）, p.7.

④ Friedrich Nietzsche, *Sämtliche Werke: Kritische Studienausgabe in 15 Bänden*, ed. Giorgio Colli and Mazzino Montinari, Deutscher Taschenbuchverlag and de Gruyter, 1999, p. 430. 引自：Gerhard Richter, "Acts of Memory and Mourning: Derrida and the Fictions of Anteriority" in Susannah Radstone and Bill Schwarz, eds., *Memory: Histories, Theories, Debates*, Fordham University Press, 2010, p.152。

⑤ Slavoj Žižek, *For they know not what they do: Enjoyment as a Political Factor*, Verso, 1991, p.273.

⑥ James E. Young, *Texture of Memory: Holocaust Memorials and Meaning*, p.32.

## 二、为何呈现纳粹建筑？
### ——展露纳粹符号之美的意义

上文提到的"禁止表现之火"，还试图烧毁另一重图像：从 20 世纪 60 年代开始，不少德国民众对父辈留下的罪恶历史避而不谈，将与纳粹有关的符号视为图像禁忌。而基弗依旧选择对抗，选择了与处理苏拉密人形时不同的策略：大胆呈现纳粹建筑空间。这一点引起了评论家的争议。

其实，基弗的艺术生涯就是以展露纳粹文化符号开场的：拍摄于 1969 年的《占领》（*Besetzungen*）系列照片中，他竟大胆模仿着纳粹举臂礼，这令许多人误以为他是个缅怀纳粹的新纳粹主义分子。然而，也有一部分观众理解基弗，其中包括从集中营里走出的犹太画家。[1]他们认为基弗是通过揭疮疤的方式，避免这段历史被彻底遗忘。

基弗亦坦言他创作该系列的目的："我想对自己提出一个问题：我是一个法西斯主义者吗？这非常重要，你不能太快回答。权力欲、竞争心、优越感……这些都是我和其他人一样的方面。你必须选择一条正确的道路说'我是某某'或'我是另一个某某'，这样太过简单了。我想先画出我的体验，再回答这个问题。"[2]

基弗的意思是，"法西斯主义者"的特质可能存在于每个人的人性中；某人可以拒绝"法西斯主义者"这个身份标签，但他或许离此并不遥远，人性阴暗面的失控会让普通人成为穷凶极恶之徒。诚如汉娜·阿伦特指出的，一个人可以"相当普通、平凡"、"既非恶魔，也非怪物"，但他们也可以犯下"超越了人类事务的领域和人类力量的潜力"的恶行。[3]如若对此不加以警醒，则法西斯主义将阴魂不散、卷土重来。

基弗正是认识到这一点，才试图亲身体验凡人与恶魔之间的距离。他说："我不认同尼禄或希特勒，但为了理解疯狂，我必须重新做一些他们所做的事情。这就是为什么我要尝试变装成法西斯主义者。"[4]

---

① https://www.sfmoma.org/watch/anselm-kiefer-history-clay. 访问时间：2024 年 3 月 10 日。

② Steven Henry Madoff, "Anselm Kiefer：A Call to Memory", *Art News*, Vol. 86, No. 8（October 1987）, p.129.

③ Hannah Arendt, *The Life of the Mind*, Harcourt Brace Jovanovich, 1977, pp.3—4.

④ Axel Hecht and Werner Krüger, "L'art actuel Made in Germany：Anselm Kiefer, un bout de chemin … avec la démence," *Art Press*, No.42（November, 1980）, p.15.

《占领》与《苏拉密》系列异曲同工。进入 80 年代,基弗已经不在作品中呈现自己的身体,亲身体验疯狂,转而邀请作品之外的观众在可怕的崇拜、迷恋中沉浸一番。此作清晰呈现纳粹建筑结构的宏大、规整,除了挑衅了图像禁忌,更牵涉到展露纳粹符号之美是否合理的问题。

鲁迪·福斯(Rudi Fuchs)认为在此作中,基弗根本不觉得纳粹建筑是美的。[①]彼得·施尔达尔(Peter Schjeldahl)和萨尔兹曼表示反对,他们认为,基弗意识到了纳粹建筑的美,但深知这种美是诱惑,并通过描绘这种美来揭示纳粹的罪恶。[②]笔者支持后二者的观点。美是独立的,不能因政权性质而不敢正视美,事实上,纳粹政权利用艺术美作政治宣传的技巧十分高超。若人们逃避讨论邪恶政权外衣的美与诱惑力,那么,要想辨析美是如何被利用的,则无从谈起。假设当今时代重有人恶意操纵美,他们依旧会被煽动,无法吸取教训。正如布列特·卡普兰(Brett Kaplan)评论的那样,同当年纳粹奉行的种族灭绝类似,德国在二战后对纳粹相关事物之美的拒斥,则是一种对思想的净化,这本身就是一种极权。[③]一味压制事实,只会加速遗忘。

因此,基弗令受害者肉身遵从摩西的诫命,将苏拉密隐去,而让当年被崇拜的对象——纳粹建筑作亚伦的金牛犊,接受众人目光的审阅。这使观者的视线不受阻挡地深入建筑大厅,法西斯建筑之美一览无余;然而,苏拉密的隐约痕迹又使得观众回过神来,进而发现身处战后平凡的他们也容易被建筑之美微微撼动,从而能设身处地理解曾经德意志人对错误偶像的疯狂崇拜。[④]

---

① Rudi Funchs, *Anselm Kiefer*, Sadtische Kunsthalle, 1984, p.8.

② Peter Schjeldahl, "Our Kiefer", *Art in America*, 76:3(March 1998). pp.116—127; Lisa Saltzman, *Anselm Kiefer and Art after Auschwitz*, p.31.

③ Brett Kaplan, *Unwanted Beauty*, p.118, 156.

④ 需要指出的是,基弗描绘纳粹建筑,并不代表他道义上支持这种美"正常化"地复现。1986 年,著名收藏家彼得·路德维希(Peter Ludwig)表达了他想要在博物馆展出纳粹艺术作品的渴望。在《明镜周刊》的一次采访中,他解释道:"我认为,想要抹去德国十二年历史的想法是狭隘的。那段时间也有美妙的旋律。"结果在当年,一封由众多艺术家、策展人、学者签名的,题为"我们的博物馆拒绝纳粹艺术品"的公开信就此表达了强烈的抵制。参与签名的就有基弗。《苏拉密》对纳粹建筑之美只是展现而非歌颂,何况它在建筑之外添加的种种矛盾因素足以令观者警醒。见"Ich halte es für eine Blickverengung, zwölf Jahre aus der deutschen Geschichte ausradieren zu wollen. Auch damals hat es großartige Musik gegeben," Interview, *Die Spiegel*, No. 36 (Septemper 1, 1986), pp.13—14.

## 三、为何选择殡仪馆？ 如何看待雅利安与犹太元素的并置？
## ——"受害者"身份再认识

《苏拉密》还隐藏着两个不容忽略的细节：画中的纳粹建筑是殡仪馆性质；画面粘贴着象征雅利安女子玛格丽特之金发的稻草。这不免令人怀疑基弗是否将整个德意志民族，包括纳粹军人，也视为纳粹统治的受害者。

要探究这一疑问，我们不妨以达豪（Dachau）集中营内的一座犹太人纪念堂（见图 3）为开端。詹姆斯·杨（James E. Young）曾描述他的参观经历："当我们意识到我们正站在火炉的坑里，透过烟囱往上看时，一个风格化的白色烛台从它的口沿升起，像一缕烟（见图 4）。纪念碑的大门和附近火葬场的大门相互呼应……"[1]"风格化"意指这个烛台是典型的犹太教光明节九枝灯台。有趣的是，按照许多学者的推测，《苏拉密》的建筑空间或模拟了焚尸炉的内部，且也有类似光明节烛火的火焰，同样控诉了对犹太人的灭绝，这与纪念堂的构思几乎如出一辙。

**图 3　竣工于 1967 年的达豪集中营犹太人纪念堂（前景）[2]**

---

① 　James E. Young, *Texture of Memory: Holocaust Memorials and Meaning*, p.67.
② 　https://fcit.usf.edu/holocaust/GALLFR/FDAJW01.htm. 访问时间：2024 年 3 月 10 日。

图4　达豪集中营犹太人纪念堂内景①

　　有趣的是,这座纪念堂所处的达豪集中营,不仅承载着犹太民族的创伤,它还印刻着德意志民族的伤痕。在二战期间,犹太人并非这里的唯一囚犯,一些德意志人民、苏军官员以及天主教徒均以政治犯的罪名被拘禁。二战一结束,美国人就将达豪集中营改换成了用以拘留、审问纳粹党卫军人的军事基地。1948年,当这里的最后一批党卫军人被判决完毕后,从苏台德地区涌入的德意志难民填满了营房。②这种悲惨经历,加之战后生活条件的艰苦,让德意志民众纷纷将自身视作希特勒及其帮凶的替罪羊。

　　因此,联邦德国民众的历史意识中,纳粹统治的"受害者"不止一方。据范丁梁介绍:"一方是出于种族、政治或宗教理由而受纳粹政权各种手段直

①　https://www.scrapbookpages.com/DachauScrapbook/MemorialSite/Jewish02.html. 访问时间:2024年3月10日。

②　James E. Young, *Texture of Memory: Holocaust Memorials and Meaning*,pp.60—61.

接迫害的受害者(Verfolgte)，其中包括犹太人、波兰人、吉卜赛人等，也包括抵抗运动中的德意志斗士；另一方则是这个民族剩下的大多数，他们曾经在昏昏沉沉和麻木不仁中给希特勒提供了广泛的支持，如今则自视为受害者(Opfer)。前者在英语中对应'victim'，而后者的意思则多了一层'sacrifice'。"①

由此可见，《苏拉密》将犹太人的受难之处与哀悼纳粹军官死亡的场所重叠，可谓同时为"Verfolgte"与"Opfer"叹息，就如同曾经作为屠犹中心之一的达豪集中营，在战后又成了纳粹军官的判罪场所。

其实，基弗对德意志受害者的探讨在《占领》系列就已经开始。虽然模仿着刺目的纳粹举臂礼，但他所穿并非正式的纳粹制服，而是松松垮垮的马裤，其发型亦凌乱，姿势亦非笔挺；同时期创作的《英雄符号》(Heroic Symbol)系列中，男性"英雄"更是穿上了女装。除了基弗，其他德国新表现主义艺术家们，例如约尔格·伊门多夫(Jörg Immendorff)、乔治·巴塞利兹(Georg Baselitz)，都描绘过向来以父亲、英雄形象矗立着的祖国在战后的狼狈面貌。比如在巴塞利兹的《新型英雄们》(Heroes/New Types)里，男主人公虽仍身形魁梧，可他"站在废墟之中，松弛的生殖器官向外展露，他们是失去了旧日权力和荣耀的英雄，是被战争摧残过的男人"②。

然而，创作于80年代的《苏拉密》不只表现了德意志受害者。值得注意的是，在这一时期，联邦德国势力上升的保守派政治家协同一些保守派历史学家试图将二战受害者身份从犹太人转移到德意志人身上，以减轻人民的罪责感；以哈贝马斯(Jürgen Habermas)为首的左翼知识分子则坚决抵制这种对历史的恶意修正。③

那么，艺术该如何参与到这场讨论中？《苏拉密》将多重受害者并提，就表明了基弗的立场。他并不一味掩盖德意志人的苦难，也敢于表现父辈对犹太人犯下的罪行。正如范丁梁评论的那样："德国人本身的二战创伤记忆自有其合法性和意义，不应将其妖魔化。"④诚然，部分居心叵测的人利用

---

①　范丁梁：《联邦德国人纳粹记忆中的受害者意识》，《华东师范大学学报》(哲学社会科学版)2017年第5期，第46—47页。

②　Lisa Saltzman, *Anselm Kiefer and Art after Auschwitz*, p.51.

③　孟钟捷：《如何培育健康的历史意识：试论德国历史教科书中的二战历史叙述》，第65页。

④　范丁梁：《联邦德国人纳粹记忆中的受害者意识》，第46页。

"受害者意识"以"正常化"纳粹历史,可一旦邪恶与无辜的界限被划分得太刻板,人们又很难认清真相,对此,社民党政治家彼得·格罗兹(Peter Glotz)的分析一针见血:"当我们……回忆起被驱逐的受害者时,并不是为了以任何方式遗忘德国人的罪责或者更严厉地说遗忘德国人的罪行。数百万德国人被从其家乡驱逐这件事的发生,是因为德国人在此之前驱逐了几百万其他民众离开故土……今天,我们并不想为了忘却侵略战争的受害者而谈论驱逐的受害者;我们谈论他们,是因为我们想要并且必须谈论全部的真相及其各个方面。"①另外,范丁梁也指出:"受害者主题的禁忌化,必然引起更大的反弹。"②综上,不但不能禁止讨论受害者,反而应该让公众参与这个话题的讨论。

值得一提的是,基弗将代表多方受害者的元素并置应有另一重考量。既然本属于同一个国家的德意志人与犹太人皆因二战遭受了驱逐,使得这个国家在战后变得支离破碎,那么基弗所做的就是将他们重新黏合。于是,《苏拉密》表面粘贴着象征玛格丽特金发的稻草;而在他以玛格丽特为主题的画中,稻草旁边总伴随象征苏拉密黑发的阴影。③

1990年,基弗在以色列议会演讲时也曾表示,他的任务是促使失去了犹太人部分的德国重新变得完整。④这不禁让人想起基弗在一次访谈中的回答。"你为什么是个艺术家?"主持人问了基弗这样一个问题。"我想用不同方式联系世界上各种事物。"基弗回答道,"你见到的很多事物它们令你绝望,而你希

① Thorsten Eitz u. Georg Stötzel, *Wörterbuch der »Vergangenheitsbewältigung«. Diu NS-Vergangenheitim offentlichen Sprachgebrauch*, Bd. 2, Georg Olms Verlag, 2009. S.317f.引自:范丁梁:《联邦德国人纳粹记忆中的受害者意识》,第52页。

② 范丁梁:《联邦德国人纳粹记忆中的受害者意识》,第52页。

③ 多位学者持类似观点:罗森塔尔认为,纳粹在"二战"期间对本国的犹太成员进行摧残,伤害的是国家自身的文明和完整性,基弗试图用本文中所述的表现形式,将犹太人重新纳入德国,使德国再次完整。(见Mark Rosenthal, *Anselm Kiefer*, p.96.)保罗·泰勒在《纽约时代杂志》上引用了《耶路撒冷邮报》对基弗的评语:"(基弗)似乎是对他父辈留下的遗产的不可消化性的哀悼。"这种"不可消化性",指的正是德国的雅利安人一度无法容忍犹太人被包含在他们的国度乃至文化中。泰勒认为,犹太人正是因此对基弗作品感兴趣。(见Paul Taylor, "Painter of the Apocalypse", *New York Times Magazine* (October 16, 1988). p.103.)弗兰克·特罗姆勒指出,这体现的是基弗对自身之外的族群,即对"他者"的注意。他同泰特一样认为,这可以解释为什么基弗作品75%的收藏家是犹太人(据基弗自己估算)。[见Frank Trommler, "Germany's Past as an Artifact", *The Journal of Modern History*, Vol. 61, No.4(December, 1989), p.729.]

④ Anselm Kiefer, "Das Grenzenlose Licht des Ain Soph", *Das Plateau* (Octorber 3, 1990), p.45.

望建立某种联系，让自己感到更安全、更好。"①《苏拉密》与《玛格丽特》系列，便是基弗为黏合破碎的德国付出的努力之一。

## 四、解构标签，建构矛盾
### ——奥斯维辛之后的否定式艺术表达

从上文对《苏拉密》种种谜团的解析中，我们早已领略基弗惯用的手法：以象征不同甚至是看似相互对立事物的符号，拼装令常人疑惑的矛盾，从而激发观众的思考、争论甚至质疑。正如阿瑟·丹托（Arthur C. Danto）评论的那样："故意地使得作品模糊，有多种解释可能。"②妮可·福格曼（Nicole Fugmann）亦指出，基弗通过将画面中各种可能存在联系的元素组合在一起，形成一个格式塔，由此，各元素之间的联系将会建立无法预见的转型潜力。③

基弗对矛盾的建构，离不开他对历史和艺术主观性的认识。罗森塔尔根据他在1986年对基弗进行的访谈，形容基弗"对于一个特定的事件或主题时，意在引入一种总是含糊不清的精神面貌或道德教训，因为他对经验的观点是：没有事实，只有解释"④。丹尼尔·阿拉斯（Daniel Arasse）和约翰·吉尔莫（John Gilmour）都注意到，基弗激发人们解释过去以建构历史记忆的方式，遵循的是尼采的后现代主义历史观，特别是视角主义（perspectivism）。⑤基弗自己也曾表态："我被有意义的事物包围，在那儿我建造我的世界。首先，每个人，每个政府，撰写他的历史。这历史并不存在。你不能把它看得太客观。所以，对我来说，历史就是黏土（clay），用来建造什么、用来做一些什么事儿的黏土。"访谈进行之时，基弗正被他80年代创作的作品围绕着，其中就包括《苏拉密》。紧接着，基弗还说："感觉是很重要的，你知道吗？当你感受着，当你读关

---

① https://vimeo.com/112053965.访问时间：2024年3月10日。
② Arthur C. Danto, *Encounters and Reflections: Art in the Historical Present*, University of California Press, 1997, p.238.
③ Nicole Fugmann, "The Gestalt Change of Postmodern Critique: Anselm Kiefer's Spatial Historiography", *New German Critique*, No.75(Autumn, 1998), p.101.
④ Mark Rosenthal: *Anselm Kiefer*, p.10.
⑤ John C. Gilmour, "Perspectivism and Postmodern Criticism", *The Theory of Interpretation*, Vol.73, No.2(April, 1990), pp.233—234; Daniel Arasse, *Anselm Kiefer*, trans. Mary Whittall, Thames & Hudson Ltd., 2001, p.97.

于战争的故事时,你的情感总是会进入你的判断。你不仅用这里判断(基弗指向他的脑子),你还用这儿判断(基弗指向他的胸口)。"①总之,他强调了他心目中历史和艺术的主观、感性本质。

因此,基弗才说:"将两个不相干的事物结合起来,以此创造出一种新的意义,这只有在艺术中才有可能。"②

然而,想要将黏土重整,首先需打破原有的土块。在《苏拉密》中,我们可以看到人们原先对纳粹符号之诱惑力、对受害者的种种刻板印象均被打碎。而解构后产生的陌生感则容易令观众不安。如安娜·布拉伊洛夫斯基(Anna Brailovsky)所评,基弗的剧场是"陌生感的剧场"——他通过画作的标题、抽象元素,增加了观者与画的距离,距离激发解读,甚至是误解。③

基弗的艺术生涯的确是充满争议的,那些大胆展露纳粹相关符号的作品往往成为舆论界的众矢之的。④然而,接受史即为记忆史,争论的人越多,则对纳粹历史的记忆越不会被遗忘。战后德国人民更需要的正是争论,而不是定论。吕一民、范丁梁总结了"联邦德国'克服过去'的经验",认为:"只有大规模的公开争论,才是与纳粹历史交锋的利器"⑤。孟钟捷亦指出:"从 1961 年'费舍尔争论'揭露德国军国主义传统开始……通过争论而反思历史的模式业已成为联邦德国政治文化的组成部分。"⑥德国史学家阿莱达·阿斯曼(Aleida Assmann)也曾提出"通过对话而回忆"(Dialo-gisches Erinnern),是面对创伤记忆的模式之一。⑦这些论断都阐述了"争论"之于战后德国人的历史记忆有多么重要。

因此,马修·比罗提醒我们:"如果我们在解读时,试图将某种真理或善良加诸于基弗的作品,那么他的作品是不会让我们感到舒服的。批评者应该对

---

① https://www.sfmoma.org/watch/anselm-kiefer-history-clay,访问日期:2024 年 3 月 10 日。
② Kiefer, Interview with Axel Hecht, "Bei Anselm Kiefer im Atelier", *Art. Das Kunst magazin 1* (January, 1990), p.43.
③ Anna Brailovsky, "The Epic Tableau: Verfremdungseffekte in Anselm Kiefer's Varus", *New German Critique*, No.71, Memories of Germany(Spring—Summer, 1997), pp.115—138.
④ 基弗作品的接受史,详见:Charles W. Haxthausen, "Kiefer in America: Reflections on a Retrospective", *Kunstchronik*, Jahrgang 42, Heft 1(January, 1989), pp.1—16.
⑤ 吕一民、范丁梁:《"克服过去":联邦德国如何重塑历史政治意识》,第 16 页。
⑥ 孟钟捷:《战败国如何"正常化"》,《文汇报》2014 年 5 月 13 日,第 11 版。
⑦ Aleida Assmann, *Das neue Unbehagen an der Erinnerungskultur: Eine Intervention*, C. H. Beck, 2013, S.195—203;范丁梁:《联邦德国人纳粹记忆中的受害者意识》,第 53 页。

基弗的艺术持怀疑态度,因为他的作品正意在努力激起这种态度。"①正如上文"消失的房子"的创作者克利斯提昂·波坦斯基所说的:"我所做的与禅师所做的相似。他讲述了一个小故事,每个听众都对故事赋予了自己的意义。我试着把我的作品打开;每个人都有自己的故事。"②基弗也拒绝用作品的固定意义去引导观众。如果没有公众层面的对话,作品只能传达单一、固定的意义,它就很可能沦为支持国家暴力的工具。

行文至此,是时候让我们回顾开篇阿多诺的命题:"奥斯维辛之后,写诗是野蛮的。"之所以有这一评判,是因为阿多诺在 20 世纪 50 年代关注到了德国文化界存在的危机:在纳粹时代,"那些公认的文明传播媒介(大学、艺术、书籍),不但没有对政治暴行进行充分的抵抗,反而经常主动投怀送抱,欢迎礼赞。"③阿多诺所说的文学"批评"变成文学"鉴赏"(Kunstbetrachtung),④指的就是这一现象;而到了战后,整个德国文化的氛围依旧缺乏否定性。据阿多诺观察,这是因为,"在独裁失败后的今天,单纯的政治系统的改变并不足以恢复文学批评的社会基础。"⑤具有批判和反思精神的读者已然为数不多。其次,常培杰指出,为余毒所害的德国民众,又一度想要忘掉过去,他们害怕"否定性",因为这会让他们想起自己或父辈的罪恶。⑥ 再者,许多为纳粹歌功颂德的文化人在战后仍身兼要职。

因此,阿多诺之所以攻击"写诗"之类艺术创作,是因为在经历了纳粹时代之后,艺术创作丧失否定性的问题已变得尤为突兀。如果艺术在战后再无法处理好它与社会的关系,再进行肯定性的、具有欢愉色彩的表达,那么艺术创作无疑是"野蛮的"。正如斯坦纳所说:"如果极权统治有效地剥夺了任何诋毁

① Matthew Biro, *Anselm Kiefer and the Philosophy of Martin Heidegger*, Cambridge University Press, 2000, pp.74—76.

② Christian Boltanski, quoted in Nancy Stapen, "The reluctant Holocaust artist", *The Boston Globe*, No.4(Feb. 1995) 引自:John Czaplicka, "History, Aesthetics, and Contemporary Commemorative Practice in Berlin," *New German Critique*, No. 65, Cultural History/Cultural Studies(Spring—Summer, 1995), p.159.

③ 乔治·斯坦纳:《语言与沉默:论语言、文学与非人道》,李小均译,人民出版社 2013 年版,序言第 4 页。

④⑤ Theodor Adorno, *Notes to Literature*, Vol. 2. trans. Shierry Weber Nicholsen. Ed. Rolf Tiedemann, Columbia UP, 1992, p.306.

⑥ 常培杰:《奥斯维辛之后的批评:阿多诺批评观念及其历史语境探析》,《外国文学》2015 年第 4 期,第 121 页。

和讽刺的机会,那么就让诗人停止写诗吧,也让那些离死亡集中营几里之外的学者停止编辑经典。"①如果文化已经丧失批评的力量,与其令其粉饰历史,不如沉默。

只是,阿多诺的论断,绝非禁止艺术创作的意思,他想探索的是大屠杀之后,艺术创作该何去何从的问题。阿多诺也提出了他心目中的答案,他认为:"一个成功的作品,不是那种在一种表面的和谐中解决客观冲突的作品,而是那些通过在其最内在的结构中展现冲突、纯粹和不妥协的事物,以否定的方式表达和谐观念的作品。"②《苏拉密》不仅在图像内容上出现重重矛盾,且兼具具象与抽象、有和无的图像表现方式本身也是矛盾的,以上两层面都拒绝单一、固定,这不正是对阿多诺期许的实现吗?

# How should art represent the history of
# Holocaust and Nazi after World War II?
—Tabing Anselm Kiefer's *Sulamith* as an Example

**Abstract**: *Sulamith*, created by German contemporary artist Anselm Kiefer in 1983, uses several ambiguities to represent the history of Holocaust and Nazi. Firstly, the Jewish woman Sulamith does not have a specific human figure. This could be interpreted as her dying and disappearing because of Nazi persecution; and it also makes the viewer speculate that Kiefer represented the victims' physical bodies abstractly, leaving an emptiness in the picture that is consistent with the characteristics of traumatic memories. Secondly, the omission of Sulamith while revealing the magnificence of the Nazi architecture reflects Kiefer's rational use of abstraction and figuration according to the different subjects depicted, while aiming to intentionally draw the viewer into experiencing the seductive power of the Nazi symbols; the combination of the funeral hall for Nazi soldiers and the place where Jews suffer may indicate that Kiefer represented both Germans and Jews as victims. The victim consciousness of people in the Federal Republic of Germany should not be completely denounced. Kiefer breaks the iconographic taboo by juxtaposing opposing elements in order to create ambiguities, by which debates caused would be conducive to the public memory of the Holocaust. It also reveals

---

① 乔治·斯坦纳:《语言与沉默:论语言、文学与非人道》,第65页。
② 常培杰:《奥斯维辛之后的批评:阿多诺批评观念及其历史语境探析》,第127页。

Kiefer's recognition that history could be constructed subjectively. The ambiguities and the ambivalence of Kiefer's method of representation per se respond to Theodor Adorno's proposal of the dilemma of artistic representation after Auschwitz.

**Key words**：Anselm Kiefer；Nazi；Holocaust；ambiguity；memory

**作者简介**：王玺钧,浙江大学艺术与考古学院艺术学理论研究生。

# 摩登与弄潮:光陆大戏院与 20 世纪 二三十年代上海社会文化[①]

刘　素

　　**摘　要:**创建于 1928 年的上海光陆大戏院是英商独资的外片首映影院,其建筑风格现代前卫,所映影片质量上乘,是二三十年代上海摩登生活的新地标。1928 年 2 月至 1933 年 8 月,光陆大戏院共映美国好莱坞影片为主的外片400 余部,数量上呈现"三波峰、两波谷"的特征,促进了好莱坞文化在上海的传播和再生产。在社会文化领域,光陆大戏院参与见证了国产有声片试映、电影检查制度推行、迪斯尼卡通放映等重要影界事件,从文化自信、文化博弈、文化启蒙等方面孕育了上海城市精神,推动了上海社会文化的多元发展。

　　**关键词:**光陆大戏院　上海社会文化　好莱坞文化　城市精神

　　光陆大戏院是上海首家商厦内置影院,其以现代主义装饰风格和好莱坞影片首映优势,吸引了大批沪地观众前来观影体验,一跃成为二三十年代上海摩登生活的新地标。然而,以往学界对于沪地影院的研究多着眼于有着"特殊标识"的影院,如"远东第一影院"大光明影戏院(姚霏,2013)、"上海首家影院"虹口大戏院(翟莉滢,2021)、"首映苏联片"的上海大戏院(黄雪蕾等,2021),对于光陆大戏院的关注相对较少。文章通过史料考据、计量分析、综合比较等方法,从社会文化史角度考察光陆大戏院的兴建及发展史脉,并将戏院作为"影片—影院—社会"传播链的中间环节,探究其与上海摩登生活、好莱坞文化、上海城市精

---

①　本文系教育部人文社科西部和边疆项目"鲁迅与电影文化的关系研究"(21XJC751001)的阶段性成果。

神之间的深层关系,以凸显光陆大戏院被遮蔽的空间特质和文化功能。

## 一、光陆大戏院与上海摩登生活

　　光陆大戏院地处公共租界中区博物院路 21 号(今虎丘路 146 号),由英商斯文洋行投资,匈牙利籍建筑师卡罗里·鸿达设计,于 1925 年 12 月动工,1928 年 2 月 25 日落成开幕。开业之时,《申报》《新闻报》等沪地主要报刊进行了介绍,称其为“沪江剧界之异彩”①“可执全中国影戏院之牛耳”②。从地理位置看(见图 1),戏院虽位于苏州河畔,毗邻外滩,却远离商业中心,闹中取静,加之靠近英国领事馆,周围有洋行的高级职员宿舍和基督教青年会,客源稳定,斯文洋行选址于此,多出于侨民聚居而缺少娱乐场所的考虑。戏院在开业之初针对英侨客源仅引进优质欧洲片,短期内收获了不错的口碑。但时间一久,戏院便陷入片源单一、排片不够的经营困境。为增加收益,戏院偶尔也租借给爱美剧社这样的业余剧团,演出西洋话剧、歌剧等,以维持日常开销。转

**图 1　1932—1934 年租界内电影院分布**

　　资料来源:马军,蒋杰:《上海法租界史研究》(第二辑),上海社会科学院出版社 2017年版,第 41 页。

---

① 　佚名:《光陆大戏院落成》,《申报》1928 年 2 月 8 日,第 15 版。
② 　不才:《上海之影戏院——光陆大戏院》,《上海常识》1928 年 8 月 17 日,第 3 版。

折发生在 1929 年,美国远东游艺公司将戏院收购,增添西电有声设备,极大提升了观众的观影体验,戏院投资方也积极和派拉蒙影业签约,成为其首映影院,并与卡尔登大戏院、上海大戏院、北京大戏院三院联合,专映好莱坞名片,一时致沪地观众趋之若鹜,开启了光陆的全盛时代。然而好景不长,自同域的国泰、大光明等影院兴起,光陆就因市场竞争而再次陷入经营危机,虽也采取了调整片源、降低票价等方法,却也无法扭转颓势,无奈于 1933 年 8 月 22 日停业,后仅作为兰心大戏院分院专映二轮美片,市场地位再不及从前。

　　光陆大戏院虽经营时间不长,却能在租界影院中占得一席之地,这不仅得益于其片源及客源优势,还与其新式建筑风格及软硬件设施配置相关。李欧梵认为,城市的建筑审美与城市现代性相关,以"享受生活"为特色,表现在"色彩、高度、装饰或三者合一上"。①光陆大楼就是这样一座将城市建筑与现代文明完美结合的典范。鸿达是设计建造光陆大楼的灵魂人物,他年少时曾在维也纳技术学院学习建筑,后毕业于巴黎高等美术学院,一战期间应征入伍,被俘后送往西伯利亚战俘营,被释后携妻来到上海,创办鸿达洋行,专门从事商业建筑设计。他设计的建筑现代前卫,摈弃奢华元素,力求简洁表达,被誉为"超现代的建筑师"。光陆大楼建筑整体为装饰艺术风格,外部饰有花纹图案和浮雕,内部装嵌彩色混凝土和玻璃,在视觉上极富摩登与现代主义的倾向。大楼占地面积 923 平方米,总面积 7 129 平方米,高 31 米,共 8 层,楼体为钢筋混凝土结构,平面成扇形。一、二层是戏院,三、四层为办公室,五至七层为公寓,屋顶为储片室、蓄水池、汽机,还有造型别致的塔楼。这种集戏院、办公室、公寓于一身的布局在上海非常罕见,其工程之伟大,构造之奇特,"不仅为全沪冠,亦远东首屈一指"②。位于底层的光陆大戏院作为内置于大楼的独立空间,平面呈长方形,包括门厅、观众厅及舞台三部分,东西为包厢,与门厅连通,二层为楼座层、放映室、酒吧、储存室和办公区。内部装饰风格新式现代,顶部和四壁塑有琥珀色花纹浮雕,"尽态极妍,别饶古趣"③,剧台两旁和楼上两厢雕有 20 个象征着和谐、美丽的神女塑像,"惊喜绝伦,栩栩欲活"④。大厅由大型钢筋混凝土梁横跨,穿窿部分为拱顶结构,这样的无柱设计可使观众的观影

①　李欧梵:《上海摩登——一种新都市文化在中国(1930—1945)》,毛尖译,北京大学出版社 2001 年版,第 14 页。
②　佚名:《光陆大戏院之形形色色》,《新闻报》1928 年 2 月 28 日,第 2 版。
③④　佚名:《光陆大戏院落成》,《申报》1928 年 2 月 8 日,第 15 版。

图 2　光陆大戏院外景

图 3　光陆大戏院内景

畅通无阻。观众席分上下两层,一层池座 580 座,包厢 32 座,二层楼座 362座,座位为蓝皮软椅,宽敞舒适。戏院功能配置完善,一为空调和空气净化设备,原理为"以气管引入戏场底层,而通于地面,故地上现有多数圆孔,覆以钢形铁盖,冷热之气,由此喷放,冬令无须热汽汀,夏日无须电风扇,空气自屋顶收入,经多数之滤气机,而后导入气管,发为冷气或热气,同时复将场中不洁之气,收回屋顶,排泄于外,循环而已"①,这在当时是非常现代化的设计;二为灯光设备,台上灯光被安装在间接照明系统上,管灯隐藏在天花板的飞檐和舞台拱门中,"全场不见一灯,而光线,朗耀之中,兼具幽邃之致,观众不损目力"②,不仅起到了极强的装饰作用,也便于迟到的人找到自己的座位,这种设计在当时为光陆独有;三为舞台设备,布景长廊提供多种方式来快速切换场景;四为声音设备,增设西电公司有声放映机,并采用隔音墙面设计。这些无不体现着当时设计师科学而前瞻的设计观念。

光陆大戏院自开业起,便在建筑设计、设备引进、选片放映等多个方面倾力打造城市摩登形象,致大批外侨和智识阶层趋之若鹜,成为上海摩登生活的新地标。它是上海市民娱乐消遣的宝地,不仅片源质高,还充分考虑了客源结构,为其提供便捷的观影条件,有观众回忆第一次在光陆观影:"以为没有中文说明书,但等到电灯一熄,银幕上映着的就是巨大而夺目的中国字。"③光陆还是一处典型的社交场所,去光陆看电影是上海中产阶层的一种社交方式和身份象征,如鲁迅就常携亲友从北四川路乘车"越界"到此,观看《暹罗野史》《续三剑客》《罗宫绮梦》等好莱坞名片和多部迪士尼卡通片。更为重要的是,追求摩登的上海市民通过光陆大戏院这个媒介,有机会接触更多的西方艺术观念、现代时尚文化和高雅审美活动,潜移默化中加深了西方文化的影响力,培养起上海人摩登的生活方式。

## 二、光陆大戏院与好莱坞文化的传播和再生产

20 世纪初的上海滩影业繁荣、影院林立,被称为"中国的好莱坞,东方的百老汇"。据不完全统计,到 20 年代,八大好莱坞制片公司均先后在此设立分支机构,每年更是有超过四百部好莱坞影片在此上映,几乎垄断了沪地外片首

---

① ②    佚名:《光陆大戏院落成》,《申报》1928 年 2 月 8 日,第 15 版。
③    佚名:《光陆大戏院之一幕》,《笑报》1928 年 7 月 5 日,第 2 版。

映市场。这些好莱坞电影进入上海,对上海都市文化的形成产生了深远的影响,不仅推动了上海城市摩登化的进程,还将一种外来文化的精神内核深植于国人生活的方方面面。

**(一) 影片类型分析**

自 1928 年 2 月 25 日《探花浪蝶》首映始,至 1933 年 8 月 23 日被兰心大戏院收购终,光陆大戏院作为独立经营的影院实体,存续了 5 年 6 个月,其间共映影片 408 部①,月均 6 部,绝大部分为好莱坞出品。文章通过对《申报》电影广告作词频分析,发现光陆所映影片涵盖了 186 种电影类型,频率较高的有爱情(67)、滑稽(64)、浪漫(54)、香艳(41)、热情(25)。当然,并非每部影片只对应一种类型,像"滑稽＋浪漫""战争＋爱情"等组合类型也很常见。爱情喜剧片最受观众青睐,如派拉蒙出品的《妙手东床》曾在光陆连映 13 天,并以"八天满座"的成绩"打破上海卖座的记录"②,而作为第一部摄入镜头的有声音乐喜剧,影片在剧情搭建、演员选择上都非常出彩,全片围绕椰子逆旅发生的桩桩趣事,将旅店主人哈茂,客人哈北、支哥、蒲德夫人及其女儿宝莲,司事包勃等人的心计、表象、误会、结局都展现于银幕,歌舞并重,庄谐纷呈。此外,还有詹姆士·茂来主演的《鹤立鸡群》、亚瑟·来克主演的《乱点鸳鸯谱》、克莱·拉宝主演的《胭脂鬼》等影片,虽没有强大的制作班底和铺排的广告宣传,却以温馨的小人物的小笑料,寄予生活在经济低迷寒冬中的人们一处想象的"桃花源"。历史宫闱片的上映量也非常多,尤其是一些取材历史事件或《圣经》情节的史诗片,斥资巨大,群演无数,场景宏壮,震撼力极强,又因其"可以和各国史实相印证,还可以看到那一时代活的社会相"③,尤为当时文人所称赞。如派拉蒙出品的有声歌舞片《法宫艳史》,曾在光陆大戏院连映 13 天,宣传"成本百万美金,演员五千余人,布景五十五幕",充斥着"皇宫、教堂、宫宴、战争、美人、志士"等情节,布景宏大,剧情动人。④《罗宫春色》也为派拉蒙之巨制,导演西席·地密尔为表现罗马帝国盛况、尼罗王的荒淫无道和基督徒的忠诚信仰,斥巨资打造了罗马城模型、露天剧场、巨大浴池,集合了 17 位明星、7 500 名演员,终以 65 万美金创下了当时的制片成本之最。其他还有战争片《英德海军大战》《凡尔登

---

① 统计数据来源于《申报》电影广告,上映两次,视为一部。
② 广告:《妙手东床》,《申报》1929 年 12 月 19 日,第 5 版。
③ 许广平:《鲁迅的写作和生活:许广平回忆鲁迅精编》,上海文化出版社 2006 年版,第 173 页。
④ 广告:《法宫艳史》,《申报》1930 年 10 月 13 日,第 4 版。

大战》,动物片《兽世界》《暹罗野史》,儿童片《淘哥儿》《双雏泪》,女性片《女记室之秘密》《洋纱阿姐》,这些影片不仅为观众提供了多种选择,还可反观上海电影市场的客源分布及择片取向,为戏院后期的购片排片提供参考。

**(二)影片放映趋势及特点**

光陆大戏院的放映特点可用"一次转型、三个波峰、两个波谷、共同放映"来概括(如图 4)。一是"一次转型",指片源转型。戏院在成立初期主映英德法片,不到一年就陷入经营困境,试图转映好莱坞片,"奈何开办太晚,美国各著名影片公司的新片优先权,早属他人,致戏院竟无名片映演。"①直至 1929年被美国远东游艺公司收购,方才扭转颓势。此番转型,表面上是为应对经营危机而采取的主映片源调整,然其背后还蕴含着较为复杂的国际政治关系,比如美国逐渐意识到"远东问题的关键在中国",开始加强对中国的殖民力度,利用海报、电影等媒体宣传美国历史、政治、文化,以期提高其国际地位,重建新的国际秩序,这种倾向于从意识形态方面的对外扩张策略被克里尔称为"一场有着新教特征的宣传运动"②。二是"三个波峰",指戏院在 1929 年 1 月、1929年 3 月、1933 年 6 月分别上映了 12 部、12 部、11 部影片,远高于月均 6 部的数量。1929 年的两个波峰成因相似,缘于戏院签约派拉蒙影业,完成了片源调整,引进了一批质量上乘、类型多样的片子,如《肉体之道》《四子从军》是当年的"十大钜片",《续三剑客》是据大仲马同名小说改编的历史佳作。1933 年 6月的波峰主要是优质新旧片叠加上映的缘故,旧片有《地狱之花》《璇宫艳史》等,首映口碑不错,二映客源充足,新片多剧情新颖、明星加持,如《脂粉狱》首提"抨击社会的严重性影片",揭示少女在社会的冷嘲热讽走入歧途的无奈,《我们的今宵》由当红明星佛德·立马区和克劳黛·考尔白主演,描写两性之热恋与爱慕,这都是观众非常感兴趣的话题。三是"两个波谷",指戏院在 1930年 3 至 4 月、1932 年 2 至 3 月分别仅有 0 部和 2 部影片上映,第一个低谷主要是受"不怕死事件"的影响,光陆被迫停映整顿,经电检会许可后才得以重新开业,第二个低谷是遭遇同行竞争,新开业的大光明电影院和国泰大戏院无论在建筑装潢、音响效果,还是影院轮次、宣传阵势上,都可与光陆大戏院媲美。四是"共同放映",指光陆与卡尔登影戏院、兰心大戏院、花园电影场、大华露天影

---

① 不才:《上海之影戏院——光陆大戏院》,《上海常识》1928 年 8 月 17 日,第 3 版。
② 王笛:《短暂辉煌:威尔逊主义与巴黎和会前后的中国》,《人大复印报刊资料:中国近代史》2021 年第 8 期,第 30 页。

戏场等影院在同一时间放映同部影片,这在轮次分明的租界影业并不多见,像光陆曾在1929年1至6月与卡尔登共同放映52场,其中不乏《续三剑客》《四子从军》这样的名片,而两院同映可能源于其排片权均属联利影片公司,有着宣传发行和票房拆账的便捷;光陆也曾在1933年1至5月与兰心共同放映36场,这或许是因两院都是爱美剧社的演出场所,在客源组成和放映倾向上有一些相似性;而光陆与花园、大华等露天电影场同步放映,可能是作为室内放映的一种补充,加之后者定价不高,所映影片可供各阶层共享。

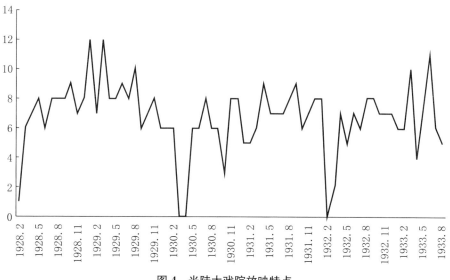

**图4 光陆大戏院放映特点**

### (三) 大片厂时代的导演及演员

　　好莱坞知名导演的作品在光陆放映大大提高了好莱坞文化在沪传播力度,像刘别谦执导的影片有9部曾在光陆上映,所谓"一片既出,万人空巷",当时的片子只要冠以"刘别谦导演"诸字,必能售座。如他1930年拍摄的《璇宫艳史》,一上映便引起中国观众的观影狂潮,成为当年在中国公映的最热门的有声歌剧片,他本人也因此片而为广大中国影迷所熟知。周剑云曾指出,刘别谦影片无须借助说明,就能使观众"认识人物的'身份''个性',这是因为他注重于'背景'之衬托、'环境'之渲染,意在言外,自可默识于心"[1],他选择的演

---

[1]　剑云:《评〈三个妇人〉》,《明星特刊》1925年第3期,第4页。

员虽无明星头衔,"但于影片公映之后,无不成大明星也"①,还有他的"刘别谦式触动",在极短的视觉切换中精简浓缩地呈现讽刺主题。中国导演洪深就深受刘别谦的影响,形成了简省、细腻、温婉的艺术风格,他的处女作《冯大少爷》就以"不偏不激,不脱不黏"的喜剧结构,抨击资产阶级虚伪的家庭关系,谴责资产阶级子弟的堕落生活,情感表达张弛有度,心理刻画丰富细腻。卓别林执导的片子在光陆虽上映不多,但像《摩登时代》《城市之光》等却是默片时代的经典,观众通过这些影片,既欣赏到精湛的电影艺术作品,也学习到先进的电影观念。郑君里曾指出卓别林早期滑稽片的主要功能是"造梦",能让人沉浸其中,产生如醉如痴的梦幻感,使观众忘记或缓解现实生活中的痛苦。周剑云也特别推崇卓别林的《三个妇人》《巴黎一妇人》,评之"以思想制胜,以情绪动人,不取铺张,专事白描,写人类心理,鞭辟入里,针针见血,各有意境,未容轩轻,是思想之结晶,银幕艺术之上品"②。确实,卓别林的影片真实描写底层人们的艰难生存与情感遭遇,突出人性的冲突和挣扎,以诗意的表演、隐喻的手法,批评了资本主义社会,赋予喜剧以悲观色彩,使观众认识到有艺术价值的滑稽喜剧电影是与悲剧类同的严肃艺术,具有独特的审美价值,这对于中国早期影坛建构现代民族电影和电影观念具有重要意义。

好莱坞明星制也在此时大放异彩,这种以强调演员为生产核心的制片制度,不仅实现了普通观众与明星间的跨场域对话,还对上海都市文化产生了深远影响。比如30年代海派文学中的女性形象就深受好莱坞明星制的影响,像新感觉派圣手穆时英在《性感与神秘主义》中将好莱坞女星称为象征着爱与美的"维纳斯"女神,描述了好莱坞"维纳斯"们的立体肖像,在《公墓》中着力刻画的女性拥有神秘性感的表征与空虚寂寞的灵魂,并在相当大的程度上凸显了他所触所感的都市。中国观众对好莱坞女星也多有效仿,好莱坞女星在银幕上作为被观看的客体,她们的身体本就具有巨大的吸引力,再通过电影镜头的聚焦和放大,自然成为一种极具市场价值的商品,观众可以从她们的一言一行、一颦一笑中模仿西方社会的时尚,也模仿西方女性的情感态度,是30年代中国女性主体意识觉醒的生动体现。

---

① 佚名:《刘别谦任派拉蒙经理》,上海电声周刊社编:《影戏年鉴》,上海电声周刊社1934年版,第352页。
② 剑云:《评〈三个妇人〉》,《明星特刊》1925年第3期,第1页。

可以说,在二三十年代好莱坞影片席卷全球之时,光陆把握了时机,完成片源调整,引进大厂佳片,加之华纳、派拉蒙等近十家电影公司陆续进驻光陆大楼,为戏院选片购片提供了便利。当然,好莱坞影片在光陆放映不仅满足了观众的观影需求,还从商业类型片制作、影像风格表现、生产经营策略等方面为国产电影提供了参考,使当时的国产影片呈现"欧化"倾向,同时也向中国社会渗透了西方文化,为海派文学及文化带来了发展机遇,客观上改变了上海城市的文化价值观念,满足了中国各阶层人们对于现代国家、民族的种种想象。

## 三、光陆大戏院与上海城市精神

光陆大戏院作为上海重要的公共文化空间,不仅具备娱乐功能,还被寄予了多种社会文化意义,它曾在国产有声片试映、电影检查制度推行、迪斯尼卡通放映等影界事件中扮演重要角色,见证了上海城市精神之形成发展过程。

### (一)《歌女红牡丹》试映下的国片声誉与文化自信

光陆大戏院从 1929 年 9 月开始放映有声电影,并宣传"听得到游目骋怀,极视听之娱看得见"。然风行之后,许多观众意识到此类影片"非以知音而加以赏识,乃以希罕而趋时尚耳"①,并问及当时的中国影坛:"我们为什么不拍自己有声电影?"究其原因,既有市场份额挤占、制片成本较高、技术不成熟等外因,也有国内影人拍摄"中国第一部有声片"的深思熟虑——既要"编得有些主义"②,还要"能投人群之好"③。几经考虑,民众有声影片公司联合明星影片公司和百代唱片公司,决定拍摄国产第一部真正意义上的有声电影《歌女红牡丹》。影片由庄正平编剧,张石川导演,耗时六个月,花费十二万,于 1931 年 3 月 3 日在光陆大戏院试映。全片开场以我国戏班前后台作背景,以平剧辕门斩子作引,讲叙一女伶之苦遇,抨击婚姻不自主之害,既有感动之力,也有刺激之处,如红牡丹呕血与车展送别两幕,"胡蝶表情真挚,已觉突过美国明星珍妮盖诺,殆亦伤心人别有感触欤"④,再如结语之"只怪她没有受过教育,老戏唱得太多了"⑤,余味绵长,尤具深意。《歌女红牡丹》试映成功,为衡量有声片之

①③ 毅华:《国制有声片成功》,《歌女红牡丹特刊》1931 年第 4 期,第 138 页。
② 张石川:《歌女红牡丹的成功不是一桩偶然的事》,《歌女红牡丹特刊》1931 年第 4 期,第 52 页。
④ 佚名:《观歌女红牡丹后》,《歌女红牡丹特刊》1931 年第 4 期,第 139 页。
⑤ 舍予:《歌女红牡丹试映记》,《歌女红牡丹特刊》1931 年第 4 期,第 140 页。

优劣划出了一重标准,即"成功的有声电影,决不仅是片里有声音,而是保存有那静默而深刻的美感,还有音韵与节奏的美感,若声音里面没有一点情感,那非但有声等于无声,更比无声还不如了。"①更重要的是,此次试映还宣告了国产有声片的崛起,影片在内容上直击旧礼教对女性思想的荼毒,准确表达出中华民族坚韧、真诚的精神内核,增强了国人的自我认同和民族自信,同时也"提高了国片声誉,对抗了外片在中国的霸权",并"抨击了投机取巧有名无实的声片"②。

**(二)《不怕死》事件中的电影检查制度与文化博弈**

1930年2月21日,派拉蒙影片《不怕死》在大光明影戏院和光陆大戏院同步上映。这部以美国唐人街为背景的影片,主要描写华人盗窃、绑架、贩卖鸦片等野蛮恶劣行为,带有明显的辱华色彩。2月22日,洪深在大光明观看此片后愤懑不平,当场发表演说,指责该片恶意丑化中国人,劝导观众勿再观看,他的慷慨陈词和正义举动,引起了社会各界的强烈共鸣和普遍支持,使主演罗克所有在华上映影片被禁映,各报撤除《不怕死》所有广告,大光明、光陆登报致歉,这就是中国电影史上轰动一时的"不怕死"事件。光陆大戏院从2月15日开始预告《不怕死》影片,提醒观众21日开映,抓紧时间"预定佳座,以防客满",并宣传全片"笑料丰富,无懈可击",是"一部非同寻常富有刺激性的有声对白大笑片"。③2月21日的首映广告更是详细介绍了片中人物和剧情,并特别启事:"今日起特易全新银幕加大镜头,发音愈益清切,物像愈益放大,美具难并务"。④不料"洪深拒观影"事件迅速发酵,事发当日,电检会就对大光明、光陆两院发出训令:"《不怕死》影片,完全描写华人为盗贼,为绑匪,贩鸦片,以及其他种下流野蛮恶劣行为,侮辱华人,无所不用其极。戏院竟利令智昏,不顾本国民族光荣,国际地位,贸然开映,且凭借租界庇护,唆使洋人殴辱爱国观众洪深等,丧心病狂,莫此为甚。"⑤并通过处置大光明、光陆两院的各项办

---

① 郑正秋:《为中国有声影片告各方面》,《歌女红牡丹特刊》1931年第4期,第57页。

② 周剑云:《歌女红牡丹对于中国电影界的贡献及其影响(附表)》,《歌女红牡丹特刊》1931年第4期,第59—60页。

③ 广告:《不怕死》,《申报》1930年2月19日,第4版。

④ 广告:《不怕死》,《申报》1930年2月21日,第5版。

⑤ 汪朝光:《"《不怕死》事件"之前后经纬及其意义》,李长莉,左玉河:《近代中国的城市・乡村・民间文化——首届中国近代社会史国际学术研讨会论文集》,社会科学文献出版2005年版,第250—252页。

法,包括:将《不怕死》影片停映、撤除两院所登《不怕死》影片广告、两院向上海市民道歉、将《不怕死》影片送交销毁、未得许可前不准再映罗克影片等等,这些措施合情合理,一定程度上主导了事件的后续发展态势。光陆和大光明两院应对禁映训令的反应截然不同。光陆在侥幸拖延半月后,即向电检会呈文称已停映该片,表示将停映罗克全部影片,并登报向国人道歉,道此前公映《不怕死》影片是"绝大错误",保证今后上映所有影片"均向电检会申请检查",并声明"服从党部和政府的一切法令"。①电检会以光陆戏院"既已悔悟前非,应予自新之路",遂决议通过恢复光陆戏院刊登广告案。5 月 5 日,光陆得以重新营业。相较来看,大光明戏院一开始将映片责任推到"华洋合股的洋经理",并狡辩"影片的辱华内容仅为其一部分,如必全部禁止,似非公允之道。"②电检会认为其避重就轻,作出包括罚款、禁映广告、向国人道歉等处罚。但大光明一直拖延到 10 月 15 日才遵照办理,致使戏院在长达半年的时间里被迫停登广告,盈利颇微,从此一蹶不振,于 1931 年 9 月 30 日关门停业,此结局令人唏嘘。总的来说,"不怕死"事件涉及中国观众、当局电检会、外国演员、外国电影公司等多个当事主体,各方利弊需要权衡,多方话语时时博弈,兹事体大,既要利用中国观众对"辱华"影片的普遍不满情绪,争得当局的理解支持,迫使外商公司低头认错,接受处罚,又不能触及中外关系,引发外交冲突,环环相扣,步步惊心,是 30 年代中国影界的代表性事件。

**(三) 迪斯尼动画连映中的"儿童年"记忆与文化启蒙**

1934 年 1 月,内政教育两部审议决定将 1935 年 8 月 1 日至 1936 年 7 月31 日为全国"儿童年",目的在"唤起全国民众,注意儿童教养,保障儿童身心健康,及图谋儿童福利,使完成儿童之肉体精神及社会的能力",并且在颁行的"儿童年宣言"中,明确指出了举办该活动之于"复兴民族的特别意义"。③在这样的背景下,光陆大戏院虽然"降级"为兰心分院,却敏锐地察觉到迪斯尼卡通的市场潜力,成为上海第一家也是唯一一家放映米老鼠动画短片合集的影院,曾在 1934 至 1935 年六次集中放映此类影片。

---

① 佚名:《光陆大戏院为〈不怕死〉影片事向国人道歉》,《申报》1930 年 4 月 2 日,第 3 版。
② 汪朝光:《"〈不怕死〉事件"之前后经纬及其意义》,李长莉,左玉河:《近代中国的城市・乡村・民间文化——首届中国近代社会史国际学术研讨会论文集》,社会科学文献出版 2005 年版,第 252 页。
③ 全国儿童年实施委员会:《儿童年宣言》,《江西地方教育》1935 年第 16 期,第 11 页。

表1　光陆大戏院所映米老鼠动画短片

| 时　间 | 放映影片 |
|---|---|
| 1934 年 6 月 15 日—6 月 18 日 | 《荒唐交响曲》系列:《瓷器铺的故事》《摇篮曲的乐土》《森林里的小宝贝》 |
| 1934 年 9 月 28 日—10 月 1 日 | 《米老鼠系列》系列 4 部、《荒唐交响曲》系列 2 部,含《蚱蜢与蚂蚁》 |
| 1934 年 12 月 23 日—12 月 26 日 | 《荒唐交响曲》系列 3 部 |
| 1935 年 4 月 19 日—4 月 22 日 | 《米老鼠系列》系列 8 部<br>《荒唐交响曲》系列:《奇特的白鹅》《可爱的小兔》《聪明的小母鸡》 |
| 1935 年 6 月 28 日—6 月 30 日 | 《米老鼠》系列:《音乐会》<br>《荒唐交响曲》系列:《龟兔竞走》《春之神》《点金》《飞天老鼠》 |
| 1935 年 9 月 28 日—9 月 30 日 | 《米老鼠》系列:《犬怪》《双枪侠米姬》《顽童麦克》《音乐会》《米老鼠漫游记》<br>《荒唐交响曲》系列:《春之神》《鼠飞行家》《龟兔竞走》《点金》《婴孩生活》 |

图 5　光陆大戏院六次放映米老鼠动画短片的广告

　　如表 1 和图 5 所示,光陆大戏院在米老鼠动画的宣传报道上,主要侧重在以下几个方面:一是强调光陆在片源上的领先地位,如"上海只此一家金字真正老牌短片大王""资格最老、牌子最硬",所映影片"货真价实并非七拼八凑",而且"本本是本年度新杰作!"二是突出米老鼠动画的两个系列:《米老鼠》系列和《荒唐交响曲》系列,前者多黑白片,后者则以彩色片为主,但光陆历次的放映广告,一般只列出《荒唐交响曲》系列的部分片名,却极少标明《米老鼠》系列的片名,这也许和《米老鼠》系列片因其连贯性的出场角色而具有较高的辨识度有关。三是版面设计上均将米老鼠的卡通形象置于广告中央的位置,周围排满了宣传文字,如映出片目、上映时间、票价、特别提示等,信息含量大。四是延续"儿童节"期间的专映活动,特别指出《米老鼠大会》系列短片是"儿童年儿童节敝院万分诚意贡献给全市儿童的礼物",而且场场都有玩具赠送,并第一次对观影年龄进行了规定,如 1935 年 6 月 25 日的广告中就写明"欢迎六岁以下儿童同来欣赏"。五是短片的功能意义,称"本本有浓厚兴趣,幕幕寓教育意义",能"使儿童益智慧增见闻",而且"为家庭求幸福"。可以说,光陆大戏院在 1934 至 1935 年集中放映米老鼠动画,既是"五四"启蒙运动"发现儿童"的价值延续,也是儿童教育领域的一种创新。早在 20 世纪 20 年代,中国教育界便留意到电影对于儿童教育的积极作用,有研究曾指出:"相较于文字、图画、幻灯片,活动影片能激发儿童之注意,明示诸重要之点,与以解析综合之观念,领悟既易,而记忆亦坚。"[①]也有研究从儿童心理学角度出发,认为电影"可以使儿童与真正的世界、真正的生活相衔接;应用到学校课程上,因为它新奇,儿童格外注意专心,记忆力得活动影响之助,也更能保守勿忘"[②],鲁迅也特别主张将电影运用到教学活动中,认为"用活动电影来教学生,一定比教员的讲义好"[③]。光陆大戏院放映的米老鼠动画构思精巧,情节新奇,采用很多奇言妙语和夸张动作,给儿童以深切的印象和感染力。然而现实是,中国的儿童往往与成年人混合在电影院之内,卡尔登大戏院等多家上海影戏院虽然推出日戏儿童半价的举措,但没有专为儿童开设的影戏设施,光陆大戏院在"儿童年"期间采取的集中放映米老鼠动画、设立"儿童电影日"、限制儿童观影年龄等举措在当时是非常有前瞻性的,是儿童教育启蒙的成功尝试。

从《歌女红牡丹》试映下的国片声誉与文化自信,到"不怕死"事件中的电影检查制度与文化博弈,再到迪斯尼动画连映中的"儿童年"记忆与文化启蒙,光陆大戏院作为重要的公共文化空间积极参与到社会文化事件中,努力建构

---

① 王昌祉:《电影与教育》,《圣教杂志》1926 年第 15 卷第 5 期,第 195 页。
② 陈宝鳄:《电影与教育》,《新教育评论》1927 年第 3 卷第 6 期,第 6—7 页。
③ 鲁迅:《我们现在怎样做父亲》,《鲁迅全集》(第 1 卷),人民文学出版社 2005 年版,第 140 页。

起上海现代化进程中的城市形象和城市精神。

## 四、结　语

综上,光陆大戏院以现代前卫的建筑风格、好莱坞电影的首映优势,满足了沪地观众对于西方娱乐文化及生活方式的想象,他们通过"观影"这一"仪式化"的沉浸式体验方式,彼此之间建立起共识,强化了对于摩登生活的集体行为和集体记忆,建构起一种新的城市文化价值观。戏院作为电影产业链的中间环节,积极引进有声设备,适时调整片源结构,所映影片类型丰富、艺术性高,促进了好莱坞文化在上海的传播,也带动上海社会对好莱坞元素的消费和再生产,为都市文学建构、国产电影制作、影人观众评论提供了参考借鉴。同时戏院作为租界中区重要的公共文化空间,与国产有声电影、电影检查制度、第一个"儿童年"等社会文化事件产生了密切关联,被寄予了民族意识、政治话语、教育启蒙等多种期待,使电影院不光具有媒介空间的特质,还具备一些超出电影放映场所的文化空间特征,使观众既能享受视听盛宴,也能深化家国情怀,这对于观照二三十年代上海城市精神和社会文化具有重要价值。如今,光陆大戏院的原有建筑已从属于外滩源的一个部分,依旧伫立在苏州河畔、乍浦路南,以全新的姿态继续见证上海文化的更迭和上海城市发展的传奇。

# Modern and Trendy: The Guanglu Grand Theater and the Social Culture of Shanghai in the 1920s and 1930s

**Abstract**: The Shanghai Guanglu Grand Theater, founded in 1928, is a British owned premiere cinema for foreign films. Its architectural style is modern and avant-garde, and the quality of the films it produces is excellent. It was a new landmark of modern life in Shanghai in the 1920s and 1930s. From February 1928 to August 1933, the Guanglu Grand Theater screened over 400 American Hollywood films, with a quantity characterized by "three peaks and two valleys", promoting the dissemination and reproduction of Hollywood culture in Shanghai. In the field of social and cultural development, Guanglu Grand Theater has participated in and witnessed important events in the film industry, such as the trial screening of domestic sound films, the implementation of film inspection systems, and the screening of

Disney cartoons. It has nurtured the urban spirit of Shanghai from the perspectives of cultural confidence，cultural games，and cultural enlightenment，and promoted the diversified development of Shanghai's social and cultural heritage.

**Key words**：Guanglu Grand Theater；Social culture of Shanghai；Hollywood culture；Urban spirit

**作者简介**：刘素，四川师范大学影视与传媒学院副教授、博士。

# 越南奇观与他者生产：从《真爱导游》说起兼及越裔海外影像创作者的创作问题①

李昌俊

**摘　要:**作为全球疫情以来第一部在越南拍摄的国际影片,《真爱导游》在传统爱情喜剧的基础上引入了"跨国罗曼司"的情节,影片中"美国—越南"的对位关系贴合于男女主人公,从而塑造起西方中心主义视角下的越南奇观。奇观的产生在很大程度上源于对西方式现代性的执着,而忽视了"另类现代性"的存在。这种现代性的时间与空间关系交互叠合,共同作用,又与当下资本主义世界经济体系中的不同等级/位置关系紧密捆绑,继而塑造出美国乐于助人的"救世主"形象,维系了美国一以贯之的世界形象生产。与陈英雄、武国越等越裔海外影像创作者的作品类似,《真爱导游》在渴望获得西方市场的前提下,难以避免地陷入自我东方主义的窠臼。

**关键词:**奇观　他者生产　《真爱导游》　越裔海外影像　创作问题

由网飞(Netflix)制作,开播于 2023 年 4 月下旬的流媒体电影《真爱导游》(*A Tourist's Guide to Love*)讲述了刚刚经历失恋的美国旅游公司主管阿曼达·莱利(Amanda Riley)因工作需要前往越南暗中考察公司打算收购的一家本土旅行社的故事。阿曼达由最初的不适应到最终迷恋上越南,并且爱上了

---

①　本文系国家社科基金青年项目"东北解放区乡土小说研究(1945—1949)"(23CZW053)的阶段性成果。

旅行社的越南裔导游阿辛(Sinh)，不仅顺利完成了公司交代的任务，而且在此过程中意外收获爱情。影片中"邂逅—发展—冲突—终成眷属"的主要故事情节老套、庸俗。尽管编剧有意地将这一情节编织于异国他乡，让影片具备"跨国罗曼司"(cross-country romance)的特质，但最基本的故事情节仍然不脱离观众的期待视野。不过，正是因为影片是"全球疫情以来第一部在越南拍摄的国际影片"①，又涉及越南这一因历史原因与美国关系复杂的国家，涉及美国与越南这两个分属不同地域大洲、地缘政治层级(第一世界与第三世界)的地理空间，使得影片在固化式情节之外存在诸多值得讨论的内容——尤其是在"后冷战"与"后疫情"时代重叠与缠绕的大背景下。跨地域的多重商业文化生产配合隐微敲击产生的政治、历史回响，影片具有多个入口与多种解码方式，而影片中相当一部分内容呈现出越南奇观的特点，这恰恰透露出影片创作者的中心主义观念。

越南之声广播电台对外部中文版网页曾发布对于这部电影的介绍，网站指出，"该片不仅向国际友人宣传越南的美丽，更激起了国际游客'背上行囊'马上到越南的冲动。"②这部获得越南文化体育旅游部许可在越南拍摄的影片展示了优美的风光，确实起到了旅游宣传片的效果。这似乎也符合越南旅游部门的期待。然而，仅仅将其视作一部美国主导、生产的越南旅游宣传片显然弱化了影片的内涵。通过对影片的认真审视可以发现，影片的风景呈现和场景塑造其实拥有诸多意识形态意味，值得进行症候式分析。因此，本文立足于"怀疑阐释学"的学术立场，"将一种表现为戒备、疏离和谨慎的态度(即怀疑)，与可辨识的批评传统(即阐释学)结合在一起"③，对影片进行多层次的开凿。本文首先讨论影片如何呈现现代性时间的深度空间化，其中又如何落入西方想象东方的窠臼；其次分析影片所表现的在当下资本联通不同地理空间的时代里，弱小第三世界国家如何遭到"侵略"，美国又如何以"救世主"形象自我崇

① Vivien Tan，"'A Tourist's Guide to Love' Reboots International Film Production in Vietnam"，https://about.netflix.com/en/news/a-tourists-guide-to-love-reboots-international-film-production-in-vietnam，访问时间：2023年5月8日。
② 《Netflix的电影〈真爱导游〉宣传越南之美》，https://vovworld.vn/zh-CN/%E6%96%B0%97%BB/netflix%E7%9A%84%E7%94%B5%E5%BD%B1%E7%9C%9F%E7%88%B1%E5%AF%BC%E6%B8%B8%E5%AE%A3%E4%BC%A0%E8%B6%8A%E5%8D%97%E4%B9%8B%E7%BE%8E-1195530.vov，访问时间：2023年9月1日。
③ 芮塔·菲尔斯基：《批判的限度》，但汉松译，南京大学出版社2023年版，第5页。

高化;最后将从《真爱导游》扩展至越裔海外创作者的越南影像,指出这些越裔海外创作者的越南影像在西方商业影视语境中存在着自我东方主义的普遍情况。

美国著名文学评论家希利斯·米勒曾在访谈中说道:"新形态的文学越来越成为混合体。这个混合体是由一系列的媒介发挥作用的,我说的这些媒介除了语言之外,还包括电视、电影、网络、电脑游戏……诸如此类的东西,它们可以说是与语言不同的另一类媒介。"①他通过描述"新形态的文学"其实也指出了当下数字化时代文学的疆界在不断扩大的事实。本文所讨论的流媒体电影与院线电影被米勒视为文学形态,因此可以进行文本化解读。在这一意义上,本文的进入路径与"将整个社会生活的诸领域文本化"和"用阅读文本的方式诊断那些并非文字写成的'文本'"②相一致,仍是一种文化研究的路径。当然,本文同时也兼顾电影艺术的学科本位,不放弃对视听语言的讨论,将视听语言融入更为广阔的文化研究视阈中。

## 一、时间的深度空间化:西方中心的想象窠臼

影片对于越南的表现与现代性理论不无关系。"现代性概念首先是一种时间意识,或者说是一种直线向前、不可重复的历史时间意识,一种与循环的、轮回的或者神话式的时间认识框架完全相反的历史观。"③不断向前的线性时间意识被深度空间化后也将形成落后的亚非拉第三世界国家与西方发达国家的二元对立。在此认识框架内,亚非拉第三世界国家必然落后于西方发达国家,这也正是影片表现越南的立足之处。美国与越南自1950年代起复杂的历史纠缠也让这种认识框架更加根深蒂固——插上红色旗帜的越南被自诩为"自由世界"领袖的美国视为落后之所,自身更为"文明""进步"的观念默认了在现代性时间链条上更为优越的位点,而由这一位点出发观看紧紧追赶自己的越南的视角也容易将其妖魔化、异质化。

这表现得最为直观的即是对地理景象的展现。影片一开始即展现了洛杉

---

① 周玉宁:《"我对文学的未来是有安全感的"——希利斯·米勒访谈录》,《文艺报》2004年6月24日。

② 汪晖:《去政治化的政治:短20世纪的终结与90年代》,生活·读书·新知三联书店2008年版,第514页。

③ 汪晖:《去政治化的政治:短20世纪的终结与90年代》,第366页。

矿富丽堂皇的景象:通过半空取景捕捉到宽阔的河流以及远处高耸的建筑,接着镜头逐步推进,定格在高楼建筑群上,建筑群的玻璃幕墙在日光的照射下反射出耀眼的光芒。紧接着,镜头深入建筑内部,聚焦在阿曼达工作时的干练状态上。由此,影片在开始的一分钟内即以镜头语言宣示了"现代"的生成:由现代化建筑表征的现代都市所容纳的是进入高度理性现代秩序的个体主体。影像对于越南的地理景象表达则显然不同。在阿曼达离开胡志明市机场后,越南的城市景观第一次得到直接呈现,高空俯拍镜头展示了胡志明市中心地段的车水马龙,但是画面左右两侧仍然可见相对破落的建筑,而影像中繁忙的交通也不在于揭示都市的繁华,反而是通过满大街的摩托车塑造起一种他者景象——区别于美国(西方)的都市交通景观。紧随其后的是一连串关于摩托车出行的特写镜头,阿曼达在车中注视窗外的镜头穿插其中。阿曼达面带微笑但却充满好奇地打量窗外景象,本质却是对于陌生国度的猎奇。于是,在地人民与外来游客形成观看与被观看的二元对立关系,在地人民日常化的生活方式作为越南奇观进入外来游客的认知结构中。吊诡的是,影片并非没有出现对胡志明市最为发达的景象的表现。镜头捕捉了西贡河畔的高楼建筑,但一晃而过,这似乎在强调拔地而起的巍峨建筑不是越南的真实代表,唯有日复一日、从不止息、杂乱繁忙的摩托车流才是越南的真实存在。作为越南最为发达的城市,胡志明市尚且被西方式"现代"所放逐的景象簇拥,无法与西方(美国)分享同一种"现代",毋宁提及越南其他城市。越南最终在西方中心主义视角的创作者眼中成为被本质化的他者。亨廷顿认为:"文明被时间和空间分隔开来。"①这恰恰是《真爱导游》的影像逻辑,时间的空间化与空间的时间化回返往复,越南文明被冻结式固化,但一个更为多元、立体的越南形象也在此过程中终止。当下越南存在多种发展形态,城市里也存在发达与落后的不同区域、景象,但是影片却规避了对于发达的呈现,这自然产生对于落后区域、形态"放大"的效果。"缺席指向一种决定性的在场,指向一种隐藏的力量或幕后的持续压力。"②这种"缺席的在场"实际上折射出影像创作者的固有认知。

时间与空间的深度关联在影像中还通过阿曼达对于越南的探索得到表

---

① 塞缪尔·亨廷顿:《文明的冲突与世界秩序的重建》,周琪、刘绯、张立平、王圆译,新华出版社1998年版,第33页。

② 芮塔·菲尔斯基:《批判的限度》,第95页。

现。影像有意以个体作为微观空间折射现代性时间中的位置关系。阿曼达到达越南后要求导游阿辛与其核对行程,但阿辛只是宽慰阿曼达让其放松,由他带领阿曼达真正领略越南的魅力,而不必按部就班、严丝合缝地对照行程。男女主人公的性格特质也得到彰显:阿辛洒脱浪漫、任性自由,而阿曼达则循规蹈矩、崇尚理性。在此情节之前,阿曼达其实遭遇了托运行李丢失的经历,她前往航空公司柜台询问工作人员,却不被工作人员理会,反而是阿辛告知阿曼达他有认识的朋友可以找回行李。由此,情节与人物相互叠合搭建起复杂的感知框架,个体/国别在这一框架中复合一体,阿曼达/美国是遵纪守法、高度理性的空间,而阿辛/越南则是混乱无章、重视人情的空间,两种空间在时间链条上的位置可想而知。这种表述显然带有"后冷战"时代的地缘政治思维,阿辛需要通过人情才能实现最为基本的个体便利这一情节无疑折射出对社会主义国家的固化认知,是站在不同发展道路的基础上以冷战心态将越南视为"封建"社会,进而将其指认为"前现代"的行径。

既然两个个体/两种空间在时间链条中呈现为不同的空间位点,那么不平衡的位置关系也将导致势能的流动,流动的走向则是美国向越南,背后则隐藏着征服的意味。影片中值得关注的是阿曼达在市场第一次试吃榴莲的情节。阿曼达在众人的怂恿下拿起榴莲,但面露惊恐、行为抗拒。当她极不情愿地将榴莲放进嘴里时,却发现并不如自己最初想象得那般难以下咽,她最终咽下了曾被她视为邪恶之物的榴莲,而围绕在她周围的行人则为她欢呼喝彩。显然,影片对这一情节的处理已经超出了外国游客试吃热带水果的平铺直叙,而是以高度集中的场景化聚焦将其打造成一场双方的较量,并且这场较量充斥着意识形态内涵。榴莲作为原产地为东南亚的热带水果,对于越南人民而言是日常生活中常见的食物,但却被代表美国人民的阿曼达视为恐怖物品。"榴莲—越南"的双重属性在被阿曼达"征服"的过程中得到填充:一方面,它离西方很远,是神秘他者;另一方面,它本身味道可口,没有给阿曼达造成接受上的障碍。质言之,"榴莲—越南"对于美国而言虽然多少带有骇人的色彩,但终将被毫无障碍地征服。影片中这一情节极其鲜明地凸显了美国作为征服者的强力形象,而将越南蛮荒化与弱质化。与此同时,围观的人群中有同为美国人的旅行团成员,他们祝贺团友突破自我,实际上也是藉由此确认自身的优势身位,而其他国籍的人士同样见证并参与到对阿曼达"征服"成功的庆祝当中,影像体现出膨胀的中心主义。这一情节颇似对于博览会的变相表达。后殖民研究者指出,早在 19 世纪,世界博览会就已经成为欧洲人表象世界及表述非欧洲世界的重要平台,世界各族群的参与只是为了见证欧洲中心的光亮。①榴莲类似于越南参加博览会的展品,但却是为了见证美国的优越,越南本身则完全沦为被言说的对象而缺失发声的机会。

萨义德曾在《东方学》中指出西方的传统认知:"东方是非理性的,堕落的,幼稚的,'不正常'的';而欧洲则是理性的,贞洁的,成熟的,'正常的'。"②"阿曼达—阿辛"所指示的"美国—越南"两组空间关系已经充分为这一点做了注脚。影片对于越南蛮荒化与弱质化的定位同样暗合于西方中心主义视野中的东方学奇观。如果说蛮荒、弱质其实与《东方学》中的"非理性""幼稚""不正常"属于同一语义,那么这些语汇的另一面则是浪漫,两者实际上一体两面。影片同样展示了越南的浪漫风情和阿曼达与阿辛之间的浪漫情感。例如两人在海面上划船,落水后两人娱乐甚欢;阿辛将阿曼达带回乡村居住,初次来到越南乡村的阿曼达大为震撼,也享受这一切;在乡村居住的旅行团成员在越南新年的第一天穿着新衣翩翩起舞等。但影像对上述内容的呈现的目的并不在于将越南打造成吸引人的浪漫国度,而是经由浪漫贯穿其反面,更加强化其非理性/幼稚/不正常的一面。美国与越南也依托阿曼达与阿辛形成"理性—浪漫"的映射关系。具体而言,美国作为理性、发达空间存在但仍然需要开辟出一个非理性空间来疗愈、调整暂不适合进入该理性空间的个体,以便维持理性空间的规整、纯洁。非理性空间对于从理性空间中走出的个体而言,一方面是流放之所,另一方面则是疗伤圣地。叙事为阿曼达的"流放"提供了有力的合法性:迫切需要疗愈情伤的她借用为公司前往越南考察的外壳实现了此行,凭借"勤奋工作"的躯壳逐步摆脱理性的束缚进而享受在地化的浪漫历险,甚至爱上了阿辛。但这也正是叙事的有意为之,没有什么活动比旅行更适合提供短暂的浪漫化欢愉。旅行结束后阿曼达不得不返回美国——她既完成了工作任务,也成功调适身心,重返理性状态。因此,理性对于浪漫的贴近通过旅行这一时间和空间双重受限的活动得到了实现,当极限一旦接近,理性与浪漫分离后,浪漫逐渐转向其另一面——非理性/幼稚/不正常。越南或是作为为美国服务的空间存在,或是成为蛮荒他者,无论如何都只能在"支配—臣服"关系中处于弱

① 高世名:《亚洲谜结——一种非西方的经验与表述》,高世名主编:《后万隆》,上海文艺出版社 2022 年版,第 59 页。
② 爱德华·W.萨义德:《东方学》,王宇根译,生活·读书·新知三联书店 2007 年版,第 49 页。

势一方。

　　阿曼达与阿辛在结尾处相拥,影片戛然而止。但叙事却没有解决阿曼达与阿辛之后该何去何从的问题。阿辛要留在越南继续经营旅行社,而阿曼达要返回美国,那么两人的恋情该如何收场? 显然,叙事回避了这一问题,影像通过对"浪漫瞬间"的封锁隐藏了即将到来的"浪漫/理性"转换危机,让观众在浪漫氛围中兴奋、感动的同时也逐渐忘却了叙事逻辑的连贯性,同时也消解了观众可能具有的批判视角,但正是这种保持影像风格一致的刻意隐藏反倒让影片暴露出中心主义。

　　除了因历史纠葛造成的"先入为主"的地缘政治观念外,影片西方中心主义立场的主要原因或在于创作者对"现代性"持有本质主义的理解。如果将直线向前、不可重复的线性时间理解为现代性最为核心的逻辑,那么该逻辑同时也孕育出现代性的多个面向。霍布斯鲍姆将英国工业革命和法国大革命这两项发生在 18 世纪的重要历史事件视作双元革命。[1]西方社会的发展也大体上沿着经济进步与民主提高两条路径延续,呈现"漫长的 19 世纪"的逻辑,这本质上也是现代性的内核演绎。但这并不能完全概括非西方国家的现代性发展道路。第三世界的存在也赋予现代性本身更多元的阐释空间,这也正如后殖民理论家霍米·巴巴所言:"我相信,没有后殖民的时差,现代性话语便不能被书写。"[2]正是由于殖民经历的存在,使得越南在内的广大第三世界国家拥有自己的现代性经验而不是对西方亦步亦趋。在 1960 至 1970 年代,越南在对抗美国侵略者的过程中形成了独特的社会主义现代性/革命现代性,这成为现代性在亚洲的一个本土化样本。随着时间的推移,尽管越南也不得不融入世界潮流,分享"西化"现代性,但不代表其在此过程中全盘放弃自身特性。然而,影片在触及越南本土现代性时却出现对其疏离、拒绝的态度。例如阿曼达在胡志明市第一次目睹城市里没有斑马线,她难以穿越车流到达马路另一侧。无疑,这样的交通规划在西方视野里显然是"前现代"的,但这没有给越南人民造成不便。阿辛指导阿曼达将手举高,自然穿过车流,阿曼达再三拒绝后终于在阿辛的陪伴下完成了一次"违反交通规则"的"越轨之旅"。有意思的是,影片在结尾处再次复现了这一点,尽管阿曼达此次穿越已经不需要阿辛的陪同,

---

① 艾瑞克·霍布斯鲍姆:《革命的年代:1789—1848》,王章辉等译,中信出版社 2014 年版,第 33—90 页。

② Homi K. Bhabha, *The Location of Culture*, Routledge, 2004, p.361.

但她在过马路时仍然显得犹豫、生硬,面色僵硬且眼神左顾右盼,仍然表现出对这一行径的极大不适应。影片似乎想通过同一情节的变相式处理彰显阿曼达对于越南的融入,然而阿曼达的表现却是貌合神离,标志着自身与越南本土现代性的错位,最终仍然回撤到传统的西方中心主义中去。

## 二、资本的全球联通与美国的"救世主"形象

影片的叙事动力被嵌入资本的全球流动关系中。阿曼达因为收购需要才前往越南,至于与阿辛的坠入爱河也是工作中的意外收获。与原初的现代性理论以及与之相关的西方中心主义相比,影片更为直观、可感的是不同国家里资本的不对等关系。

美国旅游达人环球旅行社(Tourista World Travel)打算收购越南西贡银星(Saigon Silver Star)旅行社,但仍需要对其运行能力进行一番考察,由此判断资本的付出是否值得。在影像里,美国成为资本的中心而越南不得不领受资本,沦为美国资本网络中的一部分,但也丧失自身的主体性,纯粹被异国资本控制。其实,当下美国强势的资本中心地位有着由来已久的历史。自地理大发现以来,欧洲日益成为世界的中心。沃勒斯坦认为,1450 年至 1640 年形成的资本主义世界经济体系以欧洲为中心,涵盖西北欧、地中海的基督教地区、中欧、波罗的海地区以及北美、南美洲的某些地区(主要由西班牙或葡萄牙控制)、大西洋的一些岛屿以及几处非洲海岸的飞地。[①]尽管越南北部受到中华文明(主要是儒家文明)的影响,在文化、经济上相比于南美、非洲仍然发达不少,但也远远落后于西方,毋宁提及越南南部受到占婆文化的影响还留存着部分曼荼罗体系地区。随着第二次工业革命在美国的发展,加上第二次世界大战给世界造成的动荡,美国在二战后成为资本主义世界经济体系的核心。美国 1950 年代开始渗入越南,扶持越南南方政权,并于 1960 年代开始正式对越南出兵,尽管美国在 1970 年代正式撤出越南,但二战、对法战争以及与美国的战争使得越南无法长期获得稳定的发展环境。随着 1980 年代革新开放的推行,越南也被深刻地卷入到全球资本主义体系当中,但其地位显然是卑微、弱势的。资本的内在本性要求其创造出一个世界市场,资本需要扩大领地,拓

---

① 伊曼纽尔·沃勒斯坦:《现代世界体系(第一卷):16 世纪的资本主义农业与欧洲世界经济体的起源》,罗荣渠等译,高等教育出版社 1998 年版,第 80—81 页。

展新的空间作为流通领域。因此，资本在不断扩张的过程中将外在空间资本化，在邪恶扩张的过程中暴露出资本主义式的帝国主义的本质。在政治哲学家哈特和内格里看来，世界市场的形成也是后现代的帝国主权的标志。"在世界市场之外没有其他，整个地球都是它的领域。"①世界市场冲毁一切的冲动将帝国空间变得平滑、连续，越南也因此被整合、抚平与同化。西贡银星旅行社被收购即是全球资本主义体系中一场每日都在发生的活动，影片讲述的收购问题既是现实生活中存在的普遍现象，也反映了美国在全球资本主义体系中的角色定位——既是核心的"精明达人"又是"救世主"。

阿曼达潜伏于旅行社多日，并且被阿辛发觉其很有旅游经验。然而，单纯的阿辛却不能更进一步猜测到阿曼达可能是前来考察的"外国间谍"，反而极其热心地以非同寻常的方式带她体验越南。阿曼达的身份保持得很好，直到意外出现的前男友约翰（John）让潜伏已久的阿曼达浮出水面。当阿辛被妹妹告知西贡银星旅行社已经被一家叫做旅游达人环球旅行社收购时，不知情的约翰才意外说漏了嘴，将阿曼达暴露出来。于是，在近乎 80 分钟的片长里，阿曼达充分展现了自身作为"精明达人"的形象，而阿辛则毫无疑问成为愚钝、单纯的代名词。实际上，影像对于"精明达人"/"救世主"的呈现并非是突发奇想抑或是全新创造，这是西方殖民表述中反复出现的话语。人类学的研究成果即指出欧洲作为"上帝"（god）和"强大魔术师"（powerful magician）的形象是殖民神话中反复出现的主题，至少在作为殖民地的墨西哥和秘鲁的历史上，这些形象被揭露为第二代或第三代发明的传统。②影像继承了这一内核，以当下方式将传统的殖民神话进行了变体式的映现。

显而易见，"阿曼达—美国"的"精明达人形象"对应了前述"理性"，"阿辛—越南"的淳朴善良、自由自在则对应了"蛮荒"与"浪漫"。两者启蒙与被启蒙的关系在新自由主义全球化的叙述中演变为"雇用/被雇用"与"资本—智力/劳力"。③叙事中的全球新自由主义资本体系也被纳入空间关系，与现代性时间的深度空间化紧密配合，彼此运作。

不过，在塑造美国"精明达人"形象并且对越南进行一种本质主义的描绘

①　Michael Hardt and Antonio Negri，*Empire*，Harvard University Press，2001，p.190.

②　Peter Pels，"The Anthropology of Colonialism: Culture，History，and the Emergence of Western Governmentality"，*Annual Review of Anthropology*，Vol.26（1997），pp.163—183.

③　殷之光：《新世界：亚非团结的中国实践与渊源》，当代世界出版社 2022 年版，第 57 页。

时,影像并未让美国显得冷酷无情,反而是让美国温情脉脉地向越南施以援手,打造出"救世主"的形象。当阿辛因为阿曼达的隐瞒而发火时,阿曼达耐心解释其实通过此次旅程自己已经有了新的认识,新的变化,并且真正爱上了阿辛,此外她还向阿辛保证,未来西贡银星旅行社的发展道路仍由阿辛全部负责。阿辛全然接受了阿曼达的这番解释和承诺,影片在两人相拥的静谧美好氛围中到达尾声。但是是否真的如此不得而知。影片最终呈现的结果是"三赢":阿曼达完成考察,反馈结果,帮助公司顺利收购西贡银星旅行社,公司得以将资本的触角伸向越南,在越南的领土上插上"旅游达人环球旅行社"的旗帜;一向客源量小、难以做大做强的西贡银星旅行社得到充足融资,拥有更强的财力来发展业务;作为旅行社核心成员的阿辛的行事风格和个人能力都得到认可,他也被允许继续沿着此前的道路精进。然而,这种"三赢"的局面并非是三方友好协商达成一致的结果,相反,这是美国步步蚕食,越南无奈妥协的情况。如果说西贡银星旅行社尚且可以说是自愿接受美国资本的收编,进而参与到更广阔的全球经济语境中,那么阿辛则彻头彻尾地被蒙在鼓里。不仅他的妹妹没有告诉他旅行社已经着手出售,而且阿曼达有多个机会告诉他,但终究没有跨出这一步。作为西贡银星旅行社核心人物的阿辛只是被告知此事,俨然是一个被使用、驱使的客体,无法获得自我言说的机会。甚至当阿曼达与阿辛在以道歉为主题的交谈时,她都十分强势地告诉阿辛西贡银星旅行社仍然将由阿辛负责,并不询问阿辛的意见,而影像中的阿辛也不言不语,隐忍地承纳阿曼达赋予的全部指令。镜头配合叙事一再强调美国利用自身优势对于越南的拯救,美国人善意的欺骗以及美国人由衷地热爱上越南并因此摒弃原有的程式化思维,但这一切不过是为了彰显美国的"救世主"形象,在自我崇高化的过程中却未给越南发声和真正表达意愿的机会。不过,影片似乎意识到过于明显的国别对立可能会过度暴露创作者的中心观念,于是在阿辛的身份政治上进行了精心设置。他其实是在越南出生的越裔美国人,在大学毕业后回到越南工作,由此他在身份认同上必然陷入两难的状态,正如他在影片中所说:"但我很大一部分也是美国人"。因此,阿辛的不言不语、无奈接受也似乎不是在国别对抗的意义上呈现出内涵,反而流露出些许包容一切的"美利坚民族"同盟的意味,冲淡了影片可能给观众带来的"美国霸权"色彩。然而这背后的中心主义和政治经济格局中的优越感与霸权意识在拆解后仍然一目了然。

## 三、自我东方主义：越裔海外创作者的影像表达

影片的创作团队以亚裔为主，导演土田史蒂芬(Steven K. Tsuchida)是日裔，编剧艾瑞纳·多诺霍(Eirene Donohue)是越南裔。然而，作为越南裔的艾瑞纳·多诺霍在编写剧情时却全然放弃了越南本位，站在美国的角度对越南进行猎奇与本质化想象，陷入自我东方主义的困境。自我东方主义的实践得到了美国观众的有效回应，似满足了美国观众的预期。从上映不久观众的影评可以发现，东方主义成为他们解码越南影像的钥匙。例如，在互联网电影资料库(Internet Movie Database，IMDb)上的影评对这部电影褒贬不一，但大部分评价都指出了电影对于越南风光的呈现是美丽的。影片无疑成为观众观赏异国风景的渠道之一。这达到了越南旅游文化部门的期待，也实践了影片作为旅游宣传片的功能。在美国《视相》(Variety)杂志的网站上有影评写道："从阿曼达坐在小汽车中在胡志明市被摩托车包围，再到更为私密的地方，例如阿辛在乡下的家庭村庄，这些优美的镜头序列展示了我们的女主角为何一步步迷恋上这里，并沉浸在郁郁葱葱的风景和丰富的文化传统中。""阿曼达作为行人在混乱的交通中穿行，展示了她不断提升的自信心。"①如前所述，摩托车构成的日常化交通方式与阿曼达在过马路时的抗拒，实际上都标志着西方与东方陌生国度存在的隔膜，而乡下家庭村庄、传统文化模式也不过是有意设置的区别于西方都市景观的越南奇观，仍不脱"前现代"的指认逻辑。然而，这些充满西方中心主义的文化霸权叙事与镜头却被美国观众以欣赏的眼光悄然接纳，与影片创作者一同完成了一次东方主义的"发送—接收"互动。

或许由于西方影视文化市场长期积累起来的成见以及由此形成的阅读/观影视阈，影像创作者要想进入这一场域并避免滑铁卢最为保险、安全的方式是迎合市场期待而非对成见"祛魅"。这也是海外越裔影像创作者面临的普遍问题，自我东方主义也成为其影像创作难以逃脱的宿命。

越裔法国导演陈英雄(Anh Hung Tran)少年时代离越赴法求学，存在着双重文化体验。他在《三轮车夫》中即呈现莲花、上香等诸多东方宗教元素，似在通过东方元素建构出一片精神净土来抵御外部的纷乱嘈杂，在展示东方美

---

① Courtney Howard，"'A Tourist's Guide to Love' Review：Rachael Leigh Cook Gets a Heart-Stamped Passport in a Conventional but Charming Rom-Com"，https://variety.com/2023/film/reviews/a-tourists-guide-to-love-1235589442/amp/，访问时间：2023 年 5 月 3 日。

学的特色时也表现出对传统东方世界的贴近。他的另一部电影《青木瓜之味》同样如此,东方宅院、热带木瓜树、木鱼、佛像等意象的呈现充满东方情韵,创设出别具一格的东方美学空间。除了陈英雄以外,包东尼(Tony Bui)和吴古叶(Minh Nguyen-Vo)等越裔海外导演在拍摄时也常常使用带有强烈东方色彩的意象。《恋恋三季》中莲花、红叶、桨声灯影的使用以及《牧童》中茅屋、小舟的出现,都酝酿出东方农耕文明的情韵。

如果说景象的选择还只是视觉上的东方主义营造,那么影像中的叙事配合镜头形成的文化观念则将这种东方主义推演得更远。同样可以首先以《三轮车夫》为例。影片中三轮车夫最终回归了骑三轮车送客的生活,子承父业似也有意无意暗示了代代相传的循环。这恰恰又与直线向前、不可逆的线性时间观相悖,从而呈现出"反现代性"的特征。"回到原点"式的叙事处理方式已经被研究者注意到,莱斯丽·巴恩斯就指出《三轮车夫》"最终几乎没有提供解决问题的方式"[①]。三轮车夫永远的底层身份对应了蒙昧与文明的二元对立关系,同时这也是现代性时间的不同空间位置关系,时间的空间化形式无不彰显越南在与西方国家的关系中的弱势地位;另一方面,导演赋予越南温情美好的一面也是将越南诗意化,这仍然落入对东方刻板印象当中,西方视野中温柔、纯洁的"未开垦的处女地"实际上与蒙昧一体两面。2021 年上映的越南电影《守护天使》的导演武国越(Victor Vu)也类似,出生于美国的他如今在越南发展,在用影像表达越南时流露出对故土的留恋,但同时也注意到西化的危机。然而回归传统、保守的观念也会让影片对人物的塑造落入他者视野,成为西方中心观念中固化的亚洲形象。最为明显的是小玄在接近影片结尾处步伐婀娜,摇曳生姿。观众在观看影片时落入男性视角,将女性变为满足窥视欲的客体。穆尔维指出:"观看的乐趣被分为主动/男性和被动/女性。决定性的男性凝视将其幻想投射到女性身上,从而形成被固化的风格。"[②]男/女与看/被看形成对位关系。"女性是展示者,她们并不推进故事发展,而是忙于在男性角色面前展示自己。观众透过男性角色的眼睛看到了女性的身体,电影中的女性角色被平面化了。"[③]小玄与被预设为男性的观众在性别上形成二元对立

① Leslie Barnes, "Cinema as Cultural Translation: The Production of Vietnam in Trần Anh Hùng's Cyclo", *Journal of Vietnamese Studies*, Vol.5, No.3(Fall 2010), pp.106—128.

② Laura Mulvey, *Visual and Other Pleasures*, Palgrave Macmillan, 2009, p.19.

③ 赵一凡等主编:《西方文论关键词》,外语教学与研究出版社 2006 年版,第 358 页。

关系,这种对立关系也对应着西方与亚洲的关系,性感美丽但软弱无力的女性在孔武有力的男性面前自然只能服从与接受支配,性别化的镜头语言体现出"亚弱西强"的认知,而这种认知与《三轮车夫》分享着同样的逻辑。比起《真爱导游》中性别角色与国别关系的错位,这种男性与女性的对位关系甚至是更大的一种撤退,表现出彻底的自我东方主义。

越裔海外影像创作者在迎合西方主流文化市场时其实与西方本土电影创作者合流,分享了同样的话语机制。例如在表现美越战争时,好莱坞电影时常出现对战争的反思,通过对参与战争的美国士兵的创伤重现与诘问反思战争的必要性、合理性。这方面的典型代表有《野战排》《生于七月四日》《现代启示录》《猎鹿人》等。然而,这些电影的创作者之所以将反思战争、拷问人性作为影片的价值取向乃是受美国社会文化对美越战争的定性影响。自 1960 年代开始,美国频繁发生反对美国出兵越南的游行,著名的"新左派"运动的靶点之一也在于此。越南南方民族解放阵线是"新左派"学生示威者所主张的激烈行动的象征之一,他们组织的抗议让美国精英集团中的许多人确信美国要想在战争中获得胜利,就要付出难以承受的代价。①社会运动的强烈影响使得对越南战争的定性成为文化习惯被接受,一批批涉及越战的电影延续、重复这一主题,这一范围层层加固,成为美国影像表现越南时的安全区。影像创作者在此安全区内自由行走,不必担心"触电"的危险,底线得到保证,但一旦越界,或许会出现难以预料的情况,这也使得许多影像创作者始终求稳,而不求新。同样,西方文化视野中对于越南的认知不脱离蛮荒、邪恶、热带、混乱等内容,这也成为想要获得西方市场的影像创作者在表达越南时的舒适地带,两者实际上殊途同归。有意思的是,艾瑞纳·多诺霍在接受越南快讯(VnExpress)的采访时表示,西方电影,尤其是美国电影,通常只讲述战争中的越南,而她不喜欢这样,因为越南有太多美丽的东西,例如风景、人、食物,甚至爱情故事,她想将之告诉世界,而不是总是回顾战争。②艾瑞纳·多诺霍留意到了美国(西方)表现越南时的某种惯习,也做出了挣脱这种习惯的尝试。但她却错误地将"风

---

① 文安立:《全球冷战:美苏对第三世界的干涉与当代世界的形成》,牛可等译,世界图书出版公司北京公司 2014 年版,第 192—193 页。

② Tú Nguyễn,"'A Tourist's Guide to Love' thay đổi cách khách Tây nghĩ về Việt Nam", https://vnexpress.net/a-tourist-s-guide-to-love-thay-doi-cach-khach-tay-nghi-ve-viet-nam-4601188.html,访问时间:2023 年 6 月 12 日。

景""食物""爱情故事"等视作独立的存在,而未能意识到这些只是越战话题及其代表的美国式越南话语的另一面,两者两极相通。《真爱导游》由此也不过是正面避开了越战,却悄然站在其身后,仍然是在安全地带游走,没有做出真正的突破。

著名马克思主义文化批评家詹明信在论及第三世界文化时写道:"所有第三世界的文化都不能被看作是人类学所称的独立或自主的文化。相反,这些文化在许多显著的地方处于同第一世界文化帝国主义进行生死搏斗之中——这种文化搏斗的本身反映了这些地区的经济受到资本的不同阶段或有时被委婉地称为现代化的渗透。"这一点贯穿影片的始终。然而,影片与詹明信的论述略有不同的是对于"搏斗"的呈现显得孱弱、单薄,似乎没有抵抗的发生。这是因为影片并非站在第三世界立场上进行表达,而是在美国(第一世界)的视景中表述越南(第三世界),这使得落入美国式话语中的越南失去锐利锋芒,沦为美国的附庸。本应该得到充分展开的"现代化的渗透"所造成的"搏斗"在苗头展露处即被迅速平息。由此,《真爱导游》所代表的美国式越南想象在错失了对真实第三世界及其文化样态的打开的同时,却也无意中落入美国亚洲研究界的研究意图:"对第三世界文化的研究必须包括从外部对我们自己重新进行估价。"[1]包括《真爱导游》在内的越裔海外影像创作者的作品的最大价值并非在于展示一个真实的越南,而是在想象他者的旅途中提供了暴露其文化姿态、中心心理的渠道——尽管对这一渠道的发掘仍然需要层层剥离、抽丝剥茧。

## 四、结　语

通过上面的分析和讨论可以知道,《真爱导游》在传统恋爱喜剧的基础上将场景设置在异国他乡,引入"美国—越南"的对位关系并将之贴合于男女主人公,从而塑造起西方中心主义视角下的越南奇观。奇观的产生在很大程度上源于对西方式现代性的执着,而忽视了"另类现代性"的存在。这种现代性的时间与空间关系交互叠合,共同作用,又与当下资本主义世界经济体系中的不同等级/位置关系紧密捆绑,继而塑造出美国乐于助人的"救世主"形象,维

---

[1]　詹明信:《处于跨国资本主义时代中的第三世界文学》,张旭东编:《晚期资本主义的文化逻辑:詹明信批评理论文选》,陈清侨等译,生活·读书·新知三联出版社1997年版,第521页。

系了美国一以贯之的世界形象生产。越裔海外影像创作者在渴望获得西方市场的前提下，难以避免地陷入自我东方主义的窠臼，这和诸多美国本土影像创作者对于越战的表达实际上殊途同归。然而，如何透过影像的迷雾揭示一个真实的国度与真实的现实/历史却是值得思考的问题，这也是在当下以美国为代表的西方文化生产强力推移、熨平世界上一处处独立空间，传递"单一叙事"与"单一形象"的背景下个体应该具备的审慎态度与批判思维。

　　在移除影片西方中心视角的凝视之后，还应该进一步思考的是：如此一来，第三世界国家的真实面貌就能完全得到呈现了吗？或许西方著名左翼学者阿里夫·德里克在进行后殖民研究时提出的"第四世界"观点能带来启发。德里克质疑当下"殖民主义终结论"的假定，他认为"许多土著居民，无论他们是处于第一世界还是第三世界的国家，依然遭受他们所在国家的殖民奴役"，他倡导一种本土主义，这种本土主义是"一种截然不同的、以地区为中心而非以国家为中心的政治"①。质言之，需要对国家内部再进行层层细分，而不能将其视作是整齐划一的单质化存在，唯有如此，才能在"压迫""奴役"问题上打开新的局面，避免陷入新的一轮东方式和第三世界式的"新殖民"。而这也要求影像创作者继续向纵深处勘探，挖掘种种被遮蔽的社会存在，在"去西方"的影像表达基础上做到更深一层的去蔽。这是对当下第三世界电影的启发，也是全球影人未竟的事业。

## The Vietnamese Spectacle and the Production of the Other: From *A Tourist's Guide to Love* to the Creative Problems of Overseas Vietnamese Video Creators

**Abstract**: As the first international film shot in Vietnam since the global epidemic, *A Tourist's Guide to Love* introduces a "cross-country romance" plot based on the traditional romantic comedy, where the "American-Vietnamese" dyadic relationship fits the male and female protagonists, which creates a "Western-centric" view of the Vietnamese spectacle. To a large extent, the creation of the spectacle stems from the obsession with Western-style modernity

①　庄俊举：《全球化境遇下的社会主义和马克思主义若干问题研究——专访著名左翼学者阿里夫·德里克教授》，《当代世界与社会主义》2007年第5期，第7页。

and the neglect of the existence of "alternative modernity". The temporal and spatial relations of this modernity overlap and work together, and they are tightly bound to the different hierarchical/positional relations in the current capitalist world economic system, which in turn shapes the image of the United States as a "savior" who is willing to help others, and sustains the production of a consistent image of the United States in the world. Similar to the works of overseas video creators of Vietnamese descent, such as Anh Hung Tran and Victor Vu, *A Tourist's Guide to Love*, in its desire to gain access to the Western market, inevitably falls into the trap of self-orientalism.

**Key words**: Spectacle; the production of the other; *A Tourist's Guide to Love*; overseas Vietnamese videos; Creative problems

**作者简介**:李昌俊,南京大学中国新文学研究中心博士研究生。

# 光启评论

# 时空的观看与重构

## ——《上海漂移：都市废墟中的
## 漫游者与创生者》中的异质想象

陈　新

## 引　语

如果你认为废墟是那个埋葬历史的地方，那么对它的观看与重构，便是面向未来的书写。空间并不具有永恒性，某个时间与某个空间总是须臾不可分离。上海这个空间，本身是无数个特定上海时空光影的切换。我们眼前能见的，并不是过去，而是现在，可我们现在能想的，却只是过去或者未来。

## 一

两周前，一位本地历史协会的朋友派给我一个任务，了解一下50年前关闭的查尔斯·金父子公司的历史。我查完档案之后，前往该公司旧址，它在夏洛茨维尔市中心，破旧的红砖楼，外墙上仍然依稀可见公司的名字，我心中暗暗赞叹，50年前的涂料仍可历经风雨。我推开大门，墙上印有如今办公公司的名称列表，律师行、会计师事务所、贸易公司、英伟达分部赫然在目，惊讶的同时，我在思考，为什么这些富有的公司，不排斥外表如此破旧的仓库式房屋。当天晚上，我将所见所闻与新拍的照片发在社交媒体上，突然涌进大量的评论，大家回忆自己或者父辈当年如何与这家地区最大的百货批发商的交往，回忆自己1977年前后在此间工作的情形，回忆与这幢建筑发生过历史关联的朋友的轶事。一幅近130年的历史画卷，似乎被几段文字，几张照片激活，从此展开。我不由得回想起我的故乡,江西萍乡。6 年前我返乡的时候,人非物亦非,我不知道儿时的记忆可以安放在眼前的哪个场景中,一切旧的场景都被新的楼宇街道替代了。我顿时认识到,物理空间一旦被人文历史沾染,它那种永恒的自然属性就变轻了,人们会赋予它更重要的意义,而它则以变化着的历史空间存在着,它看似被层累的记忆覆盖,实则那些依附在空间之上的记忆在时间流逝中,不断被它的现在揭去,换招牌如此,拆楼如此,旧区改造如此,所谓的大规模的再开发计划、剧烈的人口迁移更是如此。

是什么让我们回想起故土,如同问:"是什么让城市的研究者不愿遗忘她的历史?"我手捧着一本《上海漂移:都市废墟中的漫游者和创生者》,这已经是我第二次读这本作品了,作者是同济大学建筑与城市规划学院的陈蔚镇教授和她工作室的学生们。两年前初读书稿,我既意外又欣喜,因为看到了国内代表性的城市规划学者采用历史学的方法开展田野调查,如此细致地深入散布在上海这座都市中的空间碎片去研究佛跳墙这样一个亚文化社群在都市中的漫游。城市规划在近些年的中国几近成为显学,人类学、社会学、历史学的视角也常常被纳入,以凸显规划的人本色彩,但总感觉有些倨傲的意味。走过几次规划展览馆,那些展成的大模型,不容易让人联想起这座城市丰富的历史,反倒像在规划一座孤岛,四处不是田野,而是鸿沟、水洼。如此,我打开这本书时的好奇心是,作为城市学者,他们如何理解空间,如何安置历史,如何在时空中触摸到都市的灵魂。

## 二

《上海漂移》,读起来轻松、细软,连续勾勒着行走者眼前鲜活的图景。眼前仿佛在追随着一架贴地飞行的无人机,在上海老城的工业废墟、旧式里弄中穿梭的无人机。我的想象随着文字而绘图,就像书中提到,电影导演常常寻找日常小物件表达历史的真实,文化原真的艺术创制往往就是用不入正史的一句俚语、一桌残羹、一场分别、一目凋零来实现的。我所写的,你可见到;我所见的,你能想象;我所想的,你愿意会;我所思的,你心戚戚。

无论人们愿意将此书称为城市田野调查报告,还是都市人类学研究,这些学术称谓都无法遏制作者寻找读者的欲望。回归生活本真,回归切身处境。这本书充满了交谈的意愿,也弥漫着作者想赋予上海现代性进程中无可避免的一种"废墟"意识。上海相对于中国的文化传统,本身就是一个异样的空间,自开埠以来的近两百年中,中西文化的交融不只表现在语言和地方气质上,还反映在街道、巷弄以及建筑材质与样式的点滴中。当上海作为一个同心圆的中心,涟漪向四周扩散的时候,这种异样便开启了它的普遍化之途。

1843 年的上海,这个特定的时空,成为中国历史多元化的一个新的起点,由此泛起的每一次波澜,最终都在文化的静湖里被一次一次消弭,而这个同心圆的中心又不断被新的石子击中。我们无法细数那些石子的来路,唯独知道上海一直不拒承受。只有在看不到任何水波之时,寻找异样的心灵才会打破无趣,开始游荡、漫游、漂移,抚摸历史的年轮。

在废墟的观念下,时间、空间、回忆、创伤、情境、心境、自我、他者,这些成了作者构筑上海意向之城的纹路与材质。这是一种对过去曾经有过的未来可能性的探索,是在已经死亡或即将死亡的城市生命体中,尝试用历史解释的电击法激发出新的生命力,废墟终将开启它的下一段旅程。在荒芜中等待,对于废墟的关切构建出豆瓣"佛跳墙废墟探索"小组近四万人异样人生的精神之城。如此,空间的时间性通过心灵的怀乡表现了出来,而怀乡恰是一种晚近以来日趋强烈的文化本能。

## 三

古罗马的角斗场在亚平宁半岛、法国南部等地星罗漫布,它们是中世纪的废墟,有时成为当地的防御工事发挥作用,到了近代早期,角斗场的石料成了商人们的觊觎之物,拉走出售,这是当时人们对待废墟的经典态度。大规模的古物收集、古建维修、古城保护,这些对抗时间流逝的做法,本质上是近代科技与工业化促成的人类生活世界加速变迁的后果,人们通过这些"挽留"历史的行为让心灵获得一丝抚慰或确信:就算是随波逐流,生命浮萍也可在波与流中懈怠下来,找到归途。

寻求确定性是人的心理本能,你可以面对山川壮美、星空静谧,确定人类的渺小与智慧的精湛,也可以让崇高美使自我保持谦逊与积极。在这自然之物以外,城市作为人类的创造物,是人类总体智慧的显现。探索城市及其历史之痕,也能令人在人类思维的小宇宙中,收获面向自然而可寻得的类似确定心理。倘若废墟通过探索与解释,能够打破它本以静止的时间,重新进入当下的生活,探索者的自我无疑会获得一份沟通历史、现在和未来的喜悦,这就如作者会将自己专业领域中的成员称之为创生者一样,他们再行规划,为废墟创造生机。废墟,如此成为物的意义与心的意义的连结点,成为穿梭时空的虫洞。只不过,就如同作者阐释的,巴黎的废墟与罗马的废墟,对于其周边的生灵,其存在的意义并不相同,这就意味着虫洞要将你带往的宇宙也是多样化的。在你未穿越之前,唯有一颗好奇的心。

## 四

很明显,1950 年代法国情境主义者德波们参与了打破静止时空结构、寻找差异的后现代运动,被称为时代的先锋,是因为有的人认为存在过这样一个具有特质性的时代。它的同心圆波动泛起,触动了 2000 年前后身处遥远上海的一些心灵。当时,我和蔚镇教授同在杨浦区,一个面对后现代的理论波澜,一个忙于城市创意与规划,如果说我们还有什么共同点,那就是对差异的尊重与对同一性的敬而远之,或者对强制性同一性的拒斥。在德波的意义上,我们各自都在游荡,在上海这片时空中漂移。当我们各自面对建筑/城市的废墟或文化/精神的废墟之时,都在憧憬开放的未来。

在这本作品中,你能感受到作者的心境。差异是对熟悉的反叛,外滩,陆家嘴,新天地,这些带着普遍集体想象的文化觉醒之地,它们的存在恰恰让都市中的废墟以一种异样的微光存在。那些废墟中的漫游者,他们一起发现城市的伤痕,残留的气息,他们言语,将各自的小宇宙打开、交融,同时走进了废墟开启的那条时空隧道。历史的时空已然附着在纸本的墨香之上,涌现于你的面前,这本是作者在写作此书时构想的意象空间,经由废墟、心灵与文字之间的往返而变成现实。

差异与异质性是艺术般的追求,当你从本书的文字中读到那种对异质性的渴望时,你绝不会再将城市规划看成只是工程及/或科学的领域。《上海漂移》里有"佛跳墙废墟探索"这个社群的漂移故事之外,创生者的职业精神同样不可或缺,而他们的工作与探索此时不再仅以个人的感受为始终,而是以个体所期望的群体感受为根本;也因为是在上海,当代城市生活中更多的要素,如去工业化、经济利益、区域风格、消费激励等等,都成了规划师们要去融合而构思整体的维度,其最终的目的是将我的构想转换成我们的未来。

于是,在杨浦之类的老工业区,历史给予的空间边界与未来人们生活中的空间利用模式,必须在规划师的历史素养、规划技艺与未来想象中浑然一体。按照作者的构想,空间的塑造需要为实现和满足人的交往提供便利,因为规划及其实现仅只是城市生活的初章,而人们在其中的交往及其故事,才令物的历史转变成人的历史,令物理空间转变成历史空间。

我们的现实是,任何成功的规划设计,无论它是出自多么深刻的时空领悟、多少深沉的历史沉思、多么精妙的艺术创想,被抄袭似乎都是它难以逃脱的命运。后来者以同质化、非情境化摊薄原创者的才思。我们缺少对异质的追求,缺少对差异的保护,更缺少对于非正常的关爱。那个促成同一的理性背后,实际上拥有着一种强烈的非理性利益冲动。这样就可以理解了,作为城市规划师的作者们,他们在漫游上海时,内心期待的是随机性、偶然性、不期而遇,一切理性的安排多少都会有索然无味之感。显然,差异给我们带来惊奇、乐趣与意义。

## 五

上海的多样性亦可隐喻中国的多样性。废墟之叹多少也是一种悲悯之叹,两百年上海历史的更迭模式与三千年中华传统的波浪模式并没有本质的区别。

要嗅到历史的味道,仅仅走进废墟,到空间中去体验远远不够,从来没有一目了然,一言以蔽之的历史,唯有先行阅读,才有机会去构建那份仅属于你的历史记忆,附着在那个想象的历史空间之上。这本书为你我提供一点点上海的空间想象,增添一个通向城市认知、空间认知、历史认知多样性的维度。

当你走在上海街头,任何回忆都是在重新塑造历史,而任何塑造都给当下增添了一点差异,带来了丰富性,这本书就是如此,它没有任何代表上海历史或者城市考古的迹象,它的文字和图片,故事与情感,都像是一脉流动的清新之气,让历史的建构与情感的建构共同汇聚于上海这个迷人都会之中,如此,漂泊的人们才会他乡遇故乡。

## 六

除了用来扎根的历史,还有用以漂移的历史。除了那座占据物理空间的城市,还有一座漂移在历史重构中的城市。

**作者简介:**陈新,上海师范大学特聘教授,弗吉尼亚大学访问教授。

# "从开埠到开放:上海都市化180周年" 国际学术研讨会会议综述①

丁怡骏

**摘 要:**2023年10月,以"从开埠到开放:上海都市化180周年"为主题的国际学术研讨会在上海师范大学人文学院举行。会议首先探讨上海与中国近代史的关系,强调上海在中国近代史重大事件中的角色。其次,会议还深入研究上海的历史地理,尤其关注《新编上海历史地图集》的编纂工作。再次,与会者们聚焦上海近代城市现代性的建构,探讨城市发展与市政管理对城市面貌的影响。此外,会议也讨论了海派文化与都市文化的形成,并从不同角度解析海派文化的复杂性。最后,与会者们就如何避免上海史研究的碎片化问题进行深入讨论,并提出多学科交叉研究、扩展国际化视野以及重视域外文献等重要前沿学术研究取向。研讨会不仅深化了学界对上海都市化180年历史的认识,也为未来上海史研究提供坚实的基础。

**关键词:**上海开埠 上海史研究 海派文化 城市发展

2023年10月6日至10月7日,由上海师范大学人文学院与上海社会科学院历史研究所共同主办,上海历史学会协办的"从开埠到开放:上海都市化180周年"国际学术研讨会在上海师范大学成功举办。在6日上午的会议开幕式上,上海师范大学党委书记林在勇、上海市社联党组书记兼专职副主席王为松王先生、复旦大学教授葛剑雄、上海市历史学会会长章清、上海社会科学

---

① 本文系2023年国家资助博士后研究人员计划C档项目(GZC20231685)的阶段性成果。

院历史研究所所长郭长刚先后致辞。

此次会议邀请了来自美国、法国、日本等国家,中国大陆、港、澳、台两岸四地高校、社科院、档案馆等科研机构学者百余人参会,分为五大主题:其一,上海与中国近代史的重大事件;其二,上海区域的历史地理研究;其三,上海城市现代性的建构;其四,海派文化与都市文化的形成;其五,上海史的史料与研究范式的探讨。现将与会学者会议论文与本次会议的讨论情况,略作概要。

## 一、开埠以来上海历史与近代中国政治进程

上海史研究离不开对近代政治外交史的研究,本次参加上海都市化 180 周年国际学术研讨会的多名学者之论文均涉及晚清以降上海与中国近代史重大事件中的角色。

大会主旨演讲聚焦于近代上海发展脉络的宏观论述。美国乔治亚理工学院的卢汉超教授通过梳理近代上海历史上的四次重大市政辩论,阐述了近代上海城市发展都是革命、战争与危机的结果。危机所引发的对城市前途和发展的争执,其出发点是市政,核心是变革,结果则是促成了城市的进一步开放及发展。[1]上海社会科学院的熊月之教授指出近代上海由于国际国内多种因素错综复杂的作用,意外成为中外利益共同体。治外法权、租界、战时中立是这一共同体形成的政治前提,上海开埠、华洋混处则是其中的关键因素。中外关系的不断磨合与博弈,促进了上海繁荣发展。[2]日本大学名誉教授高纲博文教授向大会介绍了日本上海历史研究会在上海史研究与中日国际学术交流合作中的贡献,学会的研究丰富了对上海多层次社会网络和文化特点的理解。上海师范大学苏智良教授梳理上海自 1843 年开埠至今的历史事件,概括了上海这座城市在过去 180 年的都市化历程,强调了其作为东西方交汇点的地理位置、商业文化传统、开放精神等因素对城市发展的重要作用。[3]中共上海市委党校朱华通过梳理民族主义成长与上海租界的关系,揭示上海作为中外民族矛盾焦点和现代民族革命运动策源地的城市特点。上海居民对租界统治的

---

[1] 卢汉超:《不得已的变革:近代上海城市发展的几次重大转折和辩论》,《史林》2023 年第 6 期,第 13 页。

[2] 熊月之:《华洋混处与城市安全:再论作为中外利益共同体的上海》,《史林》2023 年第 6 期,第 1 页。

[3] 苏智良:《上海城市史研究的焕新》,《史林》2023 年第 6 期,第 21 页。

反感,其本质是反对民族压迫、企盼国家获得国际法意义上平等地位的现代民族主义。

在本次学术研讨会上多位学者关注了晚清政局与上海开埠早期历史。上海大学廖大伟与王健描述了小刀会内部广东帮与福建帮的内部权力斗争,阐述了小刀会起义中刘丽川与陈阿林两人的地位变化,二人的纠葛直接导致小刀会内部倾轧加剧、外部兵临城下的困局,并最终走向失败。上海海关学院姚永超比较中外各种海关史作品、首份《上海租地章程》中文版记述以及19世纪中外上海城市舆图,认为江海北关于1845年设置较为确切,原因与江海关道的"隔离政策"有较大关系。上海师范大学丁怡骏指出法国在华外交人事变动、决策的官僚主义最终使法国丧失了在近代中国海关中的主导地位,并接受英国主导的总税务司制度。澳门科技大学的宾睦新则通过各类报刊与文人笔记考证了同光时期知县叶廷眷在主政南汇与上海两地时如何参与处理各种华洋事务和各种日益复杂的社会事务,探讨了传统知县向近代县官转型的过程。

研讨会也涉及北洋时期上海在反帝浪潮中如何成为各方博弈的场域,并成为中国共产党的发源地。上海交通大学的马楠则聚焦于杭州一师风潮在中共共产党建党过程中的作用,通过描述沈定一、沈仲九、刘大白三人的互动关系,展现从绍兴无政府主义思潮到杭州五四运动再到中共在上海建党的历史脉络。香港中文大学的衣慎思指出中国共产党认识到五卅惨案是发动工人运动的绝佳时机,然而早期中共领导层的不同意见与基层组织的薄弱,使得随后的夏季罢工进展困难。中国社会科学院魏兵兵指出1920年代前期,上海公共租界华人商民因缺乏参政权利与工部局产生矛盾,这是五卅惨案引起当地华人团体空前抗议浪潮的深层原因。工部局董事会接受三华董方案是各方团体妥协的结果。

北伐战争后,南京国民政府开展修约运动,然而面对日本加速对华扩张,上海再次成为列强角力竞合的场域。青岛大学陈霓珊聚焦于南京国民政府与法国间就法租界会审公廨改组与会审权展开的交涉,这一外交事件体现"废约"运动固然对治外法权造成一定冲击,却难以颠覆这一盘根错节的特权体系。九一八事变后,20世纪30年代的上海见证了日本加速对华侵略扩张。法国巴黎东方语言文化大学萧小红指出自"一·二八"事变至八一三淞沪抗战时期,中国民族资产阶级和城市社会出于抵抗日本侵略者的需要,以及对国民政府政策的日益不满,有意将自己政治化,而战争促使他们重新审视中国反复出现的政治建设问题。国防大学的韩洪泉则主要阐述了淞沪会战爆发后国民政府的外交运筹、各大国对淞沪会战的认知以及中外各界人士对上海的援助，厘清了淞沪会战爆发后的中外局势。

同时,多位学者关注到抗战胜利之后,国共内战以及新中国的成立对上海城市发展的影响。上海社会科学院何方昱通过上海美童公学关停事件探讨新中国成立之初中共如何处理外侨事务。上海解放后,公学接到上海地政局开具的巨额地价税单,成为关闭学校的最终原因。华东师范大学朱恚观察到新中共建政初期上海的影子经济,政治手段干预经济活动的举措引起城市搬运工人不足并出现地下劳务市场。而随着 20 世纪 60 年代政治技术、社会管理技术及科学技术的干预,外来搬运工人的流动走向滞抑。中共山东省委党校陈召正指出新中国成立后,中共通过协商与引导对上海旧有公益慈善团体进行社会主义改造,这一过程增强了对城市社会的控制,推动上海公益慈善团体的改造。上海社会科学院的张秀莉聚焦于 20 世纪 50 年代上海城乡间物资交流。人民政府通过大量收购土特产品,增强了农民的购买力,并满足了农民对工业品的迫切需要,减轻了工业品积压,有力地支持了工业生产。东华大学刘盼红指出在 20 世纪 60 年代中期的三线建设中,上海对福建小三线的支援却属于地区经济协作性质,是沪闽经济往来的历史延续,是福建和上海经济发展的共同需要,也是地方领导人积极推动的结果。

## 二、历史地理与数字人文技术的应用

本次上海都市化 180 周年国际学术研讨会专辟历史地理专场并聚焦对上海区域的历史地理研究,特别是《新编上海历史地图集》的编纂进展与上海历史地理信息系统的开发情况。

上海区域内自然地理风貌变迁一直是历史地理学者们关注的话题。上海师范大学钟翀通过上海老城厢黄浦江岸线变迁,讨论开埠以来十六铺地带的城市化与路网长轴的形成。同时他也指出洋泾浜、薛家浜、黄浦江与周泾四条河道构成的区域空间应是明中叶筑城之前甚或更早时期。上海师范大学林宏利用古旧地图等史料,重建重要历史时期崇明沙洲演化过程,他认为 7 世纪初起,崇明沙洲渐次出露,此后数量、方位、形态变动不居,直到 17 世纪后期方才形成近代崇明主岛规模。崇明沙洲演化受多种外力影响,包括涨、落潮流交互作用等自然因素,以及垦殖、筑堤等人为因素。上海师范大学吴俊范聚焦于近代长江口地区最具产业特色的渔业类港口及其市镇发育机制,通过地方志、民国期刊报纸与旧地图资料,可以发现长江口渔业类港口的发育过程明显体现了港口与聚落一体性互动增长的关系。上海海洋大学李玉铭指出远洋贸易的发展使外滩变为洋商立足的贸易港口,以及具有综合性功能的贸易与金融中心,并奠定近代上海城市化的发展根基,因此即便 20 世纪后港区很难驶入大型货船,其解决办法是对黄浦江进行疏浚而非向吴淞外移港口。

《新编上海历史地图集》是近几年上海史研究中广受关注的学术工程。上海师范大学钟翀认为《新编上海历史地图集》县城图组绘图应尽可能展现各城镇史地变迁全貌,复原图需要选取不同朝代、筑城前后等与城市形态重大变化相关的多个时间断面,并视图文资料的情况尽可能上溯能够反映城市发育早期形态的复原断面图。宁波大学来亚文通过《新编上海历史地图集》中宋至晚清七个时间断面的上海市镇分布图与民国时期典型市镇平面复原图认为历史地图所展示的市镇分布总体上具有西密东疏,以及自西向东发展的历史空间特点。咸阳师范学院的田大刚介绍了《新编上海历史地图集》的交通、军事图组绘制方法,他以明清民国时期地方志及交通史料为核心,在此基础上根据文献记载,通过民国以来多种大比例尺地图,逐一考订资料中所涉及的地名的今位置,并最终使用专业地理信息软件(ArcGIS)绘制正德时期的卫所营堡墩塘图、嘉庆时期的营汛图、乾隆时期的铺递图及明清商路图。上海社会科学院罗婧指出《新编上海历史地图集》单设英租界图组,分成英租界洋行、英租界道路和行名录相关三个部分,不仅搜集了早期的大比例尺实测地图等,并结合道契、行名录、《上海年鉴》等资料进行考订,将复原工作推进到以街区为尺度,有利于复原开埠之后英租界的洋行变迁与道路发展。复旦大学顾哲铭以《行名录》为核心历史数据,使用 ArcGIS 平台展现清末民初时期的上海工业布局图,并通过在应用全局莫兰系数、局部空间自相关分析等方法归纳工业布局的空间特征,他认为公共租界内的工厂沿苏州河、黄浦江两条水系岸线横向延伸,呈现明显轴线式布局,形成老闸桥、新闸桥和杨树浦三个主要集聚点。复旦大学的张珮认为开埠以来上海成为全国重要的出版中心,通过报纸中大量出版业广告获知大量空间定位信息,可以重建晚清书商营业空间分布,通过绘制出版业分布图可以发现福州路、河南中路一带是上海出版行业的中心,西藏中路南京路、老城厢东门外、虹口天潼路及宝山路等街区形成了上海出版业次级中心。复旦大学徐建平表示为了便于《新编上海历史地图集·民国卷》的编绘,需要建立几个时间断面的基础地理信息作业面,而基本时间断面从区域范围上分两种,一种是中心城区,一种是覆盖现今上海市行政区域范围。宁波大学张怡雯利用法国耶稣会档案描述了清末民初上海新耶稣会教士如何将地图编绘事业纳入江南科学计划的框架中,并作为新耶稣会汉学工作的补充与延伸。在新耶稣会的汉学场域中,地理知识与地方性知识并为不可或缺。

数字人文技术的应用也为跨文化与跨殖民地研究提供便利。法国艾克斯马赛大学孟喜(Cécile Armand)与安克强(Christian Henriot)利用地理信息系统(GIS)工具将人口学与空间史联系起来,研究日军入侵上海后的法国社区微观历史,他们认为法租界的权力体系创造了一个在政治、文化和语言上被界定的自成体系的特权空间,揭示了跨殖民地城市中外国社区的社会特征。

## 三、上海近代城市现代性与社会经济发展

民族资本主义的发展与城市新兴阶层的诞生,成为走向现代化重要表现。同时随着租界与华界现代市政的建立,开埠后的上海社会面貌发生巨变。现代化框架的研究路径一直影响上海史研究者对近代上海社会经济生活与市政管理的考察。

上海社会科学院李志茗研究了官督商办的洋务企业上海机器织布局如何转型为盛氏私企,之后又经荣宗敬之手重建为申新九厂,阐述了洋务企业在历史潮流中的转型与发展,以及民族资产阶级对中国近代历史的重要影响。上海师范大学高红霞与张燕姣通过研究上海烟草业的发展轨迹、20世纪30年代与40年代对华商烟叶商行的销售网络与空间布局、烟叶华商群体与同业公会,阐述了烟叶华商与政府的博弈如何影响国民政府时期的烟税政策。上海社会科学院江文君以上海律师公会为中心考察了民国时期新兴的城市中产阶级如何以同业公会与职业团体的形式,表达政治诉求参与政治生活,并形成了政党政治外的一股团体政治力量,同时揭示了政党政治与社会团体间的复杂面向。珠海城市职业技术学院顾春军则研究了鸦片战争后岭南民间善会的演变,传统以血缘为纽带的宗族逐渐转变为以业缘为纽带的工商业,并形成了办会宗旨繁多的各类善会组织,呈现出现代公司制的特点,推动了近代工商业的兴起与发展。

在华外商也是构成城市社会经济生活的重要组成部分,在很大程度上形塑了中国近代以及上海都市的金融贸易秩序。上海师范大学宋佩玉则通过研

究近代上海外商证券市场的发展史以及外商证券市场的结构体系结合中国近代史上几次严重的金融危机,阐述了西商利用证券交易所这种创新的金融交易制度和中国本土的资本来实现其在华的经济扩张战略,恰是近代中国半殖民地国家地位的集中反映以及外国资本主义在华享有特权的表现。南京医科大学李沛霖通过上海法商电车电灯公司的创设构建和组织人员、设备建设和车辆配置、运营路线和票制订定以及企业资本和营业收益等经营和管理领域的多重维度,探讨近代电车企业运营的逻辑主线和普遍规律以及近代外商在华交通经营状况。上海海关学院江家欣对上海外国商会的发展历史、组建背景、组织结构、职能演化进行系统讨论,阐述了条约体系下上海逐步成为中西贸易的中心,外国商人群体通过组建商会在华集散贸易数据和商贸情报,维护其商业利益。上海社会科学院牟振宇利用上海道契和公共租界、法租界地籍图册的资料,对英籍商人汉璧礼(Thomas Hanbury)在沪地产投资进行系统研究,其"租地造屋,相机出售"的盈利方式是近代上海地产经营的普遍模式,越界租地推动上海城区不断向外发展。上海师范大学张虹则聚焦犹太商人哈同对南京路区域的地产开发,梳理了哈同与南京路里弄住宅开发经营的始末以及南京路商贸业态兴起的过程,而南京路里弄住宅内分布的行业也反映了近代上海上等消费阶层的生活样态。

市政治理与公共卫生事业的发展,也构成了城市现代性的要素。上海社会科学院宋钻友通过梳理华界水上警察的发展,考察近代上海的港口治理,阐述了统一水上警权与进行港务整理、整顿港口秩序都是国家重建过程的写照。河南师范大学张二刚指出1908年工部局卫生处在发现鼠疫之后,照会华界官方灭鼠的行为促进了近代上海大规模开展灭鼠防疫的行动,租界的卫生防疫机制对中国近代防疫体系发展、完善具有一定积极影响。贵州民族大学王晓辉聚焦西人在沪创办的上海防止虐待动物协会,尽管协会一定程度推动本土动物保护活动的兴起,然而避免不了殖民主义文化霸权下对中国民众的不同情理解,并引起诸多不满。复旦大学戴鞍钢从日常生活史的角度,着重论述晚清上海公共租界工部局道路修筑和市政管理如何推动城市面貌、城市环境与市民生活的改变,而工部局董事会对兴建菜场以及对旧有业态的改造,引发了工部局与涉事乡民菜贩的冲突。上海师范大学姚霏梳理了上海开埠以来肿瘤知识的传播以及肿瘤防治网络的建立,阐述了近代以来发展充分的中西医学、基础雄厚的科研工业、发达的文化传媒、开放创新的社会风气以及新中国成立后强大的体制优势共同推动了上海肿瘤防治的发展。

## 四、海派文化形成与都市奇观的体验

地理风貌与都市景观的变迁影响了海派文化的形成,共同塑造了近代上海的文化奇景,此次会议的与会学者对海派文化与都市文化的内涵外延皆讨论热烈。

上海师范大学徐茂明认为不同区域、不同人群、不同时代、不同文化形态等"文化差序"的叠加使海派文化既复杂又清晰。从长时段历史看,海派文化虽纷繁复杂,但其"现代性""本土性"与"兼容性"的演进轨迹一以贯之。上海社会科学院徐涛指出海派文化的内涵外延始终不清,海派文化与江南文化、红色文化的内在关联与不同之处需要更加深入细致的学理研究,应当剖析海派文化话语构建中所隐含的危机与结构性矛盾,规避潜在风险,探索上海文化品牌建设未来的发展方向。上海市历史博物馆唐永余指出开埠初期的雅集延续着文人传统,开埠后豫园书画雅集及海上题襟馆书画雅集,实现了海派书画雅集的现代化,推动了海派书画雅俗共赏、风格多元、开拓创新的海派特征,体现了传统江南文化中的海派基因。

复旦大学陈忠敏通过上海地区方言的分布、特点以及形成的历史人文因素阐述上海方言的起源与形成,同时也通过语言接触的角度来分析市中心方言的各种变异及其原因。上海方言包括市中心区方言及其周围属于上海地区的其他四个方言区。自然地理因素、移民、行政区划都会对语言音韵产生影响。上海社会科学院的陈云霞指出各地移民涌入上海也将家乡神带至上海,伴随城市生活的巨变以及近代以来民族危机的加深,乡土神的功能发生转变,对近代民族、国家情结的建构起到一定的推动作用。上海师范大学纪建勋通过上海区域内的马家浜文、崧泽文化、良渚文化、广富林文化等史前遗迹的考古发现,探讨玉文化在上海历史上的重要性,阐述了玉文化如何承载上海的独特记忆,并深深影响了上海人的思想观念。上海海洋大学的陈晔指出地名是地域文化的载体,记录民众心理意识等文化内涵。古代上海对海洋开发集中在"渔盐之利",故存在与盐业有关之地名。而上海开埠以来,随着远洋贸易的发展,出现诸多包含"海"字之路名,上海海洋文化得到相应提升。

上海城市发展与市政管理的现代化推动了城市面貌的转变,制造了各种现代空间奇观,改变了人与城市间的关系,催生了各类文本叙事的产生。上海交通大学的黄琼瑶通过分析晚清新闻报刊中 1893 年上海开埠通商五十周年庆典图像中的华人形象,阐述了庆典中的多重展演/观看关系,东西方之间的展演与观看并非单向的、固定的权力关系,在殖民性与现代性的双重处境之下,晚清上海租界景观中的权力结构具有多重性与叠合性。上海平和学校的刘喆通过连环画《宏碧缘》的文本生产、改编与流传探讨民国上海大众的娱乐情境以及文本在都市娱乐文化中的多重面向,以及在都市文化影响下视觉叙事与都市娱乐间的互动。电子科技大学的邱田聚焦于上海沦陷之后都市女性作家的文学创作,并从文学史的角度阐述了写作既是沦陷区女性作家的谋生手段,也为她们提供精神慰藉,起到自我疗愈的作用,这塑造了沦陷区女性文学独有的叙事风格。上海图书馆贾铭宇指出徐仲年作品中上海与巴黎、里昂等法国城市的“双城书写”体现其追求社会启蒙和文艺自由的理念,然而其对异国文化的高敏感性,也让其承受精神焦虑。法国艾克斯—马赛大学的胡伊帆指出来华西人不仅扮演文物掠夺者的角色,同时也积极参与古迹保护运动,通过研究 1908 年成立的中国碑社(China Monument Society)可以追溯 19 世纪和 20 世纪中国建筑遗产概念的起源,以及中西观念在界定与分类古迹时产生的复杂知识建构形式。南昌大学李长莉描述了日本汉医冈田穆来沪体验,冈田穆惊讶于西方列强带给上海的繁华之时,也对中国传统医学与传统文化的逐渐失势感到失望,体现了中日同文亲缘关系也受到近代西方对华殖民扩张的影响冲击,日本国民对中国文化逐渐抛弃“崇尚向往”的旧时感情,逐渐转向“轻貌蔑视”的俯视心态。

## 五、史料与研究路径拓展

近几年国内外新史料的编纂出版,推动了上海史研究的发展。同时,不断有学者关注到上海史历史书写背后的话语,并且尝试提出新的研究路径。

史料的整理、编纂与出版推动了上海史研究。上海档案局的冯绍霆聚焦于《清代江南机器制造局档案汇编》中的加叹契,然而官办的江南制造局买进田地并不遵守明清土地交易中的加叹俗例,为巩固专制统治秩序而诞生的清末官办企业反而推动了土地交易的现代化,清除了土地私有权上的“传统附属物”。俄罗斯圣彼得堡国立大学孙熠智通过叙述《上海俄文生活报》在沪发行始末以及对报刊的精读分析,阐述了该份报纸更多是为了宣扬俄罗斯民族主义,为苏俄政权在沪拉拢俄侨,以此打击远东日本干涉军及白俄政府。上海交通大学张志云与姜水谣通过整理末代外籍中国海关总税务司李度之日记阐述了史学家在史料编纂中应该如何处理其与历史人物的关系,史料编纂者要同时站在批判方和辩解方的角度上看待和解读历史人物,以使其他历史学家能够再进入历史人物的内心。上海社会科学院的马军则以《虹桥人民怎样走上人民公社化道路(初稿)》的成书历史,阐述了上海社会科学院在 20 世纪 50 年代末、60 年代前半期全国范围内"四史"研究运动中如何服务于国家意识形态,同时也在学术史上为当代上海史学者提供重要的研究材料。上海城建档案馆的曹伟与孙致远以虹桥路沿线区域历史风貌为例阐述了在城市历史建筑保护中如何依靠地图、建筑设计图等城建档案资料,获得对建筑与街区更全面丰富的理解,城建档案资料无论从形式还是内容上都具有不可替代的价值。

随着近几年对英帝国史与殖民史研究深入,学者们开始关注上海史书写与文本中的殖民主义话语。上海大学王敏指出英文上海史书写的谱系以及生成机制以租界发展史为核心,以外国人的活动为重点,华人在各著述中成了租界中的他者,被看作文明程度不同于外国人的群体。对于英文上海史著作的撰写者来说,上海史更像是英帝国在上海的历史。上海纽约大学杨涛羽则聚焦于探讨中国殖民史以及帝国史两大学术脉络进行对话的可能性,上海一城三界、多国竞合所形成的法律与政治层面碎片化是这一时期全球帝国政治发展的一个缩影,应当关注上海学本身如何与其他学术话语体系形成对话与联结。

跨学科视域下的比较研究为上海史提供新的学术研究路径。上海历史博物馆的孙晓芝聚焦于上海与英国城市利物浦两座城市的文化策略与城市空间改造,通过比较两座港口城市的历史发展异同,阐述了以文化为导向的城市更新,不仅是城市治理的范例也打造了全新的城市空间。上海师范大学林时峥选取上海豫园和丹麦奥胡斯老城作为比较案例,从社会影响和人文价值等方面评价两座老城历史风貌保护的特征与优势,并阐述了城市更新背景下历史风貌保护也应当关注民间传统习俗、手工艺非物质文化遗产的传承。

同时,比较研究路径也关注上海历史与其他国内外城市发展历史的比较与联结,对于天津、广州、汉口、澳门等其他华洋杂处城市的历史研究也为上海史研究提供对照参考。暨南大学的梁敏玲与王天卫梳理了晚清时期英国在广州沙面租界及其周边地区形成的治理秩序,由于沙面的地理特点,使其难以出现像上海公共租界、法租界相似的以租界为中心向外进行的越界筑路、展拓租界的发展模式。北京外国语大学闫妍指出葡萄牙殖民者与亚洲人经过数代通婚而成的土生葡人在经过"澳门—香港—上海"间的口岸迁移路线,成为上海开埠后最早一批城市建设者,他们的身份认同也实现了从"澳门人"向"上海人"的转换。江汉大学方秋梅以上海和汉口为例探讨两地市政现代化过程,在开埠后上海与汉口借鉴西方市政理念,城市空间与市政管理获得长足发展。同时,以上海与汉口为中心的城际乃至区域间的市政互动,促进了区域性现代市政网络的形成与发展。天津大学赵禹与张畅比较了20世纪20年代上海与天津两地的工人运动,尽管上海与天津都是中国近代重要工业城市,然而1927年天津工人并没有走向武装起义的局面。工业业态、工人群体特征、党对工人组织领导是两地工人运动产生差异的重要原因。天津社会科学院万鲁建通过日本外交史料馆所藏档案,阐述了19世纪末20世纪初日本驻天津领事郑永昌在任期间如何与中国政府进行交涉,制定日租界开发计划。之后日本政府借助于义和团事件,两次扩充租界,并成为日本侵略华北的重要基地。

国际化视野下的城市比较也为上海史研究提供新的视角。日本关西学院大学的赵怡聚焦于上海法租界的日法关系,通过比较法、日两国在沪文化传播事业,阐述了两者对华殖民扩张路径的差异,相比于英美日列强在经济和军事方面对中国的掌控,法国政府更注重法兰西文化的传播。其原因既有法国国家实力相对不足的客观因素,也有法国大革命以来推崇自由、平等、博爱之精神传统。日本神户孙文纪念馆的蒋海波则探讨了大阪开埠后,川口居留地与华侨社会形成的关系,以及华侨在大阪城市发展和近代中日关系变迁中所起的作用。在中日贸易中,"行栈"这一独特商业模式使川口地区发展成为对华,尤其是对华北地区贸易的窗口。

## 余　论

上海史研究如何避免碎片化? 美国乔治亚理工学院卢汉超指出近几年国际与国内历史研究均需面对研究碎片化的趋势,随着国外学界近几年对新文化史以及物质文化历史的深入研究,应当正视碎片化研究的重要性,同时也需要挖掘微观个案背后潜在历史逻辑。上海师范大学苏智良指出多学科交叉的研究路径,可以作为上海史研究的一种研究范式,对于建筑史、口述史、工运史、公众史学等一系列社会生活的研究推动上海史的发展。上海档案馆冯绍霆指出在上海史研究中需要贯通史学理念,避免研究过于片面单一。南昌大学李长莉指出上海史研究应当扩展国际化视野,上海中的世界与世界中的上海都可以从宏观与微观层面加以论述。上海师范大学周育民指出历史学家在历史长河中认识历史真相,历史事实的书写也是动态变化。上海开埠初期的土地章程、九八规元与会审公廨三大制度创新都是上海开埠研究的重要话题。上海师范大学邵雍教授指出中外关系与本地治理之间的重要关系需要更多对社会生活的细致研究。上海大学廖大伟则从纺织史史料编纂情况出发,阐明了上海史研究应当注重城市间的比较与资料档案搜集。上海师范大学徐茂明指出研究课题碎片化不应脱离对理论的提炼以及历史全局的把握,应当对江南文化与海派文化的内在关系进行系统研究,同时应当关注域外文献对江南区域研究与上海史研究的作用。上海社会科学院宋钻友则认为,随着档案资料的发掘,应当对近代上海社会各类组织进行长时段研究。江苏科技大学周新民则以小见大地考证了开埠后首个英国领事馆的地址。上海社科院叶斌认为应对当代上海史研究深入研究,对当代上海史料进行保存、编纂与抢救。与会学者们认为此次上海都市化 180 周年学术研讨会在域外史料挖掘、本地新史料与口述史的运用、数字人文与跨学科研究方法的拓展以及研究主题的多样性等方面均为未来的上海史研究奠定良好基础。

# A Review of the International Conference of 180th Anniversary of Shanghai's Urbanization

**Abstract**: In October 2023, the international conference of 180th Anniversary of Shanghai's Urbanization was held at the School of Humanities, Shanghai Normal University. The conference first explored the relationship between Shanghai and modern Chinese history, emphasizing Shanghai's role in major historical events in modern Chinese history. Secondly, the conference also probed into the historical geography of Shanghai, with a particular focus on the compilation of the New Historical Atlas of Shanghai. Thirdly, the participants focused on the construction of modernity in modern Shanghai city and examined the impact of urban development and municipal management on the cityscape. In addition, the conference also explored the formation of Shanghai urban culture, analyzing the complexity of HaiPai (海派) culture from different perspectives. Finally, the participants had an in-depth discussion on how to avoid the fragmentation of history study of Shanghai and put forward important cutting-edge academic research orientations such as multidisciplinary cross-research, expanding the international vision, and emphasizing overseas materials. The conference not only deepened the understanding of the 180-year history of Shanghai's urbanization, but also provided a solid foundation for future research on Shanghai history.

**Key words**: Opening of Shanghai; History Study of Shanghai; HaiPai Culture; Urban development

**作者简介**：丁怡骏，上海师范大学中国史博士后。

**图书在版编目(CIP)数据**

历史与城市文明 / 苏智良，陈恒主编. -- 上海 ：
上海三联书店，2024.12. -- (都市文化研究).
ISBN 978-7-5426-8781-4

Ⅰ. C912.81

中国国家版本馆 CIP 数据核字第 2024PD0972 号

# 历史与城市文明

主　　编 / 苏智良　陈　恒

责任编辑 / 殷亚平
装帧设计 / 徐　徐
监　　制 / 姚　军
责任校对 / 王凌霄

出版发行 / 上海三联书店
　　　　　 (200041)中国上海市静安区威海路 755 号 30 楼
邮　　箱 / sdxsanlian@sina.com
联系电话 / 编辑部: 021 - 22895517
　　　　　 发行部: 021 - 22895559
印　　刷 / 上海惠敦印务科技有限公司

版　　次 / 2024 年 12 月第 1 版
印　　次 / 2024 年 12 月第 1 次印刷
开　　本 / 710mm × 1000mm　1/16
字　　数 / 450 千字
印　　张 / 27.25
书　　号 / ISBN 978 - 7 - 5426 - 8781 - 4/C · 654
定　　价 / 98.00 元

敬启读者,如发现本书有印装质量问题,请与印刷厂联系 13917066329